ABHANDLUNGEN DER AKADEMIE DER WISSENSCHAFTEN DER DDR

Veröffentlichungen der Wissenschaftlichen Räte

W8

1978

Hauptwege zur Steigerung der Arbeitsproduktivität

Wirtschaftswissenschaftliche Konferenz der DDR 21./22.4.1978

Akademie-Verlag · Berlin

ABHANDLUNGEN
DER AKADEMIE DER WISSENSCHAFTEN DER DDR
Abteilung Veröffentlichungen der Wissenschaftlichen Räte

Jahrgang 1978 · Nr. W 8

Wirtschaftswissenschaftliche Konferenz der DDR am 21./22. 4. 1978
veranstaltet vom
Wissenschaftlichen Rat für die wirtschaftswissenschaftliche Forschung
bei der Akademie der Wissenschaften der DDR
in Verbindung mit
Akademie für Gesellschaftswissenschaften beim ZK der SED
Zentralinstitut für sozialistische Wirtschaftsführung
beim ZK der SED
Zentralinstitut für Wirtschaftswissenschaften
der Akademie der Wissenschaften der DDR
Zentrales Forschungsinstitut für Arbeit
beim Staatssekretariat für Arbeit und Löhne

Hauptwege zur Steigerung der Arbeitsproduktivität für die weitere Erhöhung des materiellen und kulturellen Lebensniveaus des Volkes

24. Tagung des Wissenschaftlichen Rates
für die wirtschaftswissenschaftliche Forschung bei der
Akademie der Wissenschaften der DDR

AKADEMIE-VERLAG · BERLIN · 1979

Herausgegeben im Auftrage des Präsidenten
der Akademie der Wissenschaften der DDR
von Vizepräsident Prof. Dr. Heinrich Scheel

Verantwortlich für dieses Heft:
Akademiemitglied Prof. Dr. sc. oec. Helmut Koziolek
Vorsitzender des Wissenschaftlichen Rates
für die wirtschaftswissenschaftliche Forschung
bei der Akademie der Wissenschaften der DDR

Redaktionsschluß: **30. Juni 1978**

Erschienen im Akademie-Verlag, 108 Berlin, Leipziger Str. 3–4

Lizenznummer: 202 · 100/200/79
Gesamtherstellung: IV/2/14 VEB Druckerei »Gottfried Wilhelm Leibniz«,
445 Gräfenhainichen/DDR · 5331
Bestellnummer: 753 652 3 (2001/78/8/W) · LSV 0325
Printed in GDR
DDR 42,– M

Inhaltsverzeichnis

* schriftlich eingereichter Beitrag

1. Arbeitsmaterial zur Wirtschaftswissenschaftlichen Konferenz der DDR am 21. und 22. April 1978 in Berlin*

* Das Arbeitsmaterial wurde von einer Arbeitsgruppe ausgearbeitet, die unter Leitung von Prof. Dr. Wolfgang Heinrichs stand. Zur Arbeitsgruppe gehörten Mitarbeiter der Veranstaltungseinrichtungen sowie Vertreter aus wissenschaftlichen Räten für die Hauptgebiete der wirtschaftswissenschaftlichen Forschung. Berlin, Februar 1978.

Hauptwege zur Steigerung der Arbeitsproduktivität für die weitere Erhöhung des materiellen und kulturellen Lebensniveaus des Volkes

I. Die Steigerung der Arbeitsproduktivität – Kernstück der Erhöhung der Effektivität der gesellschaftlichen Produktion und grundlegende Bedingung für die zielstrebige Erfüllung der Hauptaufgabe

1. Der IX. Parteitag der SED hat den untrennbaren Zusammenhang von Wirtschafts- und Sozialpolitik bei der Lösung der Hauptaufgabe im Prozeß der weiteren Gestaltung der entwickelten sozialistischen Gesellschaft herausgearbeitet, die „in der weiteren Erhöhung des materiellen und kulturellen Lebensniveaus des Volkes auf der Grundlage eines hohen Entwicklungstempos der sozialistischen Produktion, der Erhöhung der Effektivität, des wissenschaftlich-technischen Fortschritts und des Wachstums der Arbeitsproduktivität"[1] besteht. In der Einheit von Wirtschafts- und Sozialpolitik spiegelt sich die Dialektik von Produktivitäts- und Persönlichkeitsentwicklung wider, wie sie sich objektiv zu entfalten beginnt, wenn die Ausbeutung des Menschen durch den Menschen beseitigt ist und die Arbeiterklasse unter Führung ihrer marxistisch-leninistischen Partei im festen Bündnis mit allen Werktätigen den Sozialismus aufbaut. Die gesamte seit dem VIII. Parteitag der SED durch die Erfüllung der Hauptaufgabe geprägte ökonomische und soziale Entwicklung bestätigt nachdrücklich, daß „. . . der Sozialismus die Einheit von Wirtschafts- und Sozialpolitik im Interesse der Arbeiterklasse und aller Werktätigen zu seinem obersten Leitgedanken (erheben kann)".[2]

Gestützt auf diesen grundlegenden Vorzug des Sozialismus und auf die wachsende wissenschaftliche Einsicht in die Wirkungsbedingungen der ökonomischen Gesetze des Sozialismus werden die Produktivkräfte unter den Bedingungen des beschleunigten wissenschaftlich-technischen Fortschritts entwickelt, die sozialistischen Produktionsverhältnisse vervollkommnet, um so die materiellen und kulturellen Bedürfnisse der Werktätigen immer besser befriedigen und für die Ausprägung grundlegender Merkmale der sozialistischen Lebensweise günstige materielle Voraussetzungen schaffen zu können. „Die Hauptaufgabe wird erfüllt, und wir setzen diesen Kurs trotz aller Störversuche des Imperialismus und seiner Lakaien unbeirrbar fort. Die Einheit von Wirtschafts- und Sozialpolitik ist für uns kein Schlagwort, sondern Aufgabe und Schlüssel zu weiteren Erfolgen."[3]

Im Gegensatz dazu wächst in den kapitalistischen Industriestaaten, darunter in der BRD, die Arbeitslosigkeit. Bürgerliche Institute sehen sich zu dem Eingeständnis gezwungen, daß ein beträchtlicher Teil der Bevölkerung dort sein Dasein „unterhalb der Armutsgrenzen" fristen muß. Hohe Arbeitslosenquoten sind zu einem permanenten Symptom der kapitalistischen Ausbeutergesellschaft geworden. Charakteristisch ist der Übergang von der kurzzeitigen zur Dauerarbeitslosigkeit, von dem vor allem Jugendliche, Werktätige über 40 Jahre und ausländische Arbeiter mit ihren Familien betroffen sind und die dadurch moralisch gebrochen, sozial degradiert und in den materiel-

1 Programm der Sozialistischen Einheitspartei Deutschlands, Berlin 1976, S. 20.

2 E. Honecker, Die sozialistische Revolution in der DDR und ihre Perspektive, Berlin 1977, S. 16.

3 E. Honecker, Die Aufgaben der Partei bei der weiteren Verwirklichung der Beschlüsse des IX. Parteitages der SED, in: Neues Deutschland vom 18./19. Februar 1978, S. 3.

len Notstand gepreßt werden. Für die herrschende Klasse ist die Arbeitslosigkeit ein willkommenes Mittel, Arbeitende und Gewerkschaften in ihren Forderungen um Erhalt der durch die Arbeiterbewegung erkämpften Errungenschaften einzuschüchtern und zu „disziplinieren". Eine rücksichtslose Welle der Rationalisierung hat eingesetzt, bei der moderne Technologien gleichsam als „Furie" schon in naher Zukunft Millionen von Arbeitsplätzen vernichten, die Arbeitshetze verstärken und damit die soziale Unsicherheit für die heute noch in Arbeit stehenden Werktätigen weiter vertiefen werden.

Es ist knapp 10 Jahre her, daß es unter dem Eindruck der Konjunktur so erschien, als sei der Begriff „Qualität des Lebens" von der Monopolbourgeoisie und ihren Apologeten gepachtet. Geblieben ist ganz gewöhnlicher, menschenfeindlicher Imperialismus, wo Arbeitslosigkeit, sozialer Abbau, Leistungsdruck und Existenzangst, Frühinvalidität, Perspektivlosigkeit der Jugend und Dequalifikation die „Lebensqualität" der werktätigen Massen kennzeichnen.

Obendrein wird in einer großangelegten ideologischen Kampagne alles versucht, die tatsächlichen Ursachen von Krise und Arbeitslosigkeit zu verschleiern und den Arbeitern die Schuld an ihrer Lage selbst anzulasten. Einmütig sprechen die Presseorgane des Monopolkapitals „Frankfurter Allgemeine" und „Der Arbeitgeber" von einer sogenannten „Wohlstandsarbeitslosigkeit", die sich aus einer „überzogenen Lohn- und Steuerpolitik" notwendig ergeben hätte. Im gleichen Atemzug wird die Vollbeschäftigung demagogisch zu einer „utopischen Forderung" bzw. zu einem „Zeichen der Unfreiheit" erklärt. Welch' Beweis für die Richtigkeit der marxistisch-leninistischen Analyse der kapitalistischen Ausbeutungsverhältnisse stellt die gesellschaftliche Realität in der BRD dar!

Insgesamt wird deutlich, „die Potenz des technischen Fortschritts im Kapitalismus schließt die Impotenz des Profitsystems zur Vollbeschäftigung ein, und je größer sein technischer Fortschritt, um so größer die Arbeitslosigkeit".[4]

Der Antagonismus dieser Gesellschaft äußert sich bei zunehmender Verschärfung aller Widersprüche hauptsächlich darin, daß die Entwicklung der Produktivkräfte auf Kosten der Mehrheit ihrer Mitglieder vonstatten geht, vor allem jener, die produktive Arbeit zu leisten haben. Zwischen Produktivitäts- und Persönlichkeitsentwicklung besteht hier eine unüberbrückbare Kluft, denn der Kapitalismus entwickelt „die gesellschaftliche Produktivkraft der Arbeit nicht nur für den Kapitalisten, statt für den Arbeiter, sondern auch durch die Verkrüppelung des individuellen Arbeiters".[5]

2. Die Steigerung der Arbeitsproduktivität ist eine ständige Aufgabe des sozialistischen Aufbaus. Sie „ist die wichtigste Quelle des wirtschaftlichen Wachstums".[6] Bei der weiteren Gestaltung der entwickelten sozialistischen Gesellschaft erschließt die intensiv erweiterte sozialistische Reproduktion unter den Bedingungen der sozialistischen ökonomischen Integration die konkreten Wege, Faktoren und Quellen zur Steigerung der Arbeitsproduktivität und Effektivität der Volkswirtschaft. Im engen Zusammenwirken mit der KPdSU und den anderen Bruderparteien der sozialistischen Staatengemeinschaft hat unsere Partei den Platz und die Wege der Intensivierung einschließlich der internationalen Verflechtung sozialistischer Volkswirtschaften im RGW bei der Lösung der auf das Wohl des Volkes gerichteten Gesellschaftspolitik rechtzeitig herausgearbeitet. Das gehört zu den theoretischen Leistungen und zeugt zugleich von der Wissenschaftlichkeit und Kontinuität ihrer Politik.

[4] Ebenda.

[5] K. Marx, Das Kapital, Erster Band, in: Karl Marx/Friedrich Engels, Werke (im folgenden MEW), Bd. 23, Berlin 1968, S. 386.

[6] Programm der Sozialistischen Einheitspartei Deutschlands, a. a. O., S. 23.

Die Intensivierung ist der Hauptweg zur Steigerung volkswirtschaftlicher Leistungen. Sie besitzt „wie die Hauptaufgabe als Ganzes langfristigen, strategischen Charakter"[7] und unterliegt selbst einer Entwicklungsdynamik, die sich darin äußert, die Effektivität und Qualität der Arbeit auf allen Gebieten konsequent zu erhöhen und das Verhältnis von Aufwand und Ergebnis wesentlich zu verbessern.

Für die Bestimmung der konkreten Wege zur Steigerung der gesellschaftlichen Arbeitsproduktivität unter den Bedingungen der vorwiegend intensiv erweiterten Reproduktion haben die *Marx*schen Hinweise[8] zu den Faktoren der Steigerung der Arbeitsproduktivität aktuelle Bedeutung. Die vorwiegend intensiv erweiterte Reproduktion bestimmt immer nachhaltiger die Wege der Steigerung der Arbeitsproduktivität und Effektivität der Volkswirtschaft. Die Wirksamkeit der Intensivierungsfaktoren – wissenschaftlich-technischer Fortschritt, produktive Potenzen des Bildungs- und Qualifizierungsniveaus der Werktätigen und Ausmaß der sozialistischen ökonomischen Integration sowie die Leitung, Planung und Stimulierung – hängen von ihrer Verknüpfung mit den grundlegenden Elementen des Reproduktionsprozesses ab. Das komplexe Zusammenwirken aller Elemente der einfachen und erweiterten Reproduktion, die Berücksichtigung ihrer kurzfristigen und längerfristigen Wirkungen, die Sicherung effektiver Proportionen in der Volkswirtschaft erweisen sich als entscheidende Voraussetzungen für die Nutzung der durch die intensiv erweiterte Reproduktion erschlossenen Wege und Faktoren der Steigerung der gesellschaftlichen Arbeitsproduktivität.

3. Im Grad der Befriedigung materieller und kultureller Bedürfnisse und dem dazu erforderlichen Aufwand an gesellschaftlicher Arbeit findet der Entwicklungsstand der Produktivkräfte, der Reifegrad der sozialistischen Produktionsverhältnisse und ihrer ökonomischen Gesetze ihre qualitative und quantitative Ausdrucksform. Die Effektivität der Volkswirtschaft bringt den Wirkungsgrad der vergegenständlichten und lebendigen Arbeit in den produzierenden und nichtproduzierenden Bereichen der Volkswirtschaft zum Ausdruck, die als einmaliger und laufender Aufwand verausgabt wird. Es handelt sich hier um die umfassendste Ausdrucksform des Gesetzes der Ökonomie der Zeit, in der sowohl das Verhältnis zwischen dem im Produktionsprozeß erzeugten Gebrauchswertvolumen und dem dafür erforderlichen Aufwand an Arbeit eingeschlossen ist, als auch die Wirkungen von notwendiger und Mehrarbeitszeit, von produktiver und nichtproduktiver Arbeit, von Arbeits- und Freizeit, die letztlich in der Schaffung von disponibler Zeit münden. Die Effektivität der Volkswirtschaft stellt sich – einfach ausgedrückt – stets als ein bestimmtes Verhältnis von Ergebnis (Effekt) und Aufwand dar. Mit der Beschleunigung des wissenschaftlich-technischen Fortschritts nehmen die Möglichkeiten zu, bei geringerem oder gegebenem Aufwand durch bessere qualitative Beschaffenheit und bedarfsgerechte Bereitstellung von Produktion und Leistungen den Grad der Bedürfnisbefriedigung produktiver und konsumtiver Bedürfnisse zu erhöhen. Deshalb ist in den Hauptwegen zur Erhöhung der Effektivität der Volkswirtschaft die Verbesserung des quantitativen Verhältnisses von Aufwand und Ergebnis stets mit einer qualitativen Veränderung des Ergebnisses im Sinne eines höheren Grads der Bedürfnisbefriedigung verbunden.

[7] Bericht des Zentralkomitees der Sozialistischen Einheitspartei Deutschlands an den IX. Parteitag der SED, Berichterstatter: Genosse Erich Honecker, Berlin 1976, S. 70.

[8] Die Arbeitsproduktivität wird bestimmt „durch den Durchschnittsgrad des Geschickes der Arbeiter, die Entwicklungsstufe der Wissenschaft und ihrer technologischen Anwendbarkeit, die gesellschaftliche Kombination des Produktionsprozesses, den Umfang und die Wirkungsfähigkeit der Produktionsmittel, und durch Naturverhältnisse". (K. Marx, Das Kapital, Erster Band, in: MEW, Bd. 23, a. a. O., S. 54.)

In der Effektivität der gesellschaftlichen Produktion kommt das Verhältnis des Produktionsresultats zum Aufwand an vergegenständlichter und lebendiger Arbeit zum Ausdruck, der als einmaliger und laufender Aufwand in den produzierenden Zweigen der Volkswirtschaft verausgabt wird. Die Arbeitsproduktivität oder die Produktivität der Arbeit ist „Produktivkraft nützlicher, konkreter Arbeit und bestimmt in der Tat nur den Wirkungsgrad zweckmäßiger produktiver Tätigkeit im gegebenen Zeitraum".[9] Während die Arbeitsproduktivität den Wirkungsgrad der produktiven Tätigkeit im gegebenen Zeitraum darstellt, drückt die Effektivität der gesellschaftlichen Produktion den Wirkungsgrad des in den produzierenden Bereichen verausgabten einmaligen und laufenden Aufwands an gesellschaftlicher Arbeit aus. Das Gesetz der Ökonomie der Zeit erfordert, daß die Zunahme des einmaligen Aufwandes zu einer Senkung des laufenden Aufwandes führt.

In der Effektivität der gesellschaftlichen Produktion wird dieser Zusammenhang widergespiegelt. In der Steigerung der Arbeitsproduktivität kommt der Zusammenhang von einmaligem und laufendem Aufwand nicht zum Ausdruck, da sie die Fortschritte in der Ökonomie des laufenden Aufwandes anzeigt. Die Effektivität der gesellschaftlichen Produktion ist um so höher, je weniger einmaliger Aufwand für eine bestimmte Steigerung der Arbeitsproduktivität erforderlich ist. Folglich erfaßt die Effektivität der gesellschaftlichen Produktion als Ausdrucksform des Gesetzes der Ökonomie der Zeit in den produzierenden Bereichen der Volkswirtschaft nicht nur – wie die Arbeitsproduktivität – die Ökonomie des laufenden, sondern die Ökonomie des laufenden und des einmaligen Aufwandes unter Berücksichtigung des Zeitfaktors.

Mitunter wird in der Literatur aus der Tatsache, daß die Arbeitsproduktivität den Wirkungsgrad der produktiven Tätigkeit darstellt, gefolgert, daß die Arbeitsproduktivität das Verhältnis von Gebrauchswertvolumen und aufgewandter lebendiger Arbeit statt aufgewandter lebendiger und laufend angewandter vergegenständlichter Arbeit sei. Als Wirkungsgrad der konkreten produktiven Arbeit ist die Arbeitsproduktivität eine Kategorie des Arbeitsprozesses. Im Arbeitsprozeß werden nicht nur Gebrauchswerte geschaffen, sondern auch Produktionsmittel produktiv konsumiert. Im Wirkungsgrad der konkreten Arbeit verbindet sich die Ergiebigkeit der produktiven Arbeit bei der Herstellung des Gebrauchswertes untrennbar mit ihrer Fähigkeit, den zur Herstellung des Gebrauchswertes notwendigen Verbrauch an Produktionsmitteln zu senken. Die Steigerung der Arbeitsproduktivität bedeutet „überhaupt eine Verändrung im Arbeitsprozeß, wodurch die zur Produktion einer Ware gesellschaftlich erheischte Arbeitszeit verkürzt wird, ein kleinres Quantum Arbeit also die Kraft erwirbt, ein größres Quantum Gebrauchswert zu produzieren".[10] Mit den Veränderungen im Arbeitsprozeß, die Bedingung und Folge der Steigerung der Arbeitsproduktivität sind, geht auch eine Veränderung der Anteile der vergegenständlichten und lebendigen Arbeit am Gesamtaufwand je Produkt einher. In welchem Ausmaß sich derartige Veränderungen vollziehen, hängt im entscheidenden Maße von den Faktoren ab, die den Wirkungsgrad der produktiven Arbeit bestimmen.

Mit der Beschleunigung des wissenschaftlich-technischen Fortschritts wird meist lebendige durch vergegenständlichte Arbeit ersetzt, weshalb sich in der Tendenz der Anteil der vergegenständlichten Arbeit am laufenden Arbeitsaufwand insgesamt erhöht. „Die Steigerung der Produktivität der Arbeit besteht eben darin, daß der Anteil der lebendigen Arbeit vermindert, der der vergangenen Arbeit vermehrt wird, aber

[9] K. Marx, Das Kapital, Erster Band, in: MEW, Bd. 23, a. a. O., S. 60.
[10] K. Marx, Das Kapital, Erster Band, in: MEW, Bd. 23, a. a. O., S. 333.

so, daß die Gesamtsumme der in der Ware steckenden Arbeit abnimmt."[11] Folglich ist das allgemeine Kriterium der Steigerung der Arbeitsproduktivität die Senkung des Gesamtaufwandes an vergegenständlichter und lebendiger Arbeit. Neben der Einsparung an lebendiger Arbeit gehören dazu

- die Senkung des spezifischen Verbrauchs an Energie, Rohstoffen und Material pro Stufenprodukt und ihr voller Aufwand, bezogen auf das Endprodukt,
- die rationellere Nutzung der Grundfonds, die bewirkt, daß der Wertübergang (Amortisationen) sich auf eine größere Erzeugnismenge verteilt,
- die Verbesserung der Qualität der Erzeugnisse und eine höhere Bedarfsgerechtheit, die geeignet sind, mit einem geringen Aufwand an vergegenständlichter und lebendiger Arbeit einen höheren Grad in der Bedürfnisbefriedigung zu erreichen,

als wichtige Reserven zur Steigerung der Arbeitsproduktivität auf der Ebene des Betriebes, des Kombinates sowie im volkswirtschaftlichen Rahmen. Jene Auffassungen, die die Arbeitsproduktivität auf die Einsparung von lebendiger Arbeit reduzieren, d. h. die Einsparung von laufendem Aufwand an vergegenständlichter Arbeit aus der Steigerung der Arbeitsproduktivität ausschließen, widersprechen nicht nur der Marxschen Auffassung[12], sondern erschweren auch die Bemühungen der wirtschaftswissenschaftlichen Forschung, künftig noch gründlicher die im Zuge der Beschleunigung des wissenschaftlich-technischen Fortschritts auftretenden Veränderungen sowie gleich- und gegenläufige Wirkungen des Aufwandes an vergegenständlichter und lebendiger Arbeit zu untersuchen, um noch wirksamer Produktivitätsreserven für einen spürbaren und stabilen Effektivitätsfortschritt zu erschließen.

4. Die Steigerung der Arbeitsproduktivität ist das Kernstück der Erhöhung der Effektivität der gesellschaftlichen Produktion. Die weitere Gestaltung der entwickelten sozialistischen Gesellschaft ist untrennbar mit der wachsenden Rolle des Menschen als Hauptproduktivkraft verbunden. Die lebendige, menschliche Arbeit war und bleibt immer die Quelle der Bewegung, das schöpferische Element und der Ausgangspunkt jeder Veränderung in der Nutzung der Wachstumsfaktoren, das „belebende Feuer der Produktion". Unter den Bedingungen des wissenschaftlich-technischen Fortschritts nehmen die Anforderungen an Bildung, Qualifikation, Verantwortungsbewußtsein, an die Fähigkeiten und Fertigkeiten der Werktätigen zu. Sie realisieren sich im wachsenden Maße über die Beschaffenheit und rationelle Nutzung der gegenständlichen Produktionsbedingungen, insbesondere der Arbeitsmittel.

Die weitere Vervollkommnung der materiell-technischen Basis setzt die wachsende Rolle der lebendigen Arbeit im System der produktiven Kräfte der sozialistischen Gesellschaft voraus. Mit der weiteren Vervollkommnung der materiell-technischen Basis werden gerade jene entscheidenden materiell-gegenständlichen Produktionsfaktoren entwickelt, die den Wirkungsgrad der produktiven Arbeit in Gegenwart und Zukunft steigern.

Bei der Höherentwicklung der Hauptproduktivkraft nimmt das Gewicht der weiteren Ausprägung des sozialistischen Charakters der Arbeit zu. Sie ist von großer Bedeutung für grundlegende soziale Veränderungen im Hinblick auf die zunehmende

[11] K. Marx, Das Kapital, Dritter Band, in: MEW, Bd. 25, a. a. O., S. 271.

[12] „Gesellschaftlich betrachtet, wächst die Produktivität der Arbeit auch mit ihrer Ökonomie. Diese schließt nicht nur die Ökonomisierung der Produktionsmittel ein, sondern die Vermeidung aller nutzlosen Arbeit". (K. Marx, Das Kapital, Erster Band, in: MEW, Bd. 23, a. a. O., S. 552.)
Von dieser politökonomischen Kategorie unterscheidet sich die in der Planung der Volkswirtschaft verwendete Kennziffer der Arbeitsproduktivität.

soziale Homogenität der sozialistischen Gesellschaft, qualitative Veränderungen innerhalb der Arbeiterklasse, die Annäherung zwischen Stadt und Land, die Überwindung wesentlicher Unterschiede zwischen körperlicher und geistiger Arbeit und bestimmt weitgehend die weitere Ausprägung der sozialistischen Lebensweise.

Eine wichtige Rolle spielt dabei das sozialistische Leistungsprinzip. „Die konsequente Verwirklichung des Prinzips ‚Jeder nach seinen Fähigkeiten, jedem nach seiner Leistung' setzt neue Triebkräfte für den ökonomischen und sozialen Fortschritt frei."[13]

Im Ergebnis dieser sozialen Veränderungen entwickeln sich die schöpferischen Fähigkeiten und produktiven Anlagen der Werktätigen. Die allseitige Persönlichkeitsentwicklung wird damit selbst zu einer grundlegenden Bedingung eines effektiven Wirtschaftswachstums, da die „volle Entwicklung des Individuums . . . selbst wieder als die größte Produktivkraft zurückwirkt auf die Produktivkraft der Arbeit".[14]

Lenin begründete in diesem Sinne die Notwendigkeit der Steigerung der Arbeitsproduktivität und bezeichnete sie „in letzter Instanz (als) das allerwichtigste, das ausschlaggebende für den Sieg der neuen Gesellschaftsordnung".[15]

Die Verwirklichung der sozialpolitischen Maßnahmen sowie der zuverlässige militärische Schutz unserer Errungenschaften stellen hohe Anforderungen an die materielle Produktion. Mit wachsender Ergiebigkeit der produktiven Arbeit wird das notwendige Produkt reproduziert und ein größeres Mehrprodukt geschaffen, das sich insgesamt in einem Zuwachs an Nationaleinkommen niederschlägt. Nach dem VIII. Parteitag wurde in den Jahren 1971–1975 ein Nationaleinkommen von 641,2 Mrd. Mark erwirtschaftet. Das waren 146,9 Mrd. Mark mehr als in den zurückliegenden Jahren. Für den Fünfjahrplan 1976 bis 1980 hat der IX. Parteitag beschlossen, daß ein Nationaleinkommen von insgesamt 826,7 Mrd. Mark erwirtschaftet wird, womit in diesen fünf Jahren gegenüber dem Zeitraum 1971 bis 1975 185,5 Mrd. Mark mehr zur Verfügung stehen. Hinter jedem Prozent Zuwachs verbirgt sich von Jahr zu Jahr ein absolut wachsendes physisches und wertmäßiges Nationaleinkommen. Bedeuteten 1950 ein Prozent Nationaleinkommen 270 Mio Mark, werden es 1980 bereits 1820 Mio Mark sein.

Auf längere Sicht muß durch die Vertiefung des Intensivierungsprozesses erreicht werden, daß die Arbeitsproduktivität schneller als das Nationaleinkommen pro Kopf der Bevölkerung steigt. Das ergibt sich aus der schnelleren Entwicklung der Bevölkerung gegenüber den Beschäftigten in den produzierenden Bereichen der Volkswirtschaft (gemessen an ihrem Arbeitszeitfonds) und der notwendigen Entwicklung der nichtproduzierenden Bereiche.

Die ökonomischen und sozialen Wirkungen der Steigerung der Arbeitsproduktivität werden in dem Maße vermehrt, wie die Effektivität der in den nichtproduzierenden Bereichen eingesetzten Arbeit erhöht und das Verhältnis von Aufwand und Ergebnis verbessert wird. Dabei ist der Effekt (das Ergebnis) dieser gesellschaftlichen Tätigkeit auf besondere Weise mit der Herausbildung von Elementen eines dem Sozialismus adäquaten Bedürfnissystems und dem Grad der Befriedigung dieser Bedürfnisse verbunden.

Mit der weiteren Gestaltung der entwickelten sozialistischen Gesellschaft, besonders mit dem Übergang zur allseitigen Intensivierung der gesellschaftlichen Produk-

[13] Programm der Sozialistischen Einheitspartei Deutschlands, a. a. O., S. 20.
[14] K. Marx, Grundrisse der Kritik der Politischen Ökonomie, Berlin 1974, S. 599.
[15] W. I. Lenin, Die große Initiative, in: Werke, Bd. 29, Berlin 1965, S. 416.

tion, verändern sich die Wirkungsbedingungen des Gesetzes der stetigen Steigerung der Arbeitsproduktivität. Von der Realisierung seiner Erfordernisse werden besonders nachhaltig die Wirkungen zur Reduzierung des Aufwandes an gesellschaftlicher Gesamtarbeit bestimmt. Dieser Zusammenhang vom Gesetz der stetigen Steigerung der Arbeitsproduktivität zum Gesetz der Ökonomie der Zeit drückt die bestimmende Rolle der Entwicklung und Nutzung aller dem Sozialismus eigenen produktivitätsfördernden und persönlichkeitsentfaltenden Bedingungen assoziierter Produzenten bei der Produktion und Reproduktion ihrer materiellen Existenzbedingungen aus.

Die Wirkungsbedingungen des Gesetzes der stetigen Steigerung der Arbeitsproduktivität verbinden sich mit denen der Ökonomie der Produktionsmittel (der Arbeitsmittel und der Arbeitsgegenstände) und stellen gemeinsam bestimmte Anforderungen an die weitere Vervollkommnung der materiell-technischen Basis.

II. Zusammenhänge zwischen materiell-technischer Basis, den Ressourcen und der Intensivierung

5. „Keine einzige Frage des Ausbaus der materiell-technischen Basis ist von der Intensivierung zu trennen."[16] Die Aufgaben zur Stärkung der materiell-technischen Basis wurden vom IX. Parteitag der SED in folgenden volkswirtschaftlichen Komplexen zusammengefaßt: Stärkung der Energie- und Rohstoffbasis; Entwicklung der Konsumgüterproduktion, der Dienstleistungen und des Handels; Produktion von Ausrüstungen für die Volkswirtschaft und für den Export; Entwicklung der Bauwirtschaft; Aufgaben des Transport- und Nachrichtenwesens sowie Aufgaben der Land-, Forst- und Nahrungsgüterwirtschaft.

In ihrem wechselseitigen Zusammenhang bilden diese Komplexe die entscheidenden materiellen Voraussetzungen für die weitere Realisierung der Hauptaufgabe. Sie sind die materiellen Hauptbedingungen zur einheitlichen und dynamischen Gestaltung des gesellschaftlichen Reproduktionsprozesses als Ganzes. Die Schaffung einer leistungsfähigen materiell-technischen Basis ermöglicht ein stabiles Wirtschaftswachstum, hohe Arbeitsproduktivität und Effektivität der gesellschaftlichen Arbeit.

Die Vertiefung der Intensivierung erfordert, neuen Faktoren und Tendenzen der Produktivitätssteigerung durch die wirtschaftswissenschaftliche Forschung mehr Aufmerksamkeit zu widmen. Das ist von großer Bedeutung, um die Volkswirtschaft auf die veränderten Reproduktionsbedingungen bei der weiteren Gestaltung der entwickelten sozialistischen Gesellschaft einzustellen. Einerseits erweist sich die kontinuierliche Effektivitätserhöhung immer mehr als Hauptquelle des Produktionswachstums und der Verbesserung des materiellen und kulturellen Lebensniveaus. Andererseits werden eine Reihe von Bedingungen für die Effektivitätsentwicklung künftig komplizierter, und es wirken verschiedene aufwandserhöhende Faktoren mit größerer Intensität.

Die künftigen Entwicklungsbedingungen der Ressourcen beeinflussen Richtung, Tempo und Gewicht bei der Entfaltung wichtiger Intensivierungsfaktoren.

6. Die Wechselbeziehungen zwischen lebendiger und vergegenständlichter Arbeit sind beim Übergang zur vertieften Intensivierung vor allem dadurch gekennzeichnet, daß höhere Anforderungen an die Ökonomie lebendiger Arbeit und damit langfristig auch an ihre Reproduktionsbedingungen gestellt werden. Veränderungen der Repro-

[16] E. Honecker, Die Aufgaben der Partei bei der weiteren Verwirklichung der Beschlüsse des IX. Parteitages der SED, in: Neues Deutschland vom 18./19. Februar 1978, S. 5.

duktionsbedingungen zugunsten der lebendigen Arbeit (insbesondere planmäßige Entwicklung von Bildung und Wissenschaft, Verbesserung der Arbeits- und Lebensbedingungen, rationellere Nutzung vorhandener Qualifikation) setzen voraus, daß sich der Beitrag der Produktivität an der volkswirtschaftlichen Effektivitätssteigerung erhöht. In der Endkonsequenz erfordert die Aufrechterhaltung langfristig stabiler Wachstumsraten des Nationaleinkommens, daß sich entweder die Produktivitätssteigerung bei gegebenem einmaligen Arbeitsaufwand beschleunigt oder daß sich bei annähernd gleichbleibenden Raten der Produktivitätssteigerung die dafür notwendigen Vorleistungen relativ verringern. Daraus folgt, daß im volkswirtschaftlichen Maßstab die Arbeitsproduktivität zunehmend schneller wachsen muß als die Produktion (das betrifft zunächst die Stundenproduktivität, später auch die Produktivität pro Beschäftigten). Das ist die wichtigste materielle Voraussetzung für eine solche Verteilung des gesellschaftlichen Arbeitsvermögens auf die produzierenden und nichtproduzierenden Bereiche der Volkswirtschaft, die – langfristig gesehen – die weitere Realisierung des sozialpolitischen Programms ermöglicht und gleichzeitig ein stabiles Wirtschaftswachstum durch höhere Effektivität in der Volkswirtschaft sichert. Der Arbeitszeitfonds der Beschäftigten in den produzierenden Zweigen wird künftig eine sinkende Tendenz haben. Das ergibt sich vor allem aus der Verkürzung des jährlichen Arbeitszeitvolumens je Beschäftigten durch differenzierte sozialpolitische Maßnahmen, aus der weiteren anteiligen Zunahme der Beschäftigten im nichtproduzierenden Bereich und aus demographischen Entwicklungstendenzen.

Hierbei sind vor allem folgende Wechselbeziehungen zwischen lebendiger und vergegenständlichter Arbeit stärker zu beachten: Mit relativ abnehmendem Einfluß der Beschäftigtenentwicklung auf das Produktionswachstum werden die Proportionen zwischen Arbeitskräften und Grundfonds immer mehr durch qualitative Faktoren bestimmt. Das bedeutet, daß die technischen, ökonomischen und sozialen Parameter der Grundfonds immer mehr die Möglichkeiten zur Produktivitätssteigerung beeinflussen. Damit wächst die Bedeutung der Intensivierung der Grundfondsreproduktion für die Produktivitätssteigerung, insbesondere für eine schnelle Einsparung von Arbeitsplätzen und Arbeitskräften.

Höhere Ökonomie vergegenständlichter Arbeit ist untrennbar mit wachsender Qualität und Wirksamkeit der lebendigen Arbeit verbunden. Bei gegebenem Einsatz vergegenständlichter Arbeit ist eine relativ schnellere Steigerung der Produktivität der lebendigen Arbeit Bedingung für größere Einsparungen an vergegenständlichter Arbeit. Dabei geht es zukünftig vor allem darum, Entwicklungsrichtungen des wissenschaftlich-technischen Fortschritts besonders zu fördern, die mit relativ niedrigem Einsatz von Investitionen und Rohstoffen ein mindestens gleichbleibendes, nach Möglichkeit aber beschleunigtes Tempo der Produktivitätssteigerung sichern.

7. Mit zunehmender Intensivierung ist der Zusammenhang zwischen Produktivitätssteigerung und Wachstum des Nationaleinkommens immer enger geworden. Dabei überwogen aber Wege zur Produktivitätssteigerung, die mit einem tendenziell zunehmenden Grundfondsaufwand je Produkteneinheit verbunden waren. Jetzt kommt es darauf an, den engeren Zusammenhang von Produktivitätssteigerung und Wachstum langfristig auch dadurch zu sichern, daß zu einer höheren Stufe der Rationalität bei der Nutzung der Produktionsfonds und der Naturressourcen übergegangen wird. Die weitere Vervollkommnung der ökonomischen Integrationsprozesse mit den Ländern des RGW erweist sich dabei als eine wesentliche Bedingung für eine höhere volkswirtschaftliche Effektivität. Innere und äußere, nationale und internationale Bedingungen und Faktoren der Effektivitätsentwicklung sind zwischen den Integra-

tionspartnern langfristig zu koordinieren und volkswirtschaftlich zu bilanzieren. Die äußeren Faktoren sollten nicht mehr, wie das früher mitunter geschah, als zusätzliche, ergänzende, sondern als notwendige, beständige Quelle wirtschaftlicher Entwicklung genutzt werden. Dabei ist zu beachten, daß sich das Gewicht von den nur komplementären Funktionen der sozialistischen internationalen Arbeitsteilung und des Außenhandels zu den substitutiven Prozessen verlagert, d. h. zur komplexen internationalen Spezialisierung und Kooperation in Wissenschaft und Produktion, zu gemeinsamen Vorhaben der Integrationspartner bei der Forschung, den Investitionen, der Produktion und dem Absatz der Erzeugnisse, auch auf Märkten von Drittländern.

8. Ein stabiler Produktionszuwachs erfordert, daß die Leistungsfähigkeit der Grundfonds schneller steigt und noch besser ausgenutzt wird. Gegenwärtig läßt sich die Entwicklung der Investitionen durch zwei Tendenzen charakterisieren. Die weitere Vervollkommnung der materiell-technischen Basis (zum Beispiel der Energie- und Rohstoffbasis) wirkt in Richtung eines steigenden Anteils der Bruttoinvestitionen am Nationaleinkommen, während Fortschritte in der Intensivierung diesen Anteil senken (bei gleichzeitig wachsendem Anteil der Erneuerungsinvestitionen). Schnellere und wirksamere Ergebnisse in der Intensivierung der Grundfondsreproduktion sind deshalb eine wesentliche Bedingung, um langfristig die Investitionsrate stabilisieren zu können. Das bedeutet, daß die Effektivität der Grundfonds – ausgedrückt in der Grundfondsquote – in der Tendenz steigen muß. Dabei sind eine Reihe objektiv entgegenwirkender Faktoren zu beachten, die auf die Grundfondsquote einen senkenden Einfluß ausüben. Notwendig ist vor allem ein höherer Beitrag des wissenschaftlich-technischen Fortschritts zur intensiven Grundfondserneuerung. Damit müssen auch die Bedingungen verbessert werden, um die vom IX. Parteitag der SED gestellten Ziele für die höhere zeitliche Ausnutzung der Grundfonds zu erreichen.

9. Eine höhere Stufe in der Rohstoff- und Materialökonomie erfordert insbesondere einen größeren Beitrag des wissenschaftlich-technischen Fortschritts, vor allem bei der schnelleren Ausbreitung neuer Technologien und Verfahren, der Erhöhung des Stoffveredelungsgrades, verbunden mit höheren Qualitätsparametern. Reserven der Rohstoff- und Materialökonomie können im zunehmenden Maße nur erschlossen werden, wenn gleichzeitig ihr Zusammenhang mit anderen Intensivierungsfaktoren stärker beachtet wird. So kann zum Beispiel die konsequente Intensivierung der Grundfondsreproduktion – insbesondere die schnellere Erneuerung der Grundfonds – die Möglichkeiten zur relativen Einsparung knapper Roh- und Brennstoffe beträchtlich erweitern. Höhere materialökonomische Effekte sind von großer Bedeutung, um durch relative Einsparungen von Investitionen in fonds- und energieintensiven Zweigen den Akkumulationsfonds zu entlasten. Neue rohstoff- und energiesparende Technologien erfordern zusätzliche Investitionen, die aber in der Regel geringer sind als der Aufwand für die Erweiterung der Rohstoffbasis.

Das Aufkommen von Rohstoffen und Energieträgern wird zukünftig mengenmäßig in relativ geringerem Tempo wachsen. Daraus folgt, daß ein größerer Teil des Produktionswachstums durch Senkung des spezifischen Rohstoff- und Werkstoffverbrauchs gesichert werden muß als bisher. (Dieser Anteil beträgt im laufenden Fünfjahrplan der DDR etwa 50 Prozent des Rohstoffbedarfs für den Zuwachs der industriellen Warenproduktion und muß in den achtziger Jahren auf etwa 60 Prozent und mehr steigen.)

Die Naturressourcen werden gegenwärtig auf einer intensiven Stufenleiter und in einer hohen räumlichen Konzentration genutzt. Deshalb ist es notwendig, daß die Gesellschaft im wachsenden Umfang Arbeit zur Regeneration der Naturbedingungen aufwendet. Der Reproduktionsaufwand der Naturbedingungen wird zu einem Faktor, der die Effektivität des volkswirtschaftlichen Reproduktionsprozesses insgesamt mitbestimmt. Mit wachsender Intensität der Nutzung vieler Naturressourcen steigt der Reproduktionsaufwand der Umweltbedingungen im Vergleich zu den Wachstumsraten des Stoff- und Energieumsatzes zum Teil überproportional an. Der Aufwand für die Extraktion und Primärverarbeitung der Naturstoffe wächst schneller als die Produktion der Grundstoffindustrie, der Stoffumsatz entwickelt sich schneller als die Stoffausnutzung. Damit reift die Notwendigkeit heran, den Stoffwechsel zwischen Mensch und Natur durch Intensivierung der Stoff- und Energienutzung effektiver zu gestalten. Das bedeutet, daß die Produktion schneller steigen muß als die in den Wirtschaftskreislauf einbezogenen Naturressourcen, bei abnehmender zusätzlicher Belastung der natürlichen Umwelt. Dabei gewinnt die rationellere Nutzung der Naturressourcen der Landwirtschaft, die Erhaltung und Mehrung der Bodenfruchtbarkeit unter den Bedingungen der spezialisierten, industriemäßigen Produktion in der Landwirtschaft an Bedeutung.

Durch eine komplexe Anwendung der für die Landwirtschaft maßgeblichen Intensivierungsfaktoren werden wesentliche Voraussetzungen für die Steigerung des Aufkommens an landwirtschaftlichen Rohstoffen geschaffen, die die Steigerung der Arbeitsproduktivität und der Effektivität der Landwirtschaft neben anderen Faktoren erheblich beeinflussen.

Rohstoff- und materialsparende Wege der Produktivitätssteigerung müssen darüber hinaus zukünftig stärker zur Wirkung kommen, um ungünstige Entwicklungstendenzen zu kompensieren, wie sie sich zum Beispiel in der Erhöhung des spezifischen laufenden Aufwandes je Rohstoffeinheit, in der Erhöhung des spezifischen Investitionsaufwandes je Einheit Rohstoffzuwachs (auch in Verbindung mit der Erhöhung der außenwirtschaflichen Aufwendungen) zeigen, die auf Teilgebieen die einfache Reproduktion verteuern können.

10. Die Herausbildung fonds- und materialsparender Wege zur Produktivitätssteigerung erhöht die Anforderungen an die Effektivität der einfachen Reproduktion und der Akkumulation. Ihr Einfluß auf das Wachstum des Nationaleinkommens wird jedoch immer mehr von der gleichzeitigen proportionalen Entwicklung der Arbeitskräfte bestimmt, die eine absolute Einsparung und gezielte Umsetzung erfordert. Von zunehmender Bedeutung ist dabei der Beitrag, den die Akkumulation zur tatsächlichen produktiven Nutzung der gestiegenen Bildungs- und Wissenschaftsintensität der Arbeit leistet. Die Akkumulation muß noch stärker zur höheren Effektivität der Volkswirtschaft und – über eine rationellere Struktur – zur Sicherung der Proportionalität beitragen. Qualitativ neue Wege der Produktivitätssteigerung stellen höhere Anforderungen an die Bilanziertheit der Ressourcen und die Nutzung ihrer qualitativen Parameter. Die Effektivitätsentwicklung wird im Zusammenhang mit den tiefgreifenden wissenschaftlich-technischen und ökonomischen Veränderungen in der Struktur und im Niveau des Reproduktionsprozesses zunnehmend das Resultat der komplexen, in sich verflochtenen Wirkung aller wesentlichen volkswirtschaftlichen und internationalen Effektivitätsfaktoren sein (vgl. zum Beispiel die Mikroelektronik oder die Energieträgerstruktur). Die Berücksichtigung der notwendigen Proportionen und der Verflechtungen zwischen den verschiedenen Faktoren und Prozessen sowie die Möglichkeiten ihrer optimalen Gestaltung bestimmen entscheidend den realen Effektivitätszuwachs. Dabei muß berücksichtigt werden, daß die dafür notwendigen Voraussetzungen (wie zum Beispiel höheres wissenschaftlich-technisches Niveau, Stärkung der Akkumulationskraft, Strukturbereinigung) in den verschiedenen Bereichen unter-

schiedlich heranreifen, die die fonds- und naturressourcensparenden Wege der Produktivitätssteigerung entsprechend differenziert beeinflussen.

Es kommt deshalb darauf an, Rohstoff- und Materialökonomie, effektive Nutzung als einheitlichen komplexen gesellschaftlichen Prozeß durchzusetzen.

III. Der wissenschaftlich-technische Fortschritt als entscheidender Faktor zur Steigerung der Arbeitsproduktivität

11. „Unsere ökonomische Strategie wird davon getragen, den wissenschaftlich-technischen Fortschritt zu beschleunigen und seine ökonomische und soziale Wirksamkeit zu erhöhen."[17] Mit dem Übergang zum intensiven Typ der erweiterten Reproduktion, mit der zunehmenden Entfaltung der wissenschaftlich-technischen Revolution verändern sich objektiv sowohl die qualitative Rolle des wissenschaftlich-technischen Fortschritts im Lebensprozeß der Gesellschaft wie auch seine Maßstäbe. Der gesamte Rhythmus des gesellschaftlichen Lebens, die Entwicklung der sozialistischen Gesellschaft in allen Bereichen ist in eine direkte, zwingende Abhängigkeit vom wirtschaftlichen Fortschritt geraten und dieser wiederum vom wissenschaftlich-technischen Fortschritt.

Es haben sich Veränderungen im Gewicht der einzelnen Wachstumsfaktoren und in ihrem Verhältnis zueinander vollzogen, in deren Ergebnis die Beschleunigung des wissenschaftlich-technischen Fortschritts zu einem Schlüsselproblem des gesellschaftlichen Fortschritts geworden ist. Das ergibt sich vor allem aus folgendem:

– Die Gewährleistung eines langfristig stabilen wirtschaftlichen Wachstums beruht auf einem wachsenden Beitrag von Wissenschaft und Technik. Der wissenschaftlich-technische Fortschritt vollzieht sich in zunehmend intensiverer Wechselwirkung mit allen Faktoren der Intensivierung, deren Wirksamkeit er in wachsendem Maße bestimmt.

Vom wissenschaftlich-technischen Fortschritt hängt unmittelbar die Wirksamkeit des gestiegenen Bildungs- und Qualifikationsniveaus der Werktätigen, das Tempo der sozialistischen ökonomischen Integration und die Weiterentwicklung der gesellschaftlichen Organisation der Produktion ab. Gleichzeitig wirken diese Intensivierungsfaktoren aktiv auf die Beschleunigung des wissenschaftlich-technischen Fortschritts ein. Der wissenschaftlich-technische Fortschritt ist deshalb der entscheidende Intensivierungsfaktor, weil von ihm maßgeblich die Senkung der Ressourcenaufwendigkeit der Produktion und die Verbesserung der Gebrauchswerteigenschaften der Erzeugnisse einschließlich ihrer Qualität abhängen. Sie ermöglichen es, mit einem gegebenen Ressourceneinsatz eine höhere Bedürfnisbefriedigung zu erreichen. Das erfordert, Wissenschaft und Technik wirksamer miteinander zu verbinden und dafür die Vorzüge des Sozialismus zu nutzen.

– Die Realität der Zielstellungen in den Volkswirtschaftsplänen wird maßgeblich von der Produktionswirksamkeit der Forschungsergebnisse der wissenschaftlich-technischen und technologischen Arbeit bestimmt. Erst die schnelle Überleitung und umfassende Nutzung wissenschaftlich-technischer Leistungen in der Produktion und in anderen Bereichen erschließt die ökonomische und soziale Wirksamkeit des wissenschaftlich-technischen Fortschritts und dient zugleich seiner weiteren Beschleunigung.

– Die Wechselwirkungen zwischen wissenschaftlich-technischem und gesellschaft-

17 Ebenda.

lichem Fortschritt sind zahlreicher und intensiver geworden. Neben der Steigerung der Effektivität der gesellschaftlichen Arbeit als der Hauptwirkung des wissenschaftlich-technischen Fortschritts gewinnen die Veränderungen der Arbeitsinhalte (Arbeitsfunktionen, die zunehmend geistig-schöpferische Elemente enthalten und physische wie geistige Überbelastungen weitgehend ausschließen) sowie effektivere, intensivere Formen der Reproduktion der Naturbedingungen, soweit sie durch die Technik vermittelt sind, wachsende Bedeutung. Diese Wirkungen des wissenschaftlich-technischen Fortschritts erlangen für die Mobilisierung der qualitativen Faktoren des Wirtschaftswachstums zunehmende Bedeutung.

12. Ausmaß und Tempo des wissenschaftlich-technischen Fortschritts insgesamt werden in zunehmendem Maße durch die Wechselwirkung zwischen den Prozessen der wissenschaftlich-technischen Revolution und der Entwicklung des technisch-ökonomischen Niveaus der Produktion insgesamt bestimmt. Die zielstrebige Verwirklichung der wissenschaftlich-technischen Revolution und die durchgehende Rationalisierung der sozialistischen Produktion bedingen einander. Einer der wichtigsten dialektischen Widersprüche in der Entwicklung der Produktivkräfte unter den Bedingungen der wissenschaftlich-technischen Revolution besteht in folgendem: Es wird ökonomisch immer bedeutungsvoller, der qualitativen Vervollkommnung des vorhandenen materiell-technischen Potentials zunehmende Aufmerksamkeit zu schenken, die Ergebnisse des wissenschaftlich-technischen Fortschritts in steigendem Maße über die Veränderung dieses bereits vorhandenen Potentials wirksam zu machen. Das erfordert, dem gesamten Prozeß der qualitativen Erneuerung und rationelleren Nutzung des wachsenden materiell-gegenständlichen Potentials zunehmende Aufmerksamkeit zu schenken. Gleichzeitig aber gewinnen grundlegende Neuerungen für den Gesamtfortschritt ebenfalls wachsende Bedeutung. Einerseits erfordert die Verwirklichung der wissenschaftlich-technischen Revolution häufig erhebliche ökonomische Vorleistungen, so daß Tiefe und Breite der sozialistischen Rationalisierung über Ausmaß und Tempo der wissenschaftlich-technischen Revolution entscheiden. Andererseits kann es unter den heutigen Bedingungen keine wirkliche durchgreifende Rationalisierung geben, die nicht auch Ergebnisse der wissenschaftlich-technischen Revolution einbezieht. Qualitativ neue Strukturlinien, neuartige technische Lösungen haben – wie das die Mikroelektronik veranschaulicht – unter den Bedingungen der Intensivierung eine wesentlich größere Auswirkung auf das technisch-ökonomische Niveau der Produktion insgesamt. Spitzenpositionen in ausgewählten Bereichen der Produktion und systematische Hebung des technisch-ökonomischen Niveaus der gesamten Produktion sind auf dialektische Weise untrennbar miteinander verbunden.

Solche grundlegenden Prozesse wie die Erhöhung der Leistungsparameter, die Verbesserung des Leistungs-Masse-Verhältnisses der Maschinen und Anlagen sowie der Werkstoffe und die Realisierung effektiver Substitutionsprozesse bei Rohstoffen und Materialien müssen sowohl für die erweiterte wie einfache Reproduktion bestimmend werden. Karl Marx ging davon aus, daß es sich auf einer hohen Stufe industrieller Entwicklung bei der Erneuerung der Fonds nur wertmäßig um einfache Reproduktion handelt. Aber der Wirkung nach liegt dort bereits eine wichtige Quelle der erweiterten Reproduktion, weil die Arbeitsmittel auf technisch höherem Niveau bzw. vervollkommnet reproduziert werden. Die intensive Reproduktion, d. h. die Verwohlfeilerung der Produktionsbedingungen im Unterschied zur extensiven Ausdehnung des Produktionsfeldes, leitete Karl Marx gerade aus dieser Möglichkeit ab. Die Erhöhung der Leistungsfähigkeit und Wirksamkeit der vorhandenen produktiven Fonds im Zusammenwirken mit den anderen qualitativen Wachstumsfaktoren ist folglich ein entscheidender Faktor der Intensivierung. Hieraus ergibt sich auch der entscheidende Gradmesser für die volkswirtschaftliche Wirksamkeit des wissenschaftlich-technischen Fortschritts, und zwar die Senkung der Ressourcenaufwendigkeit der Produktion und die Verbesserung der Gebrauchseigenschaften der Erzeugnisse.

Für die Erhöhung des Gebrauchswertes und die Senkung der Ressourcenaufwendigkeit der Erzeugnisse gewinnt die systematische Analyse des Leistungs-Aufwand-Verhältnisses der Erzeugnisse an Bedeutung, um Möglichkeiten aufzudecken, wie mit Hilfe des wissenschaftlich-technischen Fortschritts die Funktion des Erzeugnisses mit geringem Ressourcenaufwand erfüllt bzw. mit gegebenem Ressourcenaufwand eine Funktionserweiterung und Qualitätserhöhung des Erzeugnisses und damit eine höhere Bedürfnisbefriedigung erzielt werden kann.

13. Es gilt, den Zyklus Wissenschaft – Technik – Produktion effektiver zu gestalten, um eine ständige Modernisierung der Produktion und die Erhöhung ihres wissenschaftlich-technischen Niveaus zu sichern. Dies erfordert, den Plan Wissenschaft und Technik im Hinblick auf die Entwicklung des wissenschaftlich-technischen Niveaus der Produktion aussagefähiger zu gestalten und ihn real in den Plan der Volkswirtschaft, des Zweiges und des Kombinates zu integrieren. Nur konkrete, planwirksam gestaltete wissenschaftlich-technische Vorgaben (für Qualitätsentwicklung, Senkung des Material- und Energieverbrauchs, die Steigerung der Arbeitsproduktivität, Erhöhung der Leistungsfähigkeit der Grundfonds usw.) können das für die Effektivitätsentwicklung notwendige Tempo des wissenschaftlich-technischen Fortschritts sichern. Gleichzeitig gilt es, die bilanzierte Planung der Entwicklung des Zweiges mit der projektbezogenen und erzeugnisorientierten Planung zu verbinden. Hierbei muß die Ziel-Programm-Methode in verstärktem Umfang dazu angewendet werden, die zur Lösung von konkreten wissenschaftlich-technischen Aufgaben notwendigen Arbeiten – von der Grundlagenforschung bis zur Überführung – durchgängig zu erfassen, die zu erbringenden Leistungen zu synchronisieren und dabei die Qualitäts- und Aufwandsparameter zu optimieren. Dies ermöglicht den komplexen Einsatz des Forschungs- und Realisierungspotentials unabhängig von Zweig- und Kombinatsgrenzen und sichert eine höhere Kontinuität in der Plandurchführung.

Ein Grundproblem der Ökonomisierung des Zyklus Wissenschaft – Technik – Produktion besteht in der Intensivierung der wissenschaftlich-technischen Arbeit. In den Jahren seit 1965 ist der Anteil der Aufwendungen für Wissenschaft und Technik am Nationaleinkommen der DDR von 2,15 Prozent auf 4,5 Prozent gestiegen. Dieser Anteil wird sich im kommenden Jahrzehnt nicht noch einmal verdoppeln können, die Anforderungen an die Ergebnisse der wissenschaftlich-technischen Arbeit werden sich aber zweifellos noch stärker erhöhen als in der Vergangenheit. In Zukunft werden die Leistungen der wissenschaftlich-technischen Arbeit schneller wachsen müssen als das Wissenschaftspotential.

Dies erfordert vor allem

– hohe, anspruchsvolle Aufgabenstellungen für Wissenschaft und Technik; (Es muß unbedingt vermieden werden, daß schon von der Aufgabenstellung her auf Mittelmäßigkeit orientiert wird.)

– begründete, das heißt den künftigen Erfordernissen und Bedingungen der Produktion entsprechende Aufgabenstellungen, ihre bessere Synchronisation mit der Planung der Ressourcen (Investitionen, Arbeitskräfte);

– eine systematische Entwicklung und Pflege jener Faktoren, die die Kreativität der Arbeit positiv beeinflussen, die eine Atmosphäre der Unduldsamkeit mit dem Erreichten, schöpferischen Suchens nach neuen Lösungen fördern, gleichzeitig aber auch eine größere Zielstrebigkeit, geistige Disziplin stimulieren; (Das Bewußtsein von der zunehmenden gesellschaftlichen Verbindlichkeit wissenschaftlicher Arbeit ist für den Erfolg unerläßlich. Die Förderung aller Umstände, die die schöpferische Intuition begünstigen, muß einhergehen mit der Einsicht, daß wir diese Ideen und Leistungen auf ausschlaggebenden Gebieten und zu bestimmten Zeiten brauchen.)

– ausgewogene, proportionale Relationen zwischen den verschiedenen Stadien des Zyklus Wissenschaft – Technik – Produktion (vor allem ein stärkerer Ausbau der experimentellen Kapazitäten an der Nahtstelle von Wissenschaft und Produktion), die Vervollkommnung der wirtschaftsorganisatorischen Ausgestaltung der Beziehungen zwischen Wissenschaft und Produktion sowie die bessere Gestaltung des komplizierten Netzes der Kooperationsbeziehungen.

Das qualitative Niveau der realisierten wissenschaftlich-technischen Arbeit hängt zu einem wichtigen Teil vom Entwicklungsstand und der Wirksamkeit der Grundlagenforschung ab. Die Aufgaben, vor denen die Länder der sozialistischen Staatengemeinschaft in der gegenwärtigen Entwicklungsphase stehen, eine Beschleunigung des wissenschaftlich-technischen Fortschritts in voller Breite zu erreichen bei der Entwicklung der Rohstoff- und Energiebasis, bei der Erhöhung der Leistungsfähigkeit der landwirtschaftlichen Produktion, beim Bau von modernen Maschinen, Ausrüstungen und Anlagen, der Entwicklung neuer Technologien sowie von modernen, langlebigen und funktionstüchtigen Konsumgütern, können nur auf der Grundlage zielgerichteter Grundlagenforschung erfüllt werden.

Auf dem XXV. Parteitag der KPdSU wies Genosse L. I. Breshnew darauf hin, „daß der volle Strom des wissenschaftlich-technischen Fortschritts versiegt, wenn ihn nicht ständig Grundlagenforschungen speisen".[18] Es geht um eine Grundlagenforschung, die den Umfang fundamentaler Erkenntnisse erweitert, stimulierend auf die angewandte Forschung wirkt und mit ihren Ergebnissen die Effektivität der Produktion zu beeinflussen vermag. Ohne Grundlagenforschung ist keine durchgreifende Beschleunigung des wissenschaftlich-technischen Fortschritts zu erreichen.

Gleichzeitig wächst die Bedeutung einer engen Verbindung von Grundlagenforschung, angewandter Forschung und Produktion. Die Zahl der sie vermittelnden Zwischenstufen nimmt immer mehr ab. Im Ergebnis dieser sich vertiefenden Verflechtung von Grundlagenforschung, angewandter Forschung und Produktion festigt sich die technologische und experimentelle Basis der Grundlagenforschung, die schrittweise zur Herausbildung ganzer Forschungs- und Produktionskomplexe führt, in denen sich Forschung und Entwicklung, Projektierung und Konstruktion, Experimentalproduktion und Serienfertigung zu einem einheitlichen Prozeß vereinigen. In diesem Prozeß kommt den Forschungs- und Entwicklungsstellen, den technologischen Zentren der Kombinate eine große Bedeutung zu. Sie müssen in engem Kontakt mit den Forschungseinrichtungen der Akademie der Wissenschaften der DDR und anderen Forschungseinrichtungen solche Verfahren und Erzeugnisse entwickeln bzw. ihre Einführung in die Produktion unterstützen, die dazu beitragen, in relativ kurzer Frist das wissenschaftlich-technische Niveau der Produktion zu erhöhen, bei wichtigen Erzeugnissen den internationalen Stand mitzubestimmen, die Arbeitsproduktivität und die Qualität der Erzeugnisse ständig zu steigern und die Exportrentabilität entscheidend zu verbessern.

[18] Rechenschaftsbericht des Zentralkomitees der KPdSU und die nächsten Aufgaben der Partei in der Innen- und Außenpolitik, Berichterstatter: L. I. Breshnew, Berlin 1976, S. 58.

Der relativ hohe Aufwand für die Überführung von Forschungsergebnissen in die Produktion muß durch Erhöhung des Niveaus der Standardisierung und Typisierung der Produktion gesenkt werden. Dazu trägt auch die Erhöhung der Flexibilität und Universalität der Anlagen durch Anwendung von auswechselbaren Bauelementen und -teilen bei. Die rechtzeitige Schaffung von materiell-technischen Voraussetzungen für die Überführung (Anlagen und Ausrüstungen, Roh- und Hilfstoffe usw.) sowie die bessere Einsatzvorbereitung neuer und weiterentwickelter Produkte und von Nebenprodukten ist von großer Bedeutung zur Senkung des Aufwandes für die Überleitung und die Verkürzung der Überführungszeit. Gleichzeitig gilt es, eine umfassende Nutzung von Versuchs- und Pilotanlagen über Kombinatsgrenzen hinweg zu sichern, um zu verhindern, daß diese wichtigen Bestandteile der materiell-technischen Basis der Forschung zweckentfremdet eingesetzt werden.

Die produktionswirksame Nutzung dieser Möglichkeiten in ihrer ganzen Breite und Tiefe verlangt objektiv die weitere Vergesellschaftung der wissenschaftlich-technischen Arbeit im nationalen wie auch zunehmend im internationalen Rahmen durch Erhöhung des Konzentrationsgrades, der Spezialisierung und Kooperation in Forschung und Entwicklung.

Die sozialistische internationale Arbeitsteilung mit der UdSSR und den anderen RGW-Ländern auf ausgewählten Gebieten von Wissenschaft und Technik ermöglicht es, ein gegebenes Vorhaben mit einer konkreten Zielstellung effektiver, das heißt mit einem geringeren Aufwand an Ressourcen zu lösen, als es mit der Kraft der Volkswirtschaft der DDR allein möglich wäre. Durch konzentrierten und koordinierten Einsatz der wissenschaftlich-technischen Kräfte und Mittel, der Zusammenführung vorhandener Erkenntnisse und Erfahrungen sowie durch Vermeidung von Doppelarbeiten und Anwendung rationeller Formen der unmittelbaren Zusammenarbeit ist es möglich,

– ein hohes wissenschaftlich-technisches Niveau in der Entwicklung und Vervollkommnung von Erzeugnissen und Technologien mit weitreichenden Auswirkungen auf den Reproduktionsprozeß der Kooperationspartner und ihre Arbeitsproduktivität zu erreichen, vor allem auf die nachfolgende internationale Spezialisierung und Kooperation im Prozeß der Produktion und dessen Effektivität,

– die Entwicklungszeiten bedeutend zu verkürzen und einen Zeitgewinn zu erzielen,

– durch Kosteneinsparung in der Forschungsarbeit, der Projektierung, bei der Produktion erforderlicher Ausrüstungen sowie in den Patent- und Lizenzarbeiten die erforderlichen Aufwendungen zu reduzieren.

14. Prozesse des wissenschaftlich-technischen Fortschritts sind Prozesse der Veränderung der existierenden materiell-technischen Basis unserer Gesellschaft. Hieraus resultiert die große Bedeutung aller Fragen der Verbindung dessen, was Wissenschaft und Technik neu hervorbringen, mit den vorhandenen materiell-gegenständlichen Bedingungen der Reproduktion, der strukturellen Veränderung innerhalb der materielltechnischen Basis. Deshalb könnnen die Aufgaben zur Beschleunigung des wissenschaftlich-technischen Fortschritts nicht allein auf Aufgaben der besseren Beherrschung des Zyklus Wissenschaft – Technik – Produktion reduziert werden. Die Erfahrung lehrt mit immer größerem Nachdruck, daß mit der Einführung neuer wissenschaftlich-technischer Ideen die komplizierten Probleme des wissenschaftlich-technischen Fortschritts nicht gelöst sind, sondern häufig erst anfangen. Fruchtbare wissenschaftliche Ideen und ihre zügigere industrielle Realisierung sind elementare Vorbedingungen für die Beschleunigung des wissenschaftlich-technischen Fortschritts. Wenn aber davon ausgegangen wird, daß die Ergebnisse von Wissenschaft und Technik in einen vorhandenen Wirtschaftsorganismus mit einem bestimmten Niveau und einer bestimmten

Struktur einfließen, dann wird deutlich, wie außerordentlich wichtig die Kriterien und Wege sind, die die Aufnahme- und Anpassungsfähigkeit des vorhandenen Reproduktionsprozesses an wissenschaftlich-technische Neuerungen bestimmen und die geeignet sind, insgesamt die Reaktiongeschwindigkeit des Reproduktionsprozesses zu erhöhen. Dabei nimmt die Entwicklung leistungsfähiger Arbeitsmittel einen zentralen Platz ein. Es handelt sich hier um das zentrale ökonomische Problem der Beschleunigung des wissenschaftlich-technischen Fortschritts. Die Art und Weise der Verbindung wissenschaftlich-technischer Neuerungen mit der Veränderung des vorhandenen materiell-technischen Potentials, die Einsteuerung wissenschaftlich-technischer Neuerungen in den vorhandenen Wirtschaftsorganismus gewinnen gerade unter den Bedingungen der wissenschaftlich-technischen Revolution entscheidende Bedeutung. Sie bilden einen Schwerpunkt künftiger wirtschaftwissenschaftlicher Forschung.

Zu den wichtigsten Faktoren, die die Einführung wissenschaftlicher Ergebnisse in die Produktion wie auch die Geschwindigkeit ihrer Ausbreitung im vorhandenen Reproduktionsprozeß und schließlich auch die Aussonderung veralteter Strukturelemente, Erzeugnisse und Anlagen bestimmen bzw. fördern, gehören vor allem die folgenden:

– systematische Entwicklung und Förderung leistungsstarker, stabiler Produktions- und Exportlinien bei gleichzeitiger Erhöhung der Flexibilität in den Detailstrukturen, Erzeugnissortimenten und Anpassungsmöglichkeiten technischer Lösungen an besondere Anwendungsbedingungen. Hierbei kommt dem Maschinenbau und der Elektrotechnik/Elektronik eine Schlüsselstellung zu, weil über die Erzeugnisse dieser Zweige die Ergebnisse des wissenschaftlich-technischen Fortschritts als Automatisierungs- und Mechanisierungsmittel in alle Zweige der Volkswirtschaft Eingang finden. Da sie in einem entscheidenden Maße das wissenschaftlich-technische Niveau der gesamten Volkswirtschaft und die Effektivität unseres Exports bestimmen, sind für sie überdurchschnittliche Wachstumsraten der Produktion und der Qualität der Erzeugnisse vorgesehen;

– die optimale Verbindung revolutionärer und evolutionärer Veränderungen in Wissenschaft, Technik und Produktion;

– die weitere Vervollkommnung der Wirtschaftsorganisation, vor allem mit dem Ziel, stabilere und effektivere Formen der Verbindung von Wissenschaft und Produktion zu verwirklichen;

– weitere Fortschritte auf dem Gebiet der Standardisierung und Typisierung vor allem von Bauteilen, Baugruppen und technologischen Verfahren.

15. Ein Schlüsselproblem der Beschleunigung des wissenschaftlich-technischen Fortschritts und seiner wachsenden ökonomischen und sozialen Wirksamkeit ist die Erhöhung des technologischen Niveaus der Produktion. Hier liegt zugleich das Hauptfeld der sozialistischen Rationalisierung. Rationalisierungsmaßnahmen führen nachweisbar dann zu den größten Ergebnissen, wenn sie auf der Anwendung hocheffektiver Technologien beruhen. „Das vor allem bringt den Anstieg der Arbeitsproduktivität, den unser Land braucht."[19]

Bekanntlich hat *Karl Marx* darauf hingewiesen, daß in industrialisierten Ländern die wirkliche Schöpfung des Reichtums der Gesellschaft weniger von der Arbeitszeit und dem Quantum angewandter Arbeit abhängt als vielmehr „vom allgemeinen Stand der Wissenschaft und dem Fortschritt der Technologie oder der Anwendung der Wis-

[19] E. Honecker, Die Aufgaben der Partei bei der weiteren Verwirklichung der Beschlüsse des IX. Parteitages der SED, in: Neues Deutschland vom 18./19. Februar 1978, S. 5.

senschaft auf die Produktion".[20] Da die Art und Weise der Herstellung der Erzeugnisse und das Niveau der im Produktionsprozeß eingesetzten Arbeitsmittel in entscheidendem Maße durch die Gesetzmäßigkeiten der Technologie und ihre bewußte Ausnutzung in der Produktion bestimmt wird, kommt der technologischen Forschung, der technologischen Arbeit eine erstrangige Bedeutung zu. „Mit Hilfe von Wissenschaft, Technik und Technologie gilt es, hohe Steigerungsraten der Arbeitsproduktivität zu erreichen, Arbeitsplätze einzusparen und das Verhältnis von Aufwand und Ergebnis entscheidend zu verbessern."[21] Untersuchungen bestätigen, daß bei der Aufdeckung und Ausschöpfung bedeutender Reserven, um das technologische Niveau durchgängig zu erhöhen, jene Kombinate und Betriebe die größten Fortschritte erreichen, die auf der Grundlage von exakten Analysen der Produktionsprozesse die Rationalisierungsschwerpunkte festlegen, davon ausgehend die technologische Forschung organisieren sowie die Realisierung der produktivitätsbestimmenden technologischen Aufgaben einheitlich leiten und exakt kontrollieren. Generell gilt, die entscheidenden technologischen Maßnahmen auf die Senkung der Herstellungskosten, die Einsparung von Arbeitsplätzen in großem Maße, die Reduzierung des Material- und Energieverbrauchs, die Leistungserhöhung und volle Auslastung der Arbeitsmittel, die Erhöhung der Qualität der Produktion sowie die Verbesserung der Arbeitsbedingungen zu orientieren.

Im Zusammenwirken der zentralen staatlichen und wirtschaftsleitenden Organe mit den Kombinaten, VVB und Betrieben sind die beschleunigte Entwicklung und der zielgerichtete planmäßige Einsatz des technologischen Potentials zu sichern. Eine wichtige Aufgabe zur Hebung des Niveaus der Technologie ist der Auf- und Ausbau von technologischen Zentren. Ihr Hauptanliegen besteht darin, eine koordinierte Entwicklung der ausschlaggebenden technologischen Gebiete zu gewährleisten und eine breite Anwendung der entwickelten hochproduktiven technologischen Prozesse zu sichern.

Die ökonomische und soziale Wirksamkeit der Technologie wird in hohem Maße von umfassender Standardisierung zur Erhöhung der Serienmäßigkeit und der Bereitstellung spezieller technologischer Ausrüstungen beeinflußt. Das bedeutet vor allem, die Typenvielfalt von Bauteilen und Baugruppen zu reduzieren, Typentechnologien im Sinne von Besttechnologien zu entwickeln und anzuwenden sowie technologische Richtwerte auszuarbeiten und durchzusetzen, die internationalen Maßstäben entsprechen.

16. Von großer Bedeutung für die Beschleunigung des wissenschaftlich-technischen Fortschritts und die Erhöhung seiner volkswirtschaftlichen Wirksamkeit erweist sich der Eigenbau von zweig- und betriebsspezifischen Rationalisierungsmitteln. Kombinate und Betriebe, die seit längerer Zeit über Abteilungen für die Eigenherstellung von Rationalisierungsmitteln – in enger Verbindung mit eigenen Baukapazitäten – verfügen, stehen in der Produktivitäts- und Effektivitätsentwicklung in der vorderen Reihe und erfüllen kontinuierlich ihre Pläne. Die besten Ergebnisse werden dort erreicht, wo die Eigenfertigung von Rationalisierungsmitteln in eine auf hohe Effektivität gerichtete langfristige wissenschaftlich-technische Konzeption zur Erzeugnis- und Verfahrensentwicklung, zur Erhöhung des Niveaus der Technologie und der Qualität der Arbeit, zur Rekonstruktion und Modernisierung des Produktionsapparates einschließlich der Verbesserung der Arbeitsbedingungen eingeordnet wird.

[20] K. Marx, Grundrisse der Kritik der Politischen Ökonomie, a. a. O., S. 592.
[21] Programm der Sozialistischen Einheitspartei Deutschlands, a. a. O., S. 27.

Der Eigenbau von Rationalisierungsmitteln wird in hohem Maße von den Verfahren und Technologien bestimmt. Sie tragen weitgehend zweig- und sogar betriebsspezifische Züge. Um alle Möglichkeiten auszuschöpfen, zusätzliche Leistungsreserven durch effektivere technologische Prozesse zu erschließen, sind deshalb differenzierte Lösungen beim Eigenbau von Rationalisierungsmitteln erforderlich.

Das betrifft vor allem die konkreten Wege und Maßnahmen zur Schaffung und weiteren Verstärkung der eigenen Kapazität für die Fertigung von Rationalisierungsmitteln – unter weitgehender Nutzung der territorialen Rationalisierung – sowie zur Einordnung des Rationalisierungsmittelbaus in den Reproduktionsprozeß der Kombinate und Betriebe und in das Leitungssystem.

Generell ist zur Lösung der damit verbundenen Aufgaben notwendig, daß

– bei der weiteren Ausgestaltung und der Bildung neuer Kombinate die erforderlichen Kapazitäten für den Eigenbau zweig- und betriebsspezifischer Rationalisierungsmittel planmäßig entwickelt sowie materiell-technisch und kaderseitig abgesichert werden;

– alle Möglichkeiten genutzt werden, die Leistungsfähigkeit beim Eigenbau von Rationalisierungsmitteln weiter zu erhöhen: wie die Organisierung einer effektiven Spezialisierung, Kooperation und Zentralisation innerhalb des Kombinats, der Kooperation zwischen Betrieben verschiedener Unterstellung, zwischen zentralgeleiteten und bezirksgeleiteten Betrieben in einem Territorium sowie die Gewährleistung einer engen Verbindung von betrieblicher und territorialer Rationalisierung.

Große Bedeutung für die weitere Steigerung der Leistungsfähigkeit der Kombinate und Betriebe sowie der Effektivität bei der Eigenfertigung und beim Einsatz von Rationalisierungsmitteln haben die weitere planmäßige Erhöhung der Lieferungen von standardisierten Bauteilen, Baugruppen und Normteilen sowie die Verkürzung der Bestell- und Lieferfristen durch die metallverarbeitende Industrie.

17. In der Senkung des spezifischen Energie- und Rohstoffverbrauchs pro Einheit Produktion liegt ein entscheidendes Bewährungsfeld für Wissenschaft und Technik. Sie sind wichtige Quellen, um durch Verbesserung der Gebrauchseigenschaften der Erzeugnisse, ihrer Güte, Lebensdauer, Funktionstüchtigkeit und gestalterischen Qualität pro Bedürfniseinheit weniger Energie und Material zu verbrauchen und damit die Arbeitsproduktivität zu steigern.

Das Tempo des ökonomischen Wachstums und seiner Effektivität hängt immer mehr von dem Tempo der Senkung des spezifischen Materialverbrauchs ab, so „daß die Materialökonomie heute die Effektivität und das Wachstumstempo der Wirtschaft zunehmend bestimmt".[22] Insgesamt sollen im jetzigen Fünfjahrplan etwa 50 Prozent des für die Sicherung des Produktionszuwachses notwendigen Materialaufwandes durch eine höhere Material- und Energieökonomie der Produktion verfügbar werden. Das bedeutet, den Verbrauch volkswirtschaftlich wichtiger Energieträger, Rohstoffe und Materialien, berechnet auf eine Einheit industrieller Warenproduktion pro Jahr, durchschnittlich um 3 Prozent und mehr zu senken, vor allem für den Einsatz von Energie, Walzstahl, Buntmetallen, Guß, Plast- und Holzwerkstoffen. Diese enorme Senkung des spezifischen Energie- und Materialverbrauchs gilt es, zu 80 Prozent durch eine höhere Wirksamkeit von Wissenschaft und Technik zu sichern. Durch technologische Verbesserung der Energieumwandlungs-, Energieübertragungs- und -anwendungsprozesse sind die Energieumwandlungsverluste umfassend zu senken. Deshalb

[22] E. Honecker, Zu aktuellen Fragen unserer Innen- und Außenpolitik nach dem IX. Parteitag, Berlin 1976, S. 32.

ist im Fünfjahrplan 1976 bis 1980 geplant, die Gebrauchsenergieintensität um 4,7 bis 5 Prozent und die Elektroenergieintensität um 2,8 bis 3 Prozent pro Jahr zu verringern.

Der Erarbeitung von exakten Vorgaben für die wissenschaftlich-technische Arbeit zur Senkung des spezifischen Material- und Energieverbrauchs gilt es einen hohen Rang einzuräumen. Hierbei ist die Arbeit mit technischen und ökonomisch begründeten Material- und Energieverbrauchsnormen auf allen Ebenen der Leitung und Planung des Reproduktionsprozesses grundlegend zu verbessern.

Gleichzeitig gilt es, durch die Erhöhung des „Veredlungsgrades" der Produkte den Rohstoffanteil in allen Waren zu senken, die Substitution von knappen Rohstoffen und Materialien zu ermöglichen sowie den verminderten Verbrauch von Rohstoffen durch Entwicklung von energie- und rohstoffarmen Technologien zu gewährleisten. Besonders wichtig ist die kontinuierliche Rückgewinnung von Rohstoffen aus Abfall und veralteten Gebrauchsgütern. Wissenschaftlich-technische Lösungen, die auf effektive Weise ermöglichen, die Abprodukte unserer Produktion wieder in den wirtschaftlichen Kreislauf einzubeziehen, sind nicht nur von hohem ökonomischem Wert. Sie haben auch entscheidende Bedeutung für die Sicherung einer effektiven Reproduktion unserer natürlichen Umwelt. Denn Abprodukte, die nicht in irgendeiner Weise wieder dem Produktionsprozeß zugeführt werden, belasten Luft, Wasser oder Boden und mindern somit Qualität und Leistungsfähigkeit unserer natürlichen Umwelt.

Deshalb gilt es, im Rahmen der sozialistischen Rationalisierung die wissenschaftlich-technische Arbeit auch auf die Erschließung neuer Einsatzgebiete und zum Aufbau von Verarbeitungskapazitäten zu lenken, um Sekundärrohstoffe und Abprodukte wie Altpapier, Alttextilien, Altreifen, Rücklaufbehälterglas, Sulfitablaugen, Plastabfälle, Knochen und Holzreste besser zu nutzen.

18. Die Erfahrungen der jüngeren Vergangenheit bestätigen nachdrücklich, daß die ökonomische und soziale Wirksamkeit des wissenschaftlich-technischen Fortschritts wesentlich von unserer Fähigkeit abhängt, ihn planmäßig und bewußt in den Dienst des gesellschaftlichen Fortschritts zu stellen. Dies bedeutet vor allem, die praktischen Aufgaben einer begründeten und zwingenden ökonomischen Orientierung des wissenschaftlich-technischen Fortschritts erfolgreich zu lösen, zu denen vor allem die folgenden gehören:

– die weitere Qualifizierung der Planung von Wissenschaft und Technik im Rahmen der Volkswirtschaftsplanung. Sie ist so weiterzuentwickeln, daß die Kräfte der Forschung und Entwicklung und die materiellen Potenzen auf die wissenschaftlich-technischen Ziele konzentriert werden, die für die Leistungsentwicklung der Volkswirtschaft von ausschlaggebender Bedeutung sind. Ausgehend von der Grundlinie und den Hauptproblemen der langfristigen Entwicklung der Volkswirtschaft und auf der Grundlage langfristiger Entwicklungskonzeptionen sind die für die volkswirtschaftlichen Neuerungsprozesse erforderlichen wissenschaftlich-technischen Aufgaben in ihrem Gesamtzusammenhang einschließlich der Aufgaben für die breite volkswirtschaftliche Nutzung der Ergebnisse als Staatsaufträge vorgegeben. Die Arbeit mit den Staatsaufträgen gilt es unter Berücksichtigung der Erfahrungen ständig zu qualifizieren und zum Hauptbestandteil der zentralen Planung von Wissenschaft und Technik im Zeitraum 1981 bis 1985 zu entwickeln. Des weiteren ist durch die zentrale staatliche Planung auf volkswirtschaftlich ausschlaggebenden Gebieten die Entwicklung wissenschaftlich-technischer Spitzenleistungen vorzugeben. Die in den Plänen Wissenschaft und Technik und in den Pflichtenheften für diese Aufgaben festgelegten wissenschaftlich-technischen und technisch-ökonomischen Parameter müssen auf die

Mitbestimmung des fortgeschrittenen internationalen Standes zum Zeitpunkt der Produktionswirksamkeit orientieren;

– die Umsetzung ökonomischer und sozialer Zielstellungen in technische Lösungen. Nach wie vor kommt es darauf an, eine höhere Verbindlichkeit der ökonomischen und sozialen Vorgaben zu erreichen. Die einfache Umsetzung der Produktionsaufgaben in technische Lösungen entspricht immer weniger den Anforderungen, die heute an den wissenschaftlich-technischen Fortschritt gestellt werden müssen. Die Qualität der ökonomischen und sozialen Vorgaben, für die die jeweiligen Leiter die ungeteilte Verantwortung besitzen, entscheidet wesentlich über die ökonomische und soziale Wirksamkeit des wissenschaftlich-technischen Fortschritts;

– die Umsetzung künftiger Erfordernisse und Bedingungen der Produktion in heutige Aufgaben für die praktische wissenschaftlich-technische Arbeit. Wie die Erfahrung lehrt, bedeutet dies vor allem, der langfristig konzeptionellen Arbeit auf allen Ebenen der Wirtschaftsleitung einen höheren Rang beizumessen. Das gilt für volkswirtschaftliche Programme zur Verwirklichung komplexer Richtungen des technischen Fortschritts bis zu den Intensivierungskonzeptionen der Betriebe und Kombinate. Die Prognostizierung der künftigen Erfordernisse und Bedingungen der Produktion wird immer mehr zu einer elementaren Voraussetzung für die Bewältigung unserer gegenwärtigen Aufgaben. Eine kontinuierliche Steigerung der Effektivität der gesellschaftlichen Produktion im notwendigen Entwicklungstempo ist dabei nur möglich, wenn sichere Vorstellungen über die künftigen Maßstäbe des technisch-ökonomischen Niveaus der Erzeugnisse und Verfahren bestehen.

Eine umfassende Bewertung von Technologien vom Standpunkt ihres Beitrages zur Steigerung der Arbeitsproduktivität, zur Senkung der Ressourcenaufwendigkeit der Produktion und zur Reproduktion der natürlichen Umwelt wird zu einem wichtigen Erfordernis der planmäßigen Leitung des wissenschaftlich-technischen Fortschritts;

– die Umsetzung der auf den Reproduktionsprozeß der Volkswirtschaft, des Kombinates oder des Betriebes bezogenen Zielsetzungen in konkrete vorhaben- und themenbezogene Vorstellungen für Forschung und Entwicklung. Hierzu gehört auch eine solche Einsteuerung der stets punktuellen wissenschaftlich-technischen Maßnahmen in den komplexen und dynamischen Wirtschaftsprozeß, daß die Effektivität des jeweiligen Reproduktionsprozesses insgesamt steigt, daß die in der bereits vorhandenen materiell-technischen Basis enthaltenen ökonomischen Potenzen fruchtbarer gemacht werden. Die Praxis beweist immer wieder, daß eine bessere Beherrschung dieser Beziehungen vermittelnder Glieder bedarf, zu denen vor allem die planmäßige Gestaltung des technisch-ökonomischen Niveaus der Produktion gehört;

– die Zusammenführung der absehbaren Erfordernisse der Produktion (Umfang, Effektivität, soziale Zielstellungen) mit den voraussehbaren Entwicklungstendenzen der Technik und den abschätzbaren ökonomischen Ressourcen. Hohe ökonomische und soziale Wirksamkeit des wissenschaftlich-technischen Fortschritts kann nur dann gewährleistet werden, wenn in der Leitung und Planung, in der Orientierung der wissenschaftlich-technischen Arbeit alle Komponenten sorgfältig analysiert und abgewogen werden. Das Übergreifende sind hier die künftigen Zielstellungen der Produktion (genauer: der Anwender). Natürlich besitzt auch das „Angebot der Wissenschaft", die voraussehbaren Entwicklungstendenzen der Erzeugnisse und Verfahren, insbesondere ihrer qualitativen Veränderungen, erstrangige Bedeutung. Ebenso verständlich ist, daß die verfügbaren Ressourcen einen Einfluß nicht nur auf die Menge der Produktion, sondern auch auf die Wahl der technologischen Lösungen haben;

– die Verbindung von zielstrebiger Leitungstätigkeit, wissenschaftlicher Forschung und der Entfaltung der schöpferischen Initiative der Werktätigen im gesamten Prozeß der Aufgabenfindung und Realisierung wissenschaftlich-technischer Maßnahmen. Die Aufgabenfindung für Forschung und Entwicklung muß von vornherein als ein sehr wichtiger Teil der Forschungsarbeit verstanden werden. Selbstverständlich kann das nicht bedeuten, daß das Vorschlagen, Bestätigen, Durchführen, Kontrollieren und Bewerten von Forschungsaufgaben die Angelegenheit ein und derselben Person sein darf, wie das gelegentlich vorkommt. Die Bestätigung, Kontrolle und Bewertung der Forschungsarbeiten sind Aufgabe des jeweiligen Leiters des Reproduktionsprozesses, weil dies nur aus der Sicht der Erfordernisse und Bedingungen des Reproduktionsprozesses möglich ist.

– Von großer Bedeutung ist die systematische Einbeziehung der Werktätigen, der Neuerer und Erfinder, in den Prozeß der Aufgabenfindung für die Pläne Wissenschaft und Technik. Die Neuererbewegung orientiert sich immer mehr an den Plänen von Wissenschaft und Technik; der Anteil der kollektiven Neuerertätigkeit ist in den letzten Jahren bedeutend gewachsen. Die Erfahrung lehrt, daß die Entwicklung dieses wissenschaftlich-technischen Schöpfertums der Werktätigen, die Entfaltung der sozialistischen Gemeinschaftsarbeit zwischen den Angehörigen der Arbeiterklasse und der Intelligenz sich um so besser vollzieht, je wirksamer die Werktätigen bereits in den Prozeß der Aufgabenfindung einbezogen worden sind. Das bedeutet auch, Neuerertätigkeit und Forschungsarbeit besser miteinander zu verbinden, das Feld der Neuerertätigkeit nicht nur in der Veränderung bereits in die Produktion übergeführter technischer Lösungen zu sehen, wie das oft noch geschieht.

IV. Zum effektiven Einsatz des gesellschaftlichen Arbeitsvermögens und seiner rationellen Nutzung mit Hilfe der wissenschaftlichen Arbeitsorganisation (WAO) und der Anwendung des sozialistischen Leistungsprinzips

19. Zu den entscheidenden Vorzügen des Sozialismus gehört, „daß der Mensch die Hauptproduktivkraft ist, zu dessen Nutzen die Intensivierung der Produktion durchgeführt und dessen Arbeit dadurch erleichtert wird".[23] Im diametralen Gegensatz zur imperialistischen Praxis, in der besonders jene Werktätigen, die keine abgeschlossene oder überhaupt keine Berufsausbildung erhalten haben, vom Übergang von kurzzeitiger zur Dauerarbeitslosigkeit betroffen sind, werden in der sozialistischen Gesellschaft bedeutende Anstrengungen zur qualitativen Entwicklung des gesellschaftlichen Arbeitsvermögens und seiner rationellen Nutzung unternommen. „In einem modernen Industriestaat, wie es die Deutsche Demokratische Republik ist, fließt ökonomisches Wachstum vor allem aus der Schöpferkraft der Arbeiter und Genossenschaftsbauern, der Wissenschaftler und Techniker und aller anderen Werktätigen, aus dem geistigen Potential unseres Volkes."[24] Verfügten im Jahre 1960 rund 39 Prozent aller Werktätigen in der DDR über einen Facharbeiter-, Fachschul- oder Hochschulabschluß, waren es 1970 bereits 57 Prozent. Im Jahre 1976 besaßen mehr als 70 Prozent der

[23] Programm der Sozialistischen Einheitspartei Deutschlands, a. a. O., S. 27.

[24] E. Honecker, Die Aufgaben der Partei bei der weiteren Verwirklichung der Beschlüsse des IX. Parteitages der SED, in: Neues Deutschland vom 18./19. Februar 1978, S. 5.

Werktätigen einen Abschluß als Facharbeiter, Hoch- oder Fachschulkader. Etwa ein Drittel aller Werktätigen wurde bereits nach den Lehrprogrammen der zehnklassigen polytechnischen Oberschule ausgebildet.

Im Zuge der vertieften Intensivierung erhalten eine effektive Struktur des gesellschaftlichen Arbeitsvermögens und sein auf die volkswirtschaftlichen Erfordernisse orientierter Einsatz wachsendes Gewicht. Hierbei geht es um Maßnahmen des rationellen Wirksamwerdens der lebendigen Arbeit, die gewährleisten, daß

– dem Einsatz von kontinuierlichen und stabilen Steigerungsraten der Arbeitsproduktivität und Effektivität sowie gleichzeitiger Schaffung persönlichkeitsförderlicher Arbeitsbedingungen entsprochen wird;

– sich die Minimierung des Arbeitsaufwandes (Einsparung von Arbeitsplätzen, Arbeitszeit und Arbeitskräften) bei Sicherung des bedarfs- und qualitätsgerechten Produktions- und Leistungszuwachses planmäßig vollzieht;

– die Annäherung von potentiellem und effektiv genutztem gesellschaftlichen Arbeitsvermögen mit dem Ziel der Erschließung von weiteren Arbeitskräftereserven erfolgt;

– die qualitative und quantitative Proportionalität zwischen einsetzbarem Arbeitsvermögen und den Arbeitsplätzen in den Wirtschaftsbereichen und territorial gewährleistet wird;

– die volle Nutzung der Arbeitszeitfonds unter Berücksichtigung eines optimalen Einsatzes des körperlichen und geistigen Leistungsvermögens der Werktätigen gesichert wird.

Folgende Komponenten des gesellschaftlichen Arbeitsvermögens treten im Zusammenhang mit der vertieften Intensivierung in den Vordergrund:

– Die Kenntnisse, Fertigkeiten, Fähigkeiten und andere persönlichkeitsbestimmende Elemente der Werktätigen müssen wirksamer als bisher auf hohe Steigerungsraten der gesellschaftlichen Arbeitsproduktivität ausgerichtet werden. Hierbei sind produktivitätssteigernde und persönlichkeitsfördernde Maßnahmen eng miteinander zu verbinden.

– In der DDR und auch in anderen RGW-Ländern sind die Arbeitskräfteressourcen nahezu vollständig in den Reproduktionsprozeß einbezogen. Der extensiven Ausweitung des Beschäftigtenpotentials sind enge Grenzen gesetzt. Somit wird die Erhöhung der Produktivität des bereits genutzten gesellschaftlichen Arbeitsvermögens zur entscheidenden Quelle der Steigerung des Nationaleinkommens. Unter diesen qualitativ neuen Bedingungen wird die Entwicklung des Nationaleinkommens entscheidend vom Wachstumstempo der Arbeitsproduktivität bestimmt.

20. Die quantitativ und qualitativ wachsenden Bedürfnisse und Anforderungen auf dem Gebiet der Produktion und Konsumtion mit annähernd gleichbleibendem Arbeitskräftepotential zu befriedigen, erfordert objektiv,

- die Arbeitsproduktivität vor allem mit Hilfe des wissenschaftlich-technischen Fortschritts ständig zu steigern und gleichzeitig
- Arbeitskräfte und Arbeitsplätze einzusparen sowie die Mobilität und Disponibilität der Werktätigen zu erhöhen.

Dieser Prozeß der Veränderung der Arbeit durch den wissenschaftlich-technischen Fortschritt und der Einsparung von Arbeitskräften verläuft im Kapitalismus und im Sozialismus mit entgegengesetzten sozialen Zielen und Wirkungen, die sich besonders gegenwärtig in prägnanter Weise äußern. Angesichts der Krise, der Arbeitslosigkeit und der sozialen Unsicherheit für eine wachsende Zahl von Werktätigen ist es um die noch in den sechziger Jahren von den bürgerlichen und reformistischen Ökonomen viel strapazierte These von der „Humanisierung der Arbeitswelt" recht still geworden. Millionen von Arbeitslosen und Kurzarbeitern sind für die Monopole ein willkommener Anlaß, in erbarmungsloser Art und Weise Wissenschaft und Technik durchzusetzen, wobei die unmittelbaren Produzenten als ein Produktionsfaktor unter vielen angesehen werden.

Insbesondere die Freisetzung von Arbeitskräften im Rahmen der kapitalistischen Rationalisierung zeigt deutlich, daß ausschließlich Profitinteressen für den Verlauf dieses Prozesses bestimmend sind. Wachsende Arbeitslosigkeit, zunehmende Existenzunsicherheit und das Unvermögen, allen Jugendlichen eine Berufsausbildung zu sichern, weisen die historische Überlebtheit des Kapitalismus nach und zeigen besonders gegenwärtig in prägnanter Weise seine objektive Unfähigkeit, die ökonomischen und sozialen Wirkungen der wissenschaftlich-technischen Revolution im Interesse der Werktätigen anzuwenden. „Nur so ist es auch zu erklären, daß die Arbeitslosigkeit in den drei Zentren des Kapitalismus im Jahresdurchschnitt von 13 Millionen während des Krisenjahres 1975 auf 14 Millionen im Jahre 1976 und auf 15 Millionen im Jahre 1977 gestiegen ist."[25]

Im Sozialismus ist das Recht auf Arbeit und auf soziale Sicherheit nicht nur verfassungsmäßig garantiert, sondern sozialökonomische Wirklichkeit, die mit der erfolgreichen Realisierung der Einheit von Wirtschafts- und Sozialpolitik nachhaltiger und vielfältiger wird. Zur planmäßigen Gestaltung des Prozesses der Einsparung und Umsetzung von Arbeitskräften bei voller Gewährleistung der Rechte und Interessen der Werktätigen ist eine enge Zusammenarbeit von wirtschaftsleitenden Organen, Gewerkschaft und territorialen Organen erforderlich, für die eine Reihe positiver Erfahrungen, vor allem im Rahmen der territorialen Rationalisierung, vorliegen (z. B. bei der Einstellung des Steinkohlenbergbaus in der DDR). Arbeitsplatzwechsel bzw. Veränderungen des Arbeitsinhalts ergeben sich nicht nur bei Strukturveränderungen im volkswirtschaftlichen Maßstab, sondern treten ständig mit technisch-technologischen Veränderungen in den einzelnen Wirtschaftseinheiten auf. Die planmäßige Gestaltung dieses Prozesses setzt die kontinuierliche Anwendung der wissenschaftlichen Arbeitsorganisation und die rechtzeitige Einbeziehung der Werktätigen voraus. Darüber hinaus sind im Rahmen der Aus- und Weiterbildung der Werktätigen deren Bildungsvoraussetzungen für eine erhöhte Disponibilität und Mobilität zu erweitern.

21. Die wachsende Mobilität und Disponibilität der Arbeitskräfte ist maßgebend für

- die Sicherung der Proportionalität zwischen dem Umfang der Arbeitsplätze und der Zahl der Arbeitskräfte vor allem im Zuge der Entwicklung effektiver Bedürfnis-, Produktions- und Aufwandsstrukturen der Zweige, Bereiche und Territorien;
- die mehrschichtige Auslastung, insbesondere hochproduktiver Maschinen und Anlagen, mit dem Ziel, die Fondsintensität zu senken;
- den weiteren Ausbau der Leistungsfähigkeit der nichtproduzierenden Bereiche, an die wachsende Anforderungen gestellt werden.

Die vertiefte Intensivierung erfordert die Erhöhung des Tempos der Einsparung von Arbeitsplätzen und der Gewinnung von Arbeitskräften durch komplexe sozialistische Rationalisierung. Sie erfordert die Rekonstruktion und Modernisierung ganzer Betriebe bzw. Betriebsteile auf hohem wissenschaftlich-technischem, organisatorischem und sozialökonomischem Niveau. Hierbei erhält die weitere komplexe Mechanisierung und Automatisierung der Haupt-, Hilfs- und Nebenprozesse einen hohen Stellenwert. Der gegenwärtig teils überalterte Bestand an Grundfonds erweist sich in einzelnen Wirt-

[25] Ebenda, S. 3.

schaftszweigen als ein Hemmnis für die Einsparung von Arbeitsplätzen und für die Gewinnung von Arbeitskräften. Demzufolge besteht die Aufgabe, veraltete Anlagen rechtzeitig auszusondern und ihren Ersatz durch hochleistungsfähige Aggregate als wesentliche und ständige Quelle der Einsparung von Arbeitsplätzen und Arbeitskräften in unserer Volkswirtschaft verstärkt zu nutzen. Ebenso notwendig ist es, durch Anwendung der wissenschaftlichen Arbeitsorganisation, moderner Technologien, leistungsfähiger Verfahren und Konstruktionen mehr Arbeitsplätze und Arbeitskräfte als bisher einzusparen. „Ein besonderes Anliegen der Rationalisierung ist die Beseitigung schwerer körperlicher, gesundheitsschädlicher und auch monotoner Arbeit."[26]

Eine wichtige Reserve zur Einsparung von Arbeitsplätzen und Arbeitskräften ist in der Mechanisierung bisher noch überwiegend manuell ausgeführter Tätigkeiten zu sehen. Immerhin ist etwa ein Drittel der Produktionsarbeiten noch nicht mechanisiert. Der Anteil manueller Tätigkeiten ist besonders in den Hilfs- und Nebenprozessen noch hoch (über 50 Prozent). Hierzu gehören insbesondere die Reparatur-, Lager-, Verpackungs-, Transport- und Reinigungsarbeiten.

22. Der weitere Ausbau der materiell-technischen Basis erfordert in einem bestimmten Umfang Erweiterungsinvestitionen. Die damit verbundene Schaffung neuer Arbeitsplätze – insbesondere in der Grundstoffindustrie – bedingt die Zuführung zusätzlicher Arbeitskräfte. Die Gewinnung dieser Arbeitskräfte erfordert

- den Einsparungseffekt von Arbeitsplätzen und Arbeitskräften bei Rationalisierungsinvestitionen in allen Zweigen und Bereichen der Volkswirtschaft wesentlich zu erhöhen und
- bei Erweiterungsinvestitionen strengere Maßstäbe an den Arbeitskräftebedarf sowie an die effektive und persönlichkeitsfördernde Gestaltung der Arbeitsprozesse und -bedingungen anzulegen.

Im Ergebnis dessen sind mehr Arbeitsplätze und Arbeitskräfte einzusparen als durch Investitionen zusätzlich geschaffen werden. Hierbei gewinnen die territorialen Erfordernisse und Bedingungen zur Einsparung von Arbeitsplätzen sowie zur Sicherung der Einsparung, des Ersatz- und Zusatzbedarfs von Arbeitskräften wachsende Bedeutung.

Weiterhin gehört die volle Nutzung der Arbeitszeit zu den Grunderfordernissen des rationellen Einsatzes und der Nutzung des gesellschaftlichen Arbeitsvermögens. Dies betrifft die Senkung der Stillstands- und Wartezeiten, der Zeiten für Nacharbeit und Garantie, den Rückgang des Krankenstandes, die Vermeidung von Zeitverlusten infolge Fluktuation sowie die weitere Festigung der Arbeitsdisziplin. Auf dem Wege der Erhöhung der Kontinuität der Produktion ist der uneffektive Wechsel zwischen hohen Ausfallzeiten und Überstunden zu vermeiden, womit bedeutende Reserven für die Steigerung der Arbeitsproduktivität nicht nur bezogen auf das Stufenprodukt, sondern auch auf das Endprodukt erschlossen werden können.

23. Die planmäßige und komplexe Nutzung aller Intensivierungsfaktoren setzt die Anwendung der wissenschaftlichen Arbeitsorganisation als eines Hauptinstruments zur Steigerung der Arbeitsproduktivität voraus. Durch ihre auf hohe Effektivität und soziale Qualität der menschlichen Arbeitstätigkeit, auf leistungs- und persönlichkeitsfördernde Arbeitsbedingungen gerichteten Methoden und Verfahren trägt sie zur besseren Nutzung der Arbeitszeit und der Grundfonds sowie zu einer hohen Materialökonomie bei.

Wesentlich für den effektiven Einsatz und die qualitativ erweiterte Reproduktion

[26] Ebenda, S. 5.

des gesellschaftlichen Arbeitsvermögens ist die volle Nutzung des Qualifikationsniveaus der Werktätigen bei der Beschleunigung des wissenschaftlich-technischen Fortschritts. Mit der Anwendung arbeitswissenschaftlicher Erkenntnisse bei der Gestaltung der Arbeitstätigkeiten und -verfahren sowie der Arbeitsmittel werden in enger Verbindung mit der Technologie Grundlagen für progressive Arbeitsinhalte geschaffen, die den Werktätigen die Nutzung ihrer Leistungsvoraussetzungen ermöglichen und ihren wachsenden Bedürfnissen nach anspruchsvoller und interessanter Arbeit entsprechen. Damit trägt die WAO bei, den sozialistischen Charakter der Arbeit auszuprägen, indem hohe Arbeitsproduktivität unter Bedingungen erreicht werden kann, die „Arbeitsfreude, Einsatzbereitschaft und Schöpfertum sowie das Streben der Werktätigen nach Ordnung, Sicherheit und Disziplin fördern".[27]

Aufbauend auf den bisher gewonnenen Erfahrungen muß die WAO auch in der Landwirtschaft, besonders in den industriemäßig produzierenden Betrieben, breiteren Eingang finden.

Die Erfahrungen bei der Verwirklichung der Beschlüsse des VIII. und IX. Parteitages der SED beweisen, daß die Anwendung der WAO an Leistungsreserven heranführt, die nur durch rationell organisierten Einsatz lebendiger Arbeit, ihrer effektiven Kombination mit den Produktionsfonds und durch eine dem sozialistischen Leistungsprinzip entsprechende materielle und moralische Stimulierung erschlossen werden können.

Der Anteil der WAO-Maßnahmen am Wachstum der Arbeitsproduktivität hat sich zunehmend erhöht und beträgt durchschnittlich 20 bis 30 Prozent. Dieses Ergebnis ist durch eine Erhöhung der Qualität der Leitung und Planung der WAO und ihrer engeren Verbindung mit der Planung der Arbeitsproduktivität und Effektivität nach Hauptfaktoren noch weiter zu verbessern. Die kontinuierlich gestiegene Zahl der durch WAO-Maßnahmen um- bzw. neugestalteten Arbeitsplätze betrug rund 500 000 in den Jahren 1972 bis 1976. Die mit dieser Entwicklung einhergehende höhere Qualität der Arbeitsbedingungen ist Ausdruck dafür, daß unter sozialistischen Produktionsverhältnissen der wissenschaftlich-technische Fortschritt zum Nutzen der Werktätigen angewendet wird. Die Werktätigen entwickeln zahlreiche Initiativen, um den Wirkungsgrad ihrer Arbeit in Qualität und Quantität zu vervollkommnen. Mit ihrem Ideenreichtum, der kollektiven Arbeit und ihren sozialen Aktivitäten tragen sie dazu bei, progressive Arbeitsinhalte und Arbeitsbedingungen zu schaffen, die hohe Arbeitsleistungen ermöglichen. In diesem Prozeß, in dem sich die Führungsrolle der Arbeiterklasse weiter ausprägt, wird ihre allseitige körperliche und geistige Entwicklung gefördert. Das ist für die Formierung sozialistischer Persönlichkeiten und Arbeitskollektive von wachsender Bedeutung. In den mehr als 10 000 ehrenamtlichen WAO-Kollektiven realisieren die Werktätigen ihre Interessen als bewußte Mitgestalter progressiver Arbeitsinhalte, besserer Arbeitsbedingungen und höherer Formen der gesellschaftlichen Beziehungen. Vor allem sind sie durch eine zielgerichtete ideologische Arbeit, fachliche Qualifizierung und Leitungstätigkeit noch wirksamer zu befähigen, ihren Beitrag zur Einsparung, Um- und Neugestaltung von Arbeitsplätzen sowie zur Gewährleistung der erforderlichen Disponibilität im Zuge der komplexen sozialistischen Rationalisierung weiter zu erhöhen.

24. Aufgrund der zunehmenden Komplexität der Produktions- und Arbeitsprozesse ist die WAO verstärkt in ganzen Fertigungsabschnitten und -bereichen in enger Verbindung mit Veränderungen der Technik, Technologie und Produktionsorganisation

[27] Programm der Sozialistischen Einheitspartei Deutschlands, a. a. O., S. 24.

anzuwenden. Mit der rationellen Gestaltung der Hilfs- und Nebenprozesse sind bestehende Niveauunterschiede in der Arbeitsproduktivität und bei den Arbeitsbedingungen im Vergleich zu den Hauptprozessen abzubauen. Auf dem Wege des Erfahrungsaustausches ist den Klein- und Mittelbetrieben zu helfen, durch Erhöhung des Niveaus der Produktions- und Arbeitsorganisation weitere Leistungsreserven zu erschließen.

Volkswirtschaftliche Ziele zur Senkung des Leitungs- und Verwaltungsaufwandes bestimmen die Aufgaben für die Anwendung der WAO in diesen Bereichen. Hier sind die rationelle Gestaltung der Arbeitsabläufe, die Normierung des Zeitaufwandes und Typisierung der Arbeitsplätze, die bestmögliche Nutzung der Arbeitszeit und des vorhandenen Qualifizierungsniveaus sowie die Verringerung des Anteils von Routinearbeiten ein wirksamer Beitrag zur Senkung des Aufwandes. Eine bedeutende Produktionsreserve besteht in der planmäßigen und rechtzeitigen Nutzung arbeitswissenschaftlicher Erkenntnisse bei der Entwicklung neuer Erzeugnisse, Technologien und Verfahren sowie bei der Vorbereitung und Durchführung von Investitionen. Deshalb ist die Anwendung arbeitswissenschaftlicher Erkenntnisse in der Produktionsvorbereitung eine dominierende Wirkungsrichtung der WAO bei der Beschleunigung des wissenschaftlich-technischen Fortschritts. Durch sie werden in hohem Maße über Umfang und Tempo der Produktionssteigerung, progressive Veränderungen der Arbeitsinhalte und über das Niveau der Arbeitsbedingungen entschieden.

25. Das Potential der modernen Technik und Technologie wird nur dann dauerhaft effektivitätswirksam, wenn die mit der Maschinen- und Anlagengestaltung sowie mit der Organisation der Arbeitsprozesse primär verbundenen Arbeitsanforderungen mit dem Bildungs- und Qualifikationsniveau und dem Leistungsvermögen der Werktätigen übereinstimmen. Die Konzipierung von Arbeitsaufgaben, die unter stärkerer Nutzung psycho-physiologischer und sozialer Aspekte den Erfordernissen progressiver Arbeitsinhalte entsprechen, rückt deshalb in den Vordergrund. Es geht um

– die Erhöhung des Anforderungsniveaus zur vollen Nutzung und zur Weiterentwicklung der Fähigkeiten der Werktätigen, bei der gleichzeitig Kooperation und Kommunikation innerhalb und zwischen den Arbeitskollektiven vervollkommnet werden; (geistig anspruchsvolle Tätigkeit und entwickelte Kollektivbeziehungen fördern die Bewußtseinsentwicklung der Werktätigen, ihre Einstellung zur Arbeit und ihre Fähigkeiten);

– sinnvolle Kombination von vorbereitender und ausführender Tätigkeit in der Arbeit der Werktätigen, insbesondere durch die Verbindung von Bedien- und Kontrollfunktionen mit Aufgaben der Instandhaltung, Wartung und Pflege sowie durch die umfassende Einbeziehung der Werktätigen in die Leitung und Planung;

– die Sicherung eines ausgewogenen Verhältnisses von körperlicher und geistiger Beanspruchung und Abbau physischer und psychischer Belastungen, die sowohl aus unzureichenden materiellen Arbeitsbedingungen als auch aus über- bzw. unterfordernden Arbeitsaufgaben resultieren.

Hohe ökonomische und soziale Effekte werden dann erzielt, wenn diese Aspekte als Einheit angesehen und den arbeitsgestaltenden Maßnahmen zugrundegelegt werden.

26. Bei der weiteren Gestaltung der entwickelten sozialistischen Gesellschaft kommt der konsequenten Anwendung des Leistungsprinzips große Bedeutung zu. „Das Leistungsprinzip ist das Grundprinzip der Verteilung im Sozialismus, es wird konsequent durchgesetzt."[28] Damit werden neue Triebkräfte für den wissenschaftlich-tech-

[28] Ebenda.

nischen, ökonomischen und sozialen Fortschritt freigesetzt. Es besteht die Aufgabe, die Anwendung des Leistungsprinzips mit der Verteilung aus den gesellschaftlichen Fonds organisch zu verbinden. Dadurch werden wichtige Voraussetzungen für die weitere Minderung sozialökonomischer Unterschiede wirksam. Im Sozialismus beseitigt die Verwirklichung des Leistungsprinzips die Aneignung der Ergebnisse fremder Arbeit und vor allem diskriminierende Bedingungen nach Geschlecht, Rasse, Nationalität und Alter. Seine Nutzung ist gegen Tendenzen der Gleichmacherei, auf eine wirksame Stimulierung der Quantität und Qualität der Arbeitsleistung gerichtet.

Im Rahmen der vom IX. Parteitag der SED beschlossenen leistungsorientierten Lohnpolitik werden schrittweise in Betrieben der materiellen Produktion für die Arbeiter Grundlöhne in Verbindung mit der WAO eingeführt und in den gleichen Betrieben die Gehälter für die Meister, Hoch- und Fachschulkader leistungsabhängig erhöht. Damit wird ihr gemeinsames Interesse auf hohe Leistungen bei der Intensivierung des Reproduktionsprozesses gerichtet und der Grundsatz verwirklicht, daß höhere Leistungen Voraussetzung für höhere Löhne sind.

Die bisherigen Erfahrungen besagen, daß mit der Realisierung der leistungsorientierten Lohnpolitik in den Betrieben zugleich das Leistungsprinzip wirksamer durchgesetzt werden konnte. Mit ihrer Teilnahme an Rationalisierungsmaßnahmen, an der Vervollkommnung der Arbeitsorganisation und Arbeitsbedingungen schaffen die Werktätigen selbst entscheidende Voraussetzungen für höhere Leistungen. Auf diese Weise tragen sie dazu bei, daß beträchtliche Produktionsreserven erschlossen und damit die unerläßlichen materiellen Voraussetzungen für die weitere Erhöhung des Lebensniveaus der Werktätigen geschaffen werden.

Die Anwendung der WAO zur Schaffung leistungs- und persönlichkeitsfördernder Arbeitsbedingungen und die auf die Erschließung weiterer Leistungsreserven gerichtete materielle und moralische Stimulierung stellen eine untrennbare Einheit dar. Hierbei nimmt die Vervollkommnung der Arbeitsnormung einen zentralen Platz ein, denn exakte Leistungsmaßstäbe und Kriterien sind eine Grundvoraussetzung für die wirksame Durchsetzung des Leistungsprinzips. Hierbei stehen die Schaffung exakter Leistungs- und Bewertungsmöglichkeiten für die Werktätigen in den Grund-, Hilfs- und Nebenprozessen sowie für Hoch- und Fachschulkader und die Anwendung von Arbeitskräftenormativen im Vordergrund. Gleichermaßen sind die Arbeitsnormen nach wie vor unerläßliche Voraussetzung für die Leitung, Planung und rationelle Organisation der gesellschaftlichen Arbeit.

V. Die weitere Vervollkommnung der Leitung, Planung und Stimulierung mit dem Ziel der Sicherung langfristig hoher Steigerungsraten der gesellschaftlichen Arbeitsproduktivität

27. Von prinzipieller Bedeutung für die Vervollkommnung der Leitung, Planung und Stimulierung ist die Orientierung des IX. Parteitages auf die Intensivierung als Hauptweg der wirtschaftlichen Entwicklung. Die Einheit von Wirtschafts- und Sozialpolitik durchzusetzen, die Triebkräfte und Vorzüge der sozialistischen Ordnung zu nutzen und die Effektivität der Produktion zu erhöhen, erfordern, auf der Grundlage des demokratischen Zentralismus die zentrale staatliche Leitung und Planung noch wirkungsvoller mit der schöpferischen Aktivität der Werktätigen und der eigenverantwortlichen Tätigkeit der Betriebe, Kombinate sowie örtlichen Staatsorgane zu verbinden.

„Der neue Abschnitt unserer gesellschaftlichen Entwicklung, den der IX. Parteitag eingeleitet hat, ist ein neuer Abschnitt auch bei der wirksamen Ausnutzung der Triebkräfte und Vorzüge unserer sozialistischen Ordnung. In diesem Sinne heißt es, Leitung, Planung und Stimulierung so zu entwickeln, daß die Initiative der Menschen immer wirksamer gefördert und auf ein hohes gesamtwirtschaftliches Ergebnis gerichtet wird."[29]

Um den für die weitere Realisierung der Hauptaufgabe erforderlichen bedeutenden Anstieg der Arbeitsproduktivität und der Effektivität der gesellschaftlichen Produktion zu sichern, ist die stärkere Ausrichtung der Leitung, Planung und Stimulierung auf das komplexe Wirksammachen der qualitativen Faktoren des Wirtschaftswachstums erforderlich. Das Schlüsselproblem besteht darin, durch vertiefte Intensivierung, in deren Mittelpunkt die höhere Wirksamkeit des wissenschaftlich-technischen Fortschritts steht, den Typ der vorwiegend intensiv erweiterten sozialistischen Reproduktion immer vollständiger durchzusetzen. Diese Aufgabe schließt die Notwendigkeit ein, Qualität und Effektivität zum entscheidenden Kriterium des Handelns zu machen. Sie erfordert insbesondere die aktive Rolle der Produktivitäts- und Effektivitätsrechnung zu erhöhen, diese mit der Faktorenanalyse zu verbinden und sie für die Erschließung von tieferliegenden Reserven zur Steigerung von Arbeitsproduktivität und Effektivität zu nutzen.

Dabei spielt die weitere Vervollkommnung der Planung der Arbeitsproduktivität und Effektivität eine wichtige Rolle. Mit dem Fünfjahrplan 1976 bis 1980 wurden in stärkerem Maße als bisher qualitative Kennziffern zur Grundlage der Planung genommen und in diesem Zusammenhang unter anderem die Begründung der Arbeitsproduktivität nach Hauptfaktoren und der neue Abschnitt „Planung der Effektivität der gesellschaftlichen Produktion" in die Planung einbezogen. Außerdem wurden die Leistungsbewertung der Kombinate und Betriebe sowie die ökonomische Stimulierung stärker auf die qualitativen Prozesse des Wirtschaftswachstums ausgerichtet. Die wachsenden Anforderungen an die Erhöhung der Arbeitsproduktivität und Effektivität und die bisher gesammelten Erfahrungen machen es erforderlich, den Beitrag der Wirtschaftswissenschaftler zur Vervollkommnung der Leitung, Planung und Stimulierung weiter zu erhöhen.

28. Hauptrichtungen für die weitere Vervollkommnung der Leitung, Planung und Stimulierung höherer Arbeitsproduktivität und Effektivität sind:

– die Erhöhung der aktiven Funktion der Planung der Arbeitsproduktivität und Effektivität im Gesamtsystem der Leitung, Planung und Stimulierung und stärkere Integration der Arbeitsproduktivitäts- und Effektivitätsplanung in die Leitung und Planung des gesamten Reproduktionsprozesses;

– die stärkere Einflußnahme der Leitungs- und Planungsorgane auf Effektivitätsfortschritte bei allen Ressourcen bzw. Aufwendungen in allen Verantwortungsbereichen mit einem ökonomisch begründeten und abgestimmten System von Leistungs- und Effektivitätskennziffern, dessen Kernstück die Arbeitsproduktivität bildet;

– die systematische, langfristig angelegte Analyse und planmäßige Nutzung von Reserven zur wesentlichen Steigerung der Arbeitsproduktivität und Effektivität durch Faktorenanalysen für alle entscheidenden Ressourcen bzw. Aufwendungen und unter verstärkter Anwendung von normativen Nutzungskennziffern;

– die Verknüpfung der Leistungs- und Effektivitätskennziffern mit den Faktoren-

[29] E. Honecker, Die sozialistische Revolution in der DDR und ihre Perspektiven, a. a. O., S. 39.

analysen zu einer komplexen Leistungs- und Effektivitätsrechnung der Verantwortungsbereiche als Grundlage für ökonomisch begründete Vorgaben, die rechtzeitige Erschließung von Produktivitäts- und Effektivitätsreserven und die Ausarbeitung anspruchsvoller Pläne;

– die stärkere Verbindung zwischen Leistungsbewertung, der wirtschaftlichen Rechnungsführung und ökonomischen Stimulierung zur Sicherung einer bedarfsgerechten Produktion, einer höheren Wirksamkeit des wissenschaftlich-technischen Fortschritts und einer effektiven Außenhandelstätigkeit.

Konsequenzen für die Arbeitsproduktivität und Effektivitätssteigerung und deren Messung und Planung ergeben sich aus der komplexen Wirkung der sozialistischen ökonomischen Integration auf den Intensivierungsprozeß. Vor allem für Grundsatzentscheidungen zur Profilierung des Kombinates und seines Erzeugnissortiments sind Überlegungen zur sozialistischen internationalen Arbeitsteilung in Zusammenarbeit mit zentralen staatlichen Organen und Partnern der anderen RGW-Länder unumgänglich geworden. Sie sind eine entscheidende Bedingung für die planmäßige und komplexe Nutzung der Intensivierungsfaktoren, für einen höheren Bedarfsdeckungsgrad bei steigender Produktivität und Effektivität im jeweiligen Produktionsbereich.

Die Erhöhung der Komplexität der Arbeitsproduktivitäts- und Effektivitätsplanung erfordert die konsequente Anwendung der Arbeitsproduktivitäts- und Effektivitätsrechnungen in der langfristigen Planung sowie die Verbindung zwischen Fünfjahres- und Jahresplanung sowie Planabrechnung.

29. Die Funktion der Planung der Arbeitsproduktivität und Effektivität bei der umfassenden Intensivierung ergibt sich aus der Schlüsselrolle, die die Steigerung der Arbeitsproduktivität und Effektivität für die weitere Gestaltung der entwickelten sozialistischen Gesellschaft, insbesondere für die weitere Erhöhung des materiellen und kulturellen Lebensniveaus der Werktätigen einnimmt. Mit zunehmender Intensivierung wird der Zusammenhang zwischen höherer Arbeitsproduktivität, Wirtschaftswachstum, Sicherung der Proportionalität und besserer Befriedigung der Bedürfnisse immer zwingender. Deshalb ist es notwendig, einen möglichst hohen Zuwachs an Arbeitsproduktivität und Effektivität mit zum Ausgangspunkt der Planung zu nehmen, ihn in alle Bereiche und Phasen der Planung, insbesondere in die Vorphasen der Planung und in die langfristige Planung zu integrieren. Die Vervollkommnung der Planung von Arbeitsproduktivität und Effektivität muß im engen Zusammenhang mit der Planung des Bedarfs und der Bilanzierung erfolgen.

Notwendig ist deshalb sowohl eine Vervollkommnung der Effektivitätsrechnungen in den einzelnen Planteilen als auch im Abschnitt „Planung der Effektivität der gesellschaftlichen Produktion". Dieser Abschnitt faßt die Aussagen zur Arbeitsproduktivität und Effektivität in den einzelnen Planteilen und Verantwortungsbereichen zusammen, besitzt jedoch gleichzeitig seine spezifische Funktion.

Diese Funktion der Effektivitätsplanung nach Verantwortungsbereichen (Betriebe, Kombinate, wirtschaftsleitende Organe, zentrale staatliche Planungsorgane) besteht darin,

– die entscheidenden Leistungs- und Effektivitätsziele für die Verantwortungsbereiche zusammenfassend auszuweisen und zu begründen;

– eine komplexe Analyse und Planung der Effektivität für alle Ressourcen und Aufwendungen im gesamten Bereich der materiellen Produktion und auf allen Planungsebenen zu sichern;

– mit Hilfe von Faktorenanalysen systematisch in die Effektivitätsreserven einzudringen und die Einzelfaktorenanalysen zur komplexen Leistungs- und Effektivitätsrechnung, die auf ein stabiles, dynamisches Wirtschaftswachstum ausgerichtet ist, zu verbinden;

– Grundlagen für eine weitere Verbesserung der Leistungsbewertung der Betriebe, Kombinate und anderer Wirtschaftseinheiten zu schaffen, indem eine komplexe Bewertung der Leistungen mit Hilfe quantitativer und qualitativer Kennziffern gesichert wird;

– die Verantwortung der Leiter in den Bereichen und Ebenen für die Einbeziehung von Effektivitätsüberlegungen und -rechnungen in allen Etappen der Planung für die Sicherung von Effektivitätsfortschritten bei allen Ressourcen und Aufwendungen zu erhöhen;

– auf allen Ebenen, in allen Bereichen, Etappen und Phasen der Planung ein einheitliches Vorgehen bei der Planung der Arbeitsproduktivität und Effektivität zu gewährleisten, wobei gleichzeitig die spezifischen Anforderungen der Ebenen, Bereiche, Etappen und Phasen zu berücksichtigen sind.

Die Erfüllung dieser Funktion ist vor allem von weiteren Fortschritten im Zusammenwirken von Leitung, Planung und Stimulierung mit dem Ziel der Sicherung langfristig hoher Steigerungsraten der gesellschaftlichen Arbeitsproduktivität abhängig.

30. Eine wichtige Grundlage für die Analyse und Planung aller Intensivierungsschwerpunkte im Komplex ist die Entwicklung und Anwendung eines Systems qualitativer Kennziffern. Das Kernproblem besteht darin, in allen Bereichen und auf allen Ebenen Verhaltensweisen zu entwickeln und zu fördern, die auf die allseitige, umfassende Intensivierung gerichtet sind, die in der Tendenz Effektivitätsfortschritte ausgehend von allen Ressourcen bzw. Aufwendungen in allen Bereichen und auf allen Ebenen der Volkswirtschaft als Grundlage für ein beträchtliches Anwachsen der Gesamteffektivität sichern. Damit wird die komplexe Bewertung der Effektivitätsentwicklung zu einer Grundlage für die weitere Vervollkommnung der Messung, Planung und Stimulierung der Effektivität. Zur Verbesserung der komplexen Messung und Planung der Effektivität wurden ab 1976 Aufwands- und Nutzensanalysen für Vorhaben und Maßnahmen durch die Einführung komplexer Effektivitätsnachweise für Verantwortungsbereiche ergänzt. Von den Betrieben, Kombinaten und anderen Organen des produzierenden Bereiches soll damit bei der Ausarbeitung der Pläne nachgewiesen werden, inwieweit und in welchem Maße bei allen Ressourcen und Aufwendungen Effektivitätsfortschritte vorgesehen und durch Einflußfaktoren begründet sind.

Als Grundlage und Ausgangslösung dient ein einheitlicher Kennziffernspiegel, der einen Komplex von Leistungs- und Effektivitätskennziffern berücksichtigt. Bei der weiteren Vervollkommnung des komplexen Effektivitätsnachweises wird von folgenden grundsätzlichen Anforderungen ausgegangen:

– Sichtbarmachung der Effektivitätsentwicklung für alle Intensivierungsschwerpunkte im Komplex, wobei die Schlüsselfunktion des wissenschaftlich-technischen Fortschritts im Vordergrund steht;

– Einbeziehung des Grades der Bedürfnisbefriedigung, Verknüpfung von Effektivität, Wachstum und Proportionalität bei stärkerer Ausrichtung auf die Endproduktion;

– Widerspiegelung der vollen Aufwendungen und Effekte, insbesondere hinsichtlich der Erfassung von Vor- und Folgestufen, der Kombination von sozialen, ökonomischen, technischen und umweltbedingten Aspekten bei Berücksichtigung gegenläufiger Abhängigkeiten und Wirkungen;

– Einbeziehung von Kennziffernkombinationen, Rangfolgen und Gewichtungen in die Effektivitätsaussagen;

– Verknüpfung von Einheitlichkeit und Spezifik der Bereiche/Ebenen und unterschiedlichen Planungszeiträume, wobei die volkswirtschaftlichen Erfordernisse und Möglichkeiten bestimmend sind;

– Ableitung einer Gesamtaussage zur Effektivitätsentwicklung aus den Teilaussagen für Ressourcen und Aufwendungen.

31. Die Messung und Planung der Arbeitsproduktivität und Effektivität erfordert eine genaue Kenntnis der die Arbeitsproduktivitäts- und Effektivitätsentwicklung wesentlich beeinflussenden Bedingungen und Erfordernisse des Reproduktionsprozesses, um durch deren bewußte Gestaltung die für die jeweils konkrete Situation günstigsten Voraussetzungen einer langfristig steigenden Arbeitsproduktivität und Effektivität der Volkswirtschaft insgesamt und ihrer Teilglieder zu schaffen. Diese Grundlagen zu entwickeln, verlangt eine kontinuierlich und langfristig betriebene, auf die maßgebenden Einflußfaktoren der Arbeitsproduktivität und Effektivität gerichtete Analysentätigkeit auf allen Ebenen der Planung. Um die Wirkungsbedingungen der Arbeitsproduktivität besser ausnutzen und stimulieren zu können, wurde auf der Grundlage sowjetischer Erfahrungen und nach Auswertung von Experimenten in Betrieben der DDR verbindlich festgelegt, die Ausarbeitung der Planentwürfe ab 1976 für die Steigerung der Arbeitsproduktivität nach Hauptfaktoren zu begründen und auf dieser Grundlage die besten Bedingungen für ein hohes Niveau und Steigerungstempo der Arbeitsproduktivität zu bestimmen.

Die Faktorenanalyse ist darauf gerichtet,

– Produktivitätsreserven zu erschließen und systematisch auszuschöpfen sowie damit ein hohes Leistungsangebot zu erarbeiten;

– die Werktätigen in den Plandiskussionen auf Schwerpunkte der Produktivitätssteigerung zu orientieren, die Ausarbeitung persönlich-schöpferischer Pläne und die Vorbereitung des Wettbewerbs zu qualifizieren sowie konkrete Aufgabenstellungen für Kollektive abzuleiten;

– eine differenzierte Beurteilung der Entwicklung der Arbeitsproduktivität zu ermöglichen und insbesondere die eigenen Anstrengungen der Betriebe bzw. Kombinate an der Produktivitätssteigerung sichtbar zu machen;

– die wesentlichen Beziehungen zu den korrespondierenden Planteilen Wissenschaft und Technik, Produktion, Arbeitsproduktivität/Arbeitskräfte sowie zum Investitionsplan herzustellen und die Ausarbeitung aufeinander abgestimmter Planziele zu gewährleisten.

In die Faktorenanalyse der Arbeitsproduktivität sind folgende Hauptfaktoren einbezogen:

- Erhöhung des wissenschaftlich-technischen Niveaus der Produktion;
- Vervollkommnung der Organisation der Produktion und Leitung;
- Erhöhung des Niveaus der wissenschaftlichen Arbeitsorganisation;
- Veränderung des Umfangs und der Struktur der Produktion;
- Veränderung der nominellen Arbeitszeit und ihrer produktiven Nutzung;
- zweigspezifische Faktoren einschließlich Veränderung der Naturbedingungen.

Die Quantifizierung der Hauptfaktoren erfolgt auf der Grundlage der Arbeitszeiteinsparung als einheitlicher, vergleichbarer und summierbarer Ausdruck. Die Zeiteinsparungen der Aufgaben und Maßnahmen sind aus den Planteilen Wissenschaft und Technik, Produktion, Arbeitsproduktivität/Arbeitskräfte sowie dem Investitionsplan zu übernehmen bzw. zu berechnen und den jeweiligen Faktoren zuzuordnen.

Ein Kernproblem der Planung und Erreichung einer hohen Produktivitätssteigerung besteht darin, den Zusammenhang zwischen den Wirkungen des Planes Wissenschaft und Technik und der Begründung der geplanten Steigerung der Arbeitsproduktivität enger zu gestalten. Das wird erreicht, wenn

– die ökonomische Zielstellung für Arbeitszeiteinsparungen durch Wissenschaft und Technik auf allen Leitungsebenen zwingender und konkreter erfolgt; (dabei ist mehr als bisher von langfristigen Intensivierungskonzeptionen, analytischen Untersuchungen der bisherigen Wirkungen und von Experteneinschätzungen über künftige Wirkungen aus Wissenschaft und Technik auszugehen);

– der Plan Wissenschaft und Technik für die Effektivitäts- und Produktionsplanung umfassender ausgenutzt wird und die Nutzensberechnungen besonders bei den Überleitungsaufgaben qualifiziert werden;

– die betrieblichen Rationalisierungsinvestitionen stärker als Quelle für Arbeitskräfte- und Arbeitszeiteinsparungen wirksam werden;

– die geplanten ökonomischen Wirkungen aus Wissenschaft und Technik in den Betrieben und Kombinaten abgerechnet und in die Leistungsbewertung einbezogen werden.

Mit der vorliegenden Methode der Faktorenanalyse der Arbeitsproduktivität ist für die Ebenen Betrieb, Kombinat/VVB und Ministerium in der Phase der Begründung und Verteidigung der Planentwürfe des Jahresplanes ein wirksames Leitungsinstrument geschaffen. Es bleibt Gegenstand weiterer Forschungsarbeiten, diese Methode zur Begründung der Produktivitätssteigerung auf der zentralen Leitungsebene, insbesondere zur Ausarbeitung des Planansatzes sowie zur mittel- und langfristigen Vorausberechnung weiterzuentwickeln und mit anderen Faktorenanalysen (zur Grundfondsökonomie, Kostenentwicklung u. a.) zusammenzuführen.

32. Die Ausarbeitung von komplexen Leistungs- und Effektivitätsrechnungen soll die Hauptkennziffern des komplexen Effektivitätsnachweises mit den Faktorenanalysen der Einzelfaktoren (Arbeitsproduktivität, Grundfonds usw.) verknüpfen.

Das Ziel dieser Arbeiten besteht darin,

– den komplexen Effektivitätsnachweis, der die wesentlichen Effektivitätskennziffern beinhaltet, durch Faktorenanalysen zu einem aktiven Instrument der Effektivitätsarbeit in den Verantwortungsbereichen zu gestalten;

– einen Beitrag zur Verbindung der quantitativen (Warenproduktion, Nettoproduktion, Gewinn usw.) mit den qualitativen Kriterien (Arbeitsproduktivität, Fondsquote, Qualität der Erzeugnisse, Rentabilität usw.) des ökonomischen Wachstums bzw. Kennziffern zu leisten;

– die vorhandenen Ansatzpunkte für die Kennziffernkombination, zur Faktorenzergliederung usw. zu nutzen, zusammenzuführen und dadurch eine größere Aussage für die Analyse, Bewertung und Planung der Leistungs- und Effektivitätsentwicklung zu erreichen.

Damit soll die vorhandene Lücke zwischen dem komplexen Effektivitätsnachweis und den Faktorenanalysen für die Einzelfaktoren der Effektivitätsentwicklung schrittweise geschlossen werden, um bessere Voraussetzungen für eine systematische und tiefgehende Analyse und Planung der Effektivitätsreserven und den Nachweis ihrer Ausnutzung durch Rechnungsführung und Statistik zu schaffen.

Die zielgerichtete Ausarbeitung von Faktorenanalysen für die Hauptfaktoren der Intensivierung und der schrittweise Ausbau dieser Einzelanalysen zu einer komplexen Leistungs- und Effektivitätsrechnung ist ein Weg zur besseren Begründung der Produktions- und Leistungsziele, zur Bestimmung der Schwerpunkte der Effektivitätsentwicklung, der Aufdeckung von Effektivitätsreserven, der besseren Begründung der Planziele zur Erhöhung der Effektivität, der Einschätzung der Leistungen und

Leistungsmöglichkeiten der Werktätigen und Betriebskollektive sowie der schrittweisen Entwicklung von Effektivitätsnormativen.

Eine höhere Komplexität in der Effektivitätsrechnung ist mit der Lösung einer Reihe von Grundfragen verbunden. Dazu gehören vor allem:

– die verbesserte Beurteilung des volkswirtschaftlichen Endergebnisses durch weitere Vervollkommnung bei der Erfassung der Ergebnisformen der Produktion und der Erhöhung ihrer Aussagefähigkeit (Warenproduktion, Nettoproduktion, Nationaleinkommen, Endprodukt);

– die Vervollkommnung in der Erfassung und Anerkennung der Aufwendungen gesellschaftlicher Arbeit als gesellschaftlich notwendige Arbeit; (gegenwärtig werden die Gesamtaufwendungen gesellschaftlicher Arbeit für eine Erzeugnisart bzw. -gruppe lückenhaft erfaßt, was die Aussage der Effektivitätsrechnungen beeinträchtigt und den Entscheidungsprozeß erschwert. So ist z. B. die ökonomische Begründung der Vergleichbarmachung einmaliger und laufender Aufwendungen nach wie vor nicht ausreichend gelöst; bestimmte Aufwendungen gehen nicht bzw. nicht voll in die Effektivitätsrechnung ein, wie Aufwendungen für die langfristige Erhaltung verschiedener Naturressourcen; die Reproduktionsaufwendungen für die lebendige Arbeit werden nicht voll in der wirtschaftlichen Rechnungsführung berücksichtigt);

– die weitere Qualifizierung des Aufwand-Ergebnis-Vergleiches bei der Effektivitätsbeurteilung und -stimulierung als eine der gegenwärtigen Hauptvoraussetzungen, um effektive Wege der Bedarfsdeckung zu erkennen und zu realisieren. Insbesondere geht es darum, die bisher noch vorwiegende Leistungsbeurteilung der Wirtschaftseinheiten nach der Entwicklung des Produktionsergebnisses stärker durch die Aufwand-Ergebnis-Relation zu ergänzen. Damit muß gewährleistet werden, daß die Produktionsaufgaben mit einem Minimum an Aufwendungen realisiert werden.

33. Von wesentlicher Bedeutung für die Wirksamkeit der Leitung, Planung und Stimulierung hoher Arbeitsproduktivität und Effektivität ist die richtige Messung der Ergebnisse, Ressourcen und Aufwendungen. Mit den Beschlüssen des Politbüros der SED und des Ministerrates zur Leistungsbewertung der Betriebe und Kombinate von 1976 und 1977 wurden wesentliche Grundlagen geschaffen, Leistungen und Effektivität besser zu messen. In der weiteren Arbeit kommt es darauf an, ausgehend von diesen Beschlüssen besonders folgende Aufgaben zu lösen:

– die Nutzung der Möglichkeiten, die mit der komplexen Leistungs- und Effektivitätsrechnung gegeben sind, für die Leistungsbewertung der Betriebe und Kombinate; das betrifft insbesondere die Verknüpfung der Kennziffern der Warenproduktion mit qualitativen Kennziffern;

– die komplexe Nutzung aller Ergebnisgrößen entsprechend ihrer Funktion für die Bewertung der Leistungen und der Effektivität. Das erfordert ein stärkeres Eindringen in ihre Leistungsrichtungen und ihren Leistungsumfang und neben der Sicherung der Einheitlichkeit die Berücksichtigung der Spezifik verschiedener Ebenen (z. B. auf der Ebene der zentralen staatlichen Planung die Rolle des Nationaleinkommens, im Rahmen der nach der wirtschaftlichen Rechnungsführung arbeitenden Betriebe und Kombinate die Rolle des Gewinns);

– die weitere Erprobung von Kennziffern, die die Endproduktion und die Eigenleistung ausdrücken und ihre stärkere Einbeziehung in die Messung und Planung der Effektivität;

– die Ausarbeitung von Kriterien der Gebrauchswerterhöhung als Grundlage für die weitere Qualifizierung des Preis-Leistungs-Verhältnisses;

– die ökonomische Begründung für die Vergleichbarmachung der einmaligen und laufenden Aufwendungen, die Vervollkommnung der Ressourcenbewertung und die schrittweise Erfassung der vollen Aufwendungen.

34. Die Sicherung langfristig stabiler hoher Steigerungsraten der gesellschaftlichen Arbeitsproduktivität hängt in entscheidendem Maße von der weiteren Festigung und Entwicklung der Kombinate ab. „Mit den Kombinaten bildet sich die moderne Form der Leitung unserer sozialistischen Industrie heraus, die den Erfordernissen der Gegenwart und Zukunft entspricht.[30]

Durch die organische Verbindung von Wissenschaft, Produktion und effektivem Absatz der Erzeugnisse im In- und Ausland, durch die bestmögliche Verbindung zwischen der Initiative der Werktätigen und der persönlichen Verantwortung des Direktors für die erfolgreiche Leitung der ihm unterstellten Wirtschaftseinheiten werden bessere Bedingungen für die rasche Steigerung der Arbeitsproduktivität, die Erhöhung des Wachstumstempos der Produktion, die bessere Nutzung der Fonds und damit für die Vertiefung der Intensivierung geschaffen.

Die Effektivität in den Kombinaten hängt in starkem Maße davon ab, wie es gelingt, einen einheitlichen, relativ geschlossenen Reproduktionsprozeß zu gestalten und das Leitungssystem dieser großen Wirtschaftseinheiten zu vervollkommnen, um ständig die Rekonstruktion und technische Erneuerung der Betriebe sowie die systematische Verbesserung der Arbeits- und Lebensbedingungen zu sichern, die Proportionalität zwischen den Phasen des Reproduktionsprozesses und dem Prozeß der Durchsetzung des wissenschaftlich-technischen Fortschritts zu gewährleisten.

Durch ein hohes Maß eigenverantwortlicher Tätigkeit und der konsequenten Nutzung des Potentials der Kombinate zur Erhöhung des Niveaus der langfristig-konzeptionellen Arbeit tragen sie auch zur Qualifizierung der zentralen staatlichen Leitung und Planung bei. Die weitere Festigung und Entwicklung der Kombinate entsprechend der Orientierung der Partei ist ein längerfristiger, gesellschaftlich-ökonomischer Prozeß, der – geführt von der Partei – ein hohes Niveau der zentralen staatlichen Leitung sowie eine qualifizierte eigenverantwortliche Tätigkeit der Kombinate erfordert.

Dabei treten besonders folgende Gesichtspunkte der Arbeit in den Vordergrund:

- die volle Wahrnehmung der Verantwortung des Generaldirektors des Kombinates für die komplexe Leitung des Reproduktionsprozesses,
- die Vervollkommnung und Ausgestaltung der Leitung, Planung und Organisation im Kombinat, damit die Verantwortung durch den Generaldirektor voll wahrgenommen werden kann und zugleich eine hocheffektive rationelle Arbeit des Leitungssystems gewährleistet ist,
- die politische und fachliche Entwicklung sowie die Befähigung der Leitungskader, die erhöhten Anforderungen zu realisieren und
- die wesentliche Qualifizierung der Arbeit der zentralen Staatsorgane, um die neuen Anforderungen an die Leitungs- und Arbeitsbeziehungen zu den Kombinaten erfüllen zu können.

35. Mit den höheren Anforderungen an die Leistungssteigerung, an Qualität und Effektivität der Arbeit wächst der gesellschaftliche Anspruch an alle Werktätigen, an ihre Initiative, ihre Leistungsbereitschaft und ihr Verantwortungsgefühl. Herausgefordert sind das Wissen, die Schöpferkraft, der Ideenreichtum und die Erfindungsgabe der Werktätigen. Gerade in der initiativreichen Arbeit der besten Kollektive, der Neuerer, Erfinder und Forscher liegt die entscheidende gesellschaftliche Kraft, um den

[30] E. Honecker, Die Aufgaben der Partei bei der weiteren Verwirklichung der Beschlüsse des IX. Parteitages der SED, in: Neues Deutschland vom 18./19. Februar 1978, S. 6.

Prozeß der Intensivierung der Produktion weiter voranzutreiben und die Arbeitsproduktivität zu steigern.

Daraus ergeben sich höhere Ansprüche an die politische Leitung wirtschaftlicher Prozesse, insbesondere an die Führung des sozialistischen Wettbewerbs. Dabei – so wurde auf dem 9. FDGB-Kongreß betont – bewähren sich die Gewerkschaften als Schulen des Sozialismus und Kommunismus. Eine besondere Unterstützung verdient die Bewegung „Sozialistisch arbeiten, lernen und leben". „Kennzeichnend für ihre weitere Entwicklung sind vor allem qualitative Fortschritte der Arbeit, beispielhafte Leistungen bei der Steigerung der Produktion durch Wissenschaft und Technik, ist das ständige Streben, neue Arbeitserfahrungen anzuwenden, sind steigende geistige und kulturelle Ansprüche."[31] Ausgehend von der Rolle der Arbeit als wichtigste Seite des gesellschaftlichen Lebens und der Persönlichkeitsentwicklung sowie der Erkenntnis, daß letztlich die Ökonomie über den Spielraum der Sozialpolitik entscheidet, nimmt die Bedeutung des sozialistischen Wettbewerbs zu.

Der sozialistische Wettbewerb spiegelt die Natur der sozialistischen Gesellschaftsordnung wider, ist einer der charakteristischen Züge der sozialistischen Produktionsverhältnisse. Er widerspiegelt das aus dem sozialistischen Eigentum an Produktionsmitteln erwachsende gemeinsame ökonomische Interesse der Werktätigen nach Erfüllung und gezielter Überbietung der Planaufgaben vor allem im Gegenplan, einen direkten Beitrag zur weiteren Erhöhung des Lebensniveaus zu leisten. Mit der vollen Einstellung auf die Intensivierung der Produktion gewinnt auch der sozialistische Wettbewerb neue Züge: Der wissenschaftlich-technische Fortschritt und seine Beschleunigung werden mehr und mehr zu einem Hauptgegenstand des Wettbewerbs; gemeinsame Wettbewerbsverpflichtungen von wissenschaftlich-technischen, produktionsvorbereitenden und Produktionskollektiven sind darauf gerichtet, die qualitativen Faktoren des Wirtschaftswachstums zu nutzen und gemeinsame Wege der Steigerung der Arbeitsproduktivität, der Verbesserung der Qualität der Produktion und der Senkung der Selbstkosten zu beschreiten. In den Wettbewerbsprogrammen zum 30. Jahrestag der Gründung der DDR sind die Wege zu hoher Effektivität konkret festgelegt. „Ihr umfassender Charakter, ihre Tiefe und Wissenschaftlichkeit sind wirklich eine neue Erscheinung in der Entwicklung unseres sozialistischen Wettbewerbs, die den gegenwärtigen gesellschaftlichen Erfordernissen durchaus entspricht".[32]

In der Bilanz der Werktätigen der DDR zum 60. Jahrestag der Großen Sozialistischen Oktoberrevolution wurden vier Merkmale der höheren Qualität des sozialistischen Wettbewerbs deutlich:

– Der schöpferische Inhalt der vielfältigen Wettbewerbsinitiativen zielte stärker auf die Vertiefung der sozialistischen Intensivierung, wobei der Kampf um bessere ökonomische Ergebnisse mit der weiteren Vertiefung des politischen Bewußtseins der Werktätigen einhergeht.

– Der Wettbewerb wurde stärker auf die komplexe Verwirklichung aller Planteile gerichtet, wobei die Beschleunigung des wissenschaftlich-technischen Fortschritts und die sozialistische Rationalisierung immer mehr in den Vordergrund rücken.

– Der Wettbewerb ist durch eine große Vielfalt der Aktionen, Formen und Methoden, in denen sich das Schöpfertum der Werktätigen zeigt, charakterisiert. Dabei treten in wachsender Zahl Arbeiterpersönlichkeiten und vorbildliche Kollektive hervor.

[31] Dokumente 9. FDGB-Kongreß, Rede des Generalsekretärs des Zentralkomitees der SED und Vorsitzenden des Staatsrates der DDR, Erich Honecker, Berlin 1977, S. 75.

[32] E. Honecker, Die Aufgaben der Partei bei der weiteren Verwirklichung der Beschlüsse des IX. Parteitages der SED, in: Neues Deutschland vom 18./19. Februar 1978, S. 5.

– Das Studium und die Nutzung sowjetischer Neuerermethoden und Arbeitserfahrungen haben einen bedeutenden Aufschwung genommen und werden wesentlich stärker in die unmittelbare Führung des sozialistischen Wettbewerbs einbezogen.

Die umfangreiche und vielschichtige Aufgabe, die Ökonomie der DDR voll auf die sozialistische Intensivierung einzustellen und dabei die Rationalisierung zielgerichtet voranzutreiben, bestimmt die inhaltliche Zielstellung des sozialistischen Wettbewerbs zu Ehren des 30. Jahrestages der Gründung der DDR.

So stellen sich z. B. die Werktätigen des VEB Mansfeld-Kombinat „Wilhelm Pieck" unter dem Motto „30 gute Mansfeld-Taten für unsere Republik" anspruchsvolle Aufgaben für den Fünfjahrplan 1976 bis 1980. Diesen und allen anderen Wettbewerbsverpflichtungen ist gemeinsam, daß ihr Ausgangspunkt und ihre Basis in der Aufdeckung und Ausschöpfung der eigenen Effektivitätsreserven besteht. Das schließt ein, das Verhältnis von Aufwand und Ergebnis entschieden zu verbessern. Im Bewußtsein, damit einen konstruktiven Beitrag für die weitere Durchführung der auf das Wohl des Volkes gerichteten Politik zu leisten, wie sie auf dem VIII. und IX. Parteitag der SED beschlossen wurde, richten sich die Wettbewerbsverpflichtungen darauf,

- den eigenen Verbrauch an Material und Energie zu senken, Rohstoffe verlustarm zu nutzen sowie Sekundärrohstoffe effektiver zu verwenden;
- die Kosten in Verbindung mit der Steigerung einer bedarfs- und qualitätsgerechten Produktion zu senken und wachsende Rentabilität in der Außenhandelstätigkeit zu erreichen;
- die Arbeitsprozesse mit Hilfe der wissenschaftlichen Arbeitsorganisation mit dem Ziel zu rationalisieren, Arbeitsplätze einzusparen und die Arbeitsproduktivität zu steigern.

36. Die auf sowjetischen Erfahrungen beruhende Initiative zur Arbeit nach Gegenplänen hat in der Wirtschaft der DDR eine große Verbreitung gefunden. Damit werden bedeutende Reserven zur Überbietung der staatlichen Planaufgaben erschlossen und für volkswirtschaftliche Schwerpunkte nutzbar gemacht. Ausgehend von der Grundorientierung des Bundesvorstandes des FDGB zum sozialistischen Wettbewerb bis zum 30. Jahrestag der DDR übernahmen die Kollektive für das Jahr 1978 beispielgebende Verpflichtungen zur Erfüllung und Übererfüllung der Plankennziffern. Die Werktätigen des VEB Mansfeld-Kombinat verpflichteten sich z. B. zu einem jährlichen Gegenplan, der im Durchschnitt um 1,5 Prozent über den staatlichen Aufgaben des Fünfjahrplanes liegt.

Die Gegenpläne sind darauf gerichtet, die Leistungs-, Qualitäts- und Effektivitätsziele des Fünfjahrplans für das jeweilige Planjahr zu überbieten. Im Mittelpunkt stehen dabei

- die weitere Verbesserung der Materialökonomie und die Einsparung von NSW-Importen, besonders bei Rohstoffen;
- die weitere Arbeitszeiteinsparung zur Erhöhung der Arbeitsproduktivität;
- ein noch höheres Angebot an exportfähigen Waren für das sozialistische und nichtsozialistische Wirtschaftsgebiet;
- mehr qualitativ hochwertige Waren für die Bevölkerung, einschließlich der Ersatzteile und Produkte der „1000 kleinen Dinge".

Eine unabdingbare Voraussetzung für eine hohe Wirksamkeit der Gegenpläne der Betriebe und Kombinate ist – sowohl aus der Sicht des Zweiges als auch des Territoriums – ihre Bilanzierung.

37. Im Zusammenhang damit, daß der wissenschaftlich-technische Fortschritt, die breite Einführung und eine effektive Nutzung der modernen Technik, der fortge-

schrittenen Technologie und der wissenschaftlichen Arbeitsorganisation immer mehr in den Mittelpunkt des sozialistischen Wettbewerbs rücken, erweist sich eine hohe Qualität der sozialistischen Gemeinschaftsarbeit zwischen erfahrenen Arbeitern und Angehörigen der Intelligenz, zwischen Produktionskollektiven und Kollektiven der produktionsvorbereitenden und Produktionshilfsabteilungen als unerläßlich. Die Wege, die dabei in der Praxis beschritten werden, sind vielfältig, so über „Kollektivpläne der Intensivierung", nach dem Beispiel der Aromatenabteilung des VEB Petrolchemisches Kombinat Schwedt, die abgestimmte Gemeinschaftsarbeit zwischen Arbeitern und Angehörigen der technischen Intelligenz nach einem „Initiativplan" im VEB Kombinat Kabelwerk Oberspree oder die Arbeit nach „Prozeßanalysen" der Leunawerker, bei der Arbeiter und Angehörige der Intelligenz ganze Produktionsabschnitte und -abläufe gemeinsam analysieren, um wissenschaftlich-technische, technologische und ökonomische Erkenntnisse für die weitere Intensivierung der Produktion zu gewinnen. Allen diesen Wegen ist das abgestimmte, zielstrebige gemeinsame Handeln für die Intensivierung der Produktion auf der Grundlage einer exakten Aufschlüsselung des Planes Wissenschaft und Technik, einer umfassenden Information über die Marktfähigkeit der jeweiligen Produkte sowie eine genaue Kenntnis über Qualitäts- und Effektivitätskennziffern gemeinsam.

Das gewachsene Niveau der Vergesellschaftung der sozialistischen Produktion, die Entwicklung der gesellschaftlichen Arbeit verlangen, daß solche Formen des Wettbewerbs verstärkt angewendet werden, die abgestimmte Wettbewerbsverpflichtungen der Voraus- und Nachfolgekollektive, der Zulieferbetriebe und Finalproduzenten zum Inhalt haben. Untersuchungen bestätigen, daß sich die Tendenzen zur Entwicklung des komplexen Wettbewerbs weiter verstärken:

– Es zeichnen sich sowohl Wettbewerbe in technologischer Kette (von Forschung und Entwicklung bis zum Absatz innerhalb von Betrieben und Kombinaten) als auch zwischen kooperierenden Betrieben (Kooperationskette) ab.

– Es bewährt sich auch hier, daß im Vordergrund des Wetteiferns die qualitativen Kennziffern stehen. Das trägt zur Stabilisierung der kooperativen Zusammenarbeit bei.

– Eine wichtige Voraussetzung ist der Abschluß überschaubarer, konkreter Wettbewerbsvereinbarungen – als Rahmenvereinbarungen –, die durch konkrete Wettbewerbsverpflichtungen in den einzelnen Arbeitskollektiven mit Leben erfüllt werden.

38. Wesentlich für die ökonomische Wirksamkeit der Initiativen ist die enge Verbindung von sozialistischem Wettbewerb und Neuererbewegung. Die Neuererbewegung hat an Massencharakter gewonnen und sich zu einem bedeutsamen Potential für die Weiterentwicklung der Technik in den Betrieben und Kombinaten sowie für die Rationalisierung der Arbeitsprozesse entwickelt. Im Jahre 1977 waren 1,74 Millionen Werktätige an der Neuererbewegung beteiligt. Das sind 32 Prozent der Gesamtbeschäftigten in der sozialistischen Wirtschaft. Gegenüber 1976 bedeutet dies eine Steigerung von 1,2 Prozent = etwa 95 000 Beschäftigte. Die „in Benutzung genommenen Neuerungen" wurden ebenfalls gegenüber 1976 gesteigert, darunter der Anteil aus „vereinbarten Neuererleistungen" um 16,7 Prozent. Davon wurde der überwiegende Teil planmäßig über den betrieblichen Rationalisierungsmittelbau realisiert und das Verhältnis der in Benutzung genommenen Neuerungen zu den insgesamt im Jahr bearbeiteten und abgeschlossenen konnte ebenfalls verbessert werden. 1977 betrug dieses Verhältnis 78 Prozent. Der ökonomische Nutzen für ein Benutzungsjahr erhöhte sich auf 4,15 Milliarden Mark. Das ist gegenüber 1976 eine Steigerung um 11,8 Prozent. Noch höher ist die Steigerung des Nutzens aus vereinbarten Neuererleistungen mit 20,7 Prozent.

Mehr als 50 Prozent der geplanten Selbstkosteneinsparungen wurden im Jahre 1976 aus Maßnahmen des Planes Wissenschaft und Technik durch Neuererleistungen erzielt. Daraus geht der große Anteil hervor, den die Neuerer am Effektivitätszuwachs haben. Deshalb ist es erforderlich, die Neuererbewegung mit der gleichen politischen Verantwortung und Konsequenz zu leiten wie die Kollektive, die innerhalb der normalen Arbeitsaufgaben Leistungen auf dem Gebiet von Wissenschaft und Technik erbringen.

Eine wichtige Reserve zur weiteren Erhöhung der Wirksamkeit des Neuererwesens ist die Verminderung der objektiv nicht begründeten Niveauunterschiede im Entwicklungsstand zwischen Industriezweigen, Kombinaten und Betrieben sowie auch innerhalb der Betriebe. Der langanhaltende, stabile Aufschwung der Neuererbewegung im volkswirtschaftlichen Maßstab ist noch nicht in jedem Zweig, jedem Kombinat und jedem Betrieb erreicht. Deshalb ist es erforderlich,

– den Neuerern mehr lösungsbedürftige Probleme der Intensivierung planmäßig als Aufgabenstellung zu übertragen; (1977 resultierten nur 9,1 Prozent der Neuerungen aus geplanten Aufgabenstellungen, wenngleich sie aber 38,8 Prozent des gesamten Nutzens aus der Neuererbewegung realisierten. Diese Relation macht die Reserven sichtbar, die durch geplante Neuerertätigkeit weiter erschlossen werden können);

– die Nachnutzung der Neuerungen weiter zu verbessern; (1977 wurde gegenüber 1976 eine Steigerung um 36,2 Prozent erzielt – die seit Jahren größte Steigerung –, aber insgesamt war die Nachnutzung nur mit 5,3 Prozent am Gesamtnutzen der Neuerungen beteiligt, was auf relativ starke Niveauunterschiede in der Nachnutzung zwischen den einzelnen Zweigen, Kombinaten und Betrieben hinweist);

– den Einfluß der Neuererbewegung auf die Gestaltung technisch sicherer und arbeitshygienisch einwandfreier Arbeitsbedingungen weiter zu verbessern. Nur 8 Prozent der vereinbarten Neuererleistungen waren speziell auf Arbeitssicherheit und Arbeitserleichterungen im Jahre 1976 gerichtet.

Untersuchungen und Analysen machen deutlich, daß die Effektivität der Neuererinitiativen immer mehr vom Niveau der Planung der Neuerertätigkeit, von der Festlegung anspruchsvoller Ziele sowie von der richtigen inhaltlichen und zeitlichen Einordnung der Neuererleistungen in die betriebliche Planung und Bilanzierung bestimmt wird.

Die den Neuerern übertragenen Aufgaben werden zunehmend komplizierter und komplexer, sie sind in starkem Maße unmittelbar mit anderen betrieblichen Maßnahmen verbunden und in z. T. umfangreiche Intensivierungsmaßnahmen eingeordnet. Das erfordert, daß das Niveau der Leitung und Planung der Neuererbewegung in den Betrieben in zwei Richtungen weiter qualifiziert wird:

- die Planung der Neuerertätigkeit nach Kennziffern, vor allem die Planung der ökonomischen Zielstellung sollte stärker auf die Erhöhung der Effektivität der Arbeits- und Produktionsprozesse orientiert und
- die Planung der Aufgaben nach Themen sollte stärker auf die Erhöhung der ökonomischen und sozialen Ergiebigkeit von Wissenschaft und Technik ausgerichtet werden.

Eine große Rolle für die wirksame Mitarbeit einer wachsenden Zahl von Werktätigen vor allem im Rahmen der geplanten kollektiven Neuerertätigkeit kommt der Übertragung geeigneter Neuereraufgaben auf die Arbeitskollektive zu.

In den Betrieben werden gute Ergebnisse erreicht, wo es gelingt, bereits bei der Vorbereitung und Diskussion des Planes thematische Neuereraufgaben unter anderem zur Durchführung wissenschaftlich-technischer Untersuchungen, zur schöpferischen

Lösung wissenschaftlich-technischer und anderer Probleme sowie zur Überleitung vereinbarter Neuererleistungen vorzugeben.

Verallgemeinerungsfähig sind in diesem Zusammenhang die Erfahrungen, die in der Kupfer-Silber-Hütte „Fritz Beyling" des Mansfeld-Kombinates mit der Arbeit nach Brigadeaufträgen gesammelt wurden. Die Brigadeaufträge enthalten die auf der Grundlage des bestätigten Planes aufgeschlüsselten Aufgaben der Kollektive zur Steigerung der Produktion und der Erhöhung ihrer Produktivität und Effektivität in Form von Kennziffern und Normativen sowie Schwerpunktaufgaben der Neuerertätigkeit.

Neben Aufgaben für das laufende Jahr sollen künftig verstärkt solche Neuereraufgaben vergeben werden, die im folgenden Jahr wirksam werden. Eine solche Arbeitsweise setzt voraus, daß die dafür verantwortlichen Bereiche in den Betrieben einen genügend großen Vorlauf schaffen, um allen Arbeitskollektiven – ausgehend von deren realen Potenzen und Fähigkeiten – durch die notwendige Kapazität des Rationalisierungsmittelbaus abgesicherte Neuereraufgaben stellen zu können.

Untersuchungen zeigen, daß Schwierigkeiten in der Entwicklung des Neuererwesens oft im Fehlen langfristiger Aufgabenstellungen begründet liegen.

Die Anwendung geeigneter Methoden zur Entwicklung des materiellen Interesses der Arbeitskollektive an der Lösung wissenschaftlich-technischer Aufgaben ist ebenfalls eine wichtige Voraussetzung für die aktive Mitwirkung der Arbeitskollektive im kollektiven Neuererwesen.

Nach vorliegenden Erfahrungen ist das Verantwortungsbewußtsein derjenigen Kollektive für die Beschleunigung des wissenschaftlich-technischen Fortschritts im eigenen Arbeitsbereich besonders stark ausgeprägt, die bereits nach der innerbetrieblichen wirtschaftlichen Rechnungsführung arbeiten.

Die damit verbundene reale, überschaubare und durch kollektive Lohnformen materiell spürbare Verantwortung für die Nutzung der sozialistischen Produktionsmittel führt zu hoher Beteiligung und Effektivität im Neuererwesen. Den Nachweis dafür erbrachten beispielsweise die Taktstraßenkollektive der Wohnungsbaukombinate unserer Republik, die seit einigen Jahren nach Brigade- und Objektverträgen arbeiten und hinsichtlich der Selbstkostensenkung aus Neuerertätigkeit sowie aus der Nachnutzung von Neuerungen wesentlich über dem Niveau der Brigaden liegen, die nicht nach der Slobin-Methode arbeiten.

39. Für die Entwicklung der Wettbewerbsatmosphäre erlangen Faktoren zunehmendes Gewicht, die auf die zielstrebige Qualifizierung der Werktätigen, auf die gründliche und regelmäßige Information über gesellschaftliche und betriebliche Zusammenhänge, auf das Übertragen höherer persönlicher Verantwortung im Arbeitsprozeß und in der gesellschaftlich-politischen Arbeit gerichtet sind. Das sind Faktoren, die zur Entwicklung des subjektiven Vermögens eines immer größer werdenden Teils der Werktätigen zu bewußtem und effektivem Handeln beitragen, die die Entwicklung sozialistischer Beziehungen der Menschen zur Arbeit und im Verhältnis untereinander unterstützen.

Für das initiativreiche Verhalten des einzelnen und der Kollektive spielt die Arbeitsatmosphäre im unmittelbaren Arbeitskollektiv, in den Meisterbereichen und in den Brigaden eine bedeutende Rolle. Sie wird wesentlich davon beeinflußt, wie die Arbeit organisiert wird, wie der Leiter die Ergebniswirksamkeit der Anstrengungen der Werktätigen sichert, wie rasch die Vorschläge der Arbeiter aufgegriffen und nicht als unbequeme Kritik an der Tätigkeit der Leiter betrachtet werden. Die Arbeitsatmosphäre wird davon geprägt, wie gute Leistungen ideell und materiell anerkannt werden und kameradschaftliche Kritik und Selbstkritik zur Erziehung sozialistischer Persönlichkeiten und zur Entwicklung der Kollektivbeziehungen zur Anwendung kommen. Nicht weniger beeinflußt wird sie vom Stand der konkreten materiell-technischen und organisatorischen Bedingungen der Produktion, wobei die Arbeitsbedingungen einen hohen Stellenwert haben.

Das erreichte hohe Niveau der Entwicklung der Masseninitiative einerseits und die zum anderen mit der weiteren Vertiefung der Intensivierung verbundenen neuen Anforderungen verlangen eine weitere Qualifizierung der Leitungstätigkeit, so

- die Ausprägung initiativreichen Verhaltens bei einer immer größeren Anzahl von Werktätigen und ihre gezielte Einbeziehung in die zum gegebenen Zeitpunkt wirksamsten Formen der Leistungssteigerung;
- die aufmerksame Sicherung einer hohen Stabilität der Bedingungen, unter denen sich Initiative entfalten kann, bis zur weiteren Ausprägung sozialistischer Verhaltensmotive;
- die organische Verbindung von Wettbewerb und Plan und die verstärkte Nutzung der innerbetrieblichen wirtschaftlichen Rechnungsführung;
- die Erhöhung der Planmäßigkeit bei der Verallgemeinerung der Erfahrungen der Besten und die Verstärkung der analytischen Arbeit.

Ein wichtiges Erfordernis der neuen Qualität der Wettbewerbsentwicklung ist die umfassende Einbeziehung der Werktätigen in die Organisierung und Führung des sozialistischen Wettbewerbs. Dabei sind – beginnend bei der Einbeziehung in die Plandiskussion und die Erarbeitung der Gegenplanvorschläge – die durch die Initiative zu erschließenden Reserven rechtzeitig planwirksam zu machen und zu bilanzieren.

Es kommt darauf an, den Umfang und die Qualität der Teilnahme der Werktätigen an der Ausarbeitung der Wettbewerbsprogramme weiter zu erhöhen. Sie wird davon beeinflußt, in welchem Maße die Pläne, verbunden mit konkreten Informationen, auf die Betriebsabteilungen und Kollektive aufgeschlüsselt sind.

2. Referat

W. Heinrichs

Hauptwege zur Steigerung der Arbeitsproduktivität für die weitere Erhöhung des materiellen und kulturellen Lebensniveaus des Volkes

Die Steigerung der Arbeitsproduktivität – Bestandteil der Hauptaufgabe

Die Steigerung der Arbeitsproduktivität gehört zu den grundlegenden und ständigen Aufgaben aller Etappen des sozialistischen Aufbaus. Sie ist die „. . . wichtigste Quelle des wirtschaftlichen Wachstums"[1], heißt es im Programm unserer Partei, das auf dem IX. Parteitag angenommen wurde.

Nachdem die Arbeiterklasse die politische Macht erobert und die Produktionsmittel in sozialistisches Eigentum übergeführt hat, ist die Steigerung der Arbeitsproduktivität ein anderer Ausdruck für die Höherentwicklung des werktätigen Menschen als Hauptproduktivkraft, für seine wachsenden Fähigkeiten und Fertigkeiten, die sachlichen Produktionsbedingungen mit dem Ziel, so rationell wie möglich zu nutzen, „den Lebensprozeß der Arbeiter zu erweitern, zu bereichern (und) zu befördern"[2] – wie es schon im Kommunistischen Manifest heißt. Im erreichten Niveau der Arbeitsproduktivität und der Nutzbarmachung ihrer Ergebnisse für die immer bessere Befriedigung der materiellen und kulturellen Bedürfnisse reflektiert sich der erreichte Stand bei der Durchführung der sozialistischen Revolution. Von der künftigen Steigerung der Arbeitsproduktivität werden maßgeblich die weiteren Perspektiven der sozialistischen Revolution bestimmt. Mit dem Kampf um die Steigerung der Arbeitsproduktivität nimmt die Arbeiterklasse unter Führung ihrer Partei im festen Bündnis mit allen anderen Werktätigen eine wichtige, sozusagen die materielle Seite ihrer historischen Mission wahr. Wie Genosse *E. Honecker* in seiner Dresdner Rede am 26. 9. 1977 betonte, kreuzen sich darin für die weitere Entwicklung des Sozialismus wesentliche Zusammenhänge von Politik und Ökonomie.[3]

Die Steigerung der Arbeitsproduktivität ist die wichtigste materielle Voraussetzung, damit sich die Vorzüge der sozialistischen Gesellschaftsordnung immer weiter ausprägen und für die Realisierung des von *Lenin* formulierten Ziels, der „Sicherung der höchsten Wohlfahrt und der freien allseitigen Entwicklung aller Mitglieder der Gesellschaft"[4], immer vollständiger genutzt werden können. Gleichzeitig vermehren und vertiefen sich durch den höheren Reifegrad der sozialistischen Produktionsverhältnisse jene ökonomischen Beziehungen, die es dem produktiven gesellschaftlichen Gesamtarbeiter ermöglichen, den Aufwand an vergegenständlichter und lebendiger Arbeit pro Einheit qualitäts- und bedarfsgerecht strukturiertem Nationaleinkommen zu senken. Dazu gehört die weitere Vertiefung der ökonomischen Zusammenarbeit der DDR mit der UdSSR und den anderen Staaten des RGW im Rahmen der sozialistischen ökonomischen Integration. Als entscheidende Bedingung für eine stabile ökonomische

1 Programm der Sozialistischen Einheitspartei Deutschlands, Berlin 1976, S. 23.

2 K. Marx/F. Engels, Manifest der Kommunistischen Partei, in: MEW, Bd. 4, S. 476.

3 E. Honecker, Die sozialistische Revolution in der DDR und ihre Perspektiven, Berlin 1977, S. 16.

4 W. I. Lenin, Bemerkungen zum 2. Programmentwurf Plechanows, in: Werke, Bd. 6, Berlin 1962, S. 40.

und soziale Entwicklung der DDR räumt die sozialistische ökonomische Integration entsprechend der wachsenden Vergesellschaftung der Produktion größere Maßstäbe und rationelle Wege zur immer besseren Nutzung der Faktoren zur Steigerung der Arbeitsproduktivität ein. Es ist, wie *Lenin* schrieb, „der wirtschaftliche Vorteil ebenso wie der Instinkt und das Bewußtsein des Internationalismus und des Demokratismus"[5], der die Arbeiterklasse veranlaßt, diesen Vorteil des Sozialismus für die Steigerung der Arbeitsproduktivität im eigenen Lande sowie im Interesse der Stärkung der sozialistischen Staatengemeinschaft insgesamt zu nutzen.

Mitunter wird in der Literatur die Hauptaufgabe auf die immer bessere Befriedigung der materiellen und kulturellen Bedürfnisse reduziert und in diesem Sinne der Steigerung der Arbeitsproduktivität gegenübergestellt.

Mit der weiteren Gestaltung der entwickelten sozialistischen Gesellschaft nimmt der Wirkungszusammenhang des Gesetzes der stetigen Steigerung der Arbeitsproduktivität mit anderen ökonomischen Gesetzen, vor allem mit dem ökonomischen Grundgesetz und dem Gesetz der planmäßigen proportionalen Entwicklung zu. Darin drückt sich der von *Marx* für die sozialistische Gesellschaft vorausgesagte Prozeß aus, wonach die Ökonomie der Zeit in viel höherem Grad ökonomisches Gesetz wird. Das Gesetz der stetigen Steigerung der Arbeitsproduktivität bildet den Kern des umfassenderen Gesetzes der Ökonomie der Zeit. Somit nimmt mit der weiteren Gestaltung der entwickelten sozialistischen Gesellschaft die Rolle dieses Gesetzes im Wirkungszusammenhang aller ökonomischen Gesetze zu. Vor allem wächst seine Rolle für die weitere Ausprägung des ökonomischen Grundgesetzes des Sozialismus. Die Wirkungs- und Ausnutzungsbedingungen dieses Gesetzes sind nicht neben die Hauptaufgabe gestellt, sondern fest in sie integriert.

Gestützt auf die bisher erreichten Ergebnisse und die inneren Kraftquellen des Sozialismus, die sich auch im Gesetz der stetigen Steigerung der Arbeitsproduktivität äußern, führte Genosse *Honecker* in seiner Rede vor den 1. Sekretären der Kreisleitungen der SED am 17. 2. 1978 in Berlin aus, daß die Hauptaufgabe erfüllt und der Kurs des wirtschaftlichen Wachstums, der auf das Wohl des Volkes gerichtet ist, fortgesetzt wird.[6]

Damit werden neue und höhere objektive Anforderungen an die Steigerung der Arbeitsproduktivität gestellt. Im vorliegenden Arbeitsmaterial wurde ausführlich auf die Gesamtheit der Bedingungen eingegangen, weshalb wir einen stabilen Zuwachs des Nationaleinkommens in Gegenwart und Zukunft brauchen, der vor allem durch die Steigerung der Arbeitsproduktivität erbracht werden muß. Wichtige Aussagen dazu wurden ebenfalls auf der 12. Tagung des Wissenschaftlichen Rates für die wirtschaftswissenschaftliche Forschung getroffen, die zu Grundfragen der Steigerung der Arbeitsproduktivität bei der weiteren Gestaltung der entwickelten sozialistischen Gesellschaft stattfand. Im Referat soll untersucht werden, weshalb die weitere Erfüllung der Hauptaufgabe zumindest in vierfacher Hinsicht mit einem wachsenden Anspruch an die Steigerung der Arbeitsproduktivität untrennbar verbunden ist.

Erstens: Mit der Höherentwicklung der Bedürfnisse und des Grades ihrer Befriedigung muß mit der Steigerung der Arbeitsproduktivität der Zeitaufwand reduziert

5 W. I. Lenin, Über eine Karikatur auf den Marxismus und über den „imperialistischen Ökonomismus", in: Werke, Bd. 23, Berlin 1962, S. 62.

6 Die Aufgaben der Partei bei der weiteren Verwirklichung der Beschlüsse des IX. Parteitages der SED. Aus dem Referat des Generalsekretärs des ZK der SED, Erich Honecker, auf der Beratung mit den 1. Sekretären der Kreisleitungen der SED, in: Neues Deutschland vom 18./19. Februar 1978, S. 2.

werden, der heute noch für die Deckung der Grundbedürfnisse (Ernährung, Bekleidung, Wohnung usw.) notwendig ist. Mußten im Jahre 1960 in der Industrie noch 44 Stunden gearbeitet werden, um für 1000 Mark Industrieprodukte herzustellen, so waren es 1975 17 Stunden, und es werden 1980 noch etwa 13 Stunden sein. Damit wird disponible Zeit für die Befriedigung neuer Bedürfnisse sowie für die materielle Absicherung der in den produzierenden und nichtproduzierenden Bereichen der Volkswirtschaft eingetretenen Verkürzungen der Arbeitszeitfonds geschaffen. Schließlich müssen die Arbeitszeitverkürzungen für die im produzierenden Bereich Beschäftigten durch höhere Steigerungsraten der Arbeitsproduktivität ausgeglichen werden, wenn kein Abstrich am Zuwachs des Nationaleinkommens zugelassen werden soll. Dieser Zusammenhang muß stärker in die theoretischen Forschungen einbezogen werden. Mit höherem Niveau in der Ökonomie der lebendigen Arbeit wächst nämlich auch die ökonomische und soziale „Wertigkeit" einer Arbeitsstunde für die Befriedigung der Gesamtheit der Bedürfnisse. Berechnungen ergaben, daß eine Reduzierung der gesetzlichen Arbeitszeit von 2 Stunden pro Woche für alle Beschäftigten bei gegebenem Niveau der Arbeitsproduktivität und gegebener Zahl der in den produzierenden Bereichen Beschäftigten des Jahres 1976 gleichbedeutend wäre mit einem Ausfall von 1000 Mark Nationaleinkommen pro Beschäftigten im produzierenden Bereich. Das entspricht einer Summe von etwa 6,7 Milliarden Mark, die durch die höhere Steigerung der Arbeitsproduktivität wettgemacht werden müßte, um den Zuwachs des Nationaleinkommens nicht zu schmälern. Schon hieraus wird der zunehmende Anspruch wachsender Arbeitsproduktivität für die Befriedigung von Bedürfnissen höherer Ordnung deutlich, zu denen materielle und insbesondere im wachsenden Maße auch kulturelle Bedürfnisse und Erfordernisse des Umweltschutzes gehören. Das Erreichen verschiedener relativer Sättigungsgrenzen in bestimmten Bedürfniskomplexen und die Verlagerung auf Bedürfnisse höherer Ordnung in gleichen oder in anderen Bedürfniskomplexen ist zum Teil mit höheren vollen Aufwänden an Arbeitszeit und Grundfonds für das volkswirtschaftliche Endprodukt verbunden. Das bestätigen Daten der Verflechtungsbilanz. Die Steigerung der Arbeitsproduktivität pro Betrieb, pro Stufenprodukt und pro volkswirtschaftliches Endprodukt schafft jene materiellen Bedingungen für strukturelle Veränderungen entsprechend der Entwicklung und Ausbildung eines der entwickelten sozialistischen Gesellschaft adäquaten Bedürfnissystems.

Zweitens: Die erfolgreiche Verwirklichung der langfristig angelegten Gesellschaftsstrategie verlangt, die gegenwärtigen mit den künftigen Interessen der Gesellschaftsentwicklung so miteinander zu verbinden, daß der auf das Wohl des Volkes gerichtete Kurs durch volkswirtschaftliches Wachstum und Stabilität selbst bei veränderten Reproduktionsbedingungen dauerhaft abgesichert wird. Das wiederum erfordert die weitere Vervollkommnung der materiell-technischen Basis, deren Dynamik und deren Aufwand von den ökonomischen und sozialen Wirkungen des wissenschaftlich-technischen Fortschritts bestimmt wird. Die stabile Steigerung der Arbeitsproduktivität schafft den Freiheitsraum, schafft jene Disponibilität, um gleichzeitig die laufenden materiellen und kulturellen Bedürfnisse immer besser zu befriedigen und die zum Teil wachsenden Vorleistungen für die Entwicklung der materiell-technischen Basis aufzubringen. Im Zeitraum 1971 bis 1975 wurden 47,3 Mrd. Mark Investitionen mehr eingesetzt als im Zeitraum 1966 bis 1970. Im laufenden Planjahrfünft werden 241,8 Mrd. Mark investiert, das sind wiederum 55,6 Mrd. Mark mehr als im Zeitraum 1971 bis 1975. Die Aufwendungen für Wissenschaft und Technik, die im Zeitraum 1971 bis 1975 25 Mrd. Mark betrugen, werden für den Zeitraum 1976 bis 1980 auf 35 Mrd. Mark erhöht.

Drittens: Hinsichtlich einer Reihe für das volkswirtschaftliche Wachstum wichtiger Rohstoffe haben sich die Reproduktionsbedingungen in den letzten Jahren zum Teil grundlegend verändert. Wir haben es in der Gegenwart und auch in der Zukunft im eigenen Land (beim Ausbau der eigenen Energie- und Rohstoffbasis) und über die Außenwirtschaft mit Reproduktionsbedingungen zu tun, bei denen sich der Aufwand für die quantitative einfache Reproduktion bestimmter Produktionsressourcen zum Teil erhöht. Für den absehbaren Zeitraum werden Technologien und wissenschaftlich-technische Alternativen noch nicht in dem Maße ökonomisch einsetzbar sein, die diesen Trend grundlegend umkehren könnten. Dieser wachsende Aufwand muß durch den erhöhten Leistungszuwachs, besonders aber durch beträchtliche Anstrengungen bei der Steigerung der Arbeitsproduktivität ausgeglichen werden. Er erfordert auch, das wissenschaftlich-technische Potential noch zielstrebiger auf die Lösung dieser Probleme zu lenken.

Viertens: Es gilt unsere Errungenschaften zuverlässig zu schützen.

Diese vier Komponenten bestimmen die Anforderungen an die Steigerung der Arbeitsproduktivität. Sie unterstreichen vor allem die Notwendigkeit, die Steigerung der Arbeitsproduktivität nicht nur als einen gesetzmäßigen Prozeß aufzufassen, bei dem das quantitativ und qualitativ gleiche Ergebnis (der Effekt) bei weiterer Minimierung des Aufwandes zu erreichen ist. Im wachsenden Maße wird es notwendig (und durch die Wirkungen des wissenschaftlich-technischen Fortschritts auch möglich), durch *qualitative Veränderungen des Effekts* einen höheren Grad in der Befriedigung materieller produktiver und konsumtiver Bedürfnisse bei gleichzeitiger Minimierung des Aufwandes zu erreichen. Daraus ergibt sich die wachsende Rolle der qualitativen Komponente in der durchgehenden Verbesserung des Verhältnisses von Aufwand und Ergebnis im Prozeß der Steigerung der Arbeitsproduktivität.

Die Materialien des VIII. und IX. Parteitages der SED, besonders unser Parteiprogramm, sind das Ergebnis intensiver, theoretischer Arbeit unserer Partei, die sie in unzerstörbarem Bruderbund mit der KPdSU und anderen kommunistischen und Arbeiterparteien der sozialistischen Staatengemeinschaft in den siebziger Jahren leistete. Über die sich für die wirtschaftswissenschaftliche Forschung daraus ergebenden Konsequenzen wurden auf der 18. Ratstagung wichtige Schlußfolgerungen gezogen. Sie waren auch stets wichtige Ausgangspunkte für andere Ratstagungen, u. a. zu den Themen

- der weiteren Vertiefung der sozialistischen ökonomischen Integration,
- der Erhöhung der Effektivität und der Durchsetzung des Sparsamkeitsprinzips im Reproduktionsprozeß der Kombinate und Betriebe,
- der Sicherung des Rohstoffbedarfs und der Erhöhung der Materialökonomie,
- der planmäßigen Entwicklung der sozialistischen Produktionsverhältnisse.

Zu den Ergebnissen theoretischer Arbeit gehört zweifellos auch die Definition von Ziel und Wegen der Wirtschaftsstrategie in Übereinstimmung mit den konkreten Wirkungsbedingungen des Systems der ökonomischen Gesetze des Sozialismus und des dieses System prägenden Gesetzes, des ökonomischen Grundgesetzes des Sozialismus. Die Bestimmung der Ziele, so das Wohnungsbauprogramm als das Kernstück des sozialpolitischen Programms, die Verbesserung der Versorgung der Bevölkerung mit Konsumgütern, die Verbesserung der Arbeits- und Lebensbedingungen usw. schloß und schließt Entscheidungen über eine bestimmte Rang- und Reihenfolge bei der gesellschaftlichen Anerkennung der Bedürfnisse ein. Kriterium dieser Rang- und Reihenfolge ist, daß die von den Werktätigen, besonders von der Arbeiterklasse am dringendsten empfundenen Probleme auch an erster Stelle und dauerhaft zu lösen sind. Mit dem Mechanismus dieser gesellschaftlichen Anerkennung der Bedürfnisse wurden und werden bedeutende soziale Antriebskräfte freigesetzt, die in Übereinstimmung der gesellschaftlichen materiellen mit den persönlichen materiellen Interessen liegen. Für die Zukunft brauchen wir im erhöhten Maße die Aufdeckung und Freilegung dieser dem Sozialismus eigenen sozialen Antriebskräfte, die mit der Ausprägung des sozialistischen Charakters der Arbeit, mit der konsequenten Durchsetzung des Leistungsprinzips, der weiteren Vervollkommnung der Leitung, Planung und Stimulierung, der wissenschaftlichen Analyse des sozialistischen Wettbewerbs usw. verbunden sind. Alle diese Fragen sind letztlich mit konkreten Interessen, Bedürfnissen, mit dem Grad der Interessiertheit in enger Verbindung mit der politisch-ideologischen Motivation zur Leistungssteigerung verbunden. Die Höherentwicklung der Bedürfnisse des produktiven gesellschaftlichen Gesamtarbeiters ruft eine bestimmte Dynamik in seiner Interessenstruktur und in der Art und Weise der Übereinstimmung von gesellschaftlichen Interessen – als den führenden Interessen – mit den persönlichen Interessen hervor. Mit der Rang- und Reihenfolge künftiger sozialpolitischer Maßnahmen muß deshalb jenen der Vorrang eingeräumt werden, die direkt oder über verschiedene vermittelnde Glieder kurz- oder längerfristig einen hohen Zuwachs an Arbeitsproduktivität und Effektivität sichern. Es geht um die Aufdeckung der der entwickelten sozialistischen Gesellschaft innewohnenden Dialektik von Produktivität und Persönlichkeitsentwicklung, um die wachsende Übereinstimmung der Reproduktionsbedingungen der Arbeitskraft mit denen der Entwicklung sozialistischer Persönlichkeiten, die mit einer schematischen, einseitigen Betrachtungsweise oder gar Gegenüberstellung von ökonomischer und sozialer Effektivität immer weniger vereinbar sind.

Die seit dem VIII. und besonders seit dem IX. Parteitag der SED erreichte Erhöhung des materiellen und kulturellen Lebensniveaus ist nicht nur mit einem bloßen quantitativen Wachstum der Konsumtionsfonds gleichzusetzen. Dem Wesen nach treten vielmehr immer deutlicher die Konturen unserer gesellschaftlichen Vorwärtsbewegung hervor, die durch die weitere Ausprägung der sozialistischen Lebensweise gekennzeichnet sind. Wie auf der der sozialistischen Lebensweise gewidmeten Ratstagung herausgearbeitet wurde, verflechten sich immer mehr materielle mit geistig-ideologischen Komponenten, die die sozialistische Lebensweise auszeichnen und in deren Ergebnis der eigentliche Reichtum der Gesellschaft geschaffen und vermehrt wird, den *Karl Marx* in der allseitigen Entwicklung aller produktiven und sozialen Anlagen, geistigen und körperlichen Fähigkeiten und Fertigkeiten sah. Persönlichkeitsentwicklung und Förderung aller Produktivitätspotenzen werden immer besser in Übereinstimmung gebracht und wirken zurück als die größte Produktivkraft auf die Produktivkraft der Arbeit.[7] Sie prägen im entscheidenden Maße die sozialen Antriebskräfte in dieser gesellschaftlichen Entwicklungsetappe. Jede Tendenz der Unterschätzung des Leistungsprinzips oder seiner Gegenüberstellung mit dem Prozeß der Minderung der sozialen Unterschiede, der sich bei der weiteren Gestaltung der entwickelten sozialistischen Gesellschaft vollzieht, muß überwunden werden. In unserer Phase der gesellschaftlichen Entwicklung ist die Nutzung aller Triebkräfte ohne konsequente Anwendung des Leistungsprinzips undenkbar.

Die inneren Kraftquellen des Sozialismus treten gegenwärtig besonders sichtbar hervor, wenn man unsere Entwicklung dem Alltag in der BRD gegenüberstellt.

Der Antagonismus von ökonomischem Wachstum und Massenarbeitslosigkeit wi-

[7] K. Marx, Grundrisse der Kritik der Politischen Ökonomie, Berlin 1974, S. 599.

derspiegelt dort die am Profit orientierte Strategie der Monopole, wie sie der Vorstandsvorsitzende der BASF mit den Worten zum Ausdruck brachte: „Ein kapitalistisches Unternehmen hat Gewinne zu machen und keine Arbeitsplätze." Für viele Unternehmer war die Krise eine *Fitness-Übung*. Rationalisierung und Abbau von Personal hieß die Devise. Das 1976 und 1977 erzielte geringfügige wirtschaftliche Wachstum vollzog sich mit Hilfe verschärfter Rationalisierungsmaßnahmen sowie einer rigorosen Steigerung der Arbeitshetze. Es vollzog sich auf Kosten der Arbeiter und Angestellten, deren Ausbeutungsgrad bei stagnierenden und teilweise sinkenden Reallöhnen bedeutend erhöht wurde. Die Jahre 1976 und 1977 waren auf dem Gebiet der Profite Jahre der Hochkonjunktur. Die Summe der Bilanzgewinne stieg bei den 100 größten Aktiengesellschaften der Industrie der BRD im Jahre 1976 um 2,336 Milliarden Mark. Das entspricht einer Steigerungsrate von mehr als 81 Prozent.[8]

In den letzten Jahren hat sich gleichzeitig die Schere zwischen der Entwicklung der Nettoprofite und der Nettolöhne und -gehälter weiter geöffnet. Während die Nettoprofitsumme der 100 größten Konzerngesellschaften 1976 um 19,4 Prozent zunahm, wuchs die nominelle Lohn- und Gehaltsumme lediglich um 4,5 Prozent. Das Wachstum der Profite war bei Zugrundelegung der nominalen Werte mehr als viermal so groß wie das der Löhne und Gehälter. Ein charakteristisches Merkmal des gegenwärtigen Wirtschaftszyklus besteht darin, daß die Unternehmer nach der Krise nicht zu Erweiterungsinvestitionen übergehen. Der Staat gewährte den Monopolen erhebliche Steuervergünstigungen und Subventionen, wodurch den großen Unternehmen Überkapazitäten über die Krise hinweg erhalten geblieben sind. Gegenwärtig genießen die Konzerne in allen imperialistischen Ländern staatliche Vergünstigungen in einem Ausmaß wie kaum jemals zuvor – und dennoch kommt es zu keiner *Investitionswelle*. Im Gegenteil, in der BRD gingen die realen Bruttoanlageinvestitionen in der Industrie seit 1970 von Jahr zu Jahr zurück. Noch bedeutsamer ist, daß die von den Konzernen vorgenommenen Investitionen zu keiner Zunahme der Beschäftigtenzahl wie in den fünfziger und sechziger Jahren führten. Das Ausmaß der Rationalisierungsinvestitionen beginnt dauerhaft das Ausmaß der Ersatz- und Erweiterungsinvestitionen zu übersteigen. Die Unternehmen erhöhen die Produktion vor allem durch umfassende Rationalisierung, durch Intensivierung der Ausbeutung und in expandierenden Zweigen durch Einführung von Sonderschichten und Überstunden. Unter kapitalistischen Bedingungen wird somit die Rationalisierung, der wissenschaftlich-technische Fortschritt überhaupt, auf Kosten der sozialen Existenz von Millionen Werktätigen vorangetrieben. Seine Anwendung ist mit einer Disqualifizierung vieler Arbeiter, mit erhöhtem Leistungsdruck, verstärktem physischen und psychischem Verschleiß der Beschäftigten verbunden. Der BRD-Alltag bestätigt mit diesen nur angedeuteten Entwicklungstendenzen die Richtigkeit der von den Klassikern angestellten Analyse der kapitalistischen Produktion vom relativen Mehrwert.

Natürlich haben die vielfältigen Krisenerscheinungen den von bürgerlichen Ökonomen so gern gepflegten Wohlfahrtsoptimismus erschüttert, das Vertrauen in die Regulierungsmechanismen der Wirtschaft brüchig werden lassen und den Zweifel an den Erfolgsaussichten staatlicher Politik verstärkt. Diese Situation zwingt die Monopolbourgeoisie mehr denn je, die theoretisch-ideologische und politische Brauchbarkeit ihrer Wirtschaftskonzeption zu überprüfen, neue Theorien zu entwickeln und alte zu reaktivieren, um das Erscheinungsbild des Kapitalismus attraktiver zu gestalten.

[8] Vgl. H. Tammer, Die Profite der BRD-Industriekonzerne im Jahre 1976, in: IPW-Berichte, 12/1976, S. 33.

Stellen wir die Frage, was aus den in den sechziger und siebziger Jahren so sorgfältig entwickelten und zielgerichtet propagierten Konzeptionen, zum Beispiel jener von der *Humanisierung der Arbeitswelt* geworden ist, so ist folgendes zu sagen:

Da sich der Abbau der sozialen Leistungen, Massenarbeitslosigkeit und Intensivierung der Ausbeutung mit dem Begriff Humanität schlechterdings kaum vereinbaren lassen, wurde die vor drei Jahren noch auf Hochtouren laufende Propaganda um die Humanisierung der Arbeitswelt abgeschwächt und modifiziert. Heute wird behauptet, betriebliche Rationalisierungsmaßnahmen müßten mit einer Verbesserung der Arbeitsbedingungen verbunden werden. Das bedeutet: Die These von der Humanisierung der Arbeitswelt wird immer mehr auf das reduziert, was sie materiell ist, nämlich eine Voraussetzung für die Steigerung des relativen Mehrwerts, für die Erreichung höherer Profite!

Intensivierung, Steigerung der Arbeitsproduktivität Wirkungsbedingungen der ökonomischen Gesetze des Sozialismus

Die wachsenden objektiven Ansprüche, die von der Höherentwicklung der Bedürfnisse, von der Vervollkommnung der materiell-technischen Basis und von den Außenwirtschaftsbedingungen auf Niveau und Dynamik der Arbeitsproduktivität ausgehen, erfordern, den Prozeß der Intensivierung weiter zu vertiefen. Im vorliegenden Arbeitsmaterial haben wir unseren Standpunkt zu den Wechselbeziehungen zwischen der Arbeitsproduktivität und der Effektivität der gesellschaftlichen Produktion und der Volkswirtschaft deutlich gemacht. Außerdem wurde ausführlich auf die Bedingungen und Wege eingegangen, die wachsende Produktivität effektivitätswirksam werden läßt. Hier soll auf den Zusammenhang von Steigerung der Arbeitsproduktivität und vertiefter Intensivierung eingegangen werden. Denn die konkreten Wege der Steigerung der Arbeitsproduktivität bestimmen den jeweiligen Typ der intensiv erweiterten Reproduktion, wie umgekehrt letzterer auf die Wege der Steigerung der Arbeitsproduktivität zurückwirkt. Das ist, wie noch zu zeigen sein wird, von Bedeutung für die Kriterien der Rationalisierung als dem Hauptweg zur Vertiefung der Intensivierung der gesellschaftlichen Produktion und der Steigerung der Arbeitsproduktivität.

Im Grunde genommen ist jede Steigerung der Arbeitsproduktivität, soweit sie zu einer Senkung des laufenden Aufwandes pro Erzeugnis führt, mit Fortschritten im Intensivierungsprozeß identisch. So verhielt es sich auch in der DDR. Seit mehr als zwanzig Jahren wird die Steigerung des Nationaleinkommens zum überwiegenden Teil durch die Ökonomie der lebendigen Arbeit erreicht. Bis zum Jahre 1972 mußte die Ökonomie der lebendigen Arbeit sogar einen zeitweiligen absoluten Rückgang der in den produzierenden Bereichen Beschäftigten mehr als kompensieren. Allerdings wurde und wird diese Ökonomie der lebendigen Arbeit bis heute noch mit einem relativ hohen und zum Teil wachsenden Aufwand an vergegenständlichter Arbeit erreicht. Bei derartigen Analysen unterstellen wir oftmals, daß sich die Bedürfnisse und die Erzeugnisse und Leistungen zu ihrer Befriedigung in diesem Zeitraum nicht erheblich verändert hätten und damit auch das Verhältnis eingesetzter Produktionsressourcen unverändert geblieben wäre. Eine derartige vereinfachende Abstraktion von Bedürfnisveränderungen, die sich sowohl in Veränderungen der zweiglichen, Erzeugnis- und Leistungsstruktur als auch in der Zusammensetzung der Aufwandsarten äußert, entspricht immer weniger den ökonomischen und sozialen Wirkungen des wissenschaftlich-technischen Fortschritts. Ein wichtiges Anliegen künftiger wirtschaftswissenschaftlicher Forschungen besteht deshalb darin, die aus der Bedürfnisentwicklung und -veränderung hervorgerufenen strukturellen Veränderungen in ihren Wirkungen auf ein bedarfs- und qualitätsgerecht strukturiertes Nationaleinkommen zu bewerten, um noch besser die quantitativen und qualitativen Wachstumsfaktoren in ihrer wechselseitigen Wirkung mobilisieren zu können. Das ist eine unmittelbare Konsequenz aus der sich vertiefenden Intensivierung, die sich bekanntlich darin äußert, daß das wirtschaftliche Wachstum immer mehr durch die wachsende Ergiebigkeit der Produktionsressourcen und immer weniger durch die quantitative Ausdehnung der Produktionsressourcen getragen wird.

Für die zum Teil wachsenden Aufwände an vergegenständlichter Arbeit, die für die Ökonomisierung der lebendigen Arbeit bisher aufgebracht werden mußten, gibt es einen gewichtigen Grund, der in der Art und Weise der zurückliegenden Entwicklung unseres Wirtschaftspotentials liegt. Es ging in diesem Zeitraum vor allem um die Schaffung des notwendigen Produktionsfeldes, die in der DDR im Unterschied zu einigen anderen sozialistischen Staaten bereits im frühen Entwicklungsstadium eng mit dem arbeitszeitsparenden Typ der Reproduktion verbunden werden mußte. Hierbei spielte – bezogen auf die Zahl der Arbeitsplätze – die relative Knappheit an Arbeitskräften wohl eine wichtige Rolle, die seit Beginn der Übergangsperiode vom Kapitalismus zum Sozialismus in der DDR permanent wirkte. Das ist auch der Grund, weshalb die einfache Substitution der lebendigen Arbeit durch vergegenständlichte Arbeit bis in die Gegenwart eine tragende Rolle spielte. Mit anderen Worten: Die Ökonomie der vergegenständlichten Arbeit wurde vor allem indirekt, das heißt über die Ökonomie der lebendigen Arbeit sichtbar. Ihr direkter Beitrag zur Effektivitätsentwicklung muß in den nächsten Jahren entschieden erhöht werden, um den erforderlichen Zuwachs an Nationaleinkommen zu erwirtschaften. Es geht darum, daß sich der Wirkungsgrad der konkreten Arbeit in wachsendem Maße auch auf die Ökonomie des einmaligen und laufenden Aufwandes an vergegenständlichter Arbeit, ausgedrückt in einer höheren Grundfonds- und Materialökonomie, erstreckt. Nur so wird es möglich sein, daß die Wirkungen der Ökonomie der lebendigen Arbeit voll auf den Zuwachs des Nationaleinkommens durchschlagen und dieser Zuwachs noch durch einen direkten Beitrag der Grundfonds- und Materialökonomie zudem positiv beeinflußt werden kann. Das ist der Grund, weshalb im Arbeitsmaterial mit Auffassungen polemisiert wurde, die den laufenden Aufwand an vergegenständlichter Arbeit aus dem Begriff der Arbeitsproduktivität eliminieren wollen. Derartige Auffassungen erschweren die Bemühungen der wirtschaftswissenschaftlichen Forschung, noch tiefer in die wechselseitigen Zusammenhänge von Arbeitsproduktivität und Effektivität der gesellschaftlichen Produktion einzudringen, so wie es im abschließenden Teil des Arbeitsmaterials bei der Vervollkommnung der Effektivitätsrechnung ausführlich dargestellt wurde. So richtig es ist, sich immer wieder erneut von der bürgerlichen Theorie der Produktionsfaktoren bei diesen Forschungen abzugrenzen, so falsch wäre es, eine politökonomische Kategorie der Arbeitsproduktivität *zurechtzuzimmern*, die lediglich von den derzeitigen Möglichkeiten der Abrechnung ausgeht. Damit ist aber auch gesagt, daß weitere theoretische Überlegungen über die Kategorie der Arbeitsproduktivität vom Aspekt ihrer Beziehung zur vertieften Intensivierung der gesellschaftlichen Produktion angestellt werden müssen. Hier sind wir – so scheint mir – noch nicht am Ende unserer Bemühungen angelangt.

Vertiefung der Intensivierung in der Volkswirtschaft bedeutet unter unseren konkreten Bedingungen, vom arbeitszeitsparenden, aber fondsintensiven Typ schrittweise zum arbeitszeitsparenden und fondssparenden Typ der intensiv erweiterten sozialistischen Reproduktion überzugehen. Damit wachsen die Möglichkeiten, daß die Ökonomie der lebendigen Arbeit voll im Zuwachs des Nationaleinkommens wirksam und darüber hinaus das Wachstum des Nationaleinkommens durch die Ökonomisierung des einmaligen und laufenden Aufwandes an vergegenständlichter Arbeit zusätzlich günstig beeinflußt wird. Wachsende Ökonomie der lebendigen Arbeit, ausgedrückt in wachsenden Raten Nationaleinkommen pro Beschäftigten in den produzierenden Bereichen, muß mit sinkendem spezifischem Energie- und Materialverbrauch sowie auf lange Sicht mit einer Verbesserung der Grundfondsquote einhergehen.

Entsprechend der Aufgabe des IX. Parteitages der SED, die Rationalisierung umfassend und im großen Stil zu organisieren, liegen nunmehr ausreichende Erfahrungen vor, um zu theoretischen Verallgemeinerungen zu gelangen. Es gibt entsprechend den Bedingungen der planmäßigen proportionalen Entwicklung der Volkswirtschaft vielfältige Richtungen der Rationalisierung, die sich in der Dynamik unterschiedlicher Effekte und unterschiedlicher Aufwandsstrukturen äußern müssen. Und dennoch bedarf es trotz dieser notwendigen Vielfalt objektiver Kriterien der Rationalisierung, die die Kombinate und Betriebe veranlassen, die ökonomischen Ergebnisse der Rationalisierung strenger an den objektiven Entwicklungstendenzen des arbeitszeitsparenden und fondssparenden Typs der intensiv erweiterten Reproduktion zu messen. Wie die Erfahrungen lehren, war dies in den zurückliegenden Jahren nicht immer der Fall, mitunter verbarg sich hinter Rationalisierungsmaßnahmen nicht wachsende Ergiebigkeit der Produktionsressourcen, sondern ihre quantitative Erweiterung bei der Erfüllung der Produktionsaufgabe. Die wirtschaftswissenschaftliche Forschung hat mit der Ausarbeitung von Kriterien, die strengste Maßstäbe an Produktivität und Effektivität von Rationalisierungsmaßnahmen anlegen, einen Beitrag zu leisten.

Analysiert man die Entwicklung der Grundfondsquote in den letzten zwanzig Jahren in der DDR und eliminiert dabei die zeitweilig wirksam gewordenen Struktureffekte, dann gelangt man zum Schluß, daß angesichts bestimmter, auch in der Zukunft wirkender Reproduktionsbedingungen bereits eine Stabilisierung der Grundfondsquote in den nächsten Jahren von größter Wichtigkeit dafür ist, daß die Ökonomisierung der lebendigen Arbeit uneingeschränkt für die Effektivitätsentwicklung der gesellschaftlichen Produktion und damit für den Nationaleinkommenszuwachs wirksam werden kann.

In gleichen, wenn nicht noch größeren Dimensionen liegen rohstoff- und materialsparende Effekte. Heute umfaßt der jährliche Materialverbrauch der DDR mehr als 220 Milliarden Mark. Mehr als 70 Prozent der Produktionskosten der Industrie setzen sich aus Materialkosten zusammen. Für Produktion und Transport von Energieträgern, Rohstoffen und Materialien aller Art sind mehr als die Hälfte der Arbeitskräfte im produzierenden Bereich eingesetzt. Dort werden mehr als zwei Drittel der Grundfonds genutzt. Mehr als drei Viertel der gesamten Gütertransportmenge der Volkswirtschaft sind Rohstoffe und Materialien verschiedenster Stufenproduktion. Wir streben an, mehr als 50 Prozent des industriellen Produktionszuwachses durch Einsparungen an Rohstoffen und Materialien materiell abzusichern. Das bedeutet, daß wir es auch in den nächsten Jahren mit einem in stofflicher und wertmäßiger Hinsicht wachsenden Rohstoff- und Materialfonds in unserer Volkswirtschaft zu tun haben werden. Er ist und bleibt ein bedeutender Effektivitätsfaktor, der wie keine andere Produktionsressource auf außenwirtschaftliche Bedingungen so empfindlich reagiert und in zunehmendem Maße von Entwicklungstendenzen der Reproduktionsaufwendungen für Naturressourcen abhängig ist. Wir sollten uns in der wirtschaftswissenschaftlichen Arbeit – in der Lehre und in der Forschung – darauf einstellen, daß die

Bedingungen der Rohstoffbeschaffung und die Gesamtheit der Bedingungen, womit wir den spezifischen Verbrauch an Energieträgern, Rohstoffen und Materialien senken und womit ein höherer Einsatzeffekt durch Veredelung der Materialien erzielt wird, zu den bedeutendsten wachstums-, produktivitäts- und effektivitätsbestimmenden Faktoren der Zukunft gehören werden. Hier breitet sich im buchstäblichen Sinne des Wortes ein Bewährungsfeld für Wissenschaft und Technik und für die Ökonomen aus.

„Die Intensivierung erfordert eine höhere Materialökonomie"[9], heißt es in unserem Parteiprogramm. Um so mehr wächst der Anspruch an die wirtschaftswissenschaftliche Arbeit, die Komplexität und gleichzeitig widersprüchliche Entwicklung des Materialverbrauchs im Vergleich zur Entwicklung des Nationaleinkommens noch besser in ihren Faktoren wissenschaftlich zu begründen. Die Dynamik, die stoffliche und wertmäßige Struktur des gesellschaftlichen Gesamtprodukts haben auch unter den Bedingungen der vertieften Intensivierung einen festen Platz in der ökonomischen Theorie und Praxis der sozialistischen Wirtschaft. Mit der Entwicklung des gesellschaftlichen Gesamtprodukts ist auf das engste der Wirkungsgrad der konkreten Arbeit im Hinblick auf die Ökonomisierung der vergegenständlichten Arbeit, und zwar ihres einmaligen und laufenden Aufwandes verbunden. Die Ökonomisierung der lebendigen Arbeit und ihre Wechselwirkungen zur Material- und Grundfondsökonomie hatte *Marx* im Auge, als er, bezogen auf die Dynamik des Wertes einer Ware, schrieb: „Damit nun eine neue Produktionsmethode sich als wirkliche Steigerung der Produktivität bewähre, . . . muß sie den Wert der Ware vermindern. Sie muß dies selbstredend, auch wenn, wie in einzelnen Fällen geschieht, außer dem zusätzlichen Verschleißteil des fixen Kapitals, ein zusätzlicher Wertteil für vermehrte oder teurere Roh- oder Hilfsstoffe in die Wertbildung der Ware eingeht. Alle Wertzuschläge müssen mehr als aufgewogen werden durch die Wertminderung, die aus Verringerung der lebendigen Arbeit entsteht."[10]

In diesem Zusammenhang muß auf die volkswirtschaftliche Wirkung hingewiesen werden, die durch dauerhafte Einsparung an Energie und Material in den verarbeitenden Industriezweigen erzielt wird und der den für die Aufrechterhaltung der Proportionalität erforderlichen Entwicklungsaufwand in den rohstoffproduzierenden Zweigen vermindern hilft. Eine relative Verringerung des Entwicklungstempos dieser über dem volkswirtschaftlichen Durchschnitt liegenden, meist energie-, material- und grundfondsintensiven Zweige der Rohstoffproduktion wäre gleichbedeutend mit einer Verringerung der sogenannten Umwegproduktion. Das wiederum hat eine Senkung des Aufwandes an vergegenständlichter und lebendiger Arbeit je Einheit volkswirtschaftlichem Endprodukt zur Folge. *Marx* bezeichnete diesen Effekt der koexistierenden Arbeit, der sich dann ergibt, wenn man ihre Reproduktion betrachtet, „. . . also ihren Reproduktionsprozeß in seinem Fluß und der Breite seiner Bedingungen".[11]

Derartige, im volkswirtschaftlichen Maßstab erwirkte Strukturveränderungen, die im Rahmen und auf der Grundlage der planmäßigen proportionalen Entwicklung der Volkswirtschaft zu erfolgen haben, setzen Effektivitätsreserven im großen Umfang und auf lange Sicht frei. Sie sind durch die Vorzüge der sozialistischen Planwirtschaft zu erschließen.

Die Entwicklungsrelation vom gesellschaftlichen Gesamtprodukt zum Nationalein-

[9] Programm der Sozialistischen Einheitspartei Deutschlands, a. a. O., S. 28.

[10] K. Marx, Das Kapital, Dritter Band, in: MEW, Bd. 25, Berlin 1964, S. 271.

[11] K. Marx, Theorien über den Mehrwert, Dritter Teil, in: MEW, Bd. 26.3, Berlin 1968, S. 275.

kommen ist dem Einfluß einer Vielzahl von Faktoren ausgesetzt, deren Wirkung bei Beschleunigung des wissenschaftlich-technischen Fortschritts zum Teil gegenläufig ist. So ist nicht jede schnellere Steigerung des Materialverbrauchs gegenüber dem Nettoprodukt eines Industriezweiges ein negativer Faktor der Effektivitätsentwicklung. Abgesehen von der Vertiefung der gesellschaftlichen Arbeitsteilung können Tendenzen des wissenschaftlich-technischen Fortschritts erhöhende Wirkung auf den Materialverbrauch haben. Das ist beispielsweise dann der Fall, wenn die Funktionen, die die Leistungsfähigkeit eines Finalerzeugnisses entscheidend bestimmen, sich immer mehr auf eine oder mehrere seiner Zulieferteile verlagern (wie es unter anderem bei der Mikroelektronik der Fall ist). In stofflicher Hinsicht wird der Anteil der Zulieferteile am Finalerzeugnis dann bedeutend weniger als sein wertmäßiger Anteil anwachsen. Konzentriert sich die Veredelung auf das Zulieferteil, erhöht sich sein Wertteil am Finalerzeugnis. Im Maßstab eines Zweiges tritt dann effektiv ein größerer Materialverbrauch, bezogen auf das Endprodukt, auf. Diese Prozesse sind durch die wirtschaftswissenschaftliche Forschung in ihren wechselseitigen Zusammenhängen auf der Ebene der Volkswirtschaft, auf der Ebene bestimmter Reproduktionskomplexe, so z. B. bei den Pflanzen- und Tierproduktionsbetrieben in der Landwirtschaft und nicht zuletzt auf der Ebene der Kombinate weiterhin zu untersuchen, um unsere Erkenntnisse über die konkreten Wirkungsbedingungen der ökonomischen Gesetze im Prozeß der vertieften Intensivierung zu bereichern.

Die marxistischen Ökonomen des Sozialismus haben nach umfangreichen theoretischen und empirischen Analysen die Frage nach der stetigen Steigerung der Arbeitsproduktivität als eines ökonomischen Gesetzes der kommunistischen Gesellschaftsformation positiv beantwortet. In welcher Weise gesetzmäßig die Intensität der Grundfonds und des Materialverbrauchs (und hinzuzufügen wäre auch die Intensität der Bildungs- und Wissenschaftsfonds) unter den Bedingungen der vertieften Intensivierung verlaufen muß, gehört zu den noch nicht voll gelösten Problemen der marxistisch-leninistischen Wirtschaftstheorie. Mit den oben geforderten Forschungen können wir aber dieses Problem immer mehr einer Lösung zuführen.

Die ökonomischen und sozialen Wirkungen des wissenschaftlich-technischen Fortschritts bestimmen die Hauptwege zur Steigerung der Arbeitsproduktivität

Die von *Marx* entdeckten Bestimmungsfaktoren der Steigerung der Arbeitsproduktivität[12] werden durch die ökonomischen und sozialen Wirkungen des wissenschaftlich-technischen Fortschritts nicht nur immer mehr beeinflußt, sondern im wachsenden Maße von ihnen bestimmt. Zwingender wird die Abhängigkeit des wirtschaftlichen Wachstums, das durch einen stabilen Produktivitäts- und Effektivitätszuwachs getragen wird, von den ökonomischen und sozialen Wirkungen des wissenschaftlich-technischen Fortschritts.[13] Vom wissenschaftlich-technischen Fortschritt hängt unmittelbar die Wirksamkeit des gestiegenen Bildungs- und Qualifikationsniveaus der Werktätigen, Umfang und Wirksamkeit der Produktionsmittel sowie auch die Effektivität der

12 Vgl. K. Marx, Das Kapital, Erster Band, in: MEW, Bd. 23, a. a. O., S. 54.

13 Vgl. E. Honecker, Die Aufgaben der Partei bei der weiteren Verwirklichung der Beschlüsse des IX. Parteitages der SED, in: Neues Deutschland von 18./19. Februar 1978, S. 5.

Beziehungen zwischen Gesellschaft und Natur ab. Er beeinflußt die Organisation der gesellschaftlichen Produktion, drängt auf die Vertiefung der internationalen sozialistischen Arbeitsteilung im Rahmen der sozialistischen ökonomischen Integration, wie umgekehrt diese genannten Faktoren auf die Beschleunigung des wissenschaftlich-technischen Fortschritts zurückwirken. Im Arbeitsmaterial der Konferenz ist ausführlich auf die Schlüsselfunktion des wissenschaftlich-technischen Fortschritts beim Beschreiten der Wege zur Steigerung der Arbeitsproduktivität und darauf eingegangen worden, welche Rolle hierbei den Kombinaten zukommt. Auf der 22. Tagung unseres Rates, die sich mit der Entwicklung und Festigung der Kombinate beschäftigte, wurden dazu wichtige Verallgemeinerungen getroffen, die nunmehr auch als Publikation vorliegen.

Das zentrale Problem in Theorie und Praxis besteht darin, die potentiellen Wirkungen des wissenschaftlich-technischen Fortschritts unter Nutzung der Vorzüge des Sozialismus in den gesamten Reproduktionsprozeß einzusteuern und in hohen Effektivitätszuwachs umzusetzen. Diese potentiellen Wirkungen bestehen in der Senkung der Ressourcenaufwendigkeit der Produktion bei gleichzeitiger Verbesserung der Gebrauchseigenschaften einschließlich der Qualität der Erzeugnisse. Diese ökonomischen Wirkungen des wissenschaftlich-technischen Fortschritts sind letztlich der Grund, weshalb die Vertiefung der Intensivierung in eine Richtung verlaufen kann, die zum arbeitszeit- und fondssparenden Typ der intensiv erweiterten Reproduktion hin tendiert und die zugleich immer stärker die Hauptwege der Steigerung der Arbeitsproduktivität bestimmt.

Nachdem das für die Gestaltung der entwickelten sozialistischen Gesellschaft erforderliche Produktionsfeld in seinen quantitativen Maßstäben, Strukturen und Proportionen im wesentlichen geschaffen wurde, wird es nunmehr ökonomisch immer bedeutungsvoller, die Ergebnisse des wissenschaftlich-technischen Fortschritts durch die qualitative Veränderung des bereits geschaffenen und in Nutzung befindlichen Produktionsfeldes wirksam zu machen. Gleichzeitig gewinnen grundlegende Neuerungen, revolutionäre Änderungen in Wissenschaft und Technik für das künftige wirtschaftliche Wachstum an Bedeutung. Diese grundlegenden Neuerungen zu entwickeln und in die Produktion massenwirksam einzuführen erfordert häufig bedeutende materielle Vorleistungen, die nur über Tiefe und Breite der Vervollkommnung des vorhandenen Produktionspotentials und durch ihren Produktivitäts- und Effektivitätszuwachs erwirtschaftet werden können. Hingegen kann es schon heute nicht und noch weniger in der Zukunft produktivitätsfördernde qualitative Veränderungen des vorhandenen Produktionspotentials mehr geben, die nicht auch Ergebnisse revolutionärer Neuerungen von Wissenschaft und Technik einbeziehen. Grundlegende Neuerungen, wie beispielsweise die Mikroelektronik, sind für die Anhebung des technisch-ökonomischen Produktionsniveaus in der Volkswirtschaft bei dem erreichten Verflechtungsgrad unserer Volkswirtschaft ebenso notwendig wie evolutionäre Veränderungen auf der Basis bereits seit längerem angewandter technologischer Prinziplösungen. Spitzenpositionen in ausgewählten Bereichen der Produktion und systematische Anhebung des technisch-ökonomischen Niveaus der Produktion überhaupt sind unter den Bedingungen der sich vertiefenden Intensivierung wechselseitig miteinander verbunden.

Deshalb müssen wissenschaftlich-technische Neuerungen wie die Erhöhung der Leistungsfähigkeit der Arbeitsmittel, die Verbesserung des Masse-Leistungs-Verhältnisses der Ausrüstungen und Anlagen sowie der Werkstoffe, die Erschließung neuer Anwendungsgebiete für Sekundärrohstoffe und Abprodukte, der Ersatz von Rohstoffen durch effektivere Werkstoffe usw. für die einfache und erweiterte sozialistische

Reproduktion bestimmend werden. *Karl Marx* bemerkte[14], daß in industriell entwickelten Ländern, in denen bereits viel fixes Kapital angewendet wird, bereits durch dessen wertmäßige einfache Reproduktion vom Standpunkt des Grades der Bedürfnisbefriedigung Wirkungen der erweiterten sozialistischen Reproduktion erzielt werden können, die vor allem durch Wissenschaft und Technik erschlossen werden müssen. Mit der Erhöhung der Leistungsfähigkeit und der Qualität der Grund- und Materialfonds gelangt dieser Effekt zur Wirkung und trägt zur Vertiefung der Intensivierung bei.

Dieser Vorrang, wonach mit zunehmender Vertiefung der Intensivierung die einfache Reproduktion der Produktionsressourcen in den Vordergrund rückt, bedarf größerer Aufmerksamkeit durch die wirtschaftswissenschaftliche Forschung, und zwar im Hinblick auf die weitere differenzierte Beurteilung solcher Prozesse, bei denen die einfache Reproduktion aller oder einiger Produktionsressourcen entweder selbständig auftritt oder als Bestandteil der erweiterten Reproduktion fungiert. Dies wird auf der Ebene verschiedener Industriezweige und der Kombinate relevant, besonders dann, wenn die Ergiebigkeit der Produktionsressourcen schneller wachsen soll als die Produktionsleistung, ausgedrückt in der Produktionsmenge.

Wirtschaftswissenschaftliche Untersuchungen haben ergeben:

Erstens: Bei einer Erhöhung der Ökonomie der lebendigen Arbeit durch Steigerung der Produktionsmenge und konstanter Arbeitskräftezahl nimmt der spezifische Aufwand an vergegenständlichter und lebendiger Arbeit stärker ab als bei Einsparung von Arbeitskräften bei konstanter Produktionsmenge. Die Ursache liegt hier meist in einer besseren Fondsökonomie.

Zweitens: Eine Erhöhung der Grundfondsquote bringt in der Regel selbst bei unveränderter Materialökonomie eine Senkung des laufenden Aufwandes mit sich. Der laufende Aufwand an vergegenständlichter und lebendiger Arbeit sinkt schneller, wenn die Produktionsmenge bei konstanten Grundfonds steigt, als wenn das Produktionsvolumen etwa konstant bleibt und der Grundfondsbestand absolut abnimmt.

Drittens: Die Erhöhung der Grundfondsausstattung führt dann zu einer Aufwandssenkung, wenn sich die Zahl der Arbeitskräfte absolut verringert. Hierin drückt sich der Effekt der absoluten Einsparung von Arbeitskräften durch Einsparung von Arbeitsplätzen aus. Anderenfalls erhöht sich selbst bei unveränderter Materialökonomie der Aufwand. Diese aufwandserhöhende Tendenz kann nur durch eine Steigerung der Ökonomie der lebendigen Arbeit kompensiert werden, die in ihrem Tempo die Verbesserung der Grundfondsausstattung allerdings übersteigen muß.

Alle drei Varianten treten in unserer Volkswirtschaft gleichzeitig auf und bestimmen die konkreten Richtungen der Rationalisierung. Wenn man davon ausgeht, daß die Ergebnisse von Wissenschaft und Technik in einem gegebenen Wirtschaftsorganismus mit einem bestimmten technisch-ökonomischen Niveau und einer bestimmten Struktur verbunden sein sollen, dann wird deutlich, wie außerordentlich wichtig für die Auswahl der Wege zur Steigerung der Arbeitsproduktivität die Kriterien sind, die die Aufnahmefähigkeit und Anpassungsfähigkeit des Reproduktionsprozesses an wissenschaftlich-technische Neuerungen bestimmen und die zugleich geeignet sind, seine Reaktionsgeschwindigkeit zu erhöhen. Es handelt sich hier um ein zentrales ökonomisches Problem der Beschleunigung des wissenschaftlich-technischen Fortschritts. Die Art und Weise der Verbindung wissenschaftlich-technischer Neuerungen

[14] Vgl. K. Marx, Theorien über den Mehrwert, Zweiter Teil, in: MEW, Bd. 26.2., Berlin 1967, S. 481.

mit der Veränderung des vorhandenen und mit der Schaffung neuen Produktionspotentials, die Nutzung wissenschaftlich-technischer Neuerungen für die Deckung des volkswirtschaftlichen und betrieblichen Ersatz- und Erweiterungsbedarfs und für die Ökonomisierung der Investitionsprozesse gewinnen immer mehr an Bedeutung und bilden einen Schwerpunkt künftiger wirtschaftswissenschaftlicher Forschungen. Als ein Schlüsselproblem erweist sich dabei die Erhöhung des technologischen Niveaus der Produktion. Das technologische Niveau ist für hohe Leistungsfähigkeit der Produktionsinstrumente, für die Verbesserung der Arbeitsinhalte und der Arbeitsbedingungen überhaupt ebenso ausschlaggebend wie für die Einsparung von Arbeitsplätzen und die Senkung des spezifischen Verbrauchs an Energie, Rohstoffen und Material. Hier liegt das Hauptfeld sozialistischer Rationalisierung. Es wurde durch wirtschaftswissenschaftliche Untersuchungen nachgewiesen, daß Rationalisierungsmaßnahmen dann die größten Produktivitätsfortschritte einbringen, wenn sie auf der Anwendung effektiver Technologien beruhen.

Die Beschleunigung des wissenschaftlich-technischen Fortschritts ist nicht, wie manchmal angenommen wird, nur durch eine Vervollkommnung der Leitung, Planung und ökonomischen Stimulierung zu erreichen. Sie erfordert in erster Linie eine Reihe materieller Bedingungen, wozu die Erhöhung der Mobilität der Produktionsressourcen und ihre Bilanziertheit mit den gesellschaftlichen Bedürfnissen und dem geplanten Grad ihrer Befriedigung gehören. Je höher die Mobilität der Produktionsressourcen, desto rascher kann die Produktion in Übereinstimmung mit den sich verändernden gesellschaftlichen Bedürfnissen und mit den zur Verfügung gestellten Forschungs- und Entwicklungsergebnissen auf eine in Produktivität und Effektivität günstigere Variante umgestellt werden. Im Arbeiterwort *Zeitgewinn ist Reingewinn* liegt auch mit dem Blick auf die effektivere Gestaltung unserer Außenwirtschaftsbeziehungen eine tiefe ökonomische Wahrheit, die durch die Erhöhung der Mobilität unserer Produktionsressourcen immer mehr materielle Gestalt annehmen muß.

Diese Mobilität der Produktionsressourcen läßt sich durch eine Reduzierung zeitlicher Verzögerungen in allen Prozessen der Reproduktion erhöhen, beginnend bei der Senkung der Fristen für Forschung und Entwicklung, der Vorbereitung und Fertigstellung von Investitionen für die Zwecke der Erneuerung und der Erweiterung, über die Senkung der Transportzeit der Güter und der Verweildauer der Konsumgüter im Zirkulationsprozeß bis hin zur Umwandlung von arbeitsfreier Zeit in Freizeit.

Mobilität der persönlichen wie der materiell-gegenständlichen Produktionsressourcen erfordert die Entwicklung der technischen und sozialen Infrastruktur, die unsere Partei ins Konzept der Entwicklung der materiell-technischen Basis nach Reproduktionskomplexen fest eingeordnet hat.

Sowjetische Ökonomen[15] weisen darauf hin, daß der Übergang zur intensiv erweiterten Reproduktion und die Erschließung weiterer Produktivitäts- und Effektivitätsquellen eine strenge und gleichbleibende Ausgewogenheit der wirtschaftlichen Entwicklung voraussetzt. Auch unsere Erfahrungen besagen, daß langfristig anhaltende Spannungen zwischen den Produktionsmöglichkeiten, den gesellschaftlichen Bedürfnissen und dem geplanten Niveau ihrer Befriedigung bei wichtigen Produktionsmitteln und Konsumgütern Umstände begünstigen, unter denen Erzeugnisse geringer Qualität mit veraltetem technischen Niveau und mit veraltertem Sortiment produziert *und* auch abgesetzt werden können. Langfristig anhaltende Spannungen in der materiell-tech-

[15] A. Ančiškin, Raširennoe vosproizvodstvo v uslovijach razvitogo socialisma, in: Kommunist, 14/1976, S. 44/53.

nischen Versorgung der Betriebe mit Roh- und Hilfsstoffen und mit Materialien beeinträchtigen die Kontinuität, sind Ursache für Produktionsunterbrechungen, Wartezeiten und Überstunden. Geht man den Dingen auf den Grund, so liegen in diesen Spannungen auch einige objektive Gründe für die in der Vergangenheit bereits oftmals kritisierten Tendenzen, Erweiterungsinvestitionen (die in diesem Fall die Funktion übernehmen, eine Bilanzdifferenz quantitativ auszugleichen) bzw. Erneuerungsinvestitionen den Vorrang zu geben. Angesichts der zunehmenden Verflechtung innerhalb unserer Volkswirtschaft und durch die sozialistische ökonomische Integration, darüber hinaus in internationalen Dimensionen, ist die Bilanziertheit der Ressourcen immer mehr eine unerläßliche Bedingung für die vollständige Nutzung aller Wege zur Steigerung der Arbeitsproduktivität. Steigende Produktivität und Effektivität sind umgekehrt wiederum die Hauptwege, um die proportionale Entwicklung der Volkswirtschaft und auf ihrer Grundlage progressive Strukturveränderungen in der Volkswirtschaft materiell zu gewährleisten. Angesichts der Reproduktionsbedingungen erweist sich künftig der arbeitszeit- und fondssparende Typ immer mehr als der für die Sicherung volkswirtschaftlicher Proportionen wichtigste und vor allen Dingen auch der reale Weg.

Die wachsende gesellschaftliche Verantwortung der Leiter für die Entwicklung und vollständige Nutzung der Initiative der Werktätigen, Konsequenzen für die Forschungstätigkeit

Mit den höheren Anforderungen an die Leistungssteigerung, an Produktivität und Effektivität der Arbeit wächst der gesellschaftliche Anspruch an das Niveau der Leitungstätigkeit, an Ideenreichtum und persönliches Engagement der Leiter auf allen Ebenen der Volkswirtschaft. Unter den Bedingungen der Beschleunigung des wissenschaftlich-technischen Fortschritts, in deren Gefolge der Anteil der vergegenständlichten Arbeit wächst, und der Anteil der lebendigen Arbeit pro Produktionseinheit sinkt, erweist sich, wie *Karl Marx* voraussah, „die Entwicklung des gesellschaftlichen Individuums" als „der große Grundpfeiler der Produktion und des Reichtums".[16]

Die wachsende gesellschaftliche Verantwortung der Leiter für die Entwicklung und vollständige Nutzung der Initiative der Werktätigen orientiert sich nicht an kurzfristigen Überlegungen. Sie ist ein ökonomisches und soziales Erfordernis unserer weiteren gesellschaftlichen Entwicklung. Die Gestaltung der entwickelten sozialistischen Gesellschaft ist ein Prozeß des weiteren Ausweitens der Vorzüge des Sozialismus, wozu die Ausprägung des sozialistischen Charakters der Arbeit als der wichtigsten Sphäre der Persönlichkeitsentfaltung gehört. Mit diesem Prozeß geht gleichzeitig die Herausbildung und weitere Formierung des Bedürfnissystems einher, in dem die schöpferische Arbeit einen immer wichtigeren Platz für die weitere Persönlichkeitsentfaltung einzunehmen beginnt. „Unsere Partei", so heißt es im Parteiprogramm, „setzt sich dafür ein, daß der sozialistische Charakter der Arbeit allseitig ausgeprägt wird. Die Arbeitsbedingungen sind planmäßig so zu gestalten, daß sie Arbeitsfreude, Einsatzbereitschaft und Schöpfertum sowie das Streben der Werktätigen nach Ordnung, Sicherheit und Disziplin fördern."[17] In der Herstellung dieser Einheit von produktivitätsfördernden und persönlichkeitsbildenden Momenten als wichtige Bedingungen für die weitere

[16] K. Marx, Grundrisse der Kritik der Politischen Ökonomie, a. a. O., S. 593.
[17] Programm der Sozialistischen Einheitspartei Deutschlands, a. a. O., S. 24.

Entwicklung und noch bessere Nutzung der Initiative der Werktätigen besteht die wachsende gesellschaftliche Anforderung der Leiter.

Die wirtschaftswissenschaftliche Forschung hat zur Realisierung dieser Aufgabenstellung seit dem VIII. Parteitag der SED zum Teil beachtliche Beiträge leisten können. Mit der Bestimmung des Wirkungsfeldes der WAO im Reproduktionsprozeß, mit ihrer ständigen Vervollkommnung und bei ihrer Anwendung in den Betrieben hat sie beispielsweise direkt zur Steigerung der Arbeitsproduktivität in der Volkswirtschaft beigetragen.

In der Industrie und dem Bauwesen sind seit 1972 mehr als 500 000 Arbeitsplätze nach Gesichtspunkten der WAO um- oder neugestaltet worden. Im Planjahrfünft 1976 bis 1980 sollen jährlich mindestens 180 000 Arbeitsplätze modernisiert werden. Die Praxis ist reich an Beispielen, wie durch diese Maßnahmen die Produktivität bis zu 30 Prozent erhöht und gleichzeitig auch die Arbeitsbedingungen verbessert werden konnten. Das betraf und betrifft im besonderen jene Bereiche, in denen bis dahin noch besondere Erschwernisse durch Hitze, Lärm, Staub, Luftschadstoffe, schwere körperliche Arbeit oder Monotonieerscheinungen auftraten und noch auftreten.

Wirtschaftswissenschaftliche Studien haben nachgewiesen, daß ständige qualitative Unterforderung bei ausgebildeten Facharbeitern, Hoch- und Fachschulkadern zu Erscheinungen mangelnder Arbeitsfreude und Fluktuation führen und nicht nur Hemmnisse für die Persönlichkeitsentwicklung mit sich bringen. Reserven der Produktivitätssteigerung bleiben ebenfalls ungenutzt. Vorstellungen, wonach der sozialistische Charakter der Arbeit sich allein durch ein höheres Bildungs- und Qualifikationsniveau entwickeln könnte, unabhängig von den materiellen Möglichkeiten seiner Nutzung durch progressive Arbeitsinhalte, haben sich in der Praxis als sehr vereinfachend erwiesen. Ebenso werden widersprüchliche und komplizierte Prozesse stark vereinfacht, wenn von einer einfachen Ursache-Wirkung-Beziehung zwischen der Erhöhung des Technisierungsgrades der Arbeit und dem Qualifikationsniveau ausgegangen wird.

Aufbauend auf diesen Ergebnissen der wirtschaftswissenschaftlichen Forschung geht es künftig darum, jene grundlegenden Zusammenhänge und Bedingungen aufzuhellen, unter denen der sozialistische Charakter der Arbeit sich allseitig ausprägen kann. Von der Forschung muß die Frage noch gründlicher beantwortet werden, in welchem Maße bei der weiteren Gestaltung der entwickelten sozialistischen Gesellschaft in jedem Arbeitsinhalt bereits Momente der wachsenden Bewußtheit, des Schöpfertums und der sozialen Aktivität als wesentliche Momente des sozialistischen Charakters der Arbeit realisiert werden und wie die künftige Arbeitstätigkeit gestaltet sein muß, um produktivitätsfördernd und persönlichkeitsbildend wirken zu können. Nur nach grundlegender Klärung dieser ökonomischen und sozialen Zusammenhänge läßt sich eine Reihe arbeitswissenschaftlicher Einzelfragen konkreter beantworten.

Es gehört zur weiteren inhaltlichen Ausgestaltung unserer Wirtschaftsstrategie, wenn auf die Entwicklung progressiver Arbeitsinhalte künftig ein stärkerer Einfluß genommen wird. Im Grunde genommen sind es zwei Wege, den Arbeitsinhalt im Sinne produktivitäts- und persönlichkeitsfördernder Momente zu verändern:

erstens die Veränderung der Funktionsteilung Mensch/Arbeitsmittel im wesentlichen durch die Erhöhung des Technisierungsgrades der Arbeit;

zweitens die Veränderung der innerbetrieblichen Arbeitsteilung und die damit veränderte Kombination von Arbeitsfunktionen für den Werktätigen.

Heute ist es noch Praxis, daß bei Neu- und Weiterentwicklung von Arbeitsmitteln erst *nach* der Bestimmung der technologischen Konzeption und des konstruktiven Aufbaus bzw. nach der Auswahl eines geeigneten Arbeitsmittels die von den Werktätigen zu vollziehenden Funktionen im Arbeitsprozeß umrissen werden. Diese nachträgliche Einordnung des Menschen in ein vorweggenommenes technisches System beginnt immer mehr den vorhandenen Möglichkeiten und Erfordernissen unserer gesellschaftlichen Entwicklung zu widersprechen. Gegenwärtig liegt das Schwergewicht auf der Neu- und Umgestaltung von Arbeitsplätzen in bestehenden Arbeitsprozessen. Das gebietet die wirtschaftliche Vernunft und ist ein soziales Erfordernis unserer gegenwärtigen Entwicklungsetappe. Jedoch darf es nicht allein bei dieser Korrektur ökonomischer und sozialer Parameter bleiben. Langfristig wird es notwendig, bei der Neu- und Weiterentwicklung der Technik gewissermaßen als *Eingangsgröße* für Forschung und Entwicklung Merkmale des progressiven Arbeitsinhaltes vorzugeben und verbindlich festzulegen. Das setzt voraus, daß die wirtschaftswissenschaftliche Forschung die dafür erforderlichen wissenschaftlichen Grundlagen und das Instrumentarium schafft.

Gleichzeitig nimmt die Bedeutung der innerbetrieblichen Arbeitsteilung und darauf aufbauend die veränderte Kombination der Arbeitstätigkeiten auf gleichem oder höherem Anforderungsniveau für die immer bessere Nutzung der lebendigen Arbeit zu. Wie bisherige Ergebnisse der wirtschaftswissenschaftlichen Forschung belegen, liegen in der Veränderung der innerbetrieblichen Arbeitsteilung und der darauf aufbauenden veränderten Kombination und dem Austausch von Arbeitstätigkeiten oftmals günstigere Varianten zur Gestaltung progressiver Arbeitsinhalte als in einem höheren Technisierungsgrad der Arbeit. Wir benötigen Forschungen, die noch mehr die Differenziertheit der Bedingungen an Maschinen und Anlagen, bei Montagetätigkeiten und in Apparatprozessen, z. B. der Chemie, berücksichtigen. Dabei wird die Ausbreitung der Mikroelektronik im Werkzeugmaschinenbau und darüber hinaus in anderen Industriezweigen im Hinblick auf die Möglichkeiten zur Erhöhung des Anforderungsniveaus der Arbeitstätigkeiten von wachsender Bedeutung sein.

Die Gestaltung progressiver Arbeitsinhalte, in der produktivitätsfördernde und persönlichkeitsbildende Momente sich immer mehr gegenseitig durchdringen, steht mit der wachsenden Rolle des sozialistischen Wettbewerbs in einem untrennbaren Zusammenhang. Genosse *Erich Honecker* wertete den umfassenden Charakter, die Tiefe und Wissenschaftlichkeit der Wettbewerbsprogramme, die zu Ehren des 30. Jahrestages der Gründung der DDR von den Kollektiven beschlossen wurden, „als eine neue Erscheinung in der Entwicklung unseres sozialistischen Wettbewerbs, die den gegenwärtigen gesellschaftlichen Erfordernissen durchaus entspricht".[18]

Als eine wichtige Seite der sozialistischen Produktionsverhältnisse ist die Entwicklung des sozialistischen Wettbewerbs mit der weiteren Gestaltung der entwickelten sozialistischen Gesellschaft untrennbar verbunden. Sie erfordert im wachsenden Maße die empirische und theoretische Analyse durch die wirtschaftswissenschaftliche Forschung. Wie unsere eigenen Erfahrungen lehren, hängt die Entwicklung des sozialistischen Wettbewerbs immer mehr davon ab, wie er als ein aktiver Bestandteil in das System der Leitung, Planung und Stimulierung einbezogen wird.[19] Die weitere Festigung des Zusammenhangs des sozialistischen Wettbewerbs mit der Volkswirtschaftsplanung und den Prinzipien der wirtschaftlichen Rechnungsführung erhöht seinen Beitrag zur Erreichung eines höchstmöglichen Produktivitäts- und Effektivitäts-

18 E. Honecker, Die Aufgaben der Partei bei der weiteren Verwirklichung der Beschlüsse des IX. Parteitages der SED, in: Neues Deutschland vom 18./19. Februar 1978, S. 5.

19 Vgl. auch J. I. Kapustin/A. A. Sergejew/W. W. Kulikow, Methodologische Probleme der Untersuchung des entwickelten Sozialismus in der politischen Ökonomie, in: Sowjetwissenschaft, Gesellschaftswissenschaftliche Beiträge, 2/1978, S. 122.

zuwachses. Ein wichtiger Weg zur Festigung dieser Verbindung ist die Ausarbeitung von Gegenplänen in den Betrieben und Kombinaten, die in der DDR bereits fester Bestandteil des Planungssystems geworden sind. Mit der Ausarbeitung von Gegenplänen deutet sich, wie sowjetische Ökonomen in ihren letzten Arbeiten darlegten, eine Synthese der Verbindung des Planungsprinzips mit den Möglichkeiten der vollständigen Nutzung der wachsenden Bewußtheit, des Schöpfertums und der sozialen Aktivität der Werktätigen an, die dem Prinzip des demokratischen Zentralismus weitere Entwicklungsimpulse verleihen. Damit sind auch die Richtungen zur weiteren Vervollkommnung der Leitung, Planung und Stimulierung umrissen, von denen in der wirtschaftswissenschaftlichen Forschung bei der Ausarbeitung der Ordnung zur Planung der Volkswirtschaft für den Zeitraum 1981 bis 1985 sowie bei der Vervollkommnung des Kennziffernsystems der Leitung, Planung und ökonomischen Stimulierung mit dem Blick auf die weitere Einstellung unserer Wirtschaft auf die Intensivierung auszugehen ist. Wichtige Komplexe dazu wurden im Arbeitsmaterial der Konferenz begründet.

Schlußbemerkungen

Unsere gesellschaftliche Perspektive ist die entwickelte sozialistische Gesellschaft. Das bedeutet, wie es im Parteiprogramm heißt, „alle Bedingungen zu schaffen, damit sich die gesellschaftlichen Beziehungen und die körperlichen und geistigen Fähigkeiten der Menschen voll entfalten können, alle Möglichkeiten zu eröffnen, daß sie ihr Leben inhaltsreich und kulturvoll zu gestalten vermögen, daß das Denken und Handeln der Werktätigen von der sozialistischen Ideologie, der marxistisch-leninistischen Weltanschauung der Arbeiterklasse geprägt wird."[20] Zur Schaffung dieser Bedingungen, um diese zutiefst humanistischen Ziele Schritt für Schritt zu realisieren, bedarf es der stetigen Steigerung der Arbeitsproduktivität. Darin liegt der humanistische Charakter der ökonomischen Rationalität in der sozialistischen Gesellschaft, der sich mit der Schaffung materieller Voraussetzungen immer mehr entfalten kann. Auch die Wirkungsbedingungen schöpferischer wirtschaftswissenschaftlicher Arbeit, die dem Leben zugewandt ist, werden reichhaltiger und interessanter. Sie sollten besonders in Vorbereitung auf den 30. Jahrestag der Gründung der DDR Ansporn für hohe Leistungen in Lehre, Forschung und ökonomischer Propaganda sein.

[20] Programm der Sozialistischen Einheitspartei Deutschlands, a. a. O., S. 22.

3. Diskussionsbeiträge im Plenum

O. Reinhold

Ökonomische und soziale Effektivität

Mit dem Thema der Konferenz „Hauptwege zur Steigerung der Arbeitsproduktivität für die weitere Erhöhung des materiellen und kulturellen Lebensniveaus des Volkes" haben wir uns ohne Zweifel der Schlüsselfrage für die Gestaltung der entwickelten sozialistischen Gesellschaft, für die Schaffung der Voraussetzungen für den allmählichen Übergang zum Kommunismus zugewandt.

In allen Abschnitten des sozialistischen Aufbaus hat sich unsere Partei von der Leninschen Erkenntnis leiten lassen, daß die Arbeitsproduktivität in letzter Instanz das Allerwichtigste für den Sieg des Sozialismus über den Kapitalismus ist. Offensichtlich ist aber auch – je weiter wir in der Gestaltung der sozialistischen Gesellschaft voranschreiten, um so wichtiger und in der gesellschaftlichen Wirkung weitreichender wird das Wachstum der Arbeitsproduktivität. *Die Leistungsfähigkeit der Volkswirtschaft und damit die Produktivität und Effektivität der gesellschaftlichen Arbeit ist heute der Schlüssel, die entscheidende Quelle des gesellschaftlichen Fortschritts in allen Bereichen des Lebens.*

Die Leistungsfähigkeit der Wirtschaft bestimmt den Spielraum der Sozialpolitik, die realen Möglichkeiten für die Lösung solch grundlegender sozialer Probleme wie die Überwindung der wesentlichen Unterschiede zwischen Stadt und Land, zwischen körperlicher und geistiger Arbeit, die Veränderungen im Charakter der Arbeit wie der sozialen Beziehungen, die materiellen Bedingungen des geistig-kulturellen Lebens usw. Wir sprechen heute sehr oft von der wachsenden Rolle des subjektiven Faktors. Die Erfahrungen bestätigen, daß dies niemals im Sinne einer Loslösung, einer wachsenden Unabhängigkeit von den materiellen Bedingungen geschieht, sondern nur in dem Maße, wie dieser subjektive Faktor objektiv, materiell, letztlich ökonomisch fundiert ist. Wie sollte man erwarten, daß sich eine kommunistische Einstellung zur Arbeit herausbildet, wenn die Arbeitsorganisation, die Arbeitsbedingungen, die sozialen Beziehungen auf einem vorsozialistischen Niveau stehengeblieben sind.

Mit Recht konnten wir daher feststellen, daß die wachsende Rolle des subjektiven Faktors untrennbar mit einer wachsenden Rolle der objektiven Faktoren verbunden ist.

Produktivität und Effektivität der gesellschaftlichen Arbeit sind und bleiben im Sozialismus die wichtigsten Kennziffern für die Höherentwicklung der kommunistischen Gesellschaftsformation, insbesondere für die Schaffung grundlegender Voraussetzungen für den allmählichen Übergang zum Kommunismus.

Wenn in den letzten Jahren oft darüber diskutiert wurde, wo sich bestimmte Elemente des Kommunismus herausbilden, so sollte man nicht vergessen, daß eine reale Einschätzung des Entwicklungsstandes immer vom Stand der Arbeitsproduktivität ausgehen muß. Kein Element kann diese Kennziffer von ihrem vorderen Platz verdrängen. Daher ist und bleibt die Mobilisierung aller Quellen zur Steigerung der Arbeitsproduktivität und der Effektivität die Kernfrage der Leitung, Planung und ökonomischen Stimulierung der Volkswirtschaft. Im Referat wurden diese Fragen daher mit Recht in aller Breite behandelt.

In meinem Diskussionsbeitrag möchte ich mich mit einer speziellen Frage in diesem Zusammenhang befassen.

Die Einheit von Wirtschafts- und Sozialpolitik steht im Mittelpunkt unserer Tätigkeit bei der Gestaltung der entwickelten sozialistischen Gesellschaft. Dabei verstehen wir die Einheit im dialektischen Sinne, d. h. *im Sinne dialektischer Wechselbeziehungen.* Die Leitung und Planung, die Beherrschung dieser dialektischen Wechselbeziehungen ist offensichtlich eine zentrale Frage. Einerseits wurde eine feste Verbindung zwischen wissenschaftlich-technischem Fortschritt, ökonomischem Wachstum und sozialem Fortschritt geschaffen. Das ist eine der größten Errungenschaften des Sozialismus, besonders hier wird seine prinzipielle Überlegenheit über den Kapitalismus sichtbar. Denn damit ist verbunden, daß die Beschleunigung des wissenschaftlich-technischen Fortschritts über das ökonomische Wachstum die soziale Sicherheit erhöht, den Spielraum für die Sozialpolitik erweitert, daß neue Räume, neue Möglichkeiten für das geistig-kulturelle Leben entstehen.

Aber es ergibt sich die Frage, wie andererseits die realisierte Sozialpolitik die soziale Aktivität der Werktätigen erhöht und zur Beschleunigung des wissenschaftlich-technischen Fortschritts führt. Wie, auf welchem Wege, über welchen Mechanismus führt die realisierte Sozialpolitik zu einer erhöhten Effektivität?

Offensichtlich haben wir es hier mit einem Widerspruch zu tun, der sich aus der historischen Entwicklungsstufe der heutigen sozialistischen Gesellschaft ergibt, uns aber noch lange beschäftigen wird: Einerseits: Je umfassender die Sozialpolitik verwirklicht, je mehr die soziale Sicherheit für alle Werktätigen ausgebaut wird, um so weniger wirken allein materielle Faktoren als Triebkraft zur Arbeit. Andererseits ist auf dieser Stufe der Entwicklung die Arbeit noch nicht zum ersten Lebensbedürfnis geworden. Soziologische Untersuchungen über Fluktuation ergeben z. B., daß die Höhe des Lohnes nicht mehr unangefochten an der Spitze der Werte-Skala steht und einen Grund für den Arbeitsplatzwechsel darstellt. Andere Faktoren, wie Arbeitsatmosphäre, Arbeitskollektiv, soziale Beziehungen, Entwicklungsmöglichkeiten rükken in dieser Werte-Skala immer weiter nach vorn. Das heißt, die konsequente Durchsetzung des Leistungsprinzips ist heute nicht nur eine materielle Frage. Sie muß immer stärker mit anderen Faktoren, den sozialen Beziehungen, den Arbeitsbedingungen, der geistig-kulturellen Entwicklung usw. verbunden werden.

Letzten Endes hängt die aus der realisierten Sozialpolitik erwachsende soziale Aktivität sehr wesentlich davon ab, wie sich insgesamt die sozialistische Lebensweise herausbildet.

In letzter Zeit wurden die Arbeit und die Diskussion zu Fragen der sozialen Effektivität der gesellschaftlichen Arbeit intensiviert. So werden die Frage nach Kriterien und Kennziffern der sozialökonomischen Effektivität des wissenschaftlich-technischen Fortschritts und viele andere Probleme aufgeworfen. Insgesamt werden dabei verschiedene Aspekte der sozialen Effektivität der gesellschaftlichen Arbeit bei der Gestaltung und Vervollkommnung der entwickelten sozialistischen Gesellschaft aufgeworfen.

Zunächst ergibt sich die Frage, was wir eigentlich unter sozialer Effektivität verstehen. Ich möchte zumindest auf drei Momente hinweisen.

Erstens verstehen wir darunter die soziale Wirksamkeit, die sozialen Wirkungen des wissenschaftlich-technischen und ökonomischen Fortschritts, d. h. die Auswirkungen auf das materielle und geistig-kulturelle Lebensniveau. Wir könnten diese Wirkung auf eine Reihe von Kennziffern reduzieren, indem wir ermitteln, um wieviel die materiellen Fonds, der materielle Spielraum der Sozialpolitik im Laufe eines Fünfjahrplans bei einem oder bei zehn Prozent Wachstum der Arbeitsproduktivität (oder des produzierten Nationaleinkommens) wächst.

Eine solche Relation wäre sehr wichtig, sie würde sehr deutlich und anschaulich die Überlegenheit des Sozialismus über den Kapitalismus zeigen. Allein im Sozialismus, bei der Gestaltung der entwickelten sozialistischen Gesellschaft besteht ein direkter Zusammenhang. Im Kapitalismus untergräbt das wissenschaftlich-technische und ökonomische Wachstum die sozialen Existenzbedingungen der Mehrheit des Volkes. Würden wir eine solche Kennziffer für die Zeit nach dem VIII. Parteitag der SED ermitteln, würden wir zu einer Zahl etwa um die 1 kommen.

Zugleich wird bei näherer Untersuchung aber auch offensichtlich, daß diese Beziehungen, d. h. diese Seite der sozialen Effektivität unter sozialistischen Bedingungen auf vielfältige Art und Weise beeinflußt werden kann und muß. Selbst wenn wir gleichbleibende Akkumulationsraten annehmen, kann und wird mit dem gleichen ökonomischen Zuwachs unterschiedliche soziale Wirkung erzielt. Wir wissen seit langem, daß ein hoher Zuwachs in der Autoproduktion nur zu einer relativ geringen Befriedigung materieller Bedürfnisse führt, wenn damit nicht eine ausreichende Versorgung mit Ersatzteilen und anderen Dienstleistungen verbunden ist. Natürlich ist die Autoproduktion in dieser Hinsicht kein Spezialfall. Es geht prinzipiell um die immer neu zu beantwortende Frage, wie die materiellen Potenzen eingesetzt werden, damit der größtmögliche soziale Effekt erreicht wird.

Unter sozialer Effektivität wird eine *zweite Seite* verstanden – die sozialen Auswirkungen des wissenschaftlich-technischen Fortschritts auf die Arbeitsbedingungen und die beruflichen Anforderungen. Es geht dabei insbesondere um die Veränderungen im Inhalt und im Charakter der Arbeit, um die Entwicklung der sozialen Beziehungen innerhalb und zwischen den Arbeitskollektiven usw.

Auch hier bestehen keine automatischen Auswirkungen. Die Frage ist vielmehr, wie diese wichtige Gruppe sozialer Beziehungen vorausschauend so gestaltet werden kann, daß sie mit den Ergebnissen von Wissenschaft und Technik in Übereinstimmung stehen und als Triebkraft wirken.

Ein *drittes Moment* der sozialen Effektivität ist die Frage: Welche Auswirkungen hat das Wachstum der ökonomischen Effektivität der Betriebe und Kombinate auf die Umwelt, auf das ökologische Gleichgewicht? Gibt es einen Widerspruch, wächst in dieser Hinsicht die Effektivität in den Betrieben auf Kosten der Gesellschaft? Ohne Zweifel ist ein optimales Verhältnis, sind richtige Wechselbeziehungen zwischen dem Wachstum der ökonomischen Effektivität und deren sozialen Wirkungen ein Problem mit ständig wachsendem Gewicht.

In der internationalen Diskussion finden wir in diesem Zusammenhang eine Reihe unterschiedlicher Auffassungen. Wir finden mitunter das Bestreben, mit Hilfe der „sozialen Effektivität", die Rolle der rechnerisch genau erfaßbaren ökonomischen Effektivität in den Hintergrund zu drängen. Den Vertretern dieser Auffassung reicht es offensichtlich aus, daß der Sozialismus im Bereich der sozialen Effektivität dem Kapitalismus prinzipiell und seit langem überlegen ist. Aber eine solche Position muß notwendigerweise auf ein Mittelmaß in Wissenschaft und Technik, im Ringen um Produktivität und Effektivität der gesellschaftlichen Arbeit hinauslaufen.

Unsere Position in dieser Frage kann sich nur aus den realen Prozessen ergeben: *Das Wachstum der sozialen Effektivität setzt die maximale Steigerung der ökonomischen Effektivität voraus und wird im Sozialismus letzten Endes in erster Linie durch sie bestimmt.* Ohne ausreichenden wissenschaftlich-technischen Fortschritt und ein entsprechendes ökonomisches Wachstum kann es auch in der entwickelten sozialistischen Gesellschaft keinen sozialen Fortschritt geben.

Wie die praktischen Erfahrungen zeigen, besteht trotz der prinzipiellen Verbindung kein automatischer Zusammenhang zwischen ökonomischer und sozialer Effektivität. Die Ermittlung der optimalen Beziehungen ist sicher eine komplizierte Aufgabe, da hierbei sehr viele unterschiedliche Faktoren wirksam sind. Ganz offensichtlich ist, daß dabei von der Wirtschaftswissenschaft gemeinsam mit Soziologen u. a. wesentlich mehr Forschungsarbeit als bisher geleistet werden muß. Klar ist aber auch, daß dabei noch viele Reserven für die Wirksamkeit der Sozialpolitik als auch an sozialer Aktivität der Werktätigen erschlossen werden können.

H. Heintze

Für noch größere Initiative und Schöpferkraft der Arbeiterklasse im sozialistischen Wettbewerb

Die Arbeiterklasse und alle Werktätigen ringen mit großer Aktivität im sozialistischen Wettbewerb zu Ehren des 30. Gründungstages der Deutschen Demokratischen Republik um die weitere Stärkung der Leistungskraft unserer Volkswirtschaft als der entscheidenden Voraussetzung, das materielle und kulturelle Lebensniveau des Volkes weiter zu erhöhen.

Im sozialistischen Wettbewerb, besonders im Ringen um die Steigerung der Arbeitsproduktivität sehen die Werktätigen ihren Beitrag zur Verwirklichung der Beschlüsse des IX. Parteitages der SED. Die Gewerkschaften als seine Organisatoren betrachten es als hohe Verpflichtung, ständig seine politische Führung und praktische Organisation zu vervollkommnen, denn davon hängt entscheidend seine Wirkung ab.

Die Wirksamkeit des sozialistischen Wettbewerbs läßt sich im wesentlichen an drei Kriterien messen:
erstens an den erreichten wissenschaftlich-technischen und ökonomischen Resultaten, besonders an der Steigerung der Arbeitsproduktivität;
zweitens an den Ergebnissen zur Verbesserung der materiellen Arbeitsbedingungen und
drittens an den Erfolgen in der Herausbildung sozialistischer Persönlichkeiten.

Um die Wirksamkeit des sozialistischen Wettbewerbs durch die schöpferische Initiative der Arbeiterklasse und aller Werktätigen hinsichtlich der zu erreichenden volkswirtschaftlichen Zielstellungen zu erhöhen, bedarf es – wie praktische Erfahrungen bestätigen – ganz bestimmter Voraussetzungen.

Eine entscheidende Voraussetzung ist – wie im Referat bereits betont – die weitere Qualifizierung der Leitung und Planung. In ihrer engen Verbindung zur schöpferischen Initiative liegt die Quelle dynamischen Wirtschaftswachstums. Für den einzelnen Werktätigen wie für jedes Arbeitskollektiv geht es doch in erster Linie darum, solche Informationen, Plangrößen und technisch-organisatorischen Bedingungen zu erhalten, die es ihnen ermöglichen, volkswirtschaftliche Erfordernisse mit dem eigenen effektiven Beitrag in Übereinstimmung zu bringen. Deshalb ist die Feststellung auch für den Wettbewerb wertvoll, daß man Initiativen nicht an kurzfristigen Maßnahmen orientieren sollte. Die Praxis lehrt, daß nach dem Prinzip Planjahr gleich Wettbewerbsjahr die Aktivitäten dort zu effektivsten Ergebnissen führen, wo über den gesamten Zeitraum eines Jahres der Wettbewerb auf die entscheidenden volkswirtschaftlichen Schwerpunkte anhand von qualitativen Kennziffern orientiert wird. Das geschah besonders durch die von den Gewerkschaften beschlossene Grundorientierung.

Wir halten es daher für notwendig, daß die als richtig anerkannte Einheit von Plan – Gegenplan und sozialistischem Wettbewerb in der täglichen Arbeit noch wirksamer durchgesetzt wird, um damit zugleich die Planmäßigkeit der Initiativen noch besser zu gewährleisten.

Gegenpläne – so wird in den Thesen betont – sind auf die Überbietung der Leistungs-, Qualitäts- und Effektivitätsziele des Planes gerichtet, damit – wie Genosse *Erich Honecker* sagte – mehr verfügbares Endprodukt geschaffen wird. Darauf laufen letztlich all unsere Anstrengungen hinaus. Der tiefe Sinn der Hauptaufgabe liegt darin, alles für das Wohl der Werktätigen und die Interessen der Arbeiterklasse zu tun.

Da die Gegenpläne Aufgaben enthalten, welche über den staatlichen Vorgaben für die Betriebe liegen, bestimmen sie auch im entscheidenden Maße die Ziele und Wirkungsrichtungen des sozialistischen Wettbewerbs der Arbeitskollektive, und das besonders in diesem Jahr, wo es um die Erfüllung anspruchsvoller Aufgaben geht, die von allen staatlichen Leitern und den Gewerkschaftsleitungen eine kämpferische Haltung verlangt. Dabei setze ich voraus, daß es sich um bilanzierte Gegenplanaufgaben handelt. Zahlreiche Arbeitskollektive haben betont, daß Planerfüllung für sie Gesetz ist – seine Überbietung mit Hilfe des Gegenplanes Sache der Arbeiterehre.

Die zu Jahresbeginn angenommenen Wettbewerbsbeschlüsse durch die gewerkschaftlichen Vertrauensleute sind deshalb in erster Linie darauf gerichtet, die im Gegenplan vorgesehene Übererfüllung zu erreichen und gezielt zu überbieten. Natürlich sind die in diesen Beschlüssen festgelegten Effektivitätsziele nur zu erreichen, wenn sie anteilmäßig auf alle Arbeitskollektive der Fertigung, der Produktionsvorbereitung, der Produktionshilfs- und Nebenabteilungen aufgeschlüsselt, abgestimmt und koordiniert werden, damit sie dem Wetteifern in und zwischen den Kollektiven Ziel und Richtung geben.

Wenn von 147 Arbeitskollektiven des Berliner Glühlampenwerkes 126 um schnellere Fortschritte in Wissenschaft, Technik und Technologie wetteifern, dann schafft die Aufgliederung des Planes Wissenschaft und Technik entsprechend den von den Brigaden zu beeinflussenden Maßnahmen dafür die beste Voraussetzung.

In der Maschinenfabrik Zwickau konnte zum Beispiel die planmäßig festgelegte Auslastung hochproduktiver Maschinen und Anlagen mit 20,5 Stunden täglich mit Hilfe der Wettbewerbsinitiative auf 21,6 Stunden erhöht werden. Der Grund hierfür liegt vor allem in der konkreten Kenntnis der Arbeiter über den Wert der Grundmittel, über den geplanten Maschinenzeitfonds und die geplanten technisch bedingten Stillstandszeiten. Über die saldierte Wettbewerbsabrechnung, die in diesem Betrieb entwickelt wurde, erfassen die Kollegen alle außerplanmäßigen Verluste und rechnen sie mit den Ergebnissen gegeneinander auf. Das alles geschieht öffentlich vor den Augen aller Kollektive, erhöht die schöpferische Atmosphäre des Wettbewerbs und legt zugleich Zeugnis ab von dem Niveau und der Qualität der Leitungstätigkeit.

Lenin sprach davon, daß die Einheit im Grundlegenden, im Wichtigsten, im Wesentlichsten gerade durch Mannigfaltigkeit der Einzelheiten, der lokalen Besonderheiten, der Methoden des Herangehens an die Dinge gesichert wird. Das heißt, mit Hilfe des Planes und Gegenplanes werden dem Betrieb aus volkswirtschaftlicher Sicht Aufgaben übertragen. Damit wird weitgehend objektiven Erfordernissen Rechnung getragen und die Initiative einheitlich auf volkswirtschaftliche Bedürfnisse orientiert.

Aufgabe der planwirksamen Wettbewerbsführung ist es nun, diese vom Plan und Gegenplan gegebene Orientierung für jedes Arbeitskollektiv auf der Grundlage der konkreten organisatorisch-technischen und technologischen Bedingungen umzusetzen. Das heißt nichts anderes, als die Wettbewerbsschwerpunkte zu differenzieren, unterschiedlich zu wichten und die bewährtesten Methoden und Erfahrungen anzuwenden. Dies sollte auf der Grundlage objektiver Kriterien für Aufwand und Ergebnis geschehen, ohne die kein echter Vergleich der Leistungen möglich ist. Ich glaube, Genossen, bei der Herausarbeitung dieser objektiven Kriterien kommt es stärker auf die

Mitarbeit der Wirtschaftswissenschaftler an, ohne daraus Perfektionismus zu machen. Dabei gilt es, jeden Schematismus und Formalismus zu vermeiden. Nicht derjenige verdient höchstes Lob, welcher eine Vielzahl von Wettbewerbsmethoden und -initiativen anwendet, sondern jener, der die für seine Arbeit zutreffenden Methoden mit höchstem Effekt einsetzt und nutzt. Nebenbei sei vermerkt, daß es zur Übertragung bestimmter erprobter Methoden und Erfahrungen durchaus legitim ist, sie durch Weisungen der staatlichen Leiter zum Maßstab des Handelns aller zu machen.

Als politisch und ökonomisch bedeutsam für die wirksame Wettbewerbsführung haben sich die persönlichen und kollektiv-schöpferischen Pläne zur Steigerung der Arbeitsproduktivität bewährt, wobei besonderer Wert auf schöpferisch zu legen ist. Eingeschlossen sind hierin die schöpferischen Pläne der Ingenieure und Meister. Diese Feststellung läßt sich aus dreierlei Gründen rechtfertigen:

Erstens: Die Ausarbeitung und öffentliche Bekanntgabe von persönlich-schöpferischen Plänen zur Steigerung der Arbeitsproduktivität erfordert ein politisches Bekenntnis des einzelnen, sein Bekenntnis zur Politik unserer Partei und unseres Staates.

Zweitens: Die öffentliche Übernahme exakter anspruchsvoller Wettbewerbsverpflichtungen in persönlich-schöpferischen Plänen zur Steigerung der Arbeitsproduktivität durch Erhöhung der Stückzahl in einer bestimmten Zeiteinheit bzw. durch Senkung der Fertigungszeit pro Erzeugnis oder durch Senkung der Ausfallzeiten usw. lenkt die Wettbewerbsaktivität immer auf das Kernproblem unseres gesellschaftlichen Fortschritts – nämlich die Erhöhung der Arbeitsproduktivität.

Drittens: In den persönlichen und kollektiv-schöpferischen Plänen werden immer sichtbarer Festlegungen darüber getroffen, durch welche wissenschaftlich-technischen Maßnahmen, durch welche technologischen Neuerungen oder durch Anwendung welcher Methoden diese Verpflichtungen erfüllt werden sollen.

Gerade die persönlichen und kollektiv-schöpferischen Pläne zur Steigerung der Arbeitsproduktivität sind gut geeignet, z. B. mit Hilfe von Notizen zum Plan, Reserven am Arbeitsplatz aufzudecken, die Neuererarbeit wesentlich zu beleben und die sozialistische Gemeinschaftsarbeit mit den Ingenieuren und Technologen kräftiger zu entwickeln. Allerdings erfüllen sie nur dort ihren Zweck, wo echte, abrechen- und vergleichbare Kennziffern und Normative vorliegen, wo die Werktätigen somit Einfluß nehmen können auf die Erhöhung der Produktivität. Völlig absurd sind sie in Bereichen, wo dieser Einfluß überhaupt nicht besteht.

So wie der Gegenplan des Betriebes die Initiativen der Werktätigen herausfordert und zur Aufdeckung und Nutzung von Reserven anspornt, so ist das auch der Fall bei den persönlichen und kollektiv-schöpferischen Plänen zur Steigerung der Arbeitsproduktivität. Orientiert auf die Erfüllung und Überbietung vor allem der qualitativen Kennziffern, auf die ständige Verbesserung des Verhältnisses von Aufwand und Ergebnis fordert und fördert der Plan Erfindergeist und Initiative der Werktätigen. Dadurch vor allem erhält er – wie Genosse *Erich Honecker* betonte – seine Realität, indem er anspornt, alle inneren Kraftquellen unserer sozialistischen Gesellschaft vollständig einzusetzen.

Für die lebendige Wettbewerbsführung sowie die Herausbildung sozialistischer Persönlichkeiten ist ein weiteres Problem von besonderer Wichtigkeit, nämlich die unablässige Zunahme des Anteils schöpferischer Tätigkeit. Schöpferisch tätige Menschen sind vor allem Menschen, denen das Denken, Forschen und Knobeln, das Eindringen in bisher ungelöste Probleme Freude bereitet. Dazu zählen z. B. die 1,7 Millionen Neuerer; dazu zählt die Vielzahl der Wettbewerbsinitiatoren, solche Helden unserer Tage wie *Karl-Heinz Hübner, Anton Schwetz, Horst Franke, Gerd Pfeiffer, Horst Eis-*

ner, Erika Steinführer, Margarete Koch, Horst Steinbach und viele Jugendkollektive, wie es so überzeugend auf dem Zeitzer Kongreß der Jugendbrigaden zum Ausdruck kam.

„Das ist die Arbeit" – sagte *Lenin* –, „bei der in der Praxis die organisatorischen Talente hervortreten und zur Teilnahme an der Verwaltung des ganzen Staates aufrücken müssen."[1] Die Arbeit der Neuerer und Wettbewerbsinitiatoren kennzeichnet die Wegbereiter einer modernen sowie effektiven sozialistischen Produktion, wobei die Praxis lehrt, daß sie in direkter Beziehung zum erreichten Bildungs- und Qualifikationsniveau steht.

Die Gewerkschaften unterstützen daher nachdrücklich die Forderung nach mehr produktivitäts- und persönlichkeitsfördernden Bedingungen für die Entwicklung von Aktivität und Neuerergeist und die Herausbildung eines sozialistischen Charakters der Arbeit. Für die schöpferische Arbeit eröffnen sich bei voller Nutzung aller Vorzüge des Sozialismus große Räume und Möglichkeiten. Sie werden jedoch nicht automatisch in allen Arbeitskollektiven gleich wirksam, sondern sind immer Ergebnis kontinuierlicher, langfristiger politisch-ideologischer Arbeit mit den Menschen und exakter technisch-organisatorischer Voraussetzungen.

Das große Feld der sozialistischen Rationalisierung bietet hier ausgezeichnete Möglichkeiten schöpferischer Bewährung. Als Hauptweg zur Steigerung der Arbeitsproduktivität in unserer ökonomischen Politik stellt die sozialistische Rationalisierung den unlösbaren Zusammenhang zwischen wissenschaftlich-technischem Fortschritt, rationeller Investitionspolitik und ständiger Verbesserung der Arbeits- und Lebensbedingungen her. Die Erfahrungen solcher Betriebe wie des Mansfeldkombinates „Wilhelm Pieck", des Halbleiterwerkes Frankfurt (Oder), des VEB Numerik „Karl Marx", Karl-Marx-Stadt, des Stahl- und Walzwerkes Riesa, des Armaturenwerkes „Karl Marx" Magdeburg u. a. zeigen, daß hier deshalb gute Fortschritte in der Rationalisierung erreicht werden, weil die Arbeiter, Neuerer, Ingenieure und Technologen im sozialistischen Wettbewerb ein Betätigungsfeld gefunden haben, auf dem Erfindergeist, Freude am Experimentieren und sozialistische Gemeinschaftsarbeit gefragt sind. An vielen Beispielen zeigt sich, wie wichtig solche Motive, wie interessante Arbeit, gutes Kollektiv, Gefühl des eigenen Wertes, soziale Sicherheit usw., für schöpferische Aktivitäten sind.

Am wirksamsten sichern langfristige Intensivierungskonzeptionen die Einbeziehung aller Kollektive – von der Forschung und Entwicklung über die Produktion bis hin zu den Instandhaltungskollektiven, den innerbetrieblichen Transport und den Absatz. Allen gemeinsam ist das Ziel: Erreichung eines hohen Leistungszuwachses durch Schaffung neuer wissenschaftlich-technischer Bedingungen bzw. durch rationelle Nutzung der vorhandenen Möglichkeiten.

Die von *Lenin* geforderte Mannigfaltigkeit in den Formen und Methoden der Organisation des sozialistischen Wettbewerbs zur Lösung volkswirtschaftlicher Aufgaben findet gerade in der Vielfalt der sich zu Ehren des 30. Jahrestages der DDR entwikkelnden Aktivitäten ihren Ausdruck. Sie stellt zugleich nachdrücklich höhere Anforderungen an die politische Führung und Organisation des sozialistischen Wettbewerbs sowie an die Übertragung guter Erfahrungen. Eine der entscheidenden Fragen in diesem Zusammenhang ist das Zusammenwirken von staatlichen Leitern und Gewerkschaftsleitungen. Der Wettbewerb als Ausdruck schöpferischer Initiative der

[1] W. I. Lenin, Wie soll man den Wettbewerb organisieren?, in: Werke, Bd. 26, Berlin 1961, S. 414.

Werktätigen und ihrer Teilnahme an der Leitung und Planung erfordert zugleich einen qualifizierten Leitungs- und Planungsstil.

Es kommt darauf an, daß die staatlichen Leiter, die Meister, Bereichs- und Betriebsleiter ständig darum ringen, die demokratischen Grundlagen für die Wettbewerbsführung zu entwickeln, weil dadurch entscheidend die gesellschaftliche und Arbeitsaktivität der Werktätigen beeinflußt wird. Natürlich bringen keine noch so guten Voraussetzungen alleine und automatisch neue Verhaltensweisen – eine sozialistische Einstellung zur Arbeit – hervor. Dazu bedarf es immer der vertrauensvollen politisch-ideologischen Überzeugungsarbeit in und mit den Arbeitskollektiven, spürbare und für jedes Kollektivmitglied erlebbare Demokratie, Aufmerksamkeit für die Gedanken und Vorschläge der Werktätigen, das Nutzen der Kraft des Beispiels für die Überzeugung – das alles sind Momente, die eine lebendige und wirksame Wettbewerbsatmosphäre fördern.

Initiative und Schöpferkraft entwickeln sich nicht spontan – wie der 9. FDGB-Kongreß betonte –, sondern sie wachsen in dem Maße, wie Gewerkschaften und staatliche Leiter sich gemeinsam täglich in den Arbeitskollektiven dafür einsetzen.

W. Beyreuter

Die Einheit von Wirtschafts- und Sozialpolitik – Wesensmerkmal der Politik der SED

Auf der jüngsten Beratung mit den 1. Sekretären der Kreisleitungen der SED hat Genosse *Erich Honecker* den festen Grundsatz unserer Partei erneuert, daß wir auch in Zukunft – trotz erheblicher Belastungen in den außenwirtschaftlichen Bedingungen – den Kurs der Einheit von Wirtschafts- und Sozialpolitik fortsetzen. Er hob in diesem Zusammenhang hervor, daß wir durchaus in der Lage sind, eine solche Erhöhung der Arbeitsproduktivität zu erreichen, die es uns ermöglicht, das in Angriff genommene sozialpolitische Programm mit Erfolg zu verwirklichen.

Das setzt voraus, daß wir uns mit noch größerer Konsequenz der Intensivierung der Produktion zuwenden und umfassend rationalisieren. Dazu müssen wir das gewachsene Leistungsvermögen mit zunehmender volkswirtschaftlicher Effektivität einsetzen und vor allem die qualitativen Faktoren des Wirtschaftswachstums besser zur Wirkung bringen. Eine Schlüsselfrage hierbei ist die rationelle Nutzung des gesellschaftlichen Arbeitsvermögens. Sein hoher Stellenwert ergibt sich daraus, daß mit der Entwicklung der Produktionsverhältnisse sowie der Beschleunigung des wissenschaftlich-technischen Fortschritts der arbeitende Mensch seiner Rolle als Hauptproduktivkraft immer besser gerecht werden kann und letztlich den Wirkungsgrad aller Intensivierungsfaktoren bestimmt.

Das gesellschaftliche Arbeitsvermögen nach sozialistischen Erfordernissen zu entwickeln, es zu vervollkommnen und rationell einzusetzen – das ist, wie die Intensivierung selbst, eine objektive Notwendigkeit, eine wesentliche Seite bei der weiteren Gestaltung der entwickelten sozialistischen Gesellschaft.

Die planmäßige Entwicklung des gesellschaftlichen Arbeitsvermögens und sein effektiver Einsatz stellen heute qualitativ neue und auch kompliziertere Anforderungen an die Leitung und Planung des Reproduktionsprozesses. Das gilt sowohl für den Umfang des verfügbaren Arbeitsvermögens als auch für die Entwicklung und volle Nutzung seiner qualitativen Struktur.

Obwohl jeder weiß, daß unsere quantitativen Arbeitskräftereserven nahezu erschöpft sind und wir auch in Zukunft im volkswirtschaftlichen Maßstab nicht mit einem wesentlichen Zuwachs an Arbeitskräften rechnen können, zeigt es sich in der Praxis immer wieder, daß aus dieser Erkenntnis noch längst nicht die notwendigen Schlußfolgerungen gezogen werden. Die Ergebnisse und Erfahrungen bei der Vorbereitung und Durchführung der Volkswirtschaftspläne 1976 und 1977 ließen erkennen, daß der Forderung nach Ausarbeitung anspruchsvoller und realer Pläne von vielen leitenden Wirtschaftsfunktionären noch nicht voll entsprochen wurde. Das drückt sich darin aus, daß das Verhältnis zwischen neu geschaffenen Arbeitsplätzen und durch Rationalisierung freigesetzten Arbeitskräften nach wie vor ungünstig ist. Auch die Differenz zwischen der geplanten und tatsächlich realisierten Anzahl der Arbeitskräfte ist von Jahr zu Jahr nicht etwa kleiner, sondern größer geworden. Eine derartige Entwicklung können wir nicht weiter zulassen.

Es ist nun einmal eine Tatsache, daß die territorialen Möglichkeiten zur Gewinnung von Arbeitskräften geringer werden und eine gezielte Werbung und Lenkung von Arbeitskräften aus anderen Territorien durch das generelle Arbeitskräftefehl in der Volkswirtschaft insgesamt nur in bestimmtem begrenztem Umfang möglich ist. Besondere Probleme bei der Realisierung des geplanten Arbeitskräftebedarfs treten vor allem in den volkswirtschaftlich bedeutenden Betrieben der industriellen Ballungsgebiete, wie z. B. Halle, Leipzig und Karl-Marx-Stadt, auf. Die in den Deckungsbilanzen dieser Betriebe enthaltenen „Sonstigen Zugänge" sind Forderungen nach Arbeitskräften, die in der Regel nicht oder nur durch Fluktuation aus anderen Betrieben und Zweigen gewonnen werden können. Das kann aber nicht der Weg zur Erreichung der Leistungsziele der Betriebe sein.

Ausgehend von der Rede des Genossen *Honecker* zur Eröffnung des Parteilehrjahres, ist – angefangen vom Meister bis zum Minister – zu begreifen und danach zu handeln, daß der Mangel an Arbeitskräften nur durch eine ausreichende Konzentration der Betriebe auf die Erschließung ihrer eigenen Arbeitskräfte- und Produktivitätsreserven ausgeglichen werden kann. Arbeitskräfteprobleme sind letztlich Produktivitätsprobleme und müssen als solche vor allem durch die Beschleunigung des wissenschaftlich-technischen Fortschritts gelöst werden. In diesem Sinne müssen wir zielstrebig daran arbeiten, durch Rationalisierung im sozialistischen Wettbewerb und vor allem durch ein hohes technologisches Niveau Arbeitsplätze einzusparen und Werktätige für die volle Ausnutzung, besonders der hochproduktiven Maschinen und Anlagen, zu gewinnen.

Die Dringlichkeit dieser Aufgabe wird durch den bereits erreichten hohen Ausnutzungsgrad des verfügbaren gesellschaftlichen Arbeitsvermögens und die rückläufige Tendenz des Arbeitszeitfonds als Ergebnis der von uns gewollten sozialpolitischen Maßnahmen unterstrichen. In diesem Zusammenhang müssen wir auch mit größerer Konsequenz den beeinflußbaren Ausfallzeiten entgegenwirken.

Allein durch die statistisch erfaßten Warte- und Stillstandszeiten gehen der volkseigenen Wirtschaft noch jährlich rund 11 Millionen produktive Arbeitsstunden durch technische Störungen und Mängel in der Technologie und Produktionsorganisation verloren. Und das ist bekanntlich nur ein Teil der nicht genutzten Reserven. Die Nutzung dieser Reserven ist auch die entscheidende Voraussetzung, um die mit der 1979 vorgesehenen Einführung des neuen Urlaubssystems entstehende Belastung des Arbeitszeitfonds durch höhere Produktivität auszugleichen, die Anspannung in den Arbeitskräfteplänen zu reduzieren und die Überstunden einzuschränken.

Um es ganz deutlich zu sagen: Die Verringerung der Anzahl der Arbeitsplätze mit dem Ziel, in jedem Betrieb ein richtiges Verhältnis von Arbeitsplätzen und Arbeitskräften herzustellen, ist eine vorrangige und aktuelle Aufgabe. Aus der Sicht der künftigen Entwicklung ist das jedoch nur die halbe Wahrheit. Hinsichtlich der Arbeitskräfteentwicklung im Zeitraum 1981 bis 1985 und danach müssen wir uns darauf einstellen, daß die Zeit nicht mehr fern ist, wo in vielen Betrieben der Industrie und des Bauwesens die Arbeitskräftepläne absolut reduziert werden müssen. Nur auf diesem Wege können wir den künftig notwendigen Arbeitskräftezugang in einigen nichtproduzierenden Bereichen sichern. Intensivierung und Rationalisierung erhalten demnach auch aus dieser Sicht von Jahr zu Jahr ein größeres Gewicht.

Die Rationalisierung als komplexe volkswirtschaftliche Aufgabe durchsetzen – diese Aufgabe schließt in sich ein, daß die wissenschaftliche Arbeitsorganisation im großen Umfang und mit hoher Wirksamkeit in allen Betrieben verwirklicht wird. Sie hat sich als wirksames Instrument der sozialistischen Rationalisierung bewährt. Genosse *Erich*

Honecker stellte in seinem Referat vor den 1. Kreissekretären der SED fest, daß wir schon allein dadurch einen bedeutenden Rationalisierungseffekt in der Volkswirtschaft erreichen können, wenn die fortgeschrittenen Formen der Organisation der Produktion zielstrebig verallgemeinert werden.

In den Betrieben des Ministeriums für Allgemeinen Maschinen-, Landmaschinen- und Fahrzeugbau wurden z. B. im Jahre 1977 27,4 Prozent der gesamten Arbeitszeiteinsparung durch Maßnahmen der WAO erreicht. In Kombinaten, in denen seit Jahren eine gute WAO-Arbeit geleistet wird, wie z. B. im VEB Landmaschinenkombinat „Fortschritt", Neustadt, liegt dieser Anteil noch wesentlich höher.

Daraus leitet sich die Aufgabe ab, solche guten Erfahrungen zu verallgemeinern und eine massenhafte Rationalisierung der Arbeitsprozesse und -plätze durch die Anwendung der WAO zu erreichen. Mit der gleichen Sorgfalt und Gründlichkeit, mit der in den Kombinaten und Betrieben die materiell-technischen Fonds qualitativ verbessert werden, muß das Niveau der Organisation der Arbeit erhöht werden. Nur dann werden wir auch effektiver produzieren. Die Erfahrungen bestätigen, daß die Anwendung der WAO auch dank ihrer immer stärkeren Einbeziehung in den sozialistischen Wettbewerb durch die Gewerkschaft eine große Resonanz bei den Werktätigen gefunden hat, weil sie die Erhöhung der Leistungsvoraussetzung bei gleichzeitiger Verbesserung der Arbeitsbedingungen zum Inhalt hat.

Beides berührt wichtige Lebensinteressen der Werktätigen. Es ist darum kennzeichnend, daß nach dem VIII. Parteitag der SED solche Formen der schöpferischen Initiative der Werktätigen entstanden, wie Notizen zum Plan, Initiativschichten und persönlich-schöpferische Pläne zur Steigerung der Arbeitsproduktivität.

Die Übereinstimmung dieser gesellschaftlichen mit den persönlichen Interessen widerspiegelt sich auch in der ständig zunehmenden Zahl und Aktivität der WAO-Kollektive. Vor drei bis vier Jahren, als es erst einige solcher Kollektive gab, haben wir noch nicht ermessen können, welche bedeutende Rolle sie bei der Rationalisierung einmal spielen werden. Heute sind die WAO-Kollektive eine große Kraft. Sie genießen bei den Werktätigen eine hohe Autorität und haben entscheidenden Anteil daran, daß seit 1975 540 000 Arbeitsplätze umgestaltet wurden.

Wir schätzen ein, daß es gegenwärtig etwa 30 000 solcher WAO-Kollektive mit ca. 250 000 Mitgliedern gibt, von denen etwa die Hälfte Produktionsarbeiter sind. Wir sehen in dieser aktiven Mitarbeit der Arbeiter nicht nur eine Vergrößerung des Kräftepotentials für die Rationalisierung. Noch wichtiger erscheint uns, daß sich die Arbeiter durch ihre aktive Mitwirkung in diesen ehrenamtlichen Rationalisierungsgemeinschaften mit den neu geschaffenen Leistungsvoraussetzungen und den neu erarbeiteten Normen selbst identifizieren, daß sich ihre Persönlichkeit in diesem Prozeß entwickelt.

Eine wichtige Erkenntnis besteht auch darin, daß durch die sozialistische Gemeinschaftsarbeit von Arbeitern und Angehörigen der Intelligenz in den WAO-Kollektiven Reserven erschlossen werden können, die eben nur durch diese Gemeinschaftsarbeit nutzbar werden, die weder die Arbeiter noch die Ingenieure allein erschließen könnten, sondern eben nur im Ergebnis dieser Gemeinschaftsarbeit.

Welche Ergebnisse durch die breite Anwendung der wissenschaftlichen Arbeitsorganisation unter Nutzung der Initiative der Werktätigen in den WAO-Kollektiven erreicht werden können, zeigt das VEB Mansfeldkombinat „Wilhelm Pieck". So wurden hier 1977 durch WAO-Maßnahmen 3 790 Arbeitsplätze für 8 500 Werktätige umgestaltet und über 2 Millionen Stunden Arbeitszeit eingespart. Das sind 64 % der gesamten Arbeitszeiteinsparung. Daran haben die Initiativen der mehr als 2 000 Werktätigen in 242 ehrenamtlichen WAO-Kollektiven entscheidenden Anteil.

Die Qualität und der Umfang der Beteiligung der Werktätigen an der sozialistischen Rationalisierung kennzeichnet anschaulich, daß in unserer sozialistischen Gesellschaft der Mensch im Mittelpunkt aller Bemühungen der Gesellschaft und des Staates steht. „Alles geschieht um seiner Willen, und alles geschieht durch ihn, durch seine schöpferische Tätigkeit".

Die Verallgemeinerung der Erfahrungen der Besten verlangt in allen Bereichen ein höheres Niveau der Leitungs- und Plantätigkeit. Das beginnt mit der Analysentätigkeit, der Festlegung von Rationalisierungsschwerpunkten und führt bis zur unmittelbaren Unterstützung der Arbeitskollektive durch die Leiter und Fachkader. Jeder Leiter muß sich im vollen Umfang darüber im klaren sein, daß er die Verantwortung für die Durchsetzung der WAO trägt und alles tun muß, daß die Initiativen der Arbeiter unterstützt und gefördert werden.

Die zunehmende Rationalisierung von Arbeitsprozessen und -plätzen und die Erhöhung der schöpferischen Aktivität der Werktätigen auf diesem Gebiet hat auch das Niveau der Normenarbeit spürbar verbessert. Dabei besteht meines Erachtens der wichtigste Fortschritt in der Gemeinschaftsarbeit der Meister, Arbeitsnormer, Technologen und Arbeitskollektive. Er kommt darin zum Ausdruck, daß durch die unmittelbare Mitwirkung der Arbeiter neue Leistungsreserven erschlossen, das Niveau der Organisation der Arbeit und der Technologie verbessert wird. Der Grundsatz *Neue Technik – neue Normen* ist hierin folgerichtig eingeschlossen. Dadurch ist gewährleistet, daß jeder Arbeiter die neuen Leistungsvoraussetzungen kennt und weiß, daß die Normen bei Einhaltung der sozialistischen Arbeitsdisziplin auch erfüllbar sind.

Bei der weiteren Arbeit zur breiteren Anwendung der WAO besteht eine wichtige Aufgabe darin, die in der Produktion gewonnenen Erfahrungen nun auch auf die Bereiche der Produktionsvorbereitung und Verwaltung auszudehnen. Hier arbeitet rund ein Drittel aller Beschäftigten der Industrie. In einigen Betrieben wurde dieser Schritt bereits erfolgreich vollzogen. Dabei konnte die Effektivität der Arbeit erhöht und die wachsenden Aufgaben mit der gleichen bzw. einer reduzierten Anzahl von Arbeitskräften erfüllt werden.

Von Bedeutung für den weiteren Fortschritt auf dem Gebiet der WAO ist auch die Erkenntnis, daß ihre Wirksamkeit wesentlich erhöht werden kann, wenn spezielle arbeitswissenschaftliche Lösungen für typische Arbeitsprozesse, Fertigungsarten und -prinzipien sowie für Arbeitsplätze und Produktionsabschnitte entwickelt und angewendet werden.

Das trifft z. B. auf das arbeitswissenschaftliche Verfahren zur *Projektierung manueller Arbeitsprozesse* zu, das in Gemeinschaftsarbeit von wissenschaftlichen Einrichtungen und Betrieben entwickelt wurde. Seine Anwendung zur sozialistischen Rationalisierung von Näh- und Fügeprozessen in der Leichtindustrie führt zu Produktivitätssteigerungen zwischen 10 und 20 Prozent bei gleichzeitiger Verbesserung der Arbeitsbedingungen und Beseitigung von Monotonieerscheinungen. Mit diesem Verfahren können ca. 200 000 Montagearbeiterplätze nach sozialistischen Grundsätzen rationalisiert werden.

Für die Entwicklung solcher speziellen arbeitswissenschaftlichen Lösungen tragen die Arbeitswissenschaftlichen Zentren bei den Ministerien eine große Verantwortung. Sie haben die besten Kenntnisse über die konkreten Produktionsbedingungen in den Betrieben und Kombinaten und müssen zusammen mit den technologischen Zentren solche Lösungen entwickeln.

Ich bin mir bewußt, daß ich im Rahmen meines Diskussionsbeitrages die vielfältigen Wege und Möglichkeiten, um durch die breitere Anwendung der WAO bessere Bedingungen für die rationelle Nutzung des gesellschaftlichen Arbeitsvermögens zu schaffen, nur unvollkommen behandeln konnte. In diese Fragen tiefer einzudringen, wird Aufgabe des Arbeitskreises 6 sein.

Generell gehen wir davon aus, daß die Ergebnisse der Intensivierung und umfassenden Rationalisierung letztlich über den Spielraum unserer Sozialpolitik entscheiden. In diesem Sinne für das Wohl der Arbeiterklasse und aller Bürger unseres Landes zu wirken – dafür lohnt es sich, alle Kräfte einzusetzen.

M. Schmidt

Kapitalistische Rationalisierung potenziert soziale Unsicherheit

Unsere Konferenz bestätigt in ihren Aussagen: Die Wirtschaft ist zum Hauptfeld der internationalen Auseinandersetzung zwischen Sozialismus und Imperialismus geworden. Dabei treten neben dem Wachstumstempo der Produktion[1], in dem sich eindeutig die Überlegenheit der dynamischen Entwicklung des Sozialismus zeigt, immer mehr die Fragen der Effektivität der Produktion, insbesondere die Nutzung von Wissenschaft und Technik in den Vordergrund.

Ich möchte in Verbindung mit dem Thema unserer Konferenz zu sozialen Wirkungen der ökonomischen und wissenschaftlich-technischen Entwicklung im Kapitalismus sprechen.

Natürlich ist nicht neu, daß diese sozialen Wirkungen im Sozialismus und Kapitalismus diametral entgegengesetzter Natur sind. Sie verkörpern sich bei uns in der Einheit von Wirtschafts- und Sozialpolitik, in der Dialektik von Produktivitäts- und Persönlichkeitsentwicklung, wie sie sich auf der Grundlage unserer Gesellschaftsverhältnisse entfalten.

Die profitorientierte kapitalistische Produktionsweise bringt es mit sich, daß die Produktivkraftentwicklung, daß die Nutzung des wissenschaftlich-technischen Fortschritts auf Kosten der Mehrheit der Mitglieder der Gesellschaft vor sich geht, zum Anwachsen der Macht des Monopolkapitals und zugleich zu erhöhter Ausbeutung, zur Freisetzung von Arbeitskraft führt, bestehende Widersprüche vertieft, neu aufreißt.

Das ist – wie gesagt – nicht neu. Neu aber ist die Dimension des Widerspruchs zwischen den wachsenden Möglichkeiten, die der technische Fortschritt der Gesellschaft bietet, und den krassen sozialen Wirkungen, wie sie sich in der wachsenden Beschäftigungslosigkeit mit all ihren verheerenden Folgen im heutigen Kapitalismus äußert. Dabei sind nicht allein die *gegenwärtigen* Arbeitslosenzahlen in Betracht zu ziehen, die in den kapitalistischen Industrieländern rund 18 Millionen erreicht haben. Noch gravierender ist die Tatsache, daß ein weiteres Anwachsen der Arbeitslosigkeit und eine enorme Zuspitzung der Beschäftigungsproblematik mit der damit verbundenen sozialen Unsicherheit in der weiteren ökonomischen Entwicklung, in der kapitalistisch organisierten Nutzung des technischen Fortschritts vorprogrammiert ist.

Worauf ist das zurückzuführen?

Die Ursache ist einmal die Tatsache, daß sich in den ökonomischen Existenzbedin-

[1] *Index der Industrieproduktion*

	1970	1974	1977 (I. Quartal)
RGW	100	140	172
Kapitalistische Industrieländer	100	119	126

(Monthly Bulletin of Statistics, November 1977, S. XVI–XVIII).

gungen der entwickelten kapitalistischen Länder seit dem Übergang zu den 70er Jahren eine Art Umbruchsituation vollzieht. Sie dokumentiert sich nicht nur in der Einschnittsituation, die die zyklische Überproduktionskrise 1974/75 in der kapitalistischen Ökonomik darstellt. Diese Umbruchsituation ist vor allem längerfristig zu sehen. Sie leitet eine neue Phase der ökonomischen Entwicklung des Kapitalismus ein, in der chronische ökonomische Labilität zum bestimmenden Kennzeichen wird. Und zum anderen ist die neue Dimension des Widerspruchs zwischen ökonomischer Entwicklung und sozialen Folgen auf die wirtschaftspolitische Strategie des Monopolkapitals zur Bewältigung der Krisenprozesse, zur Anpassung an die veränderten ökonomischen Bedingungen zurückzuführen.

Die Umbruchsituation in den materiellen und gesellschaftlichen Reproduktionsbedingungen des Kapitalismus ist eine Folge der Verschärfung jener langfristigen, strukturellen Krisenprozesse der kapitalistischen Ökonomik, die wir als Erscheinung der Vertiefung der allgemeinen Krise des Kapitalismus verstehen, und ihrer intensiveren Verflechtung mit dem kapitalistischen Wirtschaftszyklus. Die besondere Art dieser Verflechtung, auf die der IX. Parteitag unserer Partei und der Generalsekretär unserer Partei, Genosse Honecker, in seiner Rede vor den 1. Sekretären der SED-Kreisleitungen erneut hinwies[2], ist also keineswegs auf die unmittelbare Krisenphase 1974/75 beschränkt. Sie ist eine generelle, in ihrem Umfang und ihrer Qualität neue Erscheinung, die den ganzen weiteren Verlauf der ökonomischen – und aus ihr erwachsend und verknüpft mit ihr auch der politischen und ideologischen Entwicklung des Kapitalismus prägt.

Als charakteristische Merkmale dieser einschneidenden Veränderungen im ökonomischen Bereich lassen sich – angewandt vor allem auf die BRD – folgende hervorheben:

– eine erhebliche *Verminderung des Wachstums der Wirtschaft verbunden mit starken stagnativen Tendenzen.* Der Vergleich der Entwicklung der bisherigen 70er Jahre mit den 50er und 60er Jahren macht das bereits deutlich.

1951–1960 = 7,5 Prozent,
1961–1970 = 6,8 Prozent,
1971–1977 = 2,5 Prozent.

Diese Abflachung des Wachstums wird mit hoher Wahrscheinlichkeit anhalten. Eine längere Phase der Prosperität ist nicht in Sicht.

Erst Mitte April mußte die BRD-Bundesbank in ihrem Jahresbericht für 1977 erneut feststellen, daß „die längerfristigen Wachstumsmöglichkeiten" der BRD-Wirtschaft „erheblich hinter denen früherer Jahre zurückbleiben".[3]

– In starkem Maße *verflechten sich Wachstums- und Strukturprobleme.*

Einerseits trug die Nichtbereinigung der Strukturkrisen in der zyklischen Krise von 1974/75 dazu bei, daß die Wachstumsraten stark abflachten. Andererseits überdecken diese niedrigen Wachstumsraten nicht mehr wie zuvor die langfristigen Strukturprobleme der BRD-Wirtschaft.

– So bleiben wichtige und *beschäftigungsstarke Industriezweige weiter von tiefen strukturellen Krisenprozessen* erfaßt. Dazu gehören Eisen- und Stahlerzeugung, Schiffbau, Nichteisen-Metallindustrie, Bau- und Baustoffwirtschaft, Textil-, Bekleidungs-, Glas- und Feinkeramikindustrie, Ledererzeugung und -verarbeitung, Teile der Haus-

[2] E. Honecker, Die Aufgaben der Partei bei der weiteren Verwirklichung der Beschlüsse des IX. Parteitages der SED, in: Neues Deutschland vom 18./19. Februar 1978, S. 3.

[3] Bundesbank dämpft Wachstumshoffnung, in: Handelsblatt (Düsseldorf) vom 14./15. April 1978, S. 1.

haltsgeräte produzierenden elektrotechnischen Industrie sowie auch Bereiche der Chemie. Damit verbinden sich erhebliche Unsicherheiten über die künftige expansionsfähige Wirtschaftsstruktur der BRD.

– *Hohe Massenarbeitslosigkeit ist eine chronische Erscheinung geworden und verbindet sich mit der Tendenz weiteren Steigens* infolge struktureller Veränderungen, der Rationalisierungsstrategie der Monopole und verminderter Wachtumsraten.

– *Die Inflation ist für die BRD-Wirtschaft* – trotz geringerer Raten gegenüber imperialistischen Konkurrenten – *zur Dauererscheinung geworden. Das Inflationstempo hat sich gegenüber den 60er Jahren tendenziell erhöht.*
Es betrug jahresdurchschnittlich in den 60er Jahren 2,5 Prozent, von 1970 bis 1977 aber schon 5,6 Prozent. Eine Reihe von Gründen sprechen dafür, daß auch in der BRD die Inflationsraten längerfristig zunehmen werden.

– Die *Staatsverschuldung* beschleunigt sich und wird so längerfristige widersprüchliche Wirkungen für die Währungsstabilität hervorbringen und als Feld sozialer Auseinandersetzung wirksam werden.

– Des weiteren ist die weitere Entwicklung durch *verstärkte Einwirkungen der außenwirtschaftlichen Bedingungen auf die Binnenwirtschaft, vor allem unter den Bedingungen anhaltender Synchronität internationaler Krisenprozesse* gekennzeichnet. So hat die Verlangsamung im Wachstum des BRD-Warenexports zur Folge, daß sich seine *Wirkung als eine Hauptstütze des BRD-Wirtschaftswachstums in der Tendenz verringert.* Bisher ist es dem staatsmonopolistischen System nicht gelungen, der engeren binnen- und außenwirtschaftlichen Verflechtung durch entsprechende staatsmonopolistische Regulierung gerecht zu werden. Zugleich schwächt sich die Ausdehnung des Binnenmarktes ab.

– *In den internationalen ökonomischen Beziehungen* und im Konkurrenzkampf (zunehmender Protektionismus) verschärfen sich die Gegensätze. Veränderungen und Krisenprozesse der kapitalistischen internationalen Arbeitsteilung und weitere Labilität des kapitalistischen Währungssystems halten an.

– *Längerfristig werden die Schwierigkeiten durch Energieprobleme* wachsen und wahrscheinlich besonders ab Mitte der 80er Jahre zunehmen. Dabei hemmen widersprüchliche Interessen von Konzerngruppen die Umstrukturierung der Energiebilanzen und Senkung der Importabhängigkeit.

– *Der Spielraum der staatsmonopolistischen Verteilungspolitik wird eingeengt. Es kommt zur Anhäufung sozialer Konfliktstoffe* bei Verringerung der Wirkungsmöglichkeiten, insbesondere der kurzfristig orientierten Wirtschaftspolitik.

Politökonomisch gesehen bedeuten diese Veränderungen in den ökonomischen Existenzbedingungen eine Verschlechterung der Verwertungsbedingungen des Kapitals, was natürlich die Monopolbourgeoisie verstärkt auf den Plan ruft. Hinter dem Vorhang modifizierter Theorien über die „Marktwirtschaft", von denen Prof. Dr. Heinrichs im Referat sprach, wird eine ganz nackte und brutale staatsmonopolistische Strategie betrieben, deren Grundlinien sich trotz Widersprüchen und Auseinandersetzungen zu verschiedenen Fragen deutlich folgendermaßen abzeichnen:

– Das ist erstens die *beschleunigte Nutzung des wissenschaftlich-technischen Fortschritts* mittels umfassender kapitalistischer Rationalisierung und technologischer Innovationen, vor allem auf dem Wege höherer Arbeitsproduktivität in entwicklungsbestimmenden Industriezweigen, um eine weitere Erhöhung der wirtschaftlichen Leistungskraft zu erreichen, im Konkurrenzkampf die Expansionsbedingungen zu verbessern und geringere wirtschaftliche Wachstumsraten auszugleichen.

– Das ist zweitens eine konsequente *Orientierung auf die Erfordernisse des kapi-*

talistischen Weltmarktes und Entwicklung einer globalen Strategie, der die inneren ökonomischen und sozialen Probleme rigoros untergeordnet werden, um feste Positionen auf dem kapitalistischen Weltmarkt und Einfluß auf die neuen Bedingungen der internationalen Arbeitsteilung zu sichern.

– Das ist drittens eine stärkere *Orientierung auf den Kapitalexport* (BRD gegenwärtig an 3. Stelle der imperialistischen Länder, über 52 Mrd. DM Direktinvestitionen) vor allem als Mittel zur Umgehung protektionistischer Beschränkungen und zur Einflußnahme in den Entwicklungsländern, zur Entwicklung neuer Formen internationaler Arbeitsteilung mit diesen. Gleichzeitig wird eine betont qualitative Expansionsstrategie der Monopole im Inneren betrieben. Dabei geht es vor allem um die Intensivierung des monopolistischen Reproduktionsprozesses durch „Sanierungen" der Konzernbereiche, Fusionen zur „Bereinigung", Effektivierung und Rationalisierung der Produktion und die Effektivierung der wissenschaftlichen Forschung.

– Das ist viertens die Sicherung der *Energie- und Rohstoffversorgung,* einschließlich ihrer rationelleren Verwendung, durch staatsmonopolistische Programme sowie entsprechenden Einsatz außenpolitischer und außenwirtschaftlicher Mittel. Kapitalanlagen und ihre Sicherung in energie- und rohstofferzeugenden Ländern sind damit im Vordergrund.

– Dies verbindet sich mit der *weitern sozialen Offensive* gegen die Werktätigen, um die risikoreicheren Expansionsbedingungen materiell, sozialpolitisch und ideologisch abzusichern.

Bereits während der zyklischen Krise 1974/75 – besonders aber in der folgenden Zeit – wurden in den kapitalistischen Industrieländern große Anstrengungen unternommen, um den wissenschaftlich-technischen Fortschritt und seinen vielfältigen Einsatz in der Produktion geradezu sprunghaft zu forcieren. Das führte zu beachtlichen Veränderungen der Produktionsstruktur. Während ganze Industriezweige technisch umgerüstet werden (Mikroelektronik als z. Z. gewissermaßen wichtigster technologischer „Katalysator"), wächst ihre Leistungsfähigkeit stark an. So produzierte die BRD 1976 mit 2,5 Prozent weniger Arbeitskräften 6,7 Prozent mehr Waren. Die Leistung je Arbeitsstunde in der verarbeitenden Industrie stieg 1976 in den USA um 5, in Japan um 13, in der BRD um 7, in Frankreich um 12 und in Italien um 7 Prozent.[4]

Hier haben wir ganz konkret das staatsmonopolistische Bemühen, einen weitestgehenden Ausgleich für Profitverluste durch geringere industrielle Wachstumsraten auf dem Wege höherer Effektivität durch stärkere Intensivierung der Produktionsprozesse, vor allem der Ausbeutung der Werktätigen, zu sichern. Es geht um die Veränderung der Verwertungsbedingungen des Kapitals im Ergebnis des kapitalistisch gesteuerten wissenschaftlich-technischen Fortschritts; um die weitere Sicherung äußerer und innerer Expansionsbedingungen. Und es geht um den Einsatz dieser Potenzen in der Systemauseinandersetzung mit dem Sozialismus. Es ist klar, daß wir dies im ökonomischen Wettbewerb mit dem Imperialismus – wie dies die Genossen Dr. Leupold und Prof. Dr. Reinhold in der Diskussion dargelegt haben – in Rechnung stellen müssen. Zugleich aber potenziert der Kapitalismus mit dieser Entwicklung seine Widersprüche, schwächt er seine Positionen gegenüber dem Sozialismus.

Rationalisierung auf kapitalistische Weise bedeutet einen anhaltenden Schwund an Arbeitsplätzen. Es ist etwas Neues für den Kapitalismus, daß die offiziellen Arbeitslosenziffern in der Belebungs- und teilweise in der Aufschwungsphase höher liegen

[4] M. Schmidt, Der Kapitalismus nach der Krise 1974/1975, in: Probleme des Friedens und des Sozialismus, 3/1978, S. 379/380.

als auf dem Tiefpunkt der Krise. Die Dauerarbeitslosigkeit als Folge der Überakkumulation des Kapitals, der Stillegung von Kapazitäten, der scharfen Rationalisierung, der Veränderung von Wirtschaftsstrukturen und des fortschreitenden Monopolisierungsprozesses ist ständiger „Begleiter" der kapitalistischen Entwicklung geworden.

Krisenerscheinungen in den materiellen und sozialen Lebensbedingungen der Arbeiterklasse und der anderen Werktätigen prägen sich unabhängig vom Wirtschaftszyklus zu ständigen Entwicklungsmerkmalen aus.

So ist erstmalig wieder seit fünfundzwanzig Jahren Dauerarbeitslosigkeit zu einer chronischen Erscheinung der gesellschaftlichen Entwicklung der BRD geworden. Zu Ende des vergangenen Jahres gab es bei der offiziellen Ziffer von 1,03 Millionen eine tatsächliche, mehr als doppelt so hohe Gesamtarbeitslosigkeit.

Konnte das Wirtschaftswachstum bei einer durchschnittlichen Produktivitätssteigerung von vier bis fünf Prozent pro Jahr und produktiver Arbeitskraft in den 50er Jahren zum Abbau der Arbeitslosigkeit führen, in den 60er Jahren sogar zu zeitweiligem Arbeitskräftemangel und sogenannter „Vollbeschäftigung" (die dies jedoch im wörtlichen Sinne niemals war), so machen jetzt die langfristig veränderten ökonomischen Bedingungen und die Strategie der Monopolbourgeoisie ein tendenzielles Wachstum der ständigen Massenarbeitslosigkeit unvermeidlich.

Im DGB-Organ „Welt der Arbeit" wurde folgende unvollständige Bilanz für die BRD aufgemacht:

- In der Stahlindustrie wurden bei wachsender Produktion 60 000 Arbeitsplätze in den letzten Jahren „eingespart".
- Die Textilindustrie büßte durch Rationalisierung bereits 100 000 Arbeitsplätze ein.
- In der elektronischen Industrie stieg der Umsatz um 60 Prozent, es arbeiten dort aber 10 Prozent weniger Menschen.[5]

Die Gewerkschaften sehen mit großer Sorge diesen Trend für die kommenden Jahre sich noch verstärken. So erklärte der Vorsitzende der IG Metall in der BRD, Eugen Loderer, daß der Maschinenbau „die Uhrenindustrie der achtziger Jahre" werden könnte. In der Uhrenindustrie hatte sich in den letzten Jahren eine Halbierung der Beschäftigungszahl vollzogen. Für kaufmännische Angestellte – z. Z. insgesamt fünf Millionen – wird gleichfalls vorausgesagt, daß im kommenden Jahrzehnt mindestens jeder Zweite durch Computer „ersetzt" wird.

Prof. Dr. Heinrichs hat in seinem Referat darauf hingewiesen, daß heute von den großen Worten über die „Humanisierung der Arbeitswelt" nicht mehr viel geblieben ist, daß sich statt dessen soziale Unsicherheit, gesteigerte Arbeitshetze, psychischer und physischer Druck ausbreiten. Ich möchte das noch ergänzen:

Mit Steuergeldern, die in Bonner Ministerien unter dem Titel „Humanisierung der Arbeitswelt" laufen, werden von Konzernen wie Siemens und AEG Rationalisierungs- und Automatisierungsmittel gebaut, mit denen Arbeitsplätze nicht human gestaltet, sondern vernichtet werden.

In der BRD wird häufig die Formel „technologische Arbeitslosigkeit" gebraucht, um die gegenwärtige Beschäftigtensituation zu kennzeichnen. Aber dieser Begriff ist irreführend. Wie viele Begriffe bürgerlicher Gesellschaftsinterpretation lenkt er von den tatsächlichen gesellschaftlichen Ursachen der sozialen Unsicherheit im Kapitalismus ab. Wissenschaftlich-technischer Fortschritt, Entwicklung der Produktivkräfte, d. h. der sachlichen Arbeitsmittel und der Qualifikation der lebendigen Arbeit, mit denen der Mensch die Auseinandersetzung mit der Natur führt und die materiellen

[5] Welt der Arbeit (Köln), 17/1978, S. 15.

Mittel für die Erhaltung und Entwicklung der Gesellschaft gewinnt, sind zweifellos Grundlage jeglicher gesellschaftlichen Entwicklung überhaupt.

Entscheidend wirkt hier aber das Dazwischentreten des kapitalistischen Privateigentums an den Produktionsmittel zwischen Produktion und Konsumtion, das die Produktion von ihrem eigentlichen Zweck, eben der Konsumtion, der Schaffung der materiellen Lebensbedingungen der Menschen trennt und sie den Gesetzen der Kapitalverwertung, der Profiterzielung, unterwirft.

Damit erhält auch der wissenschaftlich-technische Fortschritt seinen spezifischen kapitalistischen, arbeiterfeindlichen Charakter. In den Händen des Kapitals wird das Arbeitsmittel, wie Marx nachgewiesen hat, sobald es Maschinengestalt angenommen hat und die lebendige Arbeit des Menschen mehr und mehr zu ersetzen beginnt, „sofort zum Konkurrenten des Arbeiters selbst".[6] Der wissenschaftlich-technische Fortschritt, der der Gesellschaft zugleich mit der Ausweitung ihrer Lebensmöglichkeiten Arbeit erspart, wird daher vor allem in den Händen der großen Monopole zum unfehlbaren Mittel, mit der lebendigen Arbeit auch den Arbeiter überflüssig zu machen.

Setzt der wissenschaftlich-technische Fortschritt im Sozialismus mit der Einsparung an Arbeitszeit Zeit frei für die Gesellschaft zur Befriedigung anderer Bedürfnisse, sei es in der Produktion, sei es auf anderen Gebieten des gesellschaftlichen Lebens, für die zunehmende Entfaltung des ganzen materiellen und ideellen Reichtums der sozialistischen Gesellschaft, so setzt er im Kapitalismus häufig mit der lebendigen Arbeit auch den Lohnarbeiter frei, der überflüssig wird für die Kapitalverwertung und der nur insoweit weiter oder wieder beschäftigt werden kann, als dies Profit bringt, den Verwertungsbedürfnissen des Kapitals entspricht.

Zweifellos könnte die Ersetzung von Menschenkraft durch modernste Technik erreichen, daß die Freizeit ausgedehnt oder das Güterangebot vergrößert wird. Da aber Wirtschafts- und vor allem auch Investitionspolitik nicht von gesellschaftlicher Vernunft, sondern vom kapitalistischen Profitinteresse bestimmt ist, wird als „vernünftiger" praktiziert, Arbeitsplätze zu vernichten, Facharbeiterberufe „überflüssig" zu machen und Arbeiter und Angestellte massenhaft zu dequalifizieren. Letzteres ist zwar durch „Sozialpläne" vorübergehend gemildert, hat jedoch in der Regel für die meisten Betroffenen – da vielen nicht die Möglichkeit zu einer neuen beruflichen Qualifikation geboten wird – Einkommensminderungen auf Dauer im Gefolge. All das ist verbunden mit erhöhtem Leistungsdruck, verstärktem physischen und psychischem Verschleiß der weiterhin Beschäftigten.

Es besteht ein untrennbarer *Zusammenhang zwischen der Wirkung der Massenarbeitslosigkeit, der Steigerung der Ausbeutung, der Vernachlässigung der Gesundheit, den zunehmenden Arbeitsunfällen wie sogar der ansteigenden Kriminalität:*

– Der Ausbeutungsgrad in den Betrieben in der BRD wird weiter gesteigert. Während das Volumen der industriellen Nettoproduktion 1976 um 6,7 Prozent erhöht wurde, ging die Zahl der Beschäftigten im gleichen Zeitraum um 2,5 Prozent zurück.

– Die Krankmeldungen in den Betrieben sinken tendenziell. Eine BRD-Unternehmerzeitschrift kommentiert, daß „die Furcht vor der Arbeitslosigkeit die Sorge um die Gesundheit verdrängt". Kündigungen infolge Erkrankungen sind in Konzernbetrieben an der Tagesordnung. Die Zahl der Kuren ging – gegenüber dem jeweiligen Vorjahr – 1975 um 5,4 und 1976 um 4,7 Prozent zurück.

– Die Zahl der Arbeitsunfälle stieg in der BRD 1976 gegenüber dem Vorjahr um 4,4 Prozent auf über 2 Millionen. Der zuständige BRD-Minister nannte als Ursachen

[6] K. Marx, Das Kapital, Erster Band, in: MEW, Bd. 23, Berlin 1962, S. 454.

„erhöhtes Arbeitstempo, verkürzte Akkordnormen, psychologische Belastungen nach und während der Rationalisierungsumstellungen".[7]

– Die Zahl der Rauschgifttoten erhöhte sich von 1972 bis 1977 in gleicher Weise wie die Zahl der Arbeitslosen – nämlich um das Fünffache.

– Die Zahl der registrierten Straftaten stieg 1977 gegenüber dem Vorjahr um 6,9 Prozent – und übertraf damit das Ansteigen der prozentualen Arbeitslosigkeit. Das Verbrechen, das die kapitalistische Gesellschaft an Millionen mit der Arbeitslosigkeit und Fehlen der Berufsausbildung verübt, wird von vielen, die keine Perspektive mehr für sich sehen und sich aufgaben, mit kriminellen Handlungen beantwortet.

Die langfristigen Krisenprozesse und ihre Wirkungen machen die Unfähigkeit der kapitalistischen Produktionsweise immer offensichtlicher, den Prozeß der gesellschaftlichen Produktion in der Gegenwart und in der Zukunft so aufrechtzuerhalten, daß wenigstens die elementaren Interessen der großen Mehrheit der Werktätigen befriedigt werden.

Langfristige Stagnationstendenzen, geringes Wachstum, brachliegende Kapazitäten – also durchaus mögliche, aber nicht produzierte Werte großen Ausmaßes – beweisen, daß die Entwicklung der Produktivkräfte noch weniger als früher der ganzen Gesellschaft zugute kommt. Allein die mehr als eine Million registrierten Arbeitslosen in der BRD (im Durchschnitt) hätten, in den Arbeitsprozeß eingegliedert, ein Sozialprodukt von 40 Milliarden zur Befriedigung menschlicher Bedürfnisse schaffen können.

Steigende materielle Produktion und noch stärker wachsende materielle Produktionsmöglichkeiten verknüpfen sich mit Massenarbeitslosigkeit, sinkenden Einkommen, Kürzung sozialer Leistungen und sozialer Unsicherheit.

Diese Lage berechtigt wohl, von einer neuen Stufe parasitärer Entwicklung des heutigen Kapitalismus zu sprechen.

Da zur gleichen Zeit die Wirkungen der Einheit von Wirtschafts- und Sozialpolitik in der DDR – auch unter den Bedingungen starker außenwirtschaftlicher Belastungen – sichtbar hervortreten, wird der Gegensatz zwischen Sozialismus und Imperialismus auf diesem Felde besonders deutlich. Zeigen doch solche Vorzüge des realen Sozialismus, wie Vollbeschäftigung bei solidem Wachstum, daß es auch anders geht als unter kapitalistischen Bedingungen.

Das drückt natürlich die Ideologen auf der anderen Seite der Barrikade. Und so wird auf ihre Weise versucht, dieses Phänomen zu „erklären". Ich möchte mich dabei auf eine kürzlich bei der Friedrich-Ebert-Stiftung erschienene Schrift mit dem pseudoobjektiven Titel „Warum gibt es in der DDR keine Arbeitslosigkeit?" berufen. Schon die Tatsache, daß ein solcher Titel produziert werden muß, zeigt die Wirkung des realen Sozialismus.

Doch was wird als Antwort auf die Titelfrage dem BRD-Leser als Erkenntnis angeboten? „Durch das zu niedrige Gesamtprodukt ist in der DDR das Problem der Arbeitslosigkeit *noch* (!) nicht real. Es würde *erst* (!) dann in das Blickfeld rücken, wenn der Binnenmarkt der DDR gedeckt wäre und die Exportleistungen eine Größenordnung erreichten, die über den Importmöglichkeiten lägen."[8]

So wird Vollbeschäftigung als Kennzeichen von angeblicher Rückständigkeit „er-

[7] H. Ehrenberg, Aufgaben des Arbeitsschutzes und der Arbeitsmedizin, in: Bulletin des Presse- und Informationsamtes der Bundesregierung (Bonn) vom 25. November 1977, S. 1089.

[8] Die DDR – Realitäten–Argumente. Warum gibt es in der DDR keine Arbeitslosigkeit?, hg. von der Friedrich-Ebert-Stiftung (Bonn), S. 42 ff.

klärt", während Arbeitslosigkeit offensichtlich ein Merkmal von Reichtum sein soll! Sie spotten ihrer selbst und wissen nicht wie!

Dabei negieren diese der sozialdemokratischen Führung nahe Autoren natürlich völlig Besitz- und Machtverhältnisse und unsere gesamte sozialpolitische Programmatik und Praxis! Man kann ihnen nur empfehlen, die sozialistische Wirklichkeit genauer anzusehen. Dann würden sie vielleicht auch den Kampf der Werktätigen in der BRD für aktuelle und grundsätzliche Veränderungen der dortigen sozialökonomischen Situation besser als bisher unterstützen.

Die Streiks der Hafenarbeiter, der Setzer und Drucker sowie vor allem auch der Metallarbeiter in der BRD ließen eindeutig sichtbar werden: Es handelt sich heute bei diesen Auseinandersetzungen um mehr als „traditionelle Lohnbewegungen". Hier wird zunehmender Widerstand in der Arbeiterklasse und ihren Gewerkschaften gegen den kapitalistischen Mißbrauch des wissenschaftlich-technischen Fortschritts sichtbar.

Im Vordergrund stehen für die Arbeiterklasse der BRD die Forderungen nach sozialer Sicherheit, insbesondere Sicherheit der Arbeitsplätze und soziale Absicherung gegenüber Umfang und Intensität der gegenwärtigen kapitalistischen Rationalisierung und bei künftigen einschneidenden technischen Umwälzungen. Damit verbunden ist der Kampf zur Erhaltung der Realeinkommen unter den gegenwärtigen und zukünftigen wirtschaftlich-technischen Bedingungen.

Die konkreten Ergebnisse unseres Wirkens für weitere sozialistische Wirtschaftsdynamik – im Sinne der Einheit von Wirtschafts- und Sozialpolitik – werden dabei wirksame klassenmäßige Hilfen bedeuten.

W. Leupold

Hauptlinien der weiteren Qualifizierung der Leitung und Planung von Wissenschaft und Technik

In seiner Rede auf der Beratung mit den 1. Sekretären der Kreisleitungen hob Genosse Erich Honecker hervor:

„Unsere ökonomische Strategie wird davon getragen, den wissenschaftlich-technischen Fortschritt zu beschleunigen und seine ökonomische und soziale Wirksamkeit zu erhöhen. So entspricht es dem Stande unserer wirtschaftlichen und gesellschaftlichen Entwicklung und deren weiterer Perspektive."[1]

Damit ist eindeutig die Stoßrichtung der weiteren Qualifizierung der Leitung und Planung des wissenschaftlich-technischen Fortschritts bestimmt. Die Sicherung des langfristigen, stabilen Leistungswachstums der Volkswirtschaft ist die zentrale Frage unserer Wirtschaftspolitik und wird es auch in Zukunft sein. Dabei geht es um das Wachstum des verteilbaren Endprodukts, d. h. um mehr hochwertige Erzeugnisse für den Export, die Rationalisierung der Volkswirtschaft, die Versorgung der Bevölkerung bei sinkendem Aufwand an gesellschaftlicher Arbeit pro Erzeugnis. Gerade darauf sind der sozialistische Wettbewerb zur Erfüllung und Übererfüllung des Volkswirtschaftsplanes 1978, die weitere intensive Vorbereitung des Planes 1979 und die Arbeiten am Fünfjahrplan 1981 bis 1985 gerichtet. Der erfolgreiche Weg des raschen und stabilen Wachstums der Leistungskraft unserer Wirtschaft wird zielstrebig fortgesetzt.

Für die gesamte Arbeit gelten die neuen Maßstäbe an Tempo und Intensität wirtschaftlicher Dynamik, die sich aus unserem Kurs der Einheit von Wirtschafts- und Sozialpolitik und aus veränderten Bedingungen ergeben.

Die Erfahrungen bei der Durchführung der Beschlüsse des IX. Parteitages der SED lehren überzeugend, daß wir angesichts des großen Potentials an Wissen und Erfahrungen und des hohen Entwicklungsniveaus der Wirtschaft unseres Landes in der Lage sind, diese höheren Ansprüche zu erfüllen. Der Schlüssel dazu ist und bleibt die weitere, entschiedene Beschleunigung des wissenschaftlich-technischen Fortschritts. Das ist der Ausgangspunkt für alle Fragen, die mit der weiteren Qualifizierung der Leitung und Planung des wissenschaftlich-technischen Fortschritts theoretisch und praktisch verbunden sind.

Wie schätzen wir die Lage ein?

Erstens wird schon heute das wirtschaftliche Wachstum entscheidend durch den wissenschaftlich-technischen Fortschritt getragen. Höhere Durchsetzungskraft dabei zu erreichen, steht im Mittelpunkt der gesamten Parteiarbeit, der Tätigkeit der Gewerkschaften und prägt immer mehr die Initiativen der Arbeiterjugend. Die Denk- und Verhaltensweisen der Arbeiterklasse, insbesondere der Erfinder und Neuerer, der wissenschaftlich-technischen Intelligenz und der Leiter der Betriebe und Kombinate

[1] E. Honecker, Referat vor den 1. Sekretären der Kreisleitungen der SED über die Aufgaben der Partei bei der weiteren Verwirklichung der Beschlüsse des IX. Parteitages der SED, in: Neues Deutschland vom 18./19. Februar 1978, S. 5.

werden weitgehend von dem Bemühen bestimmt, auf diesem einzig richtigen und realen Weg weiter voranzukommen. Es hat sich ein öffentlicher und umfassender Meinungs- und Erfahrungsaustausch darüber entwickelt, wie das konkret zu machen ist, und erfahrene Generaldirektoren fortgeschrittener, leistungsfähiger Kombinate haben die Diskussion dieser Fragen mit ihren Erkenntnissen bereichert.

Zweitens hat die große politisch-ideologische Arbeit der gesamten Partei insgesamt zu einer schöpferischen Atmosphäre geführt, in der die Aufgaben der Forschung und der Anwendung der erzielten Ergebnisse für die umfassende sozialistische Rationalisierung, für die weitere Entwicklung der Arbeits- und Lebensbedingungen, die Stärkung der Exportkraft, die Erhöhung der Produktion und der Qualität, für höhere Materialökonomie, kurz, für höhere Effektivität immer stärker zur Sache des gesamten Volkswirtschaftsplanes und zum Hauptinhalt des sozialistischen Wettbewerbs werden.

Drittens prägt sich der demokratische Zentralismus in der Wirtschaftsführung – insbesondere durch die Bildung weiterer leistungsfähiger Industriekombinate – aus. Dadurch entstehen neue günstige Möglichkeiten, die langfristige technische Politik, die auf die Kernfragen volkswirtschaftlichen Wachstums gerichtet ist, mit der weiteren Entfaltung des massenhaften Schöpfertums und der immer qualifizierteren Wahrnehmung der Verantwortung in jedem Betrieb und jedem Kombinat noch wirkungsvoller zu verbinden und mit Vorrang im Interesse der Volkswirtschaft durchzusetzen.

Viertens schließlich wird der Fortschritt praktisch durch die Erfüllung wichtiger qualitativer Kennziffern des Jahres 1977 überzeugend bestätigt. Es wurden viele Erzeugnisse neu in die Produktion aufgenommen oder qualitativ weiterentwickelt. Von den 1977 in der Industrie in die Produktion übergeführten wissenschaftlich-technischen Ergebnissen bestimmt jedes sechste den Weltstand mit. Die Zahl der Patentanmeldungen steigt an. Die Produktion von Erzeugnissen mit dem Gütezeichen „Q" wächst weiterhin schneller als die Warenproduktion. Mit der Einsparung von 250 Millionen Stunden Arbeitszeit in den zentralgeleiteten Industrie-, Bau- und Verkehrsbetrieben wurde der Beitrag des wissenschaftlich-technischen Fortschritts für die sozialistische Rationalisierung gesteigert. Mit dem Staatsplan Wissenschaft und Technik wurden beträchtliche Einsparungen von Material erzielt. Die Entwicklung der Neuererbewegung weist 1977 den bisher höchsten Stand auf.

Diese und andere Ergebnisse sind Ausdruck der Richtigkeit der Beschlüsse der Partei und der Kontinuität der Entwicklung von Forschung und Technik. Sie belegen überzeugend die Wirksamkeit der Maßnahmen zur wirkungsvolleren Leitung und Planung auf diesem Gebiet.

Dessenungeachtet ist Nüchternheit und Realismus bei der Bewertung des Erreichten am Platze. Unsere Ziele sind weiter gesteckt, unsere Möglichkeiten bedeutend größer. Auf wichtigen Gebieten des wissenschaftlich-technischen Fortschritts muß das Tempo erhöht werden. Das betrifft bekanntlich das wissenschaftlich-technische Niveau von bestimmten Erzeugnissen, darunter Exporterzeugnissen, Zuliefererzeugnissen und Konsumgütern, das Niveau der Arbeitsproduktivität und damit der Kosten und des Devisenerlöses, den spezifischen Materialeinsatz und Energieverbrauch und nicht zuletzt die Tatsache, daß noch weitere Arbeitsplätze mit erschwerten Bedingungen umzugestalten sind.

Insgesamt heißt das: Die Erwartungen an den Beitrag des wissenschaftlich-technischen Fortschritts zur Leistungsentwicklung der Volkswirtschaft, die sich aus den Anforderungen unserer gesellschaftlichen Entwicklung ergeben, sind schon 1978 weit höher und sie werden in den kommenden Jahren noch bedeutend wachsen.

Welche Hauptlinie liegt der weiteren Qualifizierung der Leitung und Planung von Forschung und Technik zugrunde?

Die drei wichtigsten Fragen sind:

Erstens: Die grundlegende Aufgabe besteht darin, konsequent und unbeirrt die Rolle und die Wirkung des Staatsplanes Wissenschaft und Technik weiter zu erhöhen. Die zentrale staatliche Planung wird mit immer größerer Durchschlagskraft dafür zu sorgen haben, daß die entsprechenden Kräfte und Mittel mit absolutem Vorrang auf die langfristige, dauerhafte und stabile Lösung genau jener Probleme des wissenschaftlich-technischen Fortschritts konzentriert werden, die für das zukünftige Wachstumstempo und die Proportionalität der Gesamtentwicklung der Volkswirtschaft insgesamt die entscheidenden sind. Dazu bedarf es ständig intensiver Arbeit an den strategischen Grundrichtungen der Entwicklung. Strategische Ziele für Forschung und Entwicklung sind keine einfachen Projektionen aus der Vergangenheit in die Zukunft.

Die von der 13. Tagung des ZK der SED beschlossene Konzeption zur Entwicklung von Naturwissenschaft und Technik bis 1990 für wichtige Bereiche der Volkswirtschaft einschließlich der Anforderungen an die Entwicklung des F/E-Potentials hat sich als langfristige Orientierung vollauf bewährt. Sie wird zur Vorbereitung des Fünfjahrplanes 1981 bis 1985 entsprechend den herangereiften Bedingungen und neuen Möglichkeiten sowie unter Berücksichtigung internationaler Entwicklungstendenzen von Forschung und Technik in umfassender, schöpferischer sozialistischer Gemeinschaftsarbeit mit den Mitgliedern des Forschungsrates der DDR und der Staatlichen Plankommission ständig präzisiert.

Der Kern der Sache sind wesentlich höhere Vorleistungen für die umfassende Rationalisierung in der Volkswirtschaft.

- Wirkungsvollere Technologien zur Verwertung der Rohstoffe und Energieträger, einschließlich der Sekundärrohstoffe,
- effektivere technologische und konstruktive Lösungen zur Senkung des spezifischen Material- und Energieverbrauchs,
- die Entwicklung und breite Anwendung der Mikroelektronik,
- die Mechanisierung und Automatisierung zur Verminderung des Anteils der Handarbeit in der metallverarbeitenden Industrie,
- neue Technologien und Verfahren der chemischen Industrie und des Bauwesens sowie
- die moderne Meßtechnik und wissenschaftliche Geräte für Forschung und Produktion

werden im Mittelpunkt der Aufmerksamkeit stehen.

Aus dieser Konzeption leiten sich rückrechnend für die gesamte naturwissenschaftlich-technische Forschung, beginnend beim weitreichenden Vorlauf, für den Staatsplan Wissenschaft und Technik 1981 bis 1985 und die Staatspläne 1979 und 1980 die konkreten inhaltlichen Aufgaben und Ziele ab. Sie werden im Prinzip auf dreierlei Weise geplant:

Einmal durch die seit 1978 entwickelte zentrale Planung von *Spitzenleistungen*, die gewissermaßen Punktziele des wissenschaftlich-technischen Fortschritts darstellen. Dabei handelt es sich um bestimmte Erzeugnisse und Anlagen für den Export oder die Rationalisierung der eigenen Volkswirtschaft, bestimmte Zuliefererzeugnisse, von denen das wissenschaftlich-technische Niveau einer breiten Palette von Finalerzeugnissen maßgeblich abhängt, bestimmte Konsumgüter, die für die Versorgung der Bevölkerung oder den Export besonders wichtig sind, sowie bestimmte neue hochmoderne Technologien und Verfahren, die besondere Wirkung auf höchste Effektivität besitzen.

Für die zentrale Planung von Spitzenleistungen liegen bereits gute Erfahrungen vor. Sie werden weiter ausgebaut.

Es geht vor allem um noch höhere *Treffgenauigkeit* der staatlichen Zielstellung entsprechend den Erfordernissen der perspektivischen Entwicklung der Volkswirtschaft, um die Garantie für *weltstandsbestimmende Parameter* zum Zeitpunkt der Marktwirksamkeit der Ergebnisse bei der Aufgabenstellung, um die bessere *Beherrschung der Realisierungsbedingungen* im Prozeß der Forschung, Entwicklung und bei der Überleitung und um höchste Effektivität der Ergebnisse durch möglichst großen Produktionsumfang; denn selbstverständlich hängt der Effekt für die Volkswirtschaft ganz entscheidend davon ab, welches volkswirtschaftliche Gewicht hinter neuen niveauvollen wissenschaftlich-technischen Lösungen steht. Außerdem werden wir unsere Aufmerksamkeit ganz besonders den Forschungs-/Entwicklungsleistungen zuwenden, die in der Industrie, der Akademie der Wissenschaften und an den Universitäten und Hochschulen *heute* durchgeführt werden, um den *Vorlauf für die Spitzenleistungen des nächsten Fünfjahrplanes* noch wesentlich zu verstärken; denn mit den Plänen Wissenschaft und Technik 1978 und 1979 wird bereits über die Leistungsfähigkeit der Volkswirtschaft 1981/85 mit entschieden.

Zum zweiten enthält seit 1976 der Staatsplan Wissenschaft und Technik volkswirtschaftliche *Vorgaben für die Einsparung von Arbeitszeit, wichtiger Roh- und Werkstoffe sowie für die Umgestaltung von Arbeitsplätzen durch Maßnahmen der wissenschaftlichen Arbeitsorganisation und die Beseitigung von Arbeitserschwernissen.*

Die Vorgaben zur Einsparung von Arbeitszeit durch Maßnahmen des wissenschaftlich-technischen Fortschritts in Industrie und Bauwesen haben sich als Instrumente langfristiger und umfassender Orientierung der wissenschaftlich-technischen Arbeit auf die Steigerung der Arbeitsproduktivität bewährt. Um diese Wirkung weiter zu erhöhen, werden mit den staatlichen Aufgaben 1979 zugleich Orientierungen für die notwendige Einsparung an Arbeitszeit für die Jahre nach 1979 vorgegeben; sie sind auf der Grundlage der Erfordernisse zur Steigerung der Arbeitsproduktivität bis 1990 und unter Auswertung internationaler Produktivitätsvergleiche erarbeitet worden.

Die Orientierungen werden – trotz noch vorhandener bekannter Probleme – dazu beitragen, die Ziele der wissenschaftlich-technischen Arbeit, den Einsatz materieller Fonds und andere Leitungsentscheidungen noch konsequenter und weitsichtiger auf die umfassende Rationalisierung zu konzentrieren.

Diese Linie des Staatsplanes wird fortgesetzt. Wir suchen nach praktikablen Wegen, diese Arbeitszeiteinsparungen zwingender mit der Freisetzung von Arbeitskräften bzw. der Einsparung von Arbeitsplätzen in den Wirtschaftseinheiten zu verbinden. Die Arbeit mit solchen Vorgaben wird an Bedeutung gewinnen. Es wäre von großem Nutzen, wenn gerade auf diesem Gebiet die wirtschaftswissenschaftliche Forschung tiefer in die Prozesse eindringen würde und zu Schlußfolgerungen für die Weiterentwicklung der staatlichen Leitung und Planung käme.

Zum dritten schließlich wurde 1977 damit begonnen, im Staatsplan Wissenschaft und Technik zur *langfristigen Planung in sich geschlossener komplexer Neuerungsprozesse überzugehen.* Dabei handelt es sich gewissermaßen um Flächenziele der wissenschaftlich-technischen Politik. Ausgehend von der komplexen volkswirtschaftlichen Problemstellung wird die wissenschaftlich-technische Forschung bis zur Überleitung einschließlich der dazu notwendigen Investitionen so geplant, daß der *Gesamtprozeß über den gesamten Bearbeitungszeitraum, über die Grenzen der Industriezweige hinweg und in seiner inneren Vernetzung der beteiligten wissenschaftlichen Disziplinen erfaßt ist.*

Dieser Weg der Staatsaufträge zur komplexen Leitung und umfassenden Lösung volkswirtschaftlich entscheidender Probleme auf Spitzenniveau bestimmt bereits 1978 in gewissem Maße den Staatsplan Wissenschaft und Technik und wird mit dem Plan 1979 weiter ausgebaut. Solche Staatsaufträge zielen auf die Entwicklung und breite Anwendung moderner Technologien, die Verbesserung von Zulieferungen, die Nutzung einheimischer Rohstoffe, die höhere Verarbeitung von Rohstoffen und die Senkung volkswirtschaftlich wichtiger Materialien, die Erschließung neuer Energiequellen und die Senkung des Energieverbrauchs.

Jeder Kenner der Materie wird verstehen, daß dieser qualitative Schritt in der zentralen Planung des wissenschaftlich-technischen Fortschritts eine sehr komplizierte Aufgabe ist. Wir haben damit begonnen. Die bisherigen Erfahrungen zeigen, daß dieser Weg mit großem Nutzen gangbar ist, und sie ermutigen uns, ihn weiter zu beschreiten.

Diese hier skizzierte Weiterentwicklung der zentralen Planung von Wissenschaft und Technik wird zugleich dazu führen, den Einfluß des Staatsplanes Wissenschaft und Technik auf das gesamte Forschungs- und Entwicklungspotential wesentlich zu verstärken. Es wird erreicht werden, daß die gesamte wissenschaftlich-technische Politik in allen Betrieben und Kombinaten immer nachhaltiger durch Richtung und Niveauanforderungen des Staatsplanes positiv beeinflußt wird.

Diese Linie der Qualifizierung der *zentralen staatlichen Leitung und Planung von Wissenschaft und Technik* entspricht den Beschlüssen der Partei und wird konsequent weitergeführt.

Zweitens: Die zweite grundlegende Aufgabe der Qualifizierung der Leitung und Planung von Forschung und Technik besteht darin, *das gesamte wissenschaftlich-technische Potential auf höhere Leistungen einzustellen,* das schöpferische Niveau der wissenschaftlich-technischen Arbeit durch höhere Anforderungen generell zu erhöhen.

1977 wurde insgesamt die beste Planerfüllung der Pläne Wissenschaft und Technik der Kombinate und Betriebe seit Jahren erreicht. Diese positive Tendenz setzte sich im I. Quartal 1978 weiter fort. Die höhere Qualität der Leitung und Planung setzt uns heute in die Lage, qualitative Aussagen zum Niveau der Zielstellungen und Lösungen der Pläne Wissenschaft und Technik zu treffen und die erforderlichen Schlußfolgerungen differenziert zu ziehen.

Eine gründliche Analyse des erreichten Standes zeigt u. a., daß die Möglichkeiten für Fortschritte in der Leistungsentwicklung einzelner Zweige, gemessen an den volkswirtschaftlichen Erfordernissen, noch wirkungsvoller genutzt werden können. Die Betriebe und Kombinate, die seit Jahren den Hauptbeitrag zur Leistungsentwicklung der Volkswirtschaft leisten, bauen ihre Positionen weiter aus und werden immer spürbarer zu Schrittmachern des wissenschaftlich-technischen Fortschritts.

Andere Zweige und Betriebe entwickeln sich positiv, jedoch kann das Tempo – insbesondere bei einigen Zulieferzweigen – noch spürbar erhöht werden. Bei einigen Zweigen ist es besonders dringlich, schon vom Plan her noch anspruchsvollere staatliche Zielstellungen für die beschleunigte Effektivitäts- und Qualitätsentwicklung vorzugeben. Das gilt insbesondere dort, wo ein noch zu hoher Teil der Aufgaben der betrieblichen Pläne Wissenschaft und Technik mit Zielstellungen bearbeitet wird, die nicht auf den Weltstand orientieren. Häufig finden wir dort zugleich zu niedrige Erfindungsergiebigkeit und eine unzureichende Aufmerksamkeit für die Verbesserung der Technologien und Verfahren.

Genosse Erich Honecker hat die Erfahrung betont, daß die Kollektive besser zurecht kommen, in denen seit langem eine zielstrebige wissenschaftlich-technische Arbeit geleistet wird.

Die Fortschritte sind in der Tat in den Kombinaten und Betrieben am größten, in denen

– die wissenschaftlich-technische Arbeit vollständig auf die Stärkung der Leistungskraft konzentriert ist,

– die Leiter ihre persönliche Verantwortung dafür wahrnehmen, daß den Aufgaben von Forschung und Technik anspruchsvolle Ziele zugrunde liegen,

– alles unternommen wird, die Atmosphäre des Schöpfertums, des Ideenreichtums, der Kampfbereitschaft zu fördern und jeder Selbstüberschätzung und Versuchen entgegengetreten wird, dem internationalen Vergleich auszuweichen und in denen eine straffe *inhaltliche* Kontrolle der Leistungsziele der Pläne Wissenschaft und Technik erfolgt, die Raum bietet für eigenverantwortliche Entscheidungen im Sinne höherer Effektivität.

In der politischen Führungstätigkeit kommt es überhaupt darauf an, die Kollektive zu ermutigen, neue Wege zu gehen und ehrgeizig nach den effektivitätswirksamsten Varianten zu suchen, erfinderische Lösungen zu erarbeiten. Wer sich hohe Ziele stellt, muß stark gefördert werden. Mut zum Risiko ist hundertmal wertvoller als unschöpferische Selbstzufriedenheit.

Im Jahre 1977 sind durch die Parteiführung und die Regierung auf der Basis gründlicher Analysen bedeutende Beschlüsse gefaßt worden, in denen die fortgeschrittensten Erfahrungen auf hohem theoretischem Niveau verallgemeinert sind und die daher große praktische Bedeutung für die Führungstätigkeit besitzen. Ich hebe hier u. a. die Anordnung über die Pflichtenhefte hervor, die die verbindliche Konsequenz aus der Tatsache zieht, daß die Ziel- und Aufgabenstellung für die Forschung zur Kernfrage weitsichtiger, leistungsorientierter sozialistischer Leitungstätigkeit geworden ist. Der Beschluß zur Verstärkung der technologischen Forschung zielt ganz konkret auf eine wesentlich intensivere Arbeit auf diesem Gebiet. Mit den Beschlüssen über die Stärkung des F/E-Potentials, den Maßnahmen und prinzipiellen Schlußfolgerungen für die Leitung und Planung der vorrangigen materiell-technischen Sicherung der Anwendung von Forschungs- und Entwicklungsergebnissen werden weitere wichtige Voraussetzungen für die Beschleunigung des wissenschaftlich-technischen Fortschritts geschaffen.

Die festgelegten Maßnahmen zur persönlichen materiellen Stimulierung der Beschäftigten in der Forschung und Entwicklung bieten den Leitern größere Möglichkeiten, ihre Verantwortung an der Spitze des Kampfes um den wissenschaftlich-technischen Fortschritt besser wahrzunehmen.

Von besonderer Bedeutung sind die kürzlich veröffentlichten Maßnahmen zur Förderung der Erfinder. Durch ihre unverfälschte Anwendung muß überall erreicht werden, daß die Erfindertätigkeit gesellschaftlich hoch anerkannt wird.

Beschlüsse zur Überprüfung der Standards, über die Anforderungen an „Betriebe der ausgezeichneten Qualitätsarbeit" und über die industrielle Formgestaltung u. a. m. runden das Bild. Durch alle diese Schritte zieht sich wie ein roter Faden die systematische Weiterentwicklung der Leitung und Planung von Forschung und Technik entsprechend den sich verändernden Bedingungen.

Drittens: Gemeinsam mit der Staatlichen Plankommission wird noch eine umfangreiche Arbeit zu leisten sein, um Wege zu finden, die gewährleisten, daß vorliegende bzw. geplante volkswirtschaftlich effektive Lösungen rasch und in der möglichen volkswirtschaftlichen Breite für die umfassende Rationalisierung nutzbar gemacht werden.

Zweifellos ist das mit wichtigen neuen Schritten der volkswirtschaftlichen Planung der Rationalisierung verbunden. Umfassende Rationalisierung bedarf des weitreichenden wissenschaftlich-technischen Vorlaufs bis in die Grundlagenforschung ebenso, wie der langfristigen Planung der notwendigen materiellen und anderen Bedingungen.

Der Weg führt ganz eindeutig zur engen Verzahnung zwischen der Planung von Forschung und Technik, der Planung der Rationalisierung und der Planung der Realisierung modernster Lösungen in der Volkswirtschaft und in jedem Betrieb in ihrer Einheit.

Genosse Honecker hat in seiner Rede vor den 1. Kreissekretären ganz klar folgendes gesagt:

„Wissenschaft und Produktion wirksam zu verbinden, verlangt, wissenschaftlich-technische Ergebnisse rasch und umsichtig in volkswirtschaftlichen Maßstäben einzusetzen. Bisher blieben jedes Jahr nicht wenige Forschungsresultate von Bedeutung ungenutzt, weil materielle Voraussetzungen dafür fehlten. Doch solche Voraussetzungen heißt es mit Vorrang zu schaffen, solche Investitionen mit Vorrang zu sichern. Unsere Parteiorganisationen sollten darauf aufmerksam achten."[2]

Aus dieser auch in ihrer ideologischen Rückwirkung auf unsere wissenschaftlich-technischen Kader außerordentlich bedeutsamen Forderung wurden eine Reihe Festlegungen abgeleitet, die uns weiter voranbringen werden.

In diesen drei Hauptlinien wird sich die weitere Qualifizierung der Leitung und Planung des wissenschaftlich-technischen Fortschritts vollziehen. Alle Möglichkeiten auszuschöpfen, erfordert, auch in der wirtschaftswissenschaftlichen Forschung bedeutende Ergebnisse zu erarbeiten, die wirksam dazu beitragen, diesen Weg noch rascher und sicherer weiter zu gehen.

Ich bin überzeugt davon, daß von dieser Konferenz dafür wichtige Impulse ausgehen werden.

[2] Ebenda.

J. Oelschlägel

Zur Rolle der sozialistischen Rationalisierung und ihrer Wirkung auf die Steigerung der Arbeitsproduktivität

Das hier zur Beratung stehende Thema stellt auch für unsere Arbeit in der Staatlichen Plankommission die Kernfrage dar, um die uns von der Partei gestellten Aufgaben zur Ausarbeitung anspruchsvoller und realer Pläne, die die kontinuierliche Verwirklichung der Hauptaufgabe sichern, erfolgreich durchführen zu können.

Bekanntlich wurde in der Volkswirtschaft der DDR insbesondere seit dem VIII. Parteitag der SED von Jahr zu Jahr mit einem durchschnittlichen jährlichen Wachstum von mehr als 5 Prozent eine kontinuierliche Steigerung der Arbeitsproduktivität erreicht. Das war und ist eine der entscheidendsten Voraussetzungen, um jene Potenzen zur Wirkung zu bringen, mit denen die Wirtschafts- und Sozialpolitik unserer Partei mit Erfolg verwirklicht wird.

Auch für das Jahr 1978 ist im Volkswirtschaftsplan eine Steigerung der Arbeitsproduktivität in der Industrie in der bisherigen Größenordnung vorgesehen. Alle unsere volkswirtschaftlichen Rechnungen, mit denen wir die Pläne für die Jahre 1979, 1980 und den Fünfjahrplan 1981–1985 vorbereiten, bestätigen erneut, daß eine weitere kontinuierliche Entwicklung der Arbeitsproduktivität nicht nur notwendig, sondern auch möglich und real ist. Über die Notwendigkeit der weiteren ständigen Steigerung der Arbeitsproduktivität gibt es ohnehin wenig Diskussionen. Die Hauptfrage, die uns in unserer Arbeit und die auch die heutige Konferenz bewegt, ist: Welche Wege müssen wir gehen und welche Faktoren sind wirksam zu machen, um die Triebkräfte und Vorzüge unserer sozialistischen Ordnung zur Steigerung der Arbeitsproduktivität noch besser zu nutzen.

In diesem Zusammenhang möchte ich zum Ausdruck bringen, daß wir das Referat und die der Konferenz vorgelegten Thesen nicht nur vom Standpunkt einer brennenden theoretischen Frage betrachten, sondern daß dies zugleich die entscheidende praktische Problematik unserer tagtäglichen Arbeit ist, für deren Qualifizierung wir aus den Materialien und Darlegungen der Konferenz wertvolle Schlüsse ziehen können.

Aus dem sehr umfangreichen Problemkreis, der das Thema der Konferenz umschließt, und aus den Erfahrungen unserer Arbeit möchte ich eine Frage herausgreifen, zu der ich hier im Plenum unserer Konferenz etwas sagen möchte: Nämlich zur Rolle der sozialistischen Rationalisierung und ihrer Wirkung auf die Steigerung der Arbeitsproduktivität.

Wir gehen bei unserer Arbeit davon aus, und das hat Genosse Erich Honecker in seiner Rede vor den 1. Sekretären der Kreisleitungen hervorgehoben, daß das gegenwärtig erreichte Niveau der Rationalisierung in unserer Volkswirtschaft noch nicht den volkswirtschaftlichen Erfordernissen und Möglichkeiten entspricht. Unsere Analyse besagt, daß sich in der Volkswirtschaft insgesamt und in einer Reihe von Bereichen, Kombinaten und Betrieben in den letzten Jahren der Prozeß der Rationalisierung vertiefte, aber eine durchgreifende Rationalisierung als eine der Voraussetzungen für ein Höchstmaß an Effektivität und Qualität der Arbeit noch nicht überall erreicht wurde.

Die Rationalisierung umschließt eine weite Aufgabenstellung, die die gute Organisation der Arbeit ebenso wie die Sicherung der Kontinuität der Produktion, die sinnvolle Arbeitsplatzgestaltung, die Einführung neuer Technologien und automatisierter Ausrüstungen, die Rekonstruktion und bessere Auslastung der vorhandenen Grundfonds, die Materialökonomie und die Verbesserung der Arbeits- und Lebensbedingungen umfaßt. Das Problem liegt also in der Komplexität, im Zusammenwirken zwischen Arbeitskräften, Arbeitsmitteln und Arbeitsgegenständen unter dem Gesichtspunkt der maximalen Einsparung von lebendiger und vergegenständlichter Arbeit auf allen Ebenen der Volkswirtschaft.

Unter diesem Gesichtspunkt durchgeführte Berechnungen zeigen, welche Möglichkeiten vorhanden sind, um eine neue Stufe der Rationalisierung zu verwirklichen und damit die qualitativen Wachstumsfaktoren der Volkswirtschaft noch stärker zur Wirkung zu bringen.

Ein Hauptfeld der umfassenden Rationalisierung ist die verstärkte Mechanisierung und Automatisierung der Transport-, Umschlags- und Lagerprozesse zur beschleunigten Steigerung der Arbeitsproduktivität in diesen Bereichen. Bisherige Rechnungen gehen davon aus, den Mechanisierungsgrad in diesen Prozessen von gegenwärtig 42 % bis 1980 auf 50 % und auf 60 % bis 65 % bis 1985 zu erhöhen.

Ähnliche Möglichkeiten der Steigerung der Arbeitsproduktivität sehen wir in einer konsequenten Rationalisierung und Mechanisierung der Instandhaltungsprozesse. Diese Bereiche, die gegenwärtig etwa jeden sechsten Produktionsarbeiter binden und einen Mechanisierungsgrad von ca. 40% aufweisen, müssen durch die Anwendung neuer Technologien, durch Erhöhung der Qualität und Zuverlässigkeit der Maschinen und Anlagen sowie durch verstärkte Aussonderungen veralteter Technik qualitativ verändert werden. Die bisherigen Vorstellungen gehen dahin, den Mechanisierungsgrad der Reparaturarbeiten in den nächsten 7 bis 8 Jahren auf 55 % zu erhöhen.

Rationalisierung betrifft aber nicht nur die Produktions-, Hilfs- und Nebenprozesse. Auch in den Produktionshauptprozessen gibt es umfassende Möglichkeiten, durch Mechanisierung und Automatisierung Arbeitskräfte freizusetzen und Arbeitsplätze einzusparen. Im Zusammenhang mit der Realisierung hochproduktiver Technologien und Verfahren, dem Übergang zur Fließfertigung, der Einsparung von Prozeßstufen sowie der Erneuerung und Rekonstruktion ganzer Betriebe und Betriebsabteilungen wird für real gehalten, den Mechanisierungsgrad der Arbeit in den Produktionsprozessen der Industrie von gegenwärtig 67,4 % auf etwa 70 % im Jahre 1980 und 75 % im Jahr 1985 zu erhöhen.

Auch in den Handhabungs- und Montageprozessen, um ein letztes Beispiel zu nennen, sind durch die Anwendung der Manipulator- und Industrierobotertechnik weitreichende Möglichkeiten zur Rationalisierung dieser Prozesse gegeben. Nach bisheriger Einschätzung können in den nächsten Jahren durch den Einsatz solcher Geräte in der Volkswirtschaft 4000 bis 5000 Arbeitsplätze und 8000 bis 10000 Arbeitskräfte bei den Handhabungs- und Montageprozessen eingespart werden.

Die Rationalisierung zur Einsparung von Arbeitskräften und Arbeitsplätzen ist nicht nur eine objektive Notwendigkeit des vollständigen Übergangs zur intensiv erweiterten Reproduktion, sondern ihre Notwendigkeit wird auch unterstrichen durch unsere Berechnungen zur Entwicklung des gesellschaftlichen Arbeitsvermögens.

Der Zuwachs der Anzahl der Berufstätigen beträgt im Fünfjahrplan 1976 bis 1980 320 000 Arbeitskräfte, darunter in den materiellen Bereichen 185 000 Personen. Für den Zeitraum 1981 bis 1985 wird es demgegenüber notwendig sein, mit einem geringeren Zuwachs an Berufstätigen im Bereich der materiellen Produktion einen wesentlich höheren Zuwachs der Leistungen zu sichern. Insgesamt geht der Anteil der Berufstätigen in der materiellen Produktion von 78% im Jahre 1970 auf 75% 1985 zurück. Diese Tatsachen unterstreichen die Notwendigkeit, daß die Arbeitsproduktivität je Zeiteinheit und Produktionsarbeiter schneller wachsen muß als die Arbeitsproduktivität je Beschäftigten und in einem zunehmenden Maße auch schneller als die Warenproduktion. Hiervon ausgehend müssen wir an die Erschließung der Reserven herangehen.

Die Berechnung und Aufdeckung dieser Reserven und Möglichkeiten der sozialistischen Rationalisierung in größeren Dimensionen ist natürlich nur die eine Seite. Wir beschäftigen uns gegenwärtig mit der Frage, wie diese volkswirtschaftlichen Komplexe der Rationalisierung mit den Plänen abgesichert werden können. Um den ganzen Organismus der Leitung und Planung der Volkswirtschaft auf solche Ziele einzustellen, ist es offensichtlich notwendig, der Frage der Proportionalität und Komplexität der Planung eine größere Aufmerksamkeit zu schenken.

Wir stimmen völlig mit der Feststellung in den Thesen überein, daß das komplexe Zusammenwirken aller Elemente der einfachen und erweiterten Reproduktion und die Sicherung effektiver Proportionen in der Volkswirtschaft sich immer stärker als entscheidende Voraussetzung für die Nutzung der Faktoren der Steigerung der Arbeitsproduktivität erweisen.

Um die Rationalisierung in volkswirtschaftlichen Komplexen durchsetzen zu können, müssen solche Fragen der Proportionalität gelöst werden wie

– die Übereinstimmung der Forschung und Entwicklung neuer Erzeugnisse mit der Technologieforschung in den Plänen Wissenschaft und Technik und den Plänen der Überleitung,

– die Übereinstimmung zwischen den geplanten Rationalisierungsmaßnahmen und einer termin- und sortimentsgerechten Bereitstellung von Ausrüstungen für die Rationalisierung in der Volkswirtschaft und auch durch die Abteilung Rationalisierungsmittelbau der Betriebe und Kombinate.

Es wird dabei immer offensichtlicher, daß die materielle Absicherung der Rationalisierung eine Kernfrage der Durchsetzung der von der SED gestellten Aufgaben auf diesem Gebiet ist. Das gilt auch für die Proportionalität innerhalb der Verwendung der Akkumulation für Rationalisierung, Rekonstruktion, Erweiterung und Neuinvestitionen und ihre Verflechtungen zu den anderen Teilen und Bilanzen des Planes.

Insgesamt sind dies zahlreiche, den gesamten Reproduktionsprozeß betreffende Verflechtungen, die planmäßig durchgesetzt werden müssen, um die Rationalisierung auf einer neuen Stufe zur volkswirtschaftlichen Realität werden zu lassen.

In unseren Diskussionen haben wir in den letzten Wochen immer stärker erkannt, daß die Rationalisierung in dem von der Parteiführung geforderten Stil nicht nur Hauptbestandteil der Planung und Plandurchführung in den Kombinaten und Betrieben sein muß, sondern daß diese Prozesse in der Leitung und Planung und Bilanzierung aller Ebenen insbesondere auch in den Direktiven und materiellen Proportionen des zentralen Planes stärker ihren konkreten kontrollfähigen Niederschlag finden müssen.

Unter diesem Gesichtspunkt haben wir den Auftrag erhalten, bereits beginnend mit dem Volkswirtschaftsplan 1979 einen *Staatsplan Sozialistische Rationalisierung* zu erarbeiten, der die volkswirtschaftlichen Rationalisierungsschwerpunkte, ihre konkreten Objekte, die Termine der Einführung, die materielle Sicherung sowie die zu erreichenden volkswirtschaftlichen Effekte verbindlich festlegt. Bei dem neuen Staatsplan Rationalisierung geht es nicht in erster Linie um die Schaffung eines neuen Planteils. Bekantlich haben wir auch bisher die Rationalisierung in den Plänen verankert.

Seit dem Jahre 1974 wird die Rationalisierung auf der Grundlage der zentralen Rationalisierungsdirektive mit 14 staatlichen Plankennziffern bis in die Betriebe beauflagt. Die Analyse zeigt aber, daß die bisherigen Ergebnisse sehr unterschiedlich sind und die bisherigen Methoden der Leitung und Planung nicht ausreichen, die neuen Maßstäbe zu erfüllen, die Genosse Erich Honecker in seinem Referat vor den 1. Kreissekretären gesetzt hat.

Die inhaltlichen Schwerpunkte des Staatsplanes Rationalisierung und seiner Vorbereitung liegen in einer gründlichen volkswirtschaftlichen Berechnung der Effektivität der Rationalisierung, in der daraus abzuleitenden Rang- und Reihenfolge ihrer Realisierung und des Einsatzes der Kräfte und Mittel, in der Herausarbeitung von Schlußfolgerungen für die Gestaltung der materiellen Proportionen und der Struktur der Volkswirtschaft sowie in der konkreten Sicherung der materiellen Mittel für die Durchführung der Rationalisierungsmaßnahmen.

Mit diesem Plan soll zielgerichtet Einfluß genommen werden auf

– die Überführung und Anwendung *grundsätzlich neuer und weiterentwickelter Technologien und Verfahren mit großer Breitenwirkung* sowie die komplexe Rationalisierung durchgängiger technologischer Prozesse mit dem Ziel der Reduzierung von Prozeßstufen und Freisetzung von Arbeitsplätzen und -kräften;

– *die Erneuerung, Modernisierung und Rekonstruktion ganzer Betriebe, Betriebsabschnitte und Produktionsbereiche* mit dem Ziel, durch verstärkte Mechanisierung und Automatisierung die Leistungsfähigkeit zu erhöhen;

– die Einsparung von Arbeitsplätzen und Freisetzung von Arbeitskräften.

Das Neue im Staatsplan Rationalisierung besteht darin, daß die Maßnahmen der sozialistischen Rationalisierung von gesamtvolkswirtschaftlicher Größenordnung in ihrer Bedeutung den Staatsaufträgen für Wissenschaft und Technik gleichgestellt werden. Ihre Realisierung wird unter zentrale Kontrolle gestellt. Mit dem Staatsplan Rationalisierung werden alle Maßnahmen der sozialistischen Rationalisierung von volkswirtschaftlicher Bedeutung kontrollfähig zusammengefaßt und den Ministerien, Betrieben und Kombinaten beauflagt.

Wir spüren gegenwärtig in unserer Arbeit, daß die Ausarbeitung eines solchen Planteils ein Prozeß des Eindringens in die konkreten Vorgänge der Intensivierung der Volkswirtschaft ist, wobei man sich immer davon leiten lassen muß, die Hauptfaktoren der Steigerung der Arbeitsproduktivität in ihrer Komplexität wirksam zu machen.

Bei der Realisierung dieser komplizierten Aufgaben muß sich das schöpferische Zusammenwirken der Wissenschaftler, Techniker, Ingenieure, Ökonomen und Wirtschaftswissenschaftler immer wieder aufs neue erweisen. Die erfolgreiche gemeinsame Meisterung dieser Prozesse ist ein wichtiges Element zum vollständigen Übergang unserer Volkswirtschaft auf die intensiv erweiterte Reproduktion, von dem Genosse Erich Honecker sagt, daß er keinesfalls einfacher zu lösen ist, als die Schaffung der sozialistischen Planwirtschaft es war.

Gestatten Sie mir, abschließend die Überzeugung zum Ausdruck zu bringen, daß die gemeinsame Arbeit von Wissenschaftlern und Praktikern der DDR auch in Zukunft unmittelbar zur Förderung der Triebkräfte des volkswirtschaftlichen Wachstums und der Steigerung der Arbeitsproduktivität beitragen wird, um die Initiative der Werktätigen zur allseitigen Erfüllung unserer Pläne zu mobilisieren.

J. Hemmerling

Erfindungen – eine wichtige Quelle höherer Effektivität, Qualität und Produktivität

In seiner bedeutsamen Rede vor den 1. Sekretären der Kreisleitungen unserer Partei sagte der Generalsekretär, Genosse Erich Honecker: „In einem modernen sozialistischen Industriestaat, wie es die Deutsche Demokratische Republik ist, fließt ökonomisches Wachstum vor allem aus der Schöpferkraft der Arbeiter und Genossenschaftsbauern, der Wissenschaftler und Techniker und aller anderen Werktätigen, aus dem geistigen Potential unseres Volkes."

Getragen von dieser Erkenntnis, haben das Politbüro des Zentralkomitees der SED und der Ministerrat bedeutsame Festlegungen zur Förderung der Erfindertätigkeit getroffen. Unter den veränderten Reproduktionsbedingungen unserer Volkswirtschaft ist es zwingend notwendig, einen höheren Anteil des erfinderischen Schaffens für die Erfüllung der Pläne Wissenschaft und Technik zu sichern.

Die Ergebnisse unserer wirtschaftlichen Entwicklung, auch die Erfahrungen der UdSSR und der anderen sozialistischen Länder zeigen, daß Erfindungen immer mehr zu einer wesentlichen Bedingung, zu einer Quelle für die Erhöhung der gesellschaftlichen Wirksamkeit von Wissenschaft und Technik werden. Das ergibt sich vor allem aus folgendem:

Erstens: Im Leben der Gesellschaft hat sich nicht nur die qualitative Rolle des wissenschaftlich-technischen Fortschritts gewandelt; es vollzieht sich zugleich ein Integrations- und Differenzierungsprozeß unter den *einzelnen Faktoren,* die die ökonomische und soziale Wirksamkeit von Wissenschaft und Technik maßgeblich bestimmen. Unter diesen Faktoren erlangen Erfindungen – als Ausdruck höchsten technischen Schöpfertums und damit als qualitative Komponente bei der Steigerung der Arbeitsproduktivität – zunehmendes wirtschaftspolitisches Gewicht. Wir beziehen diese Feststellung sowohl auf den Erkenntnisgewinn für den Vorlauf zu *qualitativen Neuerungsprozessen* als auch auf die Rationalisierung des Vorhandenen, auf die Einheit von qualitativer und quantitativer Entwicklung des wissenschaftlich-technischen Fortschritts.

Erfindungen haben vor allem deshalb einen besonderen Einfluß auf die gesellschaftliche Wirksamheit von Wissenschaft und Technik, weil sie auf Grund ihrer Gültigkeit für längere Zeiträume des wissenschaftlich-technischen Fortschritts, also auf Grund ihrer besonderen Qualität – der internationalen Neuheit und ihrer technisch fortschrittlichen Wirkung – im Unterschied zu anderen Forschungs- und Entwicklungsleistungen in besonderem Maße zur Erhöhung der Leistungsfähigkeit der materiell-technischen Basis sowie zur Sicherung eines langfristig stabilen wirtschaftlichen Wachstums beitragen. Es läßt sich – wohl erwogen – auch so formulieren: Zunehmend werden Erfindungen zu einer wichtigen Voraussetzung für eine höhere Effektivität des Potentials in Forschung und Entwicklung, für eine intensive Grundfondserneuerung sowie für effektive Technologien und Verfahren. Nicht selten sind sie selbst das wesensbestimmende Merkmal neuer Produktionsinstrumente, Technologien und Verfahren.

Zweitens: Eine noch intensivere Nutzung der in der DDR vorhandenen Rohstoff- und Energieressourcen, aber auch die Belastbarkeit der natürlichen Reproduktionsbedingungen erfordern objektiv, *prinzipiell* neue Wege in der Forschung und Entwicklung zu gehen. Zwangsläufig ist das mit der Konsequenz verbunden, in geistig schöpferischer Arbeit solche Ergebnisse anzustreben, die über den in der Welt bekannten Stand der Technik wesentlich hinausgehen und ein hohes erfinderisches Niveau aufweisen. Insofern werden Erfindungen auch zu einer wichtigen Bedingung für eine höhere Stufe in der Rohstoff- und Materialökonomie unserer Volkswirtschaft.

Drittens: Ein hoher Anteil erfinderischer Leistungen am wissenschaftlich-technischen Vorlauf sowie eine schnelle Überleitung und umfassende Nutzung von Erfindungen bestimmen immer mehr die optimale Gestaltung effektiver Produktionszyklen, die Weltmarktfähigkeit der Erzeugnisse und damit auch die Effektivität des Außenhandels.

Es kommt hinzu, daß Erfindungen selbst Voraussetzung sind für eine offensive Patentstrategie, um durch den Erwerb von Patenten unser Wirtschaftswachstum vor Angriffen kapitalistischer Konzerne schützen und rechtlich günstige Positionen für den Export von Erzeugnissen und von wissenschaftlich-technischen Ergebnissen schaffen zu können. Das spielt unter den Bedingungen der Internationalisierung der kapitalistischen Patentsysteme sowie der Konzentration und Vergrößerung patentpolitischer Potentiale in den Händen der Monopole eine besondere Rolle.

Man kann zusammenfassen: Bei der Förderung der Erfindertätigkeit geht es nicht nur darum, eine zusätzliche, eine ergänzende Quelle oder Reserve für unser weiteres wirtschaftliches Wachstum zu erschließen. Es kommt vor allem darauf an, dem objektiven Erfordernis nach Erhöhung des Niveaus der Leistungen von Wissenschaft und Technik Rechnung zu tragen und die weitere Entfaltung des Schöpfertums der Erfinder konsequent in die strategische Aufgabe einzuordnen, die Effektivität der wissenschaftlich-technischen Arbeit schneller zu erhöhen als das Wissenschaftspotential. Es geht darum, einen ständigen Vorrat an progressiven erfinderischen Vorschlägen für einen breiteren Spielraum bei der Auswahl der volkswirtschaftlich günstigsten Varianten des wissenschaftlich-technischen Fortschritts zu gewährleisten und zugleich das erfinderische Schöpfertum zielgerichtet herauszufordern.

Von welchem Stand der Erfindertätigkeit in unserer Volkswirtschaft können wir ausgehen?

Viele Beispiel beweisen, daß Erfinder auf einer Reihe technischer Gebiete und in einer großen Anzahl von Kombinaten und Forschungseinrichtungen bedeutsame schöpferische Leistungen zur Stärkung unserer Volkswirtschaft vollbracht haben.

Es ist international bemerkenswert, daß 77% der von unseren Kombinaten und Forschungseinrichtungen zum Patent angemeldeten Erfindungen das Ergebnis geplanter Forschungs- und Entwicklungsarbeiten darstellen und daß rund 41 % der geschützten Erfindungen produktionswirksam sind.

Die technische Erneuerung und Vervollkommnung des Produktionsprozesses wird damit wirksam unterstützt, die Qualität der Erzeugnisse konnte beträchtlich verbessert und Exporte in das nichtsozialistische Wirtschaftsgebiet nachhaltig gefördert werden.

Diese positiven Ergebnisse bestimmen jedoch nicht durchgängig das Bild der Entwicklung. Und sie allein genügen auf keinen Fall, um den ökonomischen Anforderungen an unsere Volkswirtschaft jetzt und in der Zukunft gerecht zu werden.

Gegenwärtig überwiegen Erfindungen, die konstruktive, technische oder technologische Modifizierungen an sich bekannter Prinzipien darstellen und dem allgemeinen internationalen Trend entsprechen. Sie erhöhen die Betriebssicherheit, verringern den Apparate- und Energieaufwand, erhöhen den Umweltschutz, verbessern den

Arbeits- und Gesundheitsschutz. Was wir aber in genügender Zahl und mit genügendem Gewicht *außerdem* brauchen, das sind *prinzipiell* neue Lösungen und *grundlegende* Weiterentwicklungen der international angewendeten Technologien – und das vor allem auf den Gebieten, die für die Effektivitäts- und Produktivitätsentwicklung von besonderer Bedeutung sind, wo es um die weitere Ausprägung leistungsstarker, langfristig stabiler Produktions- und Exportlinien geht.

Die vorliegenden Erfindungen sind im allgemeinen punktuell auf die Lösung einzelner technischer Probleme gerichtet. Sie müssen stärker zusammenhängend auf die Erhöhung des technischen Niveaus der Erzeugnisse, der Verfahren und Technologien wirken.

Auf diese Weise werden besser die Vorteile des Patentschutzes für das Sichern und Erweitern von Marktpositionen sowie für das Durchsetzen günstiger Preise im Export genutzt. Die Erfahrungen lehren: Wer diese Zusammenhänge nicht beachtet, wer übersieht, daß Erfindungen gewissermaßen katalytisch auf die Effektivität der Arbeit und die Qualität der Erzeugnisse wirken, der läuft Gefahr, daß sich bei ihm rückläufige Exportfähigkeit, sinkende Devisenrentabilität, Markteinschränkungen oder gar -verluste einstellen.

Vor welchen Aufgaben stehen wir?

Erstens ist es erforderlich, das erfinderisch wirksame Kaderpotential entschieden zu verbreitern. Das Ziel besteht darin, für ein schnelleres Wachstum des Anteils von Forschungs- und Entwicklungsergebnissen mit erfinderischem Niveau zu sorgen, um eine größere Breitenwirksamkeit des wissenschaftlich-technischen Fortschritts in bezug auf eine intensivere Nutzung des vorhandenen materiell-technischen Potentials zu erreichen.

Zweitens kommt es darauf an, das Hervorbringen und Nutzen von prinzipiell neuen Erfindungen mit höchstem schöpferischem Niveau für grundlegende Erneuerungen in der materiell-technischen Basis der Volkswirtschaft zu fördern – und zwar nicht irgendwo, sondern auf ökonomisch begründeten, genau definierten Gebieten, wie sie vor allem in Staatsaufträgen und bei solchen Aufgaben erfaßt sind, zu denen in den Plänen weitere Ziele für wissenschaftlich-technische Spitzenleistungen vorgegeben wurden.

Drittens ist es erforderlich, mit den Plänen für eine schnelle Überleitung und umfassende Nutzung nicht nur der Erfindungen unserer Kombinate, Betriebe und Forschungseinrichtungen zu sorgen, sondern auch der erfinderischen Leistungen der UdSSR und der anderen Länder der sozialistischen Staatengemeinschaft.

Das Hervorbringen und Nutzen von Erfindungen darf also nirgends Privatsache sein, sondern muß auf allen Ebenen der Volkswirtschaft planmäßig und bewußt in den Dienst des gesellschaftlichen Fortschritts gestellt werden. Dazu sind noch eine Reihe theoretischer und praktischer Aufgaben zu lösen. Einige möchte ich hervorheben:

Die *Planung von Wissenschaft und Technik* ist so zu qualifizieren, daß ihr aktiver Einfluß auf das Hervorbringen von Leistungen mit erfinderischem Niveau wesentlich verstärkt wird. Auf den Gebieten, wo es volkswirtschaftlich notwendig ist, muß der Plan zwingend auf solche technischen Lösungen orientieren, die gegenüber dem internationalen Stand der Technik und seiner voraussichtlichen Entwicklung einen wesentlichen Erkenntnisfortschritt darstellen. Die Kompliziertheit der Aufgabe besteht darin, die *künftigen* Erfordernisse, die *künftigen* Bedingungen des Reproduktionsprozesses der Volkswirtschaft, des Kombinates oder des Betriebes in konkrete, wissenschaftlich-technische Ziele und Aufgaben für Forschung und Entwicklung umzusetzen.

Gegenwärtig stützen wir uns vor allem auf empirisch gesammelte Erfahrungen.

Wissenschaftlich ist zu untersuchen, welche Faktoren, Bedingungen und Voraussetzungen bei diesen Entscheidungsprozessen zu beachten sind, welche Rangfolge sie einnehmen und in welchem Zusammenhang sie zueinander stehen.

Es sind auch die Bedingungen dafür herangereift, staatlich zu organisieren, daß die neuesten wissenschaftlichen Erkenntnisse, vor allem die Ergebnisse der Erkundungsforschung, die Entdeckungen der UdSSR und anderer Länder regelmäßig dahingehend eingeschätzt werden, welche Möglichkeiten sich daraus für die Erarbeitung grundlegend neuer technischer Lösungen ergeben und welche Konsequenzen daraus für unsere Forschung und Entwicklung abzuleiten sind.

Hieraus ergeben sich einmal qualitativ neue Anforderungen an die Gestaltung der Zusammenarbeit zwischen den Industrieministerien und Kombinaten einerseits und der Akademie der Wissenschaften sowie den Einrichtungen des Ministeriums für Hoch- und Fachschulwesen andererseits. Zum anderen haben die Minister, die Generaldirektoren der Kombinate und VVB sowie die Leiter der Betriebe und naturwissenschaftlich-technischen Einrichtungen besonders die vorausschauende Arbeit zu qualifizieren und auf allen Leitungsebenen klare konzeptionelle Vorstellungen darüber zu schaffen, bei welchen Erzeugnissen, Verfahren und Technologien und wann *grundlegende* Erneuerungen erforderlich sind. Auf jeder Ebene ist eine konkrete Forschungsstrategie erforderlich.

Fundierte Erkenntnisgrundlagen über die voraussehbaren Entwicklungstendenzen der Technik und über die künftigen Maßstäbe des technisch-ökonomischen Niveaus der Produktion und der Erzeugnisse sind auch unerläßlich, um widerspruchsfrei aus den volkswirtschaftlichen Zielstellungen Vorgaben für die konkrete Erfindertätigkeit abzuleiten. Differenziert ist nach dem erforderlichen technischen Niveau der Leistungen festzulegen, ob die Schaffung *grundlegend* neuer *Gesamt*konzeptionen für Erzeugnisse und Verfahren erforderlich ist, oder ob zu einzelnen, konkret bestimmten Elementen, Baugruppen oder Verfahrensstufen international neue und fortschrittliche Erfindungen notwendig sind.

Man kann mit Recht sagen: Die Ausarbeitung der Pläne und Pflichtenhefte sowie die mit ihnen verbundenen Eröffnungs-, Zwischen- und Abschlußverteidigungen erweisen sich immer mehr als Hauptfeld für die Durchsetzung hoher Leistungsanforderungen in Forschung und Entwicklung. Dort muß auch durch die Leiter dafür gesorgt werden, daß Weltstandsvergleiche offen und ehrlich geführt werden und Erfindungen – so wie es die 7. Tagung des ZK der SED fordert – als ein Instrument der Leitung für die Bewertung des Niveaus der Ergebnisse aus Forschung und Entwicklung Anwendung finden. Die besondere Bedeutung dieses Leistungskriteriums ergibt sich vor allem daraus, daß Erfindungen ein reales und unbestechliches Bild über den Neuheitsgrad der Forschungs- und Entwicklungsleistungen vermitteln. Die genaue Kenntnis der Leiter über die erzielten Erfindungen und ihr Niveau gestattet darüber hinaus auch klare Aussagen über die schöpferischen Fähigkeiten der Kader, über die tatsächliche Nutzung ihres Leistungsvermögens und über ihr Verhalten im Prozeß schöpferischer Arbeit. All das sind nicht nur wichtige Faktoren für das frühzeitige Erkennen erfinderischer Talente, für eine optimale Zusammensetzung der Forscherkollektive und für einen rationellen Einsatz des Potentials. Sie sind auch ein wichtiges Instrument der politischen Arbeit im Kampf gegen Mittelmaß, gegen ein Herabsetzen der Niveauanforderungen und für die Förderung des Strebens nach wissenschaftlich-technischen Spitzenleistungen.

Die zunehmende Rolle der Erfindungen für die Erhöhung der ökonomischen und sozialen Wirksamkeit von Wissenschaft und Technik wirft auch die *Frage nach den*

Ansatzpunkten einer noch stärkeren ökonomischen Interessiertheit der Betriebskollektive am Hervorbringen und einer schnellen und umfassenden Nutzung von Erfindungen auf. Wichtig erscheint doch, die Betriebskollektive insbesondere mit Hilfe der Kategorien der wirtschaftlichen Rechnungsführung stärker unmittelbar materiell daran zu interessieren, Erfindungen in der Produktion zu nutzen und kontinuierlich den notwendigen wissenschaftlich-technischen Vorlauf auf diesem Niveau zu schaffen. In diesem Zusammenhang ist z. B. eine engere Verbindung der Ergebnisse der staatlichen Prüfung von Erfindungen mit der Erteilung des Gütezeichens „Q" zu erreichen, um das Interesse der Betriebskollektive an der Entwicklung und der Produktion von Erzeugnissen auf dem fortgeschrittenen internationalen Stand der Technik weiter zu erhöhen.

Es ist auch klar, daß die gestellten Forderungen zur Erhöhung des Niveaus und der Anzahl volkswirtschaftlich notwendiger Erfindungen und zu ihrer schnellen Überleitung und umfassenden Nutzung mit wesentlich höheren Anforderungen an die Initiative sowie den Leistungswillen und die Leistungsbereitschaft der Kader in Forschung und Entwicklung verbunden sind. Der Ingenieur, der Wissenschaftler muß Erfindungen von sich aus erreichen wollen, muß also besonders stark motiviert sein. Deshalb müssen in Forschung und Entwicklung auch all die Bedingungen geschaffen und genutzt werden, die diese Initiativen sowie entsprechende Denk- und Verhaltensweisen der Kader fördern. Es drängt sich daher die Frage auf, wie eine solch bewährte Methode der Förderung schöpferischer Arbeit – wie sie der sozialistische Wettbewerb bei uns ist – genutzt wird, um das erfinderische Schaffen zu entfalten und um das Erarbeiten von Erfindungen zunehmend stärker als eine Sache der Ehre und der politisch-moralischen Verantwortung sozialistischer Forscherpersönlichkeiten für die Beschleunigung des wissenschaftlich-technischen Fortschritts und die Stärkung der Leistungskraft unserer Wirtschaft auszuprägen.

Viele Wettbewerbskonzeptionen orientieren die Initiative der Werktätigen einseitig auf die *Überleitung* von Forschungs- und Entwicklungsergebnissen, nicht aber auf das *Hervorbringen* schöpferischer Lösungen. Es sind noch grundlegende Arbeiten vonnöten, um ausreichend gesicherte Erkenntnisse über das „Wie" der Führung des sozialistischen Wettbewerbes auf dem Gebiet von Wissenschaft und Technik und im besonderen der Erfindertätigkeit zu gewinnen, nicht zuletzt auf Grund der Besonderheiten in Forschung und Entwicklung, die bei der Wettbewerbsführung nicht übersehen werden dürfen.

Klar ist auf jeden Fall, daß Wettbewerbsatmosphäre auf dem Gebiet der Erfindertätigkeit nicht schlechthin mit der Einhaltung oder Unterbietung bestimmter Kennziffern zu entwickeln ist, sondern ideologische Arbeit und die Bereitschaft voraussetzt, international neue technische Lösungen als Leistungsmaßstäbe anzuerkennen, nach solchen Lösungen zu streben und sich mit ganzer Kraft für ihre Realisierung einzusetzen.

W. Biermann

Die Rolle und die Aufgaben des Leiters für die Mobilisierung der Ressourcen im Kombinat zur Steigerung der Arbeitsproduktivität

Eine der wesentlichsten Aufgaben des Leiters im Kombinat ist es, eine solche kontinuierliche Veränderung im Arbeitsprozeß herbeizuführen, wie sie *Karl Marx* bereits charakterisierte, „wodurch die zur Produktion einer Ware gesellschaftlich erheischte Arbeitszeit verkürzt wird, ein kleineres Quantum Arbeit also die Kraft erwirbt, ein größeres Quantum Gebrauchswert zu produzieren", das heißt, die stetige rasche Steigerung der Arbeitsproduktivität herbeizuführen und abzusichern. Dafür gilt es, alle Ressourcen in der lebendigen und vergegenständlichten Arbeit aufzuspüren und zu mobilisieren.

Ausgehend von der Zielstellung des IX. Parteitages der SED an unser Kombinat, die Arbeitsproduktivität von 1976 bis 1980 auf 143% zu steigern (mit Verpflichtungen im Gegenplan jetzt auf 148,3%), stellten auch die Arbeiter, Wissenschaftler und Ingenieure des VEB Carl Zeiss JENA unter den Bedingungen der vertieften Intensivierung die Durchsetzung der Schlüsselrolle von Wissenschaft und Technik in den Mittelpunkt ihrer Arbeit. Das betrifft sowohl die langfristigen Ziele als auch die Aufgaben zur täglichen Planerfüllung. Das Ziel unserer politisch-ideologischen Arbeit und in der Erreichung hoher ökonomischer Ergebnisse bestand und besteht darin, über diese rasche Durchsetzung der Schlüsselrolle von Wissenschaft und Technik in der Forschung und Entwicklung, in Produktion und Absatz eine wirksame Senkung

- der Entwicklungs-, Überleitungs- und Fertigungszeiten,
- der Energie- und Materialverbrauchsnormen

sowie eine Erhöhung der Grundfondsquote zu erreichen.

Bei gleichzeitiger Erhöhung der Gebrauchswerte und der Qualität der Erzeugnisse entsprechend den Markterfordernissen, galt es dadurch insgesamt die Arbeitsproduktivität (durchschnittlich erreichte Steigerungsrate des Kombinates Carl Zeiss 1976 und 1977: 10,4%) und Effektivität des Kombinates rasch und kontinuierlich im Sinne der Durchsetzung unseres sozialpolitischen Programms zu steigern.

Am Beispiel der Verkürzung der Entwicklungs- und Überleitungszeiten in unserem Kombinat – also der Tempobeschleunigung und damit Verkürzung des Weges von der Idee bis zur Realisierung – möchte ich darlegen, wie und welche Reserven mobilisiert wurden, um dadurch eine weitere Steigerung der Arbeitsproduktivität sowohl im Kombinat als auch beim Anwender zu erlangen.

Ausgehend von der politischen Motivierung der wissenschaftlich-technischen und organisatorischen Aufgaben wurde die politisch-ideologische Arbeit in der Leitungstätigkeit angefangen vom Forschungszentrum über die Betriebe bis zum Außenhandelsbetrieb nach folgenden Gesichtspunkten organisiert. Das zeigte sich darin, daß die Leiter und ihre Kollektive

1. *sich voll hinter die höheren Anforderungen von Wissenschaft und Technik stellen* und sich mit ihnen identifizieren (Zielstellungen z. B.: bis 1980 bei 80% der neu- und weiterentwickelten Erzeugnisse Weltstand zu erreichen und eine Erneuerungsrate von

67%; bis 1980 bei mindestens 80% der angewandten Technologien Weltstand hinsichtlich des Arbeitszeitaufwandes, des Material- und Energieeinsatzes zu erreichen und 70% der prüfpflichtigen Waren mit Gütezeichen „Q" zu produzieren);

2. *den fortgeschrittenen internationalen Stand zum Maßstab der eigenen Arbeit nehmen* (z. B. werden zu allen im Plan Wissenschaft und Technik enthaltenen Erzeugnisentwicklungen Weltstandsvergleiche erarbeitet; sie sind Bestandteil aller Verteidigungen von Arbeitsstufen. Die Objektivierung der Aussagen der Weltstandsvergleiche wird durch die Abstimmung im Erzeugnisgruppenfachausschuß mit der TKO, dem ASMW und den Hauptanwendern herbeigeführt);

3. *die sozialistische ökonomische Zusammenarbeit weiterentwickeln und vertiefen, speziell mit der Sowjetunion zur Erreichung von Spitzenleistungen* (z. B. die Aufgaben der sozialistischen ökonomischen Integration planwirksam machen, enge Zusammenarbeit mit der Akademie der Wissenschaften der UdSSR und sowjetischen Großbetrieben, wie sie in solchen Ergebnissen wie der Multispektralkamera MKF 6, dem Automatischen Bildanalysator Morphoquant (ABA-M), der Kristallzuchtanlage Newa-Saale zum Ausdruck kommen).

Darauf aufbauend, hat sich in unserem Kombinat folgende Arbeitsweise bewährt, die zur Verkürzung der Entwicklungs- und Überleitungszeiten für Erzeugnis- und Baugruppenentwicklungen von durchschnittlich 51 Monaten im Jahr 1975 auf durchschnittlich 30 Monate für alle 1978 neubeginnenden Themen führte.

Durch eine *komplexe Themenvorbereitung sowie die fundierte Aufgaben- und Zielstellung* zwischen den Leitern und Kollektiven des Forschungszentrums, der TKO, des ASMW, des Außenhandelsbetriebes, der Produktion und der Anwender wurde erreicht, daß im Pflichtenheft alle Aufgaben in einheitlicher Abstimmung und gemeinsamer Vorbereitung festgelegt sind.

Erstens wird die Aufgabe damit nicht nur aus der Sicht der Forschung bestimmt, sondern im Gesamtzusammenhang bis hin zum Absatz. Es gibt dadurch also eine klare wissenschaftlich-technische sowie hohe, aber reale ökonomische Zielstellung.

Zweitens hat das Forschungs- und Entwicklungskollektiv eine eindeutige inhaltliche, terminliche Aufgabenstellung.

Drittens werden auch die notwendigen Leistungen der anderen Partner festgelegt.

Ein weiterer Schwerpunkt, der vom Leiter durchzusetzen ist, liegt in der *Herstellung der Einheit zwischen Erzeugnis- und Verfahrensentwicklung und Investvorbereitung.*

Mit der Erarbeitung und Durchsetzung der Intensivierungskonzeption des Kombinates beginnend und der laufenden Präzisierung durch die Jahrespläne und Pflichtenhefte werden die Erzeugnis- und Querschnittsentwicklungsprogramme auf ihre technische Realisierung hin geprüft und untersetzt. Diese langfristig abgestimmte Einheit zwischen Erzeugnis- und Querschnittsentwicklung, technologischer Entwicklung und Investitionsentwicklung hat sich vor allem auch deshalb bewährt, weil dadurch die Möglichkeit der Konzentration auf Schwerpunkte für längere Sicht gegeben ist, größere Objekte in kurzer Zeit realisiert werden können und sich die geistigen sowie materiellen Potentiale nicht in alle Richtungen ohne hohe Effektivität verstreuen.

Bewährt und für unbedingt notwendig erwiesen hat sich auch die *Mitarbeit der Technologen in frühen Arbeitsstufen,* schon bei den A-Stufen, K1, K2 und K3. So erlangt die Technologie rechtzeitig völlige Klarheit über die künftige Realisierung und kann rechtzeitig notwendige Maschinen, die technologischen Prozesse, Abläufe und Entwicklungen absichern.

Schon in diesen *frühen Arbeitsstufen* der angewandten Forschung, der konstruktiven Entwicklung und Funktionssicherung muß durch die Leiter und ihre Kollektive ein *hohes Niveau der wissenschaftlich-technischen Lösungen sowie ein kompromißloser Nachweis* der Entwicklungsstufe K5 herbeigeführt werden. Das heißt so wenig Änderungen wie nur möglich; denn Änderungen bedeuten Verlust an lebendiger Arbeit, Zeit und Geld und wirken gegen die Steigerung der Arbeitsproduktivität sowohl in der Forschung als auch in der künftigen Produktion und können somit auch letztendlich zu Marktverlusten führen.

Deshalb gibt es auch keine Bestätigung bei Verteidigungen K5, in denen sich Auflagen zu Funktionsänderungen ergeben.

Von großer Bedeutung für die Zeitverkürzung der Entwicklungs- und Überleitungszeiten hat sich im Kombinat die *Überlappung von Arbeitsstufen und die Normierung der Dauer bestimmter Arbeitsabläufe* erwiesen.

Durch die Überlappung von Arbeitsstufen erreichten wir Zeitverkürzungen von 1 bis 1,5 Jahren.

Von Vorteil hat sich dabei gezeigt, daß bereits bei den Arbeitsstufen A2, A3 der angewandten Forschung (Labormusterbau und Erprobung) die Entwicklungsstufe K2 vorbereitet wird und damit auch der konstruktive Entwurf K2 bei A4 schon abgeschlossen ist.

Weiterhin wird eine Überlappung bei der Entwicklungsstufe K3 genutzt, indem schon ab diesem Zeitpunkt neben der Anfertigung der Zeichnungen für die Funktionsmuster die umfassende Nullserienvorbereitung (Arbeitspläne, Werkzeug- und Materialbeschaffung) beginnt.

Eine weitere Überlappung erzielen wir bei der Entwicklungsstufe K8. Hier wird parallel mit der Nullserie die Erstserie vorbereitet.

Die *Normierung der Dauer bestimmter Arbeitsabläufe,* festgelegt in der GD-Fristenordnung und detailliert untersetzt in der FE-Planung, trug ebenfalls wesentlich zum Gelingen der Verkürzung der Entwicklungs- und Überleitungszeiten auf durchschnittlich 30 Monate bei.

Ein weiterer Faktor in der Leitungstätigkeit war die *Intensivierung der Arbeitsprozesse in der Forschung und Entwicklung selbst,* wie z. B. der Einsatz der Rechentechnik an den Arbeitsplätzen der Entwickler und Konstrukteure und die künftige Einführung eines Musterarbeitsplatzes für Konstrukteure.

Wesentlicher Bestandteil zur Mobilisierung aller Ressourcen, zur vollen Entfaltung der schöpferischen Fähigkeiten der Arbeiter, Wissenschaftler, Ingenieure ist die richtige Auswahl und Anwendung der *Wettbewerbsformen und -methoden.* Bewährt haben sich die sozialistische Arbeitsgemeinschaft, die Bildung von Überleitungskollektiven und die Führung des Komplexwettbewerbs – einbezogen in den innerbetrieblichen Wettbewerb und den Leistungsvergleich der Betriebe –. Durch diese Wettbewerbsformen verbesserte sich die Zusammenarbeit zwischen den FE-Kollektiven und den Produktionskollektiven weiter. Die praktischen Erfahrungen unserer Arbeiter – eng gepaart mit dem theoretischen Wissen unserer Forscher und Entwickler – führen so in kürzerer Zeit zu neuen qualitäts- und absatzgerechten Erzeugnissen mit hohem Gebrauchswert und rationeller Fertigungstechnologie.

Voraussetzung und Notwendigkeit für das zügige Funktionieren dieser aufgezeigten Prozesse und Leitungsmethoden ist ein straffes *Rapport- und Kontrollsystem des Generaldirektors* bis hin zu den Bearbeitungskollektiven. Dadurch werden einerseits die erforderlichen Entscheidungen aus zentraler Sicht rasch getroffen, und andererseits unterliegen alle Aufgaben und Festlegungen einer ständigen Kontrolle auf Einhaltung des Inhalts und der Termine. Das ist außerordentlich wichtig für den Erfolg einer jeden Sache und vordringliche Aufgabe eines jeden Leiters, um seine Mitarbeiter zur vollen Realisierung der einmal gesetzten Aufgaben und Ziele zu erziehen.

Den Schwerpunkt unserer Arbeit im VEB Carl Zeiss JENA haben wir auf die Aufwandssenkung der lebendigen Arbeit – wie auch das angeführte Beispiel zeigt – gerichtet bei gleichzeitiger Aufwandssenkung der vergegenständlichten Arbeit (z. B. Auslastung hochproduktiver Maschinen bis 1980 mit 21 h/AT; 90% der Senkung des spezifischen Materialeinsatzes durch Erhöhung des Wirkungsgrades von Wissenschaft und Technik, Aussonderung von veralteten und ungenügend genutzten Grundmitteln in Höhe von 110 Mio Mark von 1978 bis 1980). Die kontinuierliche Absicherung dieser Ziele setzt aber voraus, daß die Entwicklung des Kombinates von den Erzeugnisentwicklungen, der Entwicklung der Querschnittsgebiete, der Technologie, der Arbeitskräfte, der Arbeits- und Lebensbedingungen, der Absatz- und Exportentwicklung bis zur Gesamteffektivitätsentwicklung des Kombinates langfristig konzipiert und konsequent realisiert wird.

Das erfordert vom Leiter bei allen Entscheidungen, stets vorausschauend und im Zusammenhang aller wirkenden Faktoren zu denken und dementsprechend die Festlegungen zur Nutzung aller Reserven zu treffen.

In der weiteren komplexen und vertieften Durchsetzung der sozialistischen Intensivierung haben wir deshalb unsere Wettbewerbszielstellungen zu Ehren des 30. Jahrestages der Gründung der DDR voll und ganz darauf gerichtet, solche Erzeugnisse von hohem Gebrauchswert und hoher Qualität zu entwickeln, zu produzieren und zu verkaufen, die einerseits von großem Nutzen für die Steigerung der Arbeitsproduktivität beim Anwender sind und die andererseits durch rationelle Fertigung eine Steigerung der Arbeitsproduktivität des Kombinates herbeiführen. Beispiel dafür sind unsere mikro-lithographischen Geräte, die in Vorbereitung und Umsetzung der Beschlüsse der 6. Tagung des ZK der SED im Kombinat in kurzer Zeit entwickelt, produziert und zur Leipziger Frühjahrsmesse 1978 demonstriert wurden, um auf dem zukunftsträchtigen und volkswirtschaftlich notwendigen Gebiet der Mikroelektronik in das vordere internationale Feld vorzustoßen.

K. Hartmann

Intensivierung und wissenschaftlich-technischer Fortschritt

Für den Sozialismus ist, wie *Marx* und *Engels* im „Kommunistischen Manifest" voraussahen, ein erheblicher Aufschwung der Produktivkräfte typisch, um die materiellen und kulturellen Bedürfnisse der Werktätigen immer besser zu befriedigen. Die Gestaltung der modernen Produktivkräfte auf dem Wege der Intensivierung ist die entscheidende materielle Voraussetzung für die Steigerung der *Arbeitsproduktivität* und damit für die tiefgreifenden politischen, ökonomischen, sozialen und geistig-kulturellen Wandlungen, mit denen der weitere Verlauf der sozialistischen Revolution in der DDR verbunden ist.

Es gehört zu den großen Leistungen unserer Partei, daß dieser umfangreiche und schwierige Prozeß der Intensivierung – ähnlich z. B. wie die Schaffung sozialistischer Produktionsverhältnisse in der Landwirtschaft – bei Sicherung der Stabilität und Kontinuität des Wirtschaftswachstums sowie bei voller Erfüllung des beschlossenen sozialpolitischen Programms auch unter komplizierten außenwirtschaftlichen Bedingungen erfolgreich gemeistert wird.

In der wissenschaftlich begründeten Strategie unserer Partei zur Entwicklung der Produktivkräfte nimmt die sozialistische Rationalisierung einen ausschlaggebenden Platz ein. Die sozialistische Rationalisierung ist auf den vollständigen Übergang unserer Volkswirtschaft zur intensiv erweiterten Reproduktion und damit auf die Erfüllung der Hauptaufgabe in ihrer Einheit von Wirtschafts- und Sozialpolitik gerichtet. Nur auf einer solchen Grundlage können die Gestaltung der entwickelten sozialistischen Gesellschaft und die Schaffung grundlegender Voraussetzungen für den allmählichen Übergang zum Kommunismus mit Erfolg gemeistert werden. Die sozialistische Rationalisierung ist nicht nur durch dieses revolutionäre Ziel charakterisiert, sondern auch dadurch, daß sie mit tiefgreifenden ökonomischen, sozialen und geistigen Wandlungen verbunden ist.

Der Orientierung unserer Partei auf die sozialistische Rationalisierung und ihre Beschleunigung liegen objektive Erfordernisse zugrunde.

Es geht um die volle Ausnutzung aller Möglichkeiten effektiver Arbeit an jedem Arbeitsplatz. Die gewachsenen Dimensionen unseres ökonomischen Potentials zwingen zu immer besserer zeitlicher Nutzung der Grundfonds und des gesellschaftlichen Arbeitsvermögens sowie zum sparsamsten Umgang mit Rohstoffen, Energie und Material. Zugleich beruht die sozialistische Rationalisierung nicht nur auf evolutionären Veränderungen in den Produktivkräften, sondern ihre Vertiefung erfordert zunehmend revolutionäre Veränderungen. Einer der wichtigsten Wesenszüge der sozialistischen Rationalisierung unter den gegenwärtigen und zukünftigen Bedingungen besteht deshalb auch darin, daß sie untrennbar mit der wissenschaftlich-technischen Revolution verbunden ist. Es sei hier nur auf die Entwicklung und den Einsatz der Mikroelektronik verwiesen, auf die Robotertechnik und auf die notwendige Entwicklung der Automatisierung. (Der Automatisierungsgrad der Arbeit stieg von 7,5 Prozent im Jahre 1971 auf 12,4 Prozent im Jahre 1977.) Die bisherigen Erfahrungen bestätigen, daß die sozialistische Rationalisierung derjenige umfassende gesellschaftliche Prozeß ist, mit dem die Errungenschaften der modernen Wissenschaft und Technik für die Steigerung der Arbeitsproduktivität und zugleich die Verbesserung der Arbeits- und Lebensbedingungen wirksam gemacht werden.

Die Erhöhung der Effektivität ist die entscheidende ökonomische Bedingung für die Verwirklichung der Hauptaufgabe. Dies gilt um so mehr, als die Volkswirtschaft der DDR bedeutenden außenwirtschaftlichen Belastungen ausgesetzt ist, deren wachsendes Ausmaß durch höhere Leistungen auszugleichen ist. Außerhalb der Effektivität gibt es keine andere Quelle für die gleichzeitige Hebung des Lebensniveaus der Werktätigen, die weitere Ausgestaltung der materiell-technischen Basis der Volkswirtschaft, die weitere materielle Sicherung der Entwicklung von Wissenschaft, Bildung und Kultur sowie die Sicherung der Verteidigungskraft.

Mit der weiteren Entwicklung der Produktivkräfte durch die sozialistische Rationalisierung sind neue Ausgangspositionen im Kampf um die Erhöhung der Effektivität zu schaffen. Bedarfsgerechtheit der Produktion vorausgesetzt, ist die Arbeitsproduktivität schneller zu steigern als die Produktion, die Produktivität der lebendigen Arbeit rascher zu erhöhen als die Grundfondsausstattung und ein immer größerer Anteil des Produktionszuwachses durch sinkenden spezifischen Materialverbrauch zu sichern. Durch die Rationalisierung gilt es gewissermaßen in einem Arbeitsgang, in einem einheitlichen Prozeß eine Einsparung an Arbeits-, Investitions- und Materialaufwand zu gewährleisten, das heißt, den für die entwickelte sozialistische Gesellschaft charakteristischen arbeitszeit- und fondssparenden Typ der intensiv erweiterten Reproduktion durchzusetzen. Das aber ist in erster Linie ein Anspruch an Erfindergeist und Neuerertätigkeit, an revolutionäres Denken und Handeln. Die Gestaltung der entwickelten sozialistischen Gesellschaft, die auf den Errungenschaften von Wissenschaft und Technik und der bewußten Disziplin der Werktätigen basiert, kann nicht durch den „Heroismus eines einzelnen Ansturms gelöst werden, sondern erfordert den andauerndsten, hartnäckigsten, schwierigsten Heroismus der alltäglichen Massenarbeit".[1] Gerade deshalb wurde die sozialistische Rationalisierung im sozialistischen Wettbewerb zum Kampffeld, auf dem die Arbeiterklasse und die mit ihr verbündete wissenschaftlich-technische Intelligenz millionenfach ihre schöpferischen Fähigkeiten entwickeln.

Von ausschlaggebender Bedeutung für grundsätzliche Veränderungen im Niveau der Produktivkräfte ist die Entwicklung und breite Anwendung moderner Technologien. „Es hat sich erwiesen", so formulierte Genosse *Erich Honecker* in seiner Rede vor den 1. Sekretären der Kreisleitungen, „daß Rationalisierungsmaßnahmen dann zu den größten Ergebnissen führen, wenn sie auf der Anwendung moderner und modernster Technologien beruhen. Das vor allem bringt den Anstieg der Arbeitsproduktivität, den unser Land braucht."[2]

Die Notwendigkeit der Erhöhung des technologischen Niveaus der Produktion ergibt sich nicht in erster Linie daraus, daß der Technologie in so manchem Betrieb noch zu wenig Aufmerksamkeit geschenkt wurde. Ihre Rolle wird vor allem durch grundlegende und längerfristige Prozesse bestimmt. Die Technologie entscheidet wesentlich über die Umsetzung theoretischer wissenschaftlich-technischer Erkenntnisse

1 W. I. Lenin, Die große Initiative, in: Werke, Bd. 29, Berlin 1961, S. 413.

2 E. Honecker, Die Aufgaben der Partei bei der weiteren Verwirklichung der Beschlüsse des IX. Parteitages der SED, in: Neues Deutschland vom 18./19. Februar 1978, S. 5.

in die Produktion, d. h. sie bringt den ausschlaggebenden Intensivierungsfaktor zur Wirkung. Unter Bedingungen, wo die Lösung der für die weitere Gestaltung der entwickelten sozialistischen Gesellschaft entscheidenden Aufgaben nur möglich ist, wenn die Wissenschaft immer mehr unmittelbare Produktivkraft wird, muß zwangsläufig die Technologie in den Mittelpunkt der Entwicklung der Produktivkräfte rücken.

Über das revolutionärste Element der Produktivkräfte, die Arbeitsmittel, beeinflußt die Technologie zugleich Qualität und Effektivität des gesamten Produktionsprozesses und ist deshalb geradezu prädestiniert, die Intensivierung in vollem Umfang, also komplex zur Wirkung zu bringen. Die wichtigste Bedingung für die Erhöhung der ökonomischen und sozialen Wirksamkeit der Produktionsmittel ist die Entwicklung bzw. die Veränderung des technologischen Prinzips, das der Einwirkung des Arbeitsmittels auf den Arbeitsgegenstand zugrunde liegt. Bekannterweise bildet der Wechsel der Technologien den naturwissenschaftlichen Inhalt der Umwälzung in den Produktivkräften.[3] Gegenwärtig haben wir es mit drei miteinander verbundenen Aufgaben bei der konkreten Umsetzung wissenschaftlich-technischer Erkenntnisse in die Produktion zu tun. Die Erhöhung der Wirksamkeit der Arbeitsmittel findet einmal statt über die ständige Vervollkommnung der vorhandenen Technologien, zum anderen über die schnelle Ausbreitung von Besttechnologien sowie über die Ausarbeitung und Einführung vollkommen neuer Technologien, die die Erreichung von mehr Spitzenleistungen auf technologischem Gebiet garantieren. Besonders unsere fortgeschrittensten Kombinate haben den Auftrag, unter Nutzung der ihnen innewohnenden Potenzen in relativ kurzer Zeit auf technologischem Gebiet den Weltstand zu erreichen bzw. mitzubestimmen. Ziel des VEB Kombinat Carl Zeiss JENA ist es z. B., bis 1980 bei 80 Prozent der angewendeten Technologien den Weltstand hinsichtlich des Arbeitszeit-, Material- und Energieaufwandes zu erreichen.

Wie die Praxis in einer Vielzahl von Kombinaten in unserer Volkswirtschaft zeigt, bestehen die Vorzüge der Kombinate bei der Meisterung der wissenschaftlich-technischen Revolution vor allem in folgendem:

Erstens: In den Kombinaten ist ein umfangreiches, für die ständige Entwicklung ihrer Produktion und Technologie sowie der Arbeits- und Lebensbedingungen erforderliches Forschungs- und Entwicklungspotential konzentriert. Damit verfügen die Kombinate über die entsprechenden materiellen Voraussetzungen, mit denen sie bei einer zielklaren Leitung in der Lage sind, auf ausgewählten Gebieten internationale Spitzenleistungen zu erreichen und eine rasche Erneuerung der Produktion entsprechend den Erfordernissen des wissenschaftlich-technischen Fortschritts und eines raschen ökonomischen Wachstums zu erreichen.

Zweitens: Der ökonomische Zusammenschluß der entscheidenden Phasen des Reproduktionsprozesses in einem Kombinat – angefangen von der Forschung und Entwicklung bis zum Absatz der Erzeugnisse einschließlich wichtiger Zulieferbetriebe und eines leistungsfähigen eigenen Rationalisierungsmittelbaus – bietet die entscheidende Grundlage für die rasche Überführung neuer wissenschaftlich-technischer Erkenntnisse in die Produktion, ihre umfassende Nutzung und damit für eine hohe Effektivität des Reproduktionsprozesses.

Drittens: Die Kombinate sind schließlich jene wirtschaftsorganisatorische Grundform, die durch die innerbetriebliche Arbeitsteilung und Kombination der Produktion neue Möglichkeiten zur Rationalisierung erschließt. Die Herausbildung größerer

[3] G. Danilin, Über das Wesen der wissenschaftlich-technischen Revolution, in: Sowjetwissenschaft, Gesellschaftswissenschaftliche Beiträge, 6/1977, S. 614.

Produktionseinheiten macht den Reproduktionsprozeß auch beweglicher und aufnahmebereiter für technologische Veränderungen, besonders wenn sie mit Veränderungen in der Fertigungs- und Produktionsorganisation verbunden sind.

An der Entwicklung der Kombinate zeigt sich, daß die Perspektive der sozialistischen Revolution nicht nur mit Veränderungen in den Produktivkräften verknüpft ist, sondern ebenso mit der Entwicklung der sozialistischen Produktionsverhältnisse. Die Bildung und Entwicklung der Kombinate ist nicht einfach eine organisatorische Aufgabe, sondern ein tiefgreifender sozialökonomischer Prozeß, ein wichtiges Glied in der Vervollkommnung der sozialistischen Produktionsverhältnisse.

Die Wirkung der Technologie geht weit über die effektivere Verbindung der lebendigen Arbeit mit den gegenständlichen Elementen des Produktionsprozesses hinaus. „Die Technologie enthüllt", wie *Karl Marx* formulierte, „das aktive Verhalten des Menschen zur Natur, den unmittelbaren Produktionsprozeß seines Lebens, damit auch seiner gesellschaftlichen Lebensverhältnisse und der ihnen entquellenden geistigen Vorstellungen."[4] Die Technologie wirkt über die Gestaltung der Arbeitsfunktionen, über die Art und Weise des Zusammenwirkens zwischen Mensch und Arbeitsmittel, über die Arbeitsteilung und Kooperation im Arbeitskollektiv sowie über die Arbeitsumwelt aktiv und direkt auf wichtige Seiten der Verwirklichung unserer Sozialpolitik ein. Wir haben es hier mit revolutionären sozialen Prozessen zu tun, die die schrittweise Annäherung der Klassen und Schichten unter Führung der Arbeiterklasse einschließen. Das Erlebnis stetiger Verbesserung der Arbeits- und Lebensbedingungen bei der Verwirklichung von Maßnahmen sozialistischer Rationalisierung erwies sich in Verbindung mit der politisch-ideologischen Erziehungsarbeit als eine überaus wichtige Triebkraft unserer wirtschaftlichen und sozialen Entwicklung.

In diesem Sinne orientiert unsere Partei darauf, die materiell-technische Basis durch die Erhöhung ihres technologischen Niveaus in der Weise zu vervollkommnen, daß sie immer bessere Bedingungen für die allseitige Ausprägung des sozialistischen Charakters und Inhalts der Arbeit schafft. Von den über 2 Millionen Arbeitsplätzen in der zentralgeleiteten Industrie wurden im Zeitraum 1971 bis 1975 370000 neu- oder umgestaltet. 1976 waren es 178000 und 1977 219000 Arbeitsplätze. Für 44600 Werktätige im Bereich der Industrieministerien, des Bau- und Verkehrswesens wurden 1977 die erschwerten Arbeitsbedingungen vollständig abgebaut und ihre Arbeitsplätze erschwernisfrei gestaltet. Etwa ein Viertel aller Arbeitsplätze in der materiellen Produktion erfuhren in den letzten Jahren eine Veränderung in den Arbeitsbedingungen, wobei der Anteil der Produktionsarbeiter, die körperlich schwere Arbeit verrichten, um 30 Prozent verringert werden konnte. Der dabei gleichzeitig erreichte Zuwachs an Arbeitsproduktivität liegt – gemessen am Gesamtzuwachs – zwischen 20 und 30 Prozent. An dieser Arbeit beteiligten und beteiligen sich die Werktätigen sehr aktiv. In den Betrieben und Kombinaten der Industrie der DDR nahmen über 200000 Arbeiter, Ingenieure, Ökonomen und Meister an der Lösung von WAO-Aufgaben von der Analyse bis zu ihrer Realisierung in über 30000 ständigen oder zeitweiligen WAO-Kollektiven teil.

Mit der sozialistischen Rationalisierung wird der ökonomischen Strategie unserer Partei entsprochen, sowohl die ökonomische als auch die soziale Wirksamkeit des wissenschaftlich-technischen Fortschritts zu erhöhen. Die Ergebnisse beweisen, daß die Erreichung hoher ökonomischer Effektivität und die gleichzeitige Verbesserung der materiellen Arbeitsbedingungen keine unvereinbaren Dinge sind.

[4] K. Marx, Das Kapital, Erster Band, in: MEW, Bd. 23, Berlin 1968, S. 393.

Das ungeteilte Interesse der Arbeiterklasse im Sozialismus besteht in der gleichzeitigen Erhöhung des ökonomischen Nutzeffekts der Produktion und der Verbesserung der materiellen Arbeitsbedingungen. Es geht um die optimale Verbindung beider Seiten entsprechend den herangereiften Möglichkeiten. Dabei steht sowohl die Aufgabe der Erleichterung der Arbeit, das heißt die Minderung und Beseitigung von Belastungen und Gefährdungen des Menschen (schwere körperliche Arbeit, Hitze, Einwirkung toxischer Stoffe und nichttoxischer Stäube) als auch die Aufgabe der Anreicherung der Arbeit mit Tätigkeiten, die höhere, vielseitigere Anforderungen an die vorhandene Qualifikation sowie an die Reife der Persönlichkeit des Werktätigen stellen und die in stärkerem Maße geistig-schöpferische Elemente beinhalten.

Es entspricht den objektiven Erfordernissen sozialistischer Produktion, ständig die vorhandenen Arbeitsbedingungen und Grundfonds zu vervollkommnen. Hinzu kommt immer stärker die Aufgabe, die Erfordernisse der Persönlichkeitsentwicklung, der Entwicklung der Hauptproduktivkraft beim weiteren Ausbau der materiell-technischen Basis zum wesentlichen Ausgangspunkt der Konzipierung neuer technischer und technologischer Lösungen zu machen. Hierin kommt die gesellschaftliche Determiniertheit der Entwicklung der neuen Technik durch die sozialistischen Produktionsverhältnisse zum Ausdruck. Die Zielstellung der sozialistischen Gesellschaft wird auf diesem Wege immer mehr in die ihr adäquate technische Lösung verwandelt.

Aus der Sicht der planmäßigen Veränderung des Charakters der Arbeit und der Erschließung weiterer Effektivitätsquellen ist es möglich und notwendig, zum Beispiel den Anteil der vorwiegend manuell tätigen Produktionsarbeiter sowie den Anteil schwerer körperlicher Arbeit weiter zu reduzieren und besonders solche Arbeitsplätze einzusparen. Vom technologischen Prozeß aus betrachtet, konzentrieren sich gegenwärtig solche Arbeiten vorrangig in den Hilfsprozessen (innerbetrieblicher Transport, Lagerung usw.) sowie in der Montage. Über den wissenschaftlich-technischen Fortschritt soll sich der Mechanisierungsgrad in den Hilfsprozessen von gegenwärtig 42 Prozent bis 1980 auf 50 Prozent und bis 1985 auf ca. 60 bis 65 Prozent erhöhen. Damit können rund 25000 bis 30000 Arbeitskräfte freigesetzt und einer produktiveren Tätigkeit mit verbesserten Arbeitsbedingungen zugeführt werden. Auch in den Hauptproduktionsprozessen gibt es beträchtliche Möglichkeiten der Arbeitszeiteinsparung durch hochproduktive Technologien. Dieser Prozeß vollzieht sich nicht immer widerspruchsfrei. So führen nicht alle Mechanisierungs- und Automatisierungsstufen automatisch zu Arbeitsbedingungen, die dem entwickelten Sozialismus entsprechen. Manche Schritte der Teilautomatisierung bewirken zeitweilig Vereinfachungen der Arbeitsfunktionen. Solche Erscheinungen ergeben sich aus der Entwicklung des wissenschaftlich-technischen Fortschritts selbst sowie aus unseren materiellen Möglichkeiten zur Einführung und massenhaften Anwendung wissenschaftlich-technischer Lösungen. Wir werfen jedoch alle Vorzüge des Sozialismus in die Waagschale, um den wissenschaftlich-technischen Fortschritt im Sinne der Hauptaufgabe auszunutzen und weiterzuentwickeln.

Auf dem Gebiet der Rationalisierung vollzieht sich eine erbitterte Klassenauseinandersetzung mit dem Imperialismus in ökonomischer und ideologischer Hinsicht. In der gegenwärtigen Entwicklungsstufe legt die sozialistische Gesellschaft gerade auf diesem Gebiet wichtige Fundamente weiterer Siege. Eingedenk der Möglichkeiten der sozialistischen Planwirtschaft und der Übereinstimmung von gesellschaftlichen und persönlichen Interessen können und müssen wir in solchen Größenordnungen rationalisieren, in denen sich die Überlegenheit des Sozialismus noch stärker ausprägt. Die Vorzüge der sozialistischen Rationalisierung gegenüber der Rationalisierung im Kapitalismus zeigen sich in erster Linie in der Rolle, die der Mensch in diesem Prozeß spielt. Die Ergebnisse sozialistischer Rationalisierung und damit der Erhöhung der Effektivität werden nicht nur in der Erhöhung des materiellen und kulturellen Lebensniveaus für jeden spürbar, sondern die Werktätigen selbst sind die Hauptakteure in diesem Prozeß. Im Unterschied dazu erfolgt die forcierte kapitalistische Rationalisierung auf Kosten der Arbeiter und zum Nutzen des Profits.

So beweist die kapitalistische Gesellschaft in ganz besonderem Maße ihre Überlebtheit und Unmenschlichkeit, der Sozialismus hingegen seine Humanität und Effektivität und damit seine Überlegenheit. Auf seiner Seite sind objektiv auch die überlegenen Argumente. Selbst ein so notorischer Verleumder des Sozialismus wie der Artikelschreiber und Wirtschaftskommentator des Rias, *Pritzel*, sieht sich zu folgendem Eingeständnis gezwungen (Sendung vom 8. 4. 1978): „Kaum ein Tag vergeht, meine Damen und Herren, an dem die Kommunisten nicht die wirtschaftlichen Probleme und Schwierigkeiten in der westlichen Welt, vor allem die Arbeitslosigkeit und die anhaltenden Preissteigerungen mit aller Ausführlichkeit schildern. Und wenn sie diese Tatbestände als eine strukturelle Krise des westlichen kapitalistischen oder marktwirtschaftlichen Systems bezeichnen, so wird auch derjenige, der nicht Anhänger der marxistischen Ideologie ist, einer solchen Beurteilung kaum widersprechen können."

In welchem Maße es den Industriemonopolen der BRD gelungen ist, die Ausbeutung der Arbeiterklasse durch erhöhte Arbeitsproduktivität und Intensität zu verschärfen, bestätigt die Profitentwicklung in den 100 größten Industrie-Aktiengesellschaften. Die wirtschaftliche Entwicklung der letzten Jahre in der BRD brachte unter den Bedingungen verschärfter kapitalistischer Rationalisierungsmaßnahmen den Monopolen wachsende Profite, den Arbeitern und Angestellten einen höheren Ausbeutungsgrad, eine rigorose Steigerung der Arbeitshetze, stagnierende und teilweise sinkende Reallöhne. Der Gesamtprofit der 100 größten Industrie-Aktiengesellschaften stieg von 32 887 Mio DM im Jahre 1970 auf 54 321 Mio DM im Jahre 1976. Während die Nettolohn- und Gehaltssumme von 1966 bis 1976 nominell um 103 Prozent stieg, erhöhte sich dagegen der Nettoprofit dieser 100 Konzerne in diesem Zeitraum um 168 Prozent. So ergibt sich selbst aus den Angaben manipulierter bürgerlicher Statistiken, daß es den Monopolen gelungen ist, im angegebenen Zeitraum das Verhältnis zwischen notwendiger und Mehrarbeitszeit ganz beträchtlich zugunsten der Mehrarbeitszeit zu verschieben und damit den Ausbeutungsgrad auf der Grundlage kapitalistischer Rationalisierung erheblich zu steigern.

Die verheerendste Folge kapitalistischer Rationalisierung aber ist die chronische Massenarbeitslosigkeit, die inzwischen in allen Phasen des kapitalistischen Reproduktionszyklus existiert. Bereits *Karl Marx* deckte das Entstehen und Vorhandensein der Arbeitslosigkeit als eine Gesetzmäßigkeit der kapitalistischen Produktion auf, deren Zu- und Abnahme dem Krisenzyklus folgte. Das änderte sich mit Beginn der siebziger Jahre. 1970 betrug die Zahl der Arbeitslosen in den entwickelten kapitalistischen Ländern 7,3 Mio. In den drei Zentren imperialistischer Rivalität – in den USA, in Westeuropa und in Japan – ist die Arbeitslosigkeit im Jahresdurchschnitt von 13 Mio Menschen während des Krisenjahres 1975 auf 15 Mio 1977 gestiegen. Das Neue besteht darin, daß die Arbeitslosigkeit auch nach der zyklischen Krise in den entwickelten kapitalistischen Ländern nicht wieder zurückging. Im Gegenteil, sie erhöhte sich weiter. Das zeigt, daß die Ursache der hohen Arbeitslosigkeit nicht mehr ausschließlich eine Erscheinung der zyklischen Krise ist, sondern zugleich Ausdruck der Vertiefung der allgemeinen Krise des Kapitalismus und ihrer Verflechtung mit der zyklischen Krise.

Besonders rasch wächst die Arbeitslosigkeit unter den Jugendlichen. Es versteht sich fast von selbst, daß die Monopolbourgeoisie die Existenz riesiger Arbeitslosenarmeen rigoros ausnützt, um die noch beschäftigten Arbeiter zu „disziplinieren", sie im Interesse des Profits zu noch größeren Arbeitsleistungen zu zwingen. Nicht zu Unrecht mußte die stellvertretende DGB-Vorsitzende, *Maria Weber*, angesichts der Tatsachen und unter dem Druck der empörten Werktätigen in der BRD feststellen: „Es wird rationalisiert bis zum bitteren Ende. Dabei verfolgen sie (die Unternehmer – K. H.) als einziges und wirksamstes Ziel die Produktionskosten zu senken. Das erreichen sie, indem Personal eingespart wird."[5]

Das ist aber nur die halbe Wahrheit, denn die Senkung der Produktionskosten dient ausschließlich der Sicherung der Höchstprofite. Der Vorstandsvorsitzende der BASF bringt das auch konsequent mit den Worten zum Ausdruck: Ein kapitalistisches Unternehmen „ist kein Wohlfahrtsinstitut . . . Ein Unternehmer hat Gewinne zu machen und keine Arbeitsplätze."[6]

Von der Realität der kapitalistischen Wirtschaft sind alle Prophezeiungen solcher Apostel der „sozialen Marktwirtschaft" wie *Ludwig Erhard* und *Alfred Müller-Armak* hinweggewischt worden, die noch Anfang der 70er Jahre behaupteten: „Die soziale Marktwirtschaft dient den Arbeitenden aller Schichten, denn die marktwirtschaftliche Arbeitsplatzsicherung ist inzwischen eine erprobte Realität geworden, und an der Fähigkeit des Staates, in einer marktwirtschaftlichen Ordnung ein Maximum an Arbeitsplatzsicherung zu schaffen, ist schwerlich zu zweifeln."[7]

In der Zwischenzeit ist die Massenarbeitslosigkeit in der BRD zu einer Dauererscheinung geworden. Diese Tatsache spricht ein eindeutiges Urteil über die Unfähigkeit des kapitalistischen Wirtschaftssystems, ein elementares Lebensbedürfnis der Menschen und zugleich fundamentales Menschenrecht zu verwirklichen. Insgesamt erweist sich, daß die kapitalistische Rationalisierung einerseits dazu führt, daß der kapitalistische Reproduktionsprozeß im Interesse der Erzielung monopolistischer Höchstprofite weiter intensiviert und sein technischer Apparat unter Nutzung der Ergebnisse des wissenschaftlich-technischen Fortschritts qualitativ laufend verbessert wird. Andererseits bewirkt die kapitalistische Rationalisierung gleichzeitig und unvermeidlich eine Verschärfung der kapitalistischen Ausbeutung der Arbeiterklasse und eine weitere Verschlechterung ihrer sozialen Lage. So beweist die kapitalistische Rationalisierung in besonderem Maße die ganze Überlebtheit des Kapitalismus, dessen „Impotenz, der Menschheit ein Gesellschaftssystem zu geben, in dem sie menschlich leben und sich entwickeln kann."[8]

5 Welt der Arbeit (Köln), 23/1977, S. 5.

6 Frankfurter Rundschau (Frankfurt a. Main) vom 21. Januar 1977.

7 L. Erhard/A. Müller-Armack, Soziale Marktwirtschaft, Ordnung der Zukunft, Manifest '72, Berlin(West)/Wien 1972.

8 E. Honecker, Die Aufgaben der Partei bei der weiteren Verwirklichung der Beschlüsse des IX. Parteitages der SED, a. a. O., S. 3.

W. Maier

Die Industriepreise im Prozeß der Intensivierung

Inwieweit ist es uns bereits gelungen, die Industriepreise für die sozialistische Intensivierung wirksam zu machen und vor welchen Problemen stehen wir heute auf diesem Gebiet?

Ich gehe davon aus, daß es über die grundsätzlichen Anforderungen der Intensivierung an die Preisbildung in der DDR keine prinzipiellen Meinungsverschiedenheiten bei Theoretikern und Praktikern gibt. Revisionistische Auffassungen von einer automatischen regulierenden Rolle des Preises in unserer sozialistischen Volkswirtschaft haben bei uns keinen Boden. Auch dogmatische Ansichten, die die aktive Rolle der Industriepreise in der sozialistischen Planwirtschaft negieren, sie auf eine formale Rechengröße reduzieren, finden keine bewußten Anhänger.

Seit dem IX. Parteitag der SED wurden in der DDR zwei grundlegende Aufgaben durchgeführt, um mit Hilfe der Industriepreise die Initiative der Werktätigen im Prozeß der Intensivierung wirksam zu unterstützen:

Die *erste entscheidende Aufgabe* war, die Industriepreise stärker dem volkswirtschaftlichen Aufwand anzunähern.

Entsprechend den Erfordernissen des Wertgesetzes im System der ökonomischen Gesetze des Sozialismus haben wir seit 1975 eine bessere Übereinstimmung der Industriepreise mit dem volkswirtschaftlichen Aufwand erreicht. Vordem gab es z. B. einzelne Importrohstoffe, bei denen die Industriepreise den Importaufwand nur noch zum Teil, manchmal nur zur Hälfte realisiert haben.

Analysen, die nach den planmäßigen Industriepreisänderungen durchgeführt wurden, bestätigten die These, daß die Industriepreise in der Mehrzahl der Fälle dann am besten die Intensivierung unterstützen, wenn die Kongruenz von Preis und Wertgröße weitgehend gegeben ist.

Sicherlich müssen die theoretischen Diskussionen über Wesen und Inhalt des Preises im Sozialismus weitergeführt werden. Das wird helfen, die Bestimmung der Industriepreise weiter zu objektivieren.

Wenn aber von dem heute Machbaren ausgegangen wird – und nur so kann man an die Wertung der Praxis herangehen –, dann ist festzustellen, daß die neuen Industriepreise im wesentlichen mit den Zielen der Intensivierung übereinstimmen.

Die *zweite grundlegende Maßnahme* auf dem Gebiet der Industriepreise ist die Preisbildung nach dem Preis-Leistungs-Verhältnis. Die Preisbildung nach dem Preis-Leistungs-Verhältnis ist vor allem darauf gerichtet, daß für die Betriebskollektive aus der Produktion neuer und weiterentwickelter Erzeugnisse nicht Nachteile, sondern Vorteile entstehen.

Was wurde mit den planmäßigen Industriepreisänderungen erreicht?

– Es wurden Grundlagen für zuverlässige Berechnungen der Effektivität in der Industrie als Ganzes, im Zweig, im Betrieb geschaffen. Das Gewicht der Grundstoffbereiche am volkswirtschaftlichen Gesamtprodukt wird heute zum Beispiel im Vergleich zu den verarbeitenden Zweigen bedeutend höher ausgewiesen. Damit werden wichtige Voraussetzungen für die bessere Leistungsbewertung der Betriebe und Kombinate geschaffen.

– Der volkswirtschaftliche Aufwand für Grundstoffe, Energie und Materialien wird jetzt dort ausgewiesen, wo über deren sparsame Verwendung entschieden wird. Die Grundlagen für die Führung des sozialistischen Wettbewerbs wurden damit verbessert.

– Die Ablösung von NSW-Importen wird mit den neuen Industriepreisen ökonomisch unterstützt. Um zum Beispiel den Einsatz von einheimischem Glasfasergarn anstelle von Asbestgarn aus dem NSW zu fördern, wurden entsprechende Industriepreise festgelegt. Über den Importaufwand hinaus hat das importierte Asbestgarn einen wesentlich höheren Industriepreis gegenüber Glasfasergarn.

– Mit den neuen Industriepreisen werden die Werktätigen an der Produktion und am Einsatz von Erzeugnissen mit hohem wissenschaftlich-technischen Niveau und niedrigen Selbstkosten interessiert.

Tragendes Beispiel hierfür ist die Preisbildung für die Mikroelektronik. Die Beschlüsse der 6. Tagung des ZK der SED zur Mikroelektronik werden auf dem Gebiet Industriepreise vor allem und in erster Linie durch die planmäßige Festlegung eines entsprechenden Preisniveaus für den gesamten Bereich der Mikroelektronik unterstützt.

Das Niveau der Industriepreise wird hier planmäßig niedrig festgelegt, sozusagen mit einem gewissen Vorhaltewinkel, damit die Anwender am Einsatz der Mikroelektronik ökonomisch interessiert sind. Die neuen Industriepreise werden bereits bei der Planung der Kennziffer Warenproduktion berücksichtigt – die logischerweise entsprechend niedriger ausgewiesen wird –, so daß ein synchrones Wirken von Plan und Preis gewährleistet ist.

– Die neuen Industriepreise stimulieren im Zusammenwirken mit der Gesamtheit der Leitung, Planung und ökonomischen Stimulierung weitere Teilprozesse der Intensivierung, wie z. B. die Senkung des spezifischen Energieverbrauchs, die Produktion von Wärmeenergie vorrangig auf Basis einheimischer Energieträger, die immer vollständigere Erfassung und Verwertung von Sekundärrohstoffen.

Die *Preisbildung nach dem Preis-Leistungs-Verhältnis* ist speziell auf die Stimulierung der Produktion neuer und weiterentwickelter Erzeugnisse gerichtet. Die Industriepreise für neue Erzeugnisse werden ausgehend von dem bestehenden, planmäßig geschaffenen Preisgefüge gebildet. Der Grundsatz besteht darin, für hohe Leistungen in Wissenschaft und Technik solche Industriepreise zu bilden, daß die Initiativen der Werktätigen in die gewollte Richtung gelenkt werden.

Es gibt mitunter den Hinweis, daß die Methode der Preisbildung nach dem Preis-Leistungs-Verhältnis theoretisch nicht begründet sei, daß sich mit der Preisbildung nach dem Preis-Leistungs-Verhältnis die Industriepreise zunehmend vom Wert entfernen und die Gewinne in ökonomisch unbegründete Höhen ansteigen.

Ich halte diesen negierenden Standpunkt für falsch. Zur Begründung meines Standpunktes und für die weitere Diskussion möchte ich folgende Argumente bringen:

Erstens: Mit der Einordnung des neuen Erzeugnisses in das bestehende Preisgefüge wird dem Erfordernis des Wertgesetzes insofern besser entsprochen, als für die Industriepreise aller Waren einer Erzeugnisgruppe die gleichen Produktionsbedingungen (d. h. die Produktionsbedingungen eines gleichen Zeitraumes) zugrunde gelegt werden. Das ist theoretisch richtiger und praktisch positiver, als wenn für das neue Erzeugnis der Industriepreis niedriger festgelegt wird als für alle anderen Waren der Erzeugnisgruppe, die schon einige Jahre in der Produktion sind.

Zweitens: Da periodisch planmäßige Industriepreisänderungen durchgeführt werden, ist die Inkongruenz von Preis und Wertgröße nur partiell und zeitlich begrenzt. Bei den Industriepreisen für Mikroelektronik gibt es bereits Beschlüsse, die diese Feststellung bestätigen.

Drittens: Man muß Größenordnungen beachten. Mit den planmäßigen Industriepreisänderungen wird das Preisniveau der Zweige und Erzeugnisgruppen in Größenordnungen von 10, 20, 30 Prozent verändert. Da die ökonomische Wirkung der Industriepreise überwiegend tendenziellen Charakter hat, sind Veränderungen des Preisniveaus von weniger als 10 Prozent meist nicht sinnvoll.

Aus der Preisbildung nach dem Preis-Leistungs-Verhältnis wird zwar die Höhe des Industriepreises für das einzelne Erzeugnis wesentlich beeinflußt; das Preisniveau ganzer Erzeugnisgruppen wird aber dadurch in Größenordnungen beeinflußt, die vielfach unterhalb der genannten Prozentgrenze liegen.

Das richtige Verständnis und die Wertung des Zusammenhangs von planmäßigen Industriepreisänderungen und dem Preis-Leistungs-Verhältnis ist für die Diskussion in Theorie und Praxis wichtig. Die große politische und ökonomische Bedeutung der Preisbildung nach dem Preis-Leistungs-Verhältnis liegt dort, wo ausgehend von den planmäßigen Industriepreisänderungen Wissenschaft und Technik mit Hilfe der Industriepreise kräftig stimuliert werden müssen. Die grundlegende Voraussetzung von seiten der Preise für die richtige Leistungsbewertung der Betriebe und Kombinate wird in hohem Maße mit den planmäßigen Industriepreisänderungen geschaffen. Mit den planmäßigen Industriepreisänderungen werden die wesentlichen Proportionen des Preisgefüges so gestaltet, daß die Industriepreise den grundlegenden Erfordernissen der Intensivierung entsprechen. Das sind im Prinzip den Wertgrößen angenäherte Industriepreise.

Es ist wichtig, das Erreichte, die beachtlichen Fortschritte hervorzuheben, die seit dem IX. Parteitag der SED in der Preisbildung erreicht wurden. Das ist deshalb besonders wichtig, weil noch manches nicht voll gelöst ist und immer neue Probleme auftreten. Vor allem aber, weil einzelne Unzulänglichkeiten allzu oft so sehr in den Vordergrund gerückt werden, daß das Erreichte, Positive politisch ungenügend eingeordnet wird.

In der konkreten Arbeit haben wir es auch mit Fällen zu tun, bei denen das Verhältnis zwischen Preis und Plan nicht den objektiven Erfordernissen der ökonomischen Gesetze des Sozialismus entsprechend gehandhabt wird. Daraus ergeben sich dann auch Einschränkungen in der Wirksamkeit der Industriepreise auf den Prozeß der Intensivierung.

Ich beziehe mich hier auch auf eine Aussage des Genossen Hesse vom LEW Hennigsdorf in bezug auf das Preis-Leistungs-Verhältnis, die er im Arbeitskreis 2 getan hat. Er sagt: Prinzipiell ist das Ziel und die Handhabung der Preisbildung nach dem Preis-Leistungs-Verhältnis richtig und klar. Jetzt müssen wir gegen den Mißbrauch unter der Fahne des Preis-Leistungs-Verhältnisses auftreten.
Dazu drei Beispiele:

Erstens: Es wurde eine große Anzahl von neuen Erzeugnissen hinsichtlich des Verhältnisses von Kosten und Gebrauchswert untersucht. Bei der weitaus überwiegenden Zahl der untersuchten Erzeugnisse steigt der Gebrauchswert schneller als die Kosten. Das entspricht den Erfordernissen der Intensivierung.

Zugleich gibt es aber Erzeugnisse, bei denen die Selbstkosten rascher gestiegen sind als der Gebrauchswert. Wenn wir an den Begriff *neues Erzeugnis* nicht nur technisch, sondern auch ökonomisch herangehen, so sind das eigentlich gar keine neuen Erzeugnisse. Denn hier wird die DDR mit den sogenannten neuen Erzeugnissen nicht reicher, sondern ärmer. Deshalb werden in der Regel diese überhöhten Kosten im Industriepreis auch nicht anerkannt. Der Industriepreis wirkt hier in seiner Meßfunktion zugleich als ökonomischer Hebel.

Zweitens: Es hat sich ein Werkleiter beschwert, daß der Industriepreis eines Ventils, das er als Zulieferung bezieht und das bisher 1 075 Mark gekostet hat, jetzt planmäßig mit 882 Mark festgelegt wird.

Man sollte annehmen, daß jedes Betriebskollektiv froh ist, wenn es seine Erzeugnisse mit niedrigen Selbstkosten herstellen kann. Hier beschwert sich der Werkleiter und „begründet" das mit negativen Auswirkungen auf die Kennziffer Warenproduktion.

Vom Industriepreis wird in diesem Fall offenbar erwartet, daß er wertmäßig eine Leistung des Betriebes ausweist, die weder materiell noch hinsichtlich des realen Aufwandes vorhanden ist. Dem Plan der Warenproduktion hätten bereits diese neuen, niedrigen Industriepreise zugrunde gelegt werden müssen.

Drittens: Für Arbeitsschutzhandschuhe wurde folgendes Prinzip für die Bildung der Industriepreise vorgeschlagen:

Von den verwendeten verschiedenen Ledersorten sollte die teuerste Sorte (Ziegenleder) der Kalkulation für alle Handschuhe, auch für Arbeitshandschuhe aus billigerem Leder, zugrunde gelegt werden.

Die Konsequenz wäre, daß auch der Handschuh aus billigem Schweinsleder den höheren Industriepreis bekommt, der nur für Handschuhe aus Ziegenleder gilt. Hier wird der Preis mißbraucht, um Probleme der sortimentsgerechten Planung auszugleichen.

Dieser Vorschlag wurde nicht akzeptiert, weil er weder mit Grunderkenntnissen der marxistischen Werttheorie übereinstimmt noch den konkreten Erfordernissen der sozialistischen Intensivierung genügt.

Wie sind diese drei Beispiele zu werten?

Es geht vor allem um das richtige Verständnis zwischen Industriepreis und Plan.

Man begegnet immer wieder Auffassungen, wonach die Industriepreise so gebildet werden sollen, daß mit einer Stunde Arbeitszeit stets ein gleicher wertmäßiger Ausweis der Warenproduktion erreicht werden soll. Es gibt für dieses Bestreben sogar schon eine eigene Begriffswelt.

Eine solche Preisbildung wäre jedoch theoretisch falsch, weil sie ignoriert, daß sich die Wertgröße aus v + m *plus c* zusammensetzt: c ist bei den Waren verschieden groß, bei Erzeugnissen aus Ziegenleder größer, bei Erzeugnissen aus Schweinsleder kleiner. Man kann es nicht als Leistung des Betriebes ausweisen, wenn entgegen den Erfordernissen der Intensivierung mehr und teureres Material eingesetzt wird. Eine solche Preisbildung wäre auch wirtschaftspolitisch falsch, weil die Verwender der Arbeitshandschuhe ihre Entscheidung ohne Kenntnis der wirklichen Aufwendungen träfen. Sie würden eventuell Arbeitshandschuhe aus importiertem Ziegenleder auch dort verwenden, wo Arbeitshandschuhe aus einheimischem Schweinsleder ausreichen. Eine solche Preisbildung würde unökonomischen Entscheidungen Vorschub leisten.

Die Annahme, daß mit Hilfe der Industriepreise Probleme der richtigen, auf den Bedarf orientierten Sortimentsplanung gelöst werden könnten, ist falsch. Solche Ansichten nähren Erwartungen, die der Preis unter den Bedingungen der sozialistischen Planwirtschaft im Prinzip nicht erfüllen kann und die man dem Preis auch nicht übertragen darf.

Ausgehend von den Beispielen ist auf einen zweiten, wesentlich ideologischen Aspekt hinzuweisen:

Wenn sinkende Selbstkosten als etwas Nachteiliges empfunden werden. so widerspricht das den Erfordernissen der Intensivierung. Es geht nicht darum, Qualität und Effektivität *auch* zu berücksichtigen, sondern sie zum entscheidenden Kriterium des Handelns zu machen. Dabei darf man auch keine perfektionistischen Erwartungen an die Wirkung der Planung und ökonomischen Stimulierung stellen. Genosse *Erich Honecker* sagte in seiner Rede zur Eröffnung des Parteilehrjahres 1977/78 in Dresden: „Eine ökonomische Regelung kann noch so gut sein, niemals kann sie das volkswirtschaftliche Verständnis und Verantwortungsgefühl eines Kommunisten ersetzen, der über den Zaun seines Betriebes . . . hinweg für seinen sozialistischen Staat das beste Ergebnis anstrebt."[1]

Mit meinem Beitrag möchte ich sichtbar machen:
Es eröffnet sich ein weites Feld, um ausgehend von dem Erreichten in gemeinsamer Arbeit die Wirksamkeit der Industriepreise im Rahmen von Leitung, Planung und ökonomischer Stimulierung weiter zu erhöhen, damit „die Initiative der Menschen immer wirksamer gefördert und auf ein hohes gesamtwirtschaftliches Ergebnis gerichtet wird."[2]

Die Dynamik der sozialistischen Volkswirtschaft stellt immer neue Fragen, die einer Antwort bedürfen. Gegenwärtig sind es solche Fragen wie
- der Zusammenhang der Preisbildung nach dem Preis-Leistungs-Verhältnis mit dem Ausweis der Exportrentabilität,
- die richtige Bewertung der Gebrauchswert-Parameter bei der Preisbildung,
- die Beziehungen zwischen der Preisbildung nach dem Preis-Leistungs-Verhältnis und planmäßigen Industriepreisänderungen.

Bei der Lösung dieser und ähnlicher Fragen ist – ausgehend von den Erfordernissen der sozialistischen Intensivierung – eine enge Zusammenarbeit zwischen Praktikern und Wissenschaftlern erforderlich.

[1] E. Honecker, Die sozialistische Revolution in der DDR und ihre Perspektiven, Berlin 1977, S. 39.
[2] Ebenda.

F. Haberland

Über einige Erfahrungen bei der Analyse der Wirksamkeit der Intensivierungsfaktoren in Kombinaten und Betrieben und daraus resultierende Schlußfolgerungen

Ein Höchstmaß an Effektivität und Qualität der Arbeit zu sichern – das hat Genosse *Erich Honecker* kürzlich als Schlüsselproblem charakterisiert, um das Nationaleinkommen weiter zu steigern und den bewährten politischen Kurs der Einheit von Wirtschafts- und Sozialpolitik fortzusetzen.[1] Jeder Schritt auf diesem Wege der Leistungsentwicklung verlangt besonders auch auf Ebene der Kombinate und Betriebe gründliche Kenntnis der Faktoren und Bedingungen der Intensivierung der Produktion, der zwischen ihnen bestehenden Wechselwirkungen und Abhängigkeiten. Die Kombinate und Betriebe tragen eine hohe eigene Verantwortung für die Ausnutzung und die Ausnutzungsbedingungen der ökonomischen Gesetze des Sozialismus in ihrem Reproduktionsprozeß, z. B. für die Durchsetzung des Leistungsprinzips auf der Grundlage technisch-begründeter, stets aktueller Normen.

Nachdrücklich unterstütze ich deshalb eine im Arbeitsmaterial enthaltene Forderung an die wirtschaftswissenschaftliche Forschung, sich wesentlich stärker dem Analysieren, Messen und Bewerten der Faktoren und Bedingungen für die bisherige und die künftige Leistungs- und Effektivitätsentwicklung zuzuwenden.

Die damit verbundenen Fragen zu klären und zu beantworten – das ist für die ökonomische Theorie und Praxis gleichermaßen von größter Bedeutung: Gilt es doch, die konkreten Wirkungsbedingungen des Wachstums der Produktion bei vorwiegend intensiv erweiterter Reproduktion für Leitung, Planung und Initiativentwicklung transparent zu machen. Erst durch die gründliche Kenntnis jener Bedingungen und Faktoren, die der Leistungs- und Effektivitätsentwicklung zugrunde liegen, gelingt es, den Intensivierungsprozeß entsprechend unseren Erfordernissen und Möglichkeiten planmäßig zu beschleunigen und zu vertiefen.

Auf dieser Grundlage ist es den Kombinaten und Betrieben möglich, bei der Ausarbeitung der langfristigen Intensivierungskonzeption zur Vorbereitung des Fünfjahrplanes 1981 bis 1985 die Zielsetzungen für Bedarfsdeckung und Erhöhung der Effektivität durch konkrete Maßnahmen der Intensivierung und sozialistischen Rationalisierung zu untermauern. Die genauere Kenntnis der Wirkung und der Wirkungsbedingungen der Faktoren für das Wachstum der Produktion in ihren inneren und äußeren Zusammenhängen versetzt sie besser in die Lage, genügend langfristig und mit größerer Treffsicherheit die Aufgabe für Wissenschaft und Technik zu stellen, die ökonomische und soziale Wirksamkeit des wissenschaftlich-technischen Fortschritts zu erhöhen.

Nicht zuletzt ist die Beantwortung dieser Fragen auch für die politisch-ideologische Arbeit in den Kombinaten und Betrieben äußerst bedeutsam: Geht es doch darum, das Verständnis der Werktätigen für wichtige betriebswirtschaftliche und volkswirt-

[1] E. Honecker, Die Aufgaben der Partei bei der weiteren Verwirklichung der Beschlüsse des IX. Parteitages der SED, in: Neues Deutschland vom 18./19. Februar 1978, S. 5.

schaftliche Zusammenhänge zu festigen, einseitige Wertungen ökonomischer Prozesse und Ressortdenken zu überwinden – und die Einsicht zu stärken, daß ein hoher Zuwachs an Nationaleinkommen aus dem Zusammenwirken verschiedener Faktoren resultiert.

Analysen, die wir unlängst in 29 Kombinaten und Betrieben zum Stand und zu den bisherigen Resultaten der Intensivierung durchgeführt haben, lassen den Schluß zu, daß Schrittmaß und volkswirtschaftliche Ergebnisse bei der Leistungs- und Effektivitätsentwicklung entsprechend den Beschlüssen der Partei dort erreicht worden sind, wo es gelang, die Faktoren der Intensivierung in ihrer Komplexität zur Wirkung zu bringen.

Im Grad der Ausnutzung dieser Faktoren werden allerdings bedeutende Unterschiede sichtbar – Unterschiede, die letztlich aus nicht voll genutzten Reserven resultieren.

Die Untersuchungen veranlassen jedoch auch zu der Feststellung, daß gegenwärtig die Reproduktionsprozesse noch nicht den Erfordernissen gemäß kompromißlos analysiert, daß ökonomische Wirkungen noch nicht ausreichend berechnet und nach Maßstäben größtmöglicher volkswirtschaftlicher Effektivität bewertet werden. Das wird u. a. daran deutlich, daß einerseits von Kombinaten und Betrieben bei der Planausarbeitung oftmals ungerechtfertigte Mehrforderungen hinsichtlich Fonds und Arbeitskräften angemeldet werden. Andererseits weisen jedoch diese Untersuchungen gleichzeitig mehr oder minder große Produktivitäts- und Effektivitätsreserven, unausgeschöpfte Möglichkeiten in der Ausnutzung der vorhandenen, der bereits geschaffenen enormen Fonds nach.

Für diese Erscheinungen gibt es eine Reihe von Erklärungen und Ursachen:
So sind Anzeichen unübersehbar, daß auf Grund mehrerer erwarteter *Runden* stufenweise höherer *Leistungsabforderung* im Prozeß der Ausarbeitung des Planes so manche Kombinats- und Betriebsleitung vorerst Zurückhaltung übt. Hinzu kommt, daß bei der Verteidigung des Planentwurfs eine Nachweisführung über den effektivsten Einsatz des gesellschaftlichen Arbeitsvermögens und der materiellen und finanziellen Fonds noch nicht überall verlangt wird – eine Forderung, die ohnehin erst bei Anwendung staatlicher Normative voll zur Geltung käme.

Eine Kernfrage ist jedoch die Haltung der zuständigen Leiter, den eigenen Reproduktionsprozeß kompromißlos analysieren, messen und bewerten zu wollen, in voller Wahrnehmung der eigenen Verantwortung die Reserven zu erschließen, die Quellen der Intensivierung auszuschöpfen und sie mit dem Plan wirksam zu machen. Auf die Förderung einer solchen Denk- und Handlungsweise der Leiter und der Kollektive gilt es – und das wird auch im vorliegenden Arbeitsmaterial mit großem Nachdruck hervorgehoben – das Gesamtsystem der Leitung, Planung und ökonomischen Stimulierung noch wirkungsvoller auszurichten. Neben diesen Ursachen spielen noch gewisse Unsicherheiten und Unklarheiten darüber eine Rolle, auf welche Weise die ökonomischen Prozesse und Zusammenhänge zu analysieren, zu messen und zu bewerten sind.

Unser Institut – das gewissermaßen an einer „Nahtstelle" von Theorie und Praxis tätig ist – wird seit einigen Jahren in wachsendem Maße aus objektiven Gründen mit diesen Problemen konfrontiert. In unserer engen, kameradschaftlichen Zusammenarbeit mit Bezirks- und Kreisleitungen unserer Partei, mit Kombinats- und Betriebsleitungen und den Parteileitungen rückte immer stärker die Beantwortung solcher Fragen in den Vordergrund:

– In welchem Maße ist die Leistungs- und Effektivitätsentwicklung des betreffenden Kombinats oder Betriebs tatsächlich und meßbar auf die Intensivierung der Produktion zurückzuführen? Welche Faktoren spielen dabei eine Rolle, läßt sich ihr Einfluß auf diese Entwicklung quantifizieren, wie sind die Wechselwirkungen zwischen ihnen zu ermitteln und mit größtmöglicher Effektivität planmäßig zu gestalten?

– Wie sieht der Zuwachs real aus – und zwar nicht nur einseitig an einer Volumenkennziffer gemessen, sondern auch hinsichtlich des für volkswirtschaftliche Bilanzen mehr verteilbaren Produkts in bedarfs- und qualitätsgerechter Struktur mit möglichst geringen Aufwendungen?

Schließlich besteht gerade darin ein Hauptanliegen der Intensivierung und Rationalisierung im Sozialismus.

– Wie sind die eigenen Leistungen des Kombinats und Betriebs bei der Entwicklung der Produktion, der Arbeitsproduktivität und Effektivität einzuschätzen und demzufolge auch zu bewerten? Die Beantwortung dieser Frage ist schließlich auch für den sozialistischen Wettbewerb, für die Stimulierung und Anerkennung sehr wichtig: nämlich, daß der Sieger auch tatsächlich der Beste ist – was die eigenen Leistungen für die Volkswirtschaft angeht.

Im engen Zusammenwirken mit den Bezirksleitungen Erfurt, Gera, Magdeburg, Berlin und Dresden – um nur einige zu nennen –, den zuständigen Kreisleitungen, Kombinats- und Betriebsleitungen haben wir nach Antworten gesucht – wie ich überhaupt der Auffassung bin, daß sich derartige Fragen nur im vertrauensvollen Miteinander von Theorie und Praxis erfolgreich lösen lassen. Ein bestimmter Grundzug dieser gemeinschaftlichen Arbeit bestand und besteht weiterhin darin, die Leitungen in den Kombinaten und Betrieben nicht *von außen* klug zu belehren, sondern mit ihnen gemeinsam den Problemen auf die Spur zu kommen, sie besser in die Lage zu versetzen, diese Probleme selbst zu lösen, ihrer eigenen Verantwortung auf diesem Gebiet wirkungsvoller nachzukommen. Da hierbei vielfach das ökonomische *Innenleben* eines Betriebes bloßgelegt wird, mit den vielen starken, aber auch noch nicht so starken Seiten, sind ein festes Vertrauensverhältnis und eine gemeinsame, einheitliche parteiliche Kampfposition zum schonungslosen Aufdecken der Ursache-Wirkungs-Zusammenhänge und zu den notwendigen und möglichen Veränderungen unerläßlich.

Zunächst haben wir begonnen, die Leistungs- und Effektivitätsentwicklung an Hand volkswirtschaftlicher Normalien (Regeln; Richtgrößen) zu beurteilen, die objektive Erfordernisse des ökonomischen Wachstums unter den Bedingungen der Intensivierung zum Ausdruck bringen. Wir prüften also mit den leitenden Kadern im Kombinat bzw. Betrieb: Wächst im Fünfjahrplanzeitraum die industrielle Warenproduktion schneller als der Material- und Grundfondseinsatz insgesamt je Leistungseinheit? Entwickelt sich die Arbeitsproduktivität schneller als die Grundfondsausstattung je Arbeiter und Angestellten und – in einer wachsenden Zahl von Betrieben, besonders in der verarbeitenden Industrie – auch schneller als die industrielle Warenproduktion?

Auf diese Weise haben wir erste Anhaltspunkte zu Tendenzen der ökonomischen Entwicklung gewonnen, die dann für konkrete Zwecke der Leitung und Planung durch problemorientierte Analysen näher untersucht wurden. Daraus resultierten viele nützliche Hinweise, wie die vorhandenen Fonds für das Wachstum ausgenutzt und effektiver eingesetzt werden können – Hinweise, die starke Impulse für die Neuerer- und Rationalisatorentätigkeit auslösten und die langfristige Intensivierungskonzeption durch konkrete Maßnahmen weiter anreicherten.

Die Anwendung solcher volkswirtschaftlicher Normalien halten wir aus unseren Erfahrungen für nützlich, wenn man sie für die Betrachtung längerer Zeiträume (mindestens für den Zeitraum eines Fünfjahrplanes) verwendet, sie stets zu den konkreten materiellen Prozessen und Bedingungen und ihrer Bewegung in Verbindung bringt und wenn man sich über den Tendenzcharakter der Aussage im klaren ist. Unmittelbar und direkt können und dürfen daraus keine Schlüsse für die Planung gezogen werden – erst über vermittelnde Zwischenglieder und im Ergebnis vertiefender Analysen. Derartige Normalien sagen in dieser Form allerdings nicht aus, wie schnell – also genau determiniert bzw. quantifiziert – sich der eine Faktor gegenüber dem anderen entwickeln muß.

Unter Berücksichtigung der positiven Seiten, aber auch der noch bestehenden Schwächen dieser Vorgehensweise haben wir gründlich die Erkenntnisse der ökonomischen Theorie und der Wirtschaftspraxis in der DDR und in anderen sozialistischen Ländern studiert. Vor allem sind von uns Meinungen, Hinweise und Vorschläge sowjetischer Wissenschaftler und Praktiker eingehend analysiert worden. Auch für die wirtschaftswissenschaftliche Forschung gilt es, die bereits vorhandenen Erkenntnisse besser zu nutzen – und nicht immer nur Neues erforschen zu wollen. So sind wir auf Überlegungen des sowjetischen Ökonomen *Baranauskas* gestoßen. Ähnlich wie andere Ökonomen – in der UdSSR, in der DDR und in anderen sozialistischen Ländern – berechnet er über das Vergleichbarmachen von einmaligem und laufendem Aufwand eine Gesamtaufwandsgröße, die dem Produktionsresultat gegenübergestellt wird.

Dadurch angeregt, ist es uns gelungen, bezogen auf das Planungssystem der DDR und unter Verwendung einer unserem Institut zur Verfügung stehenden elektronischen Datenverarbeitungsanlage (Typ HP 9830 B) eine Berechnungsvorschrift als Entscheidungshilfe zu entwickeln. Sie unterstützt auf Ebene der Kombinate und Betriebe die Analyse, Messung und Bewertung von Intensivierungseffekten und vermittelt wichtige Hinweise für die Leitung und Planung dieser Prozesse. Bei der Entwicklung dieser Berechnungsvorschrift haben wir uns von folgenden Überlegungen und Anforderungen leiten lassen:

– Grundlegende Fortschritte bei der Vertiefung des Intensivierungsprozesses beruhen auf der Beschleunigung des wissenschaftlich-technischen Fortschritts. Sie sind in den Kombinaten und Betrieben längerfristig orientiert mit dem Plan durchzusetzen. Diesem Ausgangspunkt muß die Entscheidungshilfe Rechnung tragen.

– Die Berechnungsvorschrift muß konsequent auf den geltenden Vorschriften für Planung, Rechnungsführung und Statistik beruhen. Deshalb wird ausschließlich mit Kennziffern gearbeitet, die in Gestalt von Plankennziffern und ökonomischen Planinformationen in den Kombinaten und Betrieben vorliegen.

– Durch die Betrachtung von längerfristigen Zeiträumen und durch die Verknüpfung von Kennziffern gilt es, an die tieferliegenden Schichten von Reserven heranzukommen, um den Intensivierungsprozeß zu beschleunigen. Hinzu kommt, daß längerfristige Betrachtungen bestimmte Ungenauigkeiten ausgleichen, die aus den verwendeten Ausgangsdaten resultieren. Und schließlich:

– Die Berechnungsvorschrift soll die Bewertung von Varianten und Alternativlösungen ermöglichen.

Inzwischen haben wir gemeinsam mit den zuständigen Leitungen in Partei und Wirtschaft etwa 90 Kombinate und Betriebe an Hand dieser Grundüberlegungen und mit Hilfe der Berechnungsvorschrift *durchleuchtet.* Bei dem bisher erreichten Arbeitsstand sind folgende Aussagen für die Leitungstätigkeit möglich:

Erstens: Wir sehen ein wichtiges Anliegen unserer Arbeit darin, den Parteileitungen und staatlichen Leitern zu helfen, die Intensivierungsfortschritte und -ergebnisse im jeweils betrachteten Zeitabschnitt ausreichend genau zu quantifizieren. Die Anwendung dieser Berechnungsvorschrift ermöglicht es, den Anteil der Invensivierung an der Leistungs- und Effektivitätsentwicklung zu bestimmen. Darüber hinaus wird der Einfluß solcher qualitativer Wachstumsfaktoren wie: Steigerung der Arbeitsproduktivität, Erhöhung der Ökonomie der Grundfonds, Senkung des spezifischen Materialverbrauchs und die Vertiefung der gesellschaftlichen Arbeitsteilung auf das Gesamtwachstum des Kombinats bzw. Betriebs in wesentlichen, inneren Zusammenhängen ausgewiesen. Dabei werden drei wichtige Aufwandselemente in zusammengefaßter Form berücksichtigt: die Zahl der Arbeitskräfte, der produktive Verbrauch von Arbeitsgegenständen sowie der von der Gesellschaft zu leistende Fondsvorschuß für die Bestände an Grund- und Umlaufmitteln. Im Grunde genommen nähern wir uns mit diesem Vorgehen einer im Arbeitsmaterial erhobenen Forderung (vgl. These 3), als allgemeines Kriterium der Steigerung der Arbeitsproduktivität die Senkung des Gesamtaufwands an lebendiger und vergegenständlichter Arbeit anzusehen.

Zweitens: Die Kombinate und Betriebe werden somit besser in die Lage versetzt, ihre Fortschritte und Resultate bei der Vertiefung des Intensivierungsprozesses über einen längeren Zeitraum – mindestens jedoch für einen Fünfjahrplanabschnitt – zu messen und zu bewerten.

Das Meßverfahren vermittelt für die weitere Verbesserung der Leitungs- und Planungsarbeit in den Kombinaten, Betrieben, wirtschaftsleitenden und Territorialorganen quantifizierte Anknüpfungspunkte. Das sind beispielsweise:

- der Anteil des Nettoprodukts oder der Eigenleistung am Gesamtzuwachs durch Steigerung der Arbeitsproduktivität und intensivere Fondsausnutzung;
- der Zuwachs an Nettoprodukt oder Eigenleistung durch Erhöhung der Produktivität der lebendigen Arbeit;
- die Intensivierungseffekte durch die bessere Nutzung der gesamten Produktionsfonds eines Kombinats (also der Produktionsgrund- und der Umlauffonds);
- der Einfluß der Senkung des spezifischen und absoluten Materialverbrauchs auf das Wachstum des Nettoprodukts bzw. der Eigenleistung.

Im Rahmen der für den Gesamtzeitraum durchzusetzenden Entwicklungsziele lassen sich Aussagen treffen, inwieweit das bisher erreichte Tempo bereits den gesetzten Maßstäben entspricht und welcher Leistungszuwachs im verbleibenden Zeitraum der Fünfjahrplanperiode noch erforderlich ist. Kombinate, die beachtliche Anteile ihrer Produktion einer gebrauchswertseitigen Wandlung über Exporte und Importe unterziehen, können daraufhin untersucht werden, inwieweit gemessener Effektivitätsfortschritt und hierfür verwendete Preise auch auf den Außenmärkten realisiert werden.

Solche durch rechnerisch-analytische Verfahren ermittelten Aussagen, die mit Hilfe eines dem Rechner angeschlossenen Zeichengeräts grafisch dargestellt und veranschaulicht werden können, dürfen selbstverständlich nicht verabsolutiert oder überschätzt werden. Sie helfen jedoch, die auf dem IX. Parteitag der SED erhobene Forderung zu erfüllen, „. . . auf kommunistische Art und Weise an die Beurteilung der Plankennziffern heranzugehen und genau zu analysieren, worin die wirklichen Ursachen für ihre Erfüllung oder Nichterfüllung liegen."

Bei der Verwertung dieser sowjetischen Erfahrungen stand somit eindeutig im Vordergrund, den Leitungen in den Kombinaten und Betrieben eine praktikable Entscheidungshilfe zu vermitteln.

Bei sachlicher Abschätzung der Vor- und Nachteile, die mit einer solchen Vorgehensweise verbunden sind, überwiegen eindeutig die dadurch vermittelten Impulse und Hinweise zur weiteren Verbesserung der Leitungs- und Planungstätigkeit. Sie hat in der Regel in jenen Kombinaten, Betrieben und wirtschaftlichen Organen, in denen sie bisher erprobt und angewendet worden ist, zu einer kritischen Wertung des Erreichten angeregt und neue Überlegungen zur Erhöhung der Effektivität einer bedarfsgerechten Produktion ausgelöst.

In vielen Fällen führen die Berechnungsergebnisse zur Erhöhung der Zielsetzungen in der langfristigen Intensivierungskonzeption. Diese Kombinate und Betriebe nutzen die Ergebnisse, um die in Ausarbeitung befindliche Intensivierungskonzeption für den Fünfjahrplanzeitraum 1981 bis 1985 zu orientieren und zu beurteilen. Die Anwendung dieser Berechnungsvorschrift erweist sich auch für wirtschaftsleitende Organe (Kombinate, VVB, Bezirksplankommissionen) als außerordentlich nützlich, um sicherer als bisher – d. h. also ohne eine solche Entscheidungshilfe – den Planentwurf der Betriebe einschätzen und beurteilen zu können; die Berechnungen unterstützen wirksam die Objektivierung und Differenzierung staatlicher Planaufgaben und -auflagen für die Betriebe.

Eine Reihe von Bezirks- und Kreisleitungen der Partei, Parteileitungen in den Kombinaten und Betrieben nutzt bei der Vorbereitung und Durchführung von Intensivierungskonferenzen, Mitgliederversammlungen und Aktivtagungen solche Analysen- und Meßergebnisse. Sie untersetzen damit die politisch-ideologische Erziehungsarbeit mit wichtigen Fakten zu betriebswirtschaftlichen und volkswirtschaftlichen Zusammenhängen.

Wir haben hier erste Arbeitsergebnisse und Erfahrungen vorgestellt. Gegenwärtig bemühen wir uns um die Klärung einiger Fragen, damit diese Berechnungsvorschrift noch sicherer und aussagefähiger gestaltet werden kann. Dazu gehören die Ermittlung des Einflusses von Strukturveränderungen im Einsatz von vergegenständlichter und lebendiger Arbeit auf die ökonomische Entwicklung, die Angleichung der Berechnungen an den erkannten Reproduktionszyklus z. B. eines Kombinats sowie Fragen des Preisniveaus und der Preisbasis.

Welche Schlußfolgerungen ergeben sich aus der Analyse der Wirksamkeit der Intensivierungsfaktoren?

In der Mehrzahl der untersuchten Kombinate und Betriebe, die eine insgesamt positive Bilanz in der Nutzung der Intensivierungsfaktoren vorweisen können, zeigt sich, daß die volle Orientierung der Leitung sowohl auf die kurzfristig zu mobilisierenden Reserven der Produktion als auch auf die längerfristig wirkenden Faktoren der Effektivitätssteigerung in starkem Maße an drei Bedingungen geknüpft ist:

Erstens: Planmäßigkeit und Kontinuität der Produktion und der Erfüllung der Verträge. Kann das nicht gesichert werden, so verlagert sich das Schwergewicht der Leitung auf kurzfristige, meist nicht sehr effektive, aber zur Vermeidung noch größerer ökonomischer Verluste notwendige Maßnahmen. Wenn damit nicht in relativ kurzer Zeit die Planmäßigkeit wiedergewonnen werden kann, prägt sich Hektik im Stil der Leitung aus, die vorausschauende Arbeit wird vernachlässigt beziehungsweise nicht entwickelt – mit allen Konsequenzen für die langfristige und stabile Entwicklung des technisch-ökonomischen Niveaus der Produktion.

Zweitens: Kenntnisvorlauf über die Entwicklungstendenzen in Wissenschaft und Technik, das internationale Niveau der Produktion und den volkswirtschaftlichen Bedarf. Dieser Kenntnisvorlauf, der in der Regel durch die Kombinate und Betriebe selbst geschaffen werden muß, ist wesentliche Bedingung, um den Reproduktionsprozeß nach hohen Effektivitätsmaßstäben vorausschauend leiten zu können. Er ermöglicht rechtzeitige und effektive Entscheidungen, z. B. zur Hebung des wissenschaftlich-technischen Niveaus der Erzeugnisse und Technologien, zur Erschließung neuer Exportmöglichkeiten, zum komplexen Wirken der qualitativen Wachstumsfaktoren. Die Erfahrungen der Betriebe weisen darauf hin, daß eine kontinuierliche analytische und vorausschauende Arbeit ein Grundpfeiler für die Erhöhung der Effektivität ist.

Drittens: ein hohes Niveau der Planung und wirtschaftlichen Rechnungsführung im Kombinat und Betrieb. Sie sind entscheidende Mittel der Leitung, um die volkswirtschaftlichen Ziele mit sinkendem Ressourceneinsatz je Leistungseinheit zu erreichen und die qualitativen Wachstumsfaktoren in ihrer Komplexität und bilanziert zu beherrschen.

Wichtige Ansatzpunkte für die Verbesserung der Arbeit auf diesem Gebiet sind insbesondere: die zuverlässige Einschätzung des Bedarfs und seiner Entwicklung; die kompromißlose Analyse aller Faktoren und Bedingungen für die Leistungsentwicklung; die weitere Vervollkommnung der Kostenrechnung und der Normativbasis für den Einsatz des Arbeitsvermögens und der Ressourcen; die verstärkte Anwendung von Nutzensrechnungen und die Qualifizierung der langfristigen konzeptionellen Arbeit, insbesondere der langfristigen Intensivierungskonzeption.

Durch ein hohes Niveau der Planung und wirtschaftlichen Rechnungsführung lassen sich sowohl die generellen Forderungen als auch die betriebs- und zweigspezifischen Möglichkeiten und Bedingungen für die Intensivierung verwirklichen, werden grundlegende Voraussetzungen für eine effektive Initiativentwicklung geschaffen.

Mit weiterführenden Arbeiten auf diesem Gebiet leistet die wirtschaftswissenschaftliche Forschung einen wichtigen Beitrag, um das Hauptanliegen unserer Konferenz in der Wirtschaftspraxis zur Wirkung zu bringen.

G. Voigtländer

Zu einigen Fragen der sozialistischen Rationalisierung in der Metallindustrie

Die Beratungen auf dieser wirtschaftswissenschaftlichen Konferenz rufen das Interesse der Wirtschaftswissenschaftler und ebenso das der Produktionsarbeiter, der Neuerer, Rationalisatoren und Erfinder, der Technologen, Konstrukteure und nicht zuletzt von uns Gewerkschaftsfunktionären hervor.

Dies ist begründet im Gegenstand der Beratung, nämlich wie die politische, wirtschaftliche und soziale Leistungskraft der DDR unter der klugen und weitsichtigen Führung der Partei der Arbeiterklasse weiter gestärkt werden kann und in der Erfahrung, daß sich ein hohes Wachstum unserer Volkswirtschaft insbesondere durch ein hohes Maß in der Steigerung der Arbeitsproduktivität in eine höhere Lebensqualität für unser Volk ummünzt.

Das Tempo dieses Wachstums der Produktivität und Effektivität wird entscheidend von der sozialistischen Rationalisierung geprägt. Sie gilt es, wie der Generalsekretär des ZK der SED, Genosse Erich Honecker das in seiner Rede vor den 1. Sekretären der Kreisleitungen begründete, umfassend durchzuführen.

Die in der sozialistischen Rationalisierung zum Ausdruck kommende Einheit von Leistungssteigerung, Verbesserung der Arbeits- und Lebensbedingungen und Persönlichkeitsentwicklung entspricht voll und ganz dem Inhalt der Hauptaufgabe.

Sie verantwortungsvoll durchzuführen, heißt für uns als Organisation der machtausübenden Arbeiterklasse, die sozialistische Rationalisierung auf einer höheren Stufe zur gewerkschaftlichen Kampfaufgabe zu machen. Die Bedingungen dafür sind gut, um den größer gewordenen außenwirtschaftlichen Belastungen durch steigende Arbeitsproduktivität entgegenzuwirken.

Wir haben eine kampferprobte und qualifizierte Arbeiterklasse, die zu einem großen Teil in leistungsstarken Kombinaten der Metallindustrie konzentriert ist. Ihre Anstrengungen im sozialistischen Wettbewerb gemeinsam mit den Angehörigen der wissenschaftlich-technischen Intelligenz führten in den ersten drei Monaten dieses Jahres zur Erfüllung und gezielten Überbietung des Planes, zur Steigerung der Arbeitsproduktivität und zu guten Ergebnissen bei der Verwirklichung des Planes Wissenschaft und Technik. Im Jahre 1977 nahmen über 600 000 Werktätige an der Neuererbewegung teil. Von ihnen wurden zur Rationalisierung 178 000 Vorschläge unterbreitet und mit einem Wert von über 1 Milliarde Mark in Nutzung genommen.

Wir verfügen über ein gesundes Wachstum unserer Wirtschaft. Der Hauptweg der Intensivierung hat sich voll bewährt. Unsere materiell-technische Basis hat sich qualitativ und quantitativ entwickelt.

Diese politischen, sozialen und ökonomischen Voraussetzungen sind die Grundlage für eine höhere Wirksamkeit der sozialistischen Rationalisierung.

Wie das den Ideenreichtum, die Schöpferkraft der Werktätigen beflügelt, zeigt in verallgemeinerungswürdiger Weise die Initiative der Horizontalbohrer aus dem „Fritz-Heckert-Werk" Karl-Marx-Stadt.

Entsprechend ihrem Grundsatz im sozialistischen Wettbewerb: „Hohe Leistungen, gute Qualität, täglich nach den Erfahrungen der Besten zu arbeiten" haben sie in den Jahren 1976–1977 die Arbeitsproduktivität insgesamt um 26,4 Prozent über den Plan hinaus gesteigert. Das war möglich, weil durch gründliche politisch-ideologische Arbeit im Arbeitskollektiv sozialistische Denk- und Verhaltensweisen entwickelt wurden, weil in sozialistischer Gemeinschaftsarbeit mit den Ingenieuren wissenschaftlich-technische Maßnahmen unter Nutzung der Erkenntnisse der wissenschaftlichen Arbeitsorganisation genutzt wurden bis hin zur Verwirklichung des Grundsatzes *Neue Technik – neue Normen.* Sie konzentrieren sich besonders auf die Auslastung ihrer hochproduktiven Maschinen. Mit der Steigerung der kalendertäglichen Auslastung von 19 Stunden im Jahre 1977 auf 21,4 Stunden im Jahre 1978 stehen sie mit an der Spitze aller Arbeitskollektive der Republik.

Von ihrer Initiative ausgehend entwickelte sich ein schöpferisches Wetteifern im gesamten Betrieb. Im I. Quartal 1978 wurde der Plan und Gegenplan erfüllt, vier Werkzeugmaschinen über den Plan hinaus fertiggestellt und das Schöpfertum der „Fritz-Heckert-Werker" wurde im März mit dem Titel „Betrieb der ausgezeichneten Qualitätsarbeit" gewürdigt.

Umfangreich sind die Aufgaben, die sich das Betriebskollektiv für die sozialistische Rationalisierung im Jahre 1978 vorgenommen hat.

Durch den Ausbau der technologischen Versuchsabteilung und umfassende Anwendung der wissenschafltichen Arbeitsorganisation wird der Fertigungsaufwand bei Haupterzeugnissen um 8 Prozent und für spezialisiert gefertigte Baugruppen um 10 Prozent gesenkt.

Das Aufkommen von Rationalisierungsmitteln wird auf 246 Prozent zum Vorjahr erhöht. Im Jahre 1978 werden planmäßig 250 Arbeitsplätze um- bzw. neugestaltet. Damit reduziert sich die Anzahl der unter erschwerten Arbeitsbedingungen Beschäftigten weiter. Die geplante Einsparung von Arbeitsplätzen wird durch weitere Verwaltungsrationalisierung um 30 Arbeitsplätze überboten.

Das sind Aufgaben und Ergebnisse, die zum Ausdruck bringen, wie die sozialistische Rationalisierung von den „Fritz-Heckert-Werkern" als gewerkschaftliche Kampfaufgabe verstanden und verwirklicht wird. Es unterstreicht eindeutig: In der sozialistischen DDR wird die Rationalisierung von der herrschenden Arbeiterklasse als Instrument für die ständig bessere Befriedigung der materiellen und kulturellen Bedürfnisse genutzt.

In der kapitalistischen BRD dagegen verschärft die Rationalisierung die Ausbeutung, führt zur Massenarbeitslosigkeit und zu drastischen Folgen für die Arbeiterklasse. Eine Studie des Unternehmerverbandes der Metallindustrie im BRD-Land Baden-Württemberg zeigt, wie sich die Widersprüche zwischen Kapital und Arbeit mit der kapitalistischen Rationalisierung zuspitzen. In 53 % der dortigen Metallbetriebe herrscht stumpfsinnige Arbeit vor, in 13 % der Betriebe liegen die Arbeitstakte unter den in den Tarifverträgen festgelegten Grenzen, in 74 % der Betriebe arbeiten die Metallarbeiter bei einem Lärmpegel von mehr als 90 dB, in 53 % der Betriebe unter schwereren Belastungen durch Hitze, Gase, Dämpfe und Rauch. Und in 66 % der Betriebe wird nichts getan, um arbeitsbedingte Zwangshaltungen durch arbeitsgestaltende Maßnahmen abzubauen.

Dieses Beispiel zeigt erneut: Die Rationalisierung wird vom Inhalt der Gesellschaftsordnung geprägt.

Wir sind uns natürlich bewußt, daß in dem vielseitigen und vielschichtigen Prozeß der sozialistischen Rationalisierung bei weitem noch nicht alle Bedingungen und Reserven genutzt werden. Unser gewerkschaftliches Betätigungsfeld ist daher im sozialistischen Wettbewerb die Herausbildung solcher Denk- und Verhaltensweisen der Maschinenbauer, die zu einer produktiven Lösung am Arbeitsplatz, im Arbeitsbereich führen, die die geistigen Kräfte fordern und fördern, die von Unduldsamkeit gegenüber der Vergeudung von lebendiger und vergegenständlichter Arbeit zeugen.

Im sozialistischen Wettbewerb haben sich dazu eine Reihe bewährter Formen und Methoden herausgebildet, wie zum Beispiel die persönlich- und kollektiv-schöpferischen Pläne zur Steigerung der Arbeitsproduktivität der Produktionsarbeiter und Ingenieure. Seit 1972 haben diese dem Schöpfertum von Millionen Werktätigen unserer Republik den Weg zur überplanmäßigen Steigerung der Arbeitsproduktivität bereitet und wurden immer wieder auf die neuen Erfordernisse gebracht.

Ihre Initiatoren, die Metallarbeiter und Helden der Arbeit Horst Franke und Gerd Pfeiffer vom VEB Elbtalwerk Heidenau, haben sich mit dem Ingenieurtechnologen und Verdienten Aktivisten Horst Eisner verbündet, um gemeinsam die Technologie noch stärker für eine zusätzliche Steigerung der Arbeitsproduktivität bei gleichzeitiger Verbesserung der materiellen Arbeitsbedingungen wirksam zu machen.

Diese wertvolle Initiative und schöpferische Gemeinschaftsarbeit bringt bei ihnen einen Zuwachs an Arbeitsproduktivität über den Plan hinaus im Jahre 1978 von 6,5 Prozent. Horst Franke hat seine Wettbewerbsverpflichtung bereits zu 50 Prozent erfüllt.

Gerade in der Metallindustrie ist die Erhöhung des technologischen Niveaus der Produktion ein Schlüsselproblem. Wir Gewerkschafter meinen, daß es höchste Zeit ist, in einer Reihe von Betrieben mit der Unterschätzung der technologischen Forschung und der technologischen Arbeit Schluß zu machen.

Deshalb ist der Ausgangspunkt für alle Rationalisierungsmaßnahmen der ehrliche, gewissenhafte Vergleich des eigenen Standes der Erzeugnisse, der Technik und Technologie mit den internationalen Bestwerten durch die staatlichen Leiter.

Wir brauchen diesen Vergleich nicht zu scheuen. Zu den Ergebnissen der metallverarbeitenden Industrie im I. Quartal gehören eine Reihe Werkzeug- und Verarbeitungsmaschinen, die den fortgeschrittenen internationalen Stand bestimmen.

Beispielgebend sind solche volkseigenen Betriebe wie Umformtechnik „Herbert Warnke" Erfurt, Textilmaschinenbau Gera, Blechbearbeitungsmaschinenwerk Aue.

Natürlich geht es darum, den Kampf um Spitzenerzeugnisse und hochproduktive Technologien auf ausgewählten Gebieten noch hartnäckiger zu führen. Wir lenken deshalb verstärkt im sozialistischen Wettbewerb die Initiativbereitschaft der Metallarbeiter, Technologen, Konstrukteure und Neuerer vor allem auf die Entwicklung und das Nutzen modernster Technologien.

Eine sehr wertvolle Initiative entwickelte der Ingenieurtechnologe Günter Haak vom VEB Bodenbearbeitungsgerätewerk Leipzig. Nach dem Prinzip *Mit sozialistischer Gemeinschaftsarbeit und gesundem Risiko für moderne Technologien zu höherer Effektivität und Qualität* erreichte er gemeinsam mit Neuerern aus der Fertigung durch den Einsatz von Rationalisierungsmitteln für neue Schweißtechnologien eine Steigerung der Arbeitsproduktivität von 140 bis 240 Prozent. Eingespart wurden dadurch 6 Arbeitsplätze bzw. 22 Arbeitskräfte. Die Kosten konnten um 93 000 Mark gesenkt werden.

In dieser und in anderen Initiativen widerspiegelt sich ein hohes Verantwortungsbewußtsein der Neuerer, Erfinder und Rationalisatoren, die richtige Einstellung zur Arbeit und zum sozialistischen Eigentum, Schöpfergeist, Leistungswille, Sparsamkeit sowie Unduldsamkeit gegenüber Effektivitätsverlusten – Eigenschaften sozialistischer Persönlichkeiten, die immer mehr das Antlitz der führenden Arbeiterklasse in unserer sozialistischen Gesellschaft prägen.

Solche Eigenschaften zu entwickeln, ist die bestimmende Aufgabe in der politisch-ideologischen Arbeit der Gewerkschaftsorganisationen.

Auch bei der sozialistischen Rationalisierung gilt, daß Wort und Tat der Arbeiter beginnend mit der Entscheidungsfindung bis zur Realisierung den Verlauf unserer gesellschaftlichen Prozesse entscheidend bestimmen. Unsere gewerkschaftliche Aufgabe ist es, für solche Bedingungen einzutreten, die in allen Betrieben und Kombinaten, in jeder Gewerkschaftsgruppe und bei jedem staatlichen Leiter ein verantwortungsbewußtes Mitwirken der Werktätigen in hoher Qualität ermöglichen, damit ihre auf Sachkenntnis beruhenden Vorschläge, Hinweise und Kritiken sorgsam beachtet und für die bestmögliche Lösung genutzt werden.

Das ist untrennbar mit der Einsparung von Arbeitsplätzen bzw. ihrer Neu- und Umgestaltung nach den Erkenntnissen der wissenschaftlichen Arbeitsorganisation verbunden, die dazu führen, den sozialistischen Charakter und schöpferischen Inhalt der Arbeit weiter auszuprägen.

Während die *Einsparung von Arbeitsplätzen* für uns in Übereinstimmung mit den Interessen der Arbeiterklasse ein generelles Problem der sozialistischen Rationalisierung ist, werden die Metallarbeiter in der BRD von der Angst vor der *Vernichtung von Arbeitsplätzen* beherrscht.

Einsparung und Vernichtung von Arbeitsplätzen – das ist kein Wortspiel, sondern es trennt ganze Welten.

Bei uns fürchtet kein Arbeiter, einen Arbeitsplatz zu verlieren. Im Gegenteil. Er ist sich dessen sicher, durch eigenes Mitgestalten einen neuen Arbeitsplatz mit interessanterer, seine Persönlichkeit noch mehr fördernder Tätigkeit zu erhalten.

Dabei haben wir im Blickfeld auch solche Arbeitsplätze, an denen immer noch großer manueller Aufwand, verbunden mit Körperkraft, dominiert, an denen monotone und zum Teil gesundheitsschädigende Tätigkeiten überwiegen. Das alles gilt beispielsweise für viele Arbeitsplätze im Transport- und Lagerwesen und bei der Beschickung von Schmelzöfen.

Die *Arbeitsplatzvernichtung* im Kapitalismus dagegen ist meistens mit Erscheinungen der Dequalifizierung der Werktätigen, Verminderung des Lohnes, ihres sozialen Status bis hin zur Arbeitslosigkeit verbunden. Deshalb ging es in den Lohn- und Tarifkämpfen in der Metallindustrie der BRD nicht nur um höhere Löhne. Stärker als sonst standen die Sicherheit der Arbeitsplätze und das Recht auf Arbeit, Schutzmaßnahmen gegen die Rationalisierung, Forderungen nach Beseitigung bzw. Verringerung der Arbeitshetze, nach umfassender beruflicher Qualifizierung und Umschulung auf der Tagesordnung. Das waren Forderungen, welche bis an die Ursachen der Ausbeutung der Macht der Monopole, bis an die Wurzeln der kapitalistischen Profittreiberei rührten.

Auch wenn den schlimmsten Auswirkungenn der Rationalisierung durch den Kampf der Arbeiter Einhalt geboten wurde, so bleibt unwiderlegbar: Solange das Privateigentum an den Produktionsmitteln die Gesellschaftsordnung bestimmt, solange Profitwirtschaft und Ausbeutung des Menschen durch den Menschen nicht beseitigt sind, kann die Rationalisierung nicht dem Wohl der arbeitenden Menschen dienen. Das ist nur unter sozialistischen Produktionsverhältnissen möglich.

Die Industriegewerkschaft Metall im FDGB betrachtet es deshalb als eine vorrangige Aufgabe, in ihrer Tätigkeit mit unseren gewerkschaftlichen Mitteln alles zu tun, um unter Führung der Partei der Arbeiterklasse aktiv zu einer höheren Stufe der Wirksamkeit der sozialistischen Rationalisierung beizutragen. Wir tun dies, weil damit der wirtschaftliche und soziale Aufstieg fortgesetzt, die DDR allseitig gestärkt und damit ein Beitrag für den Kraftzuwachs des Sozialismus in der Welt geleistet wird.

4. Einführungsreferate und ausgewählte Diskussionsbeiträge in den Arbeitskreisen

Arbeitskreis 1: Politökonomische Probleme der Steigerung der Arbeitsproduktivität bei der weiteren Gestaltung der entwickelten sozialistischen Gesellschaft

G. Schulz

Zu einigen Wechselbeziehungen zwischen ökonomischer und sozialer Effektivität

Grundlage der Beratung sind das Arbeitsmittel der Konferenz, das Hauptreferat des Genossen Wolfgang Heinrichs und die Beiträge im Plenum. Die seit langem bekannten Schwerpunkte für die Diskussion im Arbeitskreis sollten etwa ihren Rahmen abstecken. Es ist der Position im Arbeitsmaterial zuzustimmen, wonach aus der Tatsache, daß man unter Arbeitsproduktivität die Ergiebigkeit oder den Wirkungsgrad der menschlichen Arbeit bei der Produktion materieller Güter versteht, keinesfalls zu folgern ist, daß sich die Steigerung der Arbeitsproduktivität auf die Einsparung an lebendiger Arbeit reduziere, was bedeuten würde, die Einsparung von laufendem Aufwand an vergegenständlichter Arbeit aus der Steigerung der Arbeitsproduktivität auszuschließen. Karl Marx erklärte dazu: „Gesellschaftlich betrachtet, wächst die Produktivität der Arbeit auch mit ihrer Ökonomie. Diese schließt nicht nur die Ökonomisierung der Produktionsmittel ein, sondern die Vermeidung aller nutzlosen Arbeit."[1] Reserven zur Erhöhung der Arbeitsproduktivität können bekanntlich nur erschlossen werden, wenn die Bewegung der Gesamtheit jener Faktoren analysiert wird, die den Wirkungsgrad der Arbeit in der Produktion bestimmen, die zu Veränderungen im Gesamtaufwand und im Wechselverhältnis von lebendiger und vergegenständlichter Arbeit führen.

Aus dieser Sicht sollten in die Diskussion nochmals einbezogen werden der Inhalt nachfolgender Kategorien und die zwischen ihnen bestehenden Wechselbeziehungen: betriebliche Arbeitsproduktivität, gesellschaftliche Arbeitsproduktivität, Effektivität der Produktion (wobei die Arbeitsproduktivität der Kern ist) und Effektivität

[1] K. Marx, Das Kapital, Erster Band, in: MEW, Bd. 23, Berlin 1962, S. 552.

der gesellschaftlichen Arbeit in den nichtproduzierenden Zweigen und Bereichen. Bei der Arbeit in nichtproduzierenden Bereichen handelt es sich bekanntlich um gesellschaftlich notwendige und nützliche Arbeit (jedoch nichtproduktive, wenn von Grenzfällen abgesehen wird). Das Verhältnis von Aufwand und Ertrag ist in diesen Bereichen im Interesse eines zunehmenden Konsumtionseffekts und der Persönlichkeitsentwicklung zu verbessern. Es besteht kein Zweifel, daß die Werktätigen im Bildungswesen, Gesundheitswesen, Dienstleistungsbereichen u. a. durch ihre Arbeit einen sehr differenzierten und wesentlichen Beitrag zur Steigerung der Arbeitsproduktivität und zur sozialistischen Lebensweise leisten. Das ist nicht zuletzt durch eine effektive Verwendung eines Teils des Nationaleinkommens zu erreichen.

Letztlich besteht im Sozialismus das Kriterium der Effektivität der gesellschaftlichen Arbeit darin, wie es gelingt, mit dem gegebenen Arbeitsaufwand die in Umfang und Niveau höchstmögliche Befriedigung der Bedürfnisse der Menschen zu erreichen. Darin besteht auch das Kriterium für Notwendigkeit und Nützlichkeit jeglicher gesellschaftlicher Arbeit im Sozialismus, nämlich der Beitrag zur Befriedigung der gesellschaftlichen und der individuellen Bedürfnisse, seien es materielle oder geistige, produktive oder nichtproduktive.

Hier sollen drei Gründe hervorgehoben werden, warum die Unterscheidung zwischen Effektivität der Produktion und Effektivität der gesellschaftlichen Arbeit in der Sphäre außerhalb der Produktion notwendig ist:

Erstens muß die sozialistische Gesellschaft das ihr zur Verfügung stehende Arbeitspotential proportional auf die materielle Produktion und nichtproduktiven Bereiche aufteilen, um planmäßig die qualitative und quanitative Entwicklung der materiellen Produktion und der anderen Gesellschaftsbereiche zu gewährleisten. Dabei sind jene objektiven Prozesse zu beachten (der wissenschaftlich-technische Fortschritt, die weitere Vergesellschaftung der Produktion u. a.), die dazu führen, daß sich der produktive Gesamtarbeiter qualitativ und quantitativ verändert. Weiterhin darf niemals die von Marx formulierte allgemeine Gesetzmäßigkeit übersehen werden, wonach die Entwicklung der nichtproduktiven Sphäre von den produzierten materiellen Ressourcen, also von den Maßstäben der Produktivkräfte und dem Niveau der Arbeitsproduktivität abhängt. Mit der Gestaltung des entwickelten Sozialismus wird es möglich, die nichtproduktiven Bereiche noch vollständiger im Interesse des Volkes zu entwickeln und zu nutzen. Damit entsteht die Notwendigkeit, die Proportionen zwischen Produktionssphäre und nichtproduktiver Sphäre insgesamt zu verändern und progressive strukturelle Veränderungen innerhalb der nichtproduktiven Sphäre vorzunehmen.

Zweitens ist es erforderlich, innerhalb der zu verausgabenden gesellschaftlichen Gesamtarbeit zwischen produktiver Arbeit und der in der nichtproduktiven Sphäre zu leistenden unproduktiven, jedoch auch gesellschaftlich notwendigen und nützlichen Arbeit zu unterscheiden. Wer diesen Unterschied übersieht oder fälschlich moralisch bewertet, mißachtet entweder die bestimmende Funktion der materiellen Produktion für die Entwicklung der gesamten Gesellschaft oder die aktive Rolle solcher nichtproduzierenden Bereiche wie Wissenschaft und Bildung, Gesundheitswesen, Konsumtions- und Dienstleistungssphäre und anderes. Bei der planmäßigen Entwicklung der Bereiche der produktiven und der nichtproduktiven Arbeit dürfen die Grenzbereiche und Übergänge zur materiellen Produktion (wie die auf die Produktion orientierte Wissenschaft, materielle Leistungen) und ihre Besonderheiten keinesfalls vernachlässigt werden.

Drittens ist diese Unterscheidung notwendig, um wirksame und differenzierte Formen und Methoden zur Planung der Arbeitsproduktivität und der Effektivität der gesellschaftlichen Arbeit anwenden zu können, worin ein Grundanliegen der sozialistischen Planung besteht. Die Effektivität der gesellschaftlichen Arbeit der nichtproduzierenden Bereiche erfordert bekanntlich eine andere Aufwand-Nutzen-Analyse als in der materiellen Produktion.

Mit dem angedeuteten Problemkreis ist sehr eng die gegenwärtige Diskussion zum Verhältnis von ökonomischer und sozialer Effektivität verbunden. Genosse Otto Reinhold hat in seinem Beitrag im Plenum auf zwei Tendenzen in dieser Diskussion hingewiesen. So darf die ökonomische Effektivität nicht in sozialer Effektivität aufgelöst werden, was zum Mittelmaß im Niveau der ökonomischen Effektivität (als Effektivität der Produktion zu verstehen) führen könnte. Er unterstützt dagegen jene Auffassungen, wonach eine hohe ökonomische Effektivität eine entscheidende materielle Voraussetzung für eine wachsende soziale Effektivität darstellt, die wiederum hohe soziale Aktivität der Werktätigen im Arbeitsprozeß auslösen sollte.

Die Überlegenheit des Sozialismus im Sinne der sozialen Effektivität ergibt sich aus den Vorzügen der sozialistischen Produktionsverhältnisse, die sich fundamental von den kapitalistischen Ausbeuterverhältnissen unterscheiden. In seiner Rede zur Eröffnung des Parteilehrjahres 1977/1978 in Dresden „Die sozialistische Revolution in der DDR und ihre Perspektiven" unterzog Genosse Erich Honecker beide Gesellschaftssysteme mit ihren entgegengesetzten Produktionsverhältnissen einer tiefgründigen Analyse.

Die sozialistischen Produktionsverhältnisse sind die entscheidende gesellschaftliche Grundlage für soziale Sicherheit, Geborgenheit und das Glück der Menschen. Die krisenfreie, kontinuierliche und dynamische Wirtschaftsentwicklung im Interesse des Volkes ist die materielle Grundlage für solche elementaren Menschenrechte wie das Recht auf Arbeit, auf Bildung, auf Erholung und gesundheitliche Betreuung, die Gleichberechtigung der Frauen, die Förderung der Jugend und das für alle gleiche Recht, an der planmäßigen Leitung der Wirtschaft und Gesellschaft teilzunehmen, wovon Millionen Arbeiter, Genossenschaftsbauern und Angehörige der Intelligenz in vielfältiger Weise Gebrauch machen. Der wissenschaftlich-technische Fortschritt vermag das Leben der Menschen wirklich zu bereichern und bedroht keinesfalls die Existenz ganzer Berufsgruppen, wie es im kapitalistischen Alltag üblich ist. Das Arbeitseinkommen der Werktätigen wird entsprechend ihrer Leistung erhöht. Es wird ein wachsender Anteil an dem für die Konsumtion bestimmten Teil des Nationaleinkommens für die Arbeiterklasse gesichert. Zugleich vollzieht sich ein rascheres Wachstum der Verteilung aus gesellschaftlichen Fonds des Staates. Auf der Basis der sozialpolitischen Grundorientierung der Hauptaufgabe sind die leistungsorientierte Lohnpolitik, die Verteilung aus gesellschaftlichen Fonds der Konsumtion und die Stabilität der Preise, besonders für Waren des täglichen Bedarfs und Grundnahrungsmittel, die wichtigsten Ausgangspunkte für die Entwicklung des Realeinkommens.

Obwohl der Kapitalismus über große Ressourcen verfügt, macht es die Profitwirtschaft im Interesse einiger tausend Multimillionäre den Regierungen dieser Länder unmöglich, die sozialen und gesellschaftlichen Probleme unserer Zeit im Interesse der werktätigen Bevölkerung dieser Länder zu lösen. Die Realität der siebziger Jahre hat alle imperialistischen Illusionen widerlegt, durch staatsmonopolistische Maßnahmen könnten zyklische Krise, Massenarbeitslosigkeit, Inflation und andere Gebrechen des Kapitalismus vermieden werden. Statt dessen hat sich erneut die Voraussage von Marx bestätigt: „In schneidenden Widersprüchen, Kriesen, Kämpfen drückt sich die wachsende Unangemessenheit der produktiven Entwicklung der Gesellschaft zu ihren bisherigen Produktionsverhältnissen aus."[2]

[2] K. Marx, Grundrisse der Kritik der Politischen Ökonomie, Berlin 1953, S. 635.

Im letzten Viertel des 20. Jahrhunderts bietet sich der kapitalistische Teil des Erdballs als Sektor dar, in dem zwar der staatsmonopolistische Kapitalismus über moderne Produktionsanlagen, bedeutende Fortschritte auf dem Gebiet von Wissenschaft und Technik verfügt. Aber in der Hand von Konzerngewaltigen richten sich diese Potenzen gegen die Lebensinteressen der überwiegenden Mehrheit der Bevölkerung. Der Imperialismus ordnet sie seinen aggressiven Zielen unter. Wir erleben gegenwärtig erneut das Bestreben des militärisch-industriellen Komplexes, jener unheilvollen Symbiose von Rüstungsmonopolen, Militärmacht und aggressiven Kräften imperialistischer Staaten, durch weitere Erhöhung der Rüstungsausgaben eine neue Welle des Wettrüstens in Gang zu setzen. Mit dem Bau neuer Waffensysteme erhöht der Imperialismus erneut die Gefahr eines Weltkrieges.

Im Kapitalismus führen wissenschaftlich-technischer Fortschritt und Rationalisierung zum Anwachsen der Profite, nicht aber zur grundlegenden Verbesserung der Arbeitsbedingungen. Ausbeutung, brutaler Druck der Unternehmer, einseitige manuelle Tätigkeit, hohe physisch-nervliche Belastungen, zunehmender Lärm, Zeitdruck und enorm hohes Arbeitstempo durch ausgeklügelte Arbeitsorganisation setzen der Persönlichkeitsentwicklung der Werktätigen Schranken. Aus Angst um den Arbeitsplatz unterlassen es außerdem viele Werktätige, ernsthafte Krankheiten zu kurieren. Immer stärker werden in kapitalistischen Ländern Anklagen laut, die sich gegen die Folgen der Profitwirtschaft richten und die durch das Kapital organisierte massenhafte Vergeudung von menschlicher Arbeitskraft, von Rohstoffen und Gütern aller Art, den schrankenlosen Raubbau an natürlichen Bodenschätzen und die wachsende Zerstörung der Umwelt anprangern.

Zusammenfassend sei festgestellt: In der menschenfeindlichen und zukunftslosen Welt des Kapitals wird das gesellschaftliche Leben gekennzeichnet durch Labilität, Unsicherheit, Arbeitslosigkeit und Kurzarbeit, willkürliche Aussperrungen von Werktätigen durch die Unternehmer, verheerende soziale Wirkungen des wissenschaftlich-technischen Fortschritts (deshalb oft als „Furie des Fortschritts" angeprangert), stark begrenze Möglichkeiten der Berufsbildung, Bildungsnotstand überhaupt, grenzenlosen Mietwucher, Firmenbankrott, Abbau der demokratischen und sozialen Rechte und Freiheiten verbunden mit demütigender sozialer Diskriminierung, enorme Arbeitshetze, das Geschäft mit der Gesundheit und fehlende Gleichberechtigung der Frauen.

Unter Führung der SED haben die Arbeiterklasse und alle Werktätigen eine leistungsfähige sozialistische Planwirtschaft geschaffen, die unablässig zum Wohle des Volkes gefestigt und vervollkommnet wird. Mit ihrer weiteren Gestaltung schaffen wir zugleich grundlegende Voraussetzungen für den allmählichen Übergang zum Kommunismus. Auf dem bewährten Kurs der Einheit von Wirtschafts- und Sozialpolitik treten zugleich die Vorzüge des Sozialismus deutlicher denn je hervor. In der DDR wird verwirklicht, wozu der Kapitalismus unfähig ist: „Jedes ökonomische Plus, jede Errungenschaft von Wissenschaft und Technik wirkt für den sozialen und kulturellen Fortschritt. Jeder wirtschaftliche Erfolg wird im Leben der Menschen spürbar."[3]

Wozu im Sinne unserer Konferenzthematik noch umfangreiche Forschungsarbeit zu leisten ist, ergibt sich m. E. aus der berechtigten Frage, ob die eben angedeuteten vielfältigen Aspekte der Überlegenheit des Sozialismus, ob seine gesellschaftlichen Vorzüge in der Kategorie „soziale Effektivität" (Effektivität als Relation von Aufwand und Resultat verstanden) erfaßt und zum Ausdruck gebracht werden können und worin

[3] Aufruf zum 30. Jahrestag der Gründung der Deutschen Demokratischen Republik, in: Neues Deutschland vom 18. November 1977, S. 1.

für die Auseinandersetzung mit den imperialistischen Ideologen der Nutzen eines neuen Begriffes mit diesem hohen Abstraktionsgrad besteht? Bekanntlich ist die Effektivität der Produktion gerade durch das höchste Ziel der sozialistischen Produktion – bestehend in der stetig besseren Befriedigung der materiellen und geistigen Bedürfnisse aller Mitglieder der Gesellschaft und ihrer Persönlichkeitsentwicklung – geprägt. Bereits Karl Marx wies darauf hin, daß der Arbeiter im Sozialismus erstmals Zweck und Selbstzweck der Produktion wird.[4] Er bezeichnete es als das „Grundprinzip" der sozialistischen Gesellschaftsordnung, „die volle und freie Entwicklung jedes Individuums" zu sichern.[5] Ebenso verwies er darauf, daß die „freie, ungehemmte, progressive und universelle Entwicklung der Produktivkräfte selbst die Voraussetzung der Gesellschaft und daher ihrer Reproduktion"[6] ist.

Unsere Partei unternimmt große Anstrengungen, diesen fundamentalen Voraussagen von Marx durch die konsequente Verwirklichung der Einheit von Wirtschafts- und Sozialpolitik zu entsprechen, woraus sich weitreichende Auswirkungen auf die Veränderung der Qualität des Reproduktionsprozesses in seiner Gesamtheit ergeben. Es kommt darauf an, die gesamte Wirtschaftstätigkeit mit größerer Zielstrebigkeit auf die Lösung dieser grundlegenden Aufgaben einzustellen, die realen Bedürfnisse des Volkes konsequent zum Ausdruck all unserer Zielstellungen, unserer Pläne zu machen und qualitäts- und bedarfsgerecht zu produzieren. Ausgehend davon betonte Genosse Erich Honecker: „Jeder Zuwachs an Wirtschaftskraft, jede wissenschaftlich-technische Leistung, jedes Prozent Steigerung der Arbeitsproduktivität finden ihren Umschlag in höherer sozialer Lebensqualität. Der Mensch steht bei uns im Mittelpunkt. Darin liegt, wie wir bereits auf dem VIII. Parteitag erklärt haben, ja der Sinn des Sozialismus: Durch unsere sozialistische Volkswirtschaft und ihre weitere kontinuierliche Entwicklung alles zu tun für das Wohl des Volkes, für eine stete Steigerung des materiellen und kulturellen Lebensniveaus."[7]

Eine Gegenüberstellung von ökonomischer und sozialer Effektivität erweckt zumindest den Eindruck, als sei die ökonomische Effektivität keineswegs sozial determiniert. In der planmäßigen Leitung von Gesellschaft und Wirtschaft geht es doch gerade um im Interesse der Werktätigen vorausgeplante soziale Wirkungen der Produktion, des wissenschaftlich-technischen Fortschritts, um die sozialistische Art und Weise der Produktion und um ihr Verhältnis zur Umwelt. Die Prognostizierung und Planung der vielfältigen, konkreten sozialen Wirkung des wissenschaftlich-technischen Fortschritts erfordern theoretische wie methodische Grundlagen. Ich glaube jedoch nicht, daß uns dabei die Gegenüberstellung von ökonomischer und sozialer Effektivität bzw. die Verwischung ihres Inhalts diesem Ziel näherbringen könnte. Ich möchte jedoch ausdrücklich betonen, daß es sich hier um eine wichtige Frage der Diskussion handelt, wozu es recht unterschiedliche Auffassungen gibt, die heute in unserer Diskussion eine Rolle spielen sollten.

Ausgehend von der Forderung des Genossen Erich Honecker nach umfassender sozialistischer Rationalisierung sollten die damit verbundenen Veränderungen der ökonomischen Wertigkeit solcher Reproduktionsformen der Fonds wie Rationalisierung und Rekonstruktion, Erweiterung und Neubau, Reparatur und Instandhaltung in der

[4] Vgl. K. Marx, Theorien über den Mehrwert, Zweiter Teil, in: MEW, Bd. 26.2., Berlin 1967, S. 549.

[5] K. Marx, Das Kapital, Erster Band, in: MEW, Bd. 23, a. a. O., S. 618.

[6] K. Marx, Grundrisse der Kritik der Politischen Ökonomie, a. a. O., S. 438.

[7] E. Honecker, Die sozialistische Revolution in der DDR und ihre Perspektiven, Berlin 1977, S. 16.

Diskussion behandelt werden. Bekanntlich kommt im Prozeß der Intensivierung bei der qualitativen Erneuerung und Modernisierung der vorhandenen Grundfonds der Rationalisierung das Primat zu. Aus diesen Prozessen ergeben sich nicht nur für die politökonomische Forschung, sondern auch für die Betriebswirtschaft viele Anstöße, über die Neubewertung der Reproduktionsformen der Grundfonds nachzudenken. Eingeschlossen sind dabei die neuen Aspekte der einfachen Reproduktion.

Ausgerichtet auf ein zunehmend ressourcensparendes Wirtschaftswachstum sollten wir die Entwicklung aller Aufwandselemente gründlich analysieren, wobei natürlich zwischen den verschiedenen Typen der intensiv erweiterten Reproduktion und den konkreten Wirkungsbedingungen in den verschiedenen Zweigen und Bereichen der Volkswirtschaft zu unterscheiden ist.

Schließlich sollten die Hauptrichtungen der Vervollkommnung sozialistischer Produktionsverhältnisse und die damit verbundenen Aufgaben zur Förderung der Intensivierung, des wissenschaftlich-technischen Fortschritts und der Erhöhung der Effektivität der Produktion Gegenstand der Diskussion sein. In diesem Zusammenhang steht vor der politischen Ökonomie des Sozialismus die Aufgabe, Reifekriterien der sozialistischen Produktionsverhältnisse zu formulieren, die dem entwickelten Sozialismus entsprechen. Ein Kernproblem der Diskussion sollte auch darin bestehen, dem Wechselverhältnis zwischen ökonomischem Leistungsanstieg, zunehmendem Lebensniveau und sozialer Aktivität der Werktätigen nachzugehen.

H. Maier

Einige Probleme der Vertiefung des Prozesses der intensiv erweiterten Reproduktion

In jedem Entwicklungsabschnitt unserer Wirtschaft waren die Interessen der Arbeiterklasse und der mit ihnen verbündeten Werktätigen unmittelbar verknüpft mit der Durchsetzung eines höheren Typs der ökonomischen Rationalität, wie er dem Wesen der sozialistischen Produktionsverhältnisse entspricht. Diese spiegelt sich zu einem wesentlichen Teil in der Entwicklung der gesellschaftlichen Arbeitsproduktivität und Effektivität wider. Deren Steigerung wiederum muß je nachdem, ob sie unter den Bedingungen der vorwiegend extensiv oder intensiv erweiterten Reproduktion erfolgt, in spezifischer Weise und entsprechend den vorhandenen Quellen und Faktoren erfolgen. In meinem Beitrag möchte ich einige Bemerkungen zu den spezifischen Wegen, Faktoren und Quellen der Steigerung der gesellschaftlichen Arbeitsproduktivität und Effektivität im Prozeß der Vertiefung der Intensivierung machen. Ihre Untersuchung scheint mir eine wichtige Aufgabe der ökonomischen Forschung zu sein.

Der Prozeß der vorwiegend intensiv erweiterten Reproduktion ist bekanntlich dadurch charakterisiert, daß beim Produktionswachstum nicht mehr jene Faktoren und Quellen ausschlaggebend sein können, die mit einer Erhöhung der in die Produktion einbezogenen Produktionselemente verbunden sind, sondern jene, die den Wirkungsgrad der einbezogenen Produktionselemente erhöhen. Deshalb muß bei vorwiegend intensiv erweiterter Reproduktion die Differenz zwischen dem Produktionswachstum und der Zunahme der genutzten Produktionselemente zunehmen. Die Intensivierung ist also gekennzeichnet durch eine Veränderung des Verhältnisses zwischen dem quantitativen Wachstum der Produktionselemente zu ihrem qualitativen Wachstum, also zugunsten des Wachstums ihrer Effektivität. Hier haben wir auch das unumstößliche Kriterium dafür, ab wann wir von vorwiegend intensiv erweitertem Reproduktionsprozeß sprechen können, nämlich dann, wenn durch die Wirkung der Intensivierungsfaktoren ein solches Tempo der Effektivitätssteigerung erreicht wird, daß diese zur vorherrschenden Quelle des Produktionswachstums wird.

Wir wissen, daß die vorwiegend intensiv erweiterte Reproduktion ein widerspruchsvoller Prozeß ist, der weder linear noch rein kumulativ erfolgt. Vielmehr treten in seinem Verlauf sowohl Tendenzen auf, den Intensivierungsgrad der Produktion zu erhöhen, ihn auf einem bestimmten Niveau zu halten als auch ihn zu verringern. Für eine realistische Wachstumspolitik ist es daher wichtig, diese gegenläufigen Tendenzen eindeutig zu erkennen und hiervon ausgehend die entsprechende Strategie für die weitere Vertiefung der Intensivierung der Volkswirtschaft auszuarbeiten. Bei der Analyse der grundlegenden Entwicklungstendenzen der Volkswirtschaft in Richtung des zunehmenden, gleichbleibenden oder gar abnehmenden Intensivierungsgrades ist die Bestimmung des Verhältnisses von marginaler zu durchschnittlicher Effektivität von ausschlaggebender Bedeutung. Hierbei verstehe ich unter marginaler Effektivität den Zuwachs an Effektivität auf Grund neu eingesetzter Ressourcen und unter durchschnittlicher Effektivität die Menge der erzeugten Produktion pro eingesetzter Produktionselemente. Ist die marginale Effektivität gleich der durchschnittlichen Effektivität, dann haben wir es mit einem gleichbleibenden Intensivierungsgrad der Produktion zu tun. Ist die marginale Effektivität kleiner als die durchschnittliche Effektivität, dann verringert sich der Intensivierungsgrad der Produktion, das heißt, es kommt zu einer sinkenden Effektivität pro Ressourceneinheit, die auf lange Sicht zu einem „Substanzverzehr" der Volkswirtschaft und einem Versiegen der Wachstumsquellen führen muß.

Erst bei einem schnelleren Wachstum der marginalen Effektivität gegenüber der durchschnittlichen Effektivität beginnt sich der Intensivierungsgrad der Produktion zu erhöhen, wächst der Anteil der Effektivität am Produktionswachstum, haben wir es mit einer sich vertiefenden intensiv erweiterten Reproduktion zu tun. Der theoretische Endpunkt eines solchen Prozesses – der im Rahmen einer Volkswirtschaft kaum erreichbar zu sein scheint, aber für einzelne Zweige, Betriebe und Erzeugnisse immer wichtiger wird – ist der Modellfall der reinen intensiv erweiterten Reproduktion, wo die Produktionssteigerung ausschließlich durch Effektivitätssteigerung erzielt wird. Hier erfolgt quantitativ gesehen nur eine einfache Reproduktion der Ressourcen, während ihre qualitative Veränderung durch das Wirken der Intensivierungsfaktoren, vor allem des wissenschaftlich-technischen Fortschritts, zur alleinigen Quelle des Produktionswachstums wird.

Die Entwicklung der marginalen Produktionseffektivität ist also von entscheidender Bedeutung für die Vertiefung der Intensivierung und für eine stabile Entwicklung der volkswirtschaftlichen Effektivität. Sie hängt gegenwärtig vor allem von zwei Komponenten ab:

erstens von der Entwicklung der Aufwendungen für die Gewinnung von materiellen Ressourcen, für die Substitution von absolut knappen Ressourcen durch ausreichend vorhandene Ressourcen und von außenwirtschaftlichen Bedingungen für ihren Erwerb;

zweitens vom Tempo des wissenschaftlich-technischen Fortschritts und der Wirkung der übrigen Intensivierungsfaktoren, um pro Einheit eingesetzter Produktionselemente eine größere Einheit von Produkten in der erforderlichen Qualität und der notwendigen bedarfsgerechten Struktur zu erhalten, d. h. die Grundfonds-, Material- und Energieintensität und Arbeitsaufwendigkeit der Produktion zu senken.

Bedingungen für eine sich vertiefende Intensivierung sind erst dann gegeben, wenn die zweite Komponente die erste übersteigt, das heißt also, wenn der wissenschaftlich-technische Fortschritt und die Wirkung der übrigen Intensivierung die sich verschlechternde Ressourcensituation mehr als ausgleichen. Je mehr die zweite Komponente die erste übertrifft, desto höher das Tempo der Intensivierung. Hierin liegt die Ursache für die Tatsache, daß unter den gegenwärtigen Bedingungen der wissenschaftlich-technische Fortschritt aus einem sehr wichtigen Intensivierungsfaktor zum ausschlaggebenden Faktor geworden ist und die Qualität der Erzeugnisse einen völlig neuen Stellenwert bei der Steigerung der Effektivität der Produktion erhalten hat. Die innere Logik des Prozesses der Vertiefung der Intensivierung macht die Qualitätsentwicklung der Erzeugnisse zu einem Kardinalproblem des ökonomischen Fortschritts, da sich in ihr zu einem wichtigen Grade widerspiegelt, inwieweit es uns gelungen ist, den „Veredelungsgrad" der Produktion zu erhöhen, um pro Einheit eingesetzter Ressourcen eine größere Bedürfnisbefriedigung zu ermöglichen.

Die Vertiefung der Intensivierung ist verbunden mit dem Übergang vom arbeitssparenden, fondsaufwendigen Typ der intensiv erweiterten Reproduktion (1.) zum arbeits- und fondssparenden Typ (2.). Beim 1. Typ der intensiv erweiterten Reproduktion ist die Senkung des Gesamtaufwandes an Produktionselementen je Einheit Produktion charakterisiert durch hohe Steigerungsraten der Kennziffer Arbeitsproduktivität bei steigendem Aufwand an Fonds für die Freisetzung von Arbeitskräften. Es erfolgt also bei diesem Typ der intensiv erweiterten Reproduktion ein rapider Prozeß der einfachen Substitution von Arbeitskräften durch Fonds, der sich in einer wachsenden Fondsausstattung der Arbeitskräfte niederschlägt. Je höher das erreichte Niveau der Fondsausstattung der Arbeitskräfte, desto geringer bei einem gegebenen wissenschaftlich-technischen Niveau der Fonds der Spielraum für eine weitere Substitution von Arbeitskräften im Rahmen des erreichten Effektivitätsniveaus, so daß schließlich der Punkt erreicht wird – man kann ihn „Grenzaufwand für die Freisetzung von Arbeitskräften durch Fonds" nennen –, wo eine weitere Substitution von Arbeitskräften zur Senkung des Effektivitätsniveaus der Ressourcennutzung führen muß.

In einer solchen Situation kann eine Senkung des Gesamtaufwandes pro Einheit Produktion nur realisiert werden bei einem schnelleren Wachstum des Wirkungsgrades der Fonds gegenüber ihrer extensiven Erweiterung. Dies bedeutet, daß die Freisetzung von Arbeitskräften durch Fonds mit ihrer qualitativen Höherentwicklung – vor allem durch die verstärkte Materialisierung des wissenschaftlich-technischen Fortschritts – verbunden werden muß, damit sowohl die Arbeitsaufwendigkeit als auch zunehmend die Fondsintensität der Produktion sinken können. Dies bedeutet, zu einer höheren Form der intensiv erweiterten Reproduktion überzugehen, d. h. zum arbeits- und fondssparenden Typ. Diese höhere Stufe der intensiv erweiterten Reproduktion erfordert, zunehmend bei allen Produktionsressourcen ein schnelleres Wachstum ihres Beitrages zur Effektivitätssteigerung als ihrer quantitativen Ausweitung zu erreichen. Es geht also gegenwärtig darum, den unmittelbaren Beitrag aller Produktionsressourcen zur Effektivitätssteigerung zu erhöhen.

Die Notwendigkeit, zum vorwiegend arbeits- und fondssparenden Typ der erweiterten Reproduktion überzugehen, wird deutlich, wenn wir uns die drei Dimensionen der Wirkung der einzelnen Produktionselemente auf das Wirtschaftswachstum – extensive Erweiterung, Erhöhung des technisch-ökonomischen Niveaus, bessere Ausnutzung – vergegenwärtigen.[1]

Bei der lebendigen Arbeit ist der Anteil der Arbeitsproduktivitätssteigerung gegenüber ihrer extensiven Erweiterung am Produktionszuwachs in den europäischen RGW-Ländern ständig vorherrschend gewesen. Er betrug in der DDR ständig über 90 Prozent. Auch in den anderen sozialistischen Ländern liegt er bei 80 bis 90 Prozent. Trotz einer quantitativen Zunahme der Beschäftigten in der Industrie wird er in der DDR auch im laufenden Fünfjahrplan (1976–1980) bei rund 90 Prozent liegen. Auf Grund der demographischen Entwicklung ist bereits abzusehen, daß wir das bereits heute in einer Reihe von Betrieben und Kombinaten erreichte schnellere Wachstum der Arbeitsproduktivität gegenüber der Produktion bis zur Mitte der achtziger Jahre in der gesamten Volkswirtschaft erreicht haben müssen. Dies bedeutet, die komplexe Effektivitätsrechnung und die Leistungsbewertung der Betriebe und Kombinate muß der systematischen Freisetzung von Arbeitskräften und ihrem Einsatz in für die Produktivitätssteigerung entscheidenden Prozessen einen großen Stellenwert einräumen.

1 Vgl. K. Steinitz, Beziehungen zwischen der Intensivierung und der Entwicklung der materiell-technischen Basis des Sozialismus, in: Karl Marx über das Wechselverhältnis von materiell-technischer Basis, wissenschaftlich-technischem Fortschritt und Entwicklung der Persönlichkeit, Konferenzmaterial mit Beiträgen von H. Maier, K. Steinitz, F. Macher, H. Roos und R. Bechmann, Berlin 1978 (Forschungsberichte des Zentralinstituts für Wirtschaftswissenschaften der Akademie der Wissenschaften der DDR, Nr. 27).

Die Entwicklung des gesellschaftlichen Arbeitsvermögens ist charakterisiert durch ein starkes Überwiegen seiner qualitativen Höherentwicklung gegenüber der quantitativen Ausweitung. So stieg in der Zeit von 1962 bis 1975 die Zahl der Hoch- und Fachschulkader auf 210%, die der Facharbeiter und Meister auf 157,3%, während die der un- und angelernten Arbeitskräfte auf 55,2% sank. Das wachsende Gewicht der qualifizierten Arbeit im Reproduktionsprozeß spiegelt sich auch im schnellen Wachstum der Bildungsfonds – dies sind die im Qualifikationsniveau der Werktätigen realisierten Bildungsaufwendungen der Gesellschaft – wider. Sie erhöhten sich von 66,5 Mrd. Mark 1962 auf 150,8 Mrd. Mark 1975 und werden 1980 die 200-Milliarden-Grenze überschreiten. Ihre Größe erreicht gegenwärtig über ein Viertel des Grundfondsbestandes der Volkswirtschaft. Im Zeitraum 1962 bis 1975 war das Wachstumstempo der Bildungsfonds sogar schneller als das der Grundfonds. Die Bildungsfonds wuchsen in dieser Zeit auf 227%, während sich die Grundfonds auf 201% erhöhten.

Die Forschungsfonds – dies sind die im wissenschaftlich-technischen Niveau der Produktion realisierten Forschungsaufwendungen – stiegen nach Berechnungen von H.-D. Haustein von 1962 bis 1972 auf 333,5%, von 8,7 Mrd. Mark auf 29,1 Mrd. Mark. Die Bildungsfonds stellen gemeinsam mit den Grundfonds und den Forschungsfonds die technologischen Fonds der Gesellschaft dar, deren Wirkungsgrad immer wichtiger für die Entwicklung der Ressourceneffektivität der Produktion wird. Im Jahre 1972 setzten sich diese technologischen Fonds der Gesellschaft zu 73% aus Grundfonds, zu 21% aus Bildungsfonds und zu 6% aus Forschungsfonds zusammen.[2]

Das schnelle Wachstum der Bildungsfonds spiegelt den hohen Anteil der qualitativen Komponenten bei der Reproduktion des Arbeitsvermögens unserer Gesellschaft wider. Dies hat zu einem wesentlichen Anstieg der wertschaffenden Potenz des produktiven Gesamtarbeiters unserer Volkswirtschaft geführt, die es systematisch für die Erhöhung des „Veredlungsgrades" unserer Produktion und damit für die Senkung ihrer Ressourcenintensität zu nutzen gilt. Die immer bessere Nutzung des gestiegenen Bildungs- und Qualifikationsniveaus der Werktätigen hat weitreichende Konsequenzen für die von uns anzustrebenden Richtungen des wissenschaftlich-technischen Fortschritts und die Strukturentwicklung unserer Volkswirtschaft. Erich Honecker hob daher hervor, die Hauptrichtung der Entwicklung der materiell-technischen Basis und damit auch der Struktur unserer Volkswirtschaft wird durch die Notwendigkeit bestimmt, „die Rohstoffe, die Ausgangsmaterialien, über die wir verfügen, durch qualifizierte Arbeit so weit zu veredeln wie möglich und hochwertige Endprodukte herzustellen. Auf diese Weise bringen wir die Vorteile unseres Landes, vor allem die Potenzen seiner erfahrenen und gebildeten Werktätigen, voll zur Geltung".[3]

Eine hohe Wirksamkeit des Bildungs- und Qualifikationsniveaus der Werktätigen setzt gleichzeitig voraus die bessere Ausnutzung der nominalen Arbeitszeit durch wissenschaftliche Arbeitsorganisation, Erhöhung der Arbeitsdisziplin und die Senkung der Stillstands- und Wartezeiten. Die Dimension dieser Aufgabenstellung wird offenbar, wenn man bedenkt, daß 1976 eine Minute Ausfall- und Stillstandszeit eine industrielle Produktion von über 1,6 Mio Mark verkörperte. Im Jahre 1980 werden es bereits 2,2 Mio Mark sein.

Die Lösung dieses Problems ist eng verbunden mit der Sicherung einer effektiven

[2] H.-D. Haustein, Messung der volkswirtschaftlichen Intensivierung, Berlin 1976, S. 49 (Forschungsberichte des Zentralinstituts für Wirtschaftswissenschaften der Akademie der Wissenschaften der DDR, Berlin 1976, Nr. 17).

[3] E. Honecker, Aus dem Bericht des Politbüros an die 5. Tagung des ZK der SED, Berlin 1977, S. 22.

Reproduktion der Grundfonds. Ein ausgewogenes Verhältnis von neuen und alten Grundfonds bzw. von Erweiterungs- und Erneuerungsinvestitionen ist von großer Bedeutung zur Vermeidung von Spannungen in der Grundfondsreproduktion, die dazu führen, daß hochproduktive Grundfonds nicht mehrschichtig ausgelastet werden können, weil qualifizierte Arbeitskräfte an veraltete Grundfonds gebunden sind. Hierzu gehört auch die zielgerichtete Reduzierung von Arbeitsplätzen mit erschwerten Arbeitsbedingungen und geringen Qualifikationsanforderungen. Dies betrifft vor allem auch die gezielte Rationalisierung von Tätigkeiten mit geringem Mechanisierungsgrad und geringer Arbeitsproduktivität, um mit gegebenem Fondsaufwand eine hohe Freisetzung von Arbeitskräften zu erreichen. Hierbei gilt es, Arbeitskräfte vor allem in den Hilfs- und Nebenprozessen der Produktion, deren Mechanisierungsgrad oft nur die Hälfte der Hauptprozesse erreicht, sowie in der Verwaltung freizusetzen.

Die Grundfondsentwicklung war in den vergangenen Jahren wesentlich dadurch geprägt, daß sie in starkem Maße zur Freisetzung von Arbeitskräften bei sinkender Grundfondsquote im Rahmen steigender Gesamteffektivität beitrug. Von 1960 bis 1976 stieg das Nationaleinkommen auf rund 206,5%, während sich die Grundfonds auf 239,5% erhöhten.[4] Die Grundfondsintensität des Nationaleinkommens erhöhte sich also um 15,0%, oder die Grundfondsquote sank auf 86,2%. Der Grundfondsbestand in der materiellen Produktion beträgt das 2,6fache der Nettoproduktion, ein Sinken der Grundfondsquote um 1% hätte im Jahre 1976 ein um 1,2% geringeres Nationaleinkommen oder einen Nationaleinkommensausfall von 1,8 Mrd. Mark zur Folge gehabt. Dagegen würde eine jahresdurchschnittliche Erhöhung der Grundfondsquote um 1% von 1980 bis 1990 im Vergleich zu einer gleichbleibenden Grundfondsquote zu einer „Einsparung" von Investitionen in Höhe von 60–80 Mrd. Mark oder etwa des Anderthalbfachen des Gesamtvolumens an Investitionen in einem Jahr dieses Zeitraumes führen.

Wie bereits dargelegt, sind angesichts der erreichten Dimensionen der Grundfondsausstattung der Arbeitskräfte bei gegebenem wissenschaftlich-technischen Niveau der Produktion für eine weitere Substitution von Arbeitskräften durch Fonds im Rahmen des erreichen Niveaus des Ressourceneinsatzes enge Grenzen gesetzt. Den Punkt, an dem der Substitutionsaufwand von Arbeitskräften durch Fonds eine Größe annimmt, wo mit der weiteren Substitution die Gesamteffektivität der eingesetzten Ressourcen beginnen würde abzunehmen, kann man als Grenzwert des Freisetzungsaufwandes von Arbeitskräften bezeichnen.[5] Die Differenz zwischen dem tatsächlichen Freisetzungsaufwand und seinem Grenzwert gibt den Spielraum an, in dem sich die einfache Substitution von Arbeitskräften durch Fonds bei gleichbleibender Effektivität bewegen kann und zeigt an, inwieweit der Grenzwert bereits überschritten ist. Nach Berechnungen in unserem Institut sank diese Differenz von 26,9% im Zeitraum 1966 bis 1970 auf 23,7% in der Zeit von 1971 bis 1975, wobei diese Relation natürlich in den einzelnen Zweigen unterschiedlich ist. So kann nach diesen Berechnungen bei den gegenwärtigen Preisrelationen eine angenommene Steigerung der Nettoproduktivität um 5% bei gleichbleibender Effektivität des Ressourceneinsatzes in der Grundstoffindustrie nur realisiert werden, wenn hier die Grundfondsquote nur noch um weniger als 0,9% sinkt, während in der Leichtindustrie die Grundfondsquote noch um 2,6%

4 Statistisches Jahrbuch der DDR 1976, Berlin 1976, S. 13/14.

5 A. Braun, Arbeitsproduktivität und Effektivität, Berlin 1976, S. 43 (Schriften des Zentralinstituts für Wirtschaftswissenschaften, Berlin 1976, Nr. 15).

sinken kann, ohne daß sich die Gesamteffektivität des Ressourceneinsatzes absolut verschlechtert.[6]

Die Kenntnis des unterschiedlichen Aufwandes für die Freisetzung von Arbeitskräften in den einzelnen Zweigen und Bereichen ist von großer Bedeutung, um mit einem gegebenen Fondsaufwand eine höchstmögliche Steigerung der Kennziffer Arbeitsproduktivität im Rahmen der Volkswirtschaft zu ermöglichen. Gleichzeitig gilt es, eine höhere Stufe der Ökonomie der vergegenständlichten Arbeit zu erreichen und den direkten Beitrag der Grundfonds- und Materialökonomie zur gesamten Effektivitätssteigerung zu erhöhen. Nur so ist eine Vertiefung der Intensivierung überhaupt möglich. Dies bedeutet, in enger Verbindung mit dem effektiveren Einsatz der lebendigen Arbeit vorhandene grundfonds- und materialsparende Wege für die Effektivitätssteigerung besser zu nutzen und durch wissenschaftlich-technischen Fortschritt für die Sicherung eines effektiven Verhältnisses von Erweiterungs- und Erneuerungsinvestitionen sowie für die Strukturpolitik neue Wege zu erschließen. Dies muß dazu führen, daß sich das Tempo der Erhöhung des Wirkungsgrades der Grundfonds durch Materialisierung des wissenschaftlich-technischen Fortschritts dem Tempo der quantitativen Erweiterung der Grundfonds angleicht, um es schließlich schrittweise zu übertreffen.

Bei den Arbeitsgegenständen haben wir eine differenzierte Entwicklung des Verhältnisses zwischen ihrer quantitativen Erweiterung und ihrem Wirkungsgrad. Das Tempo des ökonomischen Wachstums hängt aber immer mehr davon ab, wie es gelingt, pro Einheit Produktion weniger Rohstoffe, Energieträger und Materialien zu verbrauchen. Langfristig gesehen wird sich das Tempo des ökonomischen Wachstums dem Tempo der Erhöhung des Wirkungsgrades der eingesetzten Rohstoffe, Energieträger und Materialien annähern müssen. Die Messung der Entwicklung des Wirkungsgrades der Arbeitsgegenstände – z. B. auf Basis des gesellschaftlichen Gesamtprodukts und der wertmäßigen Entwicklung des Anteils des Materialverbrauchs – ist kompliziert, da sein Ausweis durch Veränderungen im System der gesellschaftlichen Arbeitsteilung und damit durch Doppelzählungen stark beeinflußt wird.

Für die Effektivitätsmessung ist hierbei der Ausweis des spezifischen Verbrauchs an entscheidenden Rohstoffen, Energieträgern und Materialien je Einheit des Produktionsergebnisses der entscheidende Anhaltspunkt. Es gilt, die Bemühungen zur Senkung des spezifischen Verbrauchs an Rohstoffen, Energieträgern und Material zu verstärken und zu sichern, daß mit dem gegebenen Aufwand an Arbeitsgegenständen eine wachsende Menge von bedarfs- und qualitätsgerechten Produkten erzeugt wird. Im Zeitraum von 1965 bis 1975 stieg das quantitative Aufkommen an ausgewählten Rohstoffen, Energieträgern und Werkstoffen um etwa 3,5 bis 4%, zur Sicherung eines Wachstums der Industrieproduktion von 6,5%, wobei der Beitrag der spezifischen Einsparung jährlich etwa 2,5% betrug. Dies bedeutet, daß in den letzten 10 Jahren 60 % des Wachstums der Industrieproduktion durch quantitative Erweiterung der Arbeitsgegenstände und 40% durch die Erhöhung ihres Wirkungsgrades gesichert wurden. Im laufenden Fünfjahrplan 1976 bis 1980 soll das Wachstum der Industrieproduktion von 6,5% nur noch zu etwa 2,5 bis 3% durch Aufkommenssteigerung und durch mindestens 2,8 bis 3% durch spezifische Einsparungen gesichert werden. Dies

6 Vgl. A. Braun, Zum Einfluß des wissenschaftlich-technischen Fortschritts auf die Effektivität der lebendigen und vergegenständlichten Arbeit, in: Ökonomische und soziale Probleme des wissenschaftlich-technischen Fortschritts, 3. Tagung der Gemeinsamen Kommission der Ökonomen der UdSSR und der DDR, Berlin 1978 (Abhandlungen der Akademie der Wissenschaften der DDR, Nr. W 6/1978).

würde eine Erhöhung des Anteils des Wirkungsgrades ausgewählter Rohstoffe, Energieträger und Materialien an dem Wachstum der Industrieproduktion von ca. 50% bedeuten. Bereits in diesem Jahr (1978) ist eine 4%ige Senkung des spezifischen Materialaufwands zu erreichen, das heißt, 65% des zur Sicherung des Produktionswachstums notwendigen Materials muß durch Senkung des spezifischen Materialverbrauchs erwirtschaftet werden. Damit wird bereits das Schrittmaß der Erhöhung des Wirkungsgrades von entscheidenden Rohstoffen, Energieträgern und Materialien für die 80er Jahre angelegt, wo es darauf ankommen wird, 60 und mehr Prozent des Wachstums der Industrieproduktion durch Senkung des spezifischen Materialverbrauchs zu sichern. Hierbei wird die Erhöhung der Qualität der Erzeugnisse zu einem entscheidenden Knotenpunkt, in dem sich alle wesentlichen Prozesse der Vertiefung der Intensivierung kreuzen. Es geht hierbei darum, ständig die Einheit von Qualität und Quantität der Produktion bei Beachtunng der ausschlaggebenden Rolle der Qualität zu sichern.

Dies bedeutet vor allem, alle Fragen der volkswirtschaftlichen Entwicklung vom Standpunkt der Erzielung solcher Endergebnisse der Produktion anzupacken, die ein hohes wissenschaftlich-technisches Niveau, lange Lebensdauer, Funktionstüchtigkeit und gestalterische Attraktivität auszeichnet, und die hierzu notwendigen qualitativen und qualitativen Verflechtungen der Produktion zu gewährleisten.

Die Sicherung der Einheit von Qualität und Quantität der Produktion ist ein ebenso dringendes wie kompliziertes Problem der sozialistischen Planung auf allen Ebenen der Volkswirtschaft. Es geht hierbei darum, ausgehend von der Entwicklung der Bedürfnisse der Bevölkerung, das ihrer Befriedigung entsprechende Volumen und qualitative Niveau der Erzeugnisse rechtzeitig und umfassend zu planen, um sie in rationellerer Weise produzieren zu können. Knappheits- und Überschußsituationen sind ebenso wie Widersprüche von Quantität und Qualität der Erzeugnisse Quellen der Vergeudung von gesellschaftlicher Arbeit.

Eine wichtige Rolle spielt hierbei die Analyse der Erzeugnisse vom Standpunkt ihrer Ressourcenaufwendigkeit im Hinblick auf die Befriedigung bestimmter Bedürfnisse. Eine solche Analyse untersucht, wie die Leistungs-Aufwands-Relation so verbessert werden kann, daß die Funktion des Erzeugnisses mit geringerem Ressourcenaufwand erfüllt werden kann. Ein anderer Weg, die Leistungs-Aufwands-Relation zu verbessern, besteht darin, durch Funktionserweiterung eine höhere Bedürfnisbefriedigung pro eingesetzter Ressource zu erzielen. Solche Zusatz- und Mehrfachfunktionen tragen dazu bei, pro Ressourceneinsatz ein höheres Qualitätswachstum der Erzeugnisse zu erreichen. Die Erhöhung der Nützlichkeit eines Erzeugnisses ist so eine wichtige Seite der Senkung des Ressourcenaufwandes pro Bedürfniseinheit. Dies ist sowohl von der Entwicklung der Gebrauchswerteigenschaften der Erzeugnisse als auch von den Formen und der Struktur der Konsumtion abhängig. Die Substitution von Erzeugnissen mit niederem Wirkungsgrad für die Bedürfnisbefriedigung durch Produkte, die höhere Bedürfnisbefriedigung mit gegebenem Mittelaufwand sichern, ist eine wichtige Linie der Erhöhung der Effektivität der gesellschaftlichen Arbeit. So ist der Energieaufwand pro Recheneinheit bei Mikroprozessoren um den Faktor 10^6 geringer als bei der ersten Generation von EDV-Anlagen.

Die sich anbahnende Umstrukturierung der Rohstoff- und Energiebasis führt zu einer Veränderung der Reproduktionsbedingungen. Diese zeigen sich vor allem auch im wachsenden Aufwand für die Sicherung der einfachen Reproduktion, so z. B. in den wachsenden Aufwendungen pro Energieeinheit, die nur durch einen gezielten wissenschaftlich-technischen Fortschritt und die Erhöhung der Qualität kompensiert werden können. Die Sicherung der einfachen Reproduktion wird dabei zu einem Kernproblem eines effektiven ökonomischen Wachstums. Hierbei gewinnt der für die Sicherung der einfachen Reproduktion bestimmte Anteil an den Bruttoinvestitionen nicht nur an Bedeutung für die Sicherung der Proportionalität und damit der Kontinuität der Produktion, sondern auch direkt für die Erhöhung der Effektivität pro genutzter Ressourceneinheit. Dies kann nur erreicht werden, wenn auch in den für die einfache Reproduktion bestimmten Investitionen der wissenschaftlich-technische Fortschritt in einem hohen Grade materialisiert wird. Nur so kann die einfache Reproduktion mit der qualitativen Höherentwicklung der Produktionselemente verbunden und der gegenwärtig spürbaren Erhöhung der Aufwendungen für die Reproduktion einer Produktionseinheit wirkungsvoll entgegengewirkt werden. Solche grundlegenden Prozesse wie die Erhöhung der Leistungsparameter, die Verbesserung des Leistungs-Masse-Verhältnisses der Maschinen und Anlagen sowie der Werkstoffe und die Realisierung effektiver Substitutionsprozesse bei den Rohstoffen und Materialien müssen sowohl für die erweiterte wie einfache Reproduktion bestimmend werden. Nur hierdurch kann erreicht werden, daß ein immer größerer Anteil der qualitativen Vervollkommnung der materiell-technischen Basis im Rahmen der quantitativ einfachen Reproduktion seiner Elemente erfolgen kann. Diese quantitativ einfache und qualitativ erweiterte Reproduktion der Elemente der materiell-technischen Basis muß sich in einer sowohl qualitativen (Gebrauchswerterhöhung) als auch quantitativen (Vergrößerung der Produktionsmenge) Erweiterung der Produktionsresultate realisieren.[7] Das Ausmaß, wie dies gelingt, ist ein entscheidender Gradmesser für die Vertiefung der Intensivierung und das Tempo der Effektivitätsentwicklung.

Gerade die Tatsache, daß der wissenschaftlich-technische Fortschritt die Erhöhung der Qualität und des Gebrauchswerts der Erzeugnisse immer mehr zu dem Hauptträger des intensiven ökonomischen Wachstums macht, charakterisiert ihn als den ausschlaggebenden, qualitativen Wachstumsfaktor. Die Beschleunigung des wissenschaftlich-technischen Fortschritts schlägt sich in der zunehmenden Bedeutung der Gebrauchswerterhöhung gegenüber der quantitativen Erweiterung nieder und hat schon heute dazu geführt, daß bei einigen Produkten die Leistungssteigerung je Erzeugnis zum alleinigen Träger der erweiterten Reproduktion für das jeweilige Erzeugnis geworden ist. So ist z. B. in den letzten Jahren in der DDR die Anzahl der Traktoren und Mähdrescher in der Landwirtschaft zurückgegangen bei gleichzeitiger Erhöhung der Leistungsfähigkeit des gesamten Maschinenparks.

Eine ähnliche Entwicklung zeigt sich bei einer Reihe von Werkzeugmaschinen und bei Ausrüstungen für Kraftwerke. Diese Entwicklungstendenz wird zunehmend auch für hochwertige Konsumgüter charakteristisch, die schon länger produziert werden und bei denen sich Grenzen für eine quantitative Ausweitung abzeichnen. Auch bei Materialien gewinnt diese Entwicklungstendenz an Bedeutung. Durch die vorrangige Produktionssteigerung hochwertiger Plasttypen und veredelter Walzstähle wird die Zuwachsrate der Menge an Plasten und Metallen wesentlich geringer sein als die Zunahme am Gebrauchswert.[8]

Insgesamt erfordert die durchgreifende Erhöhung der Erzeugnisqualität und die

[7] K. Steinitz, Beziehungen zwischen der Intensivierung und der Entwicklung der materiell-technischen Basis des Sozialismus, in: Karl Marx über das Wechselverhältnis von materiell-technischer Basis, wissenschaftlich-technischem Fortschritt und Entwicklung der Persönlichkeit, Konferenzmaterial mit Beiträgen von H. Maier, K. Steinitz, F. Macher, H. Roos und R. Bechmann, a. a. O.

[8] Vgl. Ebenda.

Senkung der Ressourcenaufwendigkeit der Produktion in immer mehr Betrieben, Kombinaten und Zweigen, folgende Bedingungen zu erreichen:

- pro Einheit Produktion einen höheren Grad der Bedürfnisbefriedigung;
- pro Einheit eingesetzter Produktionselemente eine größere Menge bedarfsgerechter Produktion;
- ein schnelleres Wachstum der Arbeitsproduktivität gegenüber der Fondsausstattung je Arbeitskraft;
- ein schnelleres Wachstum der Arbeitsproduktivität gegenüber der Steigerung der Warenproduktion;
- das schnellere Wachstum der Warenproduktion gegenüber der Fondsausstattung;
- eine Annäherung des Tempos der Senkung des spezifischen Materialverbrauchs pro Einheit Produktion an das Wachstumstempo der Warenproduktion.

H. Milke

Neue Aspekte im sozialistischen Wettbewerb

Der sozialistische Wettbewerb zum 30. Jahrestag der DDR bringt allerorts in unserem Lande die Gültigkeit und Lebenskraft der Leninschen Grundsätze der Wettbewerbsführung in neuer Qualität zum Ausdruck. Gerade solche Leninschen Wettbewerbsprinzipien wie die der Einheit von Plan und Wettbewerb, der Öffentlichkeit, Vergleichbarkeit und Wiederholbarkeit, der materiellen und moralischen Stimulierung werden in unserer Zeit ganz im Sinne der Hauptaufgabe immer effektiver angewandt. Zugleich läßt sich die sozialistische Wettbewerbsführung zum 30. Jahrestag der DDR von den theoretischen Zusammenhängen leiten, die im Programm unserer Partei im Hinblick auf die neuen Wirkungsbedingungen des Wettbewerbs bei der weiteren Gestaltung der entwickelten sozialistischen Gesellschaft begründet werden.

In Ergänzung des Diskussionsbeitrages von Genossen Horst Heintze und des Arbeitsmaterials zu dieser Konferenz geht es meiner Meinung nach zunächst einmal um folgende Zusammenhänge zwischen der Gestaltung der entwickelten sozialistischen Gesellschaft und dem Wettbewerb:

– Einmal berücksichtigt der sozialistische Wettbewerb voll und ganz, daß bei der Gestaltung der entwickelten sozialistischen Gesellschaft die Beziehungen zwischen Produktion und Konsumtion, ökonomischen und sozialen Fortschritten unmittelbarer geworden sind. Natürlich resultieren aus sozialpolitischen Fortschritten noch nicht automatisch soziale Energien im sozialistischen Wettbewerb. Aber sozialpolitische Fortschritte schaffen einen günstigen Boden für den sozialistischen Wettbewerb, und in Verbindung mit einer überzeugenden politischen Massenarbeit, einer effektiven Leitung und Planung und konsequenter Anwendung des Leistungsprinzips werden die Initiativen im sozialistischen Wettbewerb ausgelöst, die wir für einen hohen ökonomischen Leistungsanstieg benötigen.

– Des weiteren ist der Hauptweg unserer wirtschaftlichen Entwicklung bei der Gestaltung der entwickelten sozialistischen Gesellschaft, die Intensivierung der gesellschaftlichen Produktion, zugleich die entscheidende Aufgabe im sozialistischen Wettbewerb. Die konzentrierte Ausrichtung des sozialistischen Wettbewerbs auf die qualitativen Faktoren wirtschaftlichen Wachstums, insbesondere die Beschleunigung des wissenschaftlich-technischen Fortschritts, war und bleibt zugleich mit der Zielstellung verbunden, bei der Konzipierung und Führung des sozialistischen Wettbewerbs stets von der Einheit zwischen Qualität, Sortiment und Menge bei der Produktion von Gebrauchswerten auszugehen. Wenn Genosse Erich Honecker in seinem Referat vor den 1. Sekretären der Kreisleitungen sagte: „Die Intensivierung der Produktion, die qualitativen Faktoren des Wirtschaftswachstums bestimmen eindeutig ..." die Aufgabenstellungen des sozialistischen Wettbewerbs –, so werden damit Erfolge und zugleich Ansprüche an den sozialistischen Wettbewerb charakterisiert.

– Zum anderen vertiefen sich in der entwickelten sozialistischen Gesellschaft die Wechselbeziehungen zwischen unseren Plänen und dem sozialistischen Wettbewerb zumindest in dreifacher Hinsicht. Der Wettbewerb wird einmal nach den Schwerpunkten des Planes geführt, er ist des weiteren besonders in Gestalt der Gegenpläne auf die bedarfsgerechte Überbietung der Planaufgaben gerichtet, und schließlich resultieren aus dem sozialistischen Wettbewerb kräftige Impulse zur planmäßigen Vervollkommnung der Leitung, Planung und ökonomischen Stimulierung, nicht zuletzt in Richtung einer wirksameren Leistungsbewertung der Betriebe und Kombinate. Wir können bei der Weiterführung der sozialistischen Revolution in der DDR zugleich eine zunehmende Identifizierung zwischen gesellschaftlichen Zielsetzungen und kollektiven und persönlichen Wettbewerbsverpflichtungen feststellen. Denn was sind die persönlichen und kollektiven Pläne zur Steigerung der Arbeitsproduktivität, die kollektiven Pläne zur Intensivierung, die persönlichen Qualitätsprogramme – um nur einige zu nennen – anderes als eine auf der Grundlage solider Informationen durchdachte Konkretisierung der staatlichen und betrieblichen Wirtschaftspläne auf die Arbeitsbereiche der Brigaden bis hin zu einzelnen Arbeitsplätzen?

– Des weiteren werden bei der Gestaltung der entwickelten sozialistischen Gesellschaft sowohl eine Vertiefung der Einheitlichkeit des sozialistischen Wettbewerbs als auch seiner differenzierten Gestaltung nach den jeweiligen objektiven Produktionsbedingungen sichtbar. Die Wettbewerbsprogramme zum 30. Jahrestag der DDR sind einheitlich von dem Bestreben durchdrungen, die Hauptaufgabe zu verwirklichen. Sie beweisen zugleich, wie reichhaltig und vielfältig den differenzierten zweiglichen, betrieblichen und örtlichen Bedingungen im Interesse der Effektivität des Wettbewerbs Rechnung getragen werden kann und muß.

– Schließlich wird in der entwickelten sozialistischen Gesellschaft der Wettbewerb immer wirksamer in allen gesellschaftlichen Bereichen unseres Lebens geführt. Wenn gerade über den Wettbewerb Verflechtungen zwischen den einzelnen gesellschaftlichen Bereichen immer effektiver beherrscht werden, so erweist sich auch damit, daß er eine objektive gesamtgesellschaftliche Gesetzmäßigkeit unseres bewußten Handelns ist.

Die neuen Aspekte des sozialistischen Wettbewerbs sind in den Wettbewerbsprogrammen zum 30. Jahrestag der DDR enthalten. Ich möchte vom Standpunkt ihrer politökonomischen Verallgemeinerung nur einige nennen:

Erstens: Die Konzentration des sozialistischen Wettbewerbs auf die Beschleunigung des wissenschaftlich-technischen Fortschritts führt bei einer langfristig konzipierten Wettbewerbsführung dazu, daß im Grunde genommen der Wettbewerb nicht erst dann beginnt, wenn der Plan ausgearbeitet ist, sondern er sich bereits in einem Wettstreit der besten Ideen bei der Ausarbeitung eines realen und anspruchsvollen Plans äußert. Die kompromißlose Analyse des wissenschaftlich-technischen Höchststandes, die Analyse der objektiven Bedingungen, unter denen die Wirtschaftseinheiten ihre Arbeit vollziehen, die Ermittlung der günstigsten volkswirtschaftlichen Varianten und Lösungswege, alles das, was in gewisser Weise zur Produktionsvorbereitung gehört, ist genauso Bestandteil sozialistischer Wettbewerbsführung wie der ständige Kampf um die effektivste Erfüllung der Produktionspläne.

In Verbindung damit gewinnt der Wettbewerb in den produktionsvorbereitenden Abteilungen in erheblichem Maße an Gewicht. Wenn eben zu mehr als 80 Prozent über die Struktur und das Volumen des Materialverbrauchs in der Forschung, Entwicklung, Konstruktion, Projektierung und Überleitung entschieden wird, so beeinflußt der Wettbewerb in diesen Bereichen maßgeblich die Effektivität des *gesamten* Wettbewerbs.

Wesentliche Impulse für eine umfassende Rationalisierung, das Wetteifern um Spitzenleistungen, die Erhöhung der Qualität der Erzeugnisse und der Effektivität der Investitionen haben in der Produktionsvorbereitung ihre Ausgangsbasis.

Hier eröffnet sich auch ein weites Feld für eine neue Qualität der Gemeinschaftsarbeit zwischen Wissenschaftlern, Erfindern und Neuerern, wie es beispielsweise im Komplexwettbewerb zwischen Einrichtungen der Akademie der Wissenschaften der DDR, Hochschulen und Kombinaten zum Ausdruck kommt.

Im Grunde genommen ist die Nutzung der Intensivierungsfaktoren im Komplex weitgehend identisch mit der Aufgabenstellung, daß über den sozialistischen Wettbewerb der wissenschaftlich-technische Fortschritt alle anderen Intensivierungsfaktoren durchdringt.

Zweitens vollzieht sich im sozialistischen Wettbewerb eine stärkere Orientierung auf das volkswirtschaftliche Endprodukt bzw. Endergebnis, also vorwiegend auf das Nationaleinkommen in seiner konkreten Gestalt. Dabei beweisen die besten Wettbewerbserfahrungen, daß die bedarfsgerechte Produktion die billigste Produktion ist. Insbesondere die bedarfsgerechte Übererfüllung des Planes bei der Produktion von Zuliefererzeugnissen und Ersatzteilen im Wettbewerb nimmt Einfluß auf Grundstufen der Kooperation bis hin zu dem verteilbaren volkswirtschaftlichen Endprodukt.

Insofern intensivieren sich die Wechselbeziehungen zwischen Wettbewerb und Leistungsbewertung. Dort, wo die Leistungsbewertung nicht erst im Nachhinein erfolgt, sondern bereits als Instrument der Planvorbereitung genutzt wird, konzentriert sich der Wettbewerb schon bei seiner Konzipierung entschieden eindeutiger auf die qualitativen Faktoren wirtschaftlichen Wachstums.

Natürlich wird der sozialistische Wettbewerb auch immer operative Probleme zu lösen haben. Aber die zunehmende Orientierung des sozialistischen Wettbewerbs auf das volkswirtschaftliche Endergebnis bedarf auch einer noch qualifizierteren Bilanzierung der Verflechtungsbeziehungen, denn schließlich ist der Wettbewerb kein ständiger „Reparaturdienst", um offene materielle Kooperationsprobleme schließlich stimmend zu machen. Das stellt hohe Ansprüche auch an die Qualität der zentralen staatlichen Leitung und Planung.

Auch in den der Produktion folgenden Reproduktionsphasen kommt dem sozialistischen Wettbewerb zunehmende Bedeutung zu. Hat die Distribution, Zirkulation und Konsumtion ein hohes Niveau, so wirkt sich das überaus positiv auf das volkswirtschaftliche Endergebnis aus.

Generell ergeben sich aus der zunehmenden Konzentration des sozialistischen Wettbewerbs auf das volkswirtschaftliche Endergebnis eine Reihe von Konsequenzen im Hinblick auf die Erhöhung der Komplexität des Wettbewerbs und für eine noch wirksamere Stimulierung der Wettbewerbsleistungen, die den qualitativ und quantitativ größten Beitrag zum volkswirtschaftlichen Endergebnis erbringen. Das heißt, die Wettbewerbskollektive sind ganz im Sinne der Beschlüsse zur Leistungsbewertung am meisten zu belohnen, die am wirksamsten Gebrauchswerte erhöhen und am tiefgreifendsten durch neue technologische Verfahren zur Senkung des gesellschaftlich notwendigen Aufwandes an lebendiger und vergegenständlichter Arbeit beitragen. Anders gesagt: Wettbewerbsverpflichtungen, die risikoreiche Ziele anvisieren und die dann erfüllt werden, sind gesellschaftlich bedeutend besser zu würdigen als Wettbewerbsverpflichtungen, die von vornherein gut „gepolstert" waren.

Auch die Wechselbeziehungen zwischen dem Wettbewerb und den Wirtschaftsverträgen sind noch enger zu gestalten.

Drittens: Im sozialistischen Wettbewerb werden auf der Grundlage des Planes durch die Überbietung der Leistungsziele des Fünfjahrplans die Produktivitätssteigerungen erbracht, die wir bei veränderten außenwirtschaftlichen Bedingungen brauchen. Der sozialistische Wettbewerb wird aber selbst zunehmend auch unter sozialpolitischen Gesichtspunkten gestaltet, indem er zum Beispiel maßgeblichen Einfluß auf die Verbesserung der Arbeitsbedingungen ausübt. Je meßbarer auch in dieser Hinsicht die Rationalisierung gestaltet wird, um so höher auch die soziale Wirksamkeit des sozialistischen Wettbewerbs.

Es sei mir zum Abschluß gestattet, zu folgenden weiteren Verallgemeinerungen bzw. Analysen über den sozialistischen Wettbewerb als Beitrag zu konstruktiven Lösungen der politischen Ökonomie des Sozialismus anzuregen:

– Noch aussagefähiger sind die Wechselbeziehungen zwischen dem sozialistischen Wettbewerb und der weiteren Ausprägung der sozialistischen Lebensweise zu untersuchen. Dabei sollte jedoch keine Verwässerung und willkürliche Aufspaltung der Kriterien des sozialistischen Wettbewerbs zugelassen werden.

Die Wettbewerbsprogramme zum 30. Jahrestag der DDR berücksichtigen: Ist der Plan nicht erfüllt und die Arbeitsproduktivität nicht planmäßig gesteigert worden, so kann das weder durch einen Theaterbesuch noch durch gemeinsame Brigadeveranstaltungen kompensiert werden. Das heißt, Ausgangspunkt muß die Analyse der ökonomischen Rolle des sozialistischen Wettbewerbs, müssen die Erfordernisse sein, die die intensiv erweiterte Reproduktion objektiv an den sozialistischen Wettbewerb stellt. Überwiegend ist der sozialistische Wettbewerb ein Arbeitswettbewerb, der auf die Steigerung der Arbeitsproduktivität, die Verbesserung der Arbeitsbedingungen und die Persönlichkeitsentwicklung im Prozeß der Arbeit gerichtet ist.

– Des weiteren sind die Wechselbeziehungen zwischen den objektiven Bedingungen und dem subjektiven Faktor im sozialistischen Wettbewerb noch wirksamer zu erforschen und praxiswirksam zu machen. Dabei lassen wir keinerlei Abstriche an der Realität der Pläne, an einer umfassenden Analyse der objektiven Bedingungen, an der strengen Beachtung der Objektivität der ökonomischen Gesetze und an der Erarbeitung ausgewogener Bilanzen zu. Je wirksamer die objektiven Bedingungen genutzt werden, um so größer ist der Spielraum des sozialistischen Wettbewerbs zur Steigerung der Arbeitsproduktivität. Aber die Planung und der Wettbewerb als lebendiger Prozeß der Realisierung des gesellschaftlichen Eigentums verstärken zugleich die Rolle des subjektiven Faktors bei der Verwirklichung der Beschlüsse des VIII. und IX. Parteitages der SED.

Wenn diese Wechselbeziehungen zwischen den objektiven Bedingungen und dem subjektiven Faktor im sozialistischen Wettbewerb zudem besonders in unseren leistungsfähigsten Wirtschaftseinheiten, den Kombinaten, weiter erforscht werden, so wird das auch eine Reihe von weiteren konstruktiven Schlüssen für die Erhöhung der Wirksamkeit der Leitung und Planung auf der Grundlage des demokratischen Zentralismus erbringen.

– Bei der Realisierung der Wettbewerbsprogramme sind auch noch weitere Voraussetzungen dafür zu schaffen, den sozialistischen Wettbewerb noch enger mit der wirtschaftlichen Rechnungsführung und dies besonders im Interesse einer systematischen Senkung der Selbstkosten, zu verbinden. Allein die noch umfassendere Anwendung der Gebrauchswert-Kosten-Analyse kann dabei Reserven in volkswirtschaftlichen Größenordnungen erschließen. Zudem sind die Kosten ein unbestechlicher Maßstab für Intensivierungsfortschritte im sozialistischen Wettbewerb, die besonders durch moderne Technologien erreicht werden.

– Wenn Genosse Erich Honecker in seiner Dresdener Rede begründete, daß die Verflechtungen zwischen der Erhöhung des materiellen und kulturellen Lebensniveaus immer enger werden, so ist das in gewisser Weise auch vom Standpunkt der wechselseitigen Durchdringung zwischen materieller und moralischer Interessiertheit im sozialistischen Wettbewerb zu untersuchen. Nicht die eine Form der Interessiertheit wird auf Kosten der anderen entwickelt. Eine Sofortprämie, nicht in der Lohnbuchhaltung, sondern vor dem gesamten Arbeitskollektiv überreicht, realisiert – vereinfacht gesagt – beide Wirkungsformen der Stimulierung.

– Schließlich ist gerade bei der weiteren Ausarbeitung der Theorie des sozialistischen Wettbewerbs eine noch fundiertere Auseinandersetzung mit dem kapitalistischen Konkurrenzmechanismus anzustreben. Hierbei sollten wir besonders nachhaltig die Vorzüge des gesellschaftlichen Eigentums und die aus ihm resultierenden Antriebskräfte theoretisch noch tiefgehender mobilisieren und beweisen, daß Potenz und Impotenz des imperialistischen Systems auch im kapitalistischen Konkurrenzmechanismus ihre objektiven Wurzeln haben.

Der sozialistische Wettbewerb ist bei der weiteren Gestaltung der entwickelten sozialistischen Gesellschaft in noch stärkerem Maße eine der Hauptformen der ständigen und konkreten Machtausübung im wichtigsten gesellschaftlichen Bereich, der materiellen Produktion.

H. Richter

Einige Bemerkungen zur Entwicklungstendenz des Ersatzfonds im gesellschaftlichen Gesamtprodukt bei intensiv erweiterter Reproduktion

In meinem Diskussionsbeitrag möchte ich über einige Zusammenhänge sprechen, die zwischen der Steigerung der Arbeitsproduktivität bei intensiv erweiterter Reproduktion und der Bewegung des Ersatzfonds, besonders des Teils, der den Material-, Rohstoff- und Energieverbrauch verkörpert, im gesellschaftlichen Gesamtprodukt bestehen.

Im Konferenzmaterial wird bezüglich ganz bestimmter Anforderungen an das unterschiedliche Wachstum einiger volkswirtschaftlicher Größen bei intensiv erweiterter Reproduktion eine Reihe interessanter Feststellungen getroffen. Auf zwei möchte ich aufmerksam machen.

Erstens: In These 4 heißt es:
„Auf längere Sicht muß durch die Vertiefung des Intensivierungsprozesses erreicht werden, daß die Arbeitsproduktivität schneller als das Nationaleinkommen pro Kopf der Bevölkerung steigt."

Zweitens: In These 6 wird ausgeführt:
„In der Endkonsequenz erfordert die Aufrechterhaltung langfristig stabiler Wachstumsraten des Nationaleinkommens, daß sich entweder die Produktivitätssteigerung bei gegebenem einmaligem Arbeitsaufwand beschleunigt oder daß sich bei annähernd gleichbleibenden Raten der Produktivitätssteigerung die dafür notwendigen Vorleistungen relativ verringern. Daraus folgt, daß im volkswirtschaftlichen Maßstab die Arbeitsproduktivität zunehmend schneller wachsen muß als die Produktion."

Mit diesen Feststellungen sind klar und deutlich die Maßstäbe bestimmt worden, die sich aus der weiteren Verwirklichung der Hauptaufgabe für das Tempo der Steigerung der Arbeitsproduktivität ergeben. Die weitere Verwirklichung der Einheit von Wirtschafts- und Sozialpolitik ist untrennbar mit hohen und langfristig stabilen Wachstumsraten der Arbeitsproduktivität verbunden.

Welche Auswirkungen hat jedoch das geforderte hohe Wachstumstempo der Arbeitsproduktivitätssteigerung auf die Bewegung des Ersatzfonds, besonders des Material-, Rohstoff- und Energieverbrauchs im Gesamtprodukt, wie muß sich E_M (Material-, Energie- und Rohstoffverbrauch) zu P (Gesamtprodukt) bzw. N (Nationaleinkommen) verhalten, wenn die Intensivierung des Reproduktionsprozesses weiter vertieft wird? Welche Gesetzmäßigkeiten liegen dieser Proportion zugrunde? Wie ist überhaupt das Entwicklungsverhältnis von Steigerung der Arbeitsproduktivität zum Wachstum des Materialverbrauchs?

Diese Frage hat meiner Ansicht nach auch einen wichtigen weltanschaulichen Aspekt, da nicht selten von Studenten und Nachwuchswissenschaftlern die Frage gestellt wird, daß angesichts der Ressourcenbeschränkung auch im Sozialismus der Steigerung der Arbeitsproduktivität objektive, nicht zu überschreitende Grenzen gesetzt seien. Es ist unbestritten, daß wir in der Erziehungsarbeit, besonders bei der fundierten Behandlung der Einheit von Wirtschafts- und Sozialpolitik, auf diese Frage eingehen und überzeugende Argumente geben müssen. Diese Frage berührt gleichzeitig den Nachweis der Überlegenheit der sozialistischen Produktionsverhältnisse gegenüber den kapitalistischen und tatsächliche Ausschöpfung dieser Überlegenheit bezüglich des wissenschaftlich-technischen Fortschritts und der Steigerung der Arbeitsproduktivität.

Werfen wir zunächst einen Blick auf das gesellschaftliche Gesamtprodukt 1976. Es betrug 389,3 Mrd. Mark, von denen 241,6 Mrd. Mark (62,06 %) auf den Ersatzfonds und 147,7 Mrd. Mark (37,94 %) auf das Nationaleinkommen entfielen. Im Ersatzfonds betrug der Materialverbrauch 222,8 Mrd. Mark, das sind 57,23 % vom Gesamtprodukt. Der größte Posten im Gesamtprodukt ist E_M, der Material-, Rohstoff- und Energieverbrauch.

Wird der Anteil von E_M an P über einen längeren Zeitraum verfolgt, dann ergibt sich, daß er ständig steigt. Im Jahre 1960 betrug E_M an P 47 Prozent. Eine ähnliche wenn auch nicht so schnelle Entwicklung von E_M an P ist in der UdSSR festzustellen. 1960 betrug E_M an P 49,3 Prozent, 1975 ist dieser Anteil auf 52,1 Prozent – ausgedrückt in laufenden Preisen – gestiegen.

Im Referat von Prof. Dr. Heinrichs auf dem Plenum wurden interessante Angaben darüber gemacht, welche „Belastungen" für die Volkswirtschaft aus E_M erwachsen. Immerhin bindet die Be- und Verarbeitung, der Transport, die Lagerung usw. von E_M zwei Drittel der Produktionsgrundfonds; erhebliche Aufwendungen an Transportleistungen, an Energie, an Arbeitskräften sind erforderlich, um E_M in der Volkswirtschaft zu produzieren und zu zirkulieren.

Wächst dieser Anteil am Gesamtprodukt, wächst damit die Belastung für die Volkswirtschaft.

Es ergibt sich die politökonomische Fragestellung, ob es gesetzmäßig ist, daß der Ersatzfonds, besonders E_M am Gesamtprodukt anteilig wächst; ist es tatsächlich so, daß die Sicherung der einfachen Reproduktion immer mehr Aufwand erfordert?

In der politökonomischen Literatur ist bekanntlich diese Fragestellung umstritten. Auch im Konferenzmaterial, bei völlig richtiger Betonung der Notwendigkeit, den spezifischen Rohstoff-, Material- und Energieverbrauch erheblich zu senken, wird hierzu kein definitiver Standpunkt bezogen.

Ich halte es für unumgänglich, daß sich die politische Ökonomie des Sozialismus im verstärkten Maße dieser Frage zuwendet, da offensichtlich gerade in der Reproduktion von E_M noch viele Möglichkeiten für die vertiefte Intensivierung des gesamten Reproduktionsprozesses liegen. Die Reproduktion von E_M mit weniger Aufwand erweitert den Spielraum für die Steigerung der Arbeitsproduktivität, führt zur Erhöhung des Nationaleinkommens am Gesamtprodukt.

Zu der zweifellos komplizierten Problematik der Bewegung von E_M in P möchte ich einige Überlegungen zur Diskussion stellen.

Zunächst wirkt auf die Bewegung von E_M innerhalb von P eine Reihe Faktoren ein, die völlig entgegengesetzte Wirkungen hervorrufen. Einige Faktoren wirken aufwandserhöhend, andere wiederum aufwandssenkend. Von Bedeutung für die Bewegung von E_M innerhalb von P ist dabei das Gewicht dieser Faktoren.

Methodologisch ist bei der Bewegung von E_M im Gesamtprodukt zwischen der gebrauchswert- und wertmäßigen Entwicklung zu unterscheiden.

Was die Gebrauchswertseite anbetrifft, so wurde von Karl Marx eindeutig nachgewiesen, daß mit der Erhöhung des gesellschaftlichen Produktivitätsgrades der Arbeit in derselben Zeit – bei Beurteilung des Gesamtprodukts in einem Jahr – eine größere Masse von Rohmaterial und Hilfsstoffen in den Arbeitsprozeß eintritt und verarbeitet wird. Das ist – wie Marx sagt – eine Folge der wachsenden Produktivität der Arbeit.[1]

Bewirkt nun diese Folge eine *gesetzmäßige Zunahme* des wertmäßigen und auch gebrauchswertmäßigen Anteils von E_M an P?

Wenn auch bei der Steigerung der Arbeitsproduktivität zwischen der gebrauchswert- und wertmäßigen Seite von E_M enge Beziehungen bestehen, so muß es zwischen beiden kein paralleles Wachstum geben. Der gebrauchswertmäßige Anteil kann steigen, indes der Wertanteil konstant bleibt oder gar sinkt (bei Wertsenkung der Arbeitsgegenstände), oder der Wertanteil kann steigen (z. B. bei Preiserhöhungen für Rohstoffe und Arbeitsgegenstände), während der stoffliche Anteil konstant bleibt oder langsamer steigt als die Preise.

Meiner Ansicht nach haben folgende Hauptfaktoren einen Einfluß auf die Bewegung von E_M in P:

Die Arbeitsproduktivität. Durch die Steigerung der Arbeitsproduktivität in den rohstoffproduzierenden und materialherstellenden Zweigen sinkt der Wert pro Materialeinheit, wodurch der Wertanteil der Arbeitsgegenstände langsamer wächst als ihr stofflicher Anteil. Marx schreibt: „Der Grund ist einfach der, daß mit der wachsenden Produktivität der Arbeit nicht nur der Umfang der von ihr vernutzten Produktionsmittel steigt, sondern deren Wert, verglichen mit ihrem Umfang sinkt. Ihr Wert steigt also absolut, aber nicht proportionell mit ihrem Umfang."[2]

Dieser Zusammenhang erhält unter den Bedingungen der intensiv erweiterten Reproduktion zunehmende Bedeutung. Es geht eben darum, Arbeitsgegenstände herzustellen, die einen geringeren Aufwand verkörpern. Hier tritt zutage, welche gewaltige Rolle die moderne Chemie, die Elektrotechnik und Elektronik für die Senkung des laufenden Aufwandes an vergegenständlichter Arbeit haben. Die Intensivierung der gesellschaftlichen Reproduktion auf lange Sicht erfordert, ihr volkswirtschaftliches Gewicht zu erhöhen. Mit dem Beschluß der 6. Tagung des ZK der SED zur weiteren Verwirklichung der Beschlüsse des IX. Parteitages der SED auf dem Gebiet der Elektrotechnik und Elektronik wurde diesem Reproduktionserfordernis Rechnung getragen.

Zugleich ist es eine Tatsache, daß sich für einen Teil der Rohstoffe – vor allem für die aus der Natur entnommenen – durch Verschlechterung der Abbaubedingungen sowie durch Erhöhung der Weltmarktpreise der Aufwand wertseitig erhöht. Je höher der Anteil dieser verteuerten Rohstoffe, um so größer ist die Belastung für die Volkswirtschaft. Die hier dargestellte Problematik ist somit zwieschlächtiger Natur. Einmal bewirkt die Steigerung der Arbeitsproduktivität eine Wertsenkung der Arbeitsgegenstände, und zum anderen führen Verschlechterungen der Abbaubedingungen bei Rohstoffen, die aus der Natur entnommen werden, sowie die Erhöhung der Rohstoffpreise zur Erhöhung des Wertanteils von E_M in P.

Während die Steigerung der Arbeitsproduktivität als ökonomisches Gesetz des Sozialismus in allen Bereichen der materiellen Produktion wirkt, gilt die Aufwandserhöhung pro Einheit Material, Rohstoff und Energie durch Verschlechterung der Bedingungen für ihre Gewinnung nur für ausgewählte Bereiche. Die Erhöhung von E_M in P hängt folglich mit vom Umfang und Gewicht der Produktion von Rohstoffen ab, bei denen sich die Abbaubedingungen verschlechtern. Nehmen Umfang und Gewicht dieser extraktiven Zweige am gesellschaftlichen Gesamtprodukt zu, dann steigt E_M in P. Hohe Steigerungsraten der Arbeitsproduktivität in der gesamten materiellen

[1] Vgl. K. Marx, Das Kapital, Erster Band, in: MEW, Bd. 23, Berlin 1968, S. 650.
[2] Ebenda, S. 651.

Produktion wirken diesem Anstieg entgegen, können ihn paralysieren bzw. zur Umkehrung bringen.

Der wissenschaftlich-technische Fortschritt. Von entscheidender Bedeutung für die stoffliche und wertmäßige Verringerung des Rohstoff-, Material- und Energieverbrauchs ist der wissenschaftlich-technische Fortschritt, vor allem die Einführung moderner Technologien. Nur durch den beschleunigten wissenschaftlich-technischen Fortschritt ist es möglich, das Verhältnis von Materialeinsatz zu Fertigungserzeugnis grundlegend zu verbessern. Im Konferenzmaterial werden hierzu in die Zukunft weisende Lösungsvorschläge unterbreitet. Natürlich ist das mit beträchtlichen einmaligen Aufwendungen verbunden. Ökonomische Berechnungen belegen jedoch die im Konferenzmaterial getroffene Feststellung, daß in der Regel die zusätzlichen Investitionen für rohstoff- und energiesparende Technologien geringer sind als der Aufwand für die Erweiterung der Rohstoffbasis. Angesichts der Tatsache, daß in unserer Volkswirtschaft die Akkumulationsrate ohnehin hohen Belastungen ausgesetzt ist, kann perspektivisch gesehen der Druck auf die Akkumulationsrate durch „billigere" Investitionen für moderne Technologien verringert werden.

Wiederverwendung von Sekundärrohstoffen und Abprodukten. Sie erlangt für die gesamte Rohstoff- und Materialökonomie zunehmende Bedeutung. Auf der 2. Tagung des ZK der SED wurden die Sekundärrohstoffe als „gewaltiges, im eigenen Lande verfügbares Rohstoffvorkommen" bezeichnet. Es ist ebenso erwiesen, daß die Sekundärrohstoffe billige Rohstoffe sind. Ihre Zurückführung in den volkswirtschaftlichen Kreislauf ist zwar ebenfalls mit beträchtlichem Aufwand, vor allem mit der Einführung entsprechender Verwertungstechnologien, verbunden, dieser Aufwand ist aber volkswirtschaftlich niedriger als der für den Import bzw. die Erschließung der betreffenden Rohstoffe im eigenen Land. Bekanntlich sieht die Direktive zum Fünfjahrplan 1976 bis 1980 vor, den Verwertungsgrad der Sekundärrohstoffe und Abprodukte von 24 Prozent auf 30 Prozent zu erhöhen.

Die Erzeugnisqualität. Ein wesentlicher Faktor zur Einsparung von Rohstoffen und Material ist die Erhöhung der Qualität der Roh- und Werkstoffe wie der Erzeugnisse überhaupt. Die Erzeugnisqualität ist ein bedeutender Faktor der Arbeitsproduktivitätssteigerung und damit des Wirtschaftswachstums. Bereits Karl Marx traf die Feststellung, daß bei schlechter Qualität des Materials der Arbeiter mehr Zeit benötigt, um dasselbe Quantum zu verarbeiten. Verbesserte Erzeugnisqualität ist gleichbedeutend mit einer Materialaufwandssenkung.

Die Materialsubstitution. Das Verhältnis von Materialverbrauch zu Gesamtprodukt kann maßgeblich durch die Materialsubstitution verbessert werden. Die Materialsubstitution ermöglicht es, mit einer Einheit Material ein größeres Endprodukt herzustellen.

Die Materialverbrauchsnormung. Die konsequente Einführung wissenschaftlich begründeter Materialverbrauchsnormen ist ebenfalls ein entscheidender Faktor, den spezifischen Aufwand an Rohstoffen, Material und Energie zu senken.

Die Masseninitiative der Werktätigen. Der sozialistische Wettbewerb, Initiativen der Werktätigen, wie z. B. einen Tag im Monat mit eingespartem Material zu arbeiten, Aktionen zur Materialökonomie u. a. sind ebenfalls entscheidend, den Material-, Rohstoff- und Energieverbrauch anteilmäßig zu senken.

Es gibt somit eine Vielzahl Faktoren, die dem Anwachsen von E_M in P entgegenwirken. Ein Vorzug der sozialistischen Produktionsverhältnisse besteht gerade darin, diese Faktoren im Maßstab der gesamten Volkswirtschaft bewußt und planmäßig auszunutzen. Angesichts der Bedeutung, die die Material-, Rohstoff- und Energieversorgung für das kontinuierliche Wachstum der Volkswirtschaft besitzt, muß der gesamte Wirtschaftsmechanismus darauf ausgerichtet sein, sowohl vom Standpunkt der Planung als auch vom Standpunkt der ökonomischen Stimulierung, den Gesamtprozeß der Ökonomie des Rohstoff-, Material- und Energieverbrauchs zu fördern.

Der Prozeß der weiteren Vertiefung der Intensivierung der Reproduktion erfordert meiner Ansicht nach, das Anwachsen von E_M in P zum Stillstand zu bringen und in der Perspektive E_M in P sogar zu senken. Das heißt, es sind durch die beschleunigte Entwicklung von Wissenschaft und Technik die Bedingungen zu schaffen, daß künftig das Nationaleinkommen schneller wächst als der Ersatzfonds. Ist dies gewährleistet, dann gibt es für das Wirtschaftswachstum tatsächlich keine objektiven Grenzen.

Neben den objektiven Bedingungen gilt es hierfür auch die erforderlichen subjektiven Voraussetzungen zu schaffen. Dazu ist insgesamt eine neue Qualität im ökonomischen Denken erforderlich. Denn eingedenk der Worte Lenins beginnt der Kommunismus dort, wo einfache Arbeiter in selbstloser Weise sich Sorgen machen um die Erhöhung der Arbeitsproduktivität, um den Schutz eines jeden Puds Getreide, Kohle, Eisen und anderer Produkte. Die uns an den Universitäten und Hochschulen anvertrauten Studenten in diesem Geiste zu erziehen, ist auch eine wichtige Aufgabe bei der Erschließung der Wege und Methoden zur Steigerung der Arbeitsproduktivität.

S. Wolf, H. Sandig

Zur Rolle der bergbautreibenden Industrie (Deckung des wachsenden Rohstoffbedarfs) für die Entwicklung der Effektivität der gesellschaftlichen Produktion in der DDR

Die Beschlüsse des IX. Parteitages der SED bringen deutlich zum Ausdruck, „daß unser volkswirtschaftliches Wachstum in entscheidendem Maße von der Erschließung der eigenen Energie- und Rohstoffressourcen getragen sein muß."[1]

Stellt man davon ausgehend die Frage nach der Wirkung unserer bergbautreibenden Industrie auf die Möglichkeiten und Resultate der intensiv erweiterten Reproduktion, so ist sie aus unterschiedlicher Sicht zu beantworten.

Die *intensiv erweiterte Reproduktion* ist vom Inhalt her durch zwei miteinander zusammenhängende Grundprozesse bestimmt: durch die Intensivierung und durch die Erweiterung des Produktionsprozesses.

Sozialer Fortschritt sowie die weitere Ausgestaltung unserer materiell-technischen Basis erfordern Produktionssteigerung, letztlich ein größeres produziertes und verfügbares Nationaleinkommen. Das zieht zwangsläufig einen wachsenden Bedarf an Primärenergie, mineralischen und anderen Rohstoffen nach sich. Seine Deckung auch durch *Produktionserweiterung* in der bergbautreibenden Industrie – sowohl hinsichtlich ihrer Produktionsbedingungen als auch ihres Produktionsresultats – ist eine Grundvoraussetzung für planmäßiges, proportionales Wachstum der gesamten gesellschaftlichen Produktion mit hoher Effektivität.

Auch der *Prozeß der Intensivierung* der gesellschaftlichen Produktion fordert steigendes Energie- und Rohstoffaufkommen. Das durch Erhöhung der gesellschaftlichen Arbeitsproduktivität verursachte Produktionswachstum übersteigt nach allen bisherigen Erfahrungen das Ausmaß der Senkung des spezifischen Verbrauchs an Roh- und Werkstoffen. Dadurch wächst zwar im Maßstab der gesamten Gesellschaft deren Verbrauch nicht im gleichen Maße wie das gesellschaftliche Gesamtprodukt (Masse der Gebrauchswerte), aber es wächst.[2]

Schon diese kurze Betrachtung zeigt, daß die eigene Bergbauproduktion wachsende Bedeutung für die Deckung des Roh- und Brennstoffbedarfs der Volkswirtschaft hat und ein entscheidender Wachstums- und Effektivitätsfaktor ist. Das ist eine der Voraussetzungen dafür, „die Ökonomie der DDR voll und ganz auf den Hauptweg der Intensivierung einzustellen."[3]

Ist aber diese positive Wirkung die einzige, die von unserer Bergbauproduktion auf die Effektivität der gesamtgesellschaftlichen Produktion ausgeht?

[1] Bericht des Zentralkomitees der Sozialistischen Einheitspartei Deutschlands an den IX. Parteitag der SED, Berichterstatter: Genosse Erich Honecker, Berlin 1976, S. 49.

[2] Vgl. K. Marx, Das Kapital, Erster Band, in: MEW, Bd. 23, Berlin 1972, S. 214, 333, 552, 650.

[3] E. Honecker, Die sozialistische Revolution in der DDR und ihre Perspektiven, Berlin 1977, S. 25.

In diesem Zusammenhang kennen wir alle die Tatsache – und sie ist auch im Arbeitsmaterial (These 9) zu dieser Konferenz vermerkt –, daß seit geraumer Zeit der spezifische Arbeitsaufwand bei der Produktion von Roh- und Brennstoffen steigt, und daß daraus insgesamt volkswirtschaftliche Belastungen entstehen.

Weniger in der Literatur, aber doch in Diskussionen wird in diesem Zusammenhang die Frage aufgeworfen, ob das in Anbetracht des ständigen wissenschaftlich-technischen Fortschritts wirklich so ist. Es ist zu lesen, daß auch im Bergbau die Arbeitsproduktivität steigt, wobei unseres Erachtens in der Praxis die Arbeitsproduktivität nur auf der Basis der aufgewendeten lebendigen Arbeit, statt der lebendigen Arbeit plus der vergegenständlichten Arbeit ausgewiesen wird.[4]

Wie entwickelt sich der Arbeitsaufwand je Erzeugniseinheit in der bergbautreibenden Industrie nun tatsächlich, welche Gesichtspunkte müssen wir bei der Beantwortung dieser Frage in Betracht ziehen?

Im Unterschied zu den Zweigen der verarbeitenden Industrie zeigt die Bergbauindustrie eine Besonderheit in bezug auf die Faktoren, die das Niveau der Arbeitsproduktivität beeinflussen. Ebenso wie bei der Produktion landwirtschaftlicher Erzeugnisse wird auch bei der bergbaulichen Produktion das Niveau der Arbeitsproduktivität nicht nur von gesellschaftlichen Faktoren, sondern darüber hinaus von Naturverhältnissen bestimmt. Bei der Extraktion von Naturstoffen unterscheidet Marx deshalb zwischen

– *gesellschaftlichen Bedingungen der Arbeit,* die vom Menschen hervorgebracht werden, und
– *Naturbedingungen der Arbeit,* die der Mensch als gegeben vorfindet,

die sich gemeinsam auf das Niveau der Arbeitsproduktivität und damit auf den gesellschaftlich notwendigen Arbeitsaufwand je Erzeugniseinheit auswirken.[5]

Günstigere Naturbedingungen wirken sich positiv auf den Nutzeffekt der lebendigen Arbeit aus, ungünstiger werdende Naturverhältnisse bewirken eine Senkung des Niveaus der Arbeitsproduktivität (gleichbleibende gesellschaftliche Bedingungen der Arbeitsproduktivität vorausgesetzt).

Einige Faktoren sollen zeigen, wie sich die Naturbedingungen für die Gewinnung mineralischer Rohstoffe und Brennstoffe verschlechtern:

– Die Teufe der Lagerstätten nimmt zu. Das betrifft z. B. Kupfer und Zinn. Die Abbauteufe für Kupfererz im Mansfelder Gebiet liegt etwas über 900 m; bei der im Aufschluß befindlichen Lagerstätte im Spremberger Raum aber bei mehr als durchschnittlich 1 200 m, Das hat Konsequenzen für den Arbeitsaufwand bei der Erschließung, Förderung, Entwässerung, Bewetterung und dergleichen.

– Im Braunkohlenbergbau müssen wir mit zunehmender Mächtigkeit des die Kohle überlagernden Deckgebirges rechnen. Das Verhältnis von Abraum zu Kohle ($Ar : K$) verschlechtert sich ständig, so von 3,2 : 1 im Jahre 1970 auf 4,5 : 1 im Jahre 1980. Entsprechend erhöht sich auch der laufende Aufwand je Tonne Kohle.

Auch der Blickwinkel der Betrachtung des Verhältnisses von *einfacher und erweiterter Reproduktion* in der bergbautreibenden Industrie gibt Aufschluß über den steigenden Aufwand auf Grund der Verschlechterung der geologischen Bedingungen. Der Ersatz der verbrauchten Produktionsmittel reicht heute weder wert- noch ge-

[4] Vgl. W. Heinrichs/H. Koziolek, Steigerung der Arbeitsproduktivität – Bestandteil der Hauptaufgabe, in: Einheit, 4/1978, S. 350.

[5] Vgl. K. Marx, Das Kapital, Erster Band, in: MEW, Bd. 23, Berlin 1972, S. 54 und Das Kapital, Dritter Band, in: MEW, Bd. 25, Berlin 1973, S. 270 und S. 775.

brauchswertmäßig aus, um die vorhandene Förderleistung zu sichern. Hierfür sind außer den Ersatzinvestitionen Erweiterungsinvestitionen aus dem Reineinkommen (Akkumulation) erforderlich. In der Kohlegewinnung decken die Amortisationen gegenwärtig etwa nur zur Hälfte die für die Aufrechterhaltung der Förderkapazität notwendigen Investitionsmittel.

In den Jahren 1971 bis 1975 stieg trotz leichten Rückganges der Braunkohlenförderung (um etwa 6%) der Investitionsaufwand (Gesamtinvestitionen) von Jahr zu Jahr beträchtlich an.

Besonders hoch sind die spezifischen Investitionskosten bei Neuaufschlüssen von Braunkohletagebauen. Sie lagen Anfang der 70er Jahre bei verschiedenen Tagebauen zwischen 18 Mark und 89 Mark je t und Jahr (je nach Bedingungen der Lagerstätte und des Territoriums)[6], während sie zur Aufrechterhaltung der Förderleistung in den bestehenden Tagebauen des Industriezweiges nur ein Bruchteil dessen betragen. In den Jahren 1971 bis 1980 sind aber bei steigendem spezifischen Investitionsaufwand 56% der Förderkapazität durch Neuaufschlüsse zu ersetzen.[7] (Das sind ca. 140 Mio Jahrestonnen.) Das kostet unserer Volkswirtschaft Milliarden an zusätzlichen Investitionen!

Somit liegt im Bereich der Braunkohlenförderung der DDR folgende Erscheinung vor:

- *Einfache Reproduktion* aus der Sicht des *Produktionsresultats* erfordert
- *erweiterte Reproduktion* aus der Sicht der *Produktionsbedingungen* (und führt damit zu sinkender Effektivität).

Die Deckung des wachsenden Energie- und Rohstoffbedarfs erfordert aber Erhöhung der Förderung, die weitere Mittel aus dem Akkumulationsfonds bindet.

Diese Prozesse schließen – da Lagerstätten mineralischer Rohstoffe am gleichen Ort nicht reproduzierbar sind – wachsenden Aufwand für geologische Suche und Erkundung sowie die Schaffung eines notwendigen Vorratsvorlaufes ein.

Es ist gerade der für den Bergbau wachsende Fondsvorschuß, der die Effektivität der gesamtgesellschaftlichen Produktion belastet. Er entzieht dem jährlichen Gesamtprodukt erhebliche Mittel.[8] Dazu kommt, daß die Fristen von der geologischen Suche und Erkundung von Lagerstätten bis zur vollen Inbetriebnahme von Gewinnungskapazitäten durchschnittlich das Doppelte von denen betragen, die für den Aufbau von Produktionsanlagen in der verarbeitenden Industrie benötigt werden[9] Alle diese

[6] Vgl. D. Slaby, Grundfondsökonomie, 7. Lehrbrief, Bergakademie Freiberg, Sektion Sozialistische Betriebswirtschaft, 1977, S. 69.

[7] Vgl. H. Bachmann/D. Slaby, Volks- und betriebswirtschaftliche Aufgaben und Probleme bei der Nutzung einheimischer mineralischer Rohstoffe, in: Neue Bergbautechnik, 10/1974, S. 731. Horst Sindermann stellte auf dem IX. Parteitag der SED fest, daß in den Jahren 1976–1980 in nahezu einem Drittel der Tagebaue die Kohlevorräte zu Ende gehen. Der Ersatz und der notwendige Leistungsanstieg sind zu 40% über Intensivierungsmaßnahmen und Kapazitätserweiterung zu erbringen (folglich zu 60% über Neuaufschlüsse). Vgl. dazu:
H. Sindermann, Direktive des IX. Parteitages der SED zum Fünfjahrplan für die Entwicklung der Volkswirtschaft der DDR in den Jahren 1976–1980, Berlin 1976, S. 25/26.

[8] Vgl. K. Marx, Das Kapital, Zweiter Band, in: MEW, Bd. 24, Berlin 1973, S. 316.

[9] Vgl. K. Singhuber, Rationeller Einsatz und effektive Nutzung der Rohstoffe – ein Beitrag zur umfassenden Intensivierung der Volkswirtschaft der DDR, URANIA, Schriftenreihe für den Referenten, 4/1977, Teil I, S. 30:
„Die Gesamtheit der geologischen Vorarbeit, des Aufschlusses von Lagerstätten beträgt

Faktoren belasten unsere Bilanzen. Aber wir investieren damit in die Zukunft, sichern unseren künftigen Rohstoffbedarf für das kontinuierliche Wachstum der gesellschaftlichen Gesamtproduktion und ihrer Effektivität.

Schließlich soll unter dem Aspekt der Reproduktion darauf verwiesen werden, daß die Erfüllung der höheren Anforderungen, die die planmäßige proportionale Entwicklung der Volkswirtschaft an die bergbautreibende Industrie stellt, von dieser – wie bereits gezeigt – zu einem bestimmten Teil auch über *extensive Prozesse* vollzogen wird. Das bedingt u. a., daß für die Rohstoffproduktion aus dem bis 1980 möglichen Zuwachs an Beschäftigten zusätzliche Arbeitskräfte zur Verfügung gestellt werden.[10]

Die bisherigen Betrachtungen zeigen, daß in unserer bergbautreibenden Industrie die aufwandserhöhenden Auswirkungen der Abnahme der Ergiebigkeit der Naturbedingungen nicht völlig durch die Zunahme der gesellschaftlichen Produktivität der Arbeit ausgeglichen werden können. Auf eine derartige Erscheinung weist bereits Marx im dritten Band des „Kapital" hin:

„Es ist möglich, daß die Zunahme der gesellschaftlichen Produktivkraft . . . die Abnahme der Naturkraft nur kompensiert *oder nicht einmal kompensiert* (Hervorhebung, die Verf.) – die Kompensation kann immer nur für eine Zeit wirken –, so daß dort trotz der technischen Entwicklung das Produkt nicht verwohlfeilert, sondern nur eine noch größere Verteuerung desselben verhindert wird."[11]

Das ist natürlich kein Freibrief für steigenden spezifischen Arbeitsaufwand bei der Erzeugung von Bergbauprodukten, sondern eine Aufforderung für beschleunigten wissenschaftlich-technischen Fortschritt, für neue technische und technologische Lösungen im Bergbau selbst und in der gesamten Volkswirtschaft.

Einige Beispiele und Zusammenhänge sollen auch dafür genannt werden.

Erstens: Im *Braunkohlentagebau* konzentrieren wir uns auf die bestmögliche Auslastung und Erhöhung der Leistungsfähigkeit der vorhandenen *Produktionsgrundfonds.*

Eine Spezifik in diesem Bereich besteht in der hohen Grundfondsintensität. Die relative Grundfondsintensität in unserer Energie- und Brennstoffindustrie beträgt mehr als das *Vierfache* des Durchschnitts der Industrie.[12] Wir richten die Rationalisierung darum auch auf leistungssteigernde Umbauten von bereits installierten Tagebaugroßgeräten, wodurch bereits eine relative Einsparung von Investitionsmitteln (im Vergleich zur Einführung neuer oder zusätzlicher Großgeräte) erzielt werden konnte[13], sowie auf den weiteren Übergang zu modernen, ökonomisch effektiveren Technologien, wie die Abraumbewegung mittels Abraumförderbrücken, die Bandförderung von Abraum und Kohle und die Anwendung der Baugruppentechnologie in der Instandhaltung. Mit diesen Maßnahmen wird der steigenden Grundfondsintensität entgegengewirkt.

schon bei Steine und Erden 6–8 Jahre, im Braunkohlentagebau 8–10 Jahre, im untertägigen Abbau (Kupfer, Kali, Flußspat) aber 10–15 Jahre."
Dann erst beginnt der Rückfluß der Mittel, der sich über Jahrzehnte hinzieht.

10 Vgl. Direktive des IX. Parteitages der SED zum Fünfjahrplan für die Entwicklung der Volkswirtschaft der DDR in den Jahren 1976–1980, Berlin 1976, S. 34 und 41.

11 K. Marx, Das Kapital, Dritter Band, in: MEW, Bd. 25, a. a. O., S. 775.

12 Vgl. H. Bachmann, D. Slaby, Volks- und betriebswirtschaftliche Aufgaben und Probleme bei der Nutzung einheimischer mineralischer Rohstoffe, in: Neue Bergbautechnik, 10/1974, S. 731.

13 Vgl. K. Siebold, Der VIII. Parteitag der SED wies den realen Weg für eine effektive Energiewirtschaft, in: Neues Deutschland vom 31. Mai/1. Juni 1975, S. 3.

Zweitens: Auch die *Metallerzeugung aus einheimischen Erzen* verlangt den Kampf mit den Mitteln des wissenschaftlich-technischen Fortschritts gegen die sich verschlechternden Naturbedingungen und den daraus erwachsenden steigenden Aufwand. Ein hervorragendes Beispiel hierfür liefert die *Zinngewinnung.* Gegenwärtig werden noch über 50% des Zinnbedarfs aus dem nichtsozialistischen Wirtschaftsgebiet importiert. Das wird sich zukünftig ändern, weil die DDR über Zinnlagerstätten verfügt, die eine erhebliche Produktionssteigerung zulassen.

Ausgehend von den Beschlüssen von Partei- und Staatsführung zur verstärkten Nutzung einheimischer Rohstoffe, wurde im Bergbau- und Hüttenkombinat „Albert Funk", Freiberg, in Zusammenarbeit mit der Sowjetunion ein umfangreiches wissenschaftlich-technisches Programm in Angriff genommen, das alle Prozeßstufen von der bergmännischen Gewinnung bis zur Verhüttung umfaßt. Im Mittelpunkt steht die Entwicklung und Einführung effektiver Technologien und Verfahren, die den spezifischen Eigenschaften der vorhandenen Rohstoffe (z. B. geringe Metallgehalte im Erz und komplizierte Bedingungen ihrer Aufbereitung) gerecht werden und ein wesentlich höheres Metallausbringen gewährleisten und damit zur Abbauwürdigkeit auch armer Erze führen. Im Laufe dieses Fünfjahrplanes werden wir die Zinnproduktion um 43 bis 45% erhöhen, die Arbeitsproduktivität dabei um 54% steigern (dabei wird die Arbeitsproduktivität ausschließlich auf der Basis des Aufwands an lebendiger Arbeit der eingesetzten Arbeitskräfte berechnet) und die Selbstkosten je Tonne um 12% senken.[14]

Hier haben wir bereits ein Beispiel, wie die Anwendung des wissenschaftlich-technischen Fortschritts für die komplexe Rationalisierung aller Prozeßstufen der Metallgewinnung die Verschlechterung der naturwüchsigen Bedingungen der Produktivität der Arbeit in der technologischen Stufe des Bergbaus überkompensiert. Das sind wertvolle Erfahrungen für die Leitung und Planung sozialistischer Rationalisierung.

Drittens: Ganz wesentlich hängen unser Produktionswachstum und die Erhöhung der volkswirtschaftlichen Effektivität von der *Senkung des spezifischen Verbrauchs* von Energie, Roh- und Werkstoffen in allen Zweigen der Produktion und Bereichen der Volkswirtschaft ab.

Der ökonomische Vorteil dieses Weges liegt auf der Hand: Die ökonomischen Aufwendungen für die spezifische Einsparung von Energie, Roh- und Brennstoffen, einschließlich des wachsenden Einsatzes von Sekundärrohstoffen, sind wesentlich niedriger als jene, die wir für die Steigerung der Produktion von Rohstoffen aufbringen müssen. Wir entlasten damit erheblich den Akkumulationsfonds.

Die Erforschung, Ausarbeitung und Anwendung neuer Verfahren der Rohstoff- und Energiegewinnung, neue Möglichkeiten bedeutender Verminderung der Energieumwandlungs- und Energieübertragungsverluste lassen die Annahme zu, daß es in der Perspektive gelingen wird, Energie und Rohstoffe mit sinkendem spezifischen Arbeitsaufwand in der Volkswirtschaft einzusetzen.[15] Vorläufig gilt jedoch – wie im Konferenzmaterial in These 9 dargelegt –, daß der spezifische Aufwand für die Extraktion und Primärverarbeitung der Naturstoffe einen steigenden Trend hat, unsere heutigen technologischen Möglichkeiten vorausgesetzt.

[14] Vgl. K. Singhuber, Die Hauptrichtungen der Intensivierung in der Metallurgie und Kaliindustrie der DDR als wichtiger Beitrag zur Senkung der Materialintensität in der Volkswirtschaft, in: Neue Bergbautechnik, 10/1977, S. 685.

[15] Vgl. W. Lavitow, Sonne und Erdwärme als Partner des Atoms, in: Neues Deutschland vom 1./2. April 1978, S. 12.

Für die ökonomische Forschung ist die Aufgabe gestellt, den verschiedenen, zum Teil gegenläufigen Faktoren und Tendenzen der Produktivitäts- und Effektivitätsentwicklung genauer auf die Spur zu kommen, sie detaillierter zu untersuchen, um daraus Wege und Methoden der weiteren Vertiefung der Intensivierung der gesellschaftlichen Produktion abzuleiten.

Arbeitskreis 2:
Vervollkommnung der Leitung, Planung und ökonomischen Stimulierung der intensiv erweiterten Reproduktion. Die Steigerung der Arbeitsproduktivität als Kernfrage der Erhöhung von Effektivität und Qualität und wichtigste Quelle des Nationaleinkommens

G. FRIEDRICH

Beziehungen zwischen der Vergesellschaftung der Produktion und der Vervollkommnung der Leitung – die Weiterentwicklung der Kombinate als Quelle zur Steigerung der Effektivität des Reproduktionsprozesses

Die Steigerung der Arbeitsproduktivität, die Sicherung des notwendigen Leistungsanstieges unserer Volkswirtschaft über die Intensivierung der Produktion stellt entsprechende Forderungen an den gesamten Organismus der Volkswirtschaft, erfordert Leitung, Planung und ökonomische Stimulierung auf allen Ebenen der Wirtschaft in stärkerem Maße auf die Nutzung der qualitativen Faktoren des Wirtschaftswachstums einzustellen. Mit der Aufgabe, die Ökonomie voll und ganz auf den Hauptweg der Intensivierung einzustellen, haben wir es, wie Genosse Erich Honecker hervorhob, „mit der bisher weitreichendsten Vervollkommnung des Organismus unserer Volkswirtschaft und aller Seiten der ökonomischen Tätigkeit zu tun. Von den Produktionskollektiven angefangen bis zur Plankommission und zum Ministerrat sind dabei alle Ebenen der Produktion, der wirtschaftlichen und staatlichen Leitungstätigkeit angesprochen."[1]

Aus dieser Orientierung zur Vervollkommnung des Organismus unserer Volkswirtschaft ergeben sich in hohem Maße Forderungen, die wesentliche Bedingungen dafür darstellen, die erforderliche Steigerung der Arbeitsproduktivität und eine entsprechende Effektivität der Produktion sowohl kurzzeitig als auch über lange Zeiträume zu sichern. Es ist erforderlich, die vorausschauende Arbeit in der Leitung zu

[1] E. Honecker, Die sozialistische Revolution in der DDR und ihre Perspektiven, Berlin 1977, S. 25.

verbessern, die Komplexität der Planung zu erhöhen und die qualitativen Wachstumsfaktoren im Plangeschehen besser zu erfassen, die Wirtschaftseinheiten (Kombinate) so zu organisieren und zu festigen, daß sie ihren Reproduktionsprozeß vorausschauend und im Komplex beherrschen können, die Leistungsbewertung der Kollektive, der Wirtschaftseinheiten und -zweige zu vervollkommnen, das Zusammenwirken der betrieblichen und örtlichen Organe zu verstärken, um gemeinsam die Entwicklung der Arbeits- und Lebensbedingungen und die beste Verbindung der zweiglichen Entwicklung mit den territorialen Produktionsressourcen zu sichern.

Zu den Aufgaben der Wirtschaftswissenschaftler, die auf dem Gebiet der Vervollkommnung der Leitung, Planung und ökonomischen Stimulierung tätig sind, gehört es, praktische Erfahrungen der Leitungstätigkeit zu analysieren und zu verallgemeinern, neue leitungswissenschaftliche Erkenntnisse zu erarbeiten und in der Praxis zu erproben, zusammen mit den Vertretern der Wirtschaftspraxis Schlußfolgerungen und Vorschläge zur Vervollkommnung der Leitung und Planung vorzulegen. Eine bedeutende Rolle spielt hierbei auch die Auswertung der sowjetischen Wissenschaft und der Erfahrungen, die bei der Vervollkommnung des Wirtschaftsmechanismus in der UdSSR gewonnen wurden und weiterhin gewonnen werden. Ergebnisse und Probleme der Arbeit auf diesem Gebiet standen in den letzten Jahren im Mittelpunkt der Beratungen des Rates für Planung und wirtschaftliche Rechnungsführung und des Rates für Fragen der Leitung in der sozialistischen Wirtschaft; sie waren darüber hinaus Gegenstand einiger Beratungen des Rates für die wirtschaftswissenschaftliche Forschung. Mit der heutigen Konferenz und der Beratung in unserem Arbeitskreis knüpfen wir an die Ergebnisse dieser Beratungen an, wobei die Schwerpunkte der heutigen Diskussion in der Einladung umrissen sind und zum Teil, insbesondere im Abschnitt V des vorliegenden Arbeitsmaterials der Konferenz behandelt werden. In meinen kurzen einführenden Bemerkungen möchte ich mich auf den in der Einladung angegebenen zweiten Schwerpunkt beschränken:
„Die Beziehungen zwischen der Vergesellschaftung der Produktion und der Vervollkommnung der Leitung – die Weiterentwicklung der Kombinate als Quelle zur Steigerung der Effektivität des Reproduktionsprozesses".

Mit der Entwicklung der materiell-technischen Basis, der Produktivkräfte und Produktionsverhältnisse in der entwickelten sozialistischen Gesellschaft vollzieht sich ein bedeutender Prozeß der weiteren Vergesellschaftung der Produktion, das heißt der Konzentration, Spezialisierung und Kooperation im nationalen und internationalen Maßstab, der engeren Verbindung von Wissenschaft und Produktion, der zunehmenden Verflechtung sozialer und ökonomischer Prozesse, der aufs engste mit Prozessen der weiteren Ausprägung des sozialistischen Charakters der Arbeit, der Überwindung wesentlicher Unterschiede zwischen geistiger und körperlicher Arbeit, zwischen Stadt und Land verbunden ist.

Dieser Prozeß beinhaltet in mehrfacher Hinsicht bedeutende Konsequenzen für das Leitungssystem der Volkswirtschaft; als Voraussetzung und Ergebnis bilden sich neue wirtschaftsorganisatorische Formen heraus, die sprunghaft wachsenden kooperativen Prozesse stellen zu ihrer Beherrschung höhere Anforderungen an die Leitung und Planung, und es entstehen neue Bedingungen für die rationelle Gestaltung des Leitungssystems.

Der IX. Parteitag der SED lenkt in Verbindung mit der weiteren Vergesellschaftung der Produktion, gerichtet auf die höhere Qualität und Effektivität der Arbeit, das Augenmerk dabei unter anderem auf folgende Prozesse:

– weitere Schritte in der Festigung der bestehenden Kombinate zu gehen und sie zu solchen Wirtschaftseinheiten zu entwickeln, die noch besser in der Lage sind, die Grundfragen ihrer erweiterten Reproduktion vorausschauend und komplex zu lösen;

– die Arbeitsteilung zwischen Pflanzen- und Tierproduktion in der Landwirtschaft, die zu spezialisierten Großbetrieben führt, fortzusetzen, wobei sich neue Formen der Kooperation – zum Beispiel durch die Zusammenarbeit landwirtschaftlicher Produktionsgenossenschaften und volkseigener Güter mit agrochemischen Zentren, Kreisbetrieben für Landtechnik, Meliorationsbau und Verarbeitungsbetrieben in Agrar-Industrievereinigungen der Pflanzenproduktion – herausbilden;

– im engen Zusammenwirken von Konsumgüterproduktion und Handel die Warenwege zum Verbraucher zu verkürzen und rationelle Vertriebsformen zu nutzen;

– die Betriebe der bezirksgeleiteten Industrie in den sich vertiefenden arbeitsteiligen Prozeß der Volkswirtschaft einzubeziehen und die Erzeugnisgruppenarbeit in allen Bereichen weiterzuentwickeln;

– bei der Weiterführung des Prozesses der Konzentration, Spezialisierung und Kooperation der Produktion die Übereinstimmung zwischen den zweiglichen und territorialen Erfordernissen zu gewährleisten und die territoriale Rationalisierung weiterzuführen;

– die Vorzüge der internationalen sozialistischen Arbeitsteilung vollständiger zu nutzen und die Leitung und Planung darauf zu richten, die ökonomische und wissenschaftlich-technische Zusammenarbeit mit der UdSSR und den anderen Mitgliedsländern des RGW umfassend zu entwickeln;

– die Leitungsstruktur zu vereinfachen, überschaubarer zu gestalten und den Leitungsaufwand durch Rationalisierung zu verringern sowie die elektronische Datenverarbeitung und die ökonomisch-mathematischen Methoden so anzuwenden, daß die Leitungs- und Planungsarbeiten rationeller gestaltet werden, die erforderlichen Entscheidungen sachkundiger getroffen werden können, insbesonder die operative Leitung und Planung der Volkswirtschaft sowie die Produktionsdurchführung verbessert werden.

Ausgehend von den Prozessen der Vergesellschaftung der Produktion und der Veränderung des Leitungssystems, wie sie sich entsprechend den Orientierungen des VIII. und IX. Parteitages der SED vollzogen haben, konnte Genosse Erich Honecker in seinem Referat vor den 1. Sekretären der Kreisleitungen der SED feststellen:

„In den verschiedenen Bereichen des Lebens haben sich in unserem Lande moderne Formen der Leitung herausgebildet, die den Notwendigkeiten der entwickelten sozialistischen Gesellschaft mehr und mehr entsprechen. Ein anschauliches Beispiel dafür sind die Kombinate unserer volkseigenen Industrie. In ihnen realisieren wir die Vorzüge der vergesellschafteten sozialistischen Großproduktion besonders eindrucksvoll."[2]

Der IX. Parteitag der SED konnte einschätzen, daß sich die Kombinate als Organisationsform der Wirtschaft und Glieder des Leitungssystems gut bewährt haben. Der Leistungsanstieg in den Kombinaten, insbesondere in den den Ministerien direkt unterstellten Kombinaten, verlief in der Regel stärker als in Einzelbetrieben, weil sie über bessere Möglichkeiten der Verbindung von Wissenschaft und Produktion und – richtig organisiert und geleitet – über eine größere Reproduktionskraft verfügen. Die weitere langfristige Entwicklungstendenz zeichnet sich deutlich ab: Durch die Festigung der Kombinate, die Verbesserung ihrer materiellen Struktur, die Neubildung von Kombinaten werden sie sich Schritt um Schritt zu grundlegenden Einheiten der

[2] E. Honecker, Die Aufgaben der Partei bei der weiteren Verwirklichung der Beschlüsse des IX. Parteitages der SED, in: Neues Deutschland vom 18./19. Februar 1978, S. 6.

Volkswirtschaft entwickeln, denn nur so ist es möglich, den komplizierten Prozessen, die sich aus der Verbindung der Errungenschaften der wissenschaftlich-technischen Revolution mit den Vorzügen des Sozialismus ergeben, gerecht zu werden.

Die rasche Überführung wissenschaftlich-technischer Ergebnisse in die Produktion, die Anwendung hochproduktiver technologischer Verfahren erfordern die weitere Konzentration und Spezialisierung der Produktion in modernen Betrieben, erfordern Arbeitsteilung und Kooperation in Wissenschaft und Technik sowie in der Produktion so zu organisieren, daß in großen Wirtschaftseinheiten ein relativ geschlossener, einheitlicher Reproduktionsprozeß erreicht wird. Mit einem entsprechenden wissenschaftlich-technischen Potential, den materiell-technischen Bedingungen für die Überleitung der Ergebnisse von Wissenschaft und Technik, entsprechend gestalteten Haupt-, Hilfs- und Nebenprozessen der Produktion (einschließlich niveaubestimmender Zulieferererzeugnisse für die Endproduktion) wird es möglich, jenen ständigen Neuerungsprozeß in den Erzeugnissortimenten und Verfahren der Produktion, in der Modernisierung und Rekonstruktion der Produktion zu vollziehen, der für die intensiv erweiterte Reproduktion charakteristisch ist.

Bei der Weiterentwicklung der Kombinate sowie bei der Neubildung von Kombinaten ist zu berücksichtigen, daß die langfristig orientierten Veränderungen in den materiellen Strukturen sowohl der Produktion als auch der produktionsvorbereitenden Bereiche letztlich die Quelle für höhere Effektivität des Reproduktionsprozesses im Kombinat sind. Die Veränderungen der Produktionsstruktur werden durch die Dynamik des wissenschaftlich-technischen Fortschritts, durch die volkswirtschaftliche Einordnung des jeweiligen Kombinats und durch seine Reproduktionsbedingungen, insbesondere den erreichten Entwicklungsstand der Konzentration und Spezialisierung der Produktion, bestimmt. Die innere Geschlossenheit des Reproduktionsprozesses eines Kombinats ist Ausdruck der tatsächlichen Vergesellschaftung der Produktion in diesen Wirtschaftseinheiten – im Unterschied zur formalen Zusammenfassung von Betrieben unter eine einheitliche Leitung.

Diese objektiven Prozesse sind mit nachhaltigen Konsequenzen für die Leitung und das Leitungssystem der Kombinate verbunden. Damit das Kombinat seiner volkswirtschaftlichen Verantwortung gerecht wird, muß die Leitung einer zweifachen Aufgabenstellung auf stets wachsendem Niveau entsprechen: die laufende Produktion bedarfs- und damit plan- und vertragsgerecht unter Ausschöpfung aller Reserven zu sichern. Das schließt eine gute Führung des sozialistischen Wettbewerbs zur Erhöhung der Qualität und der Produktivität sowie zur Senkung des laufenden Aufwandes genauso ein, wie ein hohes Niveau der Organisation der Produktion und der Kooperation, die Verbesserung der Arbeitsbedingungen, die Erhöhung von Ordnung, Sicherheit und Disziplin und den weiteren Ausbau der innerbetrieblichen wirtschaftlichen Rechnungsführung. Das sind zugleich Bedingungen, die es der Leitung gestatten, durch ein hohes Niveau der politischen Führungstätigkeit die Initiative der Werktätigen zu wecken und für eine hohe Effektivität der Produktion zielgerichtet zu entfalten.

Zum zweiten gilt es, alle Bedingungen zu sichern, die den dynamischen Leistungsanstieg des Kombinats dauerhaft gewährleisten. Das ist mit der Sicherung des wissenschaftlich-technischen Vorlaufs auf der Grundlage genauer Kenntnis der Entwicklungstendenzen von Wissenschaft und Produktion sowie der Bedürfnisse der Anwender und Verbraucher, mit der ständigen Erhöhung des Niveaus der wissenschaftlich-technischen Arbeit und der rascheren Überführung ihrer Ergebnisse in die Produktion, mit einer vor allem auf die Modernisierung und Rationalisierung ausgerichteten Investitionstätigkeit verbunden. Diese Prozesse sind ebenfalls zunehmend in die komplexe Führung des sozialistischen Wettbewerbs eingeschlossen und werden nur dann auf der Höhe der gesellschaftlichen Anforderungen verlaufen, wenn es der Leitung gelingt, die Bedingungen und die Atmosphäre des schöpferischen Ringens um hohe Arbeitsresultate und technische Neuerungen in den Kollektiven zu entwickeln.

Die komplexe Nutzung der Intensivierungsfaktoren wird dort erreicht, wo es der Leitung gelingt, diese doppelte Aufgabenstellung als Einheit richtig wahrzunehmen. Untersuchungen zeigen, daß Niveauunterschiede der Leistungsentwicklung in Kombinaten, die unter relativ vergleichbaren Bedingungen wirtschaften, nicht zuletzt auf die Qualität der Leitung und die Wirksamkeit des Leitungssystems zurückzuführen sind. Fortschritte werden insbesondere dort erzielt, wo in Kombinaten und Betrieben auf der Grundlage sorgfältiger Analysen des eigenen technisch-ökonomischen Niveaus und eines kompromißlosen Vergleichs mit dem international fortgeschrittensten Entwicklungsstand, besonders hinsichtlich der Gebrauchseigenschaften der Erzeugnisse und der Fertigungstechnologien, anspruchsvolle wissenschaftliche Aufgabenstellungen in Übereinstimmung mit den absehbaren Ressourcen und Bedingungen des Reproduktionsprozesses festgelegt, rechtzeitig mit den Aufgaben der Partner in der Zulieferungsindustrie, des Außenhandels und der inländischen Bedarfsträger abgestimmt und durch die Konzentration des eigenen wissenschaftlich-technischen Potentials gesichert wurden.

Um die so gesetzten Ziele mit hoher Effektivität zu erreichen, treten für die Leitung solche Aufgaben in den Vordergrund, wie: Planung und Sicherung der Qualität über alle Stufen der Forschung, Entwicklung und Fertigung vom Material bis zum Fertigerzeugnis; sorgfältige Bestimmung der Schwerpunkte der Technologie – unter anderm auf der Grundlage von Prozeßanalysen –, Erhöhung des Niveaus der technologischen Arbeit und Verbindung der technologischen Entwicklungsziele mit dem Investitionsplan; komplexe Sicherung der materiellen Bedingungen für die Überleitung der Ergebnisse der wissenschaftlich-technischen Arbeit in die Produktion durch Muster und Vorrichtungsbau, Pilotanlagen, Prüffelder, eigenen Rationalisierungsmittelbau und ähnliches mehr.

Diese Prozesse der technologischen Entwicklung nach einem einheitlichen Konzept im Kombinat zu leiten, bedeutet zugleich, sie planmäßig mit der Erneuerung und Modernisierung der Grundmittel, der bestmöglichen Ausnutzung der vorhandenen Fonds und Ressourcen und der weiteren Konzentration und Spezialisierung der Produktion zu verbinden.

Ein Prüfstein für die Haltung der Leitung auf diesem Gebiet, für ihr Herangehen an diese Prozesse der Intensivierung der Produktion ist der Ausbau und die Nutzung des eigenen Rationalisierungsmittelbaus. Die Entwicklung und der Eigenbau von betriebs- und zweigspezifischen Rationalisierungsmitteln in Kombinaten und Betrieben sind eine objektive Notwendigkeit und unerläßliche Bedingung zur beschleunigten und breiten Überleitung von wissenschaftlich-technischen Ergebnissen in die Produktion. Sie ermöglichen eine schnelle Reaktion auf technische und technologische Neuerungen und eine kurzfristige Umsetzung von Neuerervorschlägen, die aus der konkreten Kenntnis der Produktionsanlagen und Betriebsbedingungen resultieren, in neue Fertigungsmittel und Technologien.

In einer Reihe Kombinate wurde durch die Modernisierung und Erneuerung der technischen Basis ein beträchtlicher Leistungs- und Effektivitätszuwachs erreicht. Dieser Prozeß ist in der Regel mit der Einführung neuer Wirkprinzipien und Technologien verbunden; veralterte Maschinen und Ausrüstungen werden durch leistungsfähige ersetzt, und bestehende Disproportionen im technischen Niveau zwischen Haupt- und

Hilfsprozessen der Produktion konnten durch gezielte Rationalisierungsmaßnahmen abgeschwächt werden. Gleichzeitig wurden planmäßig die Neu- und Umgestaltung von Arbeitsplätzen vollzogen und die Arbeitsbedingungen verbessert. Diese Ergebnisse konnten besonders in solchen Kombinaten erzielt werden, die einen größeren Teil der Investitionsmittel für die Rekonstruktion einsetzten und sie auf die Kettenglieder für die Leistungs- und Effektivitätserhöhung konzentriert. Wichtigste Voraussetzung hierfür ist ein politisch richtiges Herangehen der Leiter an die Investitionen und ihre Effektivität und das planmäßige Vorgehen auf diesem Gebiet. Es setzt klare konzeptionelle Vorstellungen über die Grundmittelreproduktion und die Ausnutzung der Grundmittel voraus, in denen – ausgehend von der wissenschaftlich-technischen, insbesondere technologischen beziehungsweise verfahrenstechnischen Entwicklung und von der exakten Ermittlung der Produktionskapazität, ihrer Engpässe und Reserven – Fragen der Instandhaltung, des Ersatzes, der Modernisierung und Rekonstruktion sowie der Erweiterung des Grundmittelbestandes in ihrer Einheit betrachtet werden.

Als ein Schwerpunkt der Leitung in den Betrieben und Kombinaten erweist sich nach wie vor die Verbesserung der Produktionsorganisation, insbesondere der operativen Planung, Lenkung und Kontrolle des Produktionsprozesses. Ziel ist die Erhöhung der Kontinuität, die Sicherung einer reibungslosen Kooperation zwischen Vorfertigung und Montage beziehungsweise zwischen Haupt- und Hilfsprozessen in der Produktion, um die allseitige Planerfüllung jeden Tag, jede Dekade und jeden Monat zu gewährleisten. Für die Betriebe kommt es unter anderem darauf an, die Synchronisierung zwischen Jahresproduktionsplan, Absatzplan, Vertragsgestaltung, Einsteuerung der Aufträge in den Produktionsprozeß und Erfüllung der Verträge besser zu beherrschen. Hierbei kann auch der Einsatz moderner Büro- und Informationsverarbeitungstechnik wesentlich beitragen, wenn der Einsatz dieser Technik schwerpunktmäßig für die unmittelbare Steuerung und Kontrolle der Produktion genutzt wird. Schließlich ist die Sicherung der Effektivität und Kontinuität der Produktion durch organisatorische Maßnahmen auf das engste verbunden mit der konsequenten Durchsetzung der Prinzipien und Methoden der wissenschaftlichen Arbeitsorganisation und der Entlohnung nach der Leistung in allen Bereichen der betrieblichen Tätigkeit, mit der Festigung von Ordnung und Disziplin in den Produktions- sowie Arbeitsprozessen und mit dem energischen Kampf um die Senkung der Ausfallzeiten, besonders der Warte- und Stillstandszeiten.

Größeres Gewicht in der organisatorischen Arbeit gewinnt die Einführung und Nutzung moderner technischer Mittel im Leitungsprozeß. Durch diese technischen Mittel wird es möglich, herangereifte Aufgaben der Vervollkommnung der Leitung, so zum Beispiel der Erhöhung der Komplexität der Planung, der Objektivierung und Optimierung von Entscheidungen, der Entlastung des Menschen von Routineprozessen, der Datenverarbeitung, Senkung des Verwaltungsaufwandes besser als mit herkömmlichen Mitteln zu lösen.

Mit der Entwicklung der Kombinate und „der Erhöhung der Verantwortung der Leiter für die ihnen anvertrauten Betriebe und Kombinate"[3] werden zugleich wichtige Fragen der Einordnung der Kombinate in das volkswirtschaftliche Leitungssystem aufgeworfen. Im Kern geht es darum, die Kombinate als große Wirtschaftseinheiten zu festigen, ihre Zusammenarbeit untereinander, mit den mittleren und kleineren

[3] E. Honecker, Die sozialistische Revolution in der DDR und ihre Perspektiven, a. a. O., S. 38.

Betrieben in der Volkswirtschaft sowie mit den örtlichen Staatsorganen zu vertiefen und im Rahmen des demokratischen Zentralismus ihre Eigenverantwortung zu erhöhen.

Entsprechend der Orientierung der Partei geht es darum, „leistungsfähige Kombinate zu schaffen, die bei weitergehender Eigenverantwortung der Betriebe in der Lage sind, entsprechend der Zielstellung des Volkswirtschaftsplanes ihre Aufgaben zu erfüllen."[4] Bei der konkreten Festlegung der Verantwortung der Kombinatsbetriebe und -betriebsteile muß davon ausgegangen werden, daß die Aufgaben und Funktionen der Leitung zur Sicherung des effektiven Verlaufs des Reproduktionsprozesses des Kombinats als Ganzes konsequent zentral im Kombinat wahrzunehmen sind, während die Kombinatsbetriebe entsprechend ihrer objektiven Stellung im Reproduktionsprozeß des Kombinates die ihnen über den Plan gegebenen Ziele und Aufgaben eigenverantwortlich realisieren und an der zentralen Leitung und Planung des Kombinats aktiv beteiligt sind.

Gleichzeitig wird es erforderlich, die Kombinate noch besser in die Lage zu versetzen, ihrer volkswirtschaftlichen Verantwortung bei der Wahrnehmung wirtschaftsleitender Funktionen gerecht zu werden. Das bezieht sich unter anderem auf die Bilanzierung, die Funktionen der Hauptauftragsnehmerschaft beziehungsweise Generalauftragsnehmerschaft bei Investitionen, die Wahrnehmung bestimmter Außenwirtschaftsfunktionen und die Weiterentwicklung der Erzeugnisgruppenarbeit. „Mit den Kombinaten bildet sich die moderne Form der Leitung unserer sozialistischen Industrie heraus, die den Erfordernissen der Gegenwart und Zukunft entspricht."[5] Aufgabe der Leitungswissenschaftler ist es, in diesem Prozeß in engem Zusammenwirken mit der Wirtschaftspraxis solche Fragen zu untersuchen:

erstens die Kriterien für die innere Geschlossenheit des Reproduktionsprozesses in den Kombinaten und die Weiterentwicklung ihrer materiellen Struktur – darauf gerichtet, den wissenschaftlich-technischen Fortschritt zu beschleunigen, die umfassende sozialistische Rationalisierung durchzusetzen, den Prozeß der Konzentration und Spezialisierung voranzutreiben und die Kooperationsbeziehungen weiter zu stabilisieren, leistungsfähige Konsumgüterproduktionen in den Kombinaten auszubauen, die Reaktionsfähigkeit auf den Bedarf der Volkswirtschaft und auf die Anforderungen des Weltmarktes zu erhöhen;

zweitens das innere Leitungssystem der Kombinate auf der Grundlage der Erfahrungen gut geleiteter Kombinate und unter Ausnutzung moderner Erkenntnisse der Leitungswissenschaft rationeller und wirksamer zu gestalten, um die zweifache Aufgabenstellung – Sicherung der laufenden Planerfüllung und Beherrschung jener Neuerungsprozesse, die die Leistungsfähigkeit des Kombinats in den Folgejahren bestimmen – mit hoher Effektivität lösen zu können. Das erfordert unter anderem eine zweckmäßige und differenzierte Ausgestaltung der zentralen Leitung der Kombinate, ihrer Aufgaben, Rechte und Pflichten und entsprechende Leitungsformen gegenüber den eigenverantwortlich arbeitenden Kombinatsbetrieben;

drittens die Planung und wirtschaftliche Rechnungsführung in den Kombinaten weiter zu vervollkommnen, wobei es gilt, an den bereits gesammelten positiven Erfahrungen mit der betrieblichen Ordnung der Planung, mit der bisherigen analytischen und konzeptionellen Arbeit in den Kombinaten anzuknüpfen, bewährte Methoden der sozialistischen Betriebswirtschaft und der innerbetrieblichen wirtschaftlichen Rech-

[4] Ebenda.

[5] E. Honecker, Die Aufgaben der Partei bei der weiteren Verwirklichung der Beschlüsse des IX. Parteitages der SED, in: Neues Deutschland vom 18./19. Februar 1978, S. 6.

nungsführung weiter zu verbreiten – das alles mit dem Ziel, mittels Planung, Organisation und wirtschaftlicher Rechnungsführung die Intensivierungsfaktoren in ihrer Komplexität wirksamer auszunutzen;

viertens die volkswirtschaftliche Einordnung der Kombinate zu festigen. Das umschließt sowohl Fragen ihrer ökonomischen Verantwortung auf der Grundlage des zentralen staatlichen Planes für die Vergrößerung des volkswirtschaftlichen Endproduktes und die Erhöhung der Effektivität, für die Wahrnehmung gesellschaftlicher Verantwortung gegenüber den Außenmärkten, im Prozeß der sozialistischen ökonomischen Integration, gegenüber den Klein- und Mittelbetrieben (Erzeugnisgruppenarbeit) und gegenüber den Territorien als auch ihrer Stellung im gesamtstaatlichen Leitungssystem, insbesondere der Formen und Methoden des Zusammenwirkens der zentralen staatlichen Leitungsorgane mit den Kombinaten.

G. Scholl

Zu einigen Fragen der langfristigen Planung, der Rationalisierung und stärkeren Orientierung der Stimulierung auf die Intensivierung des Reproduktionsprozesses

In seiner Rede in Dresden im September 1977 wies der Generalsekretär des ZK der Sozialistischen Einheitspartei Deutschlands, Genosse Erich Honecker, darauf hin, daß „unsere Leitung und Planung noch umfassender auf hohe Qualität und Effektivität der Arbeit einzustellen" ist. „Um es noch deutlicher auszudrücken: Es geht nicht darum, Qualität und Effektivität auch zu berücksichtigen, sondern sie zum entscheidenden Kriterium des Handelns zu machen".[1]

Wir Wirtschaftswissenschaftler müssen uns damit auseinandersetzen, in welcher Richtung und mit welchen Schwerpunkten wir einen echten Beitrag zur Weiterentwicklung des Planungssystems zu leisten haben, auf welche Hauptprobleme wir unsere wissenschaftliche Arbeit im Interesse der gesellschaftlichen Entwicklung unserer Republik zu konzentrieren haben.

Ausgehend vom Thema unserer Konferenz, müssen wir uns meines Erachtens in erster Linie mit drei Fragenkomplexen auseinandersetzen. Das sind

erstens aktuelle Fragen der langfristigen Planung,

zweitens Probleme der Rationalisierung in volkswirtschaftlichem Maßstab, insbesondere Fragen der Richtung und des Effekts des wissenschaftlich-technischen Fortschritts,

drittens die stärkere Orientierung der materiellen und moralischen Stimulierung auf die Intensivierung des Reproduktionsprozesses, die Leistungssteigerung, das Endprodukt.

Aktuelle Fragen der langfristigen Planung

Ohne Zweifel hat sich in den letzten Jahren die Erkenntnis vertieft, daß die Effektivität der sozialistischen Wirtschaftstätigkeit in zunehmendem Maße durch eine fundierte, strategische, langfristige Entscheidungsfindung beeinflußt wird.

Die Weiterentwicklung der Planung erfordert eine höhere Komplexität und eng damit verbunden auch die Ausdehnung des Planungshorizonts.

In seiner Rede vor den 1. Kreissekretären hat der Generalsekretär des Zentralkomitees der SED, Genosse Erich Honecker, darauf hingewiesen, daß sich die Arbeit nach volkswirtschaftlichen Komplexen bei der weiteren Gestaltung der materiell-technischen Basis bewährt hat. Sie sind das entscheidende Mittel zur langfristigen Gestaltung effektiver volkswirtschaftlicher Proportionen und Strukturen. Die Erfahrungen zeigen, daß es auf diesem Wege möglich ist, die Lösung sozialer, wissenschaftlich-technischer und ökonomischer Aufgaben volkswirtschaftlicher Größenordnungen stabil zu planen.

[1] E. Honecker, Die sozialistische Revolution in der DDR und ihre Perspektiven, Berlin 1977, S. 39.

Gleichzeitig müssen wir uns aber mit der Frage auseinandersetzen, daß die Herausbildung effektiver Strukturen unter den Bedingungen der DDR auf dem Wege der Intensivierung erfolgen muß. Es ist deshalb eine prinzipielle Frage der planmäßigen Gestaltung der materiell-technischen Basis, daß die weitere Arbeit an den volkswirtschaftlichen Komplexen in enger Verbindung mit Maßnahmen der systematischen Erneuerung der *vorhandenen* materiell-technischen Basis auf einem hohen technischen Niveau gesehen werden muß. Dabei steht neben der komplexen Modernisierung wichtiger Zweige der Zulieferindustrie die planmäßige Entwicklung ganzer technologischer Ketten vom Finalprodukt zu den vor- sowie nebengelagerten Produktionsstufen im Vordergrund, weil nur auf diesem Wege, in dieser Komplexität volkswirtschaftlich ein hoher Effektivitätszuwachs, ein schnelles Wachstumstempo erreichbar sind. Das bestehende Nebeneinander zwischen modernster Technik, traditioneller Technik, aber auch zum Teil verschlissener, technisch veralteter, relativ unproduktiver Technik im technologischen Gesamtablauf bei der Herstellung eines Enderzeugnisses führt dazu, daß die der neuen Technik innewohnenden Effektivitätsmöglichkeiten wirtschaftlich oft nicht voll ausgeschöpft werden können.

Sicher wird es nicht möglich sein, immer und überall nur modernste Technik in einer technologischen Kette zur Verfügung zu haben. Aber planmäßig das technische und technologische Niveau ganzer Produktionsketten zu heben ist eine Aufgabe der weiteren Gestaltung der materiell-technischen Basis. Wie das über die verschiedenen Verantwortungsbereiche hinaus geplant werden kann, welche Kriterien unter dem Gesichtswinkel begrenzter Fonds für die effektivste Rang- und Reihenfolge eingesetzt werden können, das sind Aufgaben, deren Lösung vor uns steht.

Generell müssen wir uns meines Erachtens in der wissenschaftlichen Arbeit weiter darauf konzentrieren, wissenschaftliche Voraussetzungen zu schaffen, damit in wachsendem Maße den Erfordernissen nach einer Erhöhung der Komplexität der Planung entsprochen werden kann Es kommt darauf an, die Ausarbeitung komplexer Lösungen als einen effektivitätsfördernden Faktor zu nutzen. Das gilt nicht nur für die hier charakterisierten Erneuerungsprozesse der materiell-technischen Basis, sondern das gilt auch für alle anderen langfristigen Fragen. Es erweist sich offensichtlich als notwendig, zielstrebig das Instrumentarium der Volkswirtschaftsplanung, vor allem die Verfahren und Instrumente, die der besseren Beherrschung objektiver volkswirtschaftlicher Verflechtungen dienen, weiter zu entwickeln.

Hieraus ergibt sich ein sehr prinzipielles Problem der Leitungstätigkeit. Ein Finalerzeugnis ist technisch nur so gut, wie sein schwächster Zulieferteil. Ein Endprodukt kann nur so effektiv produziert werden, wie die Effektivität der Produktionsprozesse aller Zulieferer und der Endproduzenten ist. Eine Investition bringt nur dann schnell Effektivität, wenn die Investitionen aller Zulieferer parallel zur Grundinvestition vorbereitet, geplant und realisiert werden.

Es ergibt sich die Frage, ob es real ist, zentralgeleiteten Kombinaten die Entscheidungs*vorbereitung* für volkswirtschaftlich wichtige Programmplanungen zu übertragen, besonders wenn diese über ihren eigenen Verantwortungsbereich hinausgehen und die langfristigen wissenschaftlich-technischen und Investitionsfragen ihrer Zulieferer mit erfassen?

Einige Fragen der Rationalisierung im volkswirtschaftlichen Maßstab

Die hier aufgeworfenen Fragen der Erneuerung und Modernisierung der materiell-technischen Basis sind in ihrem Kern identisch mit der weiteren Vertiefung der Rationalisierung im volkswirtschaftlichen Maßstab. Das erfordert, in zwei Richtungen zu denken und zu arbeiten:

erstens die zentralen Entwicklungsrichtungen, Aufgaben und Maßnahmen für eine breite volkswirtschaftliche Rationalisierung festzulegen;

zweitens innerhalb der Kombinate und Betriebe alle Möglichkeiten und Reserven zu nutzen, um rationell mit höchster Produktivität und Effektivität die Aufgaben zu erfüllen.

Für beide Richtungen ist die Ausschöpfung der Möglichkeiten von Wissenschaft und Technik, also unseres wissenschaftlich-technischen Potentials, der einzige Weg, um die in der Republik stehenden wirtschaftspolitischen Probleme systematisch und zielstrebig zu lösen. Das erfordert natürlich, daß das vorhandene wissenschaftlich-technische Potential neben der Grundlagenforschung in erster Linie auf die Intensivierung des Produktionsprozesses konzentriert wird, d. h. auf die Modernisierung der materiell-technischen Basis, die Nutzung der Möglichkeiten der Spezialisierung, die Ausarbeitung modernster Konstruktionen, Technologien und Verfahren. Es ist unabdingbar, daß alle diese Fragen von Anfang bis Ende und von *allen* daran Beteiligten unter dem Gesichtspunkt höchster Effektivität bearbeitet werden.

Was nützen uns neue oder weiterentwickelte Erzeugnisse, wenn der für ihre Produktion erforderliche volkswirtschaftliche Aufwand schneller steigt als der Gebrauchswert, als die Leistung dieses neuen Erzeugnisses?

Wie sieht die gegenwärtige *zentrale Konzeption* aus? Es wird in der Staatlichen Plankommission an der für 5 Jahre berechneten Rationalisierungskonzeption und einem daraus abgeleiteten Planteil „Sozialistische Rationalisierung" gearbeitet. Schwerpunkte sind

erstens die Betriebe, Kombinate und Zweige zu bestimmen, wo auf der Grundlage des wissenschaftlich-technischen Fortschritts grundsätzlich neue und weiterentwickelte Technologien und Verfahren mit großer Breitenwirkung anzuwenden sind, die über ganze Zweige hinweg zur Steigerung der Arbeitsproduktivität führen, wie z. B. Transport-, Lager- und Umschlagprozesse;

zweitens durch die Erneuerung und Rekonstruktion ganzer Produktionsbereiche und Betriebsabschnitte Arbeitsplätze einzusparen und so Arbeitskräfte für andere Aufgaben freizusetzen;

drittens die komplexen Schwerpunkte für die einzelnen Wirtschaftszweige festzulegen;

viertens die volkswirtschaftlichen Voraussetzungen für die Rationalisierung von Prozeßkomplexen zu schaffen, die in einigen oder vielen Zweigen auftreten. So ist es z. B. effektiver, für die Rationalisierung der Transport-, Umschlags- und Lagerprozesse Mechanismen und Automatisierungsgeräte einschließlich der notwendigen Zulieferungen in spezialisierten Betrieben herzustellen als *diese* je Betrieb im Eigenbau zu erzeugen.

Auf der Ebene der *Betriebe und Kombinate* muß die Arbeit stärker ausgerichtet werden auf leistungsfähige Technologien und Verfahren mit großer Breitenwirkung, auf die Mechanisierung und Automatisierung der Montage- und Hilfsprozesse, wo gegenwärtig Arbeiter noch in größerem Umfange manuell tätig sind, und auf weitere Konzentration der Produktion.

Im Detail gehören dazu ferner

- Rekonstruktion ganzer technologischer Abschnitte

- Erhöhung des Anteils der Mehrmaschinenbedienung
- sinnvolle Arbeitsplatzgestaltung
- Verringerung des Verwaltungsaufwandes usw.

In diesen Gesamtrahmen muß auch das Feld der territorialen Rationalisierung voll integriert werden.

Aus dieser wirtschaftspolitischen Linie ergeben sich für die *Planung der Effektivität* folgende Aufgaben, zu deren Lösung die wirtschaftswissenschaftliche Forschung aktiv beitragen muß:

Erstens halten wir es für notwendig, die aktive Rolle der Leitung, Planung und Stimulierung in ihrer Einheit noch stärker auf die Prozesse der Intensivierung, also der Effektivität, zu konzentrieren. Dazu gibt es bereits eine Reihe von Fortschritten, wie z. B. in der vollen Durchsetzung des Beschlusses über die Leistungsbewertung, der Durchsetzung der Anordnung zur Ausarbeitung der Faktorenanalyse Arbeitsproduktivität oder bei der Anwendung des komplexen Effektivitätsnachweises. Wir müssen mit aller Kraft daran arbeiten, die Methoden der Effektivitätsplanung für die Kombinate nutzbar und anwendbar zu machen, denn dort wird die Effektivität „produziert".

Zweitens müssen wir zielstrebig daran arbeiten, daß die Intensivierungsfaktoren planmäßig und im Komplex genutzt werden. Die bisher dazu ausgearbeiteten Instrumente sind ein guter Ausgangspunkt, aber sie reichen offensichtlich nicht aus. Der Kernpunkt besteht darin, den wissenschaftlich-technischen Fortschritt in diesen Komplex zu integrieren.

Drittens kommt es darauf an, die analytische Basis zur Verbesserung des Leitungs- und Planungsprozesses zu verstärken. Das muß vor allem durch die Anwendung von Faktorenanalysen für die wichtigsten Wachstumsfaktoren geschehen. Für die mit der Steigerung der Arbeitsproduktivität zusammenhängenden Faktoren sind die Berechnungen zu qualifizieren. Gleichzeitig gilt es verstärkt, solche Faktorenanalysen für die Grundfondsökonomie und die Selbstkostenentwicklung beschleunigt zur Praxisreife zu führen.

Viertens hängt bekanntlich die Qualität der Effektivitätsberechnungen auf allen Ebenen von der Qualität der Erfassung und der Messung der Produktionsergebnisse und des Aufwandes ab. Der davon berührte Problemkreis ist sehr breit. Er reicht von Struktur- und Sortimentsveränderungen über Gebrauchswert-Wert-Verhältnisse bis zur Preisbildung.

Zur stärkeren Ausrichtung der wirtschaftlichen Rechnungsführung auf die qualitativen Faktoren des Wirtschaftswachstums

Die von der SED gestellte Forderung, die ökonomische Stimulierung stärker auf die qualitativen Faktoren des Wirtschaftswachstums, auf die Erhöhung der Effektivität über den Weg der Intensivierung und sozialistischen Rationalisierung auszurichten, ist mit einer Vielzahl theoretischer und praktischer Probleme verbunden. Unseres Erachtens kann diese Aufgabe nicht weiter so angegangen werden, daß wir den Versuch unternehmen, bei der ökonomischen Stimulierung zur Erhöhung der Effektivität eine Vielzahl von Effektivitätskennziffern zugrunde zu legen. Das ergibt sich aus der analytisch bewiesenen Tatsache, daß die in der Planung zur Zeit angewandten einzelnen Effektivitätskennziffern gleiche, unterschiedliche oder gegensätzliche Entwicklungen vollziehen. Wird die ökonomische Stimulierung auf eine Vielzahl einzelner

Effektivitätskennziffern bezogen, ist zwangsläufig damit verbunden, daß wir zu einer Vielzahl von ökonomischen Stimuli kommen, die in ihren Gesamtwirkungen nicht bzw. nur schwer beherrschbar sind. Darüber hinaus würden wir teilweise Aufhebungen oder Dopplungen bzw. Vervielfachungen von Stimulierungseffekten, begründet durch den unterschiedlichen Verlauf einzelner Effektivitätskennziffern, erhalten.

Deutlich wird dies z. B. an der differenzierten Entwicklung des Aufwandes an lebendiger und vergegenständlichter Arbeit je Einheit Produktion. Die Steigerung der Arbeitsproduktivität ist in der Regel verbunden mit Veränderungen der Aufwandsgrößen an lebendiger und vergegenständlichter Arbeit je Produktionseinheit und ihres Verhältnisses zueinander. Diese Veränderungen und gegenseitigen Abhängigkeiten wurden bereits von Marx im ersten Band des Kapitals eingehend analysiert.

Werten wir diese Erkenntnisse richtig aus, so wird deutlich, daß die ökonomische Stimulierung der Erhöhung der gesellschaftlichen Produktivität nicht beschränkt werden kann auf die Anwendung der heutigen Plankennziffer Arbeitsproduktivität – als Verhältnis von Warenproduktion zur Anzahl der Arbeiter und Angestellten. Das ist aber gegenwärtig eine wichtige Kennziffer im System der ökonomischen Stimulierung. Die Lage ist gegenwärtig so, daß wir die Einsparung an lebendiger Arbeit oft mit einem zu hohen Aufwand an vergegenständlichter Arbeit erkaufen.

Ohne die Bedeutung der Kennziffer Arbeitsproduktivität in der Planung und ökonomischen Stimulierung schmälern zu wollen, geht es bei der ökonomischen Stimulierung vor allem darum, die Wirksamkeit der Hauptfaktoren der Intensivierung des Reproduktionsprozesses zu erhöhen und dabei vor allem ihren Gesamtwirkungsgrad zu verbessern.

Die Lösung dieser Aufgabe ist unseres Erachtens unter doppeltem Aspekt zu sehen:

erstens die gezielte ökonomische Stimulierung von Schwerpunktaufgaben der Intensivierung und sozialistischen Rationalisierung und deren Haupteinflußfaktoren;

zweitens die Ausrichtung der ökonomischen Stimulierung auf die Erhöhung der Gesamtökonomie des Reproduktionsprozesses.

Die Berücksichtigung des zweiten Aspektes in der ökonomischen Stimulierung wirft die Frage eines zusammenfassenden Maßstabes auf. Einige Ökonomen der DDR und auch der UdSSR arbeiten unter diesem Gesichtspunkt verstärkt wissenschaftlich an einer integralen Kennziffer zur Charakterisierung der Gesamtökonomie des Reproduktionsprozesses.

Die weitere erfolgreiche Durchführung der Hauptaufgabe erfordert die Ausarbeitung und Erfüllung anspruchsvoller Pläne. Diese Pläne zeichnen sich dadurch aus, daß sie sich auf die Initiative der Werktätigen stützen und zum vollständigen Einsatz der inneren Kraftquellen anspornen. Das bedeutet natürlich gleichzeitig, daß die Überbietung und Übererfüllung der Pläne für die Betriebe und Kombinate teilweise schwieriger wird. Für die weitere Vervollkommnung der wirtschaftlichen Rechnungsführung scheint es mir wichtig, zu prüfen, ob künftig in der wirtschaftlichen Rechnungsführung nicht nur der Grad der Planerfüllung ökonomisch stimuliert wird, sondern auch der bereits in den Plänen enthaltene bedarfsgerechte Leistungs*zuwachs* eine entsprechende Berücksichtigung finden sollte. Das bedeutet keinesfalls eine Loslösung der ökonomischen Stimulierung vom Plan, sondern würde vielmehr als ein ökonomischer Ansporn zur Ausarbeitung von Plänen wirken, die sich durch eine hohe, dem volkswirtschaftlichen Bedarf entsprechende Leistungs*entwicklung* auszeichnen. Meines Erachtens könnte zur praktischen Lösung dieser Aufgabe ein erster Schritt getan werden, indem die ökonomische Stimulierung des Gegenplanes vor allem auf der Grundlage des Fünfjahrplanes erfolgt.

H. Baum

Zur Anwendung des Preis-Leistungs-Verhältnisses und seiner stärkeren Ausrichtung auf den Anwendernutzen

Im vorliegenden Arbeitsmaterial zur Konferenz wird in der These 33 „die Ausarbeitung von Kriterien der Gebrauchswerterhöhung als Grundlage für die weitere Qualifizierung des Preis-Leistungs-Verhältnisses" betont. Hier besteht ein unmittelbarer Zusammenhang zu der entschiedenen und unmißverständlichen Forderung der Partei, sich in der Leistungsbewertung stärker dem volkswirtschaftlichen *End*ergebnis in seiner *konkreten* gebrauchswertmäßigen Gestalt zuzuwenden und dabei *seine* Übereinstimmung mit dem gesellschaftlichen *Bedarf* zu gewährleisten. Das verlangt, die *anwenderorientierte* Bestimmungen des Gebrauchswertes konsequent zu verwirklichen.

Eine stärkere Ausrichtung der Preisbildung nach dem Preis-Leistungs-Verhältnis auf den Anwendernutzen hat die Verbesserung des Verhältnisses von Ergebnis und Aufwand beim Anwender zum Ziel. Das ist z. B. auch für die neuen und weiterentwickelten wesentlichen *Zulieferungen* zu berücksichtigen.

Auf Grund von Analysen der Wirkung der Preisbildung nach dem Preis-Leistungs-Verhältnis wird eingeschätzt, daß bereits 1977 bedeutende Fortschritte hinsichtlich einer leistungsgerechten Bewertung der wirtschaftlichen Tätigkeit der Betriebe und Kombinate erzielt wurden. Durch die Berücksichtigung des Gebrauchswertes und der Einsparungen bei der Festsetzung der Industriepreise wurden die Anstrengungen der Werktätigen zur Beschleunigung des wissenschaftlich-technischen Fortschritts und zur Ausnutzung der Intensivierungsfaktoren unterstützt. Das zeigt sich u. a.

- in der gewachsenen Anzahl von neuen Erzeugnissen mit z. T. erheblichem Zuwachs an Gebrauchswert bei gleichzeitig sinkendem Aufwand je Gebrauchswerteinheit,
- im erhöhten Interesse der Forschungs- und Entwicklungskollektive an der Entwicklung hocheffektiver Erzeugnisse,
- in der stärkeren Verbindung des Planes Wissenschaft und Technik mit dem Preis und der materiellen Interessiertheit,
- in der Vertiefung der Einheit von materieller und finanzieller Planung,
- in der positiven Entwicklung der Kennziffern Warenproduktion, Arbeitsproduktivität und Gewinn der Betriebe und Kombinate.

Die Industriepreisbildung nach dem Preis-Leistungs-Verhältnis erfordert eine noch tiefere inhaltliche Durchdringung und weitere methodische Vervollkommnung. Das Problem besteht darin, durch die ökonomische Wirksamkeit der Industriepreise die Durchsetzung volkswirtschaftlicher Zielstellungen beim Hersteller und Anwender neuer und weiterentwickelter Erzeugnisse (nachfolgend als Hersteller und Anwender bezeichnet) zu unterstützen. Dabei ist ein Schwerpunkt die Entwicklung und Produktion neuer und weiterentwickelter Erzeugnisse mit hohem Zuwachs an Gebrauchseigenschaften und niedrigsten Kosten. Effektivitätszuwachs ist notwendig bei der Produktion und Anwendung neuer Erzeugnisse.

– Beim Anwender muß die Erhöhung der technischen Leistungsfähigkeit, der Qualität und Zuverlässigkeit der neuen und weiterentwickelten Erzeugnisse zu hohen ökonomischen Effekten bei der bedarfsgerechten Produktion und zu Einsparungen von Kosten führen, und

– beim Hersteller muß die Entwicklung und Produktion neuer Erzeugnisse mit einer absoluten bzw. relativen Aufwandssenkung verbunden sein.

Die Durchsetzung dieser objektiven ökonomischen Erfordernisse beginnt mit der Einbeziehung volkswirtschaftlich notwendiger Effektivitätsanforderungen in den Plan Wissenschaft und Technik bzw. ihrer Vorgabe an die Forschungskollektive bei der Entwicklung neuer und weiterentwickelter Erzeugnisse, umfaßt die Berücksichtigung des technisch-ökonomischen Standes des Vergleichs- und neuen Erzeugnisses zum Weltniveau in den Preisvorgaben und verlangt eine Kostenarbeit schon in der Phase der Forschung und Entwicklung, insbesondere in der Ausarbeitung von solchen Kostenvorgaben, die einen wirklichen Ansporn für die Senkung der Selbstkosten ausüben.

Das erfordert vor allem, die Grundsätze und Methoden zur Messung und zum Vergleich der Gebrauchseigenschaften so zu vervollkommnen und anzuwenden, daß sie den realen Gebrauchswertzuwachs der neuen Erzeugnisse, gemessen am wissenschaftlich-technischen Höchststand, zum Ausdruck bringen.

Auf einige Probleme, deren Lösung für die weitere Erhöhung der Wirkung der Industriepreise für neue und weiterentwickelte Erzeugnisse von Bedeutung sind, möchte ich eingehen. Es handelt sich dabei

erstens um die enge Zusammenarbeit zwischen den Herstellern und den Anwendern, d. h. den späteren Nutzern der neuen und weiterentwickelten Erzeugnisse,

zweitens um die Bestimmung der Anwendereffektivität unter Einbeziehung volkswirtschaftlicher Maßstäbe,

drittens um die Vervollkommnung der Methoden zur Messung der Anwendereffektivität und schließlich

viertens um die Beeinflussung der Herstellerkosten bei Anwendung des Preis-Leistungs-Verhältnisses.

Zunächst zu den Fragen der Zusammenarbeit zwischen Hersteller und Anwender: In den gesetzlichen Bestimmungen sind Festlegungen getroffen, die eine enge Zusammenarbeit zwischen Herstellern und Anwendern von einem frühen Stadium der Forschung und Entwicklung an fordern. Sie verpflichten im wesentlichen den Hersteller, den Anwender bei der Ausarbeitung der Forschungs- und Entwicklungsaufgaben heranzuziehen und sich mit ihm abzustimmen.

Untersuchungen zeigen jedoch, daß die Mitwirkung der Anwender an der Konzipierung und der Realisierung der Forschungs- und Entwicklungsaufgaben zur Zeit sehr unterschiedlich ist, daß sie zum Teil formal wahrgenommen wird. Am besten arbeiten Hersteller und Anwender gegenwärtig zusammen, wo die neuen und weiterentwickelten Erzeugnisse für einen oder nur wenige Hauptabnehmer entwickelt werden bzw. der Anwender an der Entwicklung spezifischer, seinen Anforderungen entsprechenden Erzeugnissen interessiert ist. Kompliziert und teilweise unbefriedigend sind die Hersteller/Anwender-Beziehungen vor allem in den Bereichen, wo Erzeugnisse für einen breiten Anwenderkreis entwickelt werden.

Die Industriepreisbildung nach dem Preis-Leistungs-Verhältnis erfordert u. E. auch neue Maßstäbe für die Hersteller/Anwender-Zusammenarbeit. Es geht vor allem darum, daß durch die Zusammenarbeit die Notwendigkeit und der Umfang der Gebrauchswerterhöhungen der Erzeugnisse aus den volkswirtschaftlichen und Anwenderinteressen unter Berücksichtigung des internationalen Trends abgeleitet werden.

In dieser Zusammenarbeit ist

erstens den objektiv differenzierten Bedingungen zwischen den Herstellern und Anwendern, insbesondere zwischen Zulieferbetrieben und Finalproduzenten, Rechnung zu tragen;

zweitens eine stabile und langfristige Zusammenarbeit zwischen Herstellern und Anwendern im gesamten Reproduktionsprozeß der neuen und weiterentwickelten Erzeugnisse zu erreichen, d. h. beginnend in der Phase der Forschung und Entwicklung über die Phase der Serienproduktion bis hin zum „Auslauf" der veralteten Erzeugnisse;

drittens in den Hersteller- und in den Anwenderbetrieben die Zusammenarbeit zwischen den Technikern und den Ökonomen zu erhöhen.

Eine qualitative Verbesserung in den Beziehungen zwischen den Herstellern und Anwendern kann erreicht werden, indem die Verantwortung der Abnehmer an der Gebrauchswert-Kosten- und Preisentwicklung verstärkt wird. Dies löst u. E. jedoch nicht *allein* die Problematik. Die Verbesserung der Zusammenarbeit zwischen den Produzenten und den Anwendern bei der Entwicklung und Produktion neuer und weiterentwickelter Erzeugnisse ist zugleich ein ideologisches Problem. Es geht darum, im Bewußtsein der Hersteller und Anwender das *gemeinsame,* volkswirtschaftlichen Erfordernissen Rechnung tragende Verantwortungsbewußtsein zu erhöhen und entstehende Schwierigkeiten oder ungelöste Fragen gemeinsam zu klären.

Auf die Realität und den Nutzen einer solchen generellen Zusammenarbeit wird von vielen Betrieben und Forschungseinrichtungen verwiesen.

Das Forschungszentrum des Werkzeugmaschinenbaues Karl-Marx-Stadt sieht z. B. eine Lösung der Informationsprobleme zwischen Hersteller und Anwender zum Zeitpunkt der Aufgabenstellung in der Schaffung von Datenbanken, die man laufend oder nach gewissen Zeitabständen aktualisiert. Sie sind bei jeder Neu- und Weiterentwicklung auszunutzen.

Die Notwendigkeit der engen Zusammenarbeit zwischen Herstellern und Anwendern zeigt sich auch bei der Ausarbeitung qualifizierter Kosten- und Preisvorgaben. Der Hersteller benötigt objektive ökonomische Daten über die Nutzensentwicklung beim Anwender zu einem frühen Zeitpunkt der Forschung und Entwicklung. Umgekehrt ermöglichen präzise Preisvorgaben dem Anwender Berechnungen über den Nutzeffekt beim Einsatz der neuen und weiterentwickelten Erzeugnisse.

Um die Wirkung der Kosten- und Preisvorgaben auf Hersteller und Anwender weiter zu erhöhen, ist es u. E. erforderlich, sie noch stärker in die Planung der Forschungs- und Entwicklungsaufgaben sowie in die Abrechnung des Planes Wissenschaft und Technik einzubeziehen. Es muß erreicht werden, daß

- einem Pflichtenheft nur dann zugestimmt werden darf, wenn in ihm Kosten- und Preisvorgaben enthalten sind,
- eine Bedingung für die Erfüllung des Planes Wissenschaft und Technik die Einhaltung der Kosten- und Preisvorgaben ist.

Zur Beurteilung der Anwendereffektivität möchte ich auf folgende Fragen aufmerksam machen. Der wissenschaftlich-technische Fortschritt entwickelt sich in einem sehr raschen Tempo. Bezogen auf die Zweige und die Erzeugnisgruppen ist das Tempo jedoch differenziert. Daraus ergeben sich unterschiedliche Anforderungen an die Höhe des Effektivitätszuwachses der neuen und weiterentwickelten Erzeugnisse, die die Methoden der Preisbildung zur Stimulierung des wissenschaftlich-technischen Fortschritts zu berücksichtigen haben. Unsere derzeitigen Preisbestimmungen orientieren die Betriebe bzw. die Forschungs- und Entwicklungseinrichtungen nur in undifferenzierter Form an einem hohen Effektivitätszuwachs. Eine spezifische Orientierung entsprechend dem Entwicklungstempo der Zweige bzw. der Erzeugnisgruppen – unter Einbeziehung der internationalen Entwicklung – erfolgt u. E. nicht.

In der Erarbeitung und Berücksichtigung zweiglich oder auch erzeugnisbezogener differenzierter Anforderungen unter Einbeziehung internationaler Trends in die Preis- und Kostenentwicklung sehen wir eine Lösungsrichtung für diese Problematik. Voraussetzung hierfür sind Weltstandsvergleiche.

Einen *ersten, jedoch wesentlichen Schritt* hierzu beinhaltet der Vorschlag, im Rahmen der Qualitätsindexmethode[1] die Parameter des Vergleichserzeugnisses und des neuen und weiterentwickelten Erzeugnisses am Weltniveau zu messen und entsprechend zu korrigieren. Damit wird es möglich, die Relationen zwischen dem Vergleichserzeugnis bzw. dem neuen und weiterentwickelten Erzeugnis zum Weltstand in den Preisen nach dem Preis-Leistungs-Verhältnis zum Ausdruck zu bringen und stärker auf die Entwicklung hocheffektiver Erzeugnisse einzuwirken.

Eine weitere Möglichkeit zur Einbeziehung der Erfordernisse des wissenschaftlich-technischen Fortschritts in die Effektivitätsentwicklung wird in der Ausarbeitung und Anwendung unterschiedlich hoher Verbilligungskoeffizienten als Ausdruck der normativen Anforderungen an die Aufwandssenkung und die Gebrauchswertentwicklung je Zweig oder Erzeugnis in den Preisvorgaben im Zusammenhang mit der Bestimmung des Nutzenszuwachses gesehen. Auch bei diesem Vorschlag können internationale Entwicklungstendenzen einbezogen werden. Dazu gilt es aber noch entsprechende Voraussetzungen zu schaffen.

Einige Bemerkungen möchte ich noch zur Vervollkommnung der Gebrauchswertbestimmung der Erzeugnisse machen. Zunächst ist festzustellen, daß die Anwender neuer und weiterentwickelter Erzeugnisse die Vorteilhaftigkeit der Erzeugnisse nicht nur an der Entwicklung der technischen und technisch-ökonomischen Parameter messen. Die Erzeugnisse werden vor allem danach beurteilt, wie sie auf ihren Gewinn, auf ihre Fondsrentabilität sowie auf ihre Exportrentabilität einwirken. Es gibt Beispiele, daß neue Erzeugnisse zu Gewinnminderungen, vor allem beim Einsatz neuer Zulieferungen beim Finalerzeugnis, zu sinkender Fondsrentabilität neuer Erzeugnisse, die als Grundmittel beim Anwender eingesetzt werden, führen und zum Teil auch eine sinkende Exportrentabilität zur Folge haben.

Das unterstreicht, daß die richtige Berücksichtigung der Anwenderökonomie ein wichtiger Aspekt bei der weiteren Vervollkommnung der Gebrauchswertbestimmung der Erzeugnisse ist.

Eine wesentliche Maßnahme, die in dieser Richtung wirkt und bereits eingeleitet ist, ist die Anwendung hoher Wichtungen für die Gebrauchseigenschaften der Zweckbestimmung und Zuverlässigkeit der Erzeugnisse. Auch die verstärkte Einbeziehung des Weltstandsvergleichs in die Gebrauchswertbestimmung ist eine Maßnahme, mit der die Preisbildung nach dem Preis-Leistungs-Verhältnis qualifiziert werden kann.

[1] Bei der Qualitätsindexmethode werden die Gebrauchseigenschaften des Vergleichserzeugnisses und der neuen und weiterentwickelten Erzeugnisse mit Hilfe von technischen und technisch-ökonomischen Parametern bewertet und zueinander in Beziehung gesetzt. Das rechnerische Resultat wird im Koeffizienten $\frac{Q_1}{Q_0}$ ausgedrückt. Es beinhaltet die Gebrauchswertveränderung zwischen dem neuen und weiterentwickelten und dem Vergleichserzeugnis.
Q_1 = Gebrauchseigenschaften des neuen und weiterentwickelten Erzeugnisses
Q_0 = Gebrauchseigenschaften des Vergleichserzeugnisses

Weitere Lösungsschritte für die stärkere Ausrichtung der Industriepreisbildung nach dem Preis-Leistungs-Verhältnis auf den Anwendernutzen bestehen
- in der Präzisierung der allgemein bekannten Qualitätsindexmethode und
- in einer zielgerichteten Anwendung auch der Verfahrenskostenmethode.

Bei der weiteren Vervollkommnung der Qualitätsindexmethode, mit der die Gebrauchswertentwicklung der Erzeugnisse mit ausgewählten Parametern gemessen wird, gehen wir davon aus, daß diese Methode die Hauptmethode der Gebrauchswertbestimmung bleibt. Diese Methode entspricht dem Grundanliegen des Beschlusses über die Leistungsbewertung, indem sie für neue und weiterentwickelte Erzeugnisse mit höheren Gebrauchseigenschaften höhere Industriepreise, mit gleichen Gebrauchseigenschaften gleiche Industriepreise bildet, so daß den Betrieben Vorteile in der Leistungsbewertung entstehen.

In welcher Richtung gilt es, die Gebrauchswertbestimmung zu qualifizieren?

Erstens: Bei der Bestimmung der Entwicklung der Gebrauchseigenschaften ist Schritt für Schritt durchzusetzen, daß für den Produktions- bzw. Produktivitätszuwachs der neuen Erzeugnisse solche Erzeugnisparameter verwendet werden, die in enger Beziehung zum anwenderbezogenen Leistungszuwachs stehen.

Zweitens: Der Einfluß der neuen und weiterentwickelten Erzeugnisse auf die Kostenentwicklung der Anwender ist bei der Bestimmung der Gebrauchseigenschaften stärker zu berücksichtigen. Solche Parameter wie Arbeitszeit je Stück, Energieverbrauch je Stück, Reparaturaufwand, Wartungsaufwand etc. sind verstärkt in die Gebrauchswertbestimmung einzubeziehen.

Drittens: Erzeugnisparameter wie Masse, Masse/Leistung, Platzbedarf sind in die Gebrauchswertbestimmung *nur* dann einzubeziehen, wenn sie auch Anwenderbedeutung haben.

Eine weitere Richtung der Vervollkommnung der Gebrauchswertbestimmung der Erzeugnisse sehen wir auch in der Anwendung und Weiterentwicklung von Verfahrenskostenmethoden. Die Bedeutung der Verfahrenskostenmethoden sehen wir darin, daß sie als Gebrauchswertentwicklung den Anwendernutzen, der aus dem Einsatz der neuen und weiterentwickelten Erzeugnisse hervorgeht, erfassen. Als Anwendernutzen werden u. a. ermittelt die Produktionssteigerung, die Veränderungen der Lohnkosten, der Energiekosten, der Wartungs- und Reparaturkosten usw. je Mengeneinheit. Nach unseren Untersuchungen sind diese Methoden teilweise anwendbar
- für solche Finalerzeugnisse, die bei den Anwendern in der unmittelbaren Produktion produktiv wirksam werden und Grundmittel darstellen (vor allem Werkzeug- und Arbeitsmaschinen),
- für solche Final- und Zulieferererzeugnisse, für die kein technologisch vergleichbares Basiserzeugnis existiert, aber ein ökonomischer Vergleich beim Anwender möglich ist.

Für die Erzielung einer hohen Effektivität bei neuen und weiterentwickelten Erzeugnissen ist sowohl die Erhöhung der anwenderwirksamen Gebrauchseigenschaften als auch die Senkung der Herstellungskosten dieser Erzeugnisse von großer Bedeutung. Wir sind deshalb auch ständig mit dem Problem des Druckes der Industriepreise auf die Kostenentwicklung der neuen und weiterentwickelten Erzeugnisse konfrontiert, zumal die Praxis zeigt, daß die Kostenentwicklung einzelner neuer und weiterentwickelter Erzeugnisse Probleme aufweist.

Eine stärkere Einflußnahme auf die Kostengestaltung der neuen und weiterentwickelten Erzeugnisse ist im Interesse einer hohen Effektivitätsentwicklung der neuen Erzeugnisse dringend notwendig. Ein erster Schritt wurde getan, indem von den

Betrieben mit den Anträgen auf Bestätigung von Kosten- und Preisvorgaben bzw. mit den Preisanträgen die Kostenentwicklung im Verhältnis zur Gebrauchswertentwicklung nachzuweisen ist. Damit wurde erreicht, daß seit Ende 1977 der Anteil solcher Erzeugnisse, die negative Kostenentwicklungen aufweisen, zurückgegangen ist. Unseres Erachtens sind weitere Maßnahmen zur Unterstützung günstiger Kostenentwicklung für neue und weiterentwickelte Erzeugnisse notwendig. Eine Lösungsrichtung sehen wir in der Weiterentwicklung des Index der realen Kostenentwicklung.[2] Dabei muß der Index in jedem Fall kleiner als 1 sein, das heißt, er muß eine Kostensenkung je Gebrauchswerteinheit der neuen Erzeugnisse beinhalten. Die Einhaltung eines solchen Kostenindex sichert volkswirtschaftliche Mindestanforderungen an die Kostenentwicklung der neuen und weiterentwickelten Erzeugnisse.

Die Intensivierung der gesellschaftlichen Produktion mit größter Entschiedenheit voranzubringen, so wie es auf der 5. und 6. Tagung des ZK der SED gefordert wurde, macht es notwendig, „die Effektivität und Qualität der Arbeit auf allen Gebieten konsequent zu erhöhen und das Verhältnis von Aufwand und Ergebnis wesentlich zu verbessern."[3] Für die Forschungsarbeit ergibt sich daraus die Orientierung, wissenschaftlich begründete und praktikable Vorschläge zur weiteren Vervollkommnung der Grundsätze und Methoden der Preisbildung nach dem Preis-Leistungs-Verhältnis zu unterbreiten, die den steigenden Anforderungen an Qualität und volkswirtschaftliche Effektivität noch besser entsprechen.

[2] Der Index der realen Kostenentwicklung wird errechnet

$$\frac{\text{Selbstkosten des neuen Erzeugnisses}}{\text{Selbstkosten des Basiserzeugnisses} \times \text{Gebrauchswertindex des neuen Erzeugnisses}}$$

Er zeigt auf, in welchem Maß die Kosten des neuen Erzeugnisses langsamer oder schneller steigen als die Gebrauchswertentwicklung.

[3] Aus dem Bericht des Politbüros an die 6. Tagung des ZK der SED, Berichterstatter: Genosse Gerhard Grüneberg, Berlin 1977, S. 13.

L. Bayer

Vervollkommnung der Exporttätigkeit als eine Bedingung für die Erhöhung der Effektivität in Kombinaten und Betrieben

In den letzten Jahren haben sich die außenwirtschaftlichen Bedingungen verändert. Auf den Weltmärkten sind die Rohstoffpreise bedeutend angestiegen. Die daraus resultierenden außenwirtschaftlichen Belastungen müssen aus dem Zuwachs an Nationaleinkommen abgedeckt werden. In diesem Zusammenhang sagte Genosse Erich Honecker in seiner Rede vor den 1. Sekretären der SED-Kreisleitungen am 17. 2. 1978: „Die Beschlüsse des IX. Parteitages erfordern dringend, unsere Außenwirtschaft stärker zu entwickeln und sich dabei auf die neuen Erfordernisse einzustellen. Das betrifft im wahrsten Sinne des Wortes alle Bereiche der Volkswirtschaft."[1]

Über Export und Import sind wir in der Lage, die Vorteile der internationalen Arbeitsteilung zu nutzen. Letztlich geht es darum, mehr Gebrauchswerte in bedarfsgerechter Struktur mit geringerem volkswirtschaftlichem Aufwand bereitzustellen. Mit Hilfe des Außenhandels – der stofflichen Umwandlung des produzierten Nationaleinkommens durch Ex- und Import – kann das in unserer Volkswirtschaft verfügbare Arbeitszeitvolumen so eingesetzt werden, daß mehr Gebrauchswerte bereitgestellt werden können. Um diesem Anliegen gerecht zu werden, bedarf es der planmäßigen Umsetzung durch die Leiter und Kollektive in den Kombinaten und Betrieben.

Ein vorrangiges Erfordernis ist die Verbesserung der Exportwarenstruktur. Besondere Bedeutung kommt dem Anlagenexport zu. Reserven bei der Erhöhung der Effektivität können vor allem dort erschlossen werden, wo man sich auf die Steigerung des Exports wissenschaftsintensiver Erzeugnisse konzentriert sowie auf Erzeugnisse, die unter dem Gesichtspunkt der Materialökonomie vorteilhaft sind. Es zeigt sich, daß dafür auch hohe Preise gezahlt werden. Die Erhöhung der Seriengrößen bei den als Spitzenleistungen anerkannten Erzeugnissen, die in hohen Stückzahlen absetzbar sind, ist dringend erforderlich. Mit niedrigen Produktionsgrößen wird die Wirksamkeit wissenschaftlich-technischer Spitzenleistungen in der Regel eingeschränkt. Zur Erhöhung der Exportkraft und Effektivität ist „die Produktion gefragter und einträglicher Produkte zu erhöhen zu Lasten der eingefahrenen, aber auf dem Weltmarkt schwer absetzbaren Waren . . ."[2].

Das entscheidende Kriterium für eine effektive Exportstruktur der Kombinate und Betriebe ist die Kennziffer Exportrentabilität. Sie sagt aus, welchen Rang das Exporterzeugnis im Vergleich zum volkswirtschaftlichen Durchschnitt einnimmt. Es geht also darum, den Anteil der unter 1,0 liegenden Erzeugnisse zu reduzieren, indem man die darüber liegenden steigert. Die Exportrentabilität ist bereits bei der konzeptionellen Arbeit von größter Bedeutung; in den Intensivierungskonzeptionen, in Vorbereitung des Fünfjahrplanes 1981–1985 usw. darf diese Aussage, dieser Maßstab nicht fehlen.

[1] E. Honecker, Die Aufgaben der Partei bei der weiteren Verwirklichung der Beschlüsse des IX. Parteitages der SED, in: Neues Deutschland vom 18./19. Februar 1978, S. 6.

[2] E. Honecker, Die sozialistische Revolution in der DDR und ihre Perspektiven, Berlin 1977, S. 29.

Eine sehr wichtige Rolle spielt die Qualifizierung der Exporttätigkeit selbst, die Verbesserung der Arbeit auf den äußeren Märkten. Ganz allgemein kann festgestellt werden, daß sich die Effektivität der kommerziellen Arbeit erhöht hat. Zwar steigen die Aufwendungen absolut, je Einheit exportierter Ware nahm sie jedoch ab. Es existiert hier der gleiche Zusammenhang wie in der Produktion. Diese Aussage schließt jedoch nicht aus, daß noch weitere große Anstrengungen auf dem Gebiet der Marktbearbeitung gemeinsam von Außenhandelsbetrieben und Kombinaten unternommen werden müssen. Das beginnt mit der Untersuchung der spezifischen Anwenderforderungen und schließt die Einschätzung qualitativer technisch-technologischer Entwicklung ein. Zuverlässige Aussagen hierfür sind möglich, wenn eine enge Gemeinschaftsarbeit mit den Kadern aus den Forschungsbereichen betrieben wird. Außerordentlich wichtig ist die Erhöhung der Flexibilität der Exporttätigkeit, das kurzfristige Reagieren auf veränderte Bedarfswünsche. Entscheidende Attribute leistungsfähiger Exporttätigkeit sind kürzere Lieferfristen, die Erarbeitung von Angeboten binnen weniger Wochen sowie eine intensive Anwendungsberatung. Das bedingt ein entsprechend reaktionsfähiges Produktionsregime und die Zusammenarbeit von Konstrukteuren, Technologen, Projektanten und kommerziellen Spezialisten. Besonderes Gewicht erlangt seit einigen Jahren eine aktive Valutapreisarbeit zwischen Außenhandelsbetrieben, Kombinaten und Industriebetrieben. Ihre weitere Qualifizierung ist notwendig, um alle Möglichkeiten zur Realisierung höchster Exportpreise auszuschöpfen. Dabei hat es sich bewährt, daß die Kombinate vor allem die gebrauchswertmäßige, anwendungstechnische und technische Argumentation erarbeiten und die Außenhandelsbetriebe die speziellen kommerziellen Belange wahrnehmen.

Ein reaktionsschneller Kundendienst einschließlich Ersatzteilversorgung gehört ebenfalls zum Aushängeschild weltmarktfähiger und damit effektiver Exporttätigkeit. Die steigenden Exportaufgaben verlangen hier neues Denken im Hinblick auf die Erhöhung der Konkurrenzfähigkeit gegenüber führenden Konzernen der kapitalistischen Industrieländer. Das Niveau des Kundendienstes haben viele Kombinate durch gezielte Analysentätigkeit und Arbeit mit Normen erhöht. Die Arbeit wurde rationeller; es konnten Einsparungen, d. h. eine Verringerung der Aufwendungen, erreicht werden. Auch im Absatz sind Spitzenleitungen erforderlich, um Effektivitätssteigerungen in den Kombinaten und der Volkswirtschaft zu erreichen.

Für die Leitungstätigkeit ergeben sich folgende Konsequenzen:

Erstens: Eine wichtige Voraussetzung dafür, daß die Kombinate und Betriebe ihrer Verantwortung für die Bedarfsdeckung und einer hohen Effektivität gerecht werden können, ist die feste Einordnung der außenwirtschaftlichen Aufgaben in die komplexe Leitung, Planung und Organisation des Reproduktionsprozesses. Dabei kommt es auf ein durchgängiges Vorgehen von der konzeptionellen Phase über die unmittelbare Planausarbeitung bis zur Durchführung an. Einige Kombinate verweisen hierzu besonders auf ihre Arbeit mit der Außenwirtschaftskonzeption.

Zweitens: Die Verantwortung der Leiter der Kombinate und Betriebe für den einheitlichen Reproduktionsprozeß – einschließlich Export – gilt grundsätzlich, unabhängig davon, ob ihnen Außenhandelsfunktionen übertragen sind oder nicht. Zu einem bestimmten Anteil wird bereits die Exporttätigkeit unter unmittelbarer Verantwortung von Kombinaten sowie anderen Leitungsorganen produzierender Bereiche durchgeführt.

Die Einordnung von Außenhandelsbetrieben in größere Kombinate sollte mindestens von folgenden Gesichtspunkten abhängig gemacht werden:

– Es ist ein größeres Umsatzvolumen erforderlich, damit die Vorteile zentralisierter kommerzieller Tätigkeit genutzt werden können.

– Das Angebot eines geschlossenen Sortiments von Erzeugnissen ist zu gewährleisten. Hierzu ist gegebenenfalls die Übernahme von Erzeugnissen und Verfahren auch anderer Industriezweige durchzusetzen.

– Die Anzahl und das Qualifikationsniveau der Kader muß eine reibungslose Sicherung der Außenhandelsaufgaben ermöglichen. Nur einem erfahrenen, gefestigten Leitungskollektiv sollte ein Außenhandelsbetrieb unterstellt werden.

Aber auch andere neue Formen der Zusammenarbeit haben sich bewährt, z. B. die Komplexwettbewerbe, die besonders durch die Initiativen der Parteileitungen ins Leben gerufen wurden.

Drittens: Das Niveau der Exporttätigkeit wird maßgeblich von den Kadern, ihrem politischen und fachlichen Qualifikationsgrad, bestimmt. Die anspruchsvollen Exportaufträge sowohl in das sozialistische als auch in das nichtsozialistische Währungsgebiet erfordern einen verstärkten Einsatz von Kadern auf den Schwerpunktmärkten. Das beginnt damit, daß die Direktoren im Kombinat für die Marktbearbeitung bestimmter Länder persönlich verantwortlich gemacht werden. Damit wird einmal gesichert, daß stets derselbe leitende Kader Verhandlungspartner des Auslandskunden bleibt; zum anderen erhöht sich zugleich das Engagement aller Direktoren für die Erfüllung der Exportverpflichtungen. Der regelmäßige Gedankenaustausch mit den Reisekadern, insbesondere mit den Verkaufsingenieuren und Kundendiensttechnikern gehört ebenfalls zum Aufgabenbereich des Betriebsdirektors. Um hohe Leistungen von den Reisekadern zu verlangen, bedarf es vor allem des persönlichen Kontakts mit dem Kombinatsdirektor, der Gewißheit, ihm Vorschläge zur Verbesserung der Arbeit unterbreitet und ihre Realisierung erreicht zu haben. Das fördert Initiativen und Aktivitäten der Reisekader auf den Außenmärkten.

Mit diesen spezifischen Leitungskonsequenzen sollte die Spannweite und Komplexität der Faktoren unterstrichen werden, die bestimmenden Einfluß auf die Steigerung der Arbeitsproduktivität und Effektivität haben.

H. BRASS

Zu einigen Problemen der Planung längerfristiger Aufgaben des wissenschaftlich-technischen Fortschritts

Unter längerfristigen Aufgaben des wissenschaftlich-technischen Fortschritts verstehen wir Aufgaben zur Entwicklung und Anwendung neuer Erzeugnisse, neuer Verfahren und neuer Technologien, für die ein mehrjähriger Realisierungszyklus erforderlich ist. Dieser Zeitraum kann innerhalb eines Fünfjahrplanes liegen oder auch in den nächsten Fünfjahrplan hineinreichen. Uns interessieren dabei vor allem Aufgaben, die von großer volkswirtschaftlicher Bedeutung und durch eine komplizierte Verflechtung gekennzeichnet sind. Dazu gehören insbesondere die Staatsaufträge im Rahmen des Staatsplanes Wissenschaft und Technik.

Derartige Aufgaben stellen hohe Ansprüche an die Qualität und Abgestimmtheit der Pläne der verschiedenen Verantwortungsbereiche. In solchen Fällen ist die objektive Komplexität des wissenschaftlich-technischen Fortschritts nur beherrschbar, wenn der gesamte Zyklus einheitlich geplant wird. In diesen Fällen empfiehlt sich ein programmäßiges Herangehen, die Anwendung der Zielprogramm-Methode.

Über einige Erfahrungen aus dem Prozeß der Erarbeitung eines Zielprogramms soll hier berichtet werden.

Entscheidend ist die Herausarbeitung der Zielsetzung der wissenschaftlich-technischen Aufgaben. Es muß eindeutige Klarheit über das volkswirtschaftliche Endergebnis bestehen, das mit der Einführung und Anwendung der Ergebnisse von Forschung und Entwicklung erreicht werden soll. Wir wissen, daß die umfassende Rationalisierung und die notwendigen hohen Steigerungsraten der Arbeitsproduktivität eine zügige Entwicklung und Überleitung der Ergebnisse wissenschaftlicher Arbeit erfordert, die sich in großen Serien niederschlagen muß. Das erfordert eine klare Konzeption für die Anwendung der neuen Erzeugnisse, der neuen Verfahren usw.. Diese Konzeption muß sichern, daß die Anwender auf die Einführung der neuen Verfahren bzw. auf die Nutzung der neuen Erzeugnisse im Interesse der Veränderung des technologischen Niveaus der Produktion in ihrem Bereich vorbereitet sind.

Wir müssen den Zustand überwinden, daß neue Maschinen und Geräte entwickelt werden und erst im Zuge der Überleitung über ihre Anwendung entschieden wird bzw. die Probleme, die mit der Anwendung verbunden sind, gelöst werden. Die Anwendungs- und Einsatzkonzeption für volkswirtschaftlich bedeutsame Entwicklungen neuer Erzeugnisse und Verfahren hat den Rang einer volkswirtschaftlichen Strukturentscheidung. Bei der Größenordnung und Kompliziertheit dieser Probleme ist es nicht möglich, durch ein nachträgliches Koordinieren von Plänen die objektiven Zusammenhänge des ganzen Zyklus zu erfassen. Dazu sind spezielle Instrumente notwendig und gerechtfertigt. Die Komplexität eines volkswirtschaftlich bedeutsamen Vorhabens des wissenschaftlich-technischen Fortschritts muß von vornherein voll ausgearbeitet sein, damit es so in die Pläne aufgenommen werden kann. Es geht gerade darum zu sichern, daß diese Aufgaben in den Plänen der verschiedenen Verantwortungsbereiche, die durch diese Aufgabe berührt werden und die sie zu lösen haben, enthalten sind.

Aus der am Anfang eines Zielprogramms oder einer Entwicklungskonzeption zu erarbeitenden volkswirtschaftlichen Aufgabenstellung sollen hier nur drei Gesichtspunkte dargelegt werden:

Erstens: Die wissenschaftlich-technische Zielsetzung eines derartigen Vorhabens muß außerordentlich gründlich erarbeitet werden. Es ist selbstverständlich, daß eine Einschätzung über den wissenschaftlich-technischen Höchststand der Arbeit vorgenommen werden muß, der zum Zeitpunkt der Einführung des neuen Erzeugnisses oder des neuen Verfahrens zu erwarten ist. Die Einschätzung muß mit hoher Sachkenntnis und Autorität erfolgen, weil weitgehende Konsequenzen damit verbunden sind.

Kompromisse in dieser Frage führen zu unsoliden Entscheidungen. Nur aus der realen Beurteilung des wissenschaftlich-technischen Höchststandes, so schwierig dieses Problem auch im einzelnen ist, ergeben sich richtige Plankennziffern, z. B. über die Exportmöglichkeiten der neu zu entwickelnden und zu produzierenden Erzeugnisse. Nur bei einem Erzeugnis, das dem internationalen Spitzenniveau entspricht, sind auch sichere Bedarfseinschätzungen möglich. Unsere Exportplanung würde auf unsicheren Grundlagen basieren, und es würde zu gefährlichen Fehlplanungen kommen, wenn wir die Frage Weltniveau nicht ernst genug nehmen. Der internationale Markt ist ein unbestechlicher Prüfstein für diese Frage.

Bei den komplizierten Aufgaben des wissenschaftlich-technischen Fortschritts ist es notwendig, das Weltniveau als Problem der gesamten Kooperationskette zu stellen, weil das Finalerzeugnis von der entsprechenden Qualität der Zulieferungen abhängt.

Zweitens: Bedarfseinschätzungen für neue Erzeugnisse, die in den kommenden Jahren auf den Markt gebracht werden sollen, sind außerordentlich kompliziert. Es zeigt sich, daß hier die klassischen Methoden der Bedarfsforschung versagen. Auf keinen Fall ist der Bedarf hier die Summe der Bedarfsmeldungen der bekannten Partner. Gerade für Neuerungen, für Erzeugnisse, in denen sich der wissenschaftlich-technische Fortschritt verkörpert, ist der Bedarf in hohem Maße von den Gebrauchseigenschaften, von der Qualität und vom Preis abhängig. Hier ist eine aktive Position des Produzenten erforderlich, der die potentiellen Anwender interessieren und auf die Anwendung vorbereiten muß.

Mit einer abwartenden Haltung wird man der Dynamik des wissenschaftlich-technischen Fortschritts und seiner zügigen Überleitung in die volkswirtschaftliche Praxis nicht gerecht. Die aktive Position gegenüber dem zukünftigen Anwender ist auch schon deswegen notwendig, weil sich die Probleme der Applikation nicht ohne den Anwender lösen lassen. Auf keinen Fall kann man erwarten, daß zum Beispiel bei Erzeugnissen der Mikroelektronik deren Anwendungsmöglichkeiten schnell wachsen, die potentiellen Anwender heute schon die mit den neuen Erzeugnissen verbundenen Möglichkeiten selbst voll einschätzen können.

Drittens: Eine wichtige Rolle spielt die Einschätzung der erforderlichen Kapazitätsentwicklung der nächsten Jahre, um dem schnell wachsenden Bedarf an modernen Erzeugnissen gerecht zu werden. Die Bedarfseinschätzung ist der Ausgangspunkt für alle Überlegungen zur Kapazitätsentwicklung. Wir wissen, daß zum Beispiel bei Zulieferpositionen in den nächsten Jahren hohe Wachstumsraten erforderlich sein werden – in vielen Fällen höhere als bei den Finalerzeugnissen. Man kann bei Zulieferpositionen der metallverarbeitenden Industrie mit Wachstumsraten von 10 Prozent und mehr rechnen. Derartige Steigerungsraten in den nächsten Jahren verlangen ein klares Konzept der technologischen Entwicklung der Betriebe. Dieser Produktionszuwachs ist mit der herkömmlichen Technologie nicht mehr zu bewältigen. Es wird von dieser Seite wiederholt sichtbar, wie wichtig die Einheit von Erzeugnis- und Technologieentwicklung ist. Es wird daher notwendig, für die Betriebe, die die neuen Erzeugnisse zu produzieren haben, sehr schnell Rationalisierungsprojekte auszuarbeiten, in denen die Schritte fixiert werden, die zu einem neuen technologischen Niveau der Produktion führen.

Bei der Betrachtung des Zyklus zeigt sich, daß die richtige These – der Bedarf ist der Ausgangspunkt der Produktion – unter diesen Bedingungen präzisiert werden muß. Der Bedarf ist auch Ausgangspunkt für die Aufgabenstellung von Forschung und Entwicklung und ebenfalls Ausgangsposition für die Entwicklung der Kapazität.

Ich habe schon gesagt, das die objektive Komplexität des wissenschaftlich-technischen Fortschritts durch die Durcharbeitung der wichtigsten Zusammenhänge gesichert werden muß. Einige solcher Zusammenhänge seien als Beispiel genannt.

a) Der Zyklus Wissenschaft-Technik-Produktion ist bei komplizierten Vorhaben des wissenschaftlich-technischen Fortschritts mehrfach zu beherrschen. Es geht um den Zyklus des Finalerzeugnisses, den Zyklus der Baugruppen und den Zyklus der Einzelteile. Wir haben also eine Verflechtung auch der F- und E-Aufgaben untereinander in der Kooperationskette, wir haben eine Verflechtung der Kapazitäten und ihrer Entwicklung in der Kooperationskette usw. Das macht es notwendig, die Aufgaben von Forschung und Entwicklung in der Kooperationskette nach einem einheitlichen Konzept zu entwickeln, mit denselben hohen Qualitätsansprüchen und mit synchronisierten Terminstellungen.

b) Bei der Entwicklung eines neuen Erzeugnisses ist der Generationswechsel von vornherein zu beachten. Als Bestandteil des Zielprogramms bzw. der Entwicklungskonzeption muß der Zeitpunkt festgelegt werden, wann die Entwicklung der nächsten Erzeugnisgeneration zu beginnen hat, um den einmal erreichten wissenschaftlich-technischen Höchststand in Zukunft nicht wieder zu verschenken.

c) In den Zielprogrammen und Entwicklungskonzeptionen, und damit auch in den Plänen, ist die Ablösung alter Erzeugnisse zu planen. Das Nebeneinanderbestehen vieler Erzeugnisgenerationen in der Produktion ist eine große Quelle der Uneffektivität, hemmt die Produktion des neuen Erzeugnisses und ihre massenhafte Anwendung in der Volkswirtschaft. Die Planung der Ablösung alter Erzeugnisse wird bei uns noch zu sehr vernachlässigt.

d) Ein spezielles methodisches Problem sei noch aus der Planung der Kapazität in der Kooperationskette genannt. Wenn die Ermittlung der Kapazität für das Finalerzeugnis nach Typenvertretern vor sich geht, muß die Kapazitätsermittlung der Vorstufenproduktionen nach auf den Typenvertretern des Finalerzeugnisses abgestimmten Typenvertretern der Baugruppen erfolgen, damit ein einheitliches Vorgehen in der Kapazitätsermittlung und Kapazitätsentwicklung gesichert ist.

Als letztes seien einige Probleme der Funktion von Zielprogrammen und Entwicklungskonzeptionen für Vorhaben des wissenschaftlich-technischen Fortschritts und ihrer Einordnung in das Planungssystem genannnt:

Erstens: Es ist auf alle Fälle erforderlich, den gesamten Zyklus – unabhängig vom Planungshorizont der Pläne der Verantwortungsbereiche – zu planen. Das ist so wegen der Konsequenzen, die sich aus den Endterminen für die Aufgabenstellung in der Gegenwart ergeben. Ganz besonders deutlich wird es, wenn für die Umsetzung neuer Erzeugnisse und Verfahren Investitionen erforderlich sind, die in den nächsten Jahren realisiert werden. Dafür müssen bereits heute die entsprechenden Aufträge für die Projektierungen in den Anlagen bauenden Betrieben untergebracht werden.

Zweitens: Es ist notwendig, die Aufgaben aus dem Zielprogramm bzw. der Entwicklungskonzeption in die lang-, mittel- und kurzfristige Planung einzubeziehen. Nur das gewährleistet die Einbeziehung der mehrjährigen Aufgaben des wissenschaftlich-technischen Fortschritts in die komplexe Planung der Verantwortungsbereiche. Hierbei hat der Fünfjahrplan eine Hauptrolle zu spielen, weil er das Instrument ist, mit dem perspektivische Aufgaben den Verantwortungsbereichen verbindlich übergeben werden können. Die Tatsache, daß die Fünfjahrplanung auf allen Ebenen der Leitung der Wirtschaft eingeführt worden ist, schafft günstige Voraussetzungen für die Einordnung von solchen längerfristigen Zielprogrammen und Entwicklungskonzeptionen in das Planungssystem.

Drittens: Von der planmäßigen Beherrschung des Zyklus volkswirtschaftlich bedeutsamer Aufgaben des wissenschaftlich-technischen Fortschritts hängt in zunehmendem Maße die Stabilität des gesamten Fünfjahrplanes ab. Es ist daher erforderlich, der Planung dieser Aufgaben eine besondere Aufmerksamkeit zu schenken.

Viertens: Zielprogramme und Entwicklungskonzeptionen für längerfristige Aufgaben des wissenschaftlich-technischen Fortschritts sollten nicht nur Instrumente der Planvorbereitung sein, sondern aktive Leistungs- und Planungsinstrumente werden. Bei volkswirtschaftlich bedeutsamen komplexen Aufgaben des wissenschaftlich-technischen Fortschritts reicht es nicht aus, einmal im Zuge der Planvorbereitung die wesentlichen Zusammenhänge durchgearbeitet zu haben und dann die Realisierung ausschließlich mit den Plänen der Verantwortungsbereiche wahrzunehmen. Die mit den Zielprogrammen erreichte Stufe der komplexen Durcharbeitung der Zusammenhänge muß im Stadium der Plandurchführung eines Fünfjahrplanes aufrechterhalten werden. Die wichtigsten Kennziffern eines Zielprogramms und einer Entwicklungskonzeption für derartige Vorhaben müssen mit dem Plan, insbesondere mit dem Fünfjahrplan identisch sein. Auch bei vorrangiger Ausarbeitung solcher komplexen Vorhaben des wissenschaftlich-technischen Fortschritts stehen die Zielprogramme und Entwicklungskonzeptionen nicht über dem Plan. Man muß aber der Tatsache Rechnung tragen, daß die Erkenntnisse sich weiterentwickeln und die Bedingungen sich verändern. Daher muß das Programm stets auf dem neuesten Stand gehalten werden, das heißt, es ist auf alle Fälle eine jährliche Aktualisierung notwendig, damit bei der Jahresplanung die Komplexität des Vorhabens des wissenschaftlich-technischen Fortschritts mit dem neuesten Stand in die Jahrespläne der Verantwortungsbereiche übernommen werden kann. Es ist hierbei wichtig, daß die Präzisierung des Programms über die ganze Kette erfolgt. Daher muß es von vornherein durchrechenbar sein. Entscheidend ist, daß der mit dem Programm erreichte Vorzug der komplexen Planung der wissenschaftlich-technischen Aufgabe nicht wieder aufgegeben, sondern bis zur endgültigen Lösung dieses Vorhabens beibehalten wird.

Fünftens: Wegen der Bedeutung dieser Vorhaben des wissenschaftlich-technischen Fortschritts ist für jede einzelne Planungsaktivität eine hohe Qualität der Planung erforderlich. Alle neuen Erkenntnisse der Planung müssen bei der Ausarbeitung eines derartigen Zielprogramms zugrunde gelegt werden. Das entspricht der Bedeutung dieser Aufgaben des wissenschaftlich-technischen Fortschritts.

Sechstens: Die Ausarbeitung und Durchführung eines Zielprogramms erfordert eine hohe Form der sozialistischen Gemeinschaftsarbeit zwischen allen beteiligten Staatsorganen, wirtschaftsleitenden Organen, Betrieben und Kombinaten und wissenschaftlichen Einrichtungen. Es geht hier um die Nutzung aller Vorzüge der sozialistischen Planwirtschaft.

Abschließend sei gesagt: Es geht bei derartigen Zielprogrammen um Planungsdokumente, mit denen die Forderung Erich Honeckers durchgesetzt werden soll: Man muß den wissenschaftlich-technischen Fortschritt wollen und auch alles Notwendige dafür tun.

F. Haberland/H. Hörkner

Probleme und Erfahrungen bei der sozialistischen Rationalisierung in Kombinaten und Betrieben, insbesondere beim Eigenbau von Rationalisierungsmitteln

Die Partei charakterisiert die sozialistische Rationalisierung als einen Hauptfaktor der Steigerung der Arbeitsproduktivität und der Erhöhung der Effektivität der Produktion. Umfassend zu rationalisieren, ist deshalb eine zentrale Aufgabe in der Parteiarbeit und der staatlichen Leitungstätigkeit. „Doch vor dem großen Ertrag stehen große Vorleistungen an schöpferischer Arbeit und materiellen Mitteln."[1] Dazu gehören jene Fragen, die mit dem Eigenbau von Rationalisierungsmitteln zusammenhängen.

Nach dem IX. Parteitag der SED, insbesondere seit der 4. Tagung des ZK, haben die Kombinate und Betriebe ihre Anstrengungen zum Eigenbau von Rationalisierungsmitteln erheblich verstärkt. Die besten Ergebnisse sind dort erreicht worden, wo dieser Eigenbau in eine auf hohe Effektivität gerichtete langfristige wissenschaftlich-technische Konzeption zur Erzeugnis- und Verfahrensentwicklung, zur Erhöhung des Niveaus der Technologie und der Qualität der Arbeit, zur Rekonstruktion und Modernisierung des Produktionsapparates – einschließlich Verbesserung der Arbeitsbedingungen – eingeordnet wurde. Ein den konkreten Erfordernissen des jeweiligen Reproduktionsprozesses entsprechender eigener Rationalisierungsmittelbau – eng verbunden mit eigener Baukapazität – hat sich in diesen Wirtschaftseinheiten als eine grundlegende Bedingung für eine anhaltende dynamische Leistungs- und Effektivitätsentwicklung, für die bessere Beherrschung und rationellere Gestaltung des gesamten Kreislaufs der betrieblichen Reproduktion erwiesen.

Um die anspruchsvollen Ziele dieses Fünfjahrplanes allseitig und kontinuierlich zu erfüllen und gezielt zu überbieten, ist die weitere Verstärkung des eigenen Rationalisierungsmittelbaues unerläßlich.

Der Eigenbau von Rationalisierungsmitteln umfaßt auch eine Vielfalt anderer Leistungen; das betrifft z. B. die Fertigung von Ersatzteilen sowie von Bauteilen, Baugruppen, Normteilen usw. meist handelsüblicher Werkzeuge, Prüf- und Meßmittel, Maschinen, Ausrüstungen, Transportmittel usw. Wachsen diese für die Sicherung und Steigerung der Produktion notwendigen eigenen Leistungen erheblich, werden effektive Rationalisierungslösungen verzögert bzw. verhindert und beträchtliche Mehraufwendungen bei der Eigenherstellung verursacht. Die Betriebe schätzen ein, daß bei Bereitstellung von Baugruppen, -teilen, Normteilen usw. handelsüblicher Erzeugnisse durch die metallverarbeitende Industrie in benötigten Mengen und kürzeren Lieferfristen als bisher die Rationalisierungsprobleme erheblich besser gelöst und die Anforderungen an betriebs- und zweigspezifische Rationalisierungsmittel befriedigt werden können.

Im Zusammenhang mit der Vertiefung und Beschleunigung des Intensivierungspro-

[1] E. Honecker, Die Aufgaben der Partei bei der weiteren Verwirklichung der Beschlüsse des IX. Parteitages der SED, in: Neues Deutschland vom 18./19. Februar 1978, S. 5.

zesses, der Ökonomisierung des Fondseinsatzes und der Senkung des Zeitaufwandes besteht ein Hauptanliegen des eigenen Rationalisierungsmittelbaues darin, durch den effektivsten Einsatz dieser Rationalisierungsmittel in den Produktionsprozessen, aber besonders auch in den Transport-, Umschlags-, Lager- und Verwaltungsprozessen planmäßig und gezielt Arbeitskräfte freizusetzen. Allerdings überwiegen zur Zeit offensichtlich noch Rationalisierungslösungen, die bestimmte Engpässe für die Sicherung des laufenden Planes schließen helfen.

Bei der Leitung, Planung und Organisierung dieses Prozesses sind insbesondere folgende positive Erfahrungen hervorzuheben:

Erstens: Entscheidend für die Einordnung des eigenen Rationalisierungsmittelbaues in den betrieblichen Reproduktionsprozeß und in das Leitungssystem, für die Resultate und Fortschritte, ist die klare ideologische Haltung des Kombinats-, Betriebs- bzw. Generaldirektors, des gesamten Leitungskollektivs und das persönliche Engagement auf diesem Gebiet.

Zu guten Ergebnissen haben vor allem folgende aufeinander abgestimmte Maßnahmen geführt:

Ausgangspunkt aller Überlegungen und Aktivitäten ist die feste Einordnung des Eigenbaus und Einsatzes von Rationalisierungsmitteln in die perspektivische Entwicklung des Betriebes. Die Aufgaben werden diszipliniert nach einheitlichem Konzept durchgeführt. Besonders in der Aufbauphase werden Schlüsselprobleme in der Regel unter der persönlichen Aufsicht und Kontrolle durch den Betriebs- bzw. Kombinatsdirektor gelöst.

Den im Rationalisierungsbereich Beschäftigten wird großes Vertrauen und öffentliche Wertschätzung entgegengebracht. Das beruht auf der Erkenntnis, daß die Erfahrungen der Konstrukteure und Facharbeiter eine Fundgrube für neue Ideen sind, daß diese sich im Laufe der Zeit zu hervorragenden Kennern der Erzeugnistechnologie entwickeln. Dieser Prozeß wird durch gezielte Weiterbildungsmaßnahmen gefördert.

Gute Erfahrungen wurden mit ehrenamtlichen Rationalisierungskollektiven – in der Regel auf Grund von Neuerervereinbarungen – gewonnen. Die Tätigkeit der Neuerer und Rationalisatoren, der ehrenamtlichen WAO-Kollektive, der Betriebssektionen der Kammer der Technik wird durch konkrete Aufgabenstellungen auf die Lösung von Rationalisierungsproblemen gelenkt. Dazu beraten sich Betriebsdirektor, Technischer Direktor und Haupttechnologe regelmäßig mit diesem Kreis.

Zweitens: Eine hohe Wirksamkeit des Eigenbaues von Rationalisierungsmitteln wird mit seiner richtigen Einordnung in die langfristige wissenschaftlich-technische Zielsetzung und Aufgabenstellung als dem Kernstück der perspektivischen Entwicklung des Kombinats bzw. Betriebes begründet. Das bedeutet, auch auf Ebene der Betriebe, Kombinate und VVB sowie auf Ebene der Industrieministerien eine einheitliche wissenschaftlich-technische Entwicklung auszuarbeiten und darin Platz und Aufgabenstellung des eigenen Rationalisierungsmittelbaues zu bestimmen.

Eckpunkte für die Ausarbeitung und Durchsetzung einer einheitlichen wissenschaftlich-technischen Entwicklung sind die staatlichen Planauflagen für den Fünfjahrplanzeitraum und darüber hinausgehende zentrale staatliche Orientierungen. Die Absicherung der zentralen staatlichen Zielsetzungen stützt sich auf eine fundierte langfristige Intensivierungskonzeption in ihrer engen Wechselbeziehung zu den langfristigen Konzeptionen für die Erzeugnisentwicklung, die technologische Forschung und komplexe Reproduktion der Grundfonds einschließlich der Investitionen. Dieser eigenen langfristig angelegten konzeptionellen Arbeit liegen fundierte Erkenntnisse aus komplexen und problemorientierten ökonomischen Analysen, wissenschaftlich-technischen Prognosen und Nutzensrechnungen auf Variantenbasis zugrunde. Die konzeptionellen Vorstellungen finden ihren Niederschlag in einem langfristigen, komplexen Plan Wissenschaft und Technik, der auch die Aufgabenstellungen für den eigenen Rationalisierungsmittelbau enthält.

Bestimmenden Einfluß auf die Planung der Aufgaben und der Kapazität für den eigenen Rationalisierungsmittelbau hat in diesem Zusammenhang die technologische Forschung, eine langfristige technologische Planung. Untersuchungen weisen darauf hin, daß Hauptimpulse für den Rationalisierungsmittelbau von der Technologie und ihrer ständigen Vervollkommnung ausgehen. Da das Niveau der Technologie zurückwirkt auf die Effektivität der Eigenfertigung, verstärken Betriebe und Kombinate ihre Anstrengungen zur Unifizierung und Standardisierung der technologischen Prozesse, zur Ausarbeitung und Anwendung typisierter arbeitsgang-, material- und kostensparender Technologien. Im Ergebnis der Analyse des wissenschaftlich-technischen Höchststandes in der Technologie und der Ermittlung künftiger wissenschaftlich-technischer Trends entstehen Best-Technologien, die eine hohe Effektivität sichern. Weitere Erkenntnisse für die Planung des eigenen Rationalisierungsmittelbaues resultieren aus gründlichen Prozeßanalysen (Analyse der Haupt-, Hilfs- und Nebenprozesse der Produktion), aus den Untersuchungen der WAO-Kollektive sowie aus den Hinweisen und Forderungen der Konstruktionsbereiche an eine rationelle Fertigungstechnik.

Aus diesen Unterlagen entstehen ein langfristiger Aufgaben- und Problemkatalog und eine langfristige Kapazitätsbilanz für den eigenen Rationalisierungsmittelbau. Sie sind die wichtigste Grundlage für die Fünfjahr- und Jahresplanung der Produktion des Bereichs Rationalisierungsmittelbau.

Die Ermittlung des Bedarfs und die Fertigung von Rationalisierungsmitteln erstreckt sich auf sämtliche Phasen und Bereiche des Reproduktionsprozesses: für die einzelnen Fertigungsstufen im Produktionsprozeß ebenso wie für Transport-, Lager- und Umschlagprozesse, Forschung und Entwicklung, Vorbereitung der Produktion, Verwaltungsarbeit und EDV und schließlich für die Rationalisierung des Eigenbaues von Rationalisierungsmitteln selbst.

Drittens: Ausgehend von der richtigen Einordnung des eigenen Rationalisierungsmittelbaues in die langfristige einheitliche wissenschaftlich-technische Entwicklung wird von den Betrieben und Kombinaten bei der Schaffung der notwendigen kadermäßigen und materiell-technischen Voraussetzungen den zweigspezifischen Besonderheiten Rechnung getragen. Dabei zeichnen sich vor allem folgende differenzierte Vorgehensweisen ab:

In Betrieben und Kombinaten der Grundstoffindustrie und der Grundstoffchemie besteht offensichtlich ein enger Zusammenhang zwischen rationellem Fertigungsablauf, Instandhaltung und Eigenbau von Rationalisierungsmitteln. Einerseits wird der Rationalisierungseffekt durch Instandhaltung und Generalreparatur erreicht, indem die Leistungsfähigkeit und Zuverlässigkeit der vorhandenen Anlagen erhöht wird. Andererseits werden durch die Rationalisierung der Instandhaltung selbst Kapazitäten für die Entwicklung des Rationalisierungsmittelbaues erweitert. Da in diesen Zweigen der Zeitaufwand für Instandhaltungen sehr hoch ist, führt der Einsatz von Rationalisierungsmitteln zu beträchtlichen Zeiteinsparungen im Instandhaltungsbereich.

In Betrieben bzw. Kombinaten mit maschinenbautypischer Fertigung werden die Kader und Ausrüstungen vor allem aus dem vorhandenen Potential des Werkzeugbaues, der Betriebsmittelkonstruktion, des Musterbaus, der Fertigungstechnologie, der Reparaturwerkstätten und aus den Reihen erfahrener Neuerer gewonnen. Weitere

Arbeitskräfte werden durch gezielte Rationalisierungsmaßnahmen in den Haupt-, Hilfs- und Nebenprozessen der Produktion dem Rationalisierungsmittelbau zur Verfügung gestellt. Im Rahmen der planmäßigen Zuführung von Hoch- und Fachschulabsolventen oder von Arbeitskräften aus anderen Zweigen und Bereichen der Volkswirtschaft wird dieser Bereich weiter verstärkt.

In der Leichtindustrie, der Glas- und Keramikindustrie und der Lebensmittelindustrie werden – einzeln oder kombiniert – folgende Wege beschritten: Die Zuführung von maschinenbautypischen oder -ähnlichen Kapazitäten, Umprofilierung innerhalb des Potentials der Werkstätten, Zentralisierung zersplitterter Werkstättenkapazitäten und Erhöhung der zeitlichen Auslastung deren Grundfonds, Gewinnung von Facharbeitern für Rationalisierungsmittelbau und Baubrigaden über die Berufsausbildung, Schaffung zentralisierter Kapazitäten im Kombinat und bei der VVB.

Die weitere Stärkung der Leistungsfähigkeit des VEB Mechanisierung in den Bezirken in enger Verbindung mit den bestehenden Ingenieurbüros, die gegenseitige Unterstützung im Rahmen der Erzeugnisgruppenarbeit sowie der Ausbau auf die Fertigung von Rationalisierungsmitteln spezialisierter Betriebe im Bezirk und Kreis sind die wichtigsten Wege, um die Betriebe der bezirksgeleiteten Industrie mit Rationalisierungsmitteln zu versorgen.

Viertens: Für die Wirksamkeit des eigenen Rationalisierungsmittelbaues ist die richtige Einordnung in den betrieblichen Reproduktionsprozeß und in das Leitungssystem von prinzipieller Bedeutung. Ausgehend von der Erkenntnis, daß Verfahren und Technologie die Hauptimpulsgeber für den Eigenbau von Rationalisierungsmitteln sind, muß im Leitungssystem gesichert werden, daß durch einheitliche Leitung und Planung dieser bestimmende Einfluß auch tatsächlich ausgeübt werden kann.

Entsprechend den zweigspezifischen Bedingungen werden von den Betrieben und Kombinaten vor allem folgende differenzierte Lösungen erfolgreich angewandt:

Unter den Bedingungen der Metallurgie, der Kaliindustrie und der Grundstoffchemie hat sich traditionell eine enge Verbindung des Rationalisierungsmittelbaues mit dem Reparatur- und Instandhaltungsbereich im Verantwortungsbereich der Hauptmechanik herausgebildet. Im Interesse langfristiger planmäßiger Rationalisierung in den Haupt-, Hilfs- und Nebenprozessen der Produktion sollte jedoch auch in diesen Zweigen die schrittweise aufzubauende, relativ selbständige Kapazität dem für die technologische Entwicklung Zuständigen unter einheitlicher Leitung des Technischen Direktors unterstellt werden. Dabei sollte die enge Zusammenarbeit mit dem Reparatur- und Instandhaltungsbereich gesichert werden.

In Betrieben des Schwermaschinen- und Anlagenbaues sowie in Klein- und Mittelbetrieben anderer Zweige des Maschinenbaues mit überwiegender Kleinserien- oder Einzelfertigung ist die Zusammenfassung des Potentials von Fertigungsmittel- und Rationalisierungsmittelbau zu einem Bereich unter der Leitung des Haupttechnologen zweckmäßig. Rationelle Veränderungen in der Technologie sind hier unmittelbar mit Veränderungen in der Fertigungstechnik und damit im Fertigungsmittelbau verbunden.

In Betrieben der Elektrotechnik-Elektronik und im Werkzeugmaschinenbau mit größerer Serienproduktion ist die Herausbildung einer gesonderten Einheit „Rationalisierungsmittelbau" zweckmäßig, die gemeinsam mit dem Fertigungsmittelbau dem für die Technologie Zuständigen unterstellt ist.

In den Betrieben der Leichtindustrie, der Glas- und Keramikindustrie, der bezirksgeleiteten und Lebensmittelindustrie erweist sich – sobald ein eigenes Rationalisierungspotential aufgebaut und dem Haupttechnologen unterstellt ist – eine klare Aufgabenabgrenzung zu den Reparaturwerkstätten bei enger Zusammenarbeit mit ihnen als förderlich.

Fünftens: In den VVB, Kombinaten und Betrieben werden Wege gesucht und Maßnahmen eingeleitet, um die Effektivität bei der Herstellung von Rationalisierungsmitteln weiter zu verbessern. Dabei zeichnen sich bestimmte Grundlinien ab. So wird auf der Ebene der Kombinate schrittweise ein zentralisiertes Potential aufgebaut; es erfolgt die planmäßige Spezialisierung und Arbeitsteilung der Rationalisierungsmittel produzierenden Einrichtungen der Kombinatsbetriebe unter Leitung des zentralen Rationalisierungsmittelbetriebes. In den meisten Fällen entsteht das zentralisierte Potential durch Umprofilierung eines bestehenden Kombinatsbetriebes. Ein kompliziertes Problem dabei liegt in der Umverteilung der von diesem Betrieb bisher gebrachten Warenproduktion.

Auf der Ebene der VVB werden Maßnahmen eingeleitet, um die Betriebe beim Eigenbau von Rationalisierungsmitteln mit gezielten Informationen, Bereitstellung von Konstruktionskapazitäten und -unterlagen, Beratung, Erfahrungsaustausch und Koordinierung im Zweig, Stärkung bzw. Ausbau zentralisierter Kapazitäten zu unterstützen. Die bei den VVB bestehenden Ingenieurbüros für Rationalisierung sollten stärker auf die Lösung der mit dem Bau und Einsatz selbstgefertigter Rationalisierungsmittel zusammenhängenden Fragen ausgerichtet werden.

Eine wichtige Rolle spielen die Technologischen Zentren. Sie geben den Betrieben wirkungsvolle Unterstützung bei der Hebung des wissenschaftlich-technischen Niveaus der Produktion und bei der praxisnahen Weiterbildung.

Bedeutende Reserven zur Erhöhung der Effektivität des eigenen Rationalisierungsmittelbaues liegen in der Vertiefung der Kooperation zwischen Betrieben verschiedener Unterstellung, zwischen den zentral- und den bezirksgeleiteten Betrieben eines Territoriums sowie in der engen Verbindung von betrieblicher und territorialer Rationalisierung.

Zur weiteren, den wachsenden Anforderungen entsprechenden Erhöhung der Leistungsfähigkeit des eigenen Rationalisierungsmittelbaues zeichnen sich generell für alle Zweige folgende Schwerpunkte ab:

– die weitere Modernisierung der technischen Basis des eigenen Rationalisierungsmittelbaues durch Zuweisung leistungsfähiger Werkzeugmaschinen, Ausrüstungen usw., die auch die wachsenden Ansprüche an Arbeitsgenauigkeit der Rationalisierungsmittel erfüllen und mehrschichtig auszulasten sind;

– die rationelle Organisierung einer Berufsausbildung, die den spezifischen Anforderungen des eigenen Rationalisierungsmittelbaues und der eigenen Bauabteilungen entspricht;

– die Verstärkung der zentralen Leitung dieser Prozesse durch die Industrieministerien, insbesondere Erteilung staatlicher Auflagen zu Aufwand und Nutzen des Eigenbaues von Rationalisierungsmitteln, Koordinierung der spezialisierten Fertigung, laufende Information der Kombinate und VVB über neue und bewährte Rationalisierungslösungen und -mittel, Organisierung des Erfahrungsaustauschs.

In den Kombinaten der metallverarbeitenden Industrie sollten mit der Ausarbeitung der Pläne schrittweise die Kapazitäten für die Erhöhung der Fertigung standardisierter Bauteile und Baugruppen sowie Normteile erweitert werden, um die Effektivität beim Eigenbau und Einsatz betriebs- und zweigspezifischer Rationalisierungsmittel in allen Bereichen und Zweigen zu verbessern. Mit dem Volkswirtschaftsplan 1978 wird diesem Erfordernis bereits in bestimmtem Maße Rechnung getragen.

W. Lebig

Die Ausnutzung der Finanzen zur Steigerung der Arbeitsproduktivität

Die weitere Durchsetzung der Beschlüsse des IX. Parteitages der SED erfordert in allen Bereichen unserer Volkswirtschaft die Arbeit entscheidend zu intensivieren, einen größeren Beitrag als bisher zur Verwirklichung unseres Programms des Wachstums, des Wohlstands und der Stabilität und damit zur kontinuierlichen Realisierung der Hauptaufgabe zu leisten.

Das vorliegende Arbeitsmaterial, das Hauptreferat des Genossen Prof. Dr. Heinrichs und die bisher geführte Diskussion machen deutlich, daß die Steigerung der Arbeitsproduktivität eine ökonomische Kernfrage unserer gesellschaftlichen Entwicklung ist. Gerade aus dieser Sicht stimme ich dem vorliegenden Arbeitsmaterial zu und möchte in meinem Beitrag auf die Bedeutung der sozialistischen Finanzen bei der Einflußnahme auf die Hauptwege zur Steigerung der Arbeitsproduktivität aufmerksam machen. Dabei gestatten Sie mir, daß ich meine Gedanken in knapper Form thesenartig darlege.

Erstens: Die Partei der Arbeiterklasse und die Regierung haben der Organisation der Ausnutzung der sozialistischen Finanzen in jeder Etappe unserer gesellschaftlichen Entwicklung große Aufmerksamkeit geschenkt. So wird z. B. im Abriß der Geschichte der Sozialistischen Einheitspartei Deutschlands (S. 202) im Zusammenhang mit der 1. Parteikonferenz, die im Januar 1949 stattfand, festgestellt, daß unter Führung der SED auch auf dem Gebiet der Finanzpolitik wichtige Schritte erfolgten, um die Volksmacht zu stärken. Für die gegenwärtige Etappe, die weitere Gestaltung der entwickelten sozialistischen Gesellschaft, wird im Programm unserer Partei festgestellt, daß die Bedeutung des Staatshaushaltes, des Geld- und Kreditwesens sowie des Preissystems für die effektive Produktion und die rationelle Verteilung und Verwendung des gesellschaftlichen Produkts und des Nationaleinkommens zunimmt.

Mit dieser zunehmenden Bedeutung ist keineswegs nur das quantitative Wachstum des Staatshaushaltes und des Kredits gemeint, obwohl auch das für unsere Entwicklung zutrifft und auch insofern von Bedeutung ist, als sich darin das Wachstum der gesellschaftlichen Produktion und die Zunahme der umverteilenden Prozesse durch das Finanzsystem insbesondere zur Lösung der Hauptaufgabe widerspiegelt.

Das Parteiprogramm orientiert aber in seiner konkreten Formulierung besonders auf die qualitative Ausnutzung der Finanzkategorien, die darin besteht, in Durchführung des Volkswirtschaftsplanes zu sichern, daß entsprechend unserem Kurs der Hauptaufgabe in ihrer Einheit von Wirtschafts- und Sozialpolitik die notwendigen finanziellen Ressourcen erwirtschaftet und effektiv eingesetzt werden. Damit ist auch die zunehmende Bedeutung der Finanzen für die Steigerung der Arbeitsproduktivität als Kernstück der Erhöhung der Effektivität der gesellschaftlichen Produktion angesprochen.

In der Sowjetunion geht man davon aus, daß die Vervollkommnung der Leitung und Methoden der Wirtschaftsführung in der gegenwärtigen Etappe in beträchtlichem

Grade mit der Erhöhung der Rolle der Finanzen und des Kredits bei der planmäßigen Entwicklung der Wirtschaft und der Verstärkung der Intensivierung der Produktion verbunden ist.

Das hängt insbesondere damit zusammen, daß die Stabilität des Finanz- und Kreditsystems, die notwendige Übereinstimmung des Umfangs der Bildung und der Verwendung der Geldfonds durch das ständige Ansteigen des Nationaleinkommens, durch den wechselseitigen Einfluß von Proportionalität der Volkswirtschaft und Erhöhung der Effektivität des Ressourceneinsatzes gesichert wird. In diesem Prozeß verhalten sich die Finanzen nicht passiv. Sie sind vielmehr ein wichtiges Kettenglied bei der Leitung und Planung der sozialistischen Produktion und bei der Verteilung und Verwendung des Nationaleinkommens zur Sicherung der erweiterten sozialistischen Reproduktion. Durch die Finanz- und Kreditpolitik beeinflußt der sozialistische Staat nicht nur die Wertproportionen, sondern auch die Naturalproportionen der gesellschaftlichen Reproduktion, indem er auf die Senkung des Aufwandes für die Produktion und für gesellschaftliche Zwecke aktiven Einfluß nimmt. Ich denke, daß gerade die Verstärkung dieses Einflusses besonders auf die Senkung des Aufwandes an vergegenständlichter Arbeit, sowohl im einmaligen wie im laufenden Aufwand, ein wichtiger Beitrag der Finanzen und des Kredits zur Erhöhung der Effektivität sein muß. In dieser Richtung muß auch die finanzökonomische Forschung verstärkt werden.

Zweitens: In der These 2 des vorliegenden Arbeitsmaterials wird sehr richtig darauf hingewiesen, daß die Wirksamkeit der Intensivierungsfaktoren von ihrer Verknüpfung mit den grundlegenden Elementen des Reproduktionsprozesses abhängt. Als ein solcher Intensivierungsfaktor wird auch die Leitung, Planung und Stimulierung genannt. Die Finanzen haben ihren festen Platz im System der Leitung, Planung und ökonomischen Stimulierung. Ich sehe deshalb ihre zunehmende Bedeutung und damit ihre aktive Rolle bei der Einflußnahme auf die Hauptwege zur Steigerung der Arbeitsproduktivität gerade im Zusammenhang mit diesem Intensivierungsfaktor. Die Möglichkeit und die Notwendigkeit einer solchen aktiven Einflußnahme der Finanzen ergeben sich aus ihren Funktionen – der Verteilungs-, Stimulierungs- und Kontrollfunktion.

Der Schwerpunkt der wirksameren Ausnutzung der Finanzen liegt dabei offensichtlich in der Qualifizierung der Planung und Bilanzierung auf allen Ebenen der Volkswirtschaft, ganz besonders aber in der zentralen staatlichen Planung und hierbei wiederum in Phasen des Planansatzes, bei Sicherung iterativer Wechselbeziehungen zwischen materiellen und finanziellen Proportionen im Prozeß der Ausarbeitung des Volkswirtschaftsplanes.

Einen ganz besonderen Schwerpunkt bildet dabei m. E. die enge Verbindung der Planung der Effektivität der Produktion mit der finanziellen Bilanzierung. Gerade diese Verbindung scheint mir geeignet, den planmäßigen Zusammenhang zwischen dem Beitrag der einzelnen Zweige und Bereiche unserer Volkswirtschaft zur Erwirtschaftung der Finanzressourcen und den gesellschaftlichen Anforderungen an ihre Verwendung darzustellen und noch bessere Möglichkeiten für die Einflußnahme der Finanzen und des Kredits aus der Sicht der Volkswirtschaft zu schaffen. Gute Voraussetzungen dazu gibt es durch die vorgesehene Gestaltung des Abschnitts „Planung der Effektivität" in der Ordnung der Planung 1981–1985, über die Prof. Dr. Ritzschke hier gesprochen hat.

In These 29 des vorliegenden Arbeitsmaterials wird richtig gesagt, daß es notwendig ist, einen möglichst hohen Zuwachs an Arbeitsproduktivität und Effektivität im Zusammenhang mit dem Bedarf mit zum Ausgangspunkt der Planung zu nehmen, ihn in alle Bereiche und Phasen der Planung, insbesondere in die Vorphase der Planung zu integrieren. Diese Feststellung bestärkt uns in unserer Erkenntnis, daß die Phase des Planansatzes für die Sicherung des Einflusses der Finanzen auf einen hohen Zuwachs an Arbeitsproduktivität und Effektivität im Rahmen der zentralen staatlichen Planung von besonderer Bedeutung ist. Vom Standpunkt der Bilanzierung spielt dabei die Finanzbilanz des Staates eine wichtige Rolle. Nach unseren Erfahrungen geht es bei dieser Bilanz nicht nur darum, die Übereinstimmung der wechselseitig abhängigen materiellen und finanziellen Kennziffern festzustellen, sondern auch Wege zur Einsparung von Ressourcen und zu ihrer effektiven Verwendung aufzuzeigen.

Neben der Gestaltung einer effektiven Finanzierungsstruktur der Volkswirtschaft, d. h. der Proportionen des Staatshaushalts, des Kredits, der Fonds der Betriebe und Kombinate und der Versicherung untereinander und der Gestaltung solcher Haushalts-, Kredit- und Versicherungsbeziehungen, die fördernd auf die Produktion und die Durchsetzung sozialistischer Sparsamkeit einwirken, geht es bei der finanziellen Bilanzierung auch darum, bei Einhaltung der ökonomischen Gesetzmäßigkeiten der Entwicklung der Finanzen, aus der Bestimmung der notwendigen Masse des gesellschaftlichen Reineinkommens heraus Effektivitätsanforderungen an die Bereiche und Zweige der Volkswirtschaft zu begründen und die Möglichkeiten ihrer Realisierung einzuschätzen.

Das gesellschaftlich notwendige Reineinkommen ist deshalb als Ausgangspunkt für die Einflußnahme der Finanzen auf die Erhöhung der Effektivität bereits bei der Ausarbeitung der Volkswirtschaftspläne von so großer Bedeutung, weil es als Geldausdruck des Mehrprodukts den Teil des Nationaleinkommens verkörpert, der die entscheidende Quelle für die erweiterte sozialistische Reproduktion und die Erhöhung des materiellen und kulturellen Lebensniveaus ist und zugleich die Ökonomisierung des laufenden Aufwands widerspiegelt.

Nach meiner Meinung ist somit gerade die finanzielle Bilanziertheit des Volkswirtschaftsplanes ein wichtiger Ausdruck der Effektivität der gesellschaftlichen Produktion und der proportionalen Entwicklung. Gerade in bezug auf die ausgeglichene Entwicklung des Finanzsystems der DDR zeigt sich eine grundlegend andere Entwicklung als in der BRD und den anderen kapitalistischen Staaten. Unter den Bedingungen der Rolle des Staates im staatsmonopolistischen Kapitalismus führt die enorme Steigerung der Staatsausgaben – im Interesse der maximalen Verwertung des Monopolkapitals – zur Verschuldung der Haushalte der imperialistischen Staaten und damit letztlich über die Ausweitung des Geldumlaufs und Preissteigerungen zur Inflation, deren Folgen die Werktätigen zu tragen haben.

Drittens: Um die Steigerung der Arbeitsproduktivität für die weitere Erhöhung des materiellen und kulturellen Lebensniveaus des Volkes durch die Finanzen noch aktiver als bisher zu unterstützen, ist es notwendig, die Forschungsarbeit darauf zu orientieren,

a) die finanzielle Planung mit der materiellen Planung noch enger und zwingender zu verbinden und durch die Ausarbeitung und Anwendung solcher Planungsinstrumente wie z. B. der Natural-Wert-Verflechtungsbilanz die Zusammenhänge zwischen der Entwicklung des Nationaleinkommens, der Senkung der Kosten, der Entwicklung des finanziellen Ergebnisses der Betriebe und Kombinate quantitativ und qualitativ darzustellen und Reserven bereits im Prozeß der Planung aufzudecken;

b) gute Erfahrungen in der sozialistischen Betriebswirtschaft bei der Ausnutzung der Möglichkeiten, die die Finanzinstrumente bieten, zu verallgemeinern und damit einen Beitrag zur Unterstützung der Initiative der Werktätigen und der Leiter zu leisten.

c) die stimulierende Funktion der Finanzen noch zielgerichteter für hohe Leistungen der Werktätigen zur Steigerung der Arbeitsproduktivität und der Effektivität sowie zur Durchsetzung sozialistischer Sparsamkeit auszunutzen. Einen besonderen Schwerpunkt bildet dabei die weitere Qualifizierung der Leistungsbewertung unter dem Aspekt der Sicherung eines hohen Wachstums des Endprodukts;

d) die Finanzkontrolle als Bestandteil der staatlichen Kontrolle und die Finanzanalyse bei der Vorbereitung, Ausarbeitung, Durchführung und Abrechnung der Pläne so weiter zu qualifizieren, daß sie in immer stärkerem Maße auf die Mobilisierung von Leistungs- und Effektivitätsreserven gerichtet wird.

So sehe ich im Zusammenhang mit der Thematik unserer heutigen Konferenz die Aufgabe der Finanzen, die wir auch durch die Arbeit in unserem Institut noch besser als bisher zur Lösung der Hauptaufgabe nutzen müssen.

H. Lehmann

Erfahrungen bei der Vervollkommnung der Wirtschaftsorganisation und des Leitungssystems im Kombinat VEB NARVA

Das Kombinat NARVA gehört zu den Industriekombinaten, die gemäß Beschluß des Präsidiums des Ministerrates der DDR neu gebildet bzw. erweitert werden. Mit Wirkung vom 1. 1. 1978 wurden die Betriebe des ehemaligen Kombinats Leuchtenbau Leipzig mit den Betrieben der Lichtquellenindustrie zusammengeführt. Das Profil des Kombinats NARVA wurde dadurch erweitert. Es ist nunmehr für die Entwicklung, Projektierung, Applikation und Produktion sowohl von Lichtquellen und Leuchten als auch von lichttechnischen Einrichtungen und Anlagen verantwortlich.

Diese Entwicklung entspricht der langfristig orientierten konzeptionellen Arbeit des Kombinates NARVA auf dem Gebiet der weiteren Entwicklung von Wissenschaft und Technik für lichttechnische Erzeugnisse sowie deren rationeller Herstellung. Mit der Bildung des erweiterten Kombinats können die Anforderungen der Volkswirtschaft in einem höheren Grade als bisher erfüllt werden, da Lichtquellen und Leuchten als Teile eines technischen Systems behandelt und der Reproduktionsprozeß von Forschung und Entwicklung bis zum Absatz einheitlich geleitet werden. Auf den richtigen Einsatz von Lichtquellen und Leuchten kann unter den neuen Bedingungen über die Projektierungs-, Applikations- und Standardisierungstätigkeit jetzt bedeutend besser Einfluß genommen werden, als dies bisher der Fall war. Es ergeben sich auch neue Möglichkeiten zur Steigerung des Exports, z. B. für die Übernahme von Aufträgen komplexer Ausleuchtungen.

Der erforderliche Leistungszuwachs wird ausschließlich über die Steigerung der Arbeitsproduktivität erbracht. Das beginnt bei entsprechenden Aufgabenstellungen für die Forschung, Entwicklung und Konstruktion von Erzeugnissen sowie Entwicklung hochleistungsfähiger Technologien und Arbeitsmittel für die Lichttechnik. Notwendig ist dabei die Erweiterung der Kapazität des Rationalisierungsmittelbaues sowie die Erhöhung der Leistungen der kombinatseigenen Bauabteilung.

Bei der Erfüllung der neuen Aufgaben wird von den positiven Erfahrungen ausgegangen, die im bisherigen Kombinat NARVA mit der Leitung durch den Stammbetrieb – das Berliner Glühlampenwerk – gewonnen wurden. Auch das neue, erweiterte Kombinat wird durch die Direktion des Stammbetriebes geleitet, da hierzu die entsprechenden Bedingungen vorhanden sind. Das Leistungspotential des Berliner Glühlampenwerkes gestattet, 28% der Warenproduktion des Kombinats im Jahre 1978 zu realisieren. Überwiegend im Stammbetrieb sind die Forschungs-, Entwicklungs- und Konstruktionskapazitäten für die Erzeugnisse und Verfahren konzentriert; in den Kombinatsbetrieben wird das vorhandene Forschungs- und Entwicklungspotential erzeugnisspezialisiert weiter ausgebaut. Das gleiche gilt für den Rationalisierungsmittelbau: Im Stammbetrieb am weitesten entwickelt, werden in allen Kombinatsbetrieben die spezialisierten Werkstätten für den Eigenbau von Rationalisierungsmitteln erweitert. Der Stammbetrieb leistet – unter Einbeziehung der Leitungen und Mitarbeiter der Kombinatsbetriebe – die Hauptarbeit auf dem Gebiet der langfristigen

Konzeptionen. Das gilt sowohl für die Bedarfsforschung, für die Weiterentwicklung von Wissenschaft und Technik als auch für die Ausgestaltung der Wirtschaftsorganisation, die Vervollkommnung der Leitungs- und Betriebsorganisation, bis hin zur konzeptionellen Arbeit an Fragen der Rationalisierung der Leitung, Planung und der Produktion mit Hilfe der elektronischen Datenverarbeitungstechnik sowie durch Geräte und Einrichtungen der Mikroelektronik.

Entsprechend der Verantwortung der Kombinatsleitung für die Zielsetzung und Realisierung der Fünfjahr- unnd Jahrespläne ist es besonders wichtig, daß der Stammbetrieb die Kontinuität der Planerfüllung insgesamt stabil hält; nur so ist es möglich, den Kombinatsbetrieben bei zeitweilig auftretenden Schwierigkeiten Unterstützung geben zu können. So war es z. B. möglich, vom ersten Monat des Bestehens des neuen Kombinates an in allen Kombinatsbetrieben die Pläne in den wichtigen Kennziffern zu erfüllen.

Die erweiterten Arbeitsrichtungen und Ziele werden jährlich durch konkrete Arbeitspläne untersetzt, die Bestandteil des Planes Wissenschaft und Technik sind und unter der Kontrolle der Kombinatsleitung stehen.

Da zu einem entwickelten Beleuchtungssystem nicht nur Lichtquellen, Leuchten sowie lichttechnische Projektierung gehören, wird durch Weiterführung der Kombination und Spezialisierung in den nächsten Jahren eine weitere Vervollkommnung des Kombinates angestrebt. Dabei besteht keinesfalls die Absicht, alle *die* Betriebe dem Kombinat NARVA zuzuordnen, mit denen Kooperationsbeziehungen bestehen, um diese etwa nur auf diesem Wege zu stabilisieren. Vielmehr wird u. a. von folgenden Kriterien ausgegangen:

– Grad der Einflußnahme auf die technologische Kette der Produktion des Kombinates;

– Einfluß auf den Gebrauchswert, insbesondere auf die Qualität der Finalerzeugnisse;

– vorhandenes Potential der Forschung und Entwicklung bzw. der Möglichkeiten zur Erweiterung des Potentials als Voraussetzung für die Beherrschung der wissenschaftlich-technischen Probleme der Erzeugnisse, Verfahren und Arbeitsmittel in den Betrieben, die möglicherweise dem Kombinat zuzuordnen sind;

– Einfluß auf die Effektivität des Reproduktionsprozesses des Kombinates, z. B. auf wichtige ökonomische Kennziffern wie Arbeitsproduktivität, Grundfondsquote usw.;

– Einfluß auf die Exportfähigkeit des Kombinates;

– Einfluß auf die Leitbarkeit des Kombinates unter der Prämisse, daß das Kombinat auch in Zukunft durch die Direktion des Stammbetriebes geleitet wird.

Abschließend einige Arbeitsrichtungen, die zur Vervollkommnung des Leitungssystems des Kombinates festgelegt worden sind:

Einmal geht es um die Weiterführung der Konzentration, der Spezialisierung und der Kombination der Produktion innerhalb des Kombinates NARVA.

Eine weitere Arbeitsrichtung ist die Reorganisation der Erzeugnisgruppenarbeit. Außerhalb des Kombinats NARVA gibt es gegenwärtig noch etwa 60 bezirks- bzw. kreisgeleitete Betriebe, die Leuchten, insbesondere Wohnraumleuchten, produzieren. Die Erzeugnisgruppenarbeit wird sich vorrangig auf die Unterstützung dieser Betriebe bei der Weiterentwicklung der Erzeugnisse im Hinblick auf die Gebrauchswerte, insbesondere Formgestaltung sowie energiewirtschaftlichen Wirkungsgrad orientieren.

Auch soll die Kooperationstätigkeit vervollkommnet werden. Zugleich werden Untersuchungen gemeinsam mit den örtlichen Organen angestellt, wie innerhalb der bezirksgeleiteten Industrie durch Schaffung von Produktionszentren Rationalisierungseffekte erreicht werden können.

Eine weitere Arbeitsrichtung ist die Vereinheitlichung der Leitungsorganisation der Kombinatsbetriebe in einem bestimmten optimalen Ausmaß, ohne etwa das Spiegelprinzip zwischen der Leitungsorganisation des Stammbetriebes und den kleineren Kombinatsbetrieben vollständig durchzusetzen. Zugleich wird an der weiteren Ausgestaltung der Eigenverantwortlichkeit der Kombinatsbetriebe und der dazu erforderlichen Bedingungen bei gleichzeitiger optimaler Zentralisierung bestimmter Leitungsfunktionen im Stammbetrieb gearbeitet. Dabei wird darauf geachtet, daß keine Verzettelung der Rationalisierungsvorhaben eintritt, sondern durch komplexe Rationalisierung ein höherer Effekt für die Steigerung der Arbeitsproduktivität erreicht wird, als dies aus der Summierung vieler kleiner Einzelmaßnahmen erreichbar wäre.

All dies führt zu höheren Anforderungen an die Leitungskader des Kombinates. Das gilt nicht nur für die obere Leitungsebene, sondern auch für die Leiter der mittleren Ebene und insbesondere für die Meister. Deshalb wurde die Weiterbildung für die Leitungskader der mittleren Ebene und die Meister mit den neuen Anforderungen besser in Übereinstimmung gebracht. In der Kombinatsakademie werden den Leitungskadern aus der bezirksgeleiteten Industrie, zunächst aus dem Bezirk Dresden, aufgrund entsprechender Vereinbarungen Plätze im Rahmen der Weiterbildungslehrgänge zur Verfügung gestellt. Bei der Vermittlung neuer Erkenntnisse und Erfahrungen geht es darum, die theoretischen Grundlagen und Ergebnisse praktischer Tätigkeit so darzubieten, daß außer einer Weiterbildung in Grundfragen der gesellschaftlichen Entwicklung der DDR auch neue Handlungsanleitungen zur Lösung der gemeinsamen Aufgaben gegeben werden.

W. Ostwald

Wissenschaftlich-technischer Fortschritt und Territorium

Die Beziehungen zwischen dem Territorium, dem Prozeß der Standortverteilung der Produktivkräfte einerseits und der Leistungssteigerung der Volkswirtschaft, der Effektivitätserhöhung der gesellschaftlichen Produktion andererseits, werden nach unserer Auffassung entscheidend durch die Beziehungen zwischen dem wissenschaftlich-technischen Fortschritt und dem Territorium bestimmt. Das bedeutet, daß die Durchsetzung und Beschleunigung des wissenschaftlich-technischen Fortschritts auch bei der planmäßigen, rationellen Gestaltung der Standortverteilung der Produktivkräfte an erster Stelle steht und der wichtigste Beitrag der Territorien zur Intensivierung der sozialistischen Produktion ist. Das gilt sowohl im Maßstab des Gesamtterritoriums der DDR als auch im Maßstab der Bezirke, Kreise, Städte und Gemeinden.

Was bedeutet das konkret?

Wir gehen zunächst davon aus, daß sowohl die Entstehung einer wissenschaftlich-technischen Erkenntnis als auch die Umsetzung eines Forschungs- und Entwicklungsergebnisses in die Praxis stets in einem Territorium konkret mit Arbeitsvermögen gesichert werden muß, mit einer höheren Qualifikation der Werktätigen im Territorium, durch Maßnahmen der Berufsausbildung, der Erwachsenenqualifizierung usw. Es bedeutet ferner, daß für jeden wissenschaftlich-technischen Fortschritt Wasser, Flächen und andere Ressourcen aus dem Territorium bereitgestellt werden müssen, ebenso wie Baukapazitäten, Kapazitäten und Leistungen der Infrastruktur usw. Es ist also erforderlich, die Maßnahmen des wissenschaftlich-technischen Fortschritts in den Bezirken, Kreisen und Städten mit Vorrang personell und materiell abzusichern, indem Arbeitskräfte, Baukapazitäten, territoriale Ressourcen gezielt bilanziert und bereitgestellt werden für die Absicherung wissenschaftlich-technischer Spitzenleistungen, die im Plan vorgesehen sind, für die Realisierung von Versuchsanlagen und Experimentalbauten, für Maßnahmen zur Überleitung von Forschungs- und Entwicklungsergebnissen in die Produktion usw.

Der Rang des wissenschaftlich-technischen Fortschritts als Hauptfaktor der Intensivierung in unserer Volkswirtschaft erfordert, die Ziele und Maßnahmen des wissenschaftlich-technischen Fortschritts auch in der territorialen Bilanzierung als Hauptfaktor zu behandeln.

Die Staatliche Plankommission hat für den Volkswirtschaftsplan 1979 bessere Voraussetzungen geschaffen, um diese vorrangige territoriale Bilanzierung und Sicherung des wissenschaftlich-technischen Fortschritts zu gewährleisten. Zum Beispiel wird eine vollkommenere Informationsbasis für die örtlichen Staatsorgane dadurch geschaffen, daß die Räte der Bezirke bereits in der Phase der staatlichen Aufgaben über die vorgesehenen Vorhaben des Staatsplanes Wissenschaft und Technik informiert werden. Damit sollen beispielsweise die Bezirksplankommissionen für den Plan 1979 einen besseren Überblick erhalten, was wissenschaftlich-technischer Fortschritt in der Produktion auf dem Territorium ihres Bezirks konkret heißt, und sie können diese Informationen bei der territorialen Bilanzierung rechtzeitiger und wirkungsvoller berücksichtigen.

Das allein genügt jedoch nicht, weil in der territorialen Organisation des Reproduktionsprozesses mehr Möglichkeiten bestehen, über eine solche territoriale Sicherung hinaus den wissenschaftlich-technischen Fortschritt zu gewährleisten und zu beschleunigen.

Dabei messen wir die Dringlichkeit einer vollen Ausschöpfung aller Möglichkeiten der territorialen Organisation zum Beispiel an der Proportion Arbeitsplätze zu Arbeitskräfte. An ihr können wir nach Territorien beurteilen, in welchem Maße uns der Durchbruch zum Typ der vorwiegend intensiv erweiterten Reproduktion mit dem Hauptkriterium eines ökonomischen Umgangs mit lebendiger Arbeit und mit vorhandenen Fonds bereits gelungen ist. Insbesondere auf diese Proportionen müssen wir vom Territorium her mit Nachdruck aufmerksam machen. Aus der Ressourcensituation und der vorausberechneten Ressourcenentwicklung in den nächsten 20 Jahren müssen wir fordern, in keinem Territorium mehr zusätzliche Arbeitsplätze zu schaffen, um die Übereinstimmung mit dem vorhandenen Arbeitsvermögen zu gewährleisten. Für jeden Arbeitsplatz, der unabweisbar neu geschaffen werden muß, ob in der Produktion oder in der Infrastruktur, müssen an anderer Stelle Arbeitsplätze eingespart werden. Das ist aber nur durch wissenschaftlich-technischen Fortschritt realisierbar.

Um dazu einen wirksamen Beitrag zu leisten, geht die Territorialplanung an die Durchsetzunng und Beschleunigung des wissenschaftlich-technischen Fortschritts aktiv heran. Das erfordert vor allem die ökonomischen und darüber hinaus die gesellschaftlichen Zusammenhänge des wissenschaftlich-technischen Fortschritts aufzudekken und mit dem Plan aktiv zu gestalten. Gerade im Territorium werden diese Zusammenhänge deutlich sichtbar.

Die Wechselbeziehungen zwischen wissenschaftlich-technischem Fortschritt und Territorium sind vor allem dadurch gekennzeichnet, daß jeder Schritt des wissenschaftlich-technischen Fortschritts die Anforderungen der Produktion an die Standorte und Gebiete verändert. Dabei handelt es sich vor allem

erstens um Anforderungen an die Qualifikation der Werktätigen im Territorium, an ihre Ausbildung und Weiterbildung entsprechend den wachsenden technologischen Anforderungen, an ihre Arbeitsbedingungen, z. B. durch den Übergang zur Mehrschichtarbeit. Damit verbunden treten Veränderungen in der Sozialstruktur des Territoriums auf (Anteil der Klassen und Schichten), Veränderungen in der Einkommens- und Bedürfnisstruktur, in den Versorgungsansprüchen und dem Bedarf an sozialer Infrastruktur;

zweitens um Anforderungen an Wasser, Flächen und anderen Ressourcen im Territorium sowie an die technische Infrastruktur.

Der schrittweise Übergang zu industriemäßigen Produktionsmethoden in der Landwirtschaft als bedeutender Ausdruck des wissenschaftlich-technischen Fortschritts in diesem Bereich der Volkswirtschaft ist beispielsweise mit einer wesentlichen Erhöhung der Qualifikationsanforderungen an die Werktätigen auf dem Lande verbunden. Eine moderne Großanlage der Tierproduktion stellt höhere Anforderungen an die Fähigkeiten und Fertigkeiten der Landarbeiter. Sie wirkt sich darüber hinaus aber auch verändernd auf ihre Wegezeitaufwendungen zwischen Wohnort und Arbeitsort aus, auf den Arbeits- und Lebensrhythmus unter Bedingungen der Schichtarbeit usw. Dies erfolgt nicht nur im Maßstab einer Gemeinde, sondern mindestens im Maßstab eines ganzen Kreises. Dadurch entstehen für die Bürger in einem solchen Kreis neue Bedingungen für die weitere Herausbildung sozialistischer Persönlichkeiten.

Ähnlich umfassend verändert der wissenschaftlich-technische Fortschritt den Ressourcenbedarf.

Aus solchen Industriezweigen wie dem Werkzeugmaschinenbau und der Strumpfindustrie liegen Beispiele vor, wie durch Anwendung moderner Technologien und Wirkverfahren bei höherem Mechanisierungs- und Automatisierungsgrad der Produktion z. B. der spezifische Bedarf an Wasser je Einheit des Erzeugnisses auf unter 10% im Vergleich zu herkömmlichen Technologien gesenkt werden konnte. Andererseits gibt es aber auch Beispiele, daß der spezifische Bedarf an Fläche durch Automatisierung, Fließfertigung und dergleichen im Produktionshauptprozeß zwar sinkt, jedoch im Zusammenhang mit den veränderten Lager- und Transportprozessen wiederum so stark steigt, daß ein insgesamt erhöhter Flächenbedarf – sowohl spezifisch je Einheit des Erzeugnisses als auch absolut – ausgewiesen wird.

Auch aus der Landwirtschaft sind solche Erscheinungen bekannt: Eine Milchviehanlage mit 1930 Plätzen braucht je Tierplatz 236 m^3/d Wasser (gegenüber etwa 150 m^3/d in einer herkömmlichen Stallanlage), sie hat einen Gülleanfall von 256 m^3/d (gegenüber umgerechnet etwa 98m^3/d), einen Energiebedarf einschließlich Wärmebedarf von 1,23 Gcal/Tierplatz/a (Vergleichswert 0,22) und einen zusätzlichen Fächenbedarf für die Gülleverwertung von 800–100 ha, die nur noch eingeschränkt landwirtschaftlich genutzt werden können.

Wissenschaftlich-technischer Fortschritt kann also nicht allein produktionserhöhend und produktivitätssteigernd, arbeitszeit- und fondssparend sein, er muß sich auch ressourcensparend auswirken. Erst dann kann ein wissenschaftlich-technischer Fortschritt auch als ökonomisch und gesellschaftlich fortschrittlich eingestuft werden. Der wissenschaftlich-technische Fortschritt in der Produktion stellt weitere Anforderungen und hat Auswirkungen hinsichtlich der territorialen Organisation der Produktion, der räumlichen Verhältnisse zu vor- und nachgelagerten Produktionsstufen, was über die Transportökonomie wirksam wird, weiterhin hinsichtlich des räumlichen Verhältnisses zwischen Produktion und Wissenschaft usw.

Vom Territorium her gesehen bleibt wissenschaftlich-technischer Fortschritt auch nicht begrenzt auf die industrielle und agrarische Produktion. Der ökonomische und gesellschaftliche Fortschritt ist vom wissenschaftlich-technischen Fortschritt auch in solchen Bereichen der materiellen Produktion wie dem Bauwesen und dem Verkehr abhängig, wo es beispielsweise darum geht, bautechnologische Lösungen für die Rekonstruktion und Erneuerung der Altbausubstanz in den Zentren unserer Städte bzw. neue verkehrstechnische und verkehrsorganisatorische Lösungen für den Gütertransport und den Personenverkehr zwischen den Standorten der Produktion, zwischen den Siedlungen und auch innerhalb der Städte zu finden und durchzusetzen.

Zusammenfassend lassen sich zwei hauptsächliche Seiten des Wechselverhältnisses zwischen wissenschaftlich-technischem Fortschritt und Territorium unterscheiden:

erstens die wachsenden Ansprüche der Produktion an das gesellschaftliche Arbeitsvermögen und an die sachlichen Ressourcen, verbunden mit teilweise tiefgreifenden Veränderungen der gesellschaftlichen Entwicklungsbedingungen in den Territorien;

zweitens die Anforderungen, die sich aus den gegenwärtigen und künftigen territorialen Reproduktionsbedingungen – insbesondere der Proportion Arbeitsplätze zu Arbeitskräfte – und aus der Ressourcenlage an die Effektivität des wissenschaftlich-technischen Fortschritts selbst ergeben, an seine Anforderungen und Konsequenzen gegenüber dem Territorium.

Die Beherrschung dieser beiden Seiten im Prozeß der Leitung und Planung stellt Anforderungen sowohl an die Zweige als auch an die Territorien. Die für die territoriale Entwicklung verantwortlichen Organe – in den Bezirken und Kreisen – aber auch in der Staatlichen Plankommission – stellen die Anforderungen des wissenschaftlich-technischen Fortschritts an die erste Stelle der territorialen Bilanzierung und versuchen, die gesellschaftlich umfassende Wirkung des wissenschaftlich-technischen Fortschritts im Territorium immer besser zu beherrschen.

Die Territorialplanung will mit ihrem Beitrag zur Gestaltung des Wechselverhältnisses zwischen wissenschaftlich-technischem Fortschritt und Territorium sowohl die Produktiv- und Leistungskraft der Volkswirtschaft erhöhen als auch im Sinne der Einheit von Produktivkräften und Produktionsverhältnissen zur Verbreitung solcher Formen der sozialistischen Gemeinschaftsarbeit beitragen wie dem koordinierten Zusammenwirken verschiedener Zweige im Territorium zur Errichtung bzw. Erweiterung bestehender wissenschaftlich-technischer Einrichtungen, der gemeinsamen Nutzung von Anlagen, auch von EDV-Anlagen, der gemeinsamen Errichtung bzw. Nutzung von Anlagen der Haupt-, Hilfs- und Nebenprozesse der Produktion zur Einführung und Nutzung wissenschaftlich-technischer Ergebnisse usw.

Allem voran dienen diesem Anliegen solche neuen Formen der territorialen Rationalisierung, die aus der Praxis der besten Kreise stammen, wie

- Tätigkeit von Gruppen der Hauptmechaniker im Kreis zur mehrschichtigen Nutzung im Territorium vorhandener Maschinenkapazitäten;
- Banken der produktiven Fonds, vor allem in großen Industriestädten, mit denen zeitweise freie Maschinenkapazitäten zur Nutzung für alle angeschlossenen Betriebe elektronisch gespeichert werden, die auch für die Unterhaltung dieser Banken aufkommen;
- Be- und Entlade- sowie Werkfahrgemeinschaften;
- Materialbörsen für Materialreste, ausgesonderte Grundmittel und dergleichen;
- Kooperationsgemeinschaften zur Herstellung von Rationalisierungsmitteln;
- im Territorium organisierte Nachnutzung von Neuerervorschlägen.

Bei allen Maßnahmen der territorialen Rationalisierung kommt es vor allem darauf an, sie in einen Zusammenhang zum Plan zu bringen und mit Hilfe des Planes auch mit größerer staatlicher Verbindlichkeit durchzusetzen.

Die volle Ausschöpfung der volkswirtschaftlichen Effektivitätspotenzen des Territoriums jedoch kann nicht allein eine Sache der Territorialplanung sein. Die Vorzüge einer bewußten Nutzung und Gestaltung der territorialen Organisation unter sozialistischen Produktionsverhältnissen können nur voll wahrgenommen werden, wenn sich zugleich auch die Zweige, d. h. die Ministerien, VVB und Kombinate bewußt und mitverantwortlich darum bemühen. Sie müssen die territorialen Produktionsbedingungen und -erfordernisse voll in ihre Leitungs- und Planungstätigkeit einbeziehen.

Um nur ein Beispiel zu nennen, halten wir für erforderlich, daß auch bei der Forschungs- und Entwicklungsarbeit bereits die territorialen Reproduktionsbedingungen berücksichtigt werden, unter denen die Produktion künftig realisiert werden soll. Bereits mit den Pflichtenheften muß gewährleistet werden, daß die Entwicklungsaufgaben nicht auf die technische Entwicklung von Erzeugnissen und Verfahren beschränkt werden, die dann irgendwo im Territorium mit lebendiger Arbeit und mit sachlichen Ressourcen gesichert werden sollen. Die Forschungs- und Entwicklungsarbeit darf also nicht schlechthin nur auf technische Lösungen orientiert werden, unabhängig von den konkreten territorialen Reproduktionsbedingungen, unter denen diese Lösungen später in der Praxis angewendet werden sollen. Sie muß vielmehr darauf zielen, daß die künftige Produktion in einem konkreten Territorium mit einem vorhandenen Volumen an lebendiger Arbeit, mit einer territorial konkreten Proportion

Arbeitsplätze zu Arbeitskräfte und weiteren territorialen Reproduktionsbedingungen realisiert werden muß. Nur solche Forschungs- und Entwicklungsarbeiten sollten bestätigt werden, die diesen Bedingungen so weitgehend wie möglich bereits Rechnung tragen.

Wir möchten in diesem Zusammenhang auch anregen, die Möglichkeiten der Kombinate zur vollen Wahrnehmung und Gestaltung der Wechselbeziehung zwischen wissenschaftlich-technischem Fortschritt und Territorium zu überprüfen. Die zu den Kombinaten gehörenden *Betriebe* kennen im allgemeinen sehr genau die territorialen Reproduktionsbedingungen, die Bedingungen für den wissenschaftlich-technischen Fortschritt, die heutige und künftige Arbeitskräftelage, die Wohnraumsituation, die wasserwirtschaftlichen Bedingungen usw., unter denen sie produzieren. Sie gehen fast alle auch davon aus, daß eine Wechselbeziehung besteht zwischen dem, was sie vom Territorium her für den wissenschaftlich-technischen Fortschritt in Anspruch nehmen wollen und ihrem eigenen aktiven Beitrag zur Entwicklung der Reproduktionsbedingungen im Territorium. Sie gehen an die Beziehungen Betrieb-Territorium nicht vom Standpunkt eines buchhalterisch ausgewogenen Gebens und Nehmens heran, sondern praktizieren im Sinne der sozialistischen Produktionsverhältnisse echte Mitverantwortung für die gesellschaftliche Entwicklung des Territoriums. Das nehmen Vertreter der Betriebe weitgehend als Abgeordnete der örtlichen Volksvertretung wahr, aber auch in den Kooperationsgemeinschaften, den Arbeitsgruppen der Hauptmechaniker usw.

Dabei hat sich zugleich ein höheres Maß volkswirtschaftlichen Verantwortungsbewußtseins herausgebildet. Die Betriebe wirken an Maßnahmen zur Auslastung hochproduktiver Grundfonds im Territorium, an technischen und ökonomischen Maßnahmen zur Rationalisierung in anderen Betrieben anderer Zweige durch Rationalisierungshilfe nicht allein vom Standpunkt des Nutzens für den eigenen Betrieb mit. Es wäre volkswirtschaftlich sehr wirksam, wenn auch noch mehr *Kombinatsleitungen* sich an der bewußten Gestaltung dieser Wechselbeziehungen aktiv beteiligen würden.

Abschließend soll aus unserer Erfahrung zur Beschleunigung des wissenschaftlich-technischen Fortschritts im Zusammenhang mit den territorialen Reproduktionsbedingungen die notwendige Verstärkung der analytisch-prognostischen Arbeit besonders hervorgehoben werden. Die Genossen Graupner/Salecker/Winkler haben in Heft 4/1978 der „Einheit" zu Recht geschrieben, daß die Verwirklichung der wissenschaftlich-technischen Revolution in neuen Dimensionen Vorleistungen durch solide analytisch-prognostische Arbeit zu den im „Vorfeld der Planung" liegenden Problemen und Aufgaben erfordert. Sie verweisen dazu besonders auf die sowjetischen Erfahrungen zur „Ziel-Programm-Methode".

Diese Methode erscheint uns besonders geeignet, die Wechselbeziehungen zwischen wissenschaftlich-technischem Fortschritt und Territorium langfristig zu erfassen und zu gestalten. Unsere sowjetischen Genossen haben seit dem Jahre 1960 reiche Erfahrungen mit einem Generalschema für die Standortverteilung der Produktivkräfte in der UdSSR und inzwischen auch für viele Unionsrepubliken gesammelt. Dieses von ihnen als Vorplanungsinstrument bezeichnete Material schafft analytische und prognostische Grundlagen für darauf basierende territoriale Planentscheidungen. Es ist kein Plan, sondern eine wissenschaftliche Vorleistung für die Volkswirtschaftsplanung. Mit dem Generalschema wird ein komplexer wissenschaftlicher Vorschlag gemacht, wie die Produktivkräfte im jeweiligen Territorium rationell verteilt werden können und mit welchen ökonomischen und sozialen Konsequenzen dies verbunden ist.

Seit Anfang dieses Jahres werden die Generalschemata untersetzt durch „Gebiets-

Ziel-Programme" für ausgewählte wichtige Gebiete, mit denen insbesondere die ökonomischen und sozialen Konsequenzen und Voraussetzungen für die Maßnahmen des wissenschaftlich-technischen Fortschritts im Territorium im Detail bilanziert werden.

Wir versuchen zur Zeit, diese sowjetischen Erfahrungen zum Generalschema schöpferisch anzuwenden, indem wir mit unserem nächsten Forschungsbericht, zu dem wir durch den zentralen Forschungsplan beauftragt sind, nicht irgendeine abstrakte Enzyklopädie zur Standortverteilung der Produktivkräfte liefern, sondern möglichst konkrete Grundsätze und Leitlinien vorlegen für die rationelle Standortverteilung der Produktivkräfte in der DDR unter den Reproduktionsbedingungen der 80er und 90er Jahre. Wir vertreten also nicht die These, daß sowjetische Methoden auf diesem Gebiet entstanden und zugeschnitten sind auf die besondere Größe des Territoriums der Sowjetunion oder auf den besonderen Grad der Erkundung und Erschließung der Naturressourcen in diesem Territorium, und daß unter unseren Bedingungen deshalb andere Methoden angewendet werden müßten. Wir halten – in Übereinstimmung mit unseren sowjetischen Partnern – das in der Sowjetunion entwickelte Generalschema der Standortverteilung der Produktivkräfte vielmehr für eine unter sozialistischen Produktionsverhältnissen generell anzuwendende Methode im Vorfeld der Planung, die zu einem Vorschlag zur komplexen, proportionalen, rationellen Standortverteilung der Produktivkräfte als Beitrag zur Effektivitätserhöhung der Volkswirtschaft führt.

H. RICHTER

Probleme der langfristigen, dauerhaften Sicherung der Bedarfsbefriedigung und der Effektivität der Produktion – speziell in den Zweigen der Leichtindustrie

Gestatten Sie bitte, daß ich meinen Beitrag mit einem Gedanken Lenins einleite, der m. E. für das Verständnis des Verhältnisses von langfristig-konzeptioneller und kurzfristig-operativer Arbeit in der Wirtschaftsleitung äußerst wichtig und auch aktuell ist. „. . . Jeder, der an spezielle Fragen herangeht, ohne vorher die allgemeinen gelöst zu haben (wird) unweigerlich auf Schritt und Tritt, ohne sich dessen bewußt zu sein, über diese allgemeinen Fragen ‚stolpern'."[1]

Übertragen auf die Planung heißt das, mit großer Sorgfalt und Gründlichkeit zunächst die allgemeingültigen langfristigen Entwicklungsziele auszuarbeiten und zu begründen, um die mittel- und kurzfristigen sowie die speziellen Aufgaben nach diesen allgemeinen Leitlinien auszurichten. Es ist heute unbestritten, daß die Bedeutung der langfristigen Planung wächst und daß der langfristig-konzeptionellen Arbeit auf allen Ebenen der Wirtschaftsleitung ein hoher Rang beizumessen ist.

Die 3. Tagung der Gemeinsamen Kommission der Ökonomen der UdSSR und der DDR unterstrich dies ebenfalls nachhaltig, vor allem in bezug auf die Vervollkommnung der gesellschaftlichen Leitung des wissenschaftlich-technischen Fortschritts.[2]

Übrigens zeigt die Geschichte der Wirtschaftsleitung und Planung der DDR, daß relativ früh die Notwendigkeit erkannt wurde, *lang*fristige Ziele mit strategischem Charakter auszuarbeiten, denn der Vorzug der Planung im Sozialismus besteht doch nicht nur im Vermögen, die Entwicklung der Wirtschaft im Maßstab von Jahres- und Fünfjahresplänen zu gewährleisten. Die Dynamik des wissenschaftlich-technischen Fortschritts und das differenzierte Wachstum des volkswirtschaftlichen und individuellen Bedarfs erfordern, die Struktur der Wirtschaft in ihren Hauptlinien langfristig zu bestimmen.

Die Erfahrung lehrt, daß mittel- und kurzfristige Planperioden es nicht vermögen, gravierende Strukturveränderungen, die im Ergebnis der wissenschaftlich-technischen Revolution und der Wandlung des Bedarfs entstehen, ausreichend zu berücksichtigen.

In früheren Ausarbeitungen zur langfristigen Entwicklung – ich denke besonders an einige Industriezweigökonomiken, wissenschaftlich-technische Konzeptionen, Prognosen und z. T. an Intensivierungskonzeptionen – wurde m. E. jedoch *ein* wichtiger Aspekt zumeist vernachlässigt, nämlich: Die ausgearbeiteten Dokumente wurden nicht exakt genug durchgerechnet, nicht ausreichend bilanziert und konnten dadurch volkswirtschaftlich nicht korrekt eingeordnet werden. Nur selten legte man Varianten oder Alternativen vor, oft wurde die aus der Sicht des Zweiges günstigste und zugleich teuerste Zielstellung konzipiert.

[1] W. I. Lenin, Die Stellung zu den bürgerlichen Parteien, in: Werke, Bd. 12, Berlin 1959, S. 492.

[2] H. Nick, Probleme der Vervollkommnung der gesellschaftlichen Leitung des wissenschaftlich-technischen Fortschritts, in: Wirtschaftswissenschaft, 4/1978, S. 412.

Die Beschlüsse des VIII. und IX. Parteitages der SED führten erneut zur Notwendigkeit, unsere Entwicklungsziele langfristig zu bestimmen. Einen zentralen Platz nahmen und nehmen dabei Konsumgüter ein.

In den letzten Jahren haben wir gemeinsam mit verantwortlichen Genossen der Leichtindustrie an der Ausarbeitung langfristiger Entwicklungsziele – wir nennen sie ökonomische Strategien – gearbeitet. Die Erfahrungen, die wir bei der Ausarbeitung langfristiger Dokumente schon in früheren Jahren gesammelt haben, lehren, daß die ökonomischen und technologischen Eigengesetzmäßigkeiten der Zweige ihre motorischen Impulse einerseits aus dem wissenschaftlich-technischen Fortschritt und der Vertiefung der gesellschaftlichen Arbeitsteilung und andererseits aus der wachsenden Verflechtung der Zweige zueinander erhalten und daß die Zweigebene ein bedeutendes strategisches Arbeitsfeld ist. Gemeint ist hier jene Ebene in der Hierarchie der Zweige unserer Volkswirtschaft, die wirtschaftsorganisatorisch durch Kombinate und Vereinigungen repräsentiert wird. Die Zweige, die durch Kombinate oder VVB geleitet werden, befinden sich gewissermaßen im Spannungsfeld volkswirtschaftlicher Problemstellung und zweiglicher und betriebswirtschaftlicher Möglichkeiten. In diesem Sinn ist das Kombinat oder die VVB eine Art Transformations- oder Schaltstelle, die die volkswirtschaftlichen, zweiglichen und betrieblichen Interessen vermittelt.

Die Leitungskader und Spezialisten dieser Ebene verfügen im allgemeinen über die notwendige Sachkenntnis auf wissenschaftlich-technischem und ökonomischem Gebiet und kennen die internationalen Entwicklungstendenzen. Das alles erfordert auf dieser Ebene – also durch die Kombinate und Vereinigungen – Konzeptionen über die perspektivische Entwicklung auszuarbeiten.

Dabei sind, ohne „vollständig" Rücksicht auf die volkswirtschaftliche Gesamtkonstellation zu nehmen, daß heißt, ohne die existenten Proportionen und Kapazitäten der korrespondierenden Zweige in jedem Fall als gegeben zu respektieren, eigenständige Konzeptionen zu erarbeiten und als Entscheidungsalternativen, gemeinsam mit dem zuständigen Ministerium, der Plankommission vorzulegen. Ich möchte betonen, daß die konstruktive Anleitung und Mitwirkung des Ministeriums unerläßlich ist. Das gilt besonders für das realistische, volkswirtschaftliche Herangehen.

Das wichtigste ist, auf der Grundlage solider Analysen und Prognosen das *strategische Grundproblem* herauszuarbeiten.

Da ich hier nicht auf spezifische Zweige eingehen kann, möchte ich das strategische Grundproblem, wie es für die meisten Zweige der Leichtindustrie gilt, allgemein formulieren. Es besteht darin, die kontinuierliche Bedarfsbefriedigung auf intensivem Weg durch strukturellen und qualitativen Wandel auf der Grundlage von Neuerungsprozessen zu gewährleisten. Dabei treten drei Aspekte in den Vordergrund:

Erstens: Aus dem Gesetz der historischen Rangordnung der Bedürfnisse resultiert, daß der Bedürfniskomplex Bekleiden nunmehr in eine Entwicklungsphase eintritt, in der das qualitative gegenüber dem quantitativen Wachstum dominiert. Der relative Anteil der Ausgaben der Bevölkerung für Textilien, Bekleidung, Schuhe und Lederwaren beginnt zu sinken. Das Kaufinteresse der Bevölkerung ist beinahe ausschließlich auf ein qualitativ hochwertiges und modisch attraktives Angebot gerichtet. Dies ist nicht zuletzt Ausdruck des hohen materiellen Wohlstandes unserer Bürger. Die objektive Tendenz, daß technische Konsumgüter einen ständig wachsenden Anteil des individuellen Konsums ausmachen, setzt sich mehr und mehr durch.

Da es in der sozialistischen Gesellschaft um die Bedürfnisbefriedigung und nicht um Produktion und Profit als Selbstzweck geht, ist der Übergang zu einer Strategie der konsequenten Einheit von Menge und Qualität notwendig, wobei in dieser dialektischen Einheit die qualitative Seite die primäre ist.

Quantitativ gering steigende oder auch stagnierende Produktion sind keineswegs etwas Negatives. Im Gegenteil, bestimmte Ressourcen werden frei und können anderen Zweigen zugeführt werden.

Zweitens: Die Arbeitskräfteressourcen werden in verschiedenen Zweigen, u. a. in der Leichtindustrie, sinken. Dieser absolute Rückgang der Arbeitskräfteressourcen ist jedoch begleitet von einer erheblichen Strukturverschiebung in Richtung absoluter und zugleich relativer Zunahme der Anzahl der Hoch- und Fachschulkader sowie hochqualifizierter Facharbeiter. Wichtig ist u. E. in diesem Zusammenhang folgender Grundsatz: Das Produktivitätswachstum, auch in solchen Zweigen, die quantitativ nur gering wachsen, darf im Prinzip nicht niedriger als der Produktivitätszuwachs anderer Zweige sein. Es ist die Aufgabe zu stellen, daß das Tempo des Produktivitätzuwachses erheblich das Tempo des Produktionszuwachses übersteigt.

Leider gibt es aber noch immer eine solche Praxis, daß entgegen realistischen Analysen z. T. sogar ein Zuwachs von Arbeitskräften geplant wird.

Drittens: Die profilbestimmenden Neuerungsprozesse sind mit großer Wahrscheinlichkeit die Materialsubstitution, besonders in der Leder-, Schuh- und Lederwarenindustrie und die technologische Ablösung der traditionellen Näh- und Fügeprozesse in der Textil- und Bekleidungsindustrie. Die Leitung und Planung der Neuerungsprozesse wird zur Kardinalfrage. Die kontinuierliche bzw. rhythmische Erneuerung der Produkte und der Technologien muß zum Kern der Planung werden.

Nach der Konzipierung des strategischen Grundproblems und seiner Prämissen muß entschieden werden, welche Teilstrategien mit einer gegebenen Problemstellung in mehreren Varianten auszuarbeiten sind.

Ich möchte an dieser Stelle großen Wert auf die Betonung legen, daß es um die Ausarbeitung *mehrerer* Varianten geht. Ich habe bereits anfangs den Mangel früherer konzeptioneller Arbeit betont, der darin bestand, daß immer nur *eine* Lösung ausgearbeitet wurde. Ich betone das erneut, weil es in jüngster Zeit wiederum Versuche gibt, nur *eine* einzige Entwicklungslinie zu konzipieren, so daß erneut die Gefahr besteht, wiederum keinen Entscheidungsspielraum zu haben.

Folgende *Teilstrategien* haben sich als notwendig erwiesen:

1. die Richtung der Bedarfsentwicklung und -befriedigung mit dem Ziel der Erarbeitung rationeller Verbrauchsnormative;
2. die Fixierung der wissenschaftlich-technischen Grundlinie, besonders der Erzeugnispolitik und Entwicklung der Technologie;
3. die Entwicklung der entscheidenden Ressourcen und deren intensive Ausnutzung;
4. die Ziele der sozialistischen ökonomischen Integration und des Exports;
5. die Entwicklung der sozialen Beziehungen und der Arbeits- und Lebensbedingungen;
6. die effektive Gestaltung der Leitung, Planung und ökonomischen Stimulierung einschließlich der Wirtschaftsorganisation.

Wichtig ist die Erarbeitung von Kriterien, nach denen die Auswahl der Varianten zu erfolgen hat. Dabei müssen die Rangfolge der Kriterien sowie auch zweigspezifische Kriterien bestimmt werden. Allgemeingültige Kriterien sind u. a. in jedem Falle das wissenschaftlich-technische Niveau der Produktion und deren ökonomische Effektivität. Schließlich geht es darum, Entscheidungsvorschläge zu unterbreiten, eine Vorzugsvariante zu empfehlen, aber gleichzeitig alternative Varianten vorzulegen. Das wichtigste ist, *koordinierungsfähige* Entwicklungsrichtungen anzubieten.

An dieser Stelle kommt man allerdings nicht umhin, festzustellen, daß im Maßstab der Volkswirtschaft das Niveau der langfristigen Planung der Entwicklungsziele noch weiter erhöht werden muß. Konkret heißt das, die Zweige erhalten nicht immer langfristige Orientierungen, die ausreichend solide und stabil sind, um die Funktion von Leitfäden zu erfüllen, auf deren Grundlage die langfristig zu konzipierende Arbeit der Kombinate und VVB aufbauen kann. Trotzdem möchte ich nachhaltig den Standpunkt vertreten, daß die Kombinate und Vereinigungen eine aktive konzeptionelle Arbeit, das heißt, ihren Anteil zur Verwirklichung der Wirtschaftspolitik leisten müssen.

Die aktive langfristig-konzeptionelle Arbeit auf der Zweig- und Kombinatsebene leitet sich nicht zuletzt aus der Verwirklichung des Prinzips des demokratischen Zentralismus in der Wirtschaftsleitung ab. Im Kombinat und im Zweig kann am sachkundigsten beurteilt werden, welche Hauptprobleme der Entwicklung von Wissenschaft und Technik und anderer Gebiete in der Perspektive gelöst werden müssen, um eine effektive Bedarfsbefriedigung und Produktion zu sichern.

Am Ende besteht eine wichtige Aufgabe darin, zu konkretisieren, wie die Strategien der Kombinate und Vereinigungen mit dem Planungsprozeß verbunden, wie die strategischen Vorstellungen volkswirtschaftlich eingeordnet werden, denn die Strategie ist noch kein Plan und insofern auch nicht Bestandteil der langfristigen Planung. Die Strategie ist dem konkreten Planungsprozeß vorgelagert, sie ist im Vorfeld der Planung angesiedelt, wo es darum geht, aus der voraussichtlichen langfristigen Entwicklung der Bedürfnisse, des wissenschaftlich-technischen Fortschritts und der Ressourcen strategische Alternativen abzuleiten.

Gegenwärtig ist der Planansatz für den Fünfjahrplan 1981–1985 sowie darüber hinaus bis 1990 zu erarbeiten. Die strategischen Zielvorstellungen der Kombinate, VVB und Ministerien liefern dafür wichtige Grundlagen.

G. Ritzschke

Zur Analyse und Planung der Effektivität in der zentralen staatlichen Planung

Gegenwärtig erfolgt die Überarbeitung der Ordnung der Planung der DDR sowie der Rahmenrichtlinie für die Betriebsplanung für die Jahre 1981–1985. Das grundlegende Problem dieser Überarbeitung besteht darin, die Leitung, Planung, Stimulierung und Abrechnung entsprechend den Beschlüssen von Partei und Regierung mit größerer Konsequenz auf Intensivierung, Rationalisierung, höhere Effektivität und Qualität der Produktion auszurichten. Das führt zu Konsequenzen für alle Abschnitte der Planungsordnung und der Rahmenrichtlinie, insbesondere für den mit der Planungsordnung 1976–1980 eingeführten neuen Abschnitt „Planung der Effektivität der gesellschaftlichen Produktion".

Dieser Abschnitt stellt eine Anfangslösung dar, dessen weitere Ausgestaltung zu den Schwerpunkten der gegenwärtigen Arbeiten zur Planungsordnung gehört. Da sich in der Effektivitätsplanung wesentliche und komplizierte Fragen der Politischen Ökonomie des Sozialismus, der Volkswirtschaftsplanung und ihrer praktischen Anwendung kreuzen, verlangt gerade diese neue, noch nicht voll durchgesetzte Richtung der Planung gemeinsame Überlegungen, konstruktive Hinweise und Vorschläge. Ich möchte deshalb ausgehend von den Arbeiten an der Verbesserung dieses Abschnitts zur Grundlinie für die weitere Vervollkommnung der Effektivitätsplanung und zu Problemen ihrer Umsetzung sprechen, wobei es hier nicht um eine Ausdehnung des Planungsumfangs, sondern um eine aktive Funktion der Effektivitätsrechnung durch Qualifizierung der Rechnungen und eine stärkere Integration in den Leitungs- und Planungsprozeß geht.

Die Grundlinie für die weitere Vervollkommnung der Effektivitätsplanung wird vor allem von den veränderten Reproduktionsbedingungen, von den grundsätzlichen und aktuellen wirtschaftspolitischen Erfordernissen, vom theoretischen Erkenntnisverlauf und den in den praktischen Anwendungen gewonnenen Erfahrungen bestimmt. Wir bemühen uns, gegenüber der Anfangslösung in der Planungsordnung 1976–1980 folgende qualitative Verbesserungen zu erreichen:

Erstens: Stärkere Anwendung von Effektivitätsrechnungen in der konzeptionellen Phase der Planung, bei der Vorbereitung und Begründung der staatlichen Aufgaben.

Der bisherige Schwerpunkt lag bei der Bewertung der Planentwürfe, was die Möglichkeiten der aktiven Einflußnahme begrenzt.

Diese Schwerpunktverlagerung soll dazu führen, daß von der mehr nachträglichen Effektivitätsbewertung stärker zur Planung der Effektivität, zur vorausschauenden Berechnung übergegangen wird. Das erfordert, die Effektivitätsanalysen, das heißt unter anderem Faktorenanalysen, Weltstandsvergleiche wesentlich zu qualifizieren, weil dies für Vorausberechnungen, ökonomisch begründete Orientierungen durch staatliche Aufgaben und schrittweise auch durch Effektivitätsnormative unerläßlich ist. Deshalb ist im Rahmen der zentralen staatlichen Planung vorgesehen, die Faktorenanalyse zur Arbeitsproduktivität weiter zu qualifizieren und Ansätze von Faktorenbegründungen für die Berechnung der Grundfondsquote, der Kosten- und Rentabilitätsentwicklung und der Exporterlöse auszubauen. Dabei sind einige Probleme aufgetreten, die weiterer Forschungsarbeit bedürfen. Ich möchte ein zentrales Problem der Faktorenanalyse herausgreifen, nämlich die *Begründung der Kennziffer Arbeitszeiteinsparung durch Maßnahmen des Planes Wissenschaft und Technik, Investitionen und weitere Rationalisierungsmaßnahmen einschließlich der entsprechenden Anteile an der Steigerung der Warenproduktion und der Arbeitsproduktivität.*

Die damit verbundenen Rechnungen sind deshalb so bedeutsam, weil hier ein Ansatz für die Ableitung von Aufgabenstellungen für Wissenschaft und Technik aus der Entwicklung der Warenproduktion und Arbeitsproduktivität gefunden wurde und eine Transformation von Wert- in Zeitkennziffern und umgekehrt vorgenommen wird. Dieses Vorgehen hat zweifellos dazu beigetragen, alle Ebenen stärker auf Überlegungen, Berechnungen und Maßnahmen zur höheren Wirksamkeit des wissenschaftlich-technischen Fortschritts zu orientieren. Gleichzeitig sind einige Widersprüche aufgetreten, an deren Überwindung im Rahmen der Arbeiten an der Planungsordnung gegenwärtig gearbeitet wird. Es geht vor allem darum, daß teilweise bedeutend höhere Wachstumsraten an Arbeitszeiteinsparungen ausgewiesen werden als dann tatsächlich in der Erhöhung der Warenproduktion und der Arbeitsproduktivität wirksam werden. Um die Produktions- und Produktivitätswirksamkeit der Arbeitszeiteinsparung zu erhöhen, ist u. a. vorgesehen, die maßnahme- und aufgabenbezogene Untersetzung der Arbeitszeiteinsparungen zu verbessern, die Bilanziertheit der Arbeitszeiteinsparungen zu sichern, Möglichkeiten von Doppelzählungen weitgehend auszuschalten.

Wir haben folglich inhaltlich und methodisch noch zahlreiche Möglichkeiten, die Aussagefähigkeit dieser Kennziffern zu verbessern und sie stärker in den Leitungsprozeß zu integrieren. Wir werden uns bemühen, diese Möglichkeiten voll auszuschöpfen, aber es bleibt ein wichtiges Ausgangsproblem bestehen, an dem weiter intensiv gearbeitet werden muß und über das auch die weit fortgeschrittene rechnerische Durchdringunng der Faktorenanalyse zur Begründung des Wachstums der Warenproduktion und der Arbeitsproduktivität nicht hinwegtäuschen darf, nämlich die weitere Erhaltung der Voraussetzungen, Grundsätze und des Mechanismus der Transformation von wert- in zeitbezogene Kennziffern und umgekehrt. Wir verfolgen deshalb mit großem Interesse die Arbeiten, die an der Wilhelm-Pieck-Universität Rostock unter Leitung von Herbert Luck zur organischen Zusammensetzung durchgeführt werden und ein analoges Problem beinhalten sowie die Arbeiten von Gerhard Richter am Zentralinstitut für Wirtschaftswissenschaft. Da wir in zunehmendem Maße in der praktischen Planungstätigkeit mit solchen Transformationsproblemen zu tun haben, sollte geprüft werden, inwieweit eine Intensivierung dieser Forschungsarbeiten möglich ist.

Zweitens: Eine weitere Grundlinie zur Vervollkommnung der Effektivitätsplanung besteht darin – und das wurde zu Recht als ein Schwerpunkt in dem uns vorliegenden Arbeitsmaterial hervorgehoben –, die komplexe Bewertung der Effektivitätsentwicklung zu verbessern.

Das ist bekanntlich ein vielschichtiges Problem; ich beschränke mich auch hier auf die erforderlichen Verbesserungen in der neuen Planungsordnung.

Es ist in der Zwischenzeit allgemein anerkannt, daß die komplexe Bewertung der Effektivität mittels eines Kennziffernsystems erfolgen muß, in die eine zusammengefaßte, verallgemeinernde Kennziffer eingeschlossen ist.

So haben wir uns auch zwischen den beteiligten RGW-Ländern geeinigt, die im Auftrage der Stellvertreter der Vorsitzenden der zentralen Planungsorgane den Entwurf einer RGW-Typmethodik zur Planung der Effektivität der gesellschaftlichen Produktion fertiggestellt haben.

Der bisherige komplexe Effektivitätsnachweis bestand in der Anfangslösung aus einem Verzeichnis von Effektivitätskennziffern mit der Orientierung die Effektivitätsentwicklung aller wesentlichen Ressourcen und Aufwendungen zu analysieren. In der praktischen Anwendung – und sie erfolgt beispielsweise in der SPK bereits seit einigen Jahren – sind in der Zwischenzeit folgende Weiterentwicklungen eingeführt worden:

- Ausrichtung der Teilkennziffern und Rechnungen auf die Leistungsentwicklung in Form der Warenproduktion und der Eigenleistungen;
- Untersetzung der Grundkennziffern der Effektivität durch Einflußfaktoren, wobei die Faktorenanalyse zur Erhöhung der Arbeitsproduktivität im Mittelpunkt steht[1];
- Einbeziehung von Kennziffernkombinationen, z. B. zwischen der Entwicklung der Forschungsintensität im Vergleich zur Entwicklung der Warenproduktion mit Gütezeichen Q bis zur Exportrentabilität;
- stärkerer Zuschnitt der Rechnungen auf die Anforderungen der SPK;
- EDV-gerechte Aufbereitung der Daten.

Damit konnte der Aussagegehalt der Rechnungen hinsichtlich des Aufdeckens von Effektivitätsreserven und des Sichtbarmachens von Widersprüchen verbessert werden. Mit wachsendem Aussagegehalt und besserer Berücksichtigung der spezifischen Leitungsanforderungen der SPK erfolgte auch eine stärkere Integration in den Leitungsprozeß. Auf der anderen Seite war das mit einer wesentlichen Ausdehnung des Kennziffernsystems verbunden. Ähnliche Erfahrungen wurden bei den Rechnungen im VEB Kombinat Polygraph gemacht, die ebenfalls unter dem Aspekt erfolgten, einen stärkeren Zuschnitt auf die spezifischen Leitungsanforderungen der betreffenden Ebene und auf die Aufdeckung von Effektivitätsreserven zu erreichen. Der gestiegene Planungsaufwand wurde durch EDV-gerechte Bearbeitung aufgefangen, aber es bleibt dennoch folgender Widerspruch bestehen, um dessen Lösung wir gegenwärtig bemüht sind: Das Aufdecken von Leistungs- unnd Effektivitätsreserven in Größenordnungen zwingt dazu, die Rechnungen weiter zu konkretisieren, sie möglichst auch maßnahme- und vorhabenskonkret zu untersetzen. Andererseits besteht im Interesse einer aussagefähigen Leistungsbewertung, der Bewertung gegenläufiger Entwicklungslinien von Teileffektivitäten die Notwendigkeit, eine auf wenigen Kennziffern beruhende komprimierte und gleichzeitig komplexe Bewertung der Leistungs- und Effektivitätsentwicklung vorzunehmen, an die unter Umständen später auch einmal die ökonomische Stimulierung angeschlossen werden kann. Eine solche komprimierte Lösung könnte auch dazu dienen, zu bewerten, inwieweit anspruchsvolle Pläne ausgearbeitet wurden. Das würde wesentlich erleichtern, Leitung, Planung, Stimulierung und Abrechnung stärker einheitlich auf Intensivierung und höhere Effektivität auszurichten.

Wir gehen bei der Arbeit an der Planungsordnung von folgendem Konzept aus:

Erstens: Die Kennziffern des komplexen Effektivitätsnachweises werden neu gestaltet. An der Spitze stehen wenige Grundkennziffern der Leistungs- und Effektivitätsentwicklung zusammen mit Kennziffernkombinationen und möglichst auch eine verallgemeinernde Kennziffer, was eine komprimierte, komplexe Bewertung der Leistungs- und Effektivitätsentwicklung ermöglicht.

Zweitens: Die Grundkennziffern werden durch die wichtigsten Teile der Faktoren-

[1] In der Zwischenzeit wurde von K. H. Lange und K. Schindler (Ökonomisches Forschungsinstitut der Staatlichen Plankommission) eine „Rahmenmethodik" für die kontinuierliche Analyse der Grundfondsreproduktion und -ökonomie (Mai 1978) vorgelegt.

analyse untersetzt, wobei soweit wie möglich für alle Faktorenrechnungen der Zusammenhang zur Leistungsentwicklung hergestellt wird, um Dopplungen in der Aussage zu vermeiden. Die detaillierten Faktorenanalysen sollten Bestandteil einzelner Planteile der Rahmenrichtlinie sein.

Drittens: Es werden Verbesserungen in der Aussagefähigkeit einzelner Effektivitätskennziffern, Ergebnisgrößen und Rechnungen eingeführt, die ebenfalls die komplexe Bewertung verbessern. Das betrifft in Abstimmung mit den gegenwärtig laufenden Erprobungen die Erhöhung der Aussagefähigkeit solcher Kennziffern wie Freisetzung von Arbeitskräften, Arbeitszeiteinsparung, neu- und weiterentwickelte Erzeugnisse sowie die stärkere Einbeziehung der Kennziffer Endprodukt und Eigenleistungen, das Sichtbarmachen von Sortiments- und Strukturveränderungen in den Effektivitätsrechnungen.

Viertens: Es wird geprüft – ausgehend von den Beschlüssen zur Leistungsbewertung und in Übereinstimmung mit dem Vorgehen der UdSSR –, Kennziffern gesondert auszuweisen, die als Grundlage für die Leistungsbewertung bzw. die Angespanntheit der Pläne dienen sollen.

Wir halten es für notwendig, für die verschiedenen Ansätze der Berechnung der Gesamteffektivität und des Intensivierungsgrades eine Lösung zu finden, die nach Erprobung und bei nachweisbar zusätzlichen Erkenntnissen gegebenenfalls in die Planungsordnung aufgenommen werden kann. Wir schlagen deshalb die Bildung einer Arbeitsgruppe vor, um die Lösung dieses Problems intensiver voranzutreiben.

Soweit zu einigen Grundlinien, die mit der weiteren Vervollkommnung der Effektivitätsplanung verbunden sind.

D. Schönknecht

Zu Anforderungen und Konsequenzen aus Analysen der Leistungs- und Effektivitätsentwicklung in Betrieben und Kombinaten

In den Jahren seit dem VIII. Parteitag der SED hat sich der Rang der analytischen Arbeit in der Führungstätigkeit der Partei, des Staates und der Wirtschaft auf allen Leitungsebenen permanent erhöht. Diese Entwicklungstendenz wird sich auch in der Leitung der Betriebe und Kombinate mit objektiver Notwendigkeit fortsetzen, da die weitere Vertiefung der Intensivierung der gesellschaftlichen Produktion höhere Ansprüche an die Qualität der Leitung, Planung und ökonomischen Stimulierung stellt. Sie schließt zugleich die Vervollkommnung der Analysen zur Leistungs- und Effektivitätsentwicklung ein. Hiermit werden wesentliche Voraussetzungen geschaffen, um auch in den Betrieben und Kombinaten

– die Leitung und Planung noch gezielter auf die Schwerpunkte der Leistungs- und Effektivitätsentwicklung des komplexen Reproduktionsprozesses auszurichten und somit kurz- wie auch langfristig die notwendigen Bedingungen für die Nutzung der Wachstumspotenzen und realisierbaren Reserven zu schaffen;

– das Niveau der Entscheidungsvorbereitung und -findung im Prozeß der Planung und Bilanzierung einschließlich der langfristig-konzeptionellen Arbeit wie auch das Niveau der Leitungstätigkeit bei der Realisierung der Entscheidungen in der Phase der Plandurchführung zu erhöhen;

– die Initiative und Schöpferkraft der Betriebskollektive vor allem im Rahmen des sozialistischen Wettbewerbs und der Neuererbewegung auf hohe Zielstellungen der Leistungs- und Effektivitätsentwicklung zu lenken und diesen Prozeß durch die Vervollkommnung der materiellen und moralischen Stimulierung stärker zu fördern.

Ein Blick auf die Ergebnisse der analytischen Arbeit, insbesondere in Form von Analysen zur Leistungs- und Effektivitätsentwicklung ausgewählter Betriebe und Kombinate der chemischen Industrie und des Maschinenbaues, rechtfertigen m. E. diese Erwartungen. Gleichzeitig ergibt sich aber aus den vorliegenden Analysen auch, daß sie hinsichtlich der Breite und Tiefe ihrer Aussagen sowie auch bezüglich ihres qualitativen Niveaus Unterschiede aufweisen. Dieser Tatbestand zeigt uns, daß die Möglichkeiten, die Analysen der Leistungs- und Effektivitätsentwicklung für die weitere Qualifizierung der Leitung und Planung bieten, weder durchgängig noch in vollem Maße in allen Betrieben und Kombinaten ausgeschöpft werden. Die Differenziertheit in der Quantität und Qualität analytischer Aussagen in den Betrieben und Kombinaten steht insbesondere mit folgenden Faktoren und Bedingungen in engem Zusammenhang:

Erstens verfügen die Betriebe und Kombinate primär über analytische Aussagen auf jenen Gebieten ihrer wirtschaftlichen Tätigkeit, für die das betriebliche Rechnungswesen bzw. die betriebliche Statistik seit langem Daten liefern. So kommt es, daß Informationen über Leistungsentwicklung, Grundfondsreproduktion, Materialökonomie, gesellschaftliches Arbeitsvermögen und Exportentwicklung überwiegen, während Informationen zur näheren Charakterisierung der Wirksamkeit des wissenschaftlich-technischen Fortschritts und der anderen qualitativen Faktoren des Wirtschaftswachstums hinter den Erfordernissen zurückbleiben.

Zweitens bieten die bisherigen Analysen zur Leistungs- und Effektivitätsentwicklung kaum Erkenntnisse (bzw. hinreichende Ansatzpunkte zu ihrer Ableitung) über die Wirksamkeit der wesentlichen Einflußfaktoren der Leistungs- und Effektivitätsentwicklung, da vor allem die Ursachen-Wirkungs-Zusammenhänge noch ungenügend untersucht werden. Deshalb bleibt die Gewinnung tieferer Einsichten über die wirklich bewegenden Faktoren bzw. die verfügbaren Potenzen der Leistungs- und Effektivitätsentwicklung vielfach noch unter den realen Möglichkeiten.

Drittens kommt ein qualitativ unterschiedliches Niveau der analytischen Aussagen dadurch zustande, daß die Analysen in den Betrieben und Kombinaten unterschiedlich aufgebaut sind, einen unterschiedlichen Detailliertheitsgrad aufweisen und in unterschiedlichem Maße mit der Ableitung von verallgemeinerungsfähigen Schlußfolgerungen für ein solches Handeln verbunden sind, das sich an den Zielstellungen und Erfordernissen der weiteren Vertiefung der Intensivierung der gesellschaftlichen Produktion orientiert.

Die Überwindung dieser Schwachstellen in der analytischen Arbeit der Betriebe und Kombinate ist mit der Erfüllung verschiedener Anforderungen verbunden.

Erst einmal halte ich es für erforderlich, die Analysen zur Leistungs- und Effektivitätsentwicklung der Betriebe und Kombinate noch stärker mit der Untersuchung der qualitativen Faktoren des Wirtschaftswachstums zu verbinden. Das betrifft vor allem die Beschleunigung des wissenschaftlich-technischen Fortschritts, die Höherentwicklung und Nutzung der produktiven Potenzen der Werktätigen, die Wirksamkeit von Veränderungen in der Produktionsstruktur und gesellschaftlichen Organisation der Produktion, die Vervollkommnung der Leitung, Planung und ökonomischen Stimulierung und die Vertiefung der sozialistischen ökonomischen Integration sowie der Außenhandelsbeziehungen.

Zum anderen wird es erforderlich, die Komplexität der Prozesse der Intensivierung und Rationalisierung einschließlich der damit verbundenen Inanspruchnahme von Ressourcen, der Anwendungen und Ergebnisse noch besser zu erfassen und in den analytischen Aussagen widerzuspiegeln. Das betrifft u. a. die Verstärkung der Aussagen zur Bedarfs- bzw. Vertragsgerechtheit der Produktion und ihre Realisierung sowie die stärkere Einbeziehung der Wirksamkeit des Zeitfaktors von ökonomischen Prozessen in die Leistungs- und Effektivitätsentwicklung. Dadurch wird es möglich, in noch höherem Maße als bisher die Leistungssteigerung auf dem Wege der Effektivitätserhöhung durch analytische Aussagen zu begründen und den Vergleich mit dem Welthöchsstand von einer fundierten eigenen Position aus anzugehen.

Beides ist vor allem deshalb von so großer Bedeutung, weil die Ableitung von Schlußfolgerungen für die weitere Qualifizierung der Leitungstätigkeit und die Realisierung entsprechender Maßnahmen – wie empirische Untersuchungen beweisen – immer wichtiger wird. Im Vordergrund steht hierbei, das Anspruchsniveau der notwendigen Entscheidungen weiter zu erhöhen und gleichzeitig ihre allseitige Realisierung zu sichern.

Heute müssen wir jedoch im Zusammenhang mit analytischen Arbeiten zur Leistungs- und Effektivitätsentwicklung der Betriebe und Kombinate noch feststellen, daß zwar häufig eine Vielzahl von Schlußfolgerungen für die Quantifizierung der Leitungstätigkeit gezogen werden, ihrer Realisierung jedoch nicht die gebührende Aufmerksamkeit geschenkt wird. Das gilt sowohl für die Ableitung von Leitungsaufgaben zur Erhöhung der Leistungskraft und Effektivität des Reproduktionsprozesses als auch für die Konsequenzen zur weiteren Vervollkommnung der Leitung, Planung und ökonomischen Stimulierung. So zeigen beispielsweise empirische Untersuchungen aus den Jahren 1972 bis 1973, daß Aussagen und Ableitungen, die damals getroffen wurden, auch im Ergebnis von Analysen des Jahres 1977 noch in gleicher Weise relevant sind. Das trifft z. B. auf Aussagen über solche Gebiete bzw. Prozesse der ökonomischen Tätigkeit zu, wie die Sicherung der Kontinuität im Ablauf des Reproduktionsprozesses und in der Gestaltung der Kooperationsbeziehungen, die Gewährleistung der Komplexität der Grundfondsreproduktion, die Übereinstimmung der wissenschaftlich-technischen Aufgaben mit den Investitionsmöglichkeiten im Rahmen des Planes, die Schaffung der notwendigen Proportionen in der Verteilung des wissenschaftlich-technischen Potentials auf die verschiedenen Phasen des Zyklus Wissenschaft – Produktion sowie im Verhältnis Grundfonds zu Arbeitskräften, die Dynamik im Masse/Leistungsverhältnis der Erzeugnisse oder die Vervollkommnung der Leistungsbewertung der Betriebe und Kombinate im Rahmen des Planes und der Plankontrolle.

Hieraus folgt, daß es künftig in stärkerem Maße darum gehen muß, den Schlußfolgerungen aus analytischen Untersuchungen weitaus mehr Beachtung zu schenken, um die Effektivität der analytischen Arbeit selbst zu erhöhen. Letztere wird vor allem an den Veränderungen bzw. Verbesserungen sichtbar, die im Wirkungsgrad der Elemente des Arbeitsprozesses und der Formen ihres Zusammenwirkens erreicht werden. Andernfalls muß ernsthaft geprüft werden, ob der Aufwand, der für analytische Untersuchungen notwendig und vielfach nicht gering ist, überhaupt vertreten werden kann. Dieses Erfordernis schließt ein,

– in der analytischen Arbeit selbst die Ursachen-Wirkungs-Zusammenhänge noch stärker in den Vordergrund zu stellen, um mit den Schlußfolgerungen auch die tatsächlichen Verursachungsfaktoren der Leistungs- und Effektivitätsentwicklung zu erfassen,

– bei der Ableitung von Schlußfolgerungen über die Leitungstätigkeit gleichzeitig die Bedingungen noch stärker herauszuarbeiten, die geschaffen bzw. erfüllt werden müssen, um die Realisierbarkeit der Schlußfolgerungen zu gewährleisten,

– die Leitungstätigkeit in weitaus höherem Maße als bisher auf die Realisierung der Schlußfolgerungen aus analytischen Untersuchungen zu konzentrieren und insbesondere für die Schaffung der Realisierungsbedingungen Sorge zu tragen, um noch rascher aus analytischen Untersuchungen für die Leistungs- und Effektivitätserhöhung der Betriebe und Kombinate – vor allem auf dem Wege der sozialistischen Rationalisierung und des wissenschaftlich-technischen Fortschritts – praktischen Nutzen zu ziehen.

Hieran wird sichtbar, daß die Überwindung bestimmter Diskrepanzen, wie sie teilweise noch zwischen der Erkenntnis einerseits und dem Handeln andererseits in der Leitungspraxis anzutreffen sind, einen spezifischen Anspruch an die Arbeit der Leiter stellt, insbesondere jener, die für die Realisierung der Schlußfolgerungen bzw. Ableitungen aus der analytischen Arbeit verantwortlich sind. Diesem Kriterium in der Wirtschaftspraxis zu entsprechen, ist gegenwärtig und künftig von keinem geringerem Rang als die Vervollkommnung der analytischen Arbeit im engeren Sinne selbst.

Arbeitskreis 3:
Beschleunigung des wissenschaftlich-technischen Fortschritts. Der entscheidende Einfluß von Wissenschaft und Technik auf die Steigerung der Arbeitsproduktivität

H. Kusicka

Zu einigen Fragen der Beschleunigung des wissenschaftlich-technischen Fortschritts und der Erhöhung seiner ökonomischen und sozialen Wirksamkeit

Unser Arbeitskreis, der sich mit der „Beschleunigung des wissenschaftlich-technischen Fortschritts, dem entscheidenden Einfluß von Wissenschaft und Technik auf die Steigerung der Arbeitsproduktivität" beschäftigt, hat eine der zentralen Fragen der gegenwärtigen und künftigen Leistungskraft der Volkswirtschaft und der Weiterentwicklung der materiell-technischen Basis zum Gegenstand, die – wie es im Programm unserer Partei heißt – entscheidend dafür sind, um

– bei der Gestaltung der entwickelten sozialistischen Gesellschaft als dem historischen Prozeß tiefgreifender politischer, ökonomischer, sozialer und geistig-kultureller Wandlungen voranzukommen;

– im Bündnis mit der UdSSR und den anderen Bruderländern die Kraft und die Macht des Sozialismus und seine internationale Autorität weiter zu erhöhen;

und vor allem, um

– den Kurs der Hauptaufgabe – der Einheit von Wirtschafts- und Sozialpolitik – als langfristig strategische Orientierung der Partei konsequent fortzusetzen.

Wie der Generalsekretär des ZK der SED, Genosse Erich Honecker, in seiner Rede vor den 1. Sekretären der Kreisleitungen betonte, wird unsere ökonomische Strategie davon getragen, den wissenschaftlich-technischen Fortschritt zu beschleunigen und seine ökonomische und soziale Wirksamkeit zu erhöhen. So entspricht es dem Stande unserer wirtschaftlichen und gesellschaftlichen Entwicklung und deren weiterer Perspektive.

Es ist angesichts der Schlüsselstellung, die der wissenschaftlich-technische Fortschritt in der gesamten ökonomischen Strategie einnimmt, völlig natürlich, daß auf unserer wirtschaftswissenschaftlichen Konferenz zu den Hauptwegen der Steigerung der Arbeitsproduktivität Fragen des wissenschaftlich-technischen Fortschritts und seiner Beschleunigung als objektives Erfordernis für die Sicherung eines stabilen Wirtschaftswachstum und der weiteren Erhöhung der Qualität und Effektivität der Arbeit von den verschiedensten Seiten untersucht und über noch effektivere Wege zu seiner höheren ökonomischen und sozialen Wirksamkeit beraten wird.

In den Thesen, im Hauptreferat, in den Schwerpunkten der Diskussion, in ausnahmslos allen Arbeitskreisen unserer Konferenz wird diesen Fragen eine große Aufmerksamkeit geschenkt. Wir verfügen – so glaube ich – mit den genannten Materialien und den im Plenum gehaltenen Diskussionsbeiträgen über eine gute Grundlage für eine fruchtbare Diskussion in unserem Arbeitskreis. Ich möchte deshalb auch möglichst wenig hinzufügen bzw. wiederholen, sondern als Ausgangspunkt nochmals drei Tatsachen besonders hervorheben:

Erstens konnten – wie auf allen Gebieten unseres gesellschaftlichen Lebens – seit dem VIII. und IX. Parteitag der SED und in Durchführung ihrer Beschlüsse auch auf dem Gebiet des wissenschaftlich-technischen Fortschritts und seiner Leitung und Planung bedeutsame Fortschritte gemacht werden. Gerade in den zurückliegenden Jahren wurde hier in allen Bereichen große Arbeit geleistet. Durch die kluge und weitsichtige Politik unserer Partei und ihre Führungskunst, durch ihre umfassende theoretische und praktische Arbeit, ihre Orientierungen und ihre konkrete Einflußnahme und Hilfe konnten wesentliche Veränderungen erreicht werden. Das betrifft – um nur einiges zu nennen:

– die ganze Einordnung des wissenschaftlich-technischen Fortschritts als wesentlicher Bestandteil des politischen Kurses der Hauptaufgabe in ihrer Einheit von Wirtschafts- und Sozialpolitik; als erstrangiges gesellschaftliches Bedürfnis unserer gesamten Vorwärtsentwicklung, als Schlüssel für die weitere dynamische Entwicklung unserer sozialistischen Gesellschaft und der Weiterentwicklung der materiell-technischen Basis. In diesem Prozeß konnten bestimmte Tendenzen der Verselbständigung des wissenschaftlich-technischen Fortschritts überwunden werden;

– die Einstellung und Haltung vieler Leiter in Betrieben, Kombinaten, Staats- und wirtschaftsleitenden Organen und insgesamt das Klima zum wissenschaftlich-technischen Fortschritt. Dies vermittelte viele neue Impulse für die sozialistische Gemeinschaftsarbeit und für die Festigung des Bündnisses der Arbeiterklasse mit der Intelligenz;

– die festere Verankerung des wissenschaftlich-technischen Fortschritts in der gesamten Wirtschaftsführung der Betriebe, Kombinate, Zweige und Bereiche und ihrer Leitung und Planung sowie die erzielten realen Ergebnisse bei der Erfüllung der Pläne Wissenschaft und Technik, in der Einführung neuer und weiterentwickelter Erzeugnisse, Verfahren und Technologien, in der Qualität, in der Steigerung der Effektivität und in der zielstrebigen Verbesserung der Arbeitsbedingungen;

– die breitere Massenbasis für die Durchsetzung des wissenschaftlich-technischen Fortschritts mit ihren vielfältigen Formen, wie z. B. die Neuererbewegung, die Messe der Meister von Morgen, den Wettbewerb zum 30. Jahrestag der Gründung der DDR.

Die erzielten Fortschritte und die dabei erreichten Ergebnisse bilden ein gutes Fundament für die Lösung der vor uns stehenden Aufgaben.

Zweitens wissen wir, daß gerade auf dem Gebiet des wissenschaftlich-technischen Fortschritts und seiner ökonomischen und sozialen Wirksamkeit noch viele Probleme auch weiterhin zu lösen sind, darunter volkswirtschaftlich sehr bedeutsame. Ich erinnere hier nur an die Orientierungen und Zielstellungen, die der Generalsekretär des ZK der SED, Genosse Erich Honecker, in seiner Rede vor den 1. Sekretären der Kreisleitungen gegeben hat.

Bei der Analyse dieser Probleme wurde in der zurückliegenden Zeit immer deutlicher und auch in der Praxis der Wirtschaftsführung immer spürbarer, daß heute fast jede Frage unserer ökonomischen und sozialen Entwicklung unmittelbar Fragen des wissenschaftlich-technischen Fortschritts berührt – und umgekehrt. Fast jede bedeutsame Frage der Beschleunigung des wissenschaftlich-technischen Fortschritts, seines Einflusses auf die Steigerung der Arbeitsproduktivität, die Erhöhung der Qualität und Effektivität der Produktion und der Erzeugnisse, der Wirkungen auf die Intensivierung des Reproduktionsprozesses berührt sofort Fragen, die weit über den Bereich der Wissenschaft, der Forschung bzw. technischen Entwicklung oder der mitunter sehr partiellen Überleitung hinausgehen. Das heißt, es sind Fragen, die die Strukturpolitik, die Bedürfnisse und Erfordernisse, die Ressourcen, die Leitung, Planung und ökonomische Stimulierung in ihrer Gesamtheit, die sozialen Beziehungen und Prozesse, politisch-ideologische Fragen, Verhaltensweisen und Motivationen bis hin zum sozialpsychologischen Bereich berühren.

Die Palette der Probleme ist sehr weit gefächert und das macht es mitunter auch nicht leicht, sowohl in der theoretischen Arbeit wie in der praktischen Wirtschaftsführung das notwendige komplexe Herangehen in jedem Falle zu sichern.

Der wissenschaftlich-technische Fortschritt ist ein sehr dynamischer, eng mit allen Seiten der Reproduktion verflochtener Prozeß, der all das erfaßt und in sich einschließt, was Genosse Honecker in seiner Rede vor den 1. Sekretären der Kreisleitungen zur noch wirksameren Verbindung von Wissenschaft und Produktion entwickelt hat.

Die Beschleunigung des wissenschaftlich-technischen Fortschritts setzt also in erster Linie voraus, daß – ausgehend von den volkswirtschaftlichen Erfordernissen der Leistungs- und Effektivitätsentwicklung und den volkswirtschaftlichen Maßstäben der Rationalisierung – die Forschung und Technik auf höchste schöpferische Leistungen orientiert ist.

In enger Verbindung zu dieser Voraussetzung steht das nahtlose und reibungsarme Überleiten sowie volkswirtschaftliche Verbreiten der Neuerungen und das notwendige damit zusammenhängende Ineinandergreifen von Forschung, technischer Entwicklung, Investition, Anlauf der Produktion und stabiler Qualitätsproduktion einschließlich der untrennbar damit verbundenen Fragen wie rechtzeitige Vorbereitung der Werktätigen, Vorbereitung notwendiger Aussonderungen, Auslastung hochproduktiver Technik usw.

Drittens werden daraus auch die Anforderungen an die Forschung – hier speziell die wirtschaftswissenschaftliche Forschung – deutlich, denen wir uns zu stellen und einen noch wirksameren Beitrag zu leisten haben.

Die Praxis hat nicht nur die Forschungsarbeiten zu Fragen des wissenschaftlich-technischen Fortschritts in den letzten Jahren sehr unterstützt und gefördert, sondern erwartet eine noch solidere theoretische und praktische Analyse der Probleme, genauere Kenntnis der realen praktischen Prozesse und der Ursachen für bestimmte Erscheinungen sowie eine hohe Praxisnähe unserer Vorschläge. Auch hier scheint mir, daß der Weg nur in einem noch engeren Zusammenwirken von Wissenschaft und Praxis des noch stärkeren Miteinander zu effektiveren Lösungen führt.

Damit sind zugleich einige Probleme angesprochen, die wir auf der Grundlage der angegebenen Schwerpunkte in den Mittelpunkt der Diskussion rücken sollten. Es sind solche Probleme, bei denen wir in den zurückliegenden Jahren zweifellos bedeutsame Fortschritte erreichen konnten, bei denen aber – da die Konturen jetzt viel klarer sichtbar sind – nach wie vor noch eine umfangreiche Arbeit zu leisten ist. Ich möchte drei solcher Probleme bzw. Problemkreise hervorheben:

Erstens: Die weitere Ausprägung der gesellschaftlichen bzw. volkswirtschaftlichen Leitung der wissenschaftlich-technischen Prozesse ist eine wichtige Frage. Das betrifft den ganzen Prozeß der ökonomischen und sozialen Orientierung des wissenschaftlich-technischen Fortschritts, d. h. das zunehmend bessere Beherrschen des Umsetzens ökonomischer und sozialer Bedürfnisse und Erfordernisse unserer Gesellschaft in Ziele der Leistungs- und Effektivitätsentwicklung und dieser in solche wissenschaftlichen, technischen, technologischen Ziele und Aufgaben, deren Einführung und volkswirtschaftliche Verbreitung es ermöglicht, zunehmend besser den ökonomischen und sozialen Fortschritt zu fördern. Das sind theoretisch wie praktisch sehr anspruchsvolle Aufgaben der Strategie des wissenschaftlich-technischen Fortschritts. Sie geben Klarheit darüber, worauf Neuerungsprozesse vorrangig zu richten sind und wie und unter Einbeziehung welcher Erkenntnisse rechtzeitig und fundiert die Aufgaben bestimmt werden; wie die Umsetzung der Ergebnisse in die Produktion und die volkswirtschaftliche Ausbreitung erfolgt.

Diese Probleme berühren die Dialektik zwischen Bedürfnissen und Erfordernissen der sozialistischen Gesellschaft, der Entwicklung von Wissenschaft und Technik und ihren Hauptrichtungen sowie den Ressourcen unter den jeweils konkreten und sich nicht unwesentlich verändernden Reproduktionsbedingungen.

In diese zentrale Frage der Strategie des wissenschaftlich-technischen Fortschritts münden viele Aufgaben zur weiteren Beschleunigung des wissenschaftlich-technischen Fortschritts:

– Zum Beispiel sind wir mit Recht befriedigt über die in den letzten Jahren stets angewachsene Anzahl der in die Produktion eingeführten neu- bzw. weiterentwickelten Erzeugnisse und Verfahren. Sicher wird es auch in Zukunft viele Neu- und Weiterentwicklungen geben müssen, aber das Problem ist nicht nur die stetig wachsende Anzahl, sondern welche tatsächlichen Veränderungen werden im Niveau der Bedürfnisbefriedigung, in der Steigerung der Arbeitsproduktivität, im Export, in der Verbesserung der Arbeits- und Lebensbedingungen usw. erreicht.

Wie die Erfahrungen zeigen, sind die ökonomischen und technologischen Auswirkungen mancher dieser Neu- und Weiterentwicklungen selbst im Rahmen eines Betriebes mitunter so unbedeutend, daß sie kaum eine positive Veränderung im technisch-ökonomischen Niveau der Produktion bzw. im Export zur Folge haben. In der gegenwärtigen Etappe bedarf es infolgedessen Überlegungen, wie wir die Überleitung von solchen Einzelergebnissen sinnvoll nach dem Prinzip einer wirkungsvolleren Niveauänderung im Betrieb bzw. Zweig ergänzen, letzteres zu einem wichtigen Kriterium der Beschleunigung des wissenschaftlich-technischen Fortschritts machen und vor allem darauf den Hauptteil des Potentials sowie der Mittel und Ressourcen konzentrieren.

– Damit verbunden ist – und unseres Erachtens hängt davon entscheidend das Tempo und die Wirksamkeit des wissenschaftlich-technischen Fortschritts ab –, daß technische Neuerungen vor allem Lösungen sein müssen, die die vorhandene materiell-technische Basis, d. h. ihre Effektivitätspotenzen wirksamer machen. Der wissenschaftlich-technische Fortschritt ist in den letzten Jahren in vielem auch durch Neuinvestitionen in unserer Volkswirtschaft wirksam geworden. Mehr und mehr gewinnt die Frage, wie wir den wissenschaftlich-technischen Fortschritt vor allem im vorhandenen Wirtschaftsorganismus wirksamer machen, an Bedeutung. Das betrifft die Ausbreitungsgeschwindigkeit technischer Neuerungen, die Aufnahmefähigkeit des vorhandenen Wirtschaftsorganismus. Damit verbunden sind Fragen der Aussonderung veralteter Erzeugnisse, Anlagen und Verfahren.

– Schließlich müssen wir uns hinsichtlich der Beschleunigung des wissenschaftlich-technischen Fortschritts theoretisch wie praktisch auf Veränderungen im ökonomischen Lebenszyklus von Neuerungen einstellen. Die Frage wird immer akuter, wie schnell und mit welcher Sachkenntnis neue Erkenntnisse und Erfindungen genutzt werden.

All das sind zugleich akute praktische Fragen der Leitungstätigkeit, zu denen Genosse Dr. Leupold im Plenum gesprochen hat. Das heißt, es geht darum

– wie es noch besser gelingt, die Zielstellungen für die wissenschaftlich-technische Arbeit auf allen Ebenen noch konsequenter aus den längerfristigen Erfordernissen der Leistungs- und Effektivitätsentwicklung abzuleiten und dazu rechtzeitig den wissenschaftlichen Vorlauf zu organisieren;

– wie wir in der Planungspraxis und in der Erfüllung der Aufgaben in Wissenschaft und Technik noch besser den Gesamtzusammenhang von der Festlegung des Inhalts und der Ziele bis zur umfassenden Nutzung ihrer Ergebnisse sichern;

– wie wir in den Plänen die Ziele und Aufgaben so bestimmen, daß ihre Ergebnisse zum Zeitpunkt ihrer Produktions- und Marktwirksamkeit international bestehen können (und das nicht nur hinsichtlich des wissenschaftlich-technischen Niveaus, sondern auch in der Ökonomie!);

– wie wir noch besser notwendige Proportionen bei der Entwicklung unseres wissenschaftlich-technischen Potentials gewährleisten – bis hin zur Frage der Ausbildung und des wissenschaftlichen Nachwuchses;

– wir wir echte Risikobereitschaft fördern, das heißt wie wir das Risiko eingehen bis hin zur Frage, auf welche Weise es besser möglich ist, den tatsächlichen Stand und vorhandene Fortschritte real zu beurteilen, die ein Betrieb oder ein Kombinat bei der Leitung von Forschung und Technik und im Niveau seiner Erzeugnisse erreicht hat.

Natürlich gibt es auf all diesen Gebieten Fortschritte. Zugleich gilt es hier noch umfangreiche Arbeit zu leisten.

Zweitens: Ein hohes schöpferisches Niveau der Leistungen in Forschung und Entwicklung ist eine der wesentlichen Bedingungen jeglicher Beschleunigung des wissenschaftlich-technischen Fortschritts. Wir sollten gerade den Bedingungen und dem „inneren Mechanismus" hoher schöpferischer Leistungen noch größere Beachtung schenken.

Das betrifft Fragen der weiteren Förderung und Ausprägung einer Atmosphäre, die hohe Leistungsbereitschaft und Leistungen, die über Bekanntes hinausgehen, noch stärker fordert und fördert. Das betrifft die Fragen des Leistungsprinzips in den FE-Bereichen einschließlich der gesellschaftlichen Anerkennung und Wertschätzung dieser Arbeit auf den verschiedenen Ebenen unserer Volkswirtschaft und der materiellen und moralischen Stimulierung, ebenfalls bis hin zu Fragen der Ausbildung und des wissenschaftlichen Nachwuchses.

Auch auf diesem Gebiet erreichten wir bedeutsame Fortschritte. Aber auch hier ist die Lage und sind die Ergebnisse sehr differenziert. Noch nicht überall kann das Leistungsniveau der Forschungsbereiche befriedigen. Vor uns steht im Interesse der Erhöhung des schöpferischen Niveaus die Aufgabe, in diese Prozesse tiefer einzudringen, um unsere Forschungs- und Entwicklungseinrichtungen in noch stärkerem Maße zu Stätten der Bewährung der Besten, der kämpferischen Auseinandersetzung, des Ideenreichtums, der nötigen Konsequenz, des Mutes und der Risikobereitschaft, des hohen persönlichen Einsatzes eines jeden zu entwickeln.

Die Frage lautet: Wie können wir in diesen Bereichen die hohe Wertschätzung der

Arbeit unserer naturwissenschaftlich-technischen Intelligenz, die ihr die Partei entgegenbringt, noch nachhaltiger und besser in eine solche Atmosphäre ummünzen, daß ihre Arbeit zu neuen, höheren schöpferischen Leistungen führt.

Drittens: Schließlich bedarf es durch Wissenschaft und Praxis weiterer Überlegungen hinsichtlich einer noch wirksameren Interessiertheit der Betriebe und Kombinate an der Beschleunigung des wissenschaftlich-technischen Fortschritts und der dazu notwendigen weiteren Vervollkommnung der Leitung und Planung.

Die Grundrichtung dazu ist in den Dokumenten der SED, im Beschluß über die Leistungsbewertung der Betriebe herausgearbeitet, den qualitativen Faktoren in der Planung und Leistungsbewertung ein größeres Gewicht zu verleihen. Hier steht zweifellos noch eine umfangreiche Arbeit an, um die mit den Tiefenprozessen der Intensivierung verbundenen Fragen noch besser zu beherrschen. Und gerade hier hat die Wirtschaftswissenschaft auch und nicht zuletzt im Zusammenhang mit Fragen der Beschleunigung des wissenschaftlich-technischen Fortschritts eine hohe Verantwortung, gemeinsam mit der Praxis diese Fragen einer fundierten Lösung zuzuführen.

In diesem Sinne möchte ich uns allen eine inhaltsreiche, lebendige, für die praktische Arbeit und die weitere Lösung unserer hohen, anspruchsvollen Aufgaben nutzbringende Diskussion wünschen.

W. Heyde

Erforschung der Zusammenhänge von wissenschaftlich-technischem Fortschritt und Grundfondsreproduktion als Grundlage für Rationalisierungsstrategien

Ein wesentlicher Ansatzpunkt zur weiteren Steigerung der Effektivität der gesellschaftlichen Arbeit ist die Untersuchung der Beziehungen zwischen den Intensivierungsfaktoren und das Ausarbeiten von Zielen und Wegen zur planwirksamen Erschließung weiterer Reserven. Dabei kommt einem ausgewogenen Verhältnis von empirischer Tatsachenanalyse und theoretischer Verallgemeinerung, Hypothesenbildung gleichermaßen Bedeutung zu, um zu praktischen Konsequenzen für Rationalisierungsstrategien zu kommen.

Der wissenschaftlich-technische Fortschritt – in Gestalt neuer und weiterentwickelter Erzeugnisse, Verfahren, technologischer Prozesse, Organisationslösungen usw. – wird vor allem in den Grundfonds wirksam, sowohl bei den Entwicklern und Herstellern von Erzeugnissen und Verfahren als auch bei den Anwendern von Erzeugnissen, die als Arbeitsmittel und Konsumgüter fungieren. In den Konferenzthesen ist mit Recht mehrfach darauf hingewiesen, daß wir mit dem wissenschaftlich-technischen Fortschritt und seiner Beschleunigung zugleich zu einer wirksamen intensiven Erneuerung der Grundfonds beitragen müssen. Keine Erzeugnis- oder Verfahrensentwicklung bleibt ohne Einfluß auf die Leistungs-, Zuverlässigkeits- und anderen Parameter des Anlagen- bzw. Maschinenparks und seiner Nutzung. Jede Maßnahme der Grundfondsreproduktion – vor allem jedes Modernisierungs- und Erneuerungsvorhaben – muß zugleich von den zu erwartenden (prognostizierten und in den Intensivierungskonzeptionen, zugehörigen wissenschaftlich-technischen Konzeptionen, Forschungs- und Entwicklungskonzeptionen vorgeschlagenen) Veränderungen in Richtung auf ein Erzeugnissortiment, das höheres wissenschaftlich-technisches Niveau verkörpert, ausgehen. Berücksichtigt man diese Zusammenhänge und Wechselbeziehungen und macht – neben anderen – das zu einem Ausgangspunkt für den Planansatz, entstehen günstige Möglichkeiten, das technisch-*ökonomische* Niveau der Produktion wesentlich zu verbessern.

Ein Blick in unsere wirtschaftswissenschaftliche Literatur und auch die Analyse der Arbeit in den Kombinaten und Betrieben zeigen, daß noch viel zu tun bleibt, um die Beziehungen zwischen dem wissenschaftlich-technischen Fortschritt und der Grundfondsreproduktion gründlicher zu untersuchen, um für langfristig wirksame Effektivitäts- und Leistungssteigerung relevante Zusammenhänge aufzudecken, deren Kenntnis die wissenschaftliche Begründung optimaler Strategien der Grundfondsreproduktion und des wissenschaftlich-technischen Fortschritts erlaubt. Um Mißverständnissen vorzubeugen, sei ausdrücklich darauf verwiesen, daß solche Strategien in die Komplexität der Intensivierung der jeweiligen Reproduktionsprozesse einzuordnen sind. Hier soll der eben genannte Aspekt besonders hervorgehoben werden.

Wir haben aus dieser Sicht begonnen, den Zusammenhang zwischen der Erneuerung der Erzeugnisse, Verfahren und der Grundfonds näher zu untersuchen. Das Motiv war, die Frage zu beantworten, ob man Effektivitätsreserven (Reserven zur Steigerung der Arbeitsproduktivität eingeschlossen) nutzen kann, wenn eine gezielte Synchronisierung der Zyklen der Erneuerung der Erzeugnisse, Verfahren und der Grundfonds angestrebt wird. Wir haben zunächst Arbeitshypothesen aufgestellt, die wir durch empirische, analytische Untersuchungen in Betrieben überprüfen. Die gegenwärtige strukturelle Trennung der Bereiche Forschung und Entwicklung und Grundfondsreproduktion erschwert die Gewinnung geeigneter Daten sehr. Die Trennung im Herangehen (im Denken) ist tief verwurzelt, nicht unbeeinflußt durch die scharfe Trennung der Planteile und ihrer Erarbeitung. Das ressortmäßige Herangehen führt stellenweise bis zum Unverständnis der oben aufgeworfenen Problematik der angenäherten Synchronisierung der Zyklen.

Vom Standpunkt der Produktionsvorbereitung sind zwei Richtungen der Verflechtung zu unterscheiden:

– Die Überleitung der FE-Ergebnisse erfolgt in die Produktion, ohne Investitionen durchzuführen, bzw. die Grundfonds werden durch entsprechende Maßnahmen (z. B. Modernisierung in Verbindung mit Instandhaltungsmaßnahmen) geringfügig verändert. Es handelt sich meist um die Einführung weiterentwickelter Erzeugnisse und Verfahren bzw. technologischer Prozesse, um Rationalisierungsmaßnahmen, die weitgehend die angewandten Wirkprinzipien in der Maschinen- und Anlagentechnik unverändert lassen.

– Die Überleitung von FE-Ergebnissen erfordert in bedeutendem Umfang Investitionen bzw. setzt sie direkt voraus.

Das ist bei der Einführung prinzipiell neuer Erzeugnisse und (oder) Verfahren, technologischer Prozesse der Fall, die in der Regel teilweise oder völlig neue Grundmittel voraussetzen. Dazu gehören auch Weiterentwicklungen mit wesentlichen Konsequenzen zur Veränderung der vorhandenen Grundmittel. Des weiteren zählen dazu Rationalisierungsmaßnahmen in Verbindung mit Mechanisierung, Automatisierung, Einführung höherer Formen der Arbeitsteilung und Produktionsorganisation, Umweltschutzmaßnahmen usw.

Zur weiteren Untersuchung solcher Richtungen kann man folgende Typen des Zusammenhangs kennzeichnen, deren Existenz durch Analysen bewiesen wurde (vgl. Tabelle 1):

Tabelle 1

Typen der Kombination von Veränderungen bei Erzeugnissen, Verfahren, Grundmitteln

1.	Erzeugnisentwicklung	ohne Verfahrensentwicklung	ohne Investition
2.	Erzeugnisentwicklung	ohne Verfahrensentwicklung	mit Investition (Neubau, Rekonstruktion)
3.	Erzeugnisentwicklung	mit Verfahrensentwicklung	ohne Invest. (d. h. mit bestehender Anlage bzw. sehr gering)
4.	Erzeugnisentwicklung	mit Verfahrensentwicklung	mit Invest. (Rekonstruktion, großer Neubau)
5.	Gleichbleibendes Erzeugnis	mit Verfahrensentwicklung	ohne Investition
6.	Gleichbleibendes Erzeugnis	mit Verfahrensentwicklung	mit Investition

Die Analysen in Betrieben zeigten die Notwendigkeit, mannigfache Umstände bei der Verallgemeinerung und Modifizierung zu beachten, die hier nicht erwähnt werden.[1]

Die vielfältigen Wechselbeziehungen zwischen Erzeugnissen, Verfahren, technologischen Prozessen und Grundmitteln können aus betriebswirtschaftlicher Sicht mit drei wesentlichen qualitativen Aspekten verbunden werden.[2]

Erstens: Es gibt gebrauchswertmäßige Zusammenhänge. Die Gebrauchswerte der Erzeugnisse, Verfahren und Grundmittel müssen im funktionalen Zusammenwirken übereinstimmen und voll ausschöpfbar sein. Das hängt mit der Dimensionierung, der projektierten Zuverlässigkeit, produzierten Qualität und anderem zusammen.

Zweitens: Zeitliche Aspekte sind gegeben. Einführungs- bzw. Anfahrtermine müssen abgestimmt sein. Vor allem ist aber auch die Dynamik der Veränderungen bzw. Neuerungen bei Erzeugnissen, Verfahren und Grundmitteln unterschiedlich; ihre Konsequenzen müssen erfaßbar sein.

Drittens: Die Veränderungen der Erzeugnisse, Verfahren, technologischen Prozesse und Grundmittel erfolgen jeweils nach spezifischen Formen bzw. Maßnahmearten, mit bestimmter Struktur (Proportionen), unterschiedlichem Umfang der Veränderungen. Bei Erzeugnissen gibt es Neu- oder Weiterentwicklung, Erzeugnisrationalisierung; bei Technologien ebenfalls Neu- und Weiterentwicklung, technologische Rationalisierung, Rationalisierung der Produktionsorganisation, Veränderung der Arbeitsteilung; Grundmittel werden durch Instandhaltung, Aussonderung, Modernisierung, Erneuerung oder Erweiterung erfaßt. Daraus entsteht die Aufgabe der Koordinierung dieser verschiedenen Maßnahmen zur Erfüllung ökonomischer Ziele, eben der Erhöhung der Effektivität einschließlich der Arbeitsproduktivität.

Diese drei Aspekte sind in der Praxis miteinander verbunden. Vom Standpunkt der gezielten Effektivitätssteigerung sind ihre jeweiligen Potenzen zu erkennen und herauszuarbeiten, um in der Komplexität planwirksam zu werden.

Ein weiterer Zugang zu dem Problem ist, die Erneuerungszyklen der Erzeugnisse, Verfahren und Grundmittel zu identifizieren. Dabei entsteht wiederum eine Vielfalt von Typen. Weitere Untersuchungen müssen zeigen, welche Typisierung für das Herausarbeiten von Verhaltensweisen gut geeignet ist.

Abbildung 1 macht das Prinzip deutlich. Es ist in vieler Hinsicht Abstraktion.

Neben dem hier abgebildeten Typ der Produktionskurve gibt es andere, z. B. eine viele Planzeiträume überdauernde „Gipfelhöhe" der Produktionsmenge (z. B. Grundnahrungsmittel, Normteile).

Erzeugnis und Verfahren sind hier isoliert (Mehrzweckarbeitsmittel); es existieren aber auch Einzweckarbeitsmittel (nur für ein bestimmtes Erzeugnis wie in der Grundchemie). Schließlich kann die zeitliche Einordnung der Zyklen in den Kalender sehr unterschiedlich sein (vgl. Tabelle 2).

Nunmehr kann die Frage – zunächst theoretisch – aufgeworfen werden, welche Kombinationen der Zyklen effektiv und welche Strategien davon ableitbar sind. Typische Fälle der Synchronisierung werden im folgenden genannt.[3]

In Abbildung 2, Fall 1, liegt ein idealer gleichzyklischer Verlauf zwischen Erneuerung

[1] K. Sikojew, Forschungsbericht 1977, Sektion Sozialistische Betriebswirtschaft der Technischen Universität Dresden.

[2] N. N. Lam, Zur Verbindung des wissenschaftlich-technischen Fortschritts mit der Grundfondsreproduktion, Dissertationsschrift B, Technische Universität Dresden, Sektion Sozialistische Betriebswirtschaft, 1978.

[3] Vgl. Ebenda.

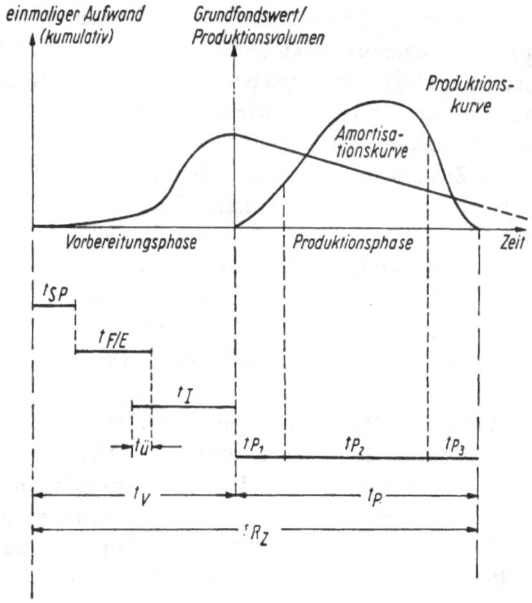

Abb. 1. Grundverlauf der Zyklen für einen Typ eines Erzeugnisses mit begrenzter „Lebenskurve"

t_{SP} = Zeitdauer für die strategische Vorbereitung und Planung des neu- oder weiterentwickelten Erzeugnisses

$t_{F/E}$ = Zeitdauer für die Etappe der Forschung und Entwicklung

t_I = Zeitdauer für die Etappe der Vorbereitung und Duchführung von Investitionen

$t_Ü$ = Zeitdauer für die Überlappungszeit zwischen Forschung/Entwicklung und Investitionen

t_V = Zeitdauer der Vorbereitungsphase

t_{P1} = Etappe der Einführung in die Produktion

t_{P2} = Etappe des Wachstums und der Sättigung der Produktion

t_{P3} = Etappe des Auslaufs der Produktion

t_{Rz} = Zeitdauer des Reproduktionszyklus

t_p = Zeitdauer der Produktionsetappe

Tabelle 2

Beispiele der Erneuerungszyklen in einem Elektromotorenwerk

Erzeugnis	Einheitsmotoren-reihe	KM-Reihe	KMR-Reihe
Produktionszeit	1957 . . . 1964	1964 . . . 1971	1971 . . .
Verfahren zur Isolierung der Wicklungen	Tauchtränk-verfahren	Vakuumtränk-verfahren	Träufeltränk-verfahren
Nutzungszeit	1957 . . .1967	1966 . . . 1971	1971 . . .
Verfahren zur Bindung von Blechpaketen	Nieten und Klemmen		Schweißen
Nutzungszeit	1957 . . .	. . . 1971	1971 . . .

der Erzeugnisse mit denen der erzeugnisgebundenen Verfahren und Grundfonds und der Entwicklung von Wissenschaft und Technik vor. Dabei bedeuten

N_E technisch-ökonomisches Niveau

P **Produktionsvolumen**

W Wert von Grundfonds einschließlich der damit

< materialisierten Verfahren

Die Realisierung der Erneuerung gleich zu Beginn einer Etappe der wissenschaftlich-technischen Entwicklung ist selbstverständlich ökonomisch vorteilhaft. Sie ist aber auch in nicht geringem Maße risikobehaftet und zugleich mit bestimmten Schwierigkeiten verbunden, wie zum Beispiel mit dem Reifegrad der neuen technischen Lösung, den hohen Anlaufkosten bei Inbetriebnahme der Produktion u. a. Diese Umstände stellen hohe Anforderungen an die Prozesse der Leitung, Planung und Realisierung.

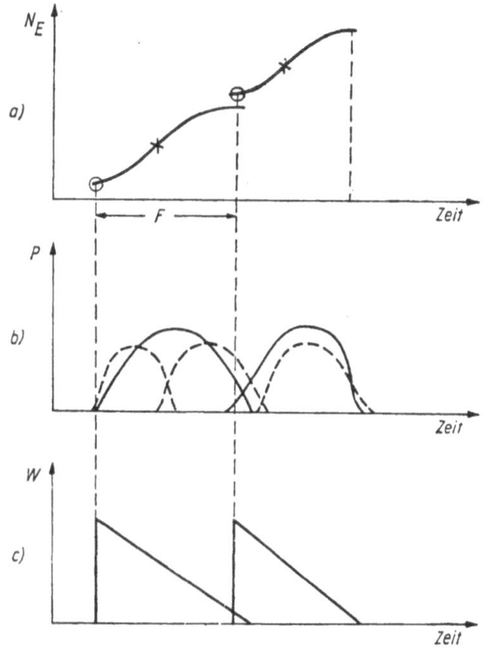

Abb. 2. Synchrone Erneuerung von Erzeugnis, Verfahren und Grundfonds – Fall 1

a) Entwicklungslinie des technisch-ökonomischen Niveaus des Erzeugnisses

b) Erneuerungszyklus des Erzeugnisses

– – – Erneuerung im Rahmen eines Wirkprinzips

—— Erneuerung mit Wirkprinzipwechsel

Man kann die objektiv verlaufende Entwicklung von Wissenschaft und Technik als Bezugssystem betrachten und den Zeitpunkt der Erneuerung später festlegen, so daß aber das technisch-ökonomische Niveau der Lösung im Bereich der Wachstumsperiode, d. h. vor dem Wendepunkt, der Entwicklungslinie liegt, Abbildung 3, Fall 2.

Man hat hier einen gleichzyklischen Verlauf der Erneuerung zwischen Erzeugnis und Grundfonds einschließlich der dazu gehörenden Verfahren, aber keinen gleichzyklischen Verlauf mit dem Fortschrittszyklus der betreffenden wissenschaftlich-technischen Entwicklung. Dieser Verlauf ist ebenfalls sehr günstig, da große Reserven aus der wissenschaftlich-technischen Entwicklung für die Effektivitätssteigerung erschlossen werden können.

Abbildung 4, Fall 3, zeigt eine relativ uneffektive Konstellation zwischen den Erneuerungszyklen und dem Fortschrittszyklus der betreffenden wissenschaftlich-technischen Entwicklung. Der Zeitpunkt der Einführung des Erzeugnisses und Erneuerung

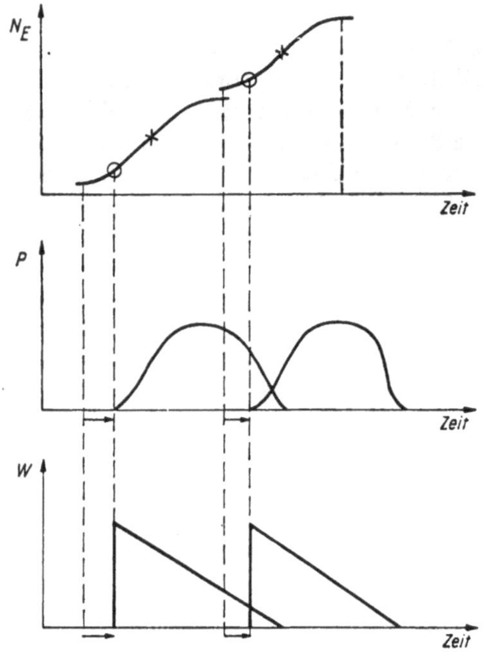

Abb. 3. Synchrone Erneuerung von Erzeugnis, Verfahren und Grundfonds – Fall 2

der Verfahren sowie Grundfonds liegt zu spät. Das Niveau der in die Produktion einzuführenden Lösung befindet sich in der Nähe des Sättigungsgebietes der Entwicklungskurve. Die Möglichkeiten für die Effektivitätserhöhung – angesichts der Entwicklung von Wissenschaft und Technik – sind in diesem Entwicklungsstadium bereits oder bald erschöpft.

Praktisch tritt vielfach die Situation auf, daß die Nutzungsdauer der vorhandenen Ausrüstungen sowie die Produktionsperiode einer bestimmten Erzeugnisgeneration eine lange Zeit aufweist, mehrere Fortschrittszyklen von Wissenschaft und Technik überdauert und voraussichtlich erst gegen Ende einer Entwicklungsetappe endet. Das bestehende Erzeugnis und auch seine Produktionsbedingungen sind also stark moralisch verschlissen. Um die überholte Technik nicht länger zu konservieren und dadurch relative Effektivitätsverluste zu ertragen, kann man sich für den Fall entscheiden, daß eine Erneuerungsmaßnahme vor dem Ende der Nutzungsdauer realisiert wird (Abbildung 5, Fall 4). Hierbei entsteht ein bestimmter Verlust durch eine vorzeitige Aussonderung der Produktionsgrundfonds im Vergleich zur normativen Nutzungsdauer. Darüber hinaus wurden weitere Fälle untersucht.

Für die Beurteilung der Strategien in Anlehnung an diese Fälle wurde ein Grundmodell entwickelt, das den Rahmen für ein näherungsweise optimales Verhalten absteckt.

Werden diese Bedingungen erfüllt, dann wird dem intensiven Reproduktionstyp entsprochen und ein weiterer Beitrag zur Effektivitätssteigerung erreicht.

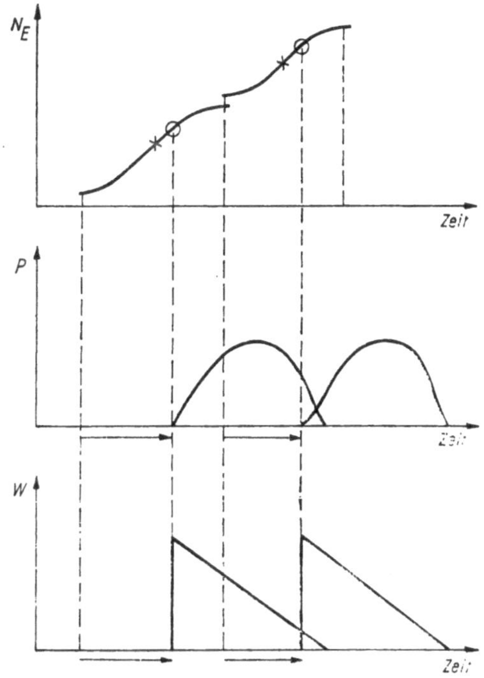

Abb. 4. Synchrone Erneuerung von Erzeugnis, Verfahren und Grundfonds – Fall 3

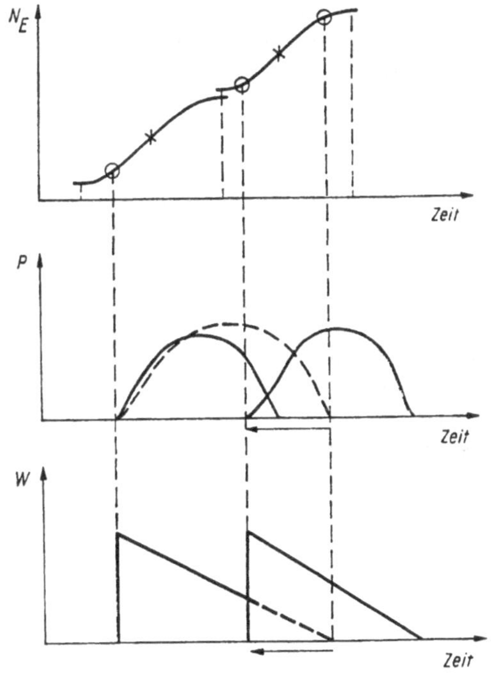

Abb. 5. Synchrone Erneuerung von Erzeugnis, Verfahren und Grundfonds – Fall 4

W. Marschall

Beitrag des wissenschaftlich-technischen Fortschritts zur Intensivierung

Der wissenschaftlich-technische Fortschritt (WTF) ist als entscheidender Intensivierungsfaktor heute zum Hauptkettenglied der gezielten Vervollkommnung der materiell-technischen Basis geworden. Insbesondere dient er dazu, das ökonomische Potential der materiell-technischen Basis zu erhöhen. Die Ergebnisse des WTF sind deshalb immer mit dieser besonderen Zielorientierung zu realisieren. Ein höheres ökonomisches Niveau der materiell-technischen Basis zeichnet sich durch die Erschließung tendenziell wachsender Möglichkeiten für die Steigerung der Arbeitsproduktivität aus, ist gerichtet auf Verbesserungen in der Material- und Energieökonomie sowie auf eine höhere Effektivität der Produktionsfonds. Das entscheidende Kriterium der wirksamen Realisierung von Maßnahmen des WTF in der gesellschaftlichen Praxis ist mithin eine höhere Effektivität und Arbeitsproduktivität, die sich letztlich in einem wachsenden Nationaleinkommen niederschlägt. Das höhere, real konsumierbare Nettoprodukt, das zur Befriedigung der gesetzmäßig wachsenden Bedürfnisse der Bevölkerung, der materiellen und nichtmateriellen Bereiche des Reproduktionsprozesses sowie des Exports zur Verfügung steht, gibt letztlich Aufschluß darüber, wie gut es gelungen ist, den WTF wachstums- und effektivitätswirksam zu machen.

Diese recht selbstverständliche Feststellung in der Praxis in jedem konkreten Einzelfall, mit jeder Maßnahme des WTF zu realisieren, bereitet erfahrungsgemäß nicht geringe Schwierigkeiten. Allein die Tatsache, daß parallel immer eine Vielzahl von Aufgaben zu lösen ist und daß die Zahl der sich neu herausbildenden Aufgaben in der Regel um ein mehrfaches die vorhandenen Möglichkeiten überschreitet, wirft viele Probleme auf.

Eine zentrale Frage besteht daher in der *Auswahl der zu bearbeitenden Themen.* Hier sollten zwei grundlegende Kriterien beachtet werden. Erstens, wie trägt das Thema dazu bei, die gesellschaftliche Zielstellung zu realisieren? Es geht doch darum, aus der Vielzahl der anstehenden Probleme jeweils diejenigen auszuwählen, deren Lösung einen maximalen Beitrag zur Realisierung der gesellschaftlichen Ziele (Freisetzung von Arbeitskräften, Verbesserung der Arbeitsbedingungen, Entwicklung des Inhalts und des Charakters der Arbeit; Senkung des Ressourcenverbrauchs, Lösung von Rohstoff- und Umweltproblemen u. a.) verspricht. Diese Einordnung der möglichen Aufgaben in den Plan, ihre organische Verbindung mit der Entwicklung des gesellschaftlichen Reproduktionsprozesses, ist ein zentrales Problem der Wirtschafts- und Sozialpolitik. Es geht nicht darum, irgendwelche Maßnahmen des WTF aufzugreifen, sie zu lösen, zur Praxisreife zu führen und schließlich in der Praxis zu realisieren. Die Praxis selbst stellt die Anforderungen, sie gibt die Ziele vor und sie entscheidet, mit welcher Zielrichtung der WTF wirksam zu machen ist. Deshalb ist die Bestimmung der zweckmäßigsten Rangfolge, in der die Maßnahmen des WTF zu lösen sind, so wichtig.

Die zweite Seite, die bei jeder Wahl von Aufgaben respektive ihrer Einordnung in eine Prioritätenliste zu beachten ist, sind die internationalen Entwicklungstendenzen des WTF, an denen nie vorbeigegangen werden darf. Es zeigt sich immer deutlicher, daß es zu jeder Zeit eine Reihe von Entwicklungsrichtungen gibt, die gewissermaßen unverzichtbar sind. Dazu zählen heute beispielsweise die Mikroelektronik und die Robotertechnik. Das sind elementare Grundlagen für die Automatisierung der Produktion und weiterer Bereiche menschlicher Tätigkeiten. Sie helfen, Ressourcenprobleme und soziale Probleme zu lösen, sie dienen dazu, optimale Lösungen in vielen Bereichen der gesellschaftlichen Arbeit und im persönlichen Leben zu finden. Sie sind Grundlagen für eine wirksame Steigerung der Effektivität des gesellschaftlichen Reproduktionsprozesses.

Derartige „unverzichtbare Richtungen" des WTF rechtzeitig als solche zu erkennen und sie bei der Strategienbildung für die Realisierung des WTF in der Volkswirtschaft zu berücksichtigen, ist m. E. eine vordringliche Aufgabe. Beachtet man sie ungenügend, werden Störungen in der internationalen wissenschaftlich-technischen und ökonomischen Kommunikation nicht zu vermeiden sein; ganz zu schweigen von den unausweichlichen Folgen für die Effektivitätsentwicklung in der Volkswirtschaft.

Mir scheint deshalb, es wird künftig notwendig sein, das Instrumentarium zur Bestimmung der Rang- und Reihenfolge der zu lösenden Aufgaben zielstrebig zu vervollkommnen. Das ist, wie gesagt, in erster Linie eine politische Aufgabe, weil es darum geht, festzulegen, mit welchen Prioritäten einzelne Bedürfniskomplexe zu befriedigen sind. Ebenso wichtig ist aber die Prognose in Wissenschaft und Technik und die systematische Analyse von internationalen Entwicklungstendenzen. Der zielgerichteten Zusammenarbeit von Gesellschaftswissenschaftlern, insbesondere Wirtschaftswissenschaftlern mit Natur- und Technikwissenschaftlern muß dabei steigende Aufmerksamkeit zukommen. Vor allem ist es erforderlich, diese interdisziplinäre Arbeit rechtzeitig zu beginnen, bereits im Stadium der Grundlagenforschung. Nur so ist es möglich, das gesellschaftliche Gewicht einer sich anbahnenden Entwicklungsrichtung früh zu erkennen und damit den Entscheidungsprozeß bei der Festlegung von Aufgaben des WTF zu qualifizieren.

Ein ebenso wichtiges Problem wie die Aufgabenfindung ist ihre *zielstrebige und rasche Lösung* und – darauf kommt es besonders an – die rasche *Erschließung der gesellschaftlichen Effekte* der jeweiligen Maßnahmen des WTF, worum es letztlich immer geht. Nicht das neue Erzeugnis oder die neue Technologie ist das eigentliche Ziel des WTF, sondern der erreichte höhere Grad der Bedürfnisbefriedigung, die höhere Effektivität, die Schaffung von Möglichkeiten, neue Probleme zu lösen. Mit dem wachsenden gesellschaftlichen Gewicht des WTF wird es deshalb immer wichtiger, jede begonnene Aufgabe bis zur Erreichung des gesellschaftlichen Ziels zu verfolgen. Seit Anfang der siebziger Jahre beschäftigen wir uns zielstrebig und konzentriert mit Uberführungsproblemen. Dabei wurden viele Reserven erkannt und erschlossen. Mir scheint indes, daß im Prozeß der Ausarbeitung der jeweiligen Neuerungen in der Volkswirtschaft, aber auch im raschen und zügigen Anlauf der Neuerung heute noch immer viele unerschlossene Potenzen liegen.

Die Dynamik des WTF hat sich in den vergangenen Jahren deutlich vergrößert. Das gilt für Bereiche wie die Elektronik ganz besonders. Innerhalb von 5 Jahren wird eine Erzeugnisgeneration und auch eine technologische Generation durch eine neue ersetzt. Die damit verbundenen Steigerungsraten der Arbeitsproduktivität in einzelnen Stufen von oft mehreren 100 Prozent sind hinlänglich bekannt. Überhaupt ist wohl die Elektronik und dabei besonders die Mikroelektronik ein typisches Muster, gewissermaßen ein Modell des WTF. Sie kennzeichnet überzeugend, warum wir heute von wissenschaftlich-technischer Revolution sprechen. Es würde zu weit führen, hier näher darauf einzugehen. Augenscheinlich und schon beinahe für jeden spürbar ist die hohe Dynamik dieser Entwicklungsrichtung. Es versteht sich, daß in dieser Situation die Realisierungsfristen für wissenschaftlich-technische Maßnahmen merklich verkürzt werden müssen. Aber nicht selten dauert es Jahre, bis die projektierten technologischen und ökonomischen Parameter erreicht werden. Welche großen Reserven verbergen sich hier. Wenn es gelingt, die Einfahrdauer auf Wochen oder Monate zu verkürzen, können große Mengen an Material freigesetzt werden. Arbeitsplätze werden eingespart, die Arbeitskräfte stehen für andere dringende gesellschaftliche Aufgaben zur Verfügung, der Produktionsausstoß entwickelt sich bei gleichbleibender Kapazität rascher. Die Lösung dieses wichtigen Problems erfordert zweifellos Konsequenzen im System der Planung und Stimulierung. Wenn der Abbau von Preisstützungen für Bauelemente planmäßig auf Jahre orientiert, ist der Druck, die Parameter rasch zu verbessern, m. E. zu gering.

Ein weiteres Problem ist in diesem Zusammenhang die Disponibilität der Fonds. Immer wieder werden – gerade in solchen dynamischen Bereichen wie der Elektronik – kurzfristige Umdispositionen notwendig. Die enge Konfrontation mit Außenmärkten – im RGW wie auch im NSW – bedingt häufig, daß kurzfristig Bedarfswünsche zu befriedigen sind. Und diese kurzfristige Bedarfsbefriedigung wird sich in einem hohen Erlös niederschlagen. Sind wir in der Lage, rasch zu reagieren und entsprechende Dispositionen zu treffen, so werden sich günstige Impulse für unsere wirtschaftliche Entwicklung auftun. Doch diese Umdispositionen müssen so vonstatten gehen, daß sie mit dem planmäßigen Aufwandsniveau realisierbar sind. Ein solches rasches Reagieren muß eine normale Alltagserscheinung sein, keine Art „Ausnahmesituation" mit Sonderbedingungen. Der erzielbare Effekt beim Außenhandel darf nicht durch höhere Aufwendungen in der Produktion erkauft werden.

Auch hier gibt es gegenwärtig sicher noch Reserven. Das betrifft sowohl die operative Planung des Erzeugnissortiments wie die rasche Bereitstellung von Sondermaterialien und -ausrüstungen. Hierbei ist zu beachten, daß die Verantwortlichkeit jedes Zweiges für jeden anderen mit der Rolle des WTF als Intensivierungsfaktor wächst. Betriebs- oder Bereichsegoismus hemmen die volle Erschließung der Effektivitätspotenzen des WTF. Die Verflechtungen zwischen den Zweigen werden komplexer, engmaschiger und vielschichtiger. Berücksichtigt man die wachsende Dynamik des WTF insgesamt, so wird klar, worauf es heute ankommt: erstens auf die konsequente Anpassung der Betriebs- und Zweiginteressen an die volkswirtschaftlichen Erfordernisse, zweitens auf die höhere Disponibilität und Flexibilität der Fonds, drittens auf die Erhöhung des Tempos bei der Realisierung des WTF, bei seinem Eindringen in die Praxis. Nur so sind die im WTF schlummernden Effekte voll zu erschließen.

Ein drittes Problem bei der Wirksamkeit des WTF ist das erreichbare *qualitative Niveau.* Die Erzielung hoher Qualitäts- und Leistungsparameter bei der Realisierung des WTF ist heute zu einer zentralen Frage geworden. Die Qualität steht ebenso wie die Quantität in direkter Beziehung zur Effektivität. Sie ist gewissermaßen eine wesentliche Basisgröße für die Erzielung einer hohen Effektivität. Qualität bedeutet erstens höhere Bedürfnisbefriedigung. Qualität bedeutet zweitens Kontinuität in der Produktion, Senkung der Stillstandszeiten, Verminderung von Reparatur- und Wartungszeiten, und Qualität bedeutet drittens größere Chancen im Export, Erschließung neuer Absatzmärkte, Aufbau eines stabilen Abnehmerkreises.

Im Zusammenhang mit der wachsenden Dynamik des WTF erlangt die Qualität als Effektivitätsfaktor in mehrfacher Hinsicht zunehmende Bedeutung, weswegen ihr größte Aufmerksamkeit zu widmen ist. Qualität bedeutet in erster Linie ein dem jeweiligen Höchststand entsprechendes Niveau der Leistungsparameter sowie der äußeren Gestaltung. Ebenso kommt es darauf an, daß diese Parameter stabil eingehalten werden. Und schließlich ist darauf zu achten, daß Qualität sich nur in dem Maße durchsetzen kann, wie sie mit Quantität gepaart ist. Ein Erzeugnis in Spitzenqualität bringt nur dann den entsprechenden ökonomischen Nutzen, wenn es in der gewünschten Menge lieferbar ist. Im anderen Fall kommt möglicherweise überhaupt kein Liefervertrag zustande. Eine hohe Disponibilität und Flexibilität der Produktion – worauf bereits eingegangen wurde – ist also auch unter diesem spezifischen Gesichtspunkt zu sehen.

Von besonderer Bedeutung ist in diesem Zusammenhang die Tatsache, daß die Qualität eine ebenso dynamische Größe ist wie der WTF. Ein Erzeugnis, das heute Spitzenniveau verkörpert, kann schon in zwei Jahren durch ein weit besseres aus seiner Position verdrängt worden sein. Deshalb bedeutet Qualitätsproduktion stets die Verpflichtung, alles zu tun, um die errungene Position zu halten und zu festigen. Das ist eine Forderung, die angesichts der hohen Dynamik des WTF gar nicht leicht zu erfüllen ist. Doch in jedem Fall gilt die Erfahrung, daß es um ein Vielfaches leichter und billiger ist, Spitzenpositionen zu halten, als sie zu erringen.

Eine letzte Bemerkung zur Wechselbeziehung von erzeugter Qualität und Produktivität bei der Herstellung des jeweiligen Produktes. Die Erfahrungen lehren, daß durchaus nicht immer die Erzeugnisse mit dem höchsten Niveau auch mit der modernsten Technologie hergestellt werden. Das scheint auf den ersten Blick auch vertretbar zu sein. In der Tat verbirgt sich dahinter aber ein nicht zu unterschätzendes Effektivitätsproblem. Erzeugnisse in Spitzenqualität sollen einen hohen Erlös beim Verkauf bringen, insbesondere beim Verkauf auf Außenmärkten. Gelingt ein hoher Absatz, worauf in jedem Falle orientiert wird, erfordert das auch einen hohen Produktionsausstoß. Ein hoher Produktionsausstoß muß aber in einem möglichst modernen, effektiv arbeitenden Produktionsprozeß zustande kommen. Andernfalls wird ein bedeutender Teil des Effektes aus dem Verkauf bereits in der Produktion aufgezehrt. Die Gesamteffektivität des Erzeugnisses ist dann trotz der hohen Qualität nicht so groß, wie es unter günstigeren Produktionsbedingungen möglich wäre. Hinzu kommt, daß eine moderne Produktionsanlage natürlich bessere Bedingungen für die Konstanthaltung der Qualität schafft, für die stabile Erhaltung der Leistungsparameter des entsprechenden Produktes. Eine wesentliche Schlußfolgerung ist daher, daß in Zukunft verstärkt darauf zu achten ist, daß die Entwicklung von Erzeugnissen und Produktionsverfahren bzw. Technologien synchron verlaufen. Nur so ist der Effekt des WTF in vollem Umfang zu erschließen.

E. Pässler

Zur weiteren Entfaltung des technologischen Fortschritts im Maschinenbau

Die Technologie als Wissenschaft für den technologischen Fortschritt in den Maschinenbaubetrieben wirksamer durchzusetzen, erfordert vor allem eine Wende in den Denk- und Verhaltensweisen im Einsatz der modernen Technologie als Produktivkraft, zur Anerkennung ihrer dominierenden Stellung sowie als eine alle Bereiche beeinflussende Triebkraft bei der Beschleunigung des wissenschaftlich-technischen Fortschritts.[1]

Sie kann dieser Rolle nur gerecht werden, wenn sie auch als Wissenschaft, d. h. mit der ihr innewohnenden Eigengesetzlichkeit, anerkannt und für ihre Weiterentwicklung als Wissenschaft entsprechend den Beschlüssen des ZK der SED mehr getan wird, als es gegenwärtig geschieht.

Man kann die Technologie z. B. nicht auf die einfache Anwendung naturwissenschaftlicher Gesetzmäßigkeiten reduzieren bzw. nur als Anhängsel der Arbeitsmittel betrachten, wie das leider des öfteren noch zum Ausdruck kommt. Was den Maschinenbau betrifft, wird sie auch kaum als ein schulbildendes, komplexes Wissenschaftsgebiet betrieben. Schon Marx hat die Technologie angesichts der industriellen Revolution des vorigen Jahrhunderts als „bewußt planmäßige und je nach dem bezweckten Nutzeffekt systematisch gesonderte Anwendungen der Naturwissenschaft"[2] charakterisiert. Damit wird deutlich, daß es sich bei den technischen bzw. technologischen Gesetzmäßigkeiten um vom Menschen geschaffene technische bzw. technologische Systeme, um Ergebnisse des menschlichen Schöpfertums handelt und die Gesetze und Ergebnisse der Technologie immer systematischer vom Menschen genutzt werden. Dabei sind Gesetze von Natur und Gesellschaft wichtige Komponenten solcher technologischer Systeme.[3]

Mit der stürmischen Entwicklung von Wissenschaft und Technik entwickelt sich auch die Technologie des Maschinenbaues, und in der Etappe der wissenschaftlich-technischen Revolution werden neue Züge sichtbar. Dabei zeigt sich die Revolution in den Produktivkräften besonders in zweierlei Hinsicht:

Erstens: In den Arbeitsmitteln und technischen Systemen werden gegenüber den bisherigen neue technologische bzw. technische Prinzipien wirksam.

Zweitens: Die Revolution in den Produktivkräften wird dann für die Gesellschaft sichtbar und verändert die Produktionsverhältnisse entscheidend, wenn die qualitativen Veränderungen in den Arbeitsmitteln und technischen Systemen zur allgemeinen Erscheinung werden.[4]

[1] H. Kroker, Spitzenleistungen in der Technologie des Maschinenbaues, Berlin 1977, S. 17.

[2] K. Marx, Das Kapital, Erster Band, in: MEW, Bd. 23, Berlin 1962, S. 510.

[3] E. Päßler, Zum Gegenstand und zum Wesen der Gesetzmäßigkeiten der Technologie des Maschinenbaues, in: Wissenschaftliche Zeitschrift der Technischen Hochschule Karl-Marx-Stadt, 2/1974, S. 281/283.

[4] G. D. Danilin, Über das Wesen der wissenschaftlich-technischen Revolution, in: Die Wirtschaft, 1/1978, S. 24.

Betrachtet man die nächsten 10 bis 15 Jahre, so kann man in Übereinstimmung mit international zum Ausdruck kommenden Tendenzen der Entwicklung der Technologie[5] feststellen:

Die Mechanisierung und Automatisierung der Arbeit nimmt auf der Grundlage qualitativ neuer technologischer Prinzipien neue Dimensionen an und wächst zur komplexen Mechanisierung und Automatisierung heran. Dabei wird nicht nur manuelle Arbeit durch Maschinen übernommen, sondern auch geistige. Es reift der komplex automatisierte, menschenarme Betrieb der 90er Jahre heran. Die komplexe Automatisierung bleibt nicht auf die Großserien- und Massenfertigung bzw. auf die Teilefertigung beschränkt. Sie dehnt sich bis auf die Einzel- und Kleinserienfertigung einschließlich der Montage- und Produktionshilfsprozesse aus.

Natürlich ist die Gestaltung dieser Zukunft ein bewußter und planmäßiger Prozeß und erfordert eine Technologiebetrachtung auf höherem Niveau und in neuen Dimensionen. Immer deutlicher wird die Tatsache hervortreten, daß dieser Prozeß mit Erfolg nur auf der Grundlage sozialistischer Produktionsverhältnisse gestaltet werden kann.[6]

Nach meiner Auffassung muß sich im Zusammenhang mit der weiteren Entfaltung der wissenschaftlich-technischen Revolution die Technologie des Maschinenbaues wie folgt weiterentwickeln:

Im Zusammenhang mit der objektiv vor sich gehenden komplexen Mechanisierung und Automatisierung der Arbeitsprozesse erweitert die Technologie ihr Anwendungsfeld in Hinsicht auf die stärkere technologische Durchdringung der Montageprozesse, der Produktionshilfsprozesse, der technischen Vorbereitungs-, Planungs- und Leitungsprozesse.

Zunehmend treten qualitativ neue Faktoren, neue technologische Prinzipien in der Produktionstechnik in den Vordergrund. Sie werden nicht nur bei Bearbeitungsprozessen wirksam, sondern auch bei Bedienungs-, Überwachungs- und Informationsverarbeitungsprozessen. Zum Beispiel treten an die Stelle von mechanischen Arbeitsprinzipien nichtmechanische. Das Prinzip der adaptiven Regelung findet zunehmend bei den Arbeitsmitteln Anwendung. Sinnesorgane werden durch Sensoren technisch nachgeahmt. Heuristische Arbeitsprozesse werden durch den Mensch-Maschine-Dialog intensiviert. Insgesamt wird eine qualitative Umwälzung im Leistungsniveau der Arbeitsmittel sichtbar.

Die Technologie wird immer mehr zum aktiven Element der Gestaltung des sozialen und arbeitskulturellen Fortschritts in den Betrieben. Arbeitsgestaltung wird immer enger mit Technologie und Technik verbunden. So erfordert die Einschränkung der Arbeit unter erschwerten Bedingungen, wie z. B. kurzzyklisches Beschicken von Maschinen, Arbeiten unter schlechten klimatischen Verhältnissen und schädigenden Medien technologische und technische Mittel, die die Herauslösung des Menschen aus diesen Arbeitsprozessen erlauben und die Arbeitssicherheit, die Arbeitsinhalte und das Wohlbefinden des Menschen im Arbeitsprozeß erhöhen. Hier unterscheidet sich das Vorgehen der sozialistischen Rationalisierung prinzipiell von der kapitalistischen Rationalisierung.

[5] M. E. Merchant, Zukünftige Trends in der Fertigung mit Blick auf die Jahrtausendwende, zusammenfassender Bericht einer Expertenbefragung der Forschungsgemeinschaft für mechanische Produktionstechnik – CIRP, in: CIRP-Analen, Bd. 25, 2/1976, Bern, S. 473/476.

[6] H. Nick, Probleme der Vervollkommnung der gesellschaftlichen Leitung des wissenschaftlich-technischen Fortschritts, in: Wirtschaftswissenschaft, 4/1978, S. 410.

Der neue Inhalt der Technologie muß sich auch durch die zunehmende Beachtung des Zusammenhanges Technologie und Umwelt ausdrücken, denn mit dem wissenschaftlich-technischen Fortschritt steigt die Umweltbelastung. Das erfordert, langfristig gesehen, einen neuen Typ von Technologien. Bei solchen Technologien muß ständig an die Wiederverwendung der Abprodukte gedacht, und es müssen solche Technologien geschaffen werden, die es ermöglichen, abfallarm oder abfallos zu produzieren.

In diesem Zusammenhang muß man die Forderung in These 5 des Arbeitsmaterials unterstützen, daß diesen neuen Inhalten der Technik und Technologie, diesen neuen Tendenzen der Produktivitätssteigerung durch die wirtschaftswissenschaftliche Forschung mehr Aufmerksamkeit gewidmet werden muß. Es sind auch höhere Anstrengungen zur Herausbildung eines wirklich schulbildenden Wissenschaftskomplexes Technologie erforderlich.

Der technologische Fortschritt in den Betrieben zeigt sich vor allem auf dem Weltmarkt, nämlich im Gebrauchswert-Preis-Verhältnis seiner Erzeugnisse, die für die Befriedigung vergleichbarer Bedürfnisse eingesetzt werden müssen. Der Betrieb muß dementsprechend im internationalen Vergleich Erzeugnisse mit höchstem Gebrauchswert rationell, d. h. mit minimalsten Kosten, herstellen. Damit wird zugleich deutlich, daß der Weltstandsvergleich nicht nur auf den Gebrauchswert der Erzeugnisse, sondern auch auf das „Wie" der Herstellung gerichtet werden muß.

Immer mehr Kombinate stellen sich auf diese Notwendigkeiten ein. Die Leitungstätigkeit verlagert sich stärker auf die Gestaltung des technologischen Fortschritts mit dem Blick auf die Zukunft. Immer mehr Leiter erkennen, daß sie gut beraten sind, wenn sie die Wissenschaft zu Rate ziehen und das Niveau der Ingenieurarbeit auf eine höhere Stufe stellen. Sie verlangen mit Recht von den Industrieforschungseinrichtungen den Vorlauf für die Erzeugnisentwicklung und für die Rationalisierung der Arbeit. Damit fordern sie zugleich mit Recht die Forschung heraus und degradieren sie nicht, wie noch zu oft, zum „Verleih" von Ingenieurkapazität.

In Übereinstimmung mit der Technologenentwicklung im Weltmaßstab und den Erfahrungen technologisch führender Maschinenbaubetriebe der DDR erfordert die Zukunft in Form des komplex automatisierten Maschinenbaubetriebes die

– Erhöhung der Anstrengungen für die Schaffung eines langfristig absetzbaren, auf dem Weltmarkt sich bewährenden technologiefreundlichen Erzeugnissortimentes mit hoher Anpassungsfähigkeit an die Anwendererfordernisse;

– ständige Erhöhung des organisatorischen und technologischen Niveaus der materiellen Produktion, die zunehmende Integration der Produktionshilfsprozesse in die Produktionshauptprozesse, die Überwindung des Widerspruchs zwischen der Mechanisierung und Automatisierung der Produktionshauptprozesse in der Teilefertigung und den Produktionshilfsprozessen sowie Montageprozessen mit dem Ziel ihrer komplexen Mechanisierung und Automatisierung;

– Schaffung und Vervollkommnung eines rechnergestützten, dialogfähigen Systems der technischen Vorbereitung der Produktion sowie der Betriebsprojektierung;

– Schaffung eines datenverarbeitungsgerechten, hierarchisch gegliederten Organisationssystems des Betriebes, eines rechnergestützten, dialogfähigen Leitungs- und Planungssystems mit dem Ziel der Objektivierung der Entscheidungsfindung, der Erhöhung der Mobilität und Kontinuität des Entscheidungsprozesses und des Produktionsablaufes.

Technologischer Fortschritt erfordert natürlich nicht nur entsprechende technologische und Erzeugnisforschung und Forschungen, die in neuen Maschinengenerationen oder technologischen Pilotlösungen zum Ausdruck kommen, erfordert auch nicht nur das Voranschreiten der Kombinate und Betriebe im dargelegten Sinne, sondern auch die programmatische Leitung des wissenschaftlich-technischen Fortschritts aus zentraler Sicht einschließlich eines rechtzeitigen Wirksamwerdens von Struktur- und Profilierungsmaßnahmen. Wissenschaftlich-technischer Fortschritt erfordert auch die rasche Produktion neuer Generationen von Geräten und Maschinen, auch solcher, die noch nicht im Bilanzverzeichnis stehen. Nur so wird Tiefe mit Breite, d. h. mit Flächenwirkung, verbunden.

In diesem Zusammenhang sei darauf hingewiesen, daß z. B. ohne Entwicklung und den Einsatz von Industrierobotern, einer modernen, auf die neuen Elemente der Mikroelektronik aufgebauten Rechen-, Steuerungs- und Displaytechnik das vorgesehene Ziel nicht erreicht werden kann.

Arbeitskreis 4:
Vervollkommnung der Grundfondsreproduktion und der Investitionen sowie der Technologie bei der Steigerung der Arbeitsproduktivität. Die betriebliche Rationalisierung

S. Tannhäuser

Zur Rolle der Grundfondsreproduktion bei der Steigerung der Arbeitsproduktivität

Die Steigerung der Arbeitsproduktivität ist die enscheidende Bedingung für die Entwicklung des Sozialismus und Kommunismus. In der gegenwärtigen Etappe, in der wir die entwickelte sozialistische Gesellschaft gestalten, ist es notwendig, alle Vorzüge und Triebkräfte, alle Seiten und Bereiche des gesellschaftlichen Lebens, die Produktivkräfte und Produktionsverhältnisse, die sozialen und politischen Beziehungen, die Wissenschaft und das Bildungswesen, die sozialistische Ideologie und Kultur, die Gesamtheit der Arbeits- und Lebensbedingungen sowie die Landesverteidigung planmäßig auf hohem Niveau zu entwickeln.[1] Das setzt eine leistungsfähige materiell-technische Basis voraus, die ein stabiles Wirtschaftswachstum, hohe Arbeitsproduktivität und Effektivität der gesellschaftlichen Arbeit ermöglicht.

Ein wesentlicher Bestandteil der materiell-technischen Basis des Sozialismus ist der Grundfondsbestand unserer Wirtschaft, dessen intensiv erweiterte Reproduktion die ständige Steigerung der Arbeitsproduktivität gewährleisten muß. Als Grundlage für unsere Diskussion werde ich meine einleitenden Bemerkungen in drei Abschnitte untergliedern:

1. Zur Rolle der Grundfondsreproduktion
2. Zur Analyse der Grundfondsreproduktion
3. Weitere Aufgaben zur Steigerung der Arbeitsproduktivität durch Grundfondsreproduktion.

[1] Vgl. Programm der Sozialistischen Einheitspartei Deutschlands, Berlin 1976, S. 19.

Zur Rolle der Grundfondsreproduktion

Der sowjetische Ökonom Ančiškin kommt auf Grund von Berechnungen anhand des Endproduktes der UdSSR und seiner Wachstumsfaktoren für die Jahre 1951 bis 1968 zu dem Ergebnis, daß bis zu 80% des Zuwachses der gesellschaftlichen Produktion mit der Dynamik des physischen Volumens und der Effektivität der Produktionsgrundfonds verbunden ist. Die Entwicklung und Ausnutzung der Grundfonds wird damit zu einem äußerst wichtigen Faktor für die Lösung der Hauptaufgabe bei der Gestaltung der entwickelten sozialistischen Gesellschaft und auf Grund der langen Nutzungszeiten auch für die Schaffung der materiell-technischen Basis der kommunistischen Gesellschaft.

Aber eine isolierte Betrachtung ökonomischer Effekte, nur bezogen auf eine der in industriellen Produktionsprozessen erforderlichen Ressourcen, ist zweifellos unvollkommen. Die Rolle der Grundmittel und deren Reproduktion für die Steigerung der Arbeitsproduktivität kann man beim heutigen Entwicklungsstand der Produktivkräfte nur als integrierenden Bestandteil von Ressourcensystemen sehen.

Wir gehen davon aus, daß jeder industrielle Produktionsprozeß als ein System von Ressourcen zu verstehen ist, bestehend aus den Primärressourcen

- Arbeitskraft
- Arbeitsmittel
- Arbeitsgegenstand
- Grund und Boden
- Wasser
- Luft

die ihrerseits durch die Sekundärressourcen

- Verfahren
- Technologie und
- Organisation

zu funktionsfähigen Systemen, dem vorgegebenen Produktionszweck entsprechend kombiniert werden. Als Ausdruck der Entwicklung der Produktivkräfte ist weitreichend Spezialisation und Diversifikation der Arbeitsmittel eingetreten, die zu hoher Gebundenheit, d. h. technologischer Verkettung und damit wechselseitiger Abhängigkeit verschiedenartiger Grundmittel eines Produktionsprozesses geführt haben. Aber es ergibt sich – vor allem durch die Fließfertigung, die Mechanisierung und Automatisierung – aus der überall fortschreitenden Gebundenheit der Grundmittel, daß fast alle größeren Veränderungen in den betrieblichen Ressourcensystemen nur durch Veränderungen im Bestand, technischem Niveau und in der Struktur der Grundmittel herbeigeführt werden können.

Die Einführung neuer oder die Weiterentwicklung vorhandener Erzeugnisse oder auch die Überleitung neuer technologischer Erkenntnisse sind ohne Maßnahmen der Grundfondsreproduktion nur noch in seltenen Ausnahmefällen denkbar. Für die Betriebe gelten folgende Zusammenhänge (vgl. Abbildung 1).

Aus dieser Darstellung ist ersichtlich, daß die betriebliche Grundmittelreproduktion nie Selbstzweck, sondern Mittel ist, den Bedürfnissen entsprechende Erzeugnisse mit Hilfe bestimmter Verfahren und Technologien bei Gewährleistung von Arbeitsschutz und anspruchsvollen Arbeitsinhalten zu realisieren.

Aber in dieser Darstellung erscheint die Arbeitskraft an letzter Stelle, das heißt, sie muß sich, soweit es die *produktiven Zielsetzungen* erfordern, der Entwicklung der sachlichen Ressourcen anpassen.

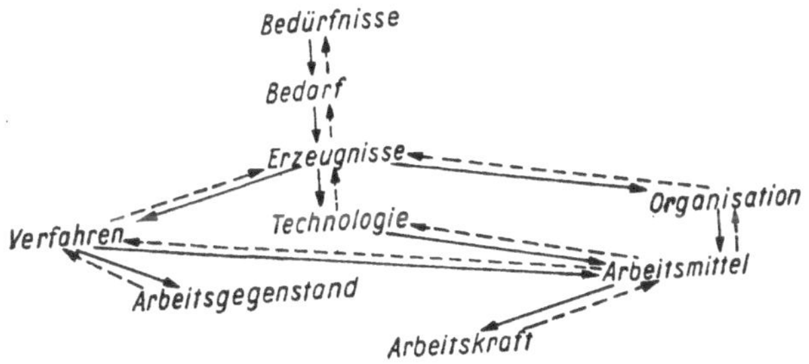

Abb. 1.

Das dabei entstehende Verhältnis zwischen Maschinen und Arbeitskraft hat Karl Marx in seinem Werk „Grundrisse der Kritik der politischen Ökonomie" wie folgt charakterisiert:

„Die Tätigkeit des Arbeiters, auf eine bloße Abstraktion der Tätigkeit beschränkt, ist nach allen Seiten hin bestimmt und geregelt durch die Bewegung der Maschinerie, nicht umgekehrt. Die Wissenschaft, die die unbelebten Glieder der Maschinerie zwingt, ihrer Konstruktion zweckmäßig als Automat zu wirken, existiert nicht im Bewußtsein des Arbeiters, sondern wirkt durch die Maschine als fremde Macht auf ihn als Macht der Maschine selbst."[2]

Anders unter den sozialen Zielsetzungen des Arbeitsprozesses. Hier müssen die Arbeitsmittel und die anderen Sachressourcen unter sozialistischen Produktionsverhältnissen den sozialen, besonders persönlichkeitsbildenden Bedürfnissen beim Menschen angepaßt werden. Insgesamt gilt dabei, daß die Sachressourcen, besonders Arbeitsmittel, Verfahren und Technologie Mittel sind, die natürliche Produktivkraft des Menschen zu vervielfachen und ständig weiter zu steigern.

Das läßt sich darauf zurückführen, daß der gesellschaftlich notwendige Arbeitsaufwand zur Entwicklung und Produktion dieser Sachressourcen kleiner ist als die dadurch während ihrer Nutzungsdauer möglichen Einsparungen anderer Arten gesellschaftlicher Arbeit.

Diese vorteilhaften Substitutionen gesellschaftlicher Arbeit, die mit Steigerung der Arbeitsproduktivität identisch sind, werden durch vier Faktoren ausgelöst:

erstens durch möglichst geringen gesellschaftlichen Arbeitsaufwand zur Herstellung der Ressourcen. Karl Marx sagt: „Je geringer im Verhältnis zu seiner Wirksamkeit der Wert des capital fixe, desto mehr entspricht es seinem Zweck"[3];

zweitens durch möglichst hohes physisches Leistungsvermögen;

drittens durch möglichst lange Nutzungszeiten der Ressourcen; „Als Produktionsmittel ist seine Dauerhaftigkeit unmittelbar durch seinen Gebrauchswert erheischt... Seine Dauer ist Vermehrung seiner Produktivkraft"[4];

viertens durch Ausnutzung möglichst großer Substitutionseffekte in Gestalt der Einsparung von Arbeitskräften, der besseren Material- und Energieausbeute sowie des geringeren Instandhaltungsaufwandes und der Gemeinkosten.

In der widersprüchlichen Einheit dieser 4 Faktoren zeigt sich die ökonomische Wirkungsfähigkeit der Ressourcen, die ich „Ressourcenpotenz" nenne. Quantifiziert stellt

2 K. Marx, Grundrisse der Kritik der Politischen Ökonomie, Berlin 1974, S. 584.

3 Ebenda, S. 627.

4 Ebenda, S. 589.

sie sich wie folgt dar:

$$R_p = \frac{\sum_{i=0}^{n} X_i}{A_s + \sum_{i=0}^{n} A_{v,2,i}} \rightarrow \text{max.!} \quad \frac{\text{Naturaleinheiten}}{\text{Zeiteinheiten}} \quad \text{bzw.} \quad \frac{\text{Anzahl der Erzeugnisse}}{\text{Geldaufwand}}$$

wobei:

X = Gebrauchswert

A_s = ressourcenschaffender Aufwand

$A_{v,2}$ = ressourcenverbrauchender Aufwand (ohne umgewandelten ressourcenschaffenden Aufwand)

i = Nutzungsdauer

Die Ressourcenpotenz bringt also die Möglichkeit zum Ausdruck, je Einheit gesellschaftlicher Arbeitszeit das Maximum an Gebrauchswerten zu produzieren.[5] Sie verkörpert die Voraussetzung für die Höhe des maximal zu erreichenden Effektivitäts- und damit auch Produktivitätsniveaus.

Die Widersprüchlichkeit der genannten Einflußfaktoren besteht darin, daß alle vier in wechselseitiger funktionaler Abhängigkeit stehen. Besonders herauszustellen ist die Abhängigkeit des Leistungsvermögens, der Nutzungsdauer und des Substitutionseffekts von der Höhe des ressourcenschaffenden Aufwandes. Wenn man die Größenverhältnisse dieser Einflußfaktoren zueinander analysiert, so zeigt sich, daß besonders günstige Verhältnisse zwischen ressourcenschaffendem Aufwand und den anderen Faktoren bei den Sekundärressourcen „Technologie", „Verfahren" und „Organisation" bestehen. Das bedeutet, mit einem relativ geringen ressourcenschaffenden Aufwand können hohe produktivitätssteigernde Effekte erzielt werden.

Gleichzeitig ist die Möglichkeit herauszustellen, vorhandene Ressourcen während ihres Gebrauchs durch zusätzlichen ressourcenschaffenden Aufwand ökonomisch wirksamer zu machen. Solche Rationalisierungen sind unter bestimmten Bedingungen effektiver als die Schaffung neuer Ressourcen.

Die relativ teuersten, aber auch gleichzeitig die am wenigsten flexiblen Ressourcen sind die Grundmittel.

Unserem Thema gemäß können wir deshalb hier die theoretische Forderung ableiten, daß der Einfluß der Grundfondsreproduktion auf das Wachstum der Arbeitsproduktivität um so größer ist, je besser es gelingt, Grundfondsreproduktion mit Verfahrens- und Technologiereproduktion zu kombinieren. Das ist ein betriebswirtschaftliches Erfordernis des wissenschaftlich-technischen Fortschritts.

Zur Analyse der Grundfondsreproduktion

Von den bisher getroffenen Aussagen möchte ich nun einige analytische Bemerkungen zur praktischen Situation der Grundfondsreproduktion in der Industrie der DDR

[5] Einen gleichen Standpunkt vertreten Antschischkin/Issupow mit ihrem Zielkriterium der sozialistischen Intensivierung, das sie als Maximum des Produktionsausstoßes je Einheit Produktionsressource definierten. Vgl. A. Antschischkin, W. Issupow, Die Intensivierung der sozialistischen Produktion unter den Bedingungen der ökonomischen Integration der Länder des RGW (Hauptreferat der UdSSR-Seite), in: Wirtschaftswissenschaft, 3/1977, S. 348.

bringen, um von hier aus unter Berücksichtigung der theoretischen Zusammenhänge im 3. Teil einige praktische Schlußfolgerungen für weitere Aufgaben bei der Grundfondsreproduktion zu ziehen.

Der Grundmittelbestand in der Industrie der DDR erhöhte sich von 1955 = 77,999 Mrd. Mark auf 229,190 Mrd. Mark im Jahre 1975. Das ist eine Vergrößerung auf 293,8%.

Dabei erhöhte sich der Anteil der Grundmittel der Industrie am gesamten Grundmittelbestand der produzierenden Bereiche der Volkswirtschaft von 57% 1955 auf 62,5% im Jahre 1975. Inwieweit eine solche enorme Ausweitung des Grundmittelbestandes auch produktivitätswirksam werden kann, hängt in hohem Maße davon ab, wie die anderen zu den Produktionsprozessen erforderlichen Ressourcen wachsen bzw. wie weit das Grundmittelwachstum gleichzeitig mit Substitution anderer Ressourcen verbunden ist.

Die Statistik weist nach, daß sich die Materialausnutzungskoeffizienten für Stahl, Gußeisen und Temperguß, Kupfer und Kupferlegierungen sowie für Aluminium und Aluminiumlegierungen im Untersuchungszeitraum erhöht haben. Der Elektroenergieverbrauch je 1000 Mark industrieller Bruttoproduktion sank von 416 kWh 1965 auf 280 kWh 1975. Es sind also in den Betrieben positive Substitutionseffekte festzustellen. Aber sowohl die nur geringfügige Erhöhung der wenigen von der Statistik erfaßten Materialausnutzungskoeffizienten als auch die vielen Analysen über den Materialverbrauch in der Industrie lassen den Schluß zu, daß die Grundfondsreproduktion nicht in genügendem Maße Substitutionseffekte auf diesem Gebiet bewirkt hat. Selbst die relativ günstigen Zahlen zur Energieausnutzung müssen mit Einschränkungen hingenommen werden.

Es ist zum Beispiel bekannt, daß jede Stoffumwandlung naturgesetzlich mit einer Energieumwandlung verknüpft ist. In der doch sehr ausgedehnten stoffumwandelnden Industrie der DDR ist diese Wärme-Kraft-Kopplung jedoch ungenügend verwirklicht.

Ein besonderes Interesse muß die Wirkung der Grundmittelreproduktion auf die für die Produktion wichtigste Ressource, die menschliche Arbeitskraft, auslösen.

Dazu wird der Zeitraum 1963 bis 1975 herangezogen. Es erhöhten sich

– die Grundmittel auf	203,4%
– die Produktionsarbeiter auf	105,2%
– der Ausstattungsgrad auf	181,7%
– die Reparaturarbeiter auf	129,0%
– der Betreuungsgrad auf	157,2%.

Zunächst sollen die Arbeitskräfteveränderungen betrachtet werden, die natürlich nicht ausschließlich, wohl aber zu einem großen Teil durch Maßnahmen der Grundfondsreproduktion verursacht werden. Die Erhöhung der Zahl der Arbeitskräfte in dem betrachteten Zeitraum ist sehr positiv. Aber insgesamt wurde keine genügende Substitution von Arbeitskräften durch Grundfondsreproduktion erzielt. Der Generalsekretär unserer Partei mußte in seiner Rede vor den 1. Kreissekretären der SED am Beispiel der chemischen Industrie zum wiederholten Male kritisieren, daß durch Investitionen mehr Arbeitsplätze geschaffen als eingespart wurden.

Dieses Problem spiegelt auch die Struktur der Arbeitskräftezuführung wider:

Im Zeitraum von 1963 bis 1975 erhöhte sich die Zahl der Berufstätigen der Industrie von 2 752 000 auf 3 063 700, das ist eine Erhöhung um 311 700. Die Zahl der Produktionsarbeiter erhöhte sich dagegen nur um knapp 99 000. Neben der notwendigen Vergrößerung des wissenschaftlich-technischen Personals, die u. a. aus dieser Zahl spricht, müssen wir jedoch auch mit Besorgnis die Vergrößerung der Zahl der Arbeitskräfte im Bereich der Industrie verfolgen, die nicht produktivitätsbeeinflussend sind. Es scheint notwendig, an die Worte Karl Marx' in seinem Werk „Kritik des Gothaer Programms" zu erinnern, wo er die allgemeinen, nicht zur Produktion gehörigen Verwaltungskosten im Sozialismus wie folgt charakterisiert:

„Dieser Teil wird von vornherein aufs bedeutendste beschränkt im Vergleich zur jetzigen Gesellschaft und vermindert sich im selben Maß, als die neue Gesellschaft sich entwickelt."[6]

Stärkeren Einfluß nimmt die Grundfondsreproduktion selbstverständlich auf den Einsatz der Produktionsarbeiter. Von den im Untersuchungszeitraum zusätzlich eingesetzten ≈ 99 000 Produktionsarbeitern mußten mehr als 75000 dem Bereich der Instandhaltung zugeführt werden.

In die eigentlichen Produktionsprozesse gelangten im Untersuchungszeitraum damit nur 23 566 Arbeitskräfte, das sind ganze 7,6 % des Arbeitskräftezuwachses. Wenn diese Zahl auch sicher Gedankenassoziationen in Richtung Veränderung von Planungs- und Abrechnungsmethodiken, Reduzierungen des Berichterstattungswesens, Schrumpfung von Verwaltungs-, Kontroll- und Stabseinrichtungen hervorrufen mag, so bestätigt sich doch, daß neben den Arbeitskräftefreisetzungen durch Grundfondsreproduktion gleichzeitig auch die Zahl der Produktionsarbeiter für die Produktionshauptprozesse wesentlich schneller wachsen muß. Dazu muß die bedeutend schnellere Vergrößerung der Zahl der Reparaturarbeiter durch Reduzierung des überalterten Grundmittelbestandes gebremst werden. Im Untersuchungszeitraum jedoch reichte diese Vergrößerung noch nicht einmal aus, um die noch schneller gewachsene Grundfondsmasse ordnungsgemäß durch die Reparaturarbeiter instandhalten zu können.

Der Betreuungsgrad (ausgedrückt in dem Grundmittelvolumen, das auf jeden Produktionsarbeiter der Instandhaltung entfällt) stieg von 1963 bis 1975 auf 157,2 %. Dabei müssen wir davon ausgehen, daß die Arbeitsproduktivität im Reparaturbereich auf Grund der noch immer vorwiegenden manufakturmäßigen Produktionsbedingungen objektiv nur langsamer wachsen kann als bei der Neuproduktion von Arbeitsmitteln. Die Reparaturarbeiter erreichen auf Grund dieser Situation gegenwärtig etwas mehr als 40 % der Arbeitsproduktivität der Maschinenbauproduktion. Wenn man gleichzeitig berücksichtigt, daß bei durchschnittlichen Aussonderungskoeffizienten zwischen 1 und 2 % der Grad der Überalterung der Grundmittel ständig zunimmt, was mit erhöhter Reparaturanfälligkeit identisch ist, so ergibt sich die Frage, in welchem Maße es möglich ist, den ständig wachsenden Reparaturbedarf zu decken.

Unsere Untersuchungen zeigen, daß die Bedingungen dafür in den einzelnen Industriebereichen sehr unterschiedlich sind. Aus der statistischen Analyse lassen sich 2 Gruppen von Industriebereichen herausstellen.

Zur ersten Gruppe gehören die Bereiche, die in Tabelle 1 aufgeführt sind.

Der Reparaturbereich konnte durch Produktionsarbeiter so stark erweitert werden, daß der Betreuungsgrad in der Zeit von 1969 bis 1975 sank oder sich nur in solchem Umfang vergrößerte, daß er durch Produktivitätssteigerungen im Reparaturbereich ausgeglichen werden kann. Für diese Industriebereiche trifft also die Aussage, daß der Instandhaltungsbedarf nicht gedeckt werden kann, zumindest quantitativ betrachtet, *nicht zu.*

Anders ist es in der zweiten Gruppe. Hier ist ein unterdurchschnittliches Wachstum, z. T. sogar ein absoluter Rückgang der Zahl der Produktionsarbeiter im Reparatur-

[6] K. Marx, Kritik des Gothaer Programms, in: MEW, Bd. 19, Berlin 1962, S. 19.

bereich zu verzeichnen, so daß der Betreuungsgrad in einem Maße stieg, der zu der Aussage berechtigt, daß hier der Instandhaltungsbedarf nicht völlig gedeckt werden kann. Dazu gehören die Industriebereiche laut Tabelle 2.

Tabelle 1

	Veränderung 1975 : 1969 – **in Prozent** – Zahl der Reparturarbeiter	Betreuungsgrad
Baumaterialienindustrie	145,9	99,3
Leichtindustrie	152,1	96,0
Textilindustrie	121,1	111,5
Lebensmittelindustrie	216,6	65,5
Energie- und Brennstoff-industrie	127,8	110,7

Tabelle 2

	Veränderung 1975 : 1969 – in Prozent – Zahl der Reparaturarbeiter	Betreuungsgrad
Chemische Industrie	90,3	170,8
Metallurgie	99,6	142,5
Maschinen- und Fahrzeugbau	92,2	142,5
Elektrotechnik/Elektronik/ Gerätebau	121,7	142,5
Industriedurchschnitt	112,7	128,7

Besonders extrem ist die Situation in der chemischen Industrie. Hier haben sich die Grundfonds in diesem Zeitraum um 50 % vergrößert. Die Zahl der Produktionsarbeiter zur Bedienung der Grundmittel ist etwa gleich groß geblieben, aber die Zahl der Reparaturarbeiter ist um 5 679 reduziert worden.

Diese Situation lenkt unsere Aufmerksamkeit zwangsläufig auf die Aussonderungsproblematik und die daraus folgenden Konsequenzen für die Steigerung der Arbeitsproduktivität. Ohne Zweifel muß ein wesentlich größerer Anteil veralterter und in besonderem Maße reparaturanfälliger Grundmittel ausgesondert werden, damit Reparatur- und Bedienungspersonal reduziert werden kann. In unserer Grundmittelreproduktion liegt zu einem erheblichen Teil begründet, daß wir eine zu hohe Bindung von Arbeitskräften in der Industrie insgesamt zu verzeichnen haben. Vergleiche der DDR mit entwickelten kapitalistischen Industrieländern zeigen, daß in unserer Industrie 41,76 % aller Arbeitskräfte der Volkswirtschaft beschäftigt sind. Mit Ausnahme von Großbritannien, das mit 38,67% dieser Zahl nahekommt liegen andere Länder wesentlich niedriger. Das zeigt die Übersicht in Tabelle 3.

Interessant ist die Tatsache, daß Palterovič[7] das Land mit dem zweitgrößten Anteil Beschäftigten der Industrie und des Handwerks, Großbritannien, deshalb als ein Land mit einem relativ niedrigeren Entwicklungsstand gegenüber Schweden einschätzt, weil die normative Nutzungsdauer der Grundmittel in Schweden mit 5 Jahren wesentlich

[7] D. Palterovič, O srokach služby i tempach obnovlenija parka promyšlennogo oborudovanija, in: Voprosy ėkonomiki, 2/1970, S. 62- 74.

Tabelle 3

Anteil der Beschäftigten der Industrie und des Handwerks an den Gesamtbeschäftigten der Volkswirtschaft (in Prozent)	
DDR (1974)	41,76
Belgien (1973)	33,65
Frankreich (1968)	29,10
Großbritannien (1966)	38,67
Italien (1972)	32,78
Schweden (1972)	29,74
Kanada (1974)	22,91
USA (1973)	26,10
Japan (1970)	26,49
Australien (1971)	25,95

kürzer als mit 27 Jahren in Großbritannien ist. Es scheint also volkswirtschaftlich ein funktionaler Zusammenhang zwischen Länge der Nutzungsdauer der Grundmittel und Bindung von Arbeitskräften in der Industrie zu bestehen.

Welche grundsätzliche Bedeutung das Verhältnis der produktiven Bevölkerung zur unproduktiven besitzt, hat Karl Marx in seinem Werk „Theorien über den Mehrwert" dargestellt. Er schrieb:

„Das Land ist um so reicher, je geringer die produktive Bevölkerung im Verhältnis zur unproduktiven, bei derselben Quantität von Produkten. Denn die verhältnismäßige Geringheit der produktiven Bevölkerung wäre ja nur ein andrer Ausdruck für den verhältnismäßigen Grad der Produktivität der Arbeit."[8]

So sehr außerhalb der Grundfondsreproduktion liegende Einflüsse die Arbeitskräftebindung auch beeinflussen mögen, dieses Gesamtverhältnis produktiver zu nichtproduktiver Bevölkerung wird direkt durch die Art und Weise sowie die Formen und Methoden der Grundfondsreproduktion beeinflußt. Ich komme zu den aus der analytischen Untersuchung abzuleitenden Aufgaben.

Weitere Aufgaben zur Steigerung der Arbeitproduktivität durch Grundfondsreproduktion

Die hier gegebenen analytischen Aussagen bestätigen voll und ganz die von unserer Partei auf dem VIII. und auf dem IX. Parteitag formulierten Aufgaben zur effektiven Reproduktion der Grundfonds, die für uns ja Bedingung ist, unsere sozialpolitischen Ziele im Interesse der werktätigen Menschen zu realisieren. In seinem Referat vor den 1. Kreissekretären stellte der Generalsekretär unserer Partei, Genosse Erich Honecker, fest: „Unsere ökonomische Strategie wird davon getragen, den wissenschaftlich-technischen Fortschritt zu beschleunigen und seine ökonomische und soziale Wirksamkeit zu erhöhen."[9]

Da wir die Grundfondsreproduktion als integrierenden Bestandteil des Zyklus Wissenschaft-Technik-Produktion zu verstehen haben, schließt diese Strategie unserer

[8] K. Marx, Theorien über den Mehrwert, Erster Teil, in: MEW, Bd. 26.1., Berlin 1965, S. 199.

[9] E. Honecker, Die Aufgaben der Partei bei der weiteren Verwirklichung der Beschlüsse des IX. Parteitages der SED, in: Neues Deutschland vom 18./19. Februar 1978, S. 5.

Partei optimale Grundfondsreproduktion ein. Viele Einzelaufgaben sind in den Beschlüssen der Partei genannt. Ohne sie alle wiederholen zu wollen, möchte ich nur einige Bemerkungen zu solchen Problemen bringen, zu denen wir auch einen klaren theoretischen Standpunkt beziehen müssen.

Zunächst einige Bemerkungen zum Verhältnis zwischen Forschung und Entwicklung einerseits und Grundfondsreproduktion andererseits. Über Maßnahmen der Grundfondsreproduktion müssen zusammen mit der Anpassung aller anderen Ressourcen eines Produktionsprozesses neu- und weiterentwickelte Erzeugnisse realisiert werden können. Bei dem heutigen Tempo der Erzeugnisentwicklung, das zwar in den einzelnen Bereichen unterschiedlich, bei Grundstoffen sehr langsam, bei volkswirtschaftlichen Finalerzeugnissen dagegen äußerst stürmisch verläuft, wird eine hohe Flexibilität bei der Grundfondsreproduktion verlangt. Inwieweit es gelingt, solche Adaptionen schnell – der Bedürfnis- und Bedarfsentwicklung entsprechend – zu vollziehen, hat sehr große Auswirkungen auf die Effektivität des Bereiches Forschung und Entwicklung selbst. Das ist insbesondere die Frage nach der Gewißheit der investitionsseitigen Realisierung von Forschungs- und Entwicklungsergebnissen.

Oftmalige Korrekturen von Investitionsentscheidungen, zu lange Vorbereitungs- und Realisierungszeiten und scheinbar zu geringe Investitionskapazitäten beeinträchtigen die Anpassung der Grundfonds an die neuen wissenschaftlich-technischen Erfordernisse. Eine zielstrebige und zügige Grundfondsreproduktion ist in ihrer Rückwirkung auf Forschung und Entwicklung bei dem Systemcharakter der Produktionsprozesse eine entscheidende Bedingung, um das Tempo und das Niveau des wissenschaftlich-technischen Fortschritts bedeutend zu erhöhen.

Aber Forschung und Entwicklung müssen auch Ergebnisse zeigen, die die ökonomische Wirksamkeit der Grundmittel und damit die Arbeitsproduktivität wesentlich erhöhen. Das beginnt bereits bei der Konstruktion der Erzeugnisse, wo auf solche Lösungen zu orientieren ist, die

– eine hohe Auslastung der Grundmittel zulassen,
– fertigungsreif sind und
– mit den Investitionserfordernissen übereinstimmen.

Eine große Rolle spielt die Verfahrens- und technologische Forschung. Während mit den Produktionsverfahren der Weg der Umwandlung der Arbeitsgegenstände bestimmt wird[10], fassen wir die Technologie im Sinne vergegenständlichter Wissenschaft (nicht im Sinne einer wissenschaftlichen Disziplin) als die methodisch-organisatorische Lösung der Kombination aller in einem Leistungsprozeß benötigten Ressourcen auf. Die Technologie legt also den Fertigungsablauf auf der Grundlage eines vorgegebenen Verfahrens fest. Bei Verfahrens- oder Technologieadaptionen durch Grundfondsreproduktion müssen wir zwei grundsätzliche Typen von Produktionsprozessen unterscheiden:

Erstens: die Realisierung neuer Verfahren bzw. Technologien mit einem vorhandenen Grundmittelbestand. Dieser Typ findet sich in weiten Bereichen der metallverarbeitenden und holzverarbeitenden Industrie sowie im Bereich der Instandhaltung und anderer Hilfsprozesse. Bei diesem Typ von Produktionsprozessen ist die Verfahrens- und Technologieentwicklung vor allem durch eine sinnvolle organisatorische

[10] Beispiele unterschiedlicher Verfahren sind unter anderem die Stahlherstellung nach dem Bessemer-, dem Thomas- oder dem Siemens-Martin-Verfahren; oder die Herstellung von Alizarin aus Teer statt aus Krappwurzel; oder die Herstellung von Schwefelsäure aus Schwefelkies bzw. aus Gips; oder die Herstellung von Polyäthylen auf petrolchemischer bzw. karbochemischer Grundlage.

Gestaltung des Produktionsprozesses zu gewährleisten, so daß auch eine schnellere Anpassung der Technologie an die Neu- und Weiterentwicklung von Erzeugnissen gewährleistet werden kann. Man muß aber beachten, daß auch bei diesen Prozessen im Zusammenhang mit dem weiteren Vordringen der Fließfertigung und der Automatisierung der Grundmitteleinsatz größer wird und daß hier vor allem die Entwicklung flexibler Fertigungssysteme Bedingung für notwendige Anpassungen werden.

Zweitens: Es herrscht eine so starre Gebundenheit der Produktion an streng spezialisierte Arbeitsmittel vor, daß Verfahren und Technologie nur an ein ganz bestimmtes Arbeitsmittelsystem gekoppelt sind. Bei diesem Typ von Produktionsprozessen, der vor allem in stoffumwandelnden Produktionsprozessen – aber auch in anderen Bereichen, wie etwa der Textilindustrie – vorkommt, können neue Erzeugnisse, Verfahren und Technologien oft nur durch den kompletten Ersatz eines alten Arbeitsmittelsystems realisiert werden.

Welcher Typ aber auch im konkreten Falle vorliegen mag, immer gilt die schon zu Beginn dieses Referates erwähnte Bedingung, daß mit der Entwicklung der Sekundärressourcen durch einen relativ geringen gesellschaftlich notwendigen ressourcenschaffenden Aufwand eine große Vorwärtsbewegung in der Arbeitsproduktivität erreicht werden kann. Genosse Erich Honecker forderte in seinem Referat im September 1977 in Dresden: „Die Kernfrage besteht darin, durch Rationalisierung, vor allem durch ein hohes technologisches Niveau, Arbeitsplätze in großem Maße einzusparen und dadurch Werktätige für die volle Ausnutzung der Maschinen und Anlagen zu gewinnen."[11]

Zwei Probleme stehen hier zur Lösung an:

1. Der Anteil der technologischen Forschung muß erhöht werden und
2. die Grundfondsreproduktion muß namentlich bei dem 2. Typ von Produktionsprozessen eine schnellere Verfahrens- und Technologieentwicklung gewährleisten.

Im Programm unserer Partei heißt es: „Vom Leistungsniveau der Technologie hängt es weitgehend ab, wie menschliche Arbeit eingespart und erleichtert, wie sie noch produktiver und interessanter wird."[12]

Im allgemeinen muß man jedoch feststellen, daß in der Praxis der technologischen Arbeit noch immer nicht die gebührende Aufmerksamkeit geschenkt wird. Genosse Erich Honecker wies darauf hin, daß von den gesamten 1976 im Werzeug- und Verarbeitungsmaschinenbau erzielten Arbeitseinsparungen nur 2,3% aus der Einführung neuer technologischer Verfahren stammen.[13] Untersuchungen im Bezirk Halle zeigten, daß nur 1 % der in der Industrie beschäftigten Hoch- und Fachschulkader auf dem Gebiet der Technologie eingesetzt sind. Auf diesem Gebiet haben also Wissenschaft und Industrie gleichermaßen einen erheblichen Nachholebedarf.

Neue oder weiterentwickelte Verfahren und Technologien im oben beschriebenen Typ 2 von Produktionsprozessen müssen oft durch Reproduktion eines bereits vorhandenen Grundfondsbestandes realisiert werden. Die Tatsache jedoch, daß wir gegebene Produktionsprozesse und die sie verkörpernden Grundmittelsysteme physisch beliebig lange über Einzelreproduktion, d. h. Ersatz einzelner zu diesem System gehörender Arbeitsmittel, betreiben können, zeigt deutlich, daß die Erneuerung eines Grundmittelbestandes durchaus nicht mit technologischem Fortschritt identisch sein

[11] E. Honecker, Die sozialistische Revolution in der DDR und ihre Perspektiven, Berlin 1977, S. 32.

[12] Programm der Sozialistischen Einheitspartei Deutschlands, a. a. O., S. 46.

[13] E. Honecker, Die Aufgaben der Partei bei der weiteren Verwirklichung der Beschlüsse des IX. Parteitages der SED, in: Neues Deutschland vom 18./19. Februar 1978, S. 5.

muß. Diese Aussage verdient deshalb größte Aufmerksamkeit, weil nicht wenige veraltete Produktionsprozesse seit vielen Jahrzehnten durch Einzelreproduktion der Grundmittel am Leben erhalten werden und die Grundmittelerneuerung in solchen Fällen der Konservierung eines rückständigen technologischen oder verfahrenstechnischen Niveaus dient. Hier liegt m. E. auch eine Hauptursache für den verhältnismäßig hohen Anteil von Beschäftigten in der Industrie.

Die mit der Grundfondsreproduktion zu lösende Aufgabe bedeutet also, nicht nur schlechthin zu einer höheren Aussonderungsquote zu gelangen, sondern anstelle der überwiegenden Einzelreproduktion zur Gesamtreproduktion, also zur Reproduktion kompletter Arbeitsmittelsysteme zu gelangen.

Aber der hohe technologische Nachholebedarf kann nicht schlagartig auf diesem Wege gedeckt werden. Sowohl dieser Grund, also auch der Tatbestand, daß im praktischen Einsatz die Ressourcenpotenz der Grundmittel meist nur zu einem Bruchteil tatsächlich genutzt werden kann, macht es immer notwendig, der Rationalisierung größte Aufmerksamkeit zu schenken.

Unter Rationalisierung verstehen wir die Vergrößerung bzw. bessere Nutzung der Ressourcenpotenz vorhandener Ressourcensysteme. Rationalisierungsmaßnahmen müssen sich auf das gesamte System der Ressourcen auswirken. So hat es Genosse Honecker in seiner bekannten Dresdner Rede im September 1977 dargestellt. Er sagte:

„Die Rationalisierung ist ein Hauptfaktor der Steigerung der Arbeitsproduktivität. Wir fassen sie als eine weite Aufgabenstellung auf. Die gute Organisation der Produktion gehört ebenso dazu wie die Sicherung der Kontinuität, die sinnvolle Arbeitsplatzgestaltung und die Einführung neuer Technologien und automatisierter Ausrüstungen."[14]

Rationalisierungen verlangen also nicht nur Maßnahmen zur Grundfondsreproduktion, sondern ebenso auch Umsetzung von Erkenntnissen der WAO, der Bereiche Forschung und Entwicklung sowie Weiterentwicklung der Betriebsorganisation. Soweit aber diese Veränderungen mit Maßnahmen der Grundfondsreproduktion gekoppelt sind, ist die Verbindung zur Neueinführung oder zumindest Weiterentwicklung der Verfahren und Technologien unbedingt zu gewährleisten. Erst dadurch treten – dem Systemcharakter der Produktionsprozesse entsprechend – echte Rationalisierungseffekte ein, die sich in der Steigerung der Arbeitsproduktivität ausdrücken. Da der größte Teil unserer Produktionsprozesse nach wie vor rein empirisch betrieben wird, geben wissenschaftlich begründete Prozeßanalysen außerordentlich gute Ansatzpunkte für solche komplexen Rationalisierungen. In vielen Fällen werden sie zu Rekonstruktionen, also zu grundsätzlichen Umgestaltungen vorhandener Arbeitsmittelsysteme bei gleichzeitiger Einführung verbesserter technologischer und verfahrensmäßiger Lösungen führen.

Aber es darf nicht der Schluß gezogen werden, daß jede Reproduktionsmaßnahme an vorhandenem Grundfondsbestand auch zu erhöhter Arbeitsproduktivität (im Sinne des Nutzeffektes der gesellschaftlichen Gesamtarbeit) führt. Untersuchungen haben zu dem Ergebnis geführt, daß der Nutzeffekt von Reproduktionsmaßnahmen an einem vorhandenen Grundmittelbestand mit zunehmender Nutzungsdauer des Gesamtbestandes abnimmt. Eine sonst gleiche Reproduktionsmaßnahme an einem noch jungen Arbeitsmittelsystem zeigt wesentlich höhere ökonomische Effekte als an einem schon lange genutzten. Diese Erscheinung findet ihre theoretische Erklärung in dem Systemcharakter der Ressourcen, dem ungleichen Tempo der Abnutzung der Systemelemente,

[14] E. Honecker, Die sozialistische Revolution in der DDR und ihre Perspektiven, a. a. O., S. 32.

der einzelnen Arbeitsmittel und der Möglichkeit, durch Reproduktion eines abgenutzten Arbeitsmittels vorhandene Ressourcenpotenzen anderer Elemente gewissermaßen als Sekundäreffekt wieder ökonomisch wirksam zu machen. Diese Sekundäreffekte werden mit zunehmender Nutzungsdauer des Systems geringer.

Gegen diese Erkenntnis wird jedoch zuweilen verstoßen und versucht, solchen uneffektiven Maßnahmen durch die Bezeichnung „Sozialistische Rationalisierung" einen progressiven Anstrich zu geben. Rationalisierungsmaßnahmen dürfen niemals als Alternative zu Grundfondsaussonderungen und Ersatzinvestitionen aufgefaßt werden, zumal der moralische Verschleiß von Systemen gebundener Grundmittel vor allem durch Weiterentwicklung von Verfahren und Technologien verursacht wird und den Zeitraum effektiver Rationalisierungsmaßnahmen rigoros einengen kann.

In dem durch den Zeitfaktor begrenzten Effektivitätsbereich der Rationalisierung ergeben sich große und bisher durchaus noch nicht vollständig ausgenutzte Möglichkeiten zur Steigerung der Arbeitsproduktivität. Die Rationalisierungsmaßnahmen lösen einen umfangreichen Bedarf an Rationalisierungsmitteln aus. Die enge Spezifik dieses Bedarfes macht es notwendig, die von der Partei vorgegebene Linie zum Eigenbau spezieller Rationalisierungsmittel konsequent weiter zu verfolgen. Aber auch diese Aufgabe darf nicht als Selbstzweck verstanden werden. Die Eigenkapazitäten zum Bau von Rationalisierungsmitteln dürfen nicht zur Negation der ökonomischen Vorteile der gesellschaftlichen Arbeitsteilung führen und sind auch nicht geeignet, Bilanzlücken bei Erzeugnissen, die nur in Großproduktion rationell hergestellt werden können, zu schließen. Es geht also weder um Autarkie der Kombinate und Betriebe durch Aufhebung der Vorteile der gesellschaftlichen Arbeitsteilung noch um Verlagerung der Produktion von Rationalisierungsmitteln – die nur beim Anwender mit höchstem Effekt erfolgen kann – in die Arbeitsmittel herstellende Industrie, sondern um Produktivitätsfortschritt durch Rationalisierung.

Unsere Untersuchungen haben gezeigt, daß die betrieblichen Ressourcensysteme ständig an die Bedürfnis- und Bedarfsdynamik, an die Anforderungen aus neuen wissenschaftlich-technischen Erkenntnissen und die daraus abgeleiteten Anforderungen an die Arbeits- und Lebensbedingungen der Werktätigen sowie an höhere ökonomische Zielsetzungen angepaßt werden müssen. Diese Adaptionsnotwendigkeiten nehmen mit dem wissenschaftlich-technischen Fortschritt und der weiteren Reife der sozialistischen Gesellschaftsordnung schnell zu. Mit welcher Geschwindigkeit und mit welchem Effekt diese Adaptionen erfolgen, ist von entscheidendem Einfluß auf die Entwicklung der Arbeitsproduktivität, das Wachstum der Produktion und auf die gesamte Dynamik der sozialistischen Gesellschaft.

Damit ist ein riesiger Komplex von Problemen angesprochen, die von einzelnen betrieblichen Reproduktionsentscheidungen, über Reagibilität unseres Bilanzsystems, die Bestellfristen für Ausrüstungen bis hin zu Grundfragen unseres gesamten Wirtschaftsmechanismus reichen.

Was die Weiterentwicklung unseres Wirtschaftsmechanismus in seiner Gesamtheit betrifft, so möchte ich nur auf die Aussage im Artikel von Genossen Otto Reinhold in der „Einheit" verweisen.[15] Auf die Grundfonds bezogen hängt die Adaptionsfähigkeit von der Beweglichkeit unseres Systems der Vorbereitung und Durchführung von Investitionen ab. Die sowjetische Genossin Čertko hat in der Zeitschrift „Voprosy ėkonomiki" die Investitionszyklen in den USA und Japan analysiert. Daraus sind die

[15] O. Reinhold, Intensivierung – ein gesellschaftlicher Prozeß von historischer Tragweite, in: Einheit, 1/1978, S. 62/69.

folgenden Angaben über durchschnittliche Realisierungszeiten zum Bau von Großbetrieben in den Zweigen der verarbeitenden Industrie Japans zu entnehmen (vgl. Tabelle 4)[16]:

Tabelle 4

Bauzeiten in Zweigen der japanischen Industrie (in Monaten)

	1955	1960	1967
Sägewerk	24	18	12
Fabrik für Radioempfänger	24	18	11
Rohrwalzwerk	18	14	9
Zementwerk	11	8	6
Erdölraffinerie (100 000 Barrel/d)	15	12	10
Fabrik für Kammgarnwolle	18	15	12
Wasserkraftwerk	30	26	24

Es handelt sich hier um Durchschnittsgrößen. Wir können gegenwärtig höchstens bei Spitzenvorhaben, die unter Sonderbedingungen realisiert werden, auf solche Zeiten verweisen. Damit zeigt diese Darstellung, daß in unseren Investitionsprozessen noch große Reserven liegen. Auf keinen Fall jedoch kann man das Argument akzeptieren, daß unsere im Durchschnitt längeren Investitionszeiten auf eine zu geringe Investitionskapazität zurückzuführen seien. Folgende Zahlen, die statistische Anhaltspunkte über die Größe der Investitionskapazität eines Landes sind, belegen diese Aussage (vgl. Tabelle 5)[17]:

Tabelle 5

Anteil der Beschäftigten des Bauwesens an den Gesamtbeschäftigten der Volkswirtschaft (in Prozent)	
DDR (1974)	7,36
Belgien (1973)	7,54
Frankreich (1968)	9,96
Großbritannien (1966)	7,83
Italien (1972)	10,25
Schweden (1972)	9,05
Kanada (1974)	6,36
USA (1973)	6,52
Japan (1970)	7,48
Australien (1971)	7,73

Auch bei Berücksichtigung nationaler Besonderheiten muß man sagen, daß die DDR eine völlig normal entwickelte Investitionskapazität besitzt. Wenn man aber die Realisierungszeiten, die Čertko für die USA und auch für die japanische Wirtschaft aufgezeigt hat, mit denen bei uns vergleicht, so bleibt die unbedingte Schlußfolgerung,

16 Vgl. N. Čertko, Prodol'žitelnost' kapitalovloženij i cikl v zagranice, in: Voprosy ėkonomiki, 4/1977, S. 117.

17 Statistisches Jahrbuch der DDR 1976, Berlin 1976, S. 36.

mit dem uns zur Verfügung stehenden Investitionspotential weit größere Ergebnisse zu erzielen! Dazu sind sowohl betriebswirtschaftliche als auch volkswirtschaftliche Aufgaben zu lösen. Wichtige betriebswirtschaftliche Aufgaben sind:

Erstens: Der Betrieb muß vor allem langfristige Konzeptionen der Grundfondsreproduktion als Bestandteil der komplexen Intensivierungskonzeption erarbeiten. Diese Aufgabe ist originär, ohne Vorgabe und Auftrag der vorgesetzten Dienststelle zu lösen. Auf diese Weise ist er in der Lage, mit seinen Konzeptionen auch auf die zentralen langfristigen konzeptionellen Arbeiten zur Entwicklung der Industriezweige Einfluß zu nehmen.

Zweitens: Der Betrieb muß – auf solchen langfristigen Konzeptionen aufbauend – Übereinstimmung der Grundrichtung von Forschung und Entwicklung und Grundfondsreproduktion gewährleisten.

Drittens: Der Betrieb muß die Investitionskosten exakt berechnen. Die übliche Praxis, die Investitionskosten möglichst niedrig anzusetzen, um in den Vorbereitungsdokumenten einen hohen Nutzeffekt auszuweisen und die Bestätigung der Investitionen beim vorgesetzten Organ zu erhalten, hat zwangsläufig zur Folge, daß die auf solchen Dokumenten aufbauenden Bilanzen in den späteren Etappen nicht mehr im Gleichgewicht sind. Hierher gehören auch exakte Prüfungen der von Anlagenbaubetrieben angebotenen Investitionspreise.

Viertens: In der Vorbereitungsphase müssen die Betriebe als Investitionsauftraggeber die technischen, verfahrenstechnischen und technologischen Konzeptionen, die Kapazitätsgröße und den Standort klären sowie die benötigten Arbeitskräfte freisetzen und qualifizieren.

Fünftens: Der Betrieb muß eine sorgfältige und kompromißlose Kontrolle der Investitionsrealisierung ausüben.

Diese betriebswirtschaftlichen Erfordernisse sind relativ einfach zu realisieren. Schwieriger ist es, die volkswirtschaftlichen Bedingungen für eine bessere Vorbereitung und Realisierung der Investitionen zu verändern. Folgende Veränderungen sind im Interesse größerer Wirksamkeit auf die Arbeitsproduktivität in den Betrieben nötig:

1. Das Volumen der zu treffenden und zentral zu bestätigenden Investitionsentscheidungen darf nicht größer als die Investitionskapazität sein. Das ist eine grundlegende volkswirtschaftliche Gleichgewichtsbedingung, die sich aus dem System der ökonomischen Gesetze des Sozialismus ableitet und die jedes Wunschdenken im Investitionsbereich verbietet.

2. Die Entwicklungskonzeptionen und die Investitionsentscheidungen müssen weitgehend stabil sein, dürfen nicht zu oft geändert werden. Jede Änderung ist mit enormen unproduktiven Aufwendungen verbunden.

3. Die Jahresbilanzen, auf die sich heute die Investitionsplanung ausschließlich orientieren muß, ist durch langfristige Investitionsbilanzen zu ergänzen. Die Jahresbilanz darf nur eine Konkretisierung bzw. Detaillierung der langfristigen Bilanz sein.

4. Es muß mit Bilanzreserven gearbeitet werden, deren Auflösung im Laufe des Jahres über normale Ware-Geld-Beziehungen möglich ist. Das ist nicht nur im Interesse größerer Sicherheit bei der Realisierung großer Investitionsvorhaben notwendig, sondern stellt gleichzeitig die Voraussetzung dar, kurzfristig Rationalisierungsmaßnahmen mit hoher Effektivität durchführen zu können.

5. Das im Prinzip richtige System der Generalauftragnehmerschaft bei der Investitionsrealisierung darf nur dort angewendet werden, wo es zu Vorteilen führt; das sind insbesondere Großvorhaben. Rekonstruktionen oder Investitionen, die bei laufendem Betrieb durchgeführt werden müssen, erfordern vor allem die Erfahrungen des

Anwenders. Sie werden deshalb am zweckmäßigsten mit Hilfe von Aufbauleitungen von den Investitionsauftraggebern selbst geleitet.

6. Die jetzige Leistungsbewertung und Stimulierung der Bau- und Montagebetriebe nach der Höhe des Investitionsaufwandes (der für diese Betriebe Warenproduktion ist) hat zur Herausbildung übermäßig umfangreicher Kooperationssysteme und zu beträchtlichen Preissteigerungen im Investitionsgeschehen geführt. Leistungsbewertung und Stimulierung müssen in diesen Zweigen nach der Senkung des mit der Grundsatzentscheidung bestätigten Investitionsaufwandes bei Einhaltung bzw. Erhöhung der geforderten Qualität und Einhaltung oder Unterbietung der Inbetriebnahmetermine (bei vorgesehener Einlaufkurve) erfolgen.

7. Anstelle der heute üblichen Steuerung der Investitionsrealisierung über ein umfangreiches und außerordentlich detailliertes Vertragssystem zwischen den vielen an der Investitionsrealisierung beteiligten Kooperationspartnern sollte der Direktor des Generalauftragnehmers entsprechend dem Leninschen Prinzip der Einzelleitung, ausgehend von Globalverträgen, das direkte Weisungsrecht gegenüber allen an der Kooperation beteiligten Kapazitäten erhalten.

Die Bedeutung der Lösung dieser Aufgaben liegt nicht allein darin, daß wir größere Leistungen im Investitionsbereich erreichen, sondern auch darin, daß dann über größere Gewißheit bei der Realisierbarkeit neuer wissenschaftlicher Ideen und Erkenntnisse das Tempo und das Niveau des wissenschaftlich-technischen Fortschritts bedeutend erhöht werden können.

Es ist im Rahmen des Einführungsvortrages nicht möglich, die ganze Palette der Probleme der Wirkungen der Grundfondsreproduktion auf die Steigerung der Arbeitsproduktivität darzustellen. Offen geblieben sind höchst wichtige Fragen des durch Grundfondsreproduktion zu erzielenden sozialen Fortschritt, der geistigen Anreicherung überwiegend manueller Arbeitsprozesse, der Verbesserung der Arbeits-, Umwelt- und der Lebensbedingungen. Offen geblieben sind die umfangreichen Probleme der Instandhaltung und auch die vielen Ausnutzungs- und Stimulierungsprobleme, insbesondere die verbesserte Schichtausnutzung, die unsere Partei mit Nachdruck fordert und schließlich auch die dringende Notwendigkeit, die Wirksamkeit der wirtschaftlichen Rechnungsführung zu erhöhen.

Ich nehme aber an, daß dazu in unserer Diskussion gesprochen wird, so daß auch diesen Fragen der ihnen gebührende Platz in unserem Arbeitskreis eingeräumt werden wird.

E. GROTHE

Die sozialistische Rationalisierungsstudie – eine Methode zur Intensivierung der gesellschaftlichen Produktion auf betriebswirtschaftlicher Ebene

Im bevorstehenden Entwicklungszeitraum gilt es, die Ökonomie der DDR voll und ganz auf den Hauptweg der Intensivierung einzustellen und dabei die sozialistische Rationalisierung energisch voranzutreiben.[1]

Die Intensivierung des volkswirtschaftlichen Reproduktionsprozesses vollzieht sich auf der Basis der Intensivierung der gesellschaftlichen Produktion in seinen arbeitsteiligen Gliedern. Kern der Intensivierung der Produktion in den sozialistischen Betrieben und Kombinaten bildet die sozialistische Rationalisierung, so daß folgende funktionelle Beziehung formuliert werden kann:[2]

Intensivierung der gesellschaftlichen Produktion in den VEB und VEK	$\supset$	sozialistische Rationalisierung

Die sozialistische Rationalisierung ist durch Aufgaben, Merkmale, Wege und Methoden gekennzeichnet. Als Methoden können die Gebrauchswert-Kosten-Analyse, der internationale wissenschaftlich-technische und ökonomische Vergleich über Erzeugnisse und Technologien, der Betriebsvergleich, die Prozeßanalyse und die Anwendung ökonomisch-mathematischer Methoden zur Bewertung von Rationalisierungsvarianten genannt werden. In Auswertung der Sowjetwissenschaft, von Vorschlägen der Theorie und Praxis in unserer Republik und auf der Grundlage eigener Forschungen konnte eine weitere Rationalisierungsmethode, die *sozialistische Rationalisierungsstudie*, entwickelt und in Bereichen der chemischen Industrie praktisch erprobt werden. Sie entstand auf der Basis insbesondere der Ergebnisse und Erkenntnisse der sozialistischen Rationalisierung im Chemiekombinat *Ščokino* und des *Baškirischen ökonomischen Experiments*, in dessen Verlauf die Ščokino-Methode Anwendung auf höherer Ebene fand und durch die Einführung neuer Elemente vervollkommnet wurde. Dabei wurde der Beweis des Übergangs von der fondsintensiven zur fondssparenden intensiv erweiterten Reproduktion auf betriebswirtschaftlicher Ebene erbracht.

Die sozialistische Rationalisierungsstudie ist eine *Methode komplexen Charakters*. Sie ist die wissenschaftliche Untersuchung zur Intensivierung der gesellschaftlichen Produktion im Rahmen der Kombinate und Betriebe bzw. ihrer Bereiche auf der Grundlage der sozialistischen Gemeinschaftsarbeit mit dem Ziel der höchstmöglichen Stei-

[1] Vgl. E. Honecker, Die sozialistische Revolution in der DDR und ihre Perspektiven, Berlin 1977, S. 25.

[2] Die Intensivierung in den Betrieben übersteigt in dem Fall die sozialistische Rationalisierung, wenn zentral geplante Investitionsvorhaben oder langfristige Vorhaben zur Vervollkommnung der Wirtschaftsorganisation, der sozialistischen ökonomischen Integration oder zur Veränderung der Produktionsstruktur als Beiträge der Intensivierung in den jeweiligen Betrieben und Kombinaten durchgeführt werden.
Das Symbol $\supset$ ist der Mengenlehre entnommen. So bedeutet A $\supset$ B, das B Bestandteil von A ist.

gerung von Arbeitsproduktivität und Effektivität sowie der Vervollkommnung der Arbeits- und Lebensbedingungen der Werktätigen. In ihrem *Grobalgorithmus* umfaßt sie zum Beispiel solche Aktivitäten, wie politisch-ideologische Vorbereitung der Werktätigen, Istzustandsanalyse, Sollzustandsprojektion, Vergleich mit Bestwerten, Erarbeitung und Bewertung von Lösungsvarianten, Auswahl und Verteidigung der optimalen Variante, Dokumentation der optimalen Variante in der Intensivierungskonzeption und Übernahme in den Plan. Dabei kann die Rationalisierungsstudie je nach Sachverhalt verschiedene Teilstudien haben. Der Vergleich zwischen der Rationalisierungsaufgabe, dem Lösungsvorschlag und dem Ergebnis der praktischen Umsetzung zeigt dann, in welchem Maße zur Intensivierung des betrieblichen Produktionsprozesses, in welchem Umfang und mit welchem Effekt zur Verwirklichung der Hauptaufgabe im jeweiligen Abschnitt des sozialistischen Reproduktionsprozesses beigetragen wurde.

Um die im Rahmen der Rationalisierungsstudie erarbeiteten Lösungsvorschläge zu beurteilen bzw. das nach Realisierung erzielte Ergebnis ökonomisch einzuschätzen, wurden *Entwicklungsproportionen für die Formen der intensiv erweiterten Reproduktion* erarbeitet und ein Instrument zur relativ schnellen Einschätzung der Intensivierung in Form eines *Nomogramms* geschaffen. Sie ermöglichen, den Intensivierungsfortschritt, insbesondere die Entwicklung der ökonomischen Effektivität, im betriebswirtschaftlichen Bereich darzustellen.

Folgende Entwicklungsproportionen konnten auf der Grundlage der von Marx[3] begründeten Typen der erweiterten Reproduktion und der von Notkin[4] entwickelten Formen der intensiv erweiterten Reproduktion abgeleitet werden, wobei als Bedingungen vorausgesetzt wurden:

1. für die fondsintensive Form
- Steigerung der Arbeitsproduktivität: $IAP > 1$,
- Steigerung der Grundfondsintensität: $IGFI > 1$,

wobei das Wachstum der Grundfondsausstattung über dem der Arbeitsproduktivität liegt: $IGFA > IAP$

2. für die fondssparende Form:
- Steigerung der Arbeitsproduktivität: $IAP > 1$,
- Abnahme der Grundfondsintensität: $IGFI < 1$,

wobei das Wachstum der Arbeitsproduktivität das der Grundfondsausstattung überflügelt: $IAP > IGFA$.

Somit konnten für die fondssparende Form der intensiv erweiterten Reproduktion mehrere Entwicklungsstufen formuliert werden (vgl. Tabellen 1 u. 2).

In diesem Fall wurden nur die Produktivitätskennzahlen berücksichtigt[5], so daß sich

3 Vgl. K. Marx, Theorien über den Mehrwert, Zweiter Teil, in: MEW, Bd. 26.2, Berlin 1967, S. 522.

4 Vgl. A. J. Notkin, Die Typen der erweiterten Reproduktion und die Wechselbeziehungen zwischen den Faktoren der ökonomischen Entwicklung, in: Autorenkollektiv, Faktoren und Kriterien der intensiv erweiterten Reproduktion im Sozialismus, Berlin 1972, S. 23 ff. (Schriften des Zentralinstituts für Wirtschaftswissenschaften, Nr. 1).

5 Die Untersuchung der den Relationskennzahlen und ihrer Folge zugrunde liegenden einfachen Kennzahlen ergab, daß der mit Hilfe des ökonomischen Normals fixierte Zusammenhang in Form IPV > IGF > IAK nicht in jedem Fall zutrifft, sondern sich eine veränderte Folge bei den Formen der intensiv erweiterten Reproduktion ergibt und ein die Grundgrößen verbindender Faktor zu integrieren ist.

Tabelle 1

Entwicklungsproportionen 1. Ordnung für die Formen der intensiv erweiterten Reproduktion

Nr.	Form der intensiv erweiterten Reproduktion	Entwicklungsproportionen 1. Ordnung a) Relationskennzahlen (2. Ungleichungskette) b) Grundkennzahlen (1. Ungleichungskette)
1.	fondsintensiv	a) $IGFA > IAP > 1 > IGFQ$ b) $IGF > IPV > IAK > \frac{IPV}{IGF} \cdot IAK$
2.	fondssparend 1. Stufe	a) $IAP > IGFA > IGFQ > 1$ b) $IPV > IGF > \frac{IPV}{IGF} \cdot IAK > IAK$
3.	fondssparend 2. Stufe	a) $IAP > IGFQ > IGFA > 1$ b) $IPV > \frac{IPV}{IGF} \cdot IAK > IGF > IAK$
4.	fondsparend 3. Stufe	a) $IGFQ > IAP > 1 > IGFA$ b) $\frac{IPV}{IGF} \cdot IAK > IPV > IAK > IGF$

Tabelle 2

Entwicklungsproportionen 2. Ordnung für die Formen der intensiv erweiterten Reproduktion

Nr.	Form der intensiv erweiterten Reproduktion	Entwicklungsproportionen 2. Ordnung (Relationskennzahlen: 2. Ungleichungskette)
1.	fondsintensiv	$IAKR > IPR > IGFR > IGFA > IAP > 1 > IGFQ$
2.	fondssparend 1. Stufe	$IAKR > IGFR > IPR > IAP > IGFA > IGFQ > 1$
3.	fondssparend 2. Stufe	$IAKR > IGFR > IPR > IAP > IGFQ > IGFA > 1$
4.	fondssparend 3. Stufe	$IGFR > IAKR > IPR > IGFQ > IAP > 1 > IGFA$

mit Integration der Rentabilitätskennzahlen die Entwicklungsproportionen 2. Ordnung ergeben:[6]

Das für die Beurteilung der Intensivierung entwickelte Instrument in Form des Nomogramms $IGFQ = IGFA$ basiert auf den Grundkennzahlen Produktionsvolumen, Grundfonds und lebendige Arbeit und trägt den Zusammenhängen zwischen der Arbeitsproduktivität und ihren Faktorengruppen Rechnung. Es harmoniert mit den Entwicklungsproportionen 1. Ordnung und ermöglicht den Nachweis über Intensivierung, über die dominierende Entwicklungskomponente der Arbeitsproduktivität und über die Form und Stufe der intensiv erweiterten Reproduktion.

[6] Für die Entwicklungsproportionen 2. Ordnung wurden zwei weitere, die Grundgrößen verbindende Faktoren ermittelt:

$$\frac{IGW}{IGF} \cdot IAK \qquad \text{und} \qquad \frac{IGW}{IPV} \cdot IAK$$

Die Entwicklungsproportionen 1. Ordnung wären zunächst geeignet, *in* den *komplexen Effektivitätsnachweis* aufgenommen zu werden.

Die sozialistische Rationalisierungsstudie wurde erfolgreich im Kombinat VEB Chemische Werke Buna durchgeführt. In spezifischen Bereichen wurden nicht nur die Aufgaben zur Steigerung der Produktion realisiert, sondern es wurde auch der Übergang zu höheren Formen und Stufen der erweiterten Reproduktion vollzogen.

Symbolverzeichnis

AK	Arbeitskraft
AP	Arbeitsproduktivität
GF	Grundfonds
GFA	Grundfondsausstattung
GFQ	Grundfondsquote
GFI	Grundfondsintensität
I	Index = Zuwachs von Basis- zu Berichtsperiode
PV	Produktionsvolumen wertmäßig

F. Pleschak

Komplexe Rationalisierung produktionsvorbereitender und produktionsdurchführender Prozesse

Die gewachsenen Anforderungen bei der Steigerung der Effektivität verlangen eine höhere Wirksamkeit der sozialistischen Rationalisierung. Das schließt ein, alle Werktätigen in unserem Lande zu befähigen, als Rationalisatoren wirksam zu werden, alle Möglichkeiten, Wege und Mittel der Rationalisierung voll auszunutzen, alle Prozesse in die Rationalisierung einzubeziehen und mit der Rationalisierung den wissenschaftlich-technischen Fortschritt in der Einheit evolutionärer und revolutionärer Veränderungen bei den Erzeugnissen und Verfahren beschleunigt durchzusetzen. In den Betrieben und Kombinaten ist es gegenwärtig ein wichtiges Problem einer solchen Rationalisierung, die Verflechtungen und Zusammenhänge zwischen den einzelnen Rationalisierungen zielgerichteter zu gestalten, damit die ökonomischen und sozialen Wirkungen der Maßnahmen einander und insgesamt eine höhere Leistungskraft der Betriebe sichern.

Die Komplexität der betrieblichen Rationalisierung drückt sich darin aus, daß die einzelnen Rationalisierungsmaßnahmen aus den gesamtbetrieblichen Effektivitätserfordernissen abgeleitet und in ihrem Gesamtzusammenhang konzipiert werden. Tendenziell zeigt sich die zunehmende Komplexität der Rationalisierung in

– der durchgängigen Rationalisierung produktionsvorbereitender und produktionsdurchführender Prozesse, dem Einsatz einer einheitlichen technischen und informationellen Basis für die Rationalisierung der konstruktiven, technologischen und organisatorischen Produktionsvorbereitung sowie der kurzfristigen Planung, Lenkung und Kontrolle der Produktion;

– der Integration von Produktionshaupt- und -hilfsprozessen und entsprechender Vorbereitungsprozesse;

– der abgestimmten Rationalisierung von Prozessen der Teilefertigung und der Montage;

– der Verbindung der Rationalisierung betrieblicher Leitungs- und Leistungsprozesse;

– der Gewährleistung größerer Produktionsmaßstäbe durch Konzentration und Spezialisierung, konstruktive und technologische Vereinheitlichung und Vertiefung der projektierenden Arbeitsweise in der Produktionsverarbeitung auf der Basis von Erzeugnis- und Baueinheitensystemen bei Erhöhung der Flexibilität und Reaktionsfähigkeit der Betriebe;

– der Verbreiterung des Rationalisierungsmittelbaus;

– der Neu- und Weiterentwicklung von Verfahren und deren Vergegenständlichung in solchen Maschinen und Anlagen, die einen höheren Automatisierungsgrad der Operationen, der Arbeit, der Ausrüstungen und der Produktion ermöglichen – insbesondere durch breiten Einsatz der Mikroelektronik.

Die Komplexität der sozialistischen Rationalisierung zeigt sich nicht nur im Umfang der in die Rationalisierung einzubeziehenden Prozesse; sie kommt auch in der komplexen Zielstellung zum Ausdruck. Immer mehr sind die Rationalisierungsziele untereinander verflochten und durch die Einheit ökonomischer, sozialer und technischer Aspekte charakterisiert.

Aus den Aufgaben zur Erhöhung der betrieblichen Effektivität leiten sich qualitativ und quantitativ aufeinander abgestimmte Rationalisierungsziele für die Produktionsdurchführung ab, durch die die notwendige Proportionalität der betrieblichen Bereiche und das erforderliche Effektivitätsniveau gewährleistet werden. So hat zum Beispiel die Verbesserung der Qualität technologischer Unterlagen im Ergebnis der Rationalisierung der Produktionsvorbereitung Zeitaufwandssenkungen in der Produktionsdurchführung zur Folge.

Die Rationalisierung muß auf solche Schwerpunkte orientiert werden, daß die Einsparungen in den kapazitätsbestimmenden Bereichen der Produktion erzielt werden. Es wäre einseitig, die Schwerpunkte der Rationalisierung der Produktionsvorbereitung nur aus Aufwandsuntersuchungen in der Produktionsvorbereitung selbst abzuleiten. Die Erhöhung der Reaktionsfähigkeit in der Produktionsvorbereitung ist notwendig, um den Forderungen der Anwender schnell und optimal gerecht zu werden; sie ist im Zusammenhang mit einer höheren Flexibilität der Produktionsbereiche zu verwirklichen. Dazu sind die Umstellbarkeit der Maschinen und Ausrüstungen und die Nutzung von freien Kapazitäten zu sichern. Zielstellungen in der Verkürzung der Entwicklungs- und Einführungsdauer von Erzeugnissen sind inhaltlich zu verbinden mit Zielen zur Verkürzung der Durchlaufzeiten im Fertigungsprozeß, der Verringerung der Dauer des Produktionszyklus usw.

Die unmittelbare Voraussetzung für die Gewährleistung einer hohen Komplexität der Rationalisierung produktionsvorbereitender und -durchführender Prozesse ist ein hohes Niveau der konzeptionellen Arbeit. Im Mittelpunkt stehen dabei die Ermittlung der Rationalisierungsziele, die Konzipierung aufeinander abgestimmter Varianten und Maßnahmen der Rationalisierung und die Auswahl der günstigsten Rationalisierungsvarianten zur Zielerfüllung.

Im Prozeß der konzeptionellen Arbeit sind wiederholt die Beziehungen zwischen betrieblicher, bereichsbezogener und maßnahmebezogener Effektivität zu analysieren. Der Zusammenhang zwischen maßnahmebezogener und betrieblicher Effektivitätsermittlung muß vor allem über die Erarbeitung und Anwendung der Effektivitätsziele hergestellt werden. Die Orientierung der Rationalisierung auf die Effektivitätsziele sichert, daß diese sich kurz- und langfristig entsprechend der betrieblichen Erfordernisse entwickelt und nicht gelöst davon.

Die Effektivitätsmöglichkeiten sind mit den Effektivitätserfordernissen zu bilanzieren. Es sind solche aufeinander abgestimmte Rationalisierungsmaßnahmen zur Aufwandssenkung, Materialeinsparung, Qualitätsverbesserung, Kostensenkung, Zeitdauerverkürzung und Verbesserung der Arbeits- und Lebensbedingungen zu konzipieren und zu verwirklichen, daß eine bedarfsgerechte und effektive Produktion gewährleistet wird. Die maßnahmebezogene Effektivitätsermittlung im Rahmen der konzeptionellen Vorbereitung macht also die Effektivitätswirkung jeder Maßnahme sichtbar und stellt die Voraussetzungen für die Wertung der Maßnahmen und die Bilanzierung der Wirkung mit den Zielen dar.

Immer stärker wird der Zwang, in der Wirkungskette der Rationalisierung jenen Aufgaben Priorität beizumessen, welche bei ausgewählten Erzeugnissen, Technologien und Verfahren den Durchbruch in das internationale Spitzenniveau gestatten. Voraussetzung dafür ist eine koordinierte und aktive wissenschaftlich-technische Politik der Erzeugnis-, Prozeß- und Verfahrensentwicklung, gestützt auf ein hohes Niveau der

Leitung, Planung und Organisation des Reproduktionsprozesses. Spitzenerzeugnisse verlangen Spitzentechnologien. Umgekehrt wirken Spitzentechnologien befruchtend auf die Erzeugnisentwicklung. Ein sich ständig neu bewährender Grundsatz wissenschaftlich-technischer Politik fußt deshalb auf dem unlösbaren Zusammenhang der Erzeugnisentwicklung mit der technologischen Forschung und Entwicklung.
Die Zusammenhänge zeigen sich

- in der Verbindung von Preis- und Kostenvorgaben für die Erzeugnisse mit den Aufgabenstellungen zur absoluten und relativen Zeitaufwandssenkung bei Aufwandsarten und der Verringerung des Materialeinsatzes bei Materialarten;
- in der inhaltlichen und zeitlichen Koordinierung der Forschungs- und Entwicklungsprozesse und den Prozessen der Grundfondsreproduktion;
- in der Übereinstimmung der sich aus den Gebrauchseigenschaften und dem gewählten konstruktiven Lösungsprinzip ergebenden Zeitaufwandsstruktur mit der künftigen Zeitfondsstruktur;
- in der gezielten Entlastung von Engpaßkapazitäten durch konstruktive Maßnahmen und eine auf Besttechnologien und fertigungstechnisch günstige Auslegung der Erzeugnisse orientierte Arbeit.

Diesen Aspekten muß bereits weitgehend bei der Erarbeitung der technisch-ökonomischen Ziel- und Aufgabenstellungen (Pflichtenheft Teil I und II) für Erzeugnisentwicklungen entsprochen werden. Im Prozeß der Entscheidungsfindung über die Aufnahme von Erzeugnisneu- oder -weiterentwicklungen in den Plan und die Auswahl günstiger Lösungswege sind einzuschließen:

- die Abstimmung der wissenschaftlich-technischen und ökonomischen Ziele der Erhöhung der Erzeugniseffektivität mit den möglichen Varianten der Grundfondsreproduktion;
- die Formulierung von Aufgaben für den Rationalisierungsmittelbau;
- die Untersuchungen zum Produktionszeitraum und der Produktionsstückzahl, um dementsprechende technisch-organisatorische Lösungen für die Produktionsdurchführung projektieren zu können;
- die Maßnahmen zur Marktaufbereitung, der Aufbau des Kundendienstes und Anwendungsschulungen;
- die einheitliche Verbesserung der Qualität der Ergebnisse der Produktionsvorbereitung und der Herstellungsqualität.

Während des Entwicklungsprozesses sind die erarbeiteten Zwischen- und Endergebnisse ständig danach zu bewerten, wie den Forderungen einer anwendungs- und herstellungsgerechten Entwicklung Rechnung getragen wurde.

Eine zentrale Stellung bei der Verbindung der Erzeugnisentwicklung mit der Prozeßrationalisierung nehmen die Bereiche der technologischen Projektierung ein. Die technologische Projektierung hat die Verzahnung der F/E-Arbeit mit der Investitionstätigkeit zu sichern. Einerseits erwachsen aus der F/E-Arbeit grundfondsökonomische Konsequenzen, die nur durch den Vollzug von Projektierungstätigkeiten sichtbar werden. Andererseits ergeben sich aus Untersuchungen zur Projektierung direkt neue Aufgabenstellungen für die F/E-Arbeit.

L. SCHUART

Effektivitätsbestimmung in der Projektierung und ihre Bedeutung für die Erhöhung der Arbeitsproduktivität im Anlagenbau

Die Intensivierung aller Teile des Reproduktionsprozesses ist eine Voraussetzung für die Erfüllung der Hauptaufgabe bei der Entwicklung unserer sozialistischen Gesellschaft. Durch die Intensivierung der Produktionsprozesse werden die materiellen Voraussetzungen für die kontinuierliche Verbesserung des Lebensniveaus der Werktätigen geschaffen, und den Werktätigen wird ihr eigener Anteil an dieser Entwicklung immer stärker bewußt. Dazu ist ein qualitativer und quantitativer Ausweis der mit der Intensivierung erreichten Effektivitätssteigerung erforderlich.

Diese Forderung gilt für die produktionsvorbereitenden Bereiche genauso wie für die materielle Produktion. Abrechenbare Zielstellungen und Aussagen zum volkswirtschaftlichen Effekt der eigenen Arbeit sind wesentliche Voraussetzungen für die volle Nutzung des subjektiven Faktors im Prozeß der Intensivierung.

Diesen Anforderungen werden die gegenwärtigen Formen des Effektivitätsnachweises in der Projektierung nur ungenügend gerecht. Die aus dem Chemieanlagenbau bekannten Formen

- Nachweis der eingesparten Arbeitsstunden für einzelne Rationalisierungsmaßnahmen im Verhältnis zum produktiven Arbeitszeitfonds der zu bilanzierenden Einheit,
- das Verhältnis der abgerechneten Projektierungsleistungen (Warenproduktion Projektierung) zum produktiven Arbeitszeitfonds der zu bilanzierenden Einheit,
- das Verhältnis der vorbereiteten industriellen Warenproduktion des Anlagenbaues zum produktiven Arbeitszeitfonds der zu bilanzierenden Einheit und
- die mittlere Zahl der produktiv abgerechneten Stunden je VbE für die zu bilanzierende Einheit

orientieren einseitig auf die Arbeitszeiteinsparung in der Projektierung. Da der Anteil der Projektierungskosten an den Anlagenkosten nur in der Größenordnung 5 bis 10 Prozent liegt, werden mit einer derartigen Orientierung wesentliche Möglichkeiten zur Effektivitätssteigerung nicht berücksichtigt. Die Probleme der Investitionskostensenkung, der Verkürzung des Realisierungszeitraumes und der Gebrauchswerterhöhung der Anlage (durch Senkung des Rohstoffverbrauches oder des Bedienungsaufwandes) werden in den angewandten Effektivitätsnachweisen gar nicht oder sogar mit falscher Tendenz berücksichtigt.

Ein derartiger Effektivitätsnachweis, der sich aus der isolierten Betrachtung des Teilprozesses „Projektierung" ergibt und den Doppelcharakter der Zielstellung der Rationalisierung der Projektierung

- Arbeitszeiteinsparung im Arbeitsprozeß Projektierung und
- effektivere Gestaltung der Realisierungs- und Betriebsprozesse durch gründlichere Vorbereitung

vernachlässigt, führt zu Effektivitätsverlusten im Anlagenbauprozeß und behindert die Einführung qualitätsverbessernder Arbeitsmethoden in der Projektierung.

Da die Projektierung nur einen Teil des Reproduktionsprozesses Anlagenbau darstellt und ihre Ergebnisse, die Projektdokumentationen, nicht der unmittelbaren Befriedigung gesellschaftlicher Bedürfnisse dienen, kann die Einschätzung ihrer Effektivität nur aus der Effektivität des Gesamtprozesses abgeleitet werden.

Die Effektivität eines Reproduktionsprozesses wird neben der Grundfondsquote vorwiegend durch seine Arbeitsproduktivität bestimmt. Da die meisten Industrieanlagen wegen des geringen Wiederholungsgrades als „nicht vergleichbare neue Erzeugnisse" auf der Grundlage des Aufwandes kalkuliert werden, ist die Arbeitsproduktivität im Anlagenbau zur Effektivitätseinschätzung allerdings nur bedingt anwendbar.

Deshalb wurde auf der Grundlage volkswirtschaftlicher Betrachtungen eine Effektivitätskennziffer ε für die Projektierung entwickelt.

$$\varepsilon = \frac{\left\{\frac{1}{p} \cdot [IWP_{Betr} - (AW_{Betr} + AW_{IH}) \cdot \overline{AP^0_{Betr}} - KB_{R+E}] - KI_{IAG} - AW_{Real} \cdot AP^0_{Real} - KI_{Koop}\right\} \cdot (1 + p \cdot \Delta \bar{t})}{AW_{Pr}}$$

In der Gleichung, die das Verhältnis der Differenz zwischen der mit der Anlage während der normativen Nutzungsdauer erzeugbaren industriellen Warenproduktion und den dazu erforderlichen einmaligen und laufenden Aufwendungen zum Projektierungsaufwand darstellt, bedeuten

ε – Effektivitätskennziffer M/h;
IWP_{Betr} – mit der Anlage erzeugbare jährliche industrielle Warenproduktion M/a;
AW_{Betr} – Bedienungsaufwand für die Anlage h/a;
AW_{IH} – Instandhaltungsaufwand für die Anlage h/a;
AW_{Real} – einmaliger Aufwand zur Realisierung der Anlage h;
AW_{Pr} – einmaliger Aufwand zur Projektierung der Anlage h;
KB_{R+E} – die jährlichen Rohstoff- und Energiekosten M/a;
KI_{IAG} – die einmaligen Aufwendungen zur Investitionsvorbereitung und -durchführung beim IAG M;
KI_{Koop} – die im Anlagenbauprozeß kooperierten Lieferungen und Leistungen M;
p – der Abschreibungssatz a^{-1}
$\overline{AP^0_{Betr}}$ – eine modifizierte normative Arbeitsproduktivität beim Betreiber M/h;
AP^0_{Real} – die normative Arbeitsproduktivität in der Realisierung M/h;
$\Delta \bar{t}$ – die Verkürzung des Realisierungszeitraumes durch vorfristige Inbetriebnahme gegenüber dem Plantermin a.

Eine derartige Effektivitätskennziffer stimuliert die Erreichung der volkswirtschaftlich bestimmenden Effekte in der Projektierung und gestattet den Ausweis der erreichten Effektivitätsentwicklung in den einzelnen Projektierungsetappen. Sie gestattet darüber hinaus die Abschätzung des zulässigen Mehraufwandes in der Projektierung zur Erreichung definierter Effekte in Realisierungs- und Betriebsprozessen. Durchgeführte Berechnungen für ausgewählte Vorhaben der chemischen Industrie zeigen, daß die Berechnung von ε auf der Grundlage der zum Zeitpunkt der Investitionsvorentscheidung bzw. der Grundsatzentscheidung vorhandenen Informationen mit relativ geringem Aufwand möglich ist. Sie zeigen aber auch, daß die Werte für ε sich für verschiedene Produkte stark unterscheiden und die Ursachen dafür nur zu geringen Teilen von der Projektierung zu vertreten sind. Deshalb ist die Anwendung von ε als entscheidende Führungsgröße für die Planung und Abrechnung der Projektierung nicht möglich. Die Anwendung der vorgeschlagenen Effektivitätskennziffer ε setzt in der Planung die Ergänzung der Aufwandsvorgaben für die einzelnen Vorhaben und Zeitabschnitte durch eine Vorgabe der zu erwirtschaftenden volkswirtschaftlichen Erlöse (entsprechend dem Zähler der angegebenen Gleichung) voraus. Diese ist durch vorhabenbezogene Vorgaben zur Senkung bestimmmter Aufwendungen oder zur Kapazitätserhöhung der projektierten Anlage für die einzelnen Kooperationspartner und Gewerke zu untersetzen. Die Effektivitätskennziffer ε und der volkswirtschaftliche Erlös sind bei der Abrechnung der einzelnen Vorhaben auszuweisen.

In der Vertragsgestaltung zwischen Investitionsauftraggeber (IAG) und Generalauftragnehmer (GAN) sowie zwischen dem Generalauftragnehmer und den einzelnen Hauptauftragnehmern (HAN) ist zu beachten, daß die Aufwandskennziffern AW_{Betr}, AW_{IH}, AW_{Real} mit in den Garantieumfang aufzunehmen sind. Bei der Preisbildung ist in Abweichung von der jetzigen Regelung zu sichern, daß GAN und HAN anteilig am mit der Anlage zu erwirtschaftenden Erlös beteiligt werden. Durch ein sinnvolles System von Zu- und Abschlägen zum Anlagenpreis ist dabei eine reale Effektivitätsbestimmung bereits in den frühen Phasen der Investitionsvorbereitung zu stimulieren.

Leider werden die Aufwandsentwicklungen in der Projektierung nicht nur durch Effektivitätsbetrachtungen bestimmt. In den letzten Jahren wurde durch verbindliche Festlegungen zum Informationsgehalt und zur Darstellungsform einzelner Dokumentationsteile eine ständige Vergrößerung des Umfanges der Projekte erreicht. Die Ursachen dafür lassen sich in drei Gruppen einteilen:

1. Ein höheres Niveau in der materiellen Produktion (Montage, Betriebsführung, Instandhaltung) erfordert folgerichtig eine genauere und umfangreichere Vorbereitung.

2. Einzelne NAN verlagern Teile ihres Vorbereitungsaufwandes durch zusätzliche Forderungen zu den HAN/GAN und rationalisieren damit ihre Arbeitsprozesse.

3. Einzelne NAN und Kontrollorgane rationalisieren ihre Arbeitsprozesse und leiten daraus Forderungen nach spezieller Aufbereitung der ihnen zu übergebenden Informationen ab, die zu größeren Redundanzen in den Projektdokumentationen führen.

Die Forderungen aus der zweiten und dritten Gruppe sind bei Anwendung der hier vorgeschlagenen Effektivitätsbetrachtungen in vielen Fällen nicht gerechtfertigt.

Zusammenfassend kann festgestellt werden, daß eine Methode zur Effektivitätsbestimmung in der Projektierung vorgestellt wurde, die die Effektivitätssteigerung in der Projektierung im volkswirtschaftlichen Sinne stimuliert. Diese Methode kann die Grundlage für eine Verbesserung der Bewertung von Projektierungsleistungen bilden und zur Erhöhung der Projektqualität beitragen. Damit werden Voraussetzungen für eine effektivere Gestaltung des Gesamtprozesses Anlagenbau geschaffen.

Die praktische Anwendung der dargestellten Effektivitätskennziffer ε setzt noch eine Reihe von weiteren Untersuchungen voraus. Eine Weiterführung dieser Arbeiten in wirtschaftswissenschaftlichen Einrichtungen wäre wünschenswert.

W. Schuster

Analysen zur Aufdeckung von Reserven der sozialistischen Rationalisierung – der Einfluß von Spezialisierung und Konzentration der Hilfsprozesse

Erstens: Die Steigerung der Arbeitsproduktivität und die Erhöhung der Effektivität betrieblichen Wirtschaftens sind Voraussetzung und Inhalt zur Erfüllung der Hauptaufgabe und der daraus abgeleiteten Einheit von Wirtschafts- und Sozialpolitik. Bedingung für die Steigerung der Arbeitsproduktivität ist die Einsparung an Arbeitsaufwand pro Einheit Produktion. Das läßt sich in drei Formen darstellen, wenn Q die jeweils produzierte Menge und *T* den laufenden Aufwand an lebendiger und vergegenständlichter Arbeit ausdrücken.

1. $AP' = \frac{Q + \Delta Q}{T}$

2. $AP' = \frac{Q}{T - \Delta T}$

3. $AP' = \frac{Q + Q}{T - \Delta T}$

Die dritte Form ist für die Industrie der DDR schließlich die entscheidende. Sie bringt zum Ausdruck, daß der Gesamtaufwand bei steigender Produktenmenge sinkt, und entspricht damit am besten der von Karl Marx gestellten Forderung, daß gemessen am Produkt der Aufwand sinkt, und zwar in der Weise, daß die lebendige Arbeit schneller sinkt als die vergangene zunimmt. Deutlich zeigt diese dritte Form, wird T reduziert auf die lebendige Arbeit, daß durch die Industrie Arbeitskräfte für andere volkswirtschaftliche Bereiche freigesetzt werden müssen und gleichzeitig durch die sozialpolitischen Maßnahmen das Arbeitszeitvolumen abnimmt.

Zweitens: Der entscheidende Weg zur Senkung des Aufwandes je Erzeugniseinheit ist die Intensivierung des betrieblichen Reproduktionsprozesses durch die sozialistische Rationalisierung. Voraussetzung für eine zielgerichtete Rationalisierung sind zweckgebundene Analysen der betrieblichen Tätigkeit und organisierte Vergleiche des Wirtschaftens zwischen den Betrieben. Ziel dieser Analysen und Vergleiche muß die Aufdeckung und Nutzbarmachung von Schwachstellen sein. Unter Schwachstellen sind dabei solche Erscheinungen und Prozesse zu verstehen, deren Nichtfunktionieren entscheidenden Einfluß auf den gesamten Reproduktionsprozeß oder zumindest auf wesentliche Teile und Seiten des gesamten betrieblichen Reproduktionsprozesses hat. Anders ausgedrückt soll die Behebung solcher, als Schwachstellen bezeichneter Defekte, nicht nur dort einen direkten Effekt zeigen, sondern es sollen zugleich an mehreren Stellen effektivitätserhöhende Wirkungen eintreten. Stellvertretend soll hier als Beispiel der wichtigste Betriebsabschnitt bei der Kapazitätsplanung genannt werden, der früher häufig auch deutlicher als „Engpaß" oder „Nadelöhr" bezeichnet wurde.

Analysentätigkeit und sozialistische Rationalisierung bilden eine Einheit. Wichtigstes Anliegen dieser Analysen sind neben allen Erscheinungen und Prozessen vor allem:

– das Aufdecken von Verhaltensweisen der Werktätigen und ihrer Kollektive im Reproduktionsprozeß mit dem Ziel, neue Quellen für die schöpferische Mitarbeit aller Werktätigen zu erschließen;

– das Erkennen von Methoden, die ein bestimmtes positives Ergebnis hervorgebracht haben.

Die Analysen können durchgeführt werden

– *objektbezogen.* Sie betreffen innerbetrieblich vor allem die Produktionshaupt-, Hilfs- und Nebenprozesse;
– *erzeugnisgebunden.* Geeignetes Instrument dazu ist die Gebrauchswert-Kosten-Analyse;
– *prozeßbezogen.* Hauptgegenstand sind die Intensivierungsfaktoren mit dem wissenschaftlich-technischen Fortschritt an der Spitze.

Drittens: Eine Analyse des Grundfondsbestandes an Nutzfahrzeugen und der dazugehörigen Instandhaltung zeigte, daß auch hier große volkswirtschaftliche Reserven liegen. Bekanntlich besteht die große Bedeutung vor allem der LKW darin, daß sie zu jeder Zeit einsatzbereit sind und dem Betrieb für den An- und Abtransport der Güter zur Verfügung stehen. Sie unterstützen damit sehr umfassend die nicht immer zur Zufriedenheit organisierten und funktionierenden Transport-, Umschlags- und Lagerprozesse.

Die Analyse in 9 ausgewählten Betrieben einer VVB, die im gleichen Territorium angesiedelt ist, zeigte u. a., daß

– auf einen sortenreinen Grundfondsbestand an Kraftfahrzeugen keinerlei Rücksicht genommen wird und

– alle Betriebe gezwungen sind, sich sogenannte eigene Regiewerkstätten zur Kraftfahrzeugreparatur einzurichten, da die offiziellen Kraftfahrzeug-Instandsetzungs-Betriebe (KIB) die anfallenden Reparaturen aus Kapazitätsmangel nicht durchführen können.

Auf die untersuchten 9 Betriebe entfallen 107 LKW mit 8 Typen und 82 PKW mit 7 Typen. Jeder Betrieb verfügt jeweils über wenigstens 3 Typen. Jeder Betrieb hat Reparaturschlosser. Ihre Anzahl schwankt zwischen 1 bis 7 Kräften.

Die Folgen dieser Zersplitterung sind umfassend und zeigen sich als negative Faktoren der Intensivierung und Rationalisierung. Einige sollen hier genannt werden.

– Die Betriebe schaffen sich aus Kapazitätsmangel bei den KIB eigene Regiewerkstätten. Dazu erfolgte zum Teil sogar der Neubau entsprechender Werkhallen.

– Die Einrichtung der Werkstätten ist außerordentlich mangelhaft. Es fehlen Werkzeuge, Hebezeuge und Meßmittel. Neu geschaffene Arbeitsplätze entsprechen nicht den gültigen Normen und sind nicht geeignet, die anfallenden Reparaturen für die Vielzahl unterschiedlicher Fahrzeuge zweckmäßig durchzuführen.

– Es wird auf vielerlei Wegen mit hohem Aufwand versucht, Ersatzteile zu beschaffen. Nicht selten erfolgt aufwendige und nicht voll den Sicherheitsbestimmungen entsprechende Eigenproduktion.

– Arbeitskräfte werden aus den hochproduktiven KIB abgezogen.

– Die Arbeitsproduktivität liegt bei ca. 25% gegenüber den KIB.

Eine Verbesserung der Situation als Zwischenlösung bis zum möglichen Ausbau der KIB – sie sind nachweislich die effektivste Form überhaupt – könnte u. a. auf folgende Weise erreicht werden:

1. Zwischen den Betrieben einer VVB oder eines Kombinats erfolgt ein Austausch

der unterschiedlichen Kraftfahrzeugtypen mit dem Ziel der Typenreduzierung pro Betrieb.

2. Bei der Neuverteilung von Kraftfahrzeugen durch die übergeordneten Leitungsorgane wird auf die Typenspezialisierung Rücksicht genommen. Sie wird über die Neuverteilung mit durchgesetzt.

3. Betriebe einer VVB oder eines Kombinates, die im gleichen Territorium liegen, spezialisieren sich jeweils auf die Instandsetzung weniger Fahrzeugtypen und tauschen die Reparaturarbeiten untereinander aus.

Der Vorteil der gegenseitig abgestimmten und spezialisierten Instandhaltung ist außerordentlich groß. Es können auf diese Weise die vorn genannten Mängel eingeschränkt und die Arbeitsproduktivität entsprechend gesteigert werden. Besonders hervorzuheben ist der Umstand, daß für einige Typen durch die Erhöhung der Anzahl der zu reparierenden Fahrzeuge – gegebenenfalls können zur vollen Kapazitätsauslastung noch andere Betriebe des Territoriums hinzugezogen werden – mit Sicherheit Werk-Verträge mit den Herstellerbetrieben bzw. mit dem Importhandel abgeschlossen werden können, was die planmäßige Bereitstellung der Ersatzteile garantiert. Das aber allein würde bereits Grund genug für die Spezialisierung sein und wäre zugleich ein Ausdruck der Einheit von volkswirtschaftlichen und betrieblichen Interessen bei der Durchsetzung der Intensivierung.

Dieses Beispiel zeigt außerdem, daß die Rationalisierung in gemeinsamer Arbeit zwischen den Betrieben, ihren übergeordneten Organen und zusammen mit den Territorialorganen durchgesetzt werden muß.

Arbeitskreis 5:
Wege der Vervollkommnung der Materialökonomie und der Rohstoffwirtschaft bei der Steigerung der Arbeitsproduktivität

U. König

Zu einigen Fragen der Vervollkommnung der Materialökonomie und der Rohstoffwirtschaft bei der Steigerung der Arbeitsproduktivität

Die Weiterführung der Konferenz in unserem engeren und thematisch eingegrenzten Arbeitskreis hat einerseits das Ziel, ausgehend von den vorliegenden wirtschaftswissenschaftlichen Erkenntnissen, weitere Wege und Möglichkeiten zur Erhöhung der Materialökonomie zu beraten und andererseits aus den praktischen Erfordernissen der Wirtschaft Aufgaben für die wirtschaftswissenschaftliche Forschung zur Erhöhung der Materialökonomie abzuleiten.

Wir können es uns in diesem Kreis sicher ersparen, lange über die Bedeutung der Materialökonomie zu sprechen. Wir alle wissen, daß durch höhere Materialökonomie ein wesentlicher Teil jenes Effektivitätszuwachses gesichert werden muß, den wir für den weiteren ökonomischen Leistungsanstieg unserer Wirtschaft und damit zur erfolgreichen Fortführung der Sozialpolitik von Partei und Regierung im Sinne der Beschlüsse des IX. Parteitages der SED brauchen.

Ausgehend von den zusätzlichen außenwirtschaftlichen Belastungen, wurde von der Partei- und Staatsführung beschlossen, mit dem Plan 1978 gegenüber den Zielen des Fünfjahrplanes eine um ein Prozent höhere Materialökonomie zu erreichen. Die Verbesserung der Materialökonomie muß dabei auf einer Vielzahl von technischen, ökonomischen und organisatorischen Wegen realisiert werden.

Für die Beratung in unserem Arbeitskreis haben wir uns auf einige Hauptwege konzentriert. Das sind

erstens: die Verbesserung der Materialökonomie im Prozeß der Erzeugnisentwicklung, -produktion und -nutzung durch die Beschleunigung des wissenschaftlich-technischen Fortschritts und seine höhere volkswirtschaftliche Wirksamkeit auf den Gebieten der ökonomischen Verwendung der Werkstoffe und rationellen Energieverwendung;

zweitens: die verstärkte Nutzung und Verwertung von Sekundärrohstoffen mit dem Ziel, ihren Anteil bei der Deckung des Rohstoffbedarfes unserer Volkswirtschaft zu erhöhen;

drittens: die Verbesserung der Leitung und Planung der Materialökonomie im volkswirtschaftlichen und betrieblichen Reproduktionsprozeß durch Normative, Normen und Vorgaben.

Bei dem *ersten Schwerpunkt,* der erzeugnisbezogenen Verbesserung der Materialökonomie, müssen wir einerseits davon ausgehen, daß gerade der Leichtbau ein Hauptweg bei der Nutzung von Wissenschaft und Technik zur Verbesserung der Materialökonomie ist.

Wir wissen andererseits, daß bei der Nutzung der vorhandenen wissenschaftlich-technischen Erkenntnisse, Arbeitsmittel, EDV-Programme, Verfahren und anderer Grundlagen des Leichtbaus noch Reserven vorhanden sind. Das weisen zum Beispiel Vergleiche unserer Erzeugnisse mit internationalen Spitzenerzeugnissen deutlich nach. Das zeigen auch Untersuchungen, die kürzlich durch das Institut für Leichtbau gemeinsam mit der Industrie an 10 Erzeugnissen durchgeführt wurden. Danach ist die Hälfte dieser Erzeugnisse 9 bis 36%, das heißt im Durchschnitt 17% materialaufwendiger und schwerer als Erzeugnisse, die das internationale Niveau bestimmen. Allein für drei dieser Erzeugnisse müssen wir jährlich 2200 t Material im Wert von 10 Millionen Mark aufwenden.

Generell ist die Anwendung des Leichtbaus auf die komplexe und in Wechselwirkung stehende Verbesserung von Materialökonomie, Gebrauchswert, Zuverlässigkeit, Arbeitsproduktivität im engeren Sinne und Energieökonomie bei der Herstellung und Anwendung der Erzeugnisse zu richten.

So ist bekannt, daß geringere Eigenmasse von Fahrzeugen, Fördereinrichtungen, Verarbeitungsmaschinen zum Beispiel höhere Nutzlasten bzw. größere Arbeitsgeschwindigkeiten bedeuten können, also höheren Gebrauchswert und damit höhere Arbeitsproduktivität beim Anwender. Zum anderen besagen unsere Erfahrungen, daß geringere Eigenmassen auch geringeren Energieverbrauch, also bessere Energieökonomie und geringere Kosten beim Transport bewirken.

Das bedeutet zum Beispiel bei einem LKW mit einer jährlichen Fahrstrecke von 50 000 km eine Einsparung von 1,90 bis 7,50 Mark Kraftstoffkosten je Kilogramm eingesparter Erzeugnismasse im Jahr.

Bei Schienenfahrzeugen liegen diese Werte etwa bei 0,30 bis 1,50 Mark. Generell treten solche Einsparungen überall dort auf, wo Massen bewegt, beschleunigt oder abgebremst werden müssen. Besonders hervorzuheben ist, daß diese jährlich möglichen Einsparungswerte bereits die Größenordnung der Werkstoffkosten erreichen bzw. sogar überschreiten. Deshalb lohnt sich auch der Einsatz von teuren Aluminiumwerkstoffen, besonders für Nahverkehrsfahrzeuge.

Die Wechselwirkung von Gebrauchswertsteigerung, Leichtbau, Materialökonomie und Arbeitsproduktivität wird sehr deutlich am neuen Mähdrescher E 516 des VEB Kombinat Fortschritt Neustadt sichtbar. Gegenüber dem Vorgänger-Erzeugnis konnte die Leistungsfähigkeit verdoppelt werden. Durch die Anwendung des Leichtbaus und anderer Maßnahmen nahm aber die Masse nur um etwa 50% zu. Das bedeutet eine Verbesserung des Masse-Leistungs-Verhältnisses um ca. 25%, und das bedeutet eine

Einsparung von über 30 000 t Material in unserer Volkswirtschaft, wenn der neue Mähdrescher den E 512 in der Landwirtschaft abgelöst haben wird.

Eine ähnliche Tendenz ist bei der Entwicklung unserer LKW sichtbar. Seit 1952 wurde vom H 3, H 3 A über den S 4000 bis zum W 50 eine Erhöhung der Tragfähigkeit um 75% realisiert. Das Nutzmasse-Leermasse-Verhältnis wurde seit dieser Zeit im Durchschnitt jährlich um 1,5% verbessert. 50% dieser Verbesserung sind unmittelbar auf die projektierte Erhöhung der Nutzlast, die anderen 50% auf die direkte Anwendung des Leichtbaus zurückzuführen.

Aus sowjetischen Untersuchungen geht hervor, daß dort im Zeitraum von 1965 bis 1975 die durchschnittliche Nutzlast der LKW von 3,76 t auf 5,2 t erhöht werden konnte. Das bringt für die Volkswirtschaft der UdSSR eine relative Einsparung von 900 000 t Walzstahl.

Nach unseren Erfahrungen bedeutet Leichtbau nicht nur bessere Materialökonomie, sondern häufig auch unmittelbar bessere Arbeitsproduktivität.

Für Fertigerzeugnisse wird unter bestimmten Voraussetzungen eingeschätzt, daß zum Beispiel eine Materialkostensenkung um 1% eine durchschnittliche Lohnkostensenkung um ca. 0,5% ermöglicht. Ein Beispiel dafür ist die im VEB Starkstrom-Anlagenbau „Otto Buchwitz" Dresden entwickelte neue Generation von Schaltzellen, bei denen 22% Materialeinsparung, 12% Arbeitszeiteinsparung und 25% höherer Gebrauchswert erzielt werden.

Weitere Zusammenhänge bestehen zwischen Leichtbau, Qualität, Zuverlässigkeit und Materialökonomie.

Die Bedeutung der Qualitätssicherung wird allein schon daraus sichtbar, daß in Industrieländern schätzungsweise 2 bis 5% des Nationaleinkommens jährlich durch mangelhafte Erzeugnisqualität verlorengehen. Mindestens 50% von diesen Verlusten sind Materialverluste. Die dadurch notwendigen Reparaturen binden nicht nur unnötige Arbeitskräfte und verursachen erhebliche Produktionsausfälle, sondern erfordern wiederum zusätzlichen Materialaufwand. 3500 t Stahl werden pro Arbeitstag in der DDR allein für die Ersatzproduktion verbraucht.

In diesem Sinne sind die wissenschaftlichen Erkenntnisse und Erfahrungen des Leichtbaus noch stärker zu nutzen, insbesondere

- die Methode zur Ermittlung und Vorgabe von Leistungszielen auf der Basis des Masse-Leistungs-Verhältnisses;
- die Regeln und Richtlinien für die Auswahl der günstigsten Funktionsprinzipien für die materialsparende Auslegung, Gestaltung und Berechnung der Konstruktionen;
- die dafür geschaffenen EDV-Programme;
- die im Informationszentrum für Werkstoffe und ökonomischen Materialeinsatz gespeicherten und abrufbaren Erkenntnisse für die Werkstoffauswahl;
- die materialsparenden und werkstoffeigenschaftsverbessernden Fertigungsverfahren;
- die Methoden der technisch-ökonomischen Bewertung.

Dabei gilt es, auch die Probleme besser zu lösen, die uns bei der verstärkten Durchsetzung des Leichtbaus behindern. In diesem Zusammenhang möchte ich auf einige hinweisen. Die industrielle Warenproduktion ist eine Hauptkennziffer zur Bewertung der Leistungen der Betriebe und Kombinate. In den Betrieben werden deshalb Hilfskennziffern erarbeitet, die die Wirksamkeit der betrieblichen Fonds im Hinblick auf die Beeinflussung dieser Hauptkennziffer erzeugnisspezifisch ausweisen.

Dabei spielt u. a. die Kennziffer

$$\frac{\text{Warenproduktion pro Erzeugnis auf Basis IAP } (M)}{\text{erforderlicher Arbeitsaufwand } (h)}$$

eine wesentliche Rolle. Diese Kennziffer streut innerhalb der Erzeugnispalette der Betriebe erheblich. Die untere Grenze liegt bei ca. 20 Mark pro Stunde, während obere Grenzwerte von 200 bis 400 Mark pro Stunde erreicht werden. Wird in diese Kennziffer die erforderliche Ersatzteilproduktion (erzeugniskonkret) eingeordnet, so erreicht diese zum Beispiel im Durchschnitt der Erzeugnisse des Ministeriums für Elektrotechnik/Elektronik nur einen Wert, der bei ca. 25% des Wertes für die zugeordnete Finalproduktion liegt. Anders dargestellt heißt das, daß mit dem gleichen Arbeitsvermögen ein Betriebsergebnis von zum Beispiel 4 Millionen Mark (IAP) Neuproduktion (Erzeugnisse) *oder* 1 Million Mark Ersatzteilproduktion erreicht werden kann. Dieses Verhältnis schwankt im absoluten Betrag innerhalb der Industriebereiche der DDR, bleibt aber in den Tendenz – Ersatzteilproduktion ist in bezug auf das erreichbare Betriebsergebnis uneffektiver als Ersatzproduktion – erhalten.

Dieser Zusammenhang führt insbesondere bei den ständig wachsenden Anstrengungen der Betriebe zur Planerfüllung zu einer Unterbewertung der Ersatzteilproduktion.

Eine damit verbundene Erscheinung in vielen Betrieben und Kombinaten ist die Zuführung von Teilen aus der Ersatzteilproduktion zur Sicherung der Planerfüllung bei der Finalproduktion.

Auf diese Weise werden gegenwärtig Engpässe und Schwierigkeiten in der Teilefertigung (Vorfertigung) und in der Planerfülung (wertmäßig) „scheinbar" beseitigt. Eine derartige Verfahrensweise widerspricht aber in hohem Maße der volkswirtschaftlichen Verantwortung der Betriebe.

Ökonomische Hebel, die dieser Praxis entgegenwirken, sind m. E. noch unzureichend entwickelt bzw. nicht vorhanden.

Eine Veränderung erfordert

– die Entwicklung und Einführung geeigneter ökonomischer Stimuli, damit die Betriebe und Kombinate den tatsächlichen erforderlichen Ersatzbedarf nach Menge, Sortiment und Termin sichern (vorrangig eine ökonomische und organisatorische Aufgabe);

– erhöht Anstrengungen der Betriebe und Kombinate auf dem Gebiet der Qualitäts- und Zuverlässigkeitsarbeit, um den tatsächlich erforderlichen Ersatzbedarf zu minimieren (vorrangig technische Aufgabe).

Ähnliche Probleme gibt es bei der konsequenten Durchsetzung der Gebrauchswert-Kosten-Analyse, bei der Anwendung des Programmiersystems „AUTRA" und der Inanspruchnahme des Informationssystems für Werkstoffe.

Der *zweite Schwerpunkt* ist die Erfassung und Verwertung von Sekundärrohstoffen und industriellen Abprodukten – ein weiteres, wichtiges Gebiet der Verbesserung der Materialökonomie. Fortschritte auf diesem Gebiet haben in den vergangenen Jahren zur Erschließung von Rohstoffreserven beigetragen. Im Jahre 1975 wurden volkswirtschaftlich wichtige Sekundärrohstoffe wie Metallschrott, Altpapier Alttextilien, Rücklauf-Flaschen und -gläser, Glasbruch usw. im Werte von 2,5 Milliarden Mark erfaßt.

Mit dem steigenden Einsatz von Plastwerkstoffen ergibt sich in zunehmendem Maße eine materialökonomische Reserve in Form der im Produktions- und Anwendungsprozeß anfallenden Sekundär-Plaststoffe. So schufen Neuerer in Dresden aus Polyamid-Seidenresten den vielseitig einsetzbaren Plastwerkstoff Teplamid. Aus diesem Werkstoff wurden 1976 verschiedene Erzeugnisse von Türgriffen über Möbelfüße bis hin zum Spielzeug im Wert von mehr als 4 Millionen Mark hergestellt. In einem anderen Fall wurde ein Automat zum Aufbereiten von Schnittresten, die bei der Konfektion synthetischer Materialien entstehen, entwickelt. Dadurch lassen sich die Reste wieder zu vollwertigen Fasern verarbeiten.

Alle diese Arbeiten tragen dazu bei, die vom IX. Parteitag der SED auch auf diesem Gebiet gestellten Ziele zu erfüllen, und zwar die Verwertung von Sekundärrohstoffen von 24 % im Jahre 1975 auf 30 % im Jahre 1980 – gemessen am Anfall – zu erhöhen. Dazu dient auch der 1976 begonnene Aufbau eines Informationssystems für Sekundärrohstoffe beim Institut für Sekundärrohstoffwirtschaft. Durch gezielte Erfassung und Übermittlung der Sekundärrohstoffeigenschaften mit Hilfe dieser zentralen Stelle soll die Verwertung gesteigert werden.

Es muß jedoch gesagt werden, daß vor allem der Forschungsvorlauf für die Verwertung der Sekundärrohsoffe noch nicht ausreicht. Hier gilt es, die Forschung verstärkt anzusetzen. Dabei muß das Prinzip, daß der Verursacher auch Träger der Verwertung sein muß, noch besser durchgesetzt werden. Die höchste dabei erreichbare Lösung ist die Schaffung geschlossener Stoffkreisläufe.

Der *dritte Schwerpunkt* befaßt sich mit der Leitung und Planung der Materialökonomie im volkswirtschaftlichen und betrieblichen Reproduktionsprozeß durch Normative, Normen und Vorgaben. In der Leitung und Planung materialökonomischer Prozesse wurden qualitative Veränderungen eingeleitet und wirksam. Der Ministerrat der DDR hat – ausgehend von den Erfahrungen bei der Anwendung der Planungsordnung – Schlußfolgerungen für die weitere Vervollkommnung der Planung der Materialökonomie gezogen. Es wurde festgelegt, auf allen Leitungsebenen wissenschaftlich-technische Maßnahmen zur Erhöhung der Materialökonomie unter konkretem Ausweis der zu erzielenden Materialeinsparungen als Bestandteil des Planes Wissenschaft und Technik zu planen und abzurechnen.

Dem Ministerium für Materialwirtschaft obliegt es, im Ergebnis der langfristigen Planung die Schwerpunkte der wissenschaftlich-technischen Arbeit zur weiteren Gestaltung der Materialeinsatzstruktur und zur Durchsetzung der ökonomischen Materialverwendung herauszuarbeiten und – davon abgeleitet – die zentralen Aufgaben bzw. Aufgabenkomplexe und -themen für die zentrale Planung von Wissenschaft und Technik vorzuschlagen.

Wesentliche Bedeutung für die Verbesserung der Materialökonomie hat der im Jahre 1972 in Auswertung der sowjetischen Erfahrungen begonnene Aufbau des Systems staatlicher Normative des Materialverbrauchs. Die Anzahl der Normative (Zusammenfassung von Normen für Erzeugnisgruppen) hat sich von 460 im Jahre 1973 auf rund 1340 im Jahre 1977 erhöht.

Für die in die Normativarbeit einbezogenen Ministerien der Industrie und des Bauwesens wurde 1977 ein Anteil der normativ begründeten Warenproduktion von ca. 50 % und ein Anteil des normativ begründeten Werkstoffverbrauchs am Gesamtverbrauch von ca. 80 Prozent erreicht.

Mit der Anwendung dieser Normative wird prinzipiell eine wesentlich höhere Senkung des spezifischen Materialverbrauchs erreicht, als sie bei dem nicht mit Normativen begründeten Materialverbrauch realisiert wird. Ausschlaggebend dafür ist die Verbindung der Normative mit den Aufgaben des Planes Wissenschaft und Technik.

Bei der zentralen Leitung und Planung materialökonomischer Schwerpunktaufgaben zeigt sich, daß die Interessen der Zweige und Bereiche nicht immer von vornherein mit den volkswirtschaftlichen Erfordernissen der Materialökonomie übereinstimmen.

Reduzierungen des spezifischen Materialverbrauchs oder Energieverbrauchs beim Anwender zum Beispiel können Maßnahmen beim Produzenten voraussetzen, an denen dieser oft nicht interessiert ist, weil sie mit Aufwendungen verbunden sind und sich nicht immer als eigene Leistungssteigerung niederschlagen. Daher müssen die gesamtvolkswirtschaftlichen Interessen durch die zentrale staatliche Leitung und Planung wahrgenommen werden, indem materialökonomisch entscheidende Aufgaben, die mehrere Industriebereiche berühren, zentral und langfristig vorbereitet, geplant und ihre Durchführung geleitet und kontrolliert werden.

Bewährt hat sich deshalb die Organisierung der langfristigen Planung der Materialökonomie unter Leitung des Ministeriums für Materialwirtschaft in enger Zusammenarbeit mit der Staatlichen Plankommission, den Industrieministerien, anderen zentralen Staats- und wirtschaftsleitenden Organen sowie wissenschaftlichen Einrichtungen.

Im Ergebnis der langfristigen Planung gelingt es immer besser, neben der Erarbeitung und Beauflagung quantitativer Kennziffern zur Einsparung von Material, die qualitativ entscheidenden Aufgaben und Vorhaben zur Erhöhung der Materialökonomie herauszuarbeiten, die Verflechtung zu erfassen und zu koordinieren und die für die Realisierung notwendigen Maßnahmen einzuordnen und zu beauflagen.

Auf diesem Wege wurde erstmalig für den Zeitraum 1976 bis 1980 eine Konzeption zum effektiven Einsatz und zur Einsparung von Energie, Rohstoffen und Material erarbeitet. Sie enthält die für die Erhöhung der Materialökonomie in der Volkswirtschaft wichtigsten Maßnahmen und liegt der Ausarbeitung des Fünfjahrplanes mit zugrunde.

Seit 1976 werden im Rahmen der langfristigen Planung bereits materialökonomische Aufgaben für den Zeitraum 1981 bis 1985 vorbereitet.

Bei der immer engeren Verbindung von Forschung, Entwicklung und Produktion spielen die Materialverbrauchsnormen eine wichtige Rolle. Mit ihrer Hilfe können sowohl die Ergebnisse der wissenschaftlich-technischen Arbeit wie auch Produktionsinitiativen zur Senkung des spezifischen Werkstoffverbrauches schnell gesellschaftlich wirksam und wiederholbar gemacht werden. Darüber hinaus bilden die Materialverbrauchsnormen mit ihrer Planungsfunktion über die betriebliche Planung die Brücke zur volkswirtschaftlichen Planung des Materialverbrauches.

Der Ministerrat der DDR hat – ausgehend von den Erfahrungen der besten Betriebe – Maßnahmen beschlossen, um die Wirksamkeit der Materialverbrauchsnormen zu erhöhen. Im Vordergrund dieser Maßnahmen steht die Sicherung der Einheit zwischen dem wissenschaftlich-technischen Fortschritt und den Materialverbrauchsnormen. Die Betriebe und Kombinate werden darauf orientiert, daß die Materialverbrauchsnormen der Produktion als Bestandteil des konstruktiven Entwicklungsprozesses durch die Bereiche der Technologie erarbeitet werden müssen.

Es wird weiterhin festgelegt, daß für alle wissenschaftlich-technischen Entwicklungsstufen materialökonomische Leistungsziele in Form von Normen und Kennziffern, Limiten und anderen Aufgabenstellungen vorgegeben, abgerechnet und verteidigt werden. Der Bestätigung der Materialverbrauchsnormen als Bestandteil der technologischen Dokumentation sollen damit die jeweils neuesten wissenschaftlich-technischen Erkenntnisse zugrunde liegen.

Die vom Ministerrat getroffenen Festlegungen verallgemeinern die Erfahrungen der Betriebe bei der Sicherung der kurzfristigen Überarbeitung der Materialverbrauchsnormen als Folge konstruktiver, technologischer und organisatorischer Neuerungen.

Hier wird auf die Organisation eines Änderungsdienstes orientiert, der die Erfassung der Neuerungen gewährleistet und in regelmäßigen Zeitabständen die Umsetzung in die Produktion auf der Grundlage entsprechender Normenänderungen gewährleistet.

Bei der weiteren Verbesserung der Leitung und Planung der Materialökonomie kommt der wirtschaftswissenschaftlichen Forschung eine wachsende Bedeutung zu. Sie muß sich verstärkt auf solche Aufgaben konzentrieren, deren Lösung wirksam zur Durchsetzung einer hohen Materialökonomie als Intensivierungsfaktor beiträgt. Dazu einige Beispiele:

– Von wesentlicher Bedeutung ist es, unter Berücksichtigung zweigspezifischer Erfordernisse die wissenschaftlich-technischen, produktionsorganisatorischen und andere Einflußgrößen auf die weitere Erhöhung der Materialökonomie qualitativ und quantitativ zu bestimmen sowie zu klassifizieren.

Damit würden Voraussetzungen für den umfassenden Ausweis materialökonomischer Effekte bei der Planung, Durchführung und Abrechnung des sozialistischen Reproduktionsprozesses geschaffen und gleichzeitig eine EDVmäßige Erfassung, Aufbereitung und Analyse der Einflußfaktoren ermöglicht.

– Zur volkswirtschaftlichen Wertung geplanter bzw. erreichter materialökonomischer Prozesse – bezogen auf die verschiedenen Leitungsebenen – ist eine Formulierung dieser Kriterien erforderlich. Vermittels solcher definierter Kriterien könnten Voraussetzungen für eine einheitliche volkswirtschaftliche Wertung materialökonomischer Ergebnisse geschaffen werden.

– Es ist notwendig, eine einheitliche, jeder Leitungsebene adäquate Informationsbasis als Grundlage für die zu treffenden Leitungsentscheidungen zu sichern. Gegenwärtig werden von den verschiedenen zentralen Organen wie Staatliche Plankommission, Ministerium für Wissenschaft und Technik, Ministerium für Materialwirtschaft und Fachministerien Entscheidungen getroffen, die oft auf unterschiedlichen Informationen beruhen und z. T. nicht optimal aufeinander abgestimmt sind. Das wird besonders bei der Erteilung von Vorgaben für die Entwicklung der verschiedenen materialökonomischen Kennziffern sichtbar.

– Des weiteren ist es erforderlich, einheitliche Grundsätze zur Sicherung einer progressiven Arbeit mit Normen und Kennziffern der Materialökonomie in den Betrieben und Kombinaten zu erarbeiten und anzuwenden.

Darüber hinaus muß man feststellen, daß die Preisbildung auf der Basis des Preis-Leistungs-Verhältnisses als ein Fortschritt zu werten ist und stimulierend auf die Entwicklung neuer Erzeugnisse mit hohem Gebrauchswert wirkt.

Jedoch sind die Methoden zur Ermittlung des Gebrauchswertes mit Mängeln behaftet, die Abweichungen zum volkswirtschaftlichen Optimum zulassen. Diese Mängel in der Gebrauchswertermittlung und Bewertung müssen durch Einsatz eines geeigneten Bewertungsverfahrens beseitigt werden, zum Beispiel durch eine sinnvolle Verknüpfung ökonomischer und technischer Parameter bei der Herstellung und Anwendung der Erzeugnisse. Es gilt also, auf allen Gebieten – ausgehend von der Grundlagenforschung – die Anstrengungen zur Verbesserung der Materialökonomie weiter zu verstärken, um Voraussetzungen zu schaffen zur Erreichung der hohen volkswirtschaftlichen Zielstellungen.

Nutzen wir unsere Zusammenkunft, indem wir beraten, wie wir bei der Verbesserung der Materialökonomie weiter vorankommen.

Auch das wird dazu beitragen, die von unserer Partei und Regierung gestellten hohen Anforderungen bis 1980 und darüber hinaus zu bewältigen.

H. Bachmann

Zu einigen volkswirtschaftlichen Erfordernissen und ökonomischen Problemen bei der umfassenden Nutzung einheimischer Lagerstätten mineralischer Rohstoffe

Die Beschlüsse der Partei- und Staatsführung zur planmäßigen und volkswirtschaftlich effektiven Versorgung der Volkswirtschaft mit Roh- und Brennstoffen orientieren nachdrücklich auf die umfassende Nutzung einheimischer mineralischer Rohstoffe. Wenn man vom Importaufkommen einmal absieht, kann die Rohstoffversorgung bei gegebener Produktionsstruktur grundsätzlich auf vier Wegen sichergestellt werden:

- durch den Nachweis, die Erkundung und Nutzung von einheimischen Lagerstätten zur Sicherung und Erhöhung des primären Eigenaufkommens an mineralischen Rohstoffen,
- durch die Nutzung von Sekundärrohstoffen,
- durch die Senkung des spezifischen Rohstoff- und Energieverbrauchs je Einheit Finalprodukt und
- durch die stoffliche Substitution defizitärer und arbeitsaufwendiger Rohstoffe.

Auf die volkswirtschaftliche Bedeutung der Senkung der Rohstoffintensität und auf die ökonomisch vorteilhafte Nutzung von Sekundärrohstoffen wird im Arbeitsmaterial und in den Beiträgen dieser Tagung mehrfach hingewiesen. Die Ausschöpfung dieser Reserven ist ökonomisch deshalb von überragender Bedeutung, weil diese Aufkommensquellen im Vergleich zu einer Erhöhung der Bergbauproduktion, sofern das auf der Grundlage geologischer Vorräte überhaupt möglich ist, im Durchschnitt in kürzeren Fristen, an vielen Stellen im Reproduktionsprozeß gleichzeitig erfolgen kann und mit einer höheren Produktivität der gesellschaftlichen Arbeit verbunden ist als der langfristige und fondsintensive Prozeß der Erkundung, des Aufschlusses und der Nutzung von Lagerstätten.

Selbstverständlich bedeutet das nicht, daß auf den Nachweis und den Abbau neu zu erschließender Lagerstätten im Rahmen einfacher und erweiterter Reproduktion verzichtet werden könnte.

Ähnlich positive ökonomische Auswirkungen wie der Einsatz von Sekundärrohstoffen und die Senkung des spezifischen Rohstoffverbrauchs haben auch die Maßnahmen zur Intensivierung der primären Produktion mineralischer Rohstoffe durch die komplexe und verlustarme Nutzung von Lagerstätten. Auf einige Grundsätze und ökonomische Probleme der komplexen und verlustarmen Nutzung wird in diesem Diskussionsbeitrag näher eingegangen.

Komplexe Nutzung von Lagerstätten bedeutet, daß aus einer Lagerstätte nicht nur der Hauptrohstoff gewonnen wird, sondern auch alle anderen, aufgrund der geologischen Bildungsbedingungen vorhandenen Stoffkomponenten, die infolge ihrer Gebrauchswerteigenschaften im Reproduktionsprozeß mit volkswirtschaftlichem Nutzen verwertet werden können.

Dazu gehören:

- Nebenkomponenten (z. B. Edelmetalle in Kupfererz- und Bleierzlagerstätten, Helium in Erdgaslagerstätten, Brom in Kalisalzlagerstätten),

– Begleitrohstoffe (z. B., Tone, Kiese, Kaolin in den Deckschichten von Braunkohlenlagerstätten),
– Produktionsabfälle des Bergbaus und der Aufbereitung (z. B. Aufbereitungsberge als Baurohstoffe, Schlacken aus pyrometallurgischen Prozessen).

Die Nutzung von *Nebenkomponenten* hat in der Buntmetallurgie unserer Volkswirtschaft eine lange und gute Tradition. International hat sie in den letzten Jahrzehnten einen beachtlichen Anteil der gesamten primären Rohstoffproduktion erreicht.

In einzelnen Ländern hat sich in der jüngeren Vergangenheit sogar ein Wandel in der Weise vollzogen, daß der Abbau verschiedener Erzlagerstätten nahezu ausschließlich nur noch aus Gründen der Nebenkomponentengewinnung erfolgt. Wenngleich in vielen Fällen die mögliche Produktionshöhe an Nebenkomponenten beschränkt bleibt, in anderen Fällen wiederum ein erheblicher technologischer Aufwand für ihre Gewinnung betrieben werden muß, kann ihre Gewinnung doch dazu beitragen, den Devisenaufwand für den Import aus dem NSW zu reduzieren (z. B. für Wolfram, Edelmetalle und seltene Metalle).

Die ökonomische Problematik ihrer Gewinnung besteht vielfach darin, daß erstens in der Leitung und Planung die Gewinnung von Nebenkomponenten dem Hauptrohstoff nachgeordnet wird und dadurch z. B. auch in der Leistungsbewertung der Betriebe nicht die ihrer volkswirtschaftlichen Bedeutung angemessene Rolle spielt. Zweitens ist teilweise die Effektivität der für die Gewinnung von Nebenkomponenten einzusetzenden Grundfonds unbefriedigend. Die Ursachen dafür liegen in der Tatsache, daß es sich oft um geringe Produktionsmengen handelt und die ökonomischen Vorteile der Größen- und Kostenregression nicht ausgenutzt werden können, oder aber bei größer gewählten Ausrüstungen und Durchsatzkapazitäten deren zeitliche Auslastung infolge des intermittierenden Betriebes gering ist.

Die in den Deckschichten von Braunkohlenlagerstätten lagernden *Begleitrohstoffe* wie Kiese, Tone und Kaolin spielen für die Versorgung unserer Bauwirtschaft und der keramischen Industrie eine zunehmend wichtige Rolle. Die 4. DVO zum Berggesetz der DDR enthält die notwendigen Maßnahmen, die hierzu bereits während der geologischen Forschung und Erkundung in Angriff genommen werden müssen. Angesichts des jährlichen um rund 5 % steigenden Bedarfes an silikatischen Baurohstoffen und der sehr ungleichmäßigen Verteilung ihrer Lagerstätten auf dem Territorium der DDR stellen die Begleitrohstoffe der Braunkohlenlagerstätten eine volkswirtschaftlich wichtige Aufkommensquelle dar, auf die schon gegenwärtig nicht mehr verzichtet werden kann. Durch ihre Gewinnung können die Inanspruchnahme land- und forstwirtschaftlicher Nutzflächen eingeschränkt, die notwendigen Investitionen für den Aufschluß separater Lagerstätten reduziert und im volkswirtschaftlichen Maßstab auch in erheblichem Umfang Transportaufwendungen eingespart werden.

Nicht immer ist jedoch die Gewinnung von Baurohstoffen aus dem Deckgebirge von Braunkohlenlagerstätten mit den leistungsfähigen Technologien des Braunkohlenbergbaus verträglich. Dort, wo sich zur Abraumbeseitigung Einsatzmöglichkeiten für hochproduktive Abraumförderbrücken ergeben, diese aber für die gesonderte Kies- oder Tongewinnung nicht geeignet sind, sind technologische Konflikte und unter Umständen für das Braunkohlenwerk ungünstige ökonomische Auswirkungen nicht zu vermeiden. Unter sorgfältiger Abwägung aller langfristigen volkswirtschaftlichen Auswirkungen und unter Berücksichtigung vorhandener Zwangsbedingungen müssen dann jeweils auf den konkreten Einzelfall zugeschnittene Entscheidungen getroffen werden.

Die Nutzung von *Produktionsabfällen* der bergmännischen Gewinnung und aus

Aufbereitungs- und Verarbeitungsprozessen kann ebenfalls zu einer spürbaren Entlastung volkswirtschaftlicher Bilanzen und zur Verbesserung der Materialökonomie führen. Hier sei nur an den Einsatz klassierter Aufbereitungsabgänge als Zuschlagstoffe, an die Bereitstellung von Schlackenwolle aus Produktionsabfällen der Hüttenwerke und an den Einsatz des Materials alter Bergbauhalden im Straßenbau und als Füllstoffe sowie an die vielseitige Verwendung von Braunkohlenaschen der Kraftwerke erinnert. Neben der Kostenentlastung für den jeweiligen Hauptrohstoff der Bergbau- und Hüttenbetriebe und einer besseren Bedarfsdeckung bei Baurohstoffen besteht der ökonomisch oft nicht meßbare volkswirtschaftliche Nutzen in der Entlastung von Transportkapazitäten und in der Verringerung der Umweltbelastung durch die Abfallstoffe.

Probleme in der Leitung und Planung der Gewinnung von Begleitrohstoffen und des Einsatzes von Produktionsabfällen entstehen mitunter dadurch, daß die Verantwortung für die Bilanzierung und Produktionsdurchführung bei unterschiedlichen Industrieministerien liegt. Dabei hat sich gezeigt, daß der zeitgerechte und umfassende Informationsaustausch zwischen allen Beteiligten einschließlich der jeweiligen territorialen Organe und die zielgerichtete Abstimmung aller damit verbundenen Fragen eine unerläßliche Voraussetzung für die umfassende Nutzung von Begleitrohstoffen und Produktionsabfällen sind. Dazu gehört auch eine breiter entwickelte Applikationsforschung und die Bereitschaft der verarbeitenden Zweige, eine traditionelle technologische Einstellung zu überwinden und die technologische Anpassung an eine veränderte stoffliche Zusammensetzung solcher Rohstoffe zu sichern.

Die bedarfsgerechte Bereitstellung einheimischer mineralischer Rohstoffe schließt die *Senkung der Vorratsverluste beim Abbau von Lagerstätten* als eine der Hauptformen ihrer intensiven Nutzung ein. Vorratsverluste stellen den Teil der erkundeten und nachgewiesenen Bilanzvorräte einer Lagerstätte dar, die aus geologisch-bergbautechnischen, sicherheitlichen oder ökonomischen Gründen einer volkswirtschaftlichen Nutzung entzogen werden. Das sind z. B. Mineralvorräte in Sicherheitspfeilern von Tagesschächten unter wichtigen Tagesanlagen wie Eisenbahntrassen, Flußläufen und Städten, sogenannten Schweben und Pfeiler als Abbauverluste zur Unterstützung des Hangenden, Gewinnungsverluste bei der Loslösung des Rohstoffes aus dem Gebirgsverband und Förderungsverluste beim Transport des gewonnenen Vorrates bis zur Aufbereitung.

Die Vorratsverluste liegen international in einer Größenordnung von 20–60 % der nachgewiesenen Bilanzvorräte. Ihre Höhe ist von zahlreichen geologischen und bergbautechnischen Faktoren abhängig. Im Kalibergbau der DDR sind es 40–60 %; aus den Erdöllagerstätten werden im Weltmaßstab trotz umfangreicher sogenannter Sekundärmaßnahmen im Durchschnitt nur 50 % des in den Lagerstätten vorhandenen Erdöls ausgebracht. Beim Abbau unserer Betonkies- und Sandlagerstätten betragen diese Verluste 20–30 %.

Im Kalibergbau und in den Braunkohlentagebauen der DDR haben zielgerichtete gebirgsmechanische und technologische Forschungsarbeiten, Neuerervorschläge und die Initiative der Werktätigen im sozialistischen Wettbewerb in den letzten Jahren bereits wirksam zur Senkung der Vorratsverluste beigetragen. Zugleich ist allerdings mit der Einführung hochmechanisierter und produktiver Abbauverfahren und den ungünstigeren geologischen Lagerstättenbedingungen oft auch ein Anstieg der Vorratsverluste verbunden. Komplizierte Entscheidungssituationen sind dann die Folge. Die Anwendung von Verfahren mit höherer Arbeitsproduktivität muß dann sorgfältig mit dem dadurch bedingten Anstieg der Vorratsverluste abgewogen werden.

Die ökonomische Forschung hat hierfür noch keine theoretisch befriedigenden und in der Leitung und Planung praktisch anwendbaren Lösungen für solche Entscheidungssituationen bereitstellen können. In enger wissenschaftlicher Zusammenarbeit mit dem Moskauer Institut für geologische Erkundung und unter Nutzung der wissenschaftlichen Kontakte zu entsprechenden Institutionen in Prag, Budapest und Krakow stellt diese Fragestellung einen Schwerpunkt der rohstoffökonomischen Forschungsarbeiten an der Bergakademie Freiberg dar.

Wenn davon ausgegangen wird, daß Lagerstättenvorräte mineralischer Rohstoffe nicht erneuerungsfähige Naturressourcen sind und ihre Erkundung und Erschließung einen ständig steigenden Aufwand an gesellschaftlicher Arbeit erfordern, der, ökonomisch betrachtet, langfristig gebundene Vorleistungen darstellt, dann lassen sich volkswirtschaftlich optimale Entscheidungen in diesen und vielen anderen mit der Nutzung einheimischer Rohstoffe verbundenen Fällen eigentlich nur auf der Grundlage einer komplexen ökonomischen Bewertung der Lagerstätten vorbereiten und treffen.

Eine solche komplexe Bewertung, verstanden als die Ermittlung der volkswirtschaftlichen Bedeutung von einheimischen Lagerstätten, muß selbstverständlich auf den Erkenntnissen der marxistischen Arbeitswerttheorie beruhen und als ökonomische Bewertung im engeren Sinne u. a. den gesellschaftlich notwendigen Arbeitsaufwand bei ihrer Nutzung im Geldausdruck darstellen.

Aber darin kann sich die Ermittlung der volkswirtschaftlichen Bedeutung einheimischer Lagerstätten keineswegs erschöpfen. Auch andere Bewertungskriterien wie der Grad des Rohstoffausbringens, die territoriale Einordnung der Nutzung einer Lagerstätte und weitere Standortbedingungen, die Belastung der natürlichen Umwelt und nicht zuletzt auch die Bedeutung der Lagerstätte für die gemeinsame Lösung des Roh- und Brennstoffproblems durch die Mitgliedsländer des RGW müssen in eine solche Bewertung einbezogen werden. Daraus müssen sich letzten Endes auch alle ökonomischen Regelungen ableiten, die für die umfassende Nutzung einheimischer Lagerstätten mineralischer Rohstoffe zur Anwendung kommen. Durch sie vor allem können die volkswirtschaftlichen und betrieblichen Interessen noch vollständiger als bisher in Übereinstimmung gebracht werden.

E. Garbe

Vorgaben des Materialverbrauches in den Stadien der Vorbereitung und Durchführung von Forschungs- und Entwicklungsaufgaben im Betrieb

Vorbemerkungen

Es ist eine gesicherte Erkenntnis, daß der Hauptansatzpunkt für eine ökonomische Materialverwendung im Stadium der Vorbereitung und Durchführung der Forschung und Entwicklung liegt.

Nach den vorliegenden Erfahrungen, die in der Praxis sowohl von Chemie- als auch von Maschinen- und Anlagenbaubetrieben gewonnen wurden, vermitteln die in der Abbildung 1 dargestellten Zusammenhänge eine prinzipielle Aussage.

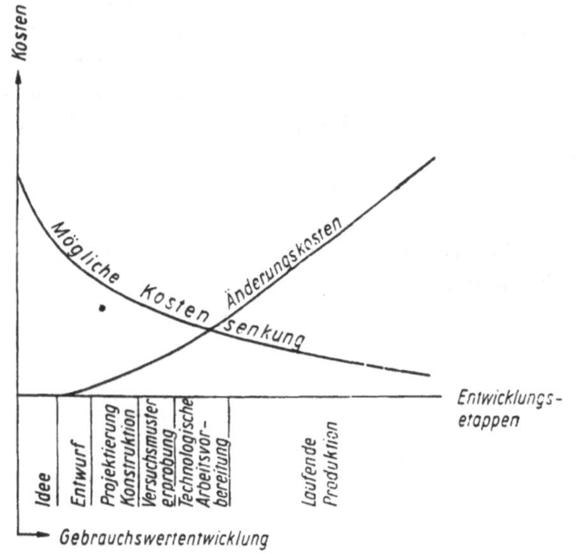

Abb. 1. Zusammenhang zwischen dem Zeitpunkt technischer bzw. materialökonomischer Veränderungen und den Kosten (von Verfahren und Erzeugnissen)

Es wird erkennbar:

– Je frühzeitiger und gründlicher bei einer F/E-Aufgabe die vorhandenen Ideen konstruktiv und technologisch in einem Projekt verwirklicht werden, um so günstiger wirkt sich das auf den weiteren F/E-Prozeß aus. Mit anderen Worten: Forschungsvorlauf bzw. Gründlichkeit in den ersten Stufen des F/E-Prozesses zahlt sich zeit- und kostenmäßig aus.

– Betrachtet man die in der Abb. 1 dargestellten allgemeinen Stufen in der Entwicklung eines Verfahrens oder Erzeugnisses, so wird unschwer deutlich, daß die

Kostensenkungsmöglichkeiten (– und im Chemiebetrieb beziehen sich oft 90% und mehr der Kosten auf den Energie- und Materialeinsatz! –) immer mehr abnehmen und in der Stufe der Produktionsdurchführung relativ am ungünstigsten sind. So sind z. B. in der Stufe K 11 die Kostensenkungsmöglichkeiten und weitere konstruktive oder rezepturmäßige Vervollkommnungen zur Materialökonomie gegenüber der Stufe K 5 nur in wesentlich beschränkterem Maße möglich.

– Andererseits zeigt sich, daß die Änderungskosten an einem Verfahren oder einer Konstruktion von Entwicklungsstufe zu Entwicklungsstufe zunehmen und schließlich während des Produktionsprozesses am ungünstigsten sind. Im laufenden Produktionsprozeß kann z. B. eine Materialsubstitution (sofern sie zu diesem Zeitpunkt überhaupt noch mit dem vorhandenen Anlagensystem und der verfügbaren Technologie möglich ist) erhebliche Umstellungen im Produktionsablauf, in der Lagerwirtschaft usw. nach sich ziehen. Das heißt: Erst relativ spät erkannte materialökonomische und andere Rationalisierungsmaßnahmen können durchaus außerordentlich bedeutsam sein, aber ihre Ergebnisse müssen mit einem nicht zu unterschätzenden Umstellungsaufwand (der wiederum selbst auch erhebliche Materialaufwendungen in sich einschließen kann) erkauft werden.

Obwohl materialökonomische Maßnahmen im laufenden Produktionsprozeß objektiv bedeutend begrenzter möglich sind als während des F/E-Prozesses, sollten diese trotzdem nicht vernachlässigt werden. In der Einhaltung der vorgegebenen Technologie, in der Qualitätssicherung wie überhaupt im sparsamen Umgang mit Material liegen auch hier noch erhebliche Reserven, die insbesondere über Material- und Energieverbrauchsnormen deutlich zu machen sind.

Innerhalb des relativ feststehenden Anlagensystems z. B. von Chemiebetrieben ist im laufenden Produktionsprozeß von vornherein ein bestimmter Rahmen in der ökonomischen Materialverwendung gesetzt.

Man kann also zusammenfassen:

Um materialökonomische Reserven in den volkswirtschaftlich notwendigen großen Dimensionen erschließen zu können, sind verstärkte und mit eindeutigen Zielen untersetzte Aktivitäten in der Forschung und Entwicklung notwendig. Dabei müssen vor allem auch die Erfahrungen bewährter Produktionsarbeiter bereits zu dieser Zeit sinnvoll und konsequent genutzt werden.

Die Arbeit mit dem Erzeugnispaß und dem Pflichtenheft auf der Grundlage von materialökonomischen Kennziffern

Seit dem Jahre 1975 wird in den Betrieben der DDR mit Erzeugnispässen gearbeitet. Einzelheiten dazu sind in der „Anordnung über die Arbeit mit Erzeugnispässen in der Industrie" geregelt.[1]

Danach ist der Erzeugnispaß grundsätzlich, beginnend mit der Entscheidung zur Aufnahme von Aufgaben in den Plan Wissenschaft und Technik, spätestens mit der Erarbeitung des Lösungsweges, auszuarbeiten. In ihm werden u. a. ausgewiesen:

- Kennziffern der Hersteller- und Anwendereffektivität (d. h. Aufwand, Nutzen, Preis- und Kostenlimite);

[1] Anordnung über die Arbeit mit Erzeugnispässen in der Industrie vom 6. Juni 1975, in: GBl. I, S. 452.

- Kennziffern der Materialökonomie und der rationellen Energieanwendung (z. B. Masse-Leistungsverhältnis);
- Kennziffern bzw. Angaben zur Abhängigkeit von Importen;
- Kennziffern der Zuverlässigkeit sowie
- Kennziffern und Angaben für die Verwertung bzw. schadlose Beseitigung von Abprodukten.

Maßgebend ist die Forderung, diesen Kennziffern *Vergleichswerte internationaler Konkurrenzerzeugnisse* gegenüberzustellen, weil dadurch

1. eine ständige, vorurteilsfreie Wertung des eigenen wissenschaftlich-technischen und technisch-ökonomischen Standes auf dem Weltmarkt und
2. eine fundierte Entscheidung über den günstigsten Zeitpunkt und die Zielparameter einer Neu- oder Weiterentwicklung

ermöglicht werden muß.

Diese an das Leitungsinstrument „Erzeugnispaß" gestellten Anforderungen sind vor allem auch aus materialökonomischer Sicht außerordentlich bedeutsam.

In der betrieblichen Arbeit mit Erzeugnispässen sind vor allem folgende schwerwiegende ungelöste Probleme nicht zu übersehen: Einige Betriebe unterschätzen die Erzeugnispässe, so daß diese teilweise eine sehr geringe Aussagekraft besitzen oder überhaupt nicht vorliegen. Das resultiert insbesondere aus dem Fakt, daß die Ermittlung der im Erzeugnispaß auszuweisenden Informationen oft sehr schwierig und methodisch nicht ausreichend gelöst ist.

Diese Probleme machen sich besonders im Stadium der *Pflichtenheftausarbeitung*[2] sehr negativ bemerkbar, also immer dann, wenn wissenschaftlich begründete Zielsetzungen für Forschungs- und Entwicklungsaufgaben notwendig werden. Sowohl das mittels Erzeugnispaß angestrebte *Signalisieren* notwendig werdender Forschungs- und Entwicklungsaufgaben als auch die Ableitung von ökonomischen *Vorgaben* zur Aufnahme in das Pflichtenheft funktionieren gegenwärtig nicht genügend. Dieser Zustand ist in erster Linie darauf zurückzuführen, daß die Ableitung von Zielen in Form von Vorgaben bzw. Limiten nicht befriedigend beherrscht, methodisch lückenhaft ist und oft als *schematischer Rechenvorgang* aufgefaßt wird. Diese Feststellung trifft nicht nur für *materialökonomische* Vorgaben zu.

Es ergibt sich also folgende Feststellung: Sowohl der Erzeugnispaß als auch das aus ihm in wesentlichen Aussagen abzuleitende Pflichtenheft wird nur dann ein wirksames Leitungsinstrument darstellen können, wenn die Ermittlung von Vorgaben bzw. Limiten (in Form von Kennziffern) beherrscht wird. Im folgenden sollen dazu einige Anregungen vermittelt werden.

Qualifizierte Ermittlung von materialökonomischen Vorgaben bzw. Limiten und von materialökonomischen Kennziffern im Betrieb

Weltstandsvergleiche. Ein Vergleich der Kosten und Preise, der materialökonomischen Kennziffern sowie der Gebrauchseigenschaften der Erzeugnisse und Verfahren ist auf die Erschließung neuester wissenschaftlicher und technischer Erkenntnisse zu richten. Die für Weltstandsvergleiche notwendigen *Informationen* bezüglich der Preiszusam-

[2] Anordnung über das Rahmenpflichtenheft für die Entwicklung und Weiterentwicklung von Erzeugnissen, Verfahren und Technologien – Pflichtenheft-Ordnung – vom 17. April 1977, in: GBl. I, S. 145.

mensetzung und der Kosten sind nur begrenzt verfügbar, so daß spezifische Vergleichsverfahren notwendig sind und ein Vergleich technischer Kennziffern dominiert. Ein in der Praxis nicht befriedigend gelöstes Problem sind *internationale Preisvergleiche* und daraus abzuleitende Kostenlimite (die sich überwiegend auf Materialkosten beziehen).

M. E. empfiehlt sich die in der Abb. 2 dargestellte Methode der Preisrückrechnung zur Ermittlung eines Kostenzieles unter Zugrundelegung der prozentualen Preisbestandteile des DDR-Erzeugnisses.

Preis-bestandteile	Preis-zusammensetzung des DDR-Erzeugnisses		Rückrechnung vom Preis des Konkurrenz-Erzeugnisses auf die Kosten	
	in Mark	in % vom IAP		
Selbstkosten	117,01	84,79	49,86	Ziel
+ Betriebliches Reineinkommen	7,19	5,21	3,06	
= Betriebsabgabe-preis	124,20	90,00	52,92	
+ Produktions-abgabe	13,80	10,00	5,88	
Industrie-abgabepreis (IAP)	138,00	100,00	58,80	bekannt

Abb. 2. Preisrückrechnung zur Ermittlung von Kostenorientierungen und -zielen

Bei dieser Methode wird (ausgehend vom bekannten Preis des Konkurrenz- bzw. Vergleichserzeugnisses) ermittelt, wie hoch die Kosten des DDR-Erzeugnisses unter Beibehaltung der prozentualen Reineinkommensbestandteile höchstens sein dürfen, wenn eine Mitbestimmung auf dem Weltmarkt erfolgen soll.

Im vorliegenden Vergleichsfalle (Abb. 2) müßten die Kosten von 117,01 Mark auf 49,86 Mark gesenkt werden, wenn nicht nur bezüglich der Gebrauchswertparameter, sondern auch preislich eine Konkurrenz auf dem Weltmarkt zu sichern ist.

Auf diese Weise läßt sich eine aussagefähige Kostenorientierung ermitteln, die den Charakter einer Überschlagsrechnung trägt.

Folgende materialökonomische Weltstandsvergleiche sind im Prinzip durchführbar, und es muß erreicht werden, daß sie konsequent genutzt werden:

- Vergleiche der Materialzusammensetzung der Erzeugnisse;
- Vergleiche über die Art der eingesetzten Materialien;
- Vergleiche über die Beschaffenheit (Güte bzw. Qualität) der Materialien, so daß sich z. T. Rückschlüsse auf die Herstellungsverfahren ziehen lassen;
- Vergleiche über den Reinheitsgrad und den Konzentrationsgrad bestimmter (chemischer) Produkte;
- Vergleich der Verpackungsmaterialien und des Verpackungsaufwandes.[3]

Handelt es sich bei dem zu vergleichenden Erzeugnis um ein Gerät, eine Maschine oder Anlage, so lassen sich eine Reihe spezifischer Vergleiche anstellen, aus denen Rückschlüsse auf die vorhandene Materialökonomie gezogen werden können, zum Beispiel

[3] Vgl. E. Garbe/D. Graichen, Ökonomische Materialverwendung, Berlin 1976.

- Gewichtsvergleiche (Masse pro Leistungseinheit);
- Vergleiche der Leistungsparameter (aus denen z. B, die Umsetzung der Rohstoffe in einer Chemieanlage und der Energieverbrauch hervorgehen);
- Vergleiche über den Anteil genormter Baugruppen und Teile;
- Vergleiche über die Verschleißfestigkeit hoch beanspruchter Baugruppen und Bauteile.

Einige Vergleichsangaben für Weltstandsvergleiche sind nur über eine direkte *Erzeugnisanalyse* oder über Laboruntersuchungen und -erprobungen erhältlich.

Gebrauchswert-Kosten-Analysen und Prozeßanalysen zur Ermittlung und Realisierung materialökonomischer Ziele. Zur Ermittlung und Erschließung materialökonomischer Reservequellen verfügen die Industriebetriebe der DDR über eine Reihe bewährter Analysenmethoden, von denen hervorzuheben sind: Gebrauchswert-Kosten-Analysen (GKA), Materialfluß- und Materialverbrauchsanalysen sowie Prozeßanalysen.

Anhand der Gebrauchswert-Kosten-Analyse und der bei stoffumwandelnden Prozessen bewährten Prozeßanalyse – also an zwei Analysenmethoden, die sich durch ein beachtliches komplexes Eindringen in den betrieblichen Reproduktionsprozeß auszeichnen – soll dargestellt werden, wie dieses analytische Instrumentarium noch besser und konsequenter anzuwenden ist.

Die *Gebrauchswert-Kosten-Analyse*[4] ermöglicht die Minimierung der Kosten für notwendige Gebrauchswerte. Sie hat das Ziel, ein *optimales Verhältnis zwischen dem Gebrauchswert der Erzeugnisse und den für ihre Produktion und Anwendung erforderlichen Kosten herzustellen.*

Damit entspricht die *Zielstellung* der GKA genau dem Anliegen des Ministerratsbeschlusses vom 25. 3. 1976 zur Leistungsbewertung der Betriebe.[5] Danach erzielen diejenigen Betriebe die größten ökonomischen Vorteile, die mit geringsten Kosten Erzeugnisse in der erforderlichen Qualität entwickeln und herstellen.

Ausgehend von den hohen ökonomischen Ergebnissen, die mit Hilfe der GKA in der DDR und anderen sozialistischen Ländern erzielt wurden, wurde bereits im Jahre 1971 mit der Anordnung über die Anwendung der GKA festgelegt, daß eine *Preisbestätigung* durch das Amt für Preise nur dann erfolgt, wenn die Durchführung einer GKA und damit ein optimales Gebrauchswert-Kosten-Verhältnis nachgewiesen wird.

Ausgangspunkt jeder GKA sind die gesellschaftlichen Bedürfnisse, die sich im erforderlichen Gebrauchswert widerspiegeln. Auf der Grundlage der neuesten wissenschaftlich-technischen Erkenntnisse wird bei jeder GKA analysiert und geprüft, was verbessert, vereinfacht, vereinigt oder weggelassen werden kann, oder ob es bereits bewährte und neue konstruktive und technologische Lösungen gibt, die technisch besser und kostengünstiger sind.

Es ist das Anliegen der GKA, systematisch *alle Einflüsse auf den Gebrauchswert und die gesamten Kosten* eines Analysenobjektes – von der Forschung und Entwicklung über Konstruktion, Technologie und Produktion bis zu Absatz, Nutzung und Instandhaltung – zu untersuchen und daraus die dem modernsten Stand der Wissenschaft und Technik entsprechende kostengünstigste Konstruktion und verfahrenstechnische Lösung zu ermitteln und zu verwirklichen.

[4] Anordnung über die Anwendung der Gebrauchswert-Kosten-Analyse vom 17. März 1971, in: GBl. II, S. 285.

[5] Beschluß über die Bildung der Industriepreise zur Durchführung des Beschlusses zur Leistungsbewertung der Betriebe und Kombinate vom 10. Juni 1976, in: GBl. I, S. 317.

Die Zielfunktion der GKA lautet also

$$\frac{\textit{Erforderlicher Gebrauchswert}}{\textit{Herstellungskosten}} \rightarrow \textit{Optimum}$$

Bewährte Anwendungsgebiete der GKA sind die Erzeugnisrationalisierung sowie die Forschung und Entwicklung.

Es liegen bedeutsame GKA vor, die zur Ausarbeitung bzw. Überarbeitung von TGL führten, aus denen eine optimale Erzeugnisqualität abgeleitet werden konnte und die in bestimmten Fällen auch die Festlegung optimaler Erzeugnissortimente ermöglichte. Vorliegende ökonomische Ergebnisse aus der Anwendung der GKA beweisen, daß diese Methode der sozialistischen Betriebswirtschaft auch ausgezeichnet geeignet ist, den *Materialeinsatz* z. B. bei chemischen Erzeugnissen zu objektivieren und daraus technisch und ökonomisch begründete *Materialverbrauchsnormen* abzuleiten.[6] Der gegenwärtige Mangel von traditionellen Materialverbrauchsstudien besteht ja gerade darin, daß der *Gebrauchswert* im wesentlichen als eine Konstante aufgefaßt wird, während die GKA unter Einbeziehung der Hauptanwender des Erzeugnisses eben gerade von einer Optimierung des Gebrauchswertes ausgeht, was zur Erschließung bedeutender materialökonomischer Reserven führen kann.

Auch in dieser Beziehung, also der Weiterentwicklung der Materialverbrauchsnormenarbeit, stellt die GKA ein bei weitem noch nicht ausreichend genutztes Instrumentarium dar. Hier zeigt sich aber auch, daß dieses Instrumentarium selbst noch methodisch weiterentwickelt werden muß, wobei die sinnvolle Verbindung mit anderen bewährten Rationalisierungsmethoden ein besonderer Schwerpunkt ist.

Aus der Abb. 3 geht die Beziehung zwischen der GKA und wichtigen Intensivierungsfaktoren hervor, wobei die Materialökonomie besonders beeinflußt wird.

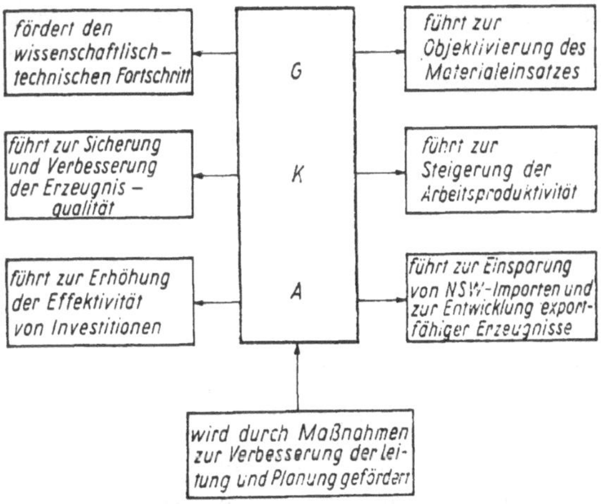

Abb. 3. Beziehungen zwischen der Gebrauchswert-Kosten-Analyse und Intensivierungsfaktoren

[6] H. Bachmann/H. Dienemann, Beziehungen zwischen dem ökonomischen Materialeinsatz in stoffumwandelnden Prozessen und dem Gebrauchswert von Chemieprodukten als Grundlage einer Weiterentwicklung der Materialverbrauchsnormung, Dissertation A, Technische Hochschule „Carl Schorlemmer" Leuna-Merseburg 1975.
E. Garbe/U. Heske, Ableitung eines optimalen Grundmitteleinsatzes aus Funktionsanalysen und Materialverbrauchsstudien, in: Chemische Technik, 9/1974.

Über ausgezeichnete materialökonomische Erfolge bei der GKA-Anwendung kann in jüngster Zeit z. B. aus dem Kombinat VEB Chemische Werke Buna berichtet werden:

– Ein aus 16 Mitarbeitern zusammengesetztes interdisziplinäres Rationalisierungskollektiv führte an dem volkswirtschaftlich wichtigen Chemieprodukt Polystyrol eine Gebrauchswert-Kosten-Analyse durch. In die damit verbundene Qualitätsoptimierung wurden 17 wichtige Verarbeitungsbetriebe der DDR einbezogen. Durch Rezepturveränderungen und damit sich ergebende erhebliche materialökonomische Auswirkungen konnte ein Jahresnutzen von 950 TM erzielt werden.

– Durch Substitution von Polyesterharz bei Rohstoffen für die Knopfproduktion konnte im Rahmen einer GKA und den damit verbundenen Versuchen eine günstigere materialökonomische Variante ermittelt werden. Einem relativ geringen Untersuchungsaufwand steht im vorliegenden Falle ein Gewinn von etwa 1 Mio Mark für das Kombinat VEB Chemische Werke Buna gegenüber.
Dieser Vorteil ergibt sich aus Preisen (vom Verbraucher bestätigt) bei sinkendem Materialkostenaufwand im Buna-Kombinat.

Besonders bemerkenswert ist das Beispiel einer GKA-Anwendung im Direktionsbereich Investitionen des Buna-Kombinates. Eine Investitionsvorentscheidung (IVE) wurde wegen ihres relativ hohen Bau- und Ausrüstungsaufwandes nicht bestätigt. Eine daraufhin (nachträglich) durchgeführte GKA überraschte selbst die Projektanten dieses Objektes, indem gegenüber dem ursprünglichen Aufwand eine materielle Einsparung im Wert von ca. 22 Millionen Mark erzielt werden konnte.[7]

Es sind weitere betriebswirtschaftliche Forschungsarbeiten zur direkten Integration der GKA in die „Nomenklatur der Arbeitsstufen und Leistungen von Aufgaben des Planes Wissenschaft und Technik" notwendig. Gegenwärtig steht die GKA noch zu sehr *neben* der Forschung und Entwicklung, statt in ihr integriert zu sein. Die Forscher und Entwickler betrachten es oft als *zusätzliche* Aufgabe, die GKA anwenden zu müssen, obwohl es sich dabei um ihre ureigenen Aufgaben handelt. Im Bereich des Ministeriums für Chemische Industrie wird dazu gegenwärtig von einer Arbeitsgruppe ein Anleitungsmaterial ausgearbeitet, das künftig von allen Chemiebetrieben genutzt wird.

Prozeßanalysen. Während mit der GKA eine Optimierung des Verhältnisses von Gebrauchswert und Kosten industrieller *Erzeugnisse* angestrebt wird, stellt die Prozeßanalyse eine komplexe wissenschaftliche und technisch-ökonomische Untersuchung des *Produktionsablaufes* und aller ihn beeinflussenden Faktoren in einer Chemieanlage oder in einer zusammenhängenden Anlagenkette dar. Das Ziel besteht in einer Optimierung der Prozeßführung.

Die Untersuchungen im Rahmen einer Prozeßanalyse erstreckten sich sowohl auf die Anlieferung, Lagerung und Qualität der Rohstoffe als auch auf die eigentliche Stoffumwandlung im Reaktor, den damit verbundenen Energieaufwand, die Aufarbeitung der Reaktionsprodukte bzw. die Abtrennung und Reingewinnung der Zielprodukte sowie auf die Verwertung oder schadlose Beseitigung von Abprodukten bis zum Versand der verkaufsfähigen Chemieprodukte.

Damit ist der Aufwand für eine Prozeßanalyse relativ hoch und es ist eine gründliche Auswahl der Analysenobjekte notwendig.

Die Unterschiede von GKA und Prozeßanalyse (und man könnte auch noch die WAO in die Betrachtung einbeziehen) bestehen vor allem

[7] M. Moltrecht, Die Anwendung der Gebrauchswert-Kosten-Analyse bei Investitionsentscheidungen, Dissertation A, Technische Hochschule „Carl Schorlemmer" Leuna-Merseburg 1975.

– im konkreten Gegenstand der Analyse (Erzeugnis bzw. Prozeß) und
– im Umfang des Analyseprogrammes und in den speziellen Analyseschritten.

Es bietet sich insbesondere in Betrieben der stoffumwandelnden Industrie geradezu an, die erzeugnisbezogene GKA mit der auf den Produktionsprozeß bezogenen Prozeßanalyse sinnvoll *zu verbinden und in 2 Hauptrichtungen anzuwenden:*

erstens zur wissenschaftlich begründeten Ableitung langfristiger Intensivierungskonzeptionen[8] sowie zur Auswahl und Begründung von F/E-Themen (Pflichtenheftausarbeitung) und

zweitens zur Erreichung der festgelegten Entwicklungs- bzw. Intensivierungsziele im Rahmen der F/E und der Erzeugnis- sowie Verfahrensrationalisierung bzw. zur Erschließung von (materialökonomischen) Reserven.

Während die zuletzt genannte Richtung gegenwärtig die dominierende ist, werden GKA und Prozeßanalyse erst in bescheidenem Maße für langfristige Intensivierungen und zur Ableitung und Begründung von Entwicklungszielstellungen genutzt.

Nach dem Rahmenpflichtenheft für die Entwicklung neuer Erzeugnisse, Verfahren und Technologien sind u. a. solche eindeutigen *Effektivitäts- und Qualitätsziele* auszuweisen wie:

– Senkung des spezifischen Material- und Energieverbrauches;
– Nutzung einheimischer Rohstoffe und Verwertung von Abprodukten;
– Materialsubstitution und spezielle begrenzende Bedingungen beim Einsatz bestimmter Materialarten;
– Sicherung der NSW-Importunabhängigkeit;
– Selbstkostensenkung, Kosten- und Preisvorgaben;
– Erhöhung der Exportfähigkeit und -rentabilität sowie zu erschließende Märkte.

Diese Ziele können nicht schematisch vorgegeben werden, da ausgehend von den konkreten Bedingungen und Möglichkeiten oftmals Zwischen- bzw. Etappenziele festzulegen sind.

Es muß auch klar erkannt werden, daß die *Zielfindung selbst eine wichtige wissenschaftliche Aufgabe* ist, die methodisch noch nicht ausreichend gelöst ist. Es bieten sich solche Methoden wie die Gebrauchswert-Kosten-Analyse und die Prozeßanalyse an, in welche Weltstandsvergleiche ebenso einzubeziehen sind wie die Zielbaum- bzw. die Patternmethode, mathematisch-statistische Methoden und die EDV. Die Ableitung und ökonomische Begründung von (material-)ökonomischen Zielen und ihre Darstellung in geeigneten Kennziffern sollte zu einer wichtigen ökonomischen Forschungsaufgabe erhoben werden.

Zusammenfassung und Schlußfolgerungen

Die Erschließung von materialökonomischen Reserven erfordert

erstens wissenschaftlich begründete *Zielsetzungen* (Vorgaben und Limite) im Rahmen langfristiger Intensivierungskonzeptionen und

zweitens Rationalisierungsmethoden, die geeignet sind, *Reservequellen in großen Dimensionen* unmittelbar zu erschließen.

Gebrauchswert-Kosten-Analysen und Prozeßanalysen ermöglichen vor allem bei ihrer kombinierten Anwendung eine qualifizierte Erfüllung beider Forderungen.

[8] F. Haberland/H. Koziolek/S. Tannhäuser, Intensivierungskonzeptionen – Ergebnis sorgfältiger Analyse, in: Einheit, 6/1975, S. 628.

Insbesondere die im Jahre 1977 erlassene Pflichtenheft-Ordnung bewirkte, daß die Betriebe verstärkt nach geeigneten Methoden zur wissenschaftlichen *Begründung von ökonomischen Zielsetzungen* (in Form von Vorgaben und Limiten) suchen. Vor der betriebswirtschaftlichen Forschung steht deshalb die Aufgabe, das dazu verfügbare Instrumentarium weiter zu vervollkommnen und für eine praktische Anwendung noch besser aufzubereiten.

Fehlen geeignete Methoden zur wissenschaftlichen Begründung von Zielsetzungen oder sind diese noch nicht genügend anwendungsreif, so werden meines Erachtens ökonomische Ziele oft auf Grund von Schätzungen, Überschlagsrechnungen und ungenügend differenziert vorgegeben, so daß sie meistens unreal sind und auch nicht der Stimulierung zugrunde gelegt werden können.

Im Zusammenhang mit einer zu verbessernden konkreten material-ökonomischen Zielsetzung sind vor allem auch folgende *betriebswirtschaftliche Probleme* wissenschaftlich zu bearbeiten:

– Interessierung der F/E-Ingenieure an hohen (material-ökonomischen) Zielsetzungen bereits im Stadium der Pflichtenhefterarbeitung, und darüber hinaus eine generelle Verbesserung der Stimulierung hoher materialökonomischer Ergebnisse durch die produktionsvorbereitenden Betriebsabteilungen.

– Erarbeitung leitungsorganisatorischer Prinzipregelungen für die Betriebe und Kombinate, aus denen hervorgeht, welche Struktureinheiten (lt. Rahmenstrukturplan) für welche Aktivitäten bei materialökonomischen Analysen, der Ableitung von Vorgaben sowie der Kontrolle und Abrechnung verantwortlich sind.

– Untersuchungen in den F/E-Abteilungen, wie vorhandene Methoden zur Förderung des schöpferischen Denkens (Kreativität) breiter und wirksamer angewandt werden können (Synektik, Kombinatorik, morphologische Methode, Testfrageprogramme, Ideenkonferenzen . . .).

K. Saupe

Die verstärkte Nutzung einheimischer mineralischer Rohstoffe – ein objektives Erfordernis und ein wesentlicher Wachstumsfaktor der Volkswirtschaft der DDR

Die stabile und langfristige Versorgung der Volkswirtschaft der DDR mit mineralischen Rohstoffen ist von großer volkswirtschaftlicher Bedeutung. Die letzten Plenartagungen des ZK der SED bestätigten die Richtigkeit der beschleunigten Entwicklung der einheimischen Rohstoffbasis, wie sie im Gesetz über den Fünfjahrplan 1976 bis bis 1980 festgelegt ist. Zur Sicherung einer lang andauernden dynamischen Leistungsentwicklung unserer Volkswirtschaft werden im Fünfjahrplanzeitraum rund 60% der Investitionsmittel der Industrie in den fondsintensiven rohstoffproduzierenden Zweigen eingesetzt.

Für die weitere effektive Gestaltung des volkswirtschaftlichen Reproduktionsprozesses sowie als wesentlicher Wachstumsfaktor gewinnt die umfassende und ökonomische Nutzung der einheimischen mineralischen Rohstoffe immer mehr an Bedeutung. Genosse Honecker sagte im Bericht an die 5. Tagung des ZK der SED: „Gerade weil wir entschlossen sind, die dynamische ökonomische Entwicklung auch nach dem gegenwärtigen Fünfjahrplan fortzusetzen, intensivieren wir die Anstrengungen zur langfristigen Sicherung der Rohstoffgrundlagen. Eindeutig legen wir den Schwerpunkt darauf, die einheimischen Rohstoffe umfassend zu nutzen und immer wirtschaftlicher einzusetzen", wobei nicht nur die geologische Erschließung von Ressourcen zu sehen ist, sondern der Stufenprozeß von der geologischen Forschung über die Suche und Erkundung von Lagerstätten, die Erhöhung der Effektivität beim Abbau, der Aufbereitung, der Verhüttung und dem ökonomischen Einsatz in der Volkswirtschaft im Komplex zu betrachten ist.

Der komplexe Charakter der Forschungsaufgaben zur Sicherung der Rohstoffversorgung erfordert ein ständiges und zielgerichtetes Zusammenwirken verschiedener Wissenschaftsdisziplinen, Forschungseinrichtungen und Industriezweige.

Die gegenwärtig durchschnittliche Wachstumsrate des Rohstoffverbrauchs liegt bei 3,5 bis 4 Prozent; sie schwankt allerdings für die einzelnen Rohstoffe in weiten Grenzen.

Die Sicherung der Versorgung unserer Volkswirtschaft mit mineralischen Rohstoffen kann grundsätzlich erfolgen durch:
- das primäre Eigenaufkommen, d. h. durch die einheimische Bergbauproduktion,
- das Aufkommen an Sekundärrohstoffen,
- Senkung der Rohstoffintensität der Erzeugnisse, d. h. Reduzierung des spezifischen Rohstoffeinsatzes,
- Rohstoffsubstitution,
- Rohstoffimporte.

Der Anteil der einzelnen Aufkommensquellen ist für eine Rohstoffgruppe, Rohstoffart und Rohstoffsorte sehr unterschiedlich und wird quantitativ und qualitativ maßgebend vom vorhandenen Lagerstättenpotential und dem wissenschaftlich-technischen Niveau seiner Nutzung bestimmt.

Der seit 1972 anhaltende enorme Preisanstieg für die Mehrzahl der Rohstoffe führt zu zunehmenden Belastungen unseres Außenhandels. Der Generalsekretär des ZK der SED, Genosse Honecker, ist in seiner Rede vor den 1. Sekretären der Kreisleitungen am 17. 2. 78 ausführlich auf diese Probleme eingegangen, so daß ich mir hier umfassendere Ausführungen ersparen kann.

Aus dieser Situation ergibt sich für die DDR die Notwendigkeit der umfassenden Nutzung der einheimischen Rohstoffressourcen, die Reduzierung bzw. Ablösung von Importen, insbesondere aus dem NSW, aber auch für die Entwicklung des Exportes bei ausgewählten und ausreichend vorhandenen einheimischen mineralischen Rohstoffen.

Die Erfahrungen der geologischen Untersuchungstätigkeit, insbesondere der letzten Jahre beweisen, daß trotz der relativ hohen Untersuchungsdichte – 105 000 Bohrungen auf unserem 108 000 km^2 großen Territorium – neue Lagerstätten sowohl traditioneller als auch neuer Art in noch bergbaulich zugänglichen Teufen und unter komplizierten Bedingungen entdeckt werden können. So mußten in einigen Gebieten die bisherigen Erkenntnisse über die Rohstoffverteilung einer gründlichen Revision unterzogen werden, und es wurden auch Sucharbeiten auf Buntmetallerze im Harz und Erzgebirge und in anderen Räumen erstmalig begonnen bzw. mit neuen Zielstellungen wieder aufgenommen.

Im Ergebnis der bisherigen geologischen Untersuchungsarbeiten des Staatsgebietes der DDR kann die mineralische Rohstoffbasis folgendermaßen charakterisiert werden:

– Die regionale Verteilung der mineralischen Rohstoffe auf dem Territorium der DDR weist, bedingt durch die geologischen Bildungsbedingungen, große Unterschiede auf.

– Für einige wesentliche – hauptsächlich Massenrohstoffe – wird im Ergebnis der bisher durchgeführten und der noch planmäßig zu realisierenden Untersuchungsarbeiten die Rohstoffbasis für die Produktion bis 1990 und z. T. darüber hinaus vollständig aus eigenem Aufkommen gesichert werden.

– Bei anderen mineralischen Rohstoffen, insbesondere Erzen, gestattet das gegenwärtig verfügbare Rohstoffpotential nur die Absicherung eines Teiles des Bedarfs aus eigenem Aufkommen.

Einige volkswirtschaftlich wichtige Rohstoffe, wie z. B. Phosphorträger, Bauxit, Asbest, Chromerz und Manganerz sind nach dem gegenwärtigen Kenntnisstand auf dem Territorium der DDR in wirtschaftlich nutzbaren Mengen nicht zu erwarten. Genosse Honecker führte in seiner Rede vor den 1. Kreissekretären sinngemäß aus, daß trotz aller Anstrengungen zur verstärkten Nutzung der einheimischen mineralischen Rohstoffe auch künftig Rohstoffimporte notwendig sind. Wertmäßig ausgedrückt importiert die DDR etwa 60% der benötigten Rohstoffe. Dazu sind langfristig gesicherte Importe auch in Zukunft von entscheidender Bedeutung.

Analytische Untersuchungen zu ausgewählten mineralischen Rohstoffen haben übereinstimmend gezeigt, der Fondseinsatz in den letzten 15 Jahren ist enorm gestiegen und wird auch im überschaubaren Zeitraum weiterhin ansteigen. Die hieraus resultierenden volkswirtschaftlichen Probleme sind schwerwiegend und dürfen nicht übersehen werden, da sie unser volkswirtschaftliches Leistungsvermögen – vor allem von der Seite der materiellen Realisierung – immer mehr belasten. Diese Entwicklung betrifft nicht nur die Großprojekte der Braunkohle und Erze, sondern auch die kleineren Projekte der Glas-, Keramik- und Baumaterialienrohstoffe, bei diesen lediglich auf einem niedrigeren absoluten Zahlenniveau.

Es läßt sich sowohl im internationalen Maßstab als auch auf Grund der objektiven

Gegebenheiten für die DDR besonders gravierend konstatieren, daß die Grundfondsquoten (erreichte finanzielle Warenproduktion pro TM Grundfonds) immer ungünstiger werden und sich die Grundfondsintensität (eingesetzte Grundfonds je TM Warenproduktion) jährlich erhöht durch

- sich ständig verschlechternde geologische Bedingungen,
- ungünstiger werdende abbautechnische Bedingungen, (größere Teufen, mächtigere Deckgebirge, höhere Schadstoffgehalte, geringere Gehalte an Nutzkomponenten [Wertstoffgehalte]),
- steigendes technisches Niveau der Geräte und Anlagen,
- Erhöhung der Preise für Investitionen.

Hieraus resultiert in der Summierung der Faktoren, daß die spezifischen Abschreibungen je Tonne Abbauprodukte ständig steigen. Im Braunkohlentagebau der DDR betragen z. B. die Abschreibungen jetzt 31,5% der Selbstkosten.

Ökonomische Untersuchungen, die noch keineswegs als abgeschlossen zu betrachten sind, haben erneut bestätigt, daß sowohl im Tage- als auch im Tiefbau der dominierende Einfluß auf das Investvolumen von der Projektgröße – dargestellt durch die Kapazität – ausgeht. Diese im wesentlichen technische Größe wird durch den Standort ergänzt. Bei einem Teil der Projekte geht vom Standort und der dort vorhandenen oder aber auch fehlenden Infrastruktur ein sehr starker Einfluß auf die Höhe der Investitionen aus. Darüber hinaus ist die Lagerstättenteufe, und zwar bei den Tiefbauen die Schachtteufe und bei den Tagebauen die Aufschluß-Abraummenge, von Bedeutung. Schließlich sind der Zeitaufwand und der Zeitpunkt der Projektrealisierung entscheidende Einflußfaktoren auf die Größe des Investvolumens. Natürlich gibt es auch Unterschiede im Investaufwand bei den einzelnen Rohstoffen, die durch die Verschiedenartigkeit der Aufbereitung und ersten Verarbeitung verursacht werden.

Für die wirtschaftswissenschaftliche Forschung ergibt sich hier ein weites Arbeitsgebiet, denn mit Hilfe von Regressionsgleichungen müßten unter Berücksichtigung der Fördermenge pro Jahr (Kapazität) Varianten zur Entscheidungsvorbereitung erarbeitet werden können.

Aus statistischer Sicht müßte man verlangen, daß die die Zielgrößen bestimmenden Faktoren voneinander unabhängig sind. In der extraktiven Industrie spielt – wie oben bereits ausgeführt – die Projektgröße, also die Kapazität, eine dominierende Rolle. Diese Kapazität kann jedoch niemals eine von anderen Einflußgrößen unabhängige Größe sein, da sie von einer endlichen Zahl von Faktoren aus dem Lagerstättenbereich, der Gewinnungs-, Förder- und Aufbereitungstechnik sowie von wirtschaftsstrategischen Notwendigkeiten abhängt. Während sich einige Faktoren mit mehr oder weniger großer Genauigkeit noch quantifizieren lassen, gibt es eine Vielzahl von Faktoren, insbesondere aus dem Bereich der Infrastruktur, des Umweltschutzes und der Sozialmaßnahmen, die sich in einem so frühen Stadium einfach nicht zahlenmäßig fassen lassen.

Aus internationalen Statistiken und aus der Entwicklung unserer eigenen Grundstoffindustrie ist zu erkennen, daß seit der Mitte der 60er Jahre in immer stärkerem Maße Investitionen für den Umweltschutz aufzuwenden sind, die insbesondere im Aufbereitungs- und Hüttenbereich den Investaufwand zwischen 20 und 40 Prozent erhöhten.

Die technischen Verbesserungen, die technologischen Weiterentwicklungen wirken ebenfalls investitionserhöhend. Jedoch ist hierbei zu vermerken, daß in einer Vielzahl der Fälle die damit erreichte Produktionssteigerung der Investmittelerhöhung nicht adäquat ist.

Hinzu kommt bei diesen Betrachtungen der bereits einmal genannte Realisierungszeitraum, der bei großen Projekten zwischen 15 und 20 Jahren bis zur industriellen Nutzung betragen kann. Das bedeutet eine für die Grundstoffindustrie zwar bekannte, aber volkswirtschaftlich trotzdem enorm belastende lange Rückflußdauer.

Im Bereich der Förderung und Verarbeitung, insbesondere von Baumaterialienrohstoffen sowie von mineralischen Rohstoffen für die Glas- und Keramikindustrie, sind häufig die territorialen Abweichungen hinsichtlich des Auftretens von Lagerstätten und dem Standort der Rohstoffverarbeitung kennzeichnend. Das führt naturgemäß durch die kontinuierlich steigende Förderung zu einem ständigen Ansteigen des Transportaufwandes. Die Anforderungen des Bauwesens an die Deutsche Reichsbahn zeigen bis 1980 eine Steigerung des Transportvolumens auf 225 Prozent. Das bedeutet nicht nur Bereitstellung von mehr Transportraum und Streckenbelastung, sondern auch gleichzeitig steigenden Energieverbrauch.

Hinzu kommt die Ungleichmäßigkeit der Güterströme, die vor allem in einem Anfahrt-Abfahrt-Defizit des Nordens der DDR (1:5) sowie in leer zurücklaufendem Transportraum zum Ausdruck kommt und die volkswirtschaftliche Effektivität erheblich beeinflußt.

Wirtschaftswissenschaftliche Forschungsarbeiten sind schließlich erforderlich, um praktikable Lösungen für die weitere Senkung der Vorratsverluste, die zur Einsparung erheblicher finanzieller Mittel und gesellschaftlichem Arbeitsvermögen führen, sowie zu den Fragen der Substitution von mineralischen Rohstoffen zu finden. Hierbei sollte nicht nur von herkömmlichen Betrachtungsweisen, durch Vergleich von Paaren von Rohstoffen wie Kupfer/Aluminium, ausgegangen werden. Diese Untersuchungen sollten komplexer, d. h. bis zum Einsatz im volkswirtschaftlichen Endprodukt mit seinen gesamten Auswirkungen auf den Gebrauchswert, die Materialökonomie und die Effektivität vorgenommen werden.

Dazu gehört auch die ökonomische Durchdringung der Nutzung von mineralischen Sekundärrohstoffen – nicht nur der metallischen. Die Nutzung von Sekundärrohstoffen trägt zur Verringerung des Verbrauchs an nicht wiederherstellbaren Ressourcen bei. Die Verarbeitung von Sekundärrohstoffen ist weniger energieintensiv als der Bergbau und die Verarbeitung von Erzen. Sie hat weniger schädigende Auswirkungen auf die Umwelt als der Abbau und die Verarbeitung der meisten primären mineralischen Rohstoffe. Schließlich kommt hinzu, daß die Nutzung von Sekundärrohstoffen dazu beiträgt, die Importabhängigkeit zu verringern. Des weiteren ist die Verarbeitung von Sekundärrohstoffen technologisch einfacher und der Investitionsaufwand ist relativ niedrig.

Zusammenfassend kann man sagen, für die Wirtschaftswissenschaftler ergeben sich vordringlich folgende Forschungsaufgaben:

– Ausarbeitung von Methoden zur ökonomischen Bewertung von Lagerstätten und des vertretbaren ökonomischen Aufwandes für ihre Nutzung;

– die Erarbeitung von Entscheidungskriterien für die Investbeteiligung an Vorhaben der Nutzung mineralischer Rohstoffe;

– die ökonomische Bewertung von Varianten der langfristigen Deckung des Bedarfs an mineralischen Rohstoffen;

– die Intensivierung der Rohstoffnutzung und der volkswirtschaftlichen Einordnung der Rohstoffwirtschaft in den Reproduktionsprozeß unter den konkreten Bedingungen der DDR;

– die Gestaltung von ökonomischen Regelungen für Erkundungs- und Bergbaubetriebe zur Stimulierung einer effektiven Erkundung und verlustarmen Nutzung von Lagerstätten.

C.-J. STRAUSS

Materialökonomie und Kennziffernarbeit

In dem Arbeitsmaterial zu dieser Konferenz sowie in den Beiträgen im Plenum und dem Einleitungsvortrag für diesen Arbeitskreis ist die objektive Notwendigkeit einer hohen Materialökonomie herausgearbeitet und die wachsende Bedeutung der Materialökonomie unter den gegenwärtigen Bedingungen nachgewiesen worden. Die Bedeutung der Materialökonomie als Intensivierungsfaktor wächst quantitativ und qualitativ. Wenn wir in den nächsten Jahren etwa 50 Prozent und mehr des zusätzlich notwendigen Rohstoff- und Materialbedarfs durch die Verringerung der Materialintensität decken wollen, bedeutet das wesentlich höhere Anstrengungen als bisher auf dem Gebiet der Leitung und Planung der Materialökonomie zu unternehmen.

Die Materialökonomie nimmt einen entscheidenden Einfluß auf die volkswirtschaftliche Grundproportion Ersatzfonds: Nationaleinkommen. Die Untersuchungen und Analysen der Material- bzw. Rohstoffintensität des Endprodukts bzw. des Nettoprodukts zeigen eine relativ hohe Rohstoffintensität. Das ist offensichtlich darauf zurückzuführen, daß die durch den wissenschaftlich-technischen Fortschritt gegebenen Möglichkeiten zur Senkung des spezifischen Materialeinsatzes und zur Erhöhung der Materialausnutzung, zur Materialsubstitution und zur Erhöhung der Stoffveredelungsgrade noch nicht ausreichend genutzt werden. Setzt sich in den nächsten Jahren die Tendenz des wachsenden Anteils des Materialverbrauchs am Gesamtprodukt fort, dann bedeutet das eine Verringerung des Anteils des Nationaleinkommens am Gesamtprodukt, d. h. eine Verringerung des Nationaleinkommens, das mit einer Einheit Materialfonds erzeugt wird.

Wir haben in den letzten Jahren zu unkritisch aus dem Marxschen Aufwandsgesetz „Die Steigerung der Produktivität der Arbeit besteht eben darin, daß der Anteil der lebendigen Arbeit vermindert, der der vergangnen Arbeit vermehrt wird, aber so, daß die Gesamtsumme der in der Ware steckenden Arbeit abnimmt; daß also die lebendige Arbeit um mehr abnimmt, als die vergangne zunimmt"[1] die Schlußfolgerungen zugelassen, daß mit dem wissenschaftlich-technischen Fortschritt der Materialaufwand je Produkt sinkt, sein Anteil am Wert des Produkts aber steigt.

Mit dem Übergang zum allseitig intensiven Typ der erweiterten Reproduktion wird es notwendig, eine sinkende Verbrauchsintensität des gesellschaftlichen Gesamtprodukts sowie eine Verringerung der Fondsintensität auch in bezug auf alle Momente der vergegenständlichten Arbeit anzustreben. Daher lebt gegenwärtig die Diskussion um diese volkswirtschaftlichen Wachstumsrelationen und die ihnen zugrunde liegenden Proportionalitätsbedingungen wieder auf. In bezug auf die Proportionen zwischen Ersatzfonds und Nationaleinkommen bildeten sich drei Standpunkte heraus:

[1] K. Marx, Das Kapital, Dritter Band, in: MEW, Bd. 25, Berlin 1970, S. 271.

a) die Auffassung, wonach der Anteil der Ersatzfonds am gesellschaftlichen Gesamtprodukt wertmäßig und seinem physischen Volumen nach steigt;
b) die Auffassung, wonach die ständige Erweiterung des Anteils des Ersatzfonds auf Grund gegenwirkender Faktoren verneint, aber die Möglichkeit seiner Anteilsvergrößerung nicht generell ausgeschlossen wird;
c) die Auffassung, wonach der Anteil des Nationaleinkommens am Gesamtprodukt sich stofflich und wertmäßig vergrößern müsse.

Nach meiner Auffassung gestatten der wissenschaftlich-technische Fortschritt, die Durchsetzung einer hohen Materialökonomie, arbeitszeitsparende technologische Verfahren zur Rohstoffgewinnung und zur Verarbeitung des Materials, eine rationell geführte Sekundärrohstoffwirtschaft und die wissenschaftlich begründete, entsprechend den Erfordernissen des Gesetzes der planmäßigen proportionellen Entwicklung der Volkswirtschaft gestaltete Leitung und Planung der Materialökonomie – unabhängig von der Erhöhung der organischen Zusammensetzung der Fonds –, der tendenziell wachsenden Materialintensität des Nationleinkommens entgegenzuwirken.

Das Problem der empirischen Forschung zur Proportion *E : N* besteht immer in der Qualität des zur Verfügung stehenden Datenmaterials. In der Sowjetunion konnte Ėjdelman auf Grund der Auswertung von drei Berichtsverflechtungsbilanzen (1959, 1966, 1972) für die Entwicklung dieser Proportionen in der UdSSR detaillierte Analysen anstellen. Aus diesen Analysen konnte Ėjdelman schlußfolgern, „daß sich der Anteil des Materialverbrauchs am gesellschaftlichen Gesamtprodukt von 1959–1971 stetig verringerte, jedoch nur in geringem Maßstab. In den Jahren 1971–1972 erhöhte er sich etwas, lag aber niedriger als in den Jahren 1959–1960. Im Jahre 1973 trat wiederum eine Senkung des Materialverbrauchsanteils ein. Besonders klar trat die Tendenz zur Verringerung des Materialverbrauchsanteils in der Industrie hervor."[2] Weiterhin ergibt sich aus seinen Ermittlungen, daß bei einer Verringerung der volkswirtschaftlichen Materialintensität ein großes Ansteigen des Nationaleinkommens im Verhältnis zum Gesamtprodukt vorliegt.

Da auf die Proportion *E : N* vielfältig verflochtene Faktoren Einfluß nehmen und die konkreten Strukturbedingungen der Volkswirtschaft beachtet werden müssen, halte ich es für notwendig, daß die wirtschaftswissenschaftliche Forschung sich diesem Gegenstand in Form einer Gemeinschaftsarbeit zwischen Politökonomen, Volkswirtschaftlern, Materialwirtschaftlern und Naturwissenschaftlern stärker zuwendet, um mit größerer Sicherheit die Erfordernisse der ökonomischen Gesetze in bezug auf die Materialökonomie zu quantifizieren und zu einer richtigen Einschätzung des Standes und der zu wählenden Entwicklung des Verhältnisses *E : N* zu gelangen.

Die Durchsetzung einer hohen Materialökonomie wird durch Normen und Kennziffern der Materialökonomie begründet. Sie sind auf eine Verringerung der Materialintensität ausgerichtet. Ihre technisch-ökonomische Begründung kann daher nicht nur in einer formal rechnerischen Ermittlung bestehen, sondern muß auf einer umfassenden Analyse des wissenschaftlich-technischen Fortschritts auf dem betreffenden Gebiet beruhen. Für die Leitung und Planung der Materialökonomie finden insbesondere Materialverbrauchsnormen, Materialeinsatzschlüssel, Materialausnutzungskoeffizienten und Verlustnormen, Normen der Materialrückgewinnung und Materialkostennormen sowie Vorratsnormen Anwendung. Jede dieser Normen und Kennziffern hat ihre spezifischen Besonderheiten und sie unterliegen gleichzeitig gemeinsam gültigen Bedingungen.

2 M. Ėjdelman, Issledovanie struktury sovetskoj ėkonomiki po dannym otčetnych mežotraslevych balansov, in: Planovoe chozjajstvo, 8/1975, S. 115/129.

Im folgenden möchte ich mich auf ausgewählte Fragen der Materialverbrauchsnormenarbeit konzentrieren. Ein entscheidender Beitrag zur Durchsetzung einer hohen Materialökonomie wird durch eine Verbesserung der Arbeit mit Materialverbrauchsnormen geleistet. Es ist erwiesen, daß in den Jahren, in denen über die MVN-Arbeit die Aktivität der Werktätigen auf die Durchsetzung einer hohen Materialökonomie orientiert wurde, qualitative Veränderungen in der Materialverbrauchsstruktur und im Materialverbrauchsanteil erreicht werden konnten. Zuletzt zeigt sich das mit der Einführung technisch-ökonomisch begründeter Normative des Materialverbrauchs, die dazu führte, daß über 50 Prozent der Materialeinsparungen an Erzeugnissen gebracht wurden, die durch diese Normative erfaßt wurden. Die Ursache lag sicher weniger an den Normativen selbst, als vielmehr in ihrer Wirkung, die sie auf die Mobilisierung der MVN-Arbeit in den Betrieben und Kombinaten ausgelöst hatten.

Materialverbrauchsnormen sind Plankennziffern, die unter Berücksichtigung ermittelter Bestwerte den höchstzulässigen technisch-ökonomisch begründeten Materialverbrauch (mengen- und wertmäßig) zur Herstellung eines Erzeugnisses oder für die Durchführung einer Leistung bei bester Qualität festlegen. Die Materialverbrauchsnormen sind Ausgangspunkt für die Ausarbeitung technisch und ökonomisch begründeter Normative des Materialverbrauchs und bilden eine entscheidende Grundlage der Materialplanung. Sie sind ein wichtiges Hilfsmittel zur Durchsetzung der Materialökonomie, da sie den volkswirtschaftlich zweckmäßigsten Einsatz des Materials festlegen und Anhaltspunkte für die Senkung des Materialverbrauchs bei der Konstruktion, der Ausarbeitung der Fertigungstechnologie und der Organisation der Produktion im Betrieb bzw. zwischen den Betrieben bieten.

Die Materialverbrauchsnormen sind ferner ein wichtiges Hilfsmittel der Analyse und Kontrolle des Materialverbrauchs. In Verbindung mit dem Haushaltsbuch dienen sie der Organisation des sozialistischen Wettbewerbs. Für die Arbeit mit dem Haushaltsbuch können große Reserven auf dem Gebiet der ökonomischen Materialverwendung erschlossen werden.

Entsprechend der Einheit von Planung und wirtschaftlicher Rechnungsführung wird der Kampf der Werktätigen um eine hohe Materialeinsparung ökonomisch stimuliert. Die Festlegung hoher Planziele und ihre Erfüllung im Rahmen des sozialistischen Wettbewerbs auf dem Gebiet der ökonomischen Materialverwendung wird über den Leistungsfonds der volkseigenen Betriebe und Kombinate gefördert. Zur gezielten Selbstkostensenkung für die Einsparung von volkswirtschaftlich wichtigen Rohstoffen, Materialien und Energie werden differenzierte Zuführungen aus dem Nettogewinn zu dem Leistungsfonds vorgenommen, wenn die Materialeinsparungen dem Plan zugrunde gelegt werden und die staatlich verbindlichen Normative des Material- und Energieverbrauchs mindestens eingehalten werden.

Wir haben in der Volkswirtschaft der DDR gute Traditionen auf dem Gebiet der MVN-Arbeit, an die wir anknüpfen und die wir fortsetzen müssen, und es zeigen sich auch qualitativ neue Faktoren, die diese Arbeit bestimmen. Daraus ergeben sich folgende Anforderungen an die Weiterentwicklung der MVN-Arbeit:

Erstens: Die Arbeit an und mit Materialverbrauchsnormen ist wieder in verstärktem Maße in die ideologische Arbeit einzubeziehen. Die ideologische Klarheit über Inhalt und Bedeutung der Materialverbrauchsnormen ist die Grundvoraussetzung für eine hohe Qualität der MVN-Arbeit. Wir werden die notwendigen Fortschritte auf diesem Gebiet nur erreichen, wenn wir die MVN-Arbeit zur Sache eines jeden Arbeiters, Ingenieurs, Materialwirtschaftlers und Leiters machen.

In den vergangenen Jahren hatten sich MVN-Kollektive dafür gut bewährt. Sie haben den Stand der Arbeit an und mit Materialverbrauchsnormen analysiert, Vorschläge zu ihrer weiteren Entwicklung unterbreitet und kontrolliert, daß die Arbeit an und mit Materialverbrauchsnormen entsprechend den gesetzlichen Bestimmungen erfolgt. Solche MVN-Kollektive arbeiten auf der Ebene der Betriebe und Kombinate. Aber auch auf den übergeordneten Leitungsebenen hat sich die Arbeit solcher MVN-Kollektive gut bewährt. Ich darf daran erinnern, daß wir Mitte der 50er Jahre, wo wir einen riesigen Fortschritt in der MVN-Arbeit erreichen konnten, sogar auf der obersten Leitungsebene ein solches MVN-Kollektiv hatten, das einen entscheidenden Anteil an der damals geleisteten Arbeit hatte. Aus diesem Grunde möchte ich vorschlagen, die interdisziplinäre Zusammensetzung und Arbeitsweise solcher MVN-Kollektive zu prüfen und sie als eine ständige und zweckmäßige Form der Leitung der MVN-Arbeit, der Entwicklung der Gemeinschaftsarbeit und der Mobilisierung der Initiative der Werktätigen wieder tätig werden zu lassen. Solche MVN-Kollektive tragen auch dazu bei, den kampagnehaften Charakter der Arbeit mit Materialverbrauchsnormen, der teilweise noch vorhanden ist, durch eine kontinuierliche MVN-Arbeit zu überwinden.

Zweitens: Die Leitung der MVN-Arbeit ist streng nach dem Prinzip des demokratischen Zentralismus zu organisieren. Mit der Erarbeitung und Anwendung von technisch und ökonomisch begründeten Normativen des Materialverbrauchs ist ein entscheidendes Leitungsinstrument dafür geschaffen worden. Konzeptionell sieht die Arbeit mit diesen Normativen eine unmittelbare Mitwirkung der Betriebe und Kombinate an der Ausarbeitung, Realisierung und Kontrolle der Einhaltung der Normative vor. In der praktischen Arbeit ist gerade diese Seite der Arbeit mit Normativen weiter zu verstärken.

An die Leiter der Betriebe und Kombinate stellt die Anwendung des Prinzips des demokratischen Zentralismus in der MVN-Arbeit hohe Anforderungen. Die von ihnen zu tragende Verantwortung für die MVN-Arbeit ist nicht delegierbar. Daraus ergibt sich die Notwendigkeit, daß sich die Leiter der Betriebe und Kombinate selbst an die Spitze des Kampfes um eine hohe Qualität der MVN-Arbeit stellen und damit zugleich auch ihre Bedeutung in der Leitung und Planung unserer Volkswirtschaft demonstrieren.

Die Durchsetzung des Prinzips des demokratischen Zentralismus schließt die Sicherung einer durchgängigen Leitung der MVN-Arbeit, der Vorgabe, Verteidigung und Abrechnung von Materialverbrauchsnormen ein. Das wirft das Problem der Aggregation und Desaggregation dieser Normen auf. Im Prozeß der Erarbeitung der MVN entstehen sie über Teilnormen, aggregierte Verbrauchsnormen und bilden schließlich die Grundlage für die Materialeinsatzschlüssel. Die Vorgabe material-ökonomischer Teilziele an die Arbeitskollektive schließt aber auch die Desaggregation vorgegebener Plankennziffern des Materialverbrauchs ein. Die Zielstellung muß darin bestehen, daß jeder Werktätige an seinem Arbeitsplatz eine genaue Vorgabe zur Durchsetzung einer hohen Materialökonomie erhält.

Die Aufgabenstellung zur Aggregation und Desaggregation von Kennziffern im Planungsprozeß ist seit Jahren eine Problemstellung, an der in Betrieben und Kombinaten sowie den übergeordneten Leitungsebenen gearbeitet wird. Das Problem ist nur dann beherrschbar, wenn der Entstehungsprozeß von Normvorgaben, wie er in der Aggregation vollzogen wird, durch die Desaggregation wieder aufgelöst werden kann. Die Lösung der Aggregations- und Desaggregationsproblematik ist eine wichtige Aufgabe zur Erhöhung der Qualität der Materialverbrauchsnormenarbeit. Sie schließt auch die Problematik der Planung des Materialbedarfs in solchen Betrieben ein, in denen auf

Grund der Sortimentsbreite und der späten Auftragsklarheit die direkte Anwendung von Einzelnormen des Materialverbrauchs nicht möglich ist. Die hier oft angewendete Typenvertreterplanung kann uns noch nicht befriedigen. Daher müssen wir auch hier zu einer vertretbaren Lösung gelangen.

Drittens: Wir sprechen mit Recht davon, daß wir technisch-ökonomisch begründete progressive Materialverbrauchsnormen im Planungsprozeß anwenden müssen. Das bedeutet, daß mit den fortschreitenden wissenschaftlich-technischen Erkenntnissen, mit den wachsenden Erfahrungen und Fertigkeiten im Arbeitsprozeß und technologischen Veränderungen auch eine entsprechende Veränderung der Materialverbrauchsnormen einhergehen muß. Dafür ist ein entsprechender Änderungsdienst einzurichten. Wir können es aber nicht dem Zufall überlassen, welche Materialverbrauchsnormen sich ändern und in welche Richtung sie sich verändern. Daher wird mit der „Anordnung über die Direktive zur Durchsetzung einer straffen und zielgerichteten Arbeit mit Materialverbrauchsnormen in den Kombinaten und Betrieben"[3] darauf orientiert, daß für die wissenschaftlich-technische Vorbereitung der Produktion verbindliche materialökonomische Leistungsziele vorzugeben sind. Die Erarbeitung und Begründung solcher Vorgaben ist ein komplizierter Prozeß. Er erfordert eine kreative Gemeinschaftsarbeit zwischen den Konstrukteuren, Technologen, Arbeitern und Materialwirtschaftlern sowie zwischen diesen Kollektiven und den übergeordneten Leitungsorganen. Da die Arbeit mit solchen Vorgaben sich in der Praxis als sehr kompliziert herausstellt, ist zu empfehlen, eine entsprechend detaillierte Anleitung der Betriebe und Kombinate durch das Ministerium für Materialwirtschaft vorzubereiten.

Viertens: Die Materialverbrauchsnormen bilden eine entscheidende Grundlage für die Planung des Materialbedarfs. Es ist daher notwedig, daß in den Betrieben und Kombinaten die für die Materialverbrauchsnormenarbeit verantwortlichen Struktureinheiten den für die Materialplanung verantwortlichen Struktureinheiten die überarbeiteten und bestätigten Materialverbrauchsnormen so rechtzeitig übergeben, daß sie für den Planungsprozeß auch wirklich angewendet werden können. Da dieser Prozeß sich ebenfalls nicht im Selbstlauf vollzieht, wird den Betrieben und Kombinaten empfohlen, einen mit dem Planungsablauf abgestimmten Zeitplan für die Übergabe der gültigen MVN für die Planungszwecke festzulegen. Gleichzeitig wird damit gesichert, daß eine zumindest jährliche Überprüfung der Verbrauchsnormen erfolgt.

3 Anordnung über die Direktive zur Durchsetzung einer straffen und zielgerichteten Arbeit mit Materialverbrauchsnormen in den Kombinaten und Betrieben vom 5. Februar 1976, in: GBl. I, S. 147.

Arbeitskreis 6:
Einsatz und Nutzung des gesellschaftlichen Arbeitsvermögens. Fragen der weiteren Erhöhung des Qualifikationsniveaus der Werktätigen sowie der Vervollkommnung der materiellen und moralischen Stimulierung der Produktivitätssteigerung

H. HANSPACH

Die rationelle Nutzung des gesellschaftlichen Arbeitsvermögens und die Vervollkommnung der wissenschaftlichen Arbeitsorganisation bei der Intensivierung der Produktion

Nutzung arbeitswissenschaftlicher Erkenntnisse für die Intensivierung der gesellschaftlichen Produktion

Unserem Arbeitskreis ist die Aufgabe gestellt, aktuelle und künftige Probleme der Erhöhung der Wirksamkeit des gesellschaftlichen Arbeitsvermögens bei der weiteren Gestaltung der entwickelten sozialistischen Gesellschaft zu beraten. Die grundsätzlichen Aufgaben für unsere wissenschaftliche Arbeit und die praktische Anwendung der Ergebnisse sind im Programm der Sozialistischen Einheitspartei Deutschlands, wie es vom IX. Parteitag beschlossen wurde, festgelegt. Unsere Anstrengungen sind darauf gerichtet, daß die wachsenden Arbeitsleistungen, die Fortschritte in der Produktion sowie die zunehmende Anwendung wissenschaftlich-technischer Errungenschaften der Arbeiterklasse und allen anderen Werktätigen zugute kommen und das Lebensniveau des Volkes und seine Kultur ständig weiter gehoben werden, daß sein geistiges Leben reicher wird.[1]

Für unsere Arbeit bedeutet das, die Qualität und Effektivität der Arbeit zu erhöhen und dafür alle Möglichkeiten des wissenschaftlich-technischen Fortschritts auszuschöpfen, hohe Steigerungsraten der Arbeitsproduktivität zu erreichen, Arbeitsplätze einzusparen und das Verhältnis von Aufwand und Ergebnis entscheidend zu verbessern. Wir

[1] Vgl. Programm der Sozialistischen Einheitspartei Deutschlands, Berlin 1976, S. 22.

haben Voraussetzungen dafür zu schaffen, daß die Intensivierung der Produktion für den Menschen wirksam wird, indem sie den Werktätigen eine hohe Effektivität und größere Ergebnisse im Arbeitsprozeß und zugleich die Weiterentwicklung des sozialistischen Charakters der Arbeit ermöglicht. In der theoretischen und praktischen Arbeit, die wir gemeinsam mit den Betrieben durchführten, gingen wir stets davon aus, daß der Mensch die Hauptproduktivkraft ist, zu dessen Nutzen die Intensivierung durchgeführt und dessen Arbeit dadurch erleichtert wird. Die rationelle Nutzung und Entwicklung des gesellschaftlichen Arbeitsvermögens, die Weiterentwicklung der wissenschaftlichen Arbeitsorganisation und ihre breite Anwendung, die Vervollkommnung der Grundlagen einer sozialistischen Arbeitsnormung und die Weiterentwicklung und konsequente Durchsetzung des Leistungsprinzips als Grundprinzip der Verteilung im Sozialismus waren und sind das Hauptfeld unserer interdisziplinären wissenschaftlichen Arbeit.

Mit der Um- oder Neugestaltung von rund 700000 Arbeitsplätzen in den materiellen Bereichen der Industrie, des Bau- und Verkehrswesens seit 1973, der Verminderung von körperlich schwerer Arbeit bei ca. 25–30% der Produktionsarbeiter im vergangenen Fünfjahrplan und der Verwirklichung der leistungsorientierten Lohnpolitik wurden wesentliche Schritte zur weiteren Ausprägung des sozialistischen Charakters der Arbeit getan.

Auch die dabei erreichten Ergebnisse auf ökonomischem Gebiet, die sich in einer Verminderung des Arbeitszeitaufwandes pro Leistungseinheit, in einer kontinuierlichen Produktion, in einer höheren Auslastung der Grundfonds ausdrücken, sind beachtlich.

Wichtige Ergebnisse liegen heute auch aus jenen Arbeitsprozessen vor, in denen noch monotone und manuelle Arbeit vorherrscht. Ein Verfahren zur effektiven Gestaltung von Montageprozessen, das gemeinsam von Wissenschaftlern und Praktikern entwickelt und erprobt wurde, ermöglicht es, insbesondere in der Leichtindustrie und den Montagen der metallverarbeitenden Industrie die Arbeitsprozesse zu rationalisieren, in denen in hohem Maße der Einsatz lebendiger Arbeit vorherrscht. Das betrifft weit über 100000 Arbeitsplätze. Mit der Anwendung zeit- und kraftsparender Arbeitsmethoden, verbunden mit der rationellen Gestaltung der Arbeitsplätze und -prozesse und dem Einsatz von Rationalisierungsmitteln zur Arbeitserleichterung, werden sowohl die ökonomischen Effekte erhöht und dabei gleichzeitig der Inhalt der Arbeit der Werktätigen mit schöpferischen Elementen angereichert.

So konnte im VEB Elektroinstallation Sonneberg – Oberlind mit diesem Verfahren unter Teilnahme der Montagearbeiterinnen die Montageleistung auf 150% erhöht werden. Die Leistungssteigerung wurde ohne weitere Erhöhung der Beanspruchung der Arbeiterinnen erreicht. Sie bestätigen, daß ihre erworbene Qualifikation und die Kenntnisse und Fertigkeiten heute besser genutzt werden.

Auch im Bereich des Ministeriums für Leichtindustrie wird in 22 Konfektionsbetrieben im Jahre 1978 dieses Verfahren eingeführt. Damit soll eine Steigerung der Arbeitsproduktivität von 10–20% erreicht werden. Diese Maßnahmen werden verbunden mit der Einführung der neuen Formen der materiellen Stimulierung.

Zur Übertragung der besten Erfahrungen bei der Rationalisierung von Arbeitsplätzen und -prozessen, die vielfach in unseren Betrieben vorkommen, haben sich Typenlösungen der wissenschaftlichen Arbeitsorganisation für Arbeitsplätze, Produktionsabschnitte und Technologien bewährt. Sie tragen dazu bei, Niveauunterschiede in den Arbeitsbedingungen, dem Arbeitsinhalt und den Arbeitsergebnissen bei gleichen oder ähnlichen organisatorischen und technischen Bedingungen der Produktion zu beseitigen.

In der Textilindustrie führt z. B. die Einführung von 8 erprobten Typenlösungen zur Verbesserung der Arbeitsplätze von ca. 16000 Werktätigen.
Im VEB Baumwollspinnerei und Zwirnerei Leinefelde bewirkt die Einführung der WAO-Typenlösung „Automatenspulen" die Vervollkommnung der Arbeitsorganisation für 100 Frauen.
Mehr als 80 solcher Typenlösungen sind ausgearbeitet und erprobt und stehen zur Anwendung in den Betrieben zur Verfügung.

Das sind nur einige wenige Erfahrungen, die ich hier darlegen konnte. Unsere Arbeit muß sich weiter darauf konzentrieren, daß wir unseren Beitrag leisten, um die Aufgabe, jährlich mindestens 180000 Arbeitsplätze neu- oder umzugestalten und den Anteil der noch unter erschwerenden Arbeitsbedingungen arbeitenden Produktionsarbeiter bis 1980 um weitere 25% zu vermindern, zu erfüllen.

Es ist unbestritten, daß mit der breiten Anwendung der WAO, getragen von den Initiativen der Werktätigen, beachtliche Ergebnisse in der Industrie, im Bauwesen und in anderen Bereichen der Volkswirtschaft erzielt wurden.
Als marxistisch-leninistische Wirtschafts- und Arbeitswissenschaftler beurteilen wir die Ergebnisse unserer Forschungsarbeit danach, in welcher Qualität und Breite sie das Tempo des gesellschaftlichen Fortschritts und damit gleichzeitig den Erfolg in der Klassenauseinandersetzung mitbestimmen. Die Nutzung der Vorzüge unserer sozialistischen Gesellschaftsordnung ist ein Ausdruck dafür, daß die Werktätigen bei zunehmender technischer Ausstattung der Arbeitsplätze und wachsender Verflechtung der Produktion ihre Verantwortung immer besser wahrnehmen und sich auf neu entstehende Anforderungen einstellen. Das erhöht die Rolle der lebendigen Arbeit und damit des gesellschaftlichen Arbeitsvermögens generell.

Die rationelle Nutzung des gesellschaftlichen Arbeitsvermögens – eine Schlüsselfrage für die Vertiefung der Intensivierung

Wir sehen unsere Aufgabe als Arbeitswissenschaftler und damit das Grundproblem der Beratung in unserem Arbeitskreis darin, nicht nur auf dem bisher Erreichten aufzubauen, sondern uns stets an den neuen Maßstäben zu orientieren, wie sie Genosse Erich Honecker in seiner Rede vor den 1. Kreissekretären für die neue Qualität der Rationalisierung in unserem Lande herausgearbeitet hat. Dabei sind die Initiativen der Werktätigen im sozialistischen Wettbewerb, die großen Möglichkeiten unserer sozialistischen Planwirtschaft die Grundlagen, um den Kampf um weiter anwachsende Leistungen mit noch größerer Konsequenz zu führen. Damit nehmen wir entscheidenden Einfluß auf die Fortsetzung des bewährten Kurses der Einheit von Wirtschafts- und Sozialpolitik.

Die Ökonomie der lebendigen Arbeit und ihre Wirkung auf die vergegenständlichte Arbeit bei Senkung des Gesamtaufwandes pro Einheit des bedarfs- und qualitätsgerecht produzierten Nationaleinkommens erlangt in den kommenden Jahren zunehmende Bedeutung. Nur auf diese Weise können wir angesichts des im wesentlichen gleichbleibenden oder sich differenziert vermindernden Arbeitskräftepotentials den erforderlichen Leistungsanstieg unserer Volkswirtschaft sichern und die Arbeits- und Lebensbedingungen der Werktätigen weiter verbessern. Gegenwärtig können Stand und Entwicklung des Arbeitsvermögens wie folgt charakterisiert werden:

Erstens wurde durch unsere Wirtschaftspolitik die Vollbeschäftigung gesichert und – das ist besonders zu unterstreichen – mit der welthöchste Beschäftigungsgrad erreicht.

Im Jahre 1977 lag z. B. der Beschäftigungsgrad der weiblichen Bevölkerung bei 87%. Die Reserven des Arbeitsvermögens in qualitativer Hinsicht sind somit weitgehend ausgeschöpft.

Zweitens wurde in unserer Republik das Qualifikationsniveau rasch weiterentwickelt. Das zeigt sich allein darin, daß der Anteil der Hochschulkader in der sozialistischen Wirtschaft in den Jahren 1971 bis 1976 von 4,3 auf 5,9 % und der der Fachschulkader von 7,4 auf 10,7% gesteigert wurde. Der Facharbeiteranteil stieg im gleichen Zeitraum von 38,9 auf 45,7 % an. Die wirkliche Anzahl der Berufstätigen mit Facharbeiterqualifikation liegt weit höher, weil ein Teil davon nicht mehr im erlernten Beruf tätig ist. In qualitativer Hinsicht haben wir also einen Zuwachs des Arbeitsvermögens zu verzeichnen.

Ein drittes Charakteristikum besteht in den Veränderungen, die sich in der gesellschaftlichen Arbeitsteilung und in der gesellschaftlichen Organisation der Arbeit vollzogen und zu einer bedeutsamen Umstrukturierung im Einsatz des gesellschaftlichen Arbeitsvermögens geführt haben. Von 1950 bis 1975 wuchs die Zahl der Beschäftigten in der Industrie um knapp 1 Million. Die Arbeitskräfte in der Landwirtschaft gingen im gleichen Zeitraum um mehr als 1 Million zurück. In den nichtproduzierenden Bereichen stieg die Zahl der Beschäftigten um 600 Tsd. Personen.

Diese Merkmale weisen auf zunehmend komplizierter werdende Probleme des gesamten Prozesses der Reproduktion der Arbeitskraft wie auch der Lenkung und Leitung des Einsatzes des gesellschaftlichen Arbeitsvermögens hin. Vorrangig wird es darauf ankommen, tiefer in die Gesetzmäßigkeit der Reproduktion einzudringen und aus dem Studium der Arbeitskräftebewegung, der Bestimmung der Struktur und der Richtungen der Bewegungsprozesse und der damit verbundenen qualitativen und quantitativen Veränderungen Prognosen und Leistungsstrategien für den rationellen Einsatz des Arbeitsvermögens auszuarbeiten. Entsprechend unserem Wissenschaftsprofil sollten wir uns dabei auf folgende Schwerpunkte konzentrieren:

Erstens: Förderung der Mobilität und Disponibilität des Arbeitsvermögens, um die mit dem wissenschaftlich-technischen Fortschritt verbundenen volkswirtschaftlichen Strukturveränderungen zu beherrschen. Das schließt die Planmäßigkeit und Proportionalität des Einsatzes und der Verteilung des Arbeitskräftepotentials nach Zweigen, Territorien und Tätigkeitsbereichen ein.

Zweitens: Langfristige Vorbereitung und Durchführung von Maßnahmen zur Veränderung des Anspruchsniveaus der Arbeit entsprechend der Entwicklung des Qualifikationsniveaus. Von besonderer Bedeutung ist die Verbesserung der langfristigen Planung und Vorbereitung des Nachwuchses und der Durchführung der Weiterbildung entsprechend den sich perspektivisch entwickelnden Arbeitsforderungen.

Wir haben der Tatsache Rechnung zu tragen, daß der wissenschaftlich-technische Fortschritt die Entwicklung und Vervollkommnung der materiell-technischen Bedingungen der Arbeit erheblich verändert und damit recht differenzierte Wirkungen auf den Arbeitsinhalt hat. Wir sehen eine der wesentlichen Aufgaben darin, daß beim wissenschaftlich-technischen Fortschritt neben der Erhöhung der Effektivität der Produktion und Qualität der Erzeugnisse auch die Veränderungen der Arbeitsinhalte und Arbeitsbedingungen zum Bestandteil der technischen Politik werden.

Weil die Persönlichkeitsentwicklung, die Befriedigung in der Arbeit und das Wohlbefinden wesentliche soziale Seiten der Arbeit kennzeichnen, erfordert das ein rechtzeitiges Wirksammachen der Erkenntnisse der Arbeitswissenschaften bei der Rationalisierung der laufenden Produktion, bei neuen Produktionsanlagen, Technologien und Produktionsstätten, um schwere körperliche und unqualifizierte Arbeit sowie unzulässige Vereinfachungen von Arbeitsfunktionen einzuengen und den schöpferischen Gehalt zu erhöhen. Untersuchungen weisen nach, daß für die Herausbildung progressiver Arbeitsinhalte die Wirksamkeit der WAO und ihrer Arbeitsrichtung auf die Gestaltung der Technik, auf die innerbetriebliche Arbeitsteilung und Kooperation, auf die Arbeitskombination und die Arbeitsmethodengestaltung weiter erhöht werden muß. Das trifft auch auf die Anwendung und weitere Vervollkommnung der Arbeitsklassifizierung zu.

Die Anreicherung der Arbeitstätigkeiten der Werktätigen mit geistig anspruchsvollen Elementen verlangt mehr Aufmerksamkeit. Das ist eine recht problemreiche und nicht widerspruchsfreie Arbeit, die damit auf uns zukommt. Das ständig steigende Bildungsniveau, das wachsende Bedürfnis nach Selbstverwirklichung des Werktätigen in der Arbeit erfordern konkrete Schritte bei der Weiterentwicklung von Technik und Technologie. Die Herausbildung progressiver Arbeitsinhalte besonders für die Nutzung der Kenntnisse und Fähigkeiten der Werktätigen wird immer mehr zur gesellschaftlichen Aufgabe ersten Ranges.

Drittens: Durchführung von Maßnahmen der komplexen Rationalisierung und Beschleunigung des wissenschaftlich-technischen Fortschritts mit dem Ziel der absoluten Freisetzung von Arbeitskräften und der Einsparung von Arbeitsplätzen sowie der Schaffung persönlichkeitsfördernder Arbeitsbedingungen. Rationalisierung und wissenschaftlich-technischer Fortschritt müssen sowohl auf den rationellen Einsatz der Arbeitskräfte als auch die bessere Nutzung der Grundfonds gerichtet sein, um die notwendige Stärkung der nichtproduzierenden Bereiche und die Durchsetzung weiterer sozialpolitischer Maßnahmen zu ermöglichen.

Der Zusammenhang zwischen wissenschaftlich-technischem Fortschritt und rationeller Nutzung der lebendigen und vergegenständlichten Arbeit wird besonders mit der Entwicklung und der Anwendung der Mikroelektronik deutlich. Die uns bisher vorliegenden Erkenntnisse weisen darauf hin, daß mit der Anwendung der Mikroelektronik, besonders der Mikroprozessoren, hohe Effekte erzielt werden können. Das betrifft eine erhebliche Senkung des Fertigungszeitaufwandes und der Entwicklungszeiten, die Entlastung der Werktätigen von körperlich schwerer Arbeit, die Verminderung des Unterschiedes zwischen körperlicher und geistiger Arbeit und die Ablösung von monotonen, routinemäßigen Arbeitsverrichtungen durch Mechanismen. Um tiefer in diese Problematik eindringen zu können, brauchen wir exakte Kenntnisse über zu erwartende Veränderungen und neue Anforderungen in den Tätigkeiten der Werktätigen, in der Arbeitsorganisation und den Arbeitsbedingungen sowohl bei der Herstellung als auch der Anwendung elektronischer Bauelemente und Prozessoren. Bereits jetzt ist sichtbar, daß sich die Funktion der Arbeitsmittel und ganzer technologischer Linien erheblich ändern wird und sich auch neue Anforderungen beim effektiven Einsatz und der Nutzung des gesellschaftlichen Arbeitsvermögens ergeben werden. Ich glaube, es ist unbestritten, daß unsere Arbeit bei der weiteren Entwicklung der Mikroelektronik notwendig ist und eine Gemeinschaftsarbeit mit diesem Industriezweig mit neuen Qualitätsmaßstäben erfolgen muß.

Wir werden uns dabei auf die Probleme konzentrieren, die sich aus den Möglichkeiten der allmählichen Herauslösung des Menschen aus dem unmittelbaren Produktionsprozeß ergeben. Uns geht es dabei vor allem darum, daß mit dem Einsatz der Mikroelektronik körperlich schwere Arbeiten, Gefährdungen, monotone Arbeitsverrichtungen und Hilfsarbeiten mit geringen Qualifikationsanforderungen überwunden werden. Zum anderen werden Schlußfolgerungen für die arbeitswissenschaftliche Gestaltung der Hilfsprozesse, besonders der Instandhaltung, und der Bereiche der Produktionsvorbereitung, Leitung und Verwaltung entsprechend den neuen Anforderungen notwendig. Darin muß auch unser Beitrag zur Sicherung der Komplexität des betrieblichen Reproduktionsprozesses eingeschlossen sein.

Die künftigen Aufgaben der wissenschaftlichen Arbeitsorganisation bei der sozialistischen Rationalisierung

Um die Wirksamkeit der sozialistischen Rationalisierung zu erhöhen, sie in neuer Qualität zu verwirklichen, die wissenschaftliche Arbeit und die praktische Anwendung der WAO auf die künftigen Anforderungen einzustellen, sind zwei grundsätzliche Erfahrungen von Bedeutung:[2]

1. Die WAO führt an Leistungsreserven heran, die nur über den Weg des rationell organisierten Einsatzes lebendiger Arbeit, eines effektiven Zusammenwirkens der Arbeitskräfte und durch eine dem sozialistischen Leistungsprinzip entsprechende materielle und moralische Stimulierung erschlossen werden können.

2. Nur durch rechtzeitige Nutzung arbeitswissenschaftlicher Erkenntnisse kann gewährleistet werden, daß bei Rationalisierungsvorhaben und den Investitionen tatsächlich sowohl hohe Intensivierungseffekte als auch bestmögliche Arbeitsbedingungen erreicht werden.

Ich halte es für wichtig, auf einige vor uns stehende Aufgaben hinzuweisen.

Der Beitrag der WAO zur Rationalisierung in den Betrieben muß darin bestehen, daß ihre Maßnahmen nicht nur arbeitsplatzbezogen bleiben, sondern eng verknüpft sein müssen mit der Erzeugnisentwicklung, der Anwendung moderner Technologien und den fortgeschrittenen Formen der Produktionsorganisation. Das erfordert die wissenschaftliche Durchdringung ganzer Arbeitsprozesse. Darin eingeschlossen ist die Analyse und Gestaltung von Produktionsabschnitten und der vor- und nachgelagerten Prozeßstufen. Die Anwendung der WAO vom Standpunkt des einheitlichen Reproduktionsprozesses erfordert, die Instandhaltung und den Transport-, Umschlag- und Lagerprozeß einzuschließen. Das eröffnet vorteilhafte Möglichkeiten zur Einsparung von Arbeitsplätzen.

Die Ergebnisse komplexer WAO-Studien im VEB Rohr- und Kaltwalzwerk Karl-Marx-Stadt und anderen Betrieben haben das praktisch bestätigt. Einem dringenden betrieblichen Erfordernis, nämlich erfahrene Facharbeiter für die notwendige Erweiterung des Rationalisierungsmittelbaus zu gewinnen, wird damit besser entsprochen.

Eine wesentliche Erkenntnis der vergangenen Jahre bestand darin, daß im Zusammenhang mit der Entwicklung der Initiative der Werktätigen im sozialistischen Wettbewerb die Anwendung der WAO an Breite gewonnen hat. Die Entwicklung der WAO-Kollektive in den Betrieben verlangt auch künftig unsere Aufmerksamkeit. Dieser Prozeß wurde wesentlich gefördert durch die Einführung der leistungsorientierten Lohnpolitik. Produktionsarbeiter, Techniker, Ökonomen und arbeitswissenschaftliche Kader entwickelten diese Formen der Gemeinschaftsarbeit und wirkten von der Analyse der Arbeitsprozesse über die Gestaltung, Klassifizierung und Normung der Arbeit bis zur Lohngestaltung mit. Kein Betrieb kann darauf verzichten, wenn er die Aufgaben der Rationalisierung verantwortungsbewußt lösen will.

Diese Kollektive tragen dazu bei, daß sich die Grundlagen einer sozialistischen Arbeitsnormung weiterhin ausprägen, daß bürokratische, von den Werktätigen nicht ver-

[2] Vgl. H. Schmidt/R. Naumann, WAO – ständige Leitungsaufgabe, Berlin 1976, S. 7.

standene Vorgehensweisen überwunden werden und die Arbeitsnormung unter breiter Mitwirkung als eine wesentliche Grundlage des Leistungsprinzips weiter vorangebracht wird. Unsere Verantwortung sehen wir darin, diese Maßnahmen zu verallgemeinern, diese Formen der Gemeinschaftsarbeit weiter zu entwickeln und die breite Anwendung des Prinzips „Neue Technik – neue Normen" zu fördern.

Das Ausmaß der eingesetzten Mittel für Investitionen in unserer Volkswirtschaft zur Rekonstruktion von Betrieben, die Überführung von jährlich über 200 000 amortisierungspflichtigen Maschinen und Anlagen in die Produktion und andere Bereiche geben einen Einblick in die Möglichkeiten, die wir im Zusammenhang mit der Gestaltung der materiell-technischen Bedingungen der Produktion zur Anwendung arbeitswissenschaftlicher Erkenntnisse haben. Sie machen aber auch sichtbar, welche Wirkungen auf die Werktätigen entstehen können, wenn sie nicht von Anfang an genutzt werden. Prinzipielle Lösungen für die Zukunft werden dann richtig sein, wenn die wissenschaftliche Arbeitsorganisation als Bestandteil des wissenschaftlich-technischen Fortschritts künftig noch stärker angewandt wird.

In der wissenschaftlichen Arbeit und bei der Anwendung der Ergebnisse der sozialistischen Arbeitswissenschaften lassen wir uns davon leiten, daß bei allen Maßnahmen des wissenschaftlich-technischen Fortschritts mit darüber entschieden wird, in welchem Maße die Werkätigen an ihrem künftigen Arbeitsplatz gute Arbeitsbedingungen vorfinden, ihr Qualifikationsniveau genutzt wird, neue Bildungsanforderungen entstehen und sie ihre Aktivität für hohe Leistungen entfalten können. Die Anstrengungen und die künftige Arbeit der Wissenschaftler sollen sich deshalb auf einige wichtige Schwerpunkte konzentrieren.

Erstens: Arbeitswissenschaftliche Erkenntnisse müssen so vorbereitet sein und angewandt werden, daß sie vor allem in der langfristigen konzeptionellen Arbeit für die wissenschaftlich-technische Entwicklung von Erzeugnissen, Technologien und Verfahren zur Wirkung kommen. Aufgaben hierzu sind vor allem auf dem Gebiet des Arbeitsinhaltes und der Bedingungen der Arbeit zu lösen, um sie auch mit den neuen technischen Lösungen zur Wirkung zu bringen. Das schließt kollektive Formen der Arbeitsorganisation in der Fließarbeit bei manuellen Arbeitsprozessen ebenso ein, wie die konkrete Gestaltung der Arbeitsfunktionen und ihre Verschmelzung an neuen Arbeitsmitteln.

Zweitens: Zur Anwendung arbeitswissenschaftlicher Erkenntnisse im Rahmen neuer technischer und organisatorischer Lösungen sind die Wissenschaftler aufgerufen, an der Schaffung entsprechender Hilfsmittel für die Kader der Produktionsvorbereitung zu wirken.

Der bisher erfolgreich beschrittene Weg, Hilfsmittel weiterzuentwickeln, wie z. B.
- den Katalog arbeitswissenschaftlicher Richtlinien,
- Typenlösungen der WAO,
- Richtlinien zur Konstruktion lärm- und schwingungsarmer Maschinen

muß verstärkt fortgesetzt und auf die Gestaltung ganzer Prozesse ausgedehnt werden.

Hierin schließen wir natürlich die Weiterentwicklung der WAO zur Rationalisierung der Arbeit der Konstrukteure, Projektanten, Technologen und anderer Kader ein.

Wenn wir in diesen Bereichen die Intensivierung voranbringen wollen, dann geht es dabei um folgende miteinander verbundene Aufgaben:
- die Schaffung der erforderlichen Leistungsvoraussetzungen durch Anwendung der Methoden und Verfahren der WAO,
- die exakte Bestimmung der Leistungsziele für wissenschaftlich-technische Aufgaben und
- die Bewertung und Stimulierung der Leistung.

Drittens: Die persönlichkeits- und leistungsfördernde Gestaltung der Arbeitsprozesse erfordert neben einem höheren Gestaltungsniveau der Arbeitsmittel eine höhere Qualität in der gesamten technologischen Arbeit.

Aus der Arbeit mit arbeitswissenschaftlichen Anforderungsbildern ist bekannt, daß auch beim Einsatz neuer Technik mit vergleichsweise hohem Arbeitsgestaltungsniveau immer wieder Mängel auftraten, die der Art der Einbindung der technischen Mittel in die Arbeitsprozesse zugeordnet werden müssen. Beginnend bei der technologischen Planung ist noch vieles zu leisten, um zu sichern, daß höhere Gebrauchseigenschaften der Technik auch voll für die Werktätigen wirksam und mögliche Senkungen des Arbeitszeitaufwandes bei verbesserten Arbeitsbedingungen realisiert werden.

Immer muß darauf eingewirkt werden, daß arbeitswissenschaftliche Aufgaben in jeder Arbeitsstufe der konstruktiven und technologischen Entwicklung gelöst und im Leistungsnachweis kontrolliert werden.

Viertens: Das Prinzip der Wiederholbarkeit und Wiederverwendbarkeit bei allen wissenschaftlich-technischen Aufgaben in Form von Typenlösungen für Arbeitsplätze und Technologien für ganze Produktionsabschnitte muß stärker durchgesetzt werden. Damit wird sowohl der Konstruktions- und Projektierungsaufwand als auch der Aufwand für Anpassungs- und Nachrüstungsarbeiten in den Betrieben vermindert. Zugleich können dadurch günstige Voraussetzungen für den Bau von Rationalisierungsmitteln und für die Produktion spezifischer Rationalisierungsmittel in zentralisierter Form geschaffen werden.

Deshalb sollte auf lange Sicht der Weg beschritten werden, bei jeder Neuentwicklung von Arbeitsmitteln und Verfahren gleichzeitig von der Produktionsvorbereitung her Typenlösungen der WAO für Arbeitsplätze und für Produktionsabschnitte zu entwickeln. Der zwischenzeitlich verabschiedete DDR-Standard „Typenlösungen der WAO für Arbeitsplätze" wird uns künftig eine spürbare Hilfe sein.

Der Beitrag der Arbeitswissenschaftler zur umfassenden Rationalisierung – bis hin zur Einsparung von Arbeitsplätzen und Freisetzung von Arbeitskräften für andere Aufgaben – wird meines Erachtens um so effektiver sein, je besser wir es verstehen, gemeinsam mit den Werktätigen und gestützt auf ihre Initiative Wege für die weitere Erhöhung der Produktivität und Effektivität der Arbeit bei gleichzeitiger Verbesserung der Arbeits- und Lebensbedingungen zu zeigen.

H. J. Aust/J. Güntherroth

Standardisierung als Mittel zur Durchsetzung arbeitswissenschaftlicher Erkenntnisse und Forderungen

Die Auswertung der Rede des Genossen Erich Honecker, Generalsekretär des ZK der SED, vor den 1. Sekretären der Kreisleitungen der SED am 17. 2. 1978 für das Thema dieser Konferenz erfordert unseres Erachtens auch, auf die wachsende Bedeutung der Standardisierung für unsere künftige Entwicklung, darunter für die Durchsetzung arbeitswissenschaftlicher Erkenntnisse und Forderungen, einzugehen.

Die Standardisierung ist ein Mittel unseres Staates, um Erfordernisse besonders der Wirtschaftspolitik, der Politik auf den Gebieten Wissenschaft und Technik durchzusetzen. Die DDR verfügt heute über 32 000 Staatliche Standards (5 600 DDR- und 26 500 Fachbereichs-Standards) sowie über ungezählte Werkstandards, die sich vor allem auf Beschaffenheiten (von Arbeitsgegenständen, Arbeitsmitteln und Konsumgütern), auf Verfahren (der Herstellung, Prüfung, Lagerung, Berechnung u. a.) sowie auf Verständigungsmittel beziehen.

Der IX. Parteitag der SED hat die Grundrichtung der weiteren Entwicklung der Standardisierung zur Leistungssteigerung der Volkswirtschaft bestimmt und dazu die erforderlichen Aufgaben formuliert. In der Direktive zum Fünfjahrplan für die Entwicklung der Volkswirtschaft der DDR in den Jahren 1976–1980 heißt es:
„In unmittelbarer Verbindung mit der Arbeit in Forschung und Entwicklung, Konstruktion und Technologie und zur breiten volkswirtschaftlichen Nutzung wissenschaftlich-technischer Erkenntnisse ist das Niveau der Standardisierung weiter zu erhöhen. Die Standardisierung ist in enger Zusammenarbeit mit der UdSSR und den anderen Ländern des RGW zur Gewährleistung der Übereinstimmung volkswirtschaftlich wichtiger Standards durchzuführen."[1]

Die Standardisierungsarbeit ist vor allem zu richten auf:

– die Erhöhung der Qualität der Erzeugnisse durch Festlegung von Qualitätsmerkmalen in Standards und die Sicherung eines rationellen betrieblichen Meßwesens;

– die Erhöhung der Material- und Energieökonomie durch die Aufnahme von Berechnungsvorschriften und Kennzahlen zum Material- und Energieeinsatz, die dem neuesten wissenschaftlich-technischen Erkenntnisstand entsprechen;

– die Erhöhung des Wiederholfaktors der Produktion durch Festlegung volkswirtschaftlich begründeter Sortimente in Standards zur Sicherung von Seriengrößen, die den effektiven Einsatz neuer Technologien und Verfahren und die breite Nutzung von Typen- und Besttechnologien ermöglichen, sowie auf die Rationalisierung der technischen Produktionsvorbereitungen, insbesondere durch Übernahme von sowjetischen Erfahrungen auf diesem Gebiet;

– die ständige Verbesserung der Arbeits- und Lebensbedingungen durch umfassende

[1] Direktive des IX. Parteitages der SED zum Fünfjahrplan für die Entwicklung der Volkswirtschaft der DDR in den Jahren 1976–1980, Berlin 1976, S. 25.

Anwendung der WAO, die Erhöhung des Gesundheits-, Arbeits- und Brandschutzes (GAB) und des Schutzes der Umwelt.

Die Standardisierungstätigkeit ist eine wissenschaftlich-technische Leistung, die in der Regel im Verlauf der Entwicklung eines Erzeugnisses oder Verfahrens zu erbringen und deren Ergebnis, die mehrfache Anwendung vorausgesetzt, in einem Standard verbindlich festzulegen ist.

Seit dem VIII. Parteitag der SED dienen Standards immer mehr sowohl der Mehrung und dem Schutz des gesellschaftlichen Reichtums und der Erhaltung der natürlichen Ressourcen als auch der Schaffung fortschrittlicher Wohnbedingungen und der optimalen Gestaltung der Arbeitsprozesse. Standards werden immer umfassender als Mittel zur Durchsetzung der wissenschaftlichen Arbeitsorganisation, des Gesundheits-, Arbeits- und Brandschutzes sowie des Umweltschutzes genutzt.

Einen Beitrag dazu konnte z. B. die 4. Standardisierungskonferenz der Gesellschaft für Standardisierung in der Kammer der Technik und der Technischen Hochschule „Carl Schorlemmer" Leuna-Merseburg 1976 in Merseburg leisten.

Erstens: Die Standardisierung hat die wissenschaftliche Arbeitsorganisation gefördert. Standards waren und sind Mittel zur Durchsetzung der WAO und damit der sozialistischen Arbeitskultur. Das bezieht sich zunächst auf die Aufnahme arbeitswissenschaftlicher Gesichtspunkte in Grundlagenstandards, z. B. TGL 29 432 „Rahmenmethodik zur Bewertung der Qualität industrieller Erzeugnisse" und TGL 29 513 „Komplexe Maßnahmen der Qualitätssicherung und Standardisierung". Die fördernde Wirkung der Standardisierung zeigt sich weiterhin darin, daß Standards über arbeitswissenschaftliche Gegenstände und Instrumentarien ausgearbeitet und angewendet werden. Beispiele sind:

- TGL 1 0687 Bauphysikalische Schutzmaßnahmen – Schallschutz,
- TGL 1 0686 Wärmeschutz,
- TGL 22 310 Arbeitshygiene, zulässige Konzentration toxischer Stoffe in der Luft, am Arbeitsplatz, Begriffe und Grenzwerte, Probenahme, Analyse und Bewertung,
- TGL 23 311 Arbeitshygiene, maximal zulässige Konzentration nichttoxischer Stäube am Arbeitsplatz,
- Werkstandards des VEB Leuna-Werke „Walter Ulbricht", die sich mit der Übernahme von Instandhaltungsarbeiten durch Produktionsarbeiter an den Chemieanlagen beschäftigen.

Zweitens: Standards sind Mittel zur Sicherung des Gesundheits- und Arbeitsschutzes sowie des Brandschutzes. Ein enger Zusammenhang mit der Standardisierung besteht seit langem, indem für die Bewertung der Qualität der Erzeugnisse die Einhaltung der in Standards, Arbeitsschutzanordnungen (ASAO) und in Arbeitsschutz- und Brandschutzanordnungen (ABAO) geforderten arbeitsschutz- und sicherheitstechnischen Forderungen eine wichtige Bedingung ist.

Im Mai 1972 hat der Ministerrat der DDR für die weitere Arbeit auf diesem Gebiet folgende Festlegungen getroffen:

– Der wesentliche Inhalt der ASAO und ABAO ist in staatliche Standards zu überführen. Das betrifft sowohl technische Festlegungen als auch Verhaltensanforderungen.

– Die in der DDR erarbeiteten staatlichen Standards, insbesondere die für den GAB maßgebenden Standards, sind durch die verantwortlichen zentralen Staatsorgane mit den Partnerorganen der UdSSR abzustimmen, um die sozialistische ökonomische Integration zu fördern.

Die wesentlichen Regelungen für die Planung und Durchführung der Arbeiten wurden mit der 6. Durchführungsbestimmung zur Standardisierungsverordnung vorgegeben.[2]

Grundsätzliche technische, technologische und Verhaltensforderungen des GAB werden in Grundlagenstandards festgelegt, die im TGL-Nummernbereich 30000 bis 30999 erscheinen. Alle speziellen Forderungen an den GAB, die z. B. im Rahmen von Entwicklungs- und Konstruktionsarbeiten für Erzeugnisse entstehen, sind in spezifische DDR- und Fachbereichsstandards aufzunehmen.

Beispiele sind:

- TGL 30047 Befahren von Behältern und engen Räumen,
- TGL 30582 Chemische Arbeiten in Laboratorien,
- TGL 30817 Sicherheitsfarben und Sicherheitszeichen, Allgemeine Festlegungen,
- TGL 30922 Schutzbrillen.

Die Mehrzahl der neu erarbeiteten Grundlagenstandards des GAB ist in enger Zusammenarbeit mit der UdSSR entstanden und stimmt weitgehend mit GOST überein.

Drittens: Die Wissenschaftliche Arbeitsorganisation hat die Standardisierung gefördert, denn die WAO hilft, Standards zu begründen. Besonders wichtig ist die arbeitswissenschaftliche Begründung aller Standards. Hier gibt es Ansätze. Ausgangspunkt ist, daß Standards die jeweilige Bestlösung enthalten sollen. Bestlösung im Sozialismus schließt ein, daß die Standards dazu beitragen, die Zielfunktion der WAO zu erfüllen, also gleichzeitig dazu beizutragen, daß hohe ökonomische Ergebnisse und eine sozialistische Persönlichkeitsentwicklung erreicht werden. Für eine arbeitswissenschaftliche Begründung und Beurteilung der Standards liegen erste Instrumentarien vor, die eine relativ einfache Handhabung ermöglichen. Die arbeitswissenschaftliche Beurteilung kann z. B. durch Gegenüberstellung der Istwerte mit den arbeitswissenschaftlichen Forderungen, z. B. denen laut Standards über die sogenannten MAK-Werte (Maximale Arbeitsplatz-Konzentration), durchgeführt werden. Die Abweichung wird, wenn möglich, quantitativ ausgedrückt, z. B. in den sogenannten WAO-Kennzahlen, die dimensionslose Zahlen im Bereich von 0 bis 1,0 sind.[3] Auf diesem Gebiet sind – insgesamt gesehen – größere Anstrengungen erforderlich, um eine arbeitswissenschaftliche Begründung der Standards zu erreichen.

Es ist erforderlich, konsequent den Weg weiter zu beschreiten, der auf der 4. Standardisierungskonferenz der DDR 1976 in Merseburg empfohlen wurde. Standardisierung einerseits sowie WAO und GAB andererseits müssen mehr als bisher kollektiv und komplex durchgeführt werden. Dafür haben die Leiter eine große Verantwortung. Es gilt z. B., das Grundwissen über und die Haltung

- zur WAO und zum GAB bei allen Beschäftigten der Standardisierung,
- zur Standardisierung bei allen Beschäftigten der WAO und des GAB zu verbessern.

Die gegenseitige Information und das Zusammenwirken der entsprechenden zentralen staatlichen und wirtschaftsleitenden Organe, vor allem aber der betrieblichen Organe (Büros für Standardisierung, TKO, Abteilung WAO, Sicherheitsinspektion u. a.) sind von großer Bedeutung. Das gilt vor allem für die Planungsphase, um einerseits

[2] Sechste Durchführungsbestimmung zur Standardisierungsverordnung – Standardisierung von Forderungen des Gesundheits- und Arbeitsschutzes sowie Brandschutzes – vom 26. Juni 1974, in: GBl. I, S. 334.

[3] Vgl. H. Kaule/C.-D. Luda, Grundmethodik der WAO, in: Schriftenreihe „Arbeitswissenschaftliche Beiträge für Wissenschaft und Praxis", Zentrales Forschungsinstitut für Arbeit, Dresden 1971.

Doppelarbeiten zu vermeiden und zum anderen vorliegende Ergebnisse auch nutzen zu können.

Bei ausgewählten betrieblichen Vorhaben, z. B. bei Prozeßanalysen, bei komplexen Arbeitsstudien oder beim Vorbereiten und Realisieren weiterer Rationalisierungsmaßnahmen, müssen die betrieblichen Vertreter der Standardisierung, des GAB und der WAO enger als bisher üblich zusammenarbeiten.

Wir halten auch die weitere Neuausarbeitung von Standards über arbeitswissenschaftliche Instrumentarien und Gegenstände, z. B. für die Zeitgliederungsschemata, für richtig. Dabei sollte mehr die Möglichkeit, Fachbereichs- und Werkstandards anzuwenden, genutzt werden. Bedeutungsvoll ist die angestrebte inhaltliche Ausweitung der Standardisierung, indem sie sich künftig auf Verhaltensweisen der Werktätigen (z. B. im Rahmen des GAB) und Bedienungsanweisungen beziehen sollte. Entsprechend der gewachsenen Rolle der Technologie geht es auch darum, Typentechnologien zu entwickeln, die die arbeitswissenschaftlichen Erkenntnisse voll verwirklichen. Die Aufnahme technologischer Kennwerte in Standards erfordert ebenso das enge Zusammenwirken von WAO und Standardisierung.

Zusammenfassend ergibt sich, daß bei allen Arbeiten auf dem Gebiet der WAO und des GAB Fragen der Standardisierung zu beachten sind. Eine generell aufgeschlossene Haltung zur Standardisierung ist dringend erforderlich.

M. Klebert

Kollektivität der Arbeit und wissenschaftliche Arbeitsorganisation

Mit zunehmender Reife der entwickelten sozialistischen Gesellschaft erweist sich der soziale Fortschritt als Ergebnis sozialistischer Wirtschaftspolitik zugleich als Triebkraft der Masseninitiative der Werktätigen zur weiteren Steigerung der Arbeitsproduktivität. Von der Realisierung des sozialpolitischen Programms gehen nachweislich wesentliche Impulse aus auf die Entwicklung neuer Wettbewerbsaktivitäten. Jüngste soziologische Untersuchungen weisen aus, daß die aktive Mitwirkung bei der Erfüllung dieses Programms heute zu den stärksten Motivationen der Teilnahme am sozialistischen Wettbewerb gehört.

Der soziale Fortschritt wirkt jedoch nicht nur über den konsumtiven Lebensbereich als Stimulator von sozialer Aktivität, sondern auch über die soziale Entwicklung im produktiven Bereich. Untersuchungen in Betrieben der DDR lassen erkennen, daß die soziale Qualität sozialistischer Arbeit heute stärker denn je als handlungsaktivierende Komponente wirkt. Dieser Prozeß eröffnet auch der wissenschaftlichen Organisation der Arbeit neue Perspektiven. Sie richten sich auf die volle Entfaltung und produktive Nutzung der dem sozialistischen Arbeitsprozeß wesenseigenen Charakteristika.

Mit der zunehmenden Vervollkommnung der sozialistischen Produktionsverhältnisse und der weiteren Intensivierung der gesellschaftlichen Produktion tritt besonders die Entwicklung der *sozialen Beziehungen* im Arbeitsprozeß verstärkt ins Blickfeld. Ihrer sozialen Qualität nach sind es Beziehungen der kameradschaftlichen Zusammenarbeit und gegenseitigen Hilfe. Sie äußern sich gegenwärtig besonders in der Zunahme der Kollektivität der Arbeit. Die planmäßige Organisation dieser Beziehungen vollzieht sich bisher vorwiegend über den sozialistischen Wettbewerb sowie über die Bewegung sozialistisch zu arbeiten, zu lernen und zu leben. Sie erstreckt sich jedoch noch zu wenig auf die wissenschaftliche Organisation des Arbeitsprozesses selbst. Gerade darin liegt jedoch ein Vorzug des Sozialismus, dessen bewußtere Nutzung die Stabilität sozialistischen Wirtschaftswachstums mit dauerhaftem sozialem Fortschritt verbindet.

Die theoretischen und praktischen Bemühungen um eine wissenschaftliche Organisation der Arbeit bezogen sich in den letzten Jahren zu Recht auf die Gestaltung progressiver Arbeitsinhalte. Dabei standen besonders neue Fragen im Mittelpunkt, die eine Erhöhung der Leistungsbereitschaft und der Leistungsfähigkeit des *einzelnen* Werktätigen garantieren, und dieses Problem wird auch zukünftig ein zentrales Anliegen der WAO bleiben.

In der bisherigen theoretischen und praktischen Arbeit konnten dabei wesentliche Ergebnisse hinsichtlich der physischen und psychischen Entwicklung der Werktätigen im Arbeitsprozeß sowie der Arbeitsplatzgestaltung erzielt werden.

Mit der Vervollkommnung der sozialen Beziehungen im Arbeitsprozeß verstärken sich nunmehr die Anforderungen an die Lösung aller jener arbeitsorganisatorischen Fragen, die das *kollektive Zusammenwirken* der Werktätigen im Arbeitsprozeß betreffen. Ihre bewußtere Organisation erschließt einerseits produktive Potenzen, wie sie dem sozialistischen Produktionsprozeß eigen sind. Andererseits werden damit grundlegende Momente der Persönlichkeitsentwicklung verstärkt zur Geltung gebracht. Die Lösung der damit verbundenen Fragen verlangt nachdrücklich eine konsequentere Konzentration der Forschung auf die Gestaltung ganzer Arbeitsprozesse, wobei besonders die kollektiven Formen der Arbeitsorganisation eine wachsende Bedeutung erlangen.

Jüngste Untersuchungen von wissenschaftlichen Mitarbeitern und Studenten der Gewerkschaftshochschule Bernau in Betrieben der DDR, aber auch die Auswertung sowjetischer Erfahrungen zeigen, daß besonders mit der weiteren Intensivierung der Produktion günstige Bedingungen zur Lösung dieser Aufgabe entstanden sind, wie andererseits mit der Intensivierung eine kollektivitätsfördernde Organisation der Arbeit immer dringlicher wird. Die erwähnten Untersuchungen verweisen dabei besonders auf folgende Aspekte:

Erstens: Mit der Intensivierung der gesellschaftlichen Produktion „intensivieren" sich die Abhängigkeiten zusammengehöriger Produktionsprozesse. Das erhöht sowohl die Verantwortung des einzelnen und der Kollektive für die eigene anteilige Arbeitsleistung wie für den Gesamtprozeß. Bisher wurde die aktive Einflußnahme der Werktätigen auf diesen Prozeß vor allem über solche Wettbewerbsaktivitäten realisiert wie den Komplexwettbewerb oder die saldierte Wettbewerbsabrechnung. Der produktive Nutzen sowie der persönlichkeitsfördernde Effekt dieser Methoden der Wettbewerbsführung sind mehrfach bewiesen. Sie sind Ausdruck qualitativ neuer Züge der Kollektivität sozialistischer Arbeit, wie sie der sozialistischen Intensivierung potentiell eigen sind.

Wie die Geschichte schon mehrfach bewies, wurden mit neuen Aktivitäten im Wettbewerb oft auch neue Methoden der Arbeitsorganisation erschlossen. Erinnert sei hier beispielsweise an die Stachanow-Bewegung. Ähnliches vollzieht sich gegenwärtig mit der Slobin-Methode. Ihre Realisierung als Wettbewerbsinitiative zog notwendig auch neue Formen der Arbeitsorganisation nach sich. Die Übergabe komplexer Aufgaben an die Bauarbeiterkollektive im sozialistischen Wettbewerb verlangte zur vollen Entfaltung der Masseninitiative zugleich eine entsprechende komplexe Organisation der Arbeit sowohl innerhalb der Kollektive als auch zwischen den Kollektiven der Kooperationskette. Ausgehend von diesen Erfahrungen ist es überlegenswert, wie diese Form der Arbeitsorganisation auch in anderen Industriebereichen angewandt werden kann.

Zweitens: Mit der komplexen Realisierung aller Intensivierungsfaktoren, besonders aber mit der Beschleunigung des wissenschaftlich-technischen Fortschritts ist die Ausbildung neuer Formen der sozialistischen Gemeinschaftsarbeit verbunden.

Besonders augenfällig entwickelt sich die Zusammenarbeit zwischen Produktionsarbeitern und Angehörigen der wissenschaftlich-technischen Intelligenz in sozialistischen Arbeits- und Forschungsgemeinschaften. In den Produktionsbetrieben der DDR stieg die Anzahl dieser Gemeinschaften von 32927 mit 241084 Mitgliedern im Jahre 1970 auf 45934 Gemeinschaften mit 366270 Mitgliedern im Jahre 1976[1]. Hervorzuheben ist in diesem Zusammenhang auch die Entwicklung der Gemeinschaftsarbeit in den Neuererkollektiven. Sozialistische Gemeinschaftsarbeit entwickelt sich aber auch verstärkt zwischen den Produktionskollektiven und den Kollektiven der vor- und nachgelagerten Bereiche bzw. zwischen gleichgelagerten Kollektiven.

Die Organisation dieser Formen der Gemeinschaftsarbeit erfolgt derzeit zumeist *neben* dem eigentlichen Arbeitsablauf – bedingt durch die bestehenden arbeitsteiligen Be-

[1] Statistisches Jahrbuch der DDR 1977, Berlin 1977, S. 106.

triebsstrukturen. Zu prüfen wäre jedoch, wie bestimmte Elemente dieser Formen der sozialistischen Gemeinschaftsarbeit durch neue Lösungen der innerbetrieblichen Arbeitsteilung und Kooperation auch für die wissenschaftliche Arbeitsorganisation fruchtbar gemacht werden können.

Drittens: Wie die Praxis zeigt, stellt die Intensivierung auf allen Technisierungsstufen höhere Anforderungen an die Kenntnisse, Fähigkeiten und Fertigkeiten, aber auch an die Einstellungen und Verhaltensweisen der Produzenten. Für die Entwicklung dieser Eigenschaften ist und bleibt der Arbeitsprozeß selbst Hauptfeld. Neben der Schaffung entsprechender Arbeitsbedingungen sowie der Gestaltung progressiver Arbeitsaufgaben für den einzelnen Arbeiter erlangt auch in dieser Hinsicht die Entwicklung sozialistischer Beziehungen im Arbeitsprozeß zunehmende Bedeutung. Dabei sind besonders zwei Seiten beachtenswert. Erstens bilden sich diese Eigenschaften sozialistischer Persönlichkeiten vorrangig im gemeinschaftlichen Zusammenwirken bei der Lösung der ökonomischen Aufgaben aus. Und zweitens erhöht sich der ökonomische Effekt dieser Eigenschaften wirksamer in der kollektiven Zusammenarbeit. Die Marxsche Erkenntnis, daß „bei den meisten produktiven Arbeiten der bloße gesellschaftliche Kontakt einen Wetteifer und eine eigne Erregung der Lebensgeister . . . (erzeugt), welche die individuelle Leistungsfähigkeit der einzelnen erhöhen . . ."[2], erlangt auf neue Weise Bedeutung.

Hinsichtlich der wissenschaftlichen Organisation der Arbeit ist deshalb die im Arbeitsmaterial der Konferenz, These 25, gegebene Orientierung unbedingt zu unterstützen. Es geht um „die Erhöhung des Anforderungsniveaus zur vollen Nutzung und zur Weiterentwicklung der Fähigkeiten der Werktätigen, bei der gleichzeitig Kooperation und Kommunikation innerhalb und zwischen den Arbeitskollektiven vervollkommnet werden . .. ." Ein Abbau kooperativer Beziehungen und sozialer Kontakte in der unmittelbaren Arbeitstätigkeit sowie der Rückgang der Kommunikationsmöglichkeiten, wie er gegenwärtig oft mit der Zunahme des Technisierungsgrades verbunden ist, wirkt sich in der Tendenz hemmend auf die Entwicklung sozialistischer Persönlichkeiten und deren Leistungsbereitschaft aus. Bei der zukünftigen Gestaltung von Arbeitsprozessen sollte deshalb von Anbeginn eine kollektivfördernde Lösung der Arbeitsorganisation angestrebt werden.

Diese Aufgabe wird noch dadurch unterstrichen, daß das Bedürfnis nach Gemeinschaftlichkeit in der Arbeit heute zu den ausgeprägtesten Bedürfnissen der Arbeiterklasse gehört. Eine immer bessere Befriedigung dieses Bedürfnisses und damit seine erweiterte Reproduktion erweist sich als eine wichtige Triebkraft des produktiven Handelns im Sozialismus.

Viertens: Ein Vergleich der bisher angewandten Formen und Methoden der WAO zur Gestaltung progressiver Arbeitsinhalte läßt erkennen, daß sich besonders die kollektiven Formen der Arbeitsorganisation bewährt haben. Auch wenn sie noch nicht massenhaft angewandt werden, so liegen dennoch bereits ausreichende Erfahrungen über ihre Funktions- und Wirkungsweise vor. Gegenwärtig sind die detaillierten Wirkungen der einzelnen Formen noch umstritten, aber ihre produktivitätssteigernden und persönlichkeitsfördernden Effekte sind bereits offensichtlich. In der Analysetätigkeit sollten deshalb solche Formen wie die Slobin-Methode, die kollektive Mehrmaschinenbedienung, die Gruppenarbeit bei vorwiegend manueller Fertigung sowie die kollektive Bedienung von Anlagen stärker ins Blickfeld treten, um die effektivsten Lösungswege einer kollektivfördernden Gestaltung von Arbeitsprozessen zu finden.

[2] K. Marx, Das Kapital, Erster Band, in: MEW, Bd. 23, Berlin 1962, S. 345.

Die bisher größten Ergebnisse brachte die Methode der kollektiven Bedienung der Anlagen im Chemiekombinat „Polymer“ in Novopolock (UdSSR). Allein die Einsparung von 500 Arbeitskräften (bei einer Beschäftigtenzahl von ca. 5000 Arbeitskräften) ist so bestechend, daß die Anwendung dieser Methode unbedingt prüfenswert ist. Hinsichtlich der Gestaltung progressiver Arbeitsinhalte konnte mit dieser Methode im Komplex eine Vielzahl von Problemen gelöst werden:

– Die kollektive Verantwortung und damit die Verantwortung des einzelnen wird hier auf sehr konkrete Weise wahrgenommen.

– Mit der Befähigung zur kollektiven Bedienung der Anlagen ist eine erhebliche Erhöhung des Qualifikationsniveaus verbunden. Die Anlagen- und Apparatefahrer besitzen jetzt das Niveau eines Schichtleiters, und sie wurden auch dementsprechend in diese höhere Lohngruppe eingestuft.

– Die Methode beruht auf einer hohen Disponibilität der Arbeiter. Sie sind in der Lage, im regelmäßigen Wechsel die verschiedensten Tätigkeiten – beginnend am Steuerpult bis zur Qualitätskontrolle – mit hoher Effektivität auszuführen.

– Gleichzeitig erhöhte sich damit der Handlungsspielraum sowie das Entscheidungsfeld.

– Die konkreten Arbeitsaufgaben wurden interessanter, inhaltsreicher und geistig anspruchsvoller.

– Die Entwicklung der Kollektivbeziehungen wird durch die arbeitsbedingte kollektive Form der Arbeit äußerst positiv stimuliert.

Charakteristisch ist des weiteren ein nahezu völliger Rückgang der Fluktuation und eine hohe Arbeitsdisziplin.

Die hier dargestellten Prozesse, wie sie besonders mit der weiteren Intensivierung der gesellschaftlichen Produktion verbunden sind, lassen den Schluß zu, daß sich die WAO zukünftig verstärkt der Förderung der kollektiven Beziehungen in der Arbeit zuwenden sollte. Als wesentliches Charakteristikum der sozialen Qualität sozialistischer Arbeit enthält die Kollektivität wesentliche produktivitäts- und persönlichkeitsfördernde Potenzen, die durch eine entsprechende Organisation der Arbeit voll wirksam werden. Das ist jedoch nur möglich, wenn auch in dieser Hinsicht die umfassende Rationalisierung stärker ins Auge gefaßt und dadurch die Gestaltung ganzer Produktionsprozesse in Angriff genommen wird.

I. Marten

Wissenschaftliche Arbeitsorganisation bei der Intensivierung im Großhandel

Bei der Erhöhung der Effektivität des gesellschaftlichen Arbeitsvermögens geht es um zwei grundlegende inhaltliche Prozesse, die eng miteinander verflochten sind und sich wechselseitig beeinflussen, das sind die *umfassende Nutzung* und das *qualitative Wachstum (Entwicklung) des Arbeitsvermögens,* wobei die progressive Veränderung des Arbeitsinhaltes für die qualitative Entwicklung des Arbeitsvermögens ein Schlüsselglied ist, weil sich letztlich erst hierüber höheres Qualifikationsniveau realisiert und der Einsatz der Arbeitskräfte produktivitäts- und persönlichkeitsfördernd vorgenommen werden kann.

Nachweisbar beruht der effektive Einsatz der Arbeitskräfte auf der wissenschaftlichen Arbeitsorganisation; er ist also über zielgerichtete WAO-Maßnahmen entscheidend zu beeinflussen.

Bei der Rationalisierung der Handelsprozesse liegt für den kommenden Entwicklungszeitraum ein hauptsächliches Anwendungsfeld der WAO in den Prozessen der Warenbewegung.

Die Entwicklung des wissenschaftlich-technischen Fortschrittes ist dabei gekennzeichnet durch eine enge Verflechtung der außer- und innerbetrieblichen TUL-Prozesse und den Einsatz einer leistungsstarken Technik. Zur Erhöhung der Wirksamkeit der WAO-Maßnahmen kann man sich demnach mit der Einführung und zur effektiven Gestaltung durchgängiger Warenbewegungslinien vom Versand in der Produktion bis zur Übergabe der Ware an den Kunden nicht mehr auf einzelne Arbeitsplätze und -bereiche innerhalb der Handelsbetriebe beschränken.

Aus der Sicht der Entwicklungslinien des wissenschaftlich-technischen Fortschrittes im Handel ist somit die im Referat getroffene Feststellung voll zu bestätigen, daß verstärkt von einer arbeitsplatz- zu einer arbeitsprozeßbezogenen Anwendung der WAO überzugehen ist. Für das Herangehen ist dabei wichtig, *einmal* komplexe, umfassende Prozesse zu analysieren und in unmittelbarem Zusammenhang mit den technisch-technologischen auch die arbeitswissenschaftlichen Lösungen zu entwickeln. Zugleich ist es notwendig, bei der arbeitswissenschaftlichen Gestaltung der verschiedenen Bedingungen und Faktoren innerhalb der einzelnen Teilprozesse und an den verschiedenen Arbeitsplätzen, die ja weiterhin bleiben, den Erfordernissen der durchgängigen Warenbewegung zu entsprechen.

Hier liegen wesentliche Möglichkeiten, die Effektivität des eingesetzten Arbeitsvermögens zu erhöhen. Grundlinien sind dabei

– Einsparung von Arbeitszeit und Arbeitskräften durch *Substitution lebendiger durch vergegenständlichte Arbeit* auf der Grundlage einer leistungsstarken Transport-, Umschlags- und Lagertechnik und speziell der Unifizierung und Standardisierung der Lade- und Transporteinheiten;

– systematische *Erschließung von Arbeitszeitreserven* auf Basis der ständigen Vervollkommnung der Arbeitsbedingungen in bestehenden Prozessen unter besonderer

Berücksichtigung der wechselseitigen Beziehungen von außer- und innerbetrieblicher Arbeitsteilung und Kooperation und in Verbindung hiermit von Arbeitsnormen und Arbeitskräftenormativen;

– konsequenter Einsatz der Werktätigen entsprechend ihrer Qualifikation und *Erhöhung des Qualifikationsniveaus* in Übereinstimmung mit den wachsenden Arbeitsanforderungen auf der Grundlage *inhaltsreicher Arbeitsaufgaben;*

– *Reduzierung von Fehlbeanspruchungen* durch zielgerichtete Beseitigung gesundheitsgefährdender und schwerer körperlicher Arbeit, Verminderung belastender und einseitig beanspruchender Arbeit und Beseitigung arbeitserschwerender Umwelteinflüsse sowie Verbesserung der Arbeitsbedingungen im Warenbewegungsprozeß unter besonderer Berücksichtigung der Reproduktionserfordernisse der werktätigen Frauen und Schichtarbeiter.

Im Rahmen der durchgängigen Warenbewegungslinie erweist sich dabei unter dem Aspekt der Aufgaben und Zielrichtung der WAO der *TUL-Prozeß im Großhandel* als wichtigstes Glied; gleichzeitig treten dabei ganz bestimmte Sachverhalte der WAO in den Vordergrund.

Speziell über die arbeitswissenschaftliche Gestaltung von Arbeitsablauf und Arbeitsaufgaben in Verbindung mit außer- und innerbetrieblicher Arbeitsteilung und Kooperation geht bei durchgängiger Warenbewegung ein bedeutender Einfluß der WAO auf die effektive Nutzung und die soziale Wirksamkeit des wissenschaftlich-technischen Fortschritts speziell im Hinblick auf die Entwicklung des Arbeitsinhaltes aus.

Arbeitsablaufgestaltung und rationeller Einsatz der Arbeitskräfte

Anzahl und Umfang der auszuführenden Arbeitsverrichtungen hängen stark von den Beziehungen zwischen außer- und innerbetrieblicher Arbeitsteilung und Kooperation ab. Eine ganze Reihe von Arbeitsverrichtungen kann entfallen bzw. zeitlich reduziert werden, sobald bestimmte technisch-technologische und organisatorische Bedingungen abgestimmt und verbessert werden.

Insbesondere durch *Palettierung* kann bedeutend Arbeitszeit eingespart werden. Zum Beispiel dauert die Entladung eines 5-Tonnen-LKW mit palettierter Ware nur die Hälfte der Zeit gegenüber Entladung bei unpalettierter Ware. Untersuchungen in einem hochmechanisierten Großhandelslager ergaben, daß ca. 70% der Ware palettiert angeliefert wird. Durch weitere Erhöhung des Anteils palettierter Ware kann demnach noch eine bedeutende Einsparung von Arbeitszeit – verbunden mit weiteren Arbeitserleichterungen – erreicht werden.

Durch *Störfaktoren* in der durchgängigen Warenbewegung treten jedoch allein im Wareneingang des Großhandels bedeutende Arbeitszeitverluste auf, indem ca. 50% der palettierten Ware infolge Überhöhe, Überbreite und Übergewicht der Paletten umzupacken sind. Hierdurch entsteht pro Palette bis zu 10 Minuten Mehraufwand an Arbeitszeit, gleichzeitig wird die ASAO 5 verletzt. Zusätzlicher Arbeitszeitaufwand und bedeutende Warenverluste entstehen außerdem durch Einsatz von Verpackungsmaterial, das den Anforderungen der Warenstapelung nicht entspricht. Der Materialökonomie stehen durch Nutzen von Sekundärrohstoffen und wiederverwendeter Kartonagen usw. ungleich höhere Verluste an lebendiger und vergegenständlichter Arbeit durch Mehraufwand an Arbeitszeit sowie Warenverluste und Beschädigungen gegenüber.

Störungen im Arbeitsablauf und Mehraufwand an Arbeitszeit verursachen auch ungeeignete Arbeitsmittel.

Wesentlichen Einfluß auf die effektive Nutzung des betrieblichen Arbeitsvermögens haben weiterhin besonders *abgestimmte Arbeitsabläufe*, die *planmäßig* und folgerichtig verlaufen. Diese sind an den einzelnen Arbeitsplätzen stark vom Zusammenwirken mit den vor- und nachgelagerten Arbeitsplätzen, Lagerbereichen und Betrieben abhängig.

Der derzeit ungleichmäßige bzw. unplanmäßige Arbeitsanfall besonders im täglichen Wareneingang infolge ungenügend abgestimmter bzw. nicht planmäßig realisierter Liefertermine und -zeiten beeinträchtigt erheblich die Arbeitsablauforganisation. Er führt einerseits zu Stoßarbeit, die nur durch zusätzliche Arbeitskräfte, Überbeanspruchung der Arbeitskräfte oder Überstunden bewältigt werden kann, und führt anderseits zu Verlustzeiten, Nichtauslastung der Technik und Arbeitsunzufriedenheit.

Die Ungleichmäßigkeit der Warenanlieferung hat erhebliche Ausmaße. Berechnungen ergaben, daß durch kontinuierliche Warenbelieferung im Wareneingang Überstunden zu vermeiden und darüber hinaus effektiv Arbeitskräfte einzusparen sind.

Wir gelangen über solche einzelnen Erscheinungsformen auf ein wichtiges wissenschaftlich-theoretisches Problem: die zunehmende Vergesellschaftung des Produktionsprozesses und der Arbeit, die wir besonders über zweckmäßige Gestaltung der Arbeitsteilung und Kooperation und abgestimmte technisch-technologische Lösungen beherrschen müssen, weil von ihr die Wirkungsbedingungen des Gesetzes der Ökonomie der Zeit und wichtige gesellschaftliche Grundprozesse wie die allmähliche Verminderung der Unterschiede zwischen geistiger und körperlicher Arbeit und die breite Entfaltung der gesellschaftlichen und Kollektivbeziehungen tiefgreifend beeinflußt werden. Dabei stoßen wir auf neue Fragen und müssen völlig neue Lösungen finden.

Vordringlich geht es um die bewußte Ausgestaltung der Arbeitsteilung und Kooperation zwischen den Betrieben und innerbetrieblich. Eine wichtige Reserve besteht darin, daß speziell bei der außerbetrieblichen Arbeitsteilung und Kooperation derzeit die Fragen der Arbeitsteilung vernachlässigt werden.

Neben diesen, besonders durch die außerbetriebliche Arbeitsteilung und Kooperation beeinflußten Störungen im Arbeitsablauf und Arbeitszeitausfällen treten in beträchtlichem Umfang Störungen und Arbeitszeitverluste durch *ungenügende Beachtung des Zusammenhangs von Transportorganisation, Arbeitsorganisation und Verwaltungsorganisation* – betrifft speziell den Informationsfluß – auf. Hierdurch wird der Arbeitsablauf im Warenbewegungsprozeß unterbrochen und die Umschlagszeit erhöht, was zu volkswirtschaftlichen Verlusten und Minderung der Versorgungsleistungen führt.

Weitere „verdeckte" und schwerer nachweisbare Arbeitszeitverluste bestehen darin, daß zum Teil Arbeitsanforderungen und Leistungsvoraussetzungen nicht übereinstimmen, Arbeitsverrichtungen unrationell ausgeführt werden, die Aufgaben nicht exakt abgegrenzt sind, die notwendigen Proportionen von Haupt-, Neben- und Hilfsarbeiten verletzt werden sowie Qualifikation nicht voll genutzt wird (volkswirtschaftlich verstärkt durch zweigfremden Einsatz insbesondere junger Facharbeiter mit Handelsberufen).

Gestaltung inhaltsreicher Arbeitsaufgaben

Die Gestaltung inhaltsreicher Arbeitsaufgaben in Verbindung mit dem wachsenden Qualifikationsniveau der Werktätigen wirkt sich mit dem weiteren wissenschaftlich-technischen Fortschritt wesentlich auf die höhere Effektivität des Arbeitsvermögens und eine systematische Verminderung von sozialökonomischen Unterschieden zwischen körperlicher und geistiger, leitender und angeleiteter Arbeit und damit zwischen höher und niedriger qualifizierten Werktätigen aus.

Im Handel bieten sich vor allem dort für die Arbeitsaufgabengestaltung besonders gute Möglichkeiten, wo deutliche Fortschritte in Technik und Technologie, bedeutende Veränderungen und Ansprüche in den Versorgungsaufgaben und zur Erhöhung der Effektivität der Prozesse sowie bei der Arbeitsteilung und Kooperation auftreten, weil diese Faktoren die Arbeitsanforderungen der Werktätigen wesentlich verändern und neue Möglichkeiten für die progressive Entwicklung des Inhaltes der Arbeit hervorbringen.

Kennzeichnend für die Gestaltung inhaltsreicher Arbeitsaufgaben bei Handelsprozessen ist, daß

a) durch die vorherrschende weniger tiefe Arbeitsteilung in den typischen Handelsberufen relativ vielgestaltige Arbeitsaufgaben mit einem bestimmten Grad an Selbständigkeit und individueller Organisation auftreten;

b) in modernen, größeren Handelseinrichtungen eine deutliche Abnahme des Anteils körperlicher Arbeit nachzuweisen ist;

c) die Kooperationsbeziehungen und Arbeitsteilung zwischen Produktion, Groß- und Einzelhandel einschließlich Handelstransport tiefgreifende Veränderungen in den Arbeitsaufgaben und Arbeitsanforderungen bewirken. Letztere sind gleichfalls Erscheinungsformen der zunehmenden Vergesellschaftung der sozialistischen Arbeit und für die weitere Ausprägung des sozialistischen Charakters der Arbeit über die Entwicklung der Arbeitsinhalte besonders wichtig.

Die progressive Veränderung des Arbeitsinhaltes ist im Handel noch zu wenig als Aufgabe des Leiters erkannt. Daraus resultieren als hauptsächliche Hemmnisse, daß

– die derzeit ausgeführten Arbeitsaufgaben vielfach spontan und nach traditionellen Formen der innerbetrieblichen Arbeitsteilung und Kooperation herausgebildet sind;

– das objektive Erfordernis nach stärkerer Verbindung von körperlicher und geistiger Arbeit vernachlässigt wird. Nur in Einzelfällen werden anspruchsvollere geistige Arbeitsverrichtungen, die zum Beispiel objektiv zur rationellen und versorgungswirksamen Gestaltung des Warenumschlagsprozesses auszuführen sind sowie durch Verflechtung und Funktionsverlagerung in den verschiedenen Bereichen neu entstehen, bewußt an unmittelbar in den TUL-Prozessen tätige Werktätige übertragen. Daraus resultiert, daß insbesondere bei einem Teil der Facharbeiter für Lagerwirtschaft einfache manuelle Arbeitsverrichtungen vorherrschen und Vereinseitigung auftritt;

– Aufgliederung und Spezialisierung im technologischen Prozeß vielfach formal auf die Abgrenzung und Zuordnung von Arbeitsaufgaben übertragen werden, so daß eng spezialisierte, einseitige und relativ einfache Arbeitsaufgaben mit geringem Handlungsspielraum entstehen;

– ein hoher Anteil manueller sowie sich ständig wiederholender Routinearbeit zum Beispiel bei solchen eng spezialisierten Arbeitsaufgaben wie Packer besonders in gering mechanisierten Lagerprozessen die Möglichkeiten zur Erweiterung und Anreicherung einschränkt.

Darüber hinaus verhindern teilweise auftretende Mängel in den zwischenbetrieblichen Kooperationsbeziehungen, der Leitungstätigkeit, der Arbeitsorganisation sowie unzureichende Qualifikation mitunter, die Möglichkeiten der bereits bestehenden breiter profilierten Arbeitsaufgaben auszunutzen. Das tritt besonders bei Lagerleitern, Leitern für Warenein-, bzw. -ausgang u. ä. auf.

Somit läßt sich bei Handelsprozessen nachweisen, daß sich tendenziell die Arbeitsanforderungen verändern, insbesondere umfangreiche Spezialkenntnisse erforderlich werden. Dies ist jedoch besonders infolge von Mängeln im Arbeitsablauf, der Arbeitsorganisation, der Aufgabenübertragung und teilweise auch unzureichender Qualifikation noch nicht überall nachweisbar.

Dieses derzeit noch unbefriedigende Niveau der Gestaltung von Arbeitsaufgaben hat zur Folge, daß bedeutende Reserven zur besseren Nutzung der Arbeitszeit und Qualifikation sowie zur Erhöhung der Wirksamkeit der Hauptproduktivkraft „Arbeitskraft" und zur Persönlichkeitsentwicklung der Werktätigen im Arbeitsprozeß nicht erschlossen werden.

Wege zur Gestaltung inhaltsreicher Arbeitsaufgaben

Umfangreiche Untersuchungen haben erwiesen, daß die Analyse und Gestaltung des Arbeitsablaufes speziell in Handelsprozessen eine wichtige sachliche und methodische Voraussetzung für die Gestaltung inhaltsreicher Arbeitsaufgaben darstellt, weil mit Festlegung der auszuführenden Arbeitsverrichtungen und deren Einordnung in verschiedene Beschäftigtenkategorien bei der Arbeitsablaufgestaltung die Grundstruktur der verschiedenen Arbeitsaufgaben fixiert wird. Demzufolge hat die detaillierte Ausgestaltung der Arbeitsaufgaben nach den o. g. Kriterien wiederum wesentliche Rückwirkungen auf den Arbeitsablauf. Aus dieser engen inhaltlichen Verknüpfung folgt, daß es bei Handelsprozessen und speziell im Warenbewegungsprozeß zweckmäßig ist, zur Analyse der Arbeitsaufgaben arbeitskraftbezogene Arbeitsablaufstudien, Arbeitszeit- und Arbeitsanforderungsstudien zu kombinieren, wobei im Mittelpunkt die Analyse der Arbeitsanforderungen in Anlehnung an die Systematik und Merkmalbeschreibung der Zweigmethodik der Arbeitsklassifizierung steht. Auf die Ausprägung der Merkmale inhaltsreicher Arbeitsaufgaben wirken in Verbindung mit den hauptsächlichen Einflußfaktoren aus dem Warenumschlagsprozeß wesentlich die verschiedenartigen Bedingungen und Faktoren der wissenschaftlichen Arbeitsorganisation ein. Nach den bisherigen Untersuchungen ist dabei die Vervollkommnung der innerbetrieblichen Arbeitsteilung und Kooperation – speziell die sinnvolle *Kombination* verschiedener Arbeitsfunktionen zur Bildung *komplexer Arbeitsaufgaben* in Verbindung mit innerem und äußerem *Arbeitswechsel* – derzeit der wichtigste Weg zur Gestaltung inhaltsreicher Arbeitsaufgaben.

In bestehenden Prozessen geht es dabei um die sinnvolle Kombination bisher getrennter Arbeitsfunktionen bzw. einzelner Arbeitsverrichtungen in *einer* Arbeitsaufgabe, verbunden mit einer zweckmäßigen Aufgabenabgrenzung. Auf diese Weise kann die Arbeitszeit voll ausgenutzt werden. Es sind Arbeitszeitreserven zu erschließen, das Verhältnis von Arbeitsplätzen und Arbeitskräften kann quantitativ und qualitativ besser in Übereinstimmung gebracht werden, und die schöpferischen Fähigkeiten der Werktätigen prägen sich stärker aus. Dieser Weg stimmt überein mit der systematischen Erhöhung des Qualifikationsniveaus der Werktätigen, fördert Arbeitsfreude und Initiative und wirkt der Fluktuation besonders jüngerer, qualifizierter Facharbeiter entgegen.

Die Bildung komplexer Arbeitsaufgaben sollte in erster Linie auf einer *vertikalen* Teilung und Kombination der Arbeit beruhen, indem Arbeitsverrichtungen aus übergeordneten Tätigkeitsbereichen die Arbeitsaufgaben erweitern und bereichern.

Kennzeichnend ist hierbei, die ausführende Tätigkeit stärker mit Arbeitsverrichtungen analysierender, disponierender, organisierender Art – vor allem bezogen auf Sortimentsgestaltung, Arbeitsorganisation, Bestandshaltung u. ä. – zu verbinden, d. h. einen „inneren" Arbeitswechsel zu organisieren. Dadurch verbreitert sich die Anforderungsstruktur, und das Anforderungsniveau erhöht sich gegenüber den derzeitigen Arbeitsaufgaben, z. B. der Facharbeiter für Lagerwirtschaft, um ein bis zwei Qualifikationsgruppen.

Hieran wird der unmittelbare Zusammenhang von Gestaltungsmaßnahmen der WAO und Qualifizierungsmaßnahmen erkennbar. Bei Gestaltung der Arbeitsaufgaben in den einzelnen Handelsbetrieben sind deshalb in jedem Falle Qualifikationsstruktur und -niveau der Beschäftigen zu berücksichtigen und planmäßig nach den neuen Erfordernissen der Arbeitsprozesse zu entwickeln. Gegenwärtig treffen wir einerseits auf ein nicht den Arbeitsanforderungen voll entsprechendes Qualifikationsniveau, speziell bei einem Teil der Werktätigen in den TUL-Prozessen; andererseits führen nicht selten Facharbeiter für Lagerwirtschaft Arbeitsaufgaben aus, die auf einem Anforderungsniveau von Ungelernten bzw. Teilfacharbeitern liegen. Dementsprechend sind auch differenzierte Maßnahmen beim schwerpunktmäßigen Vorgehen in den verschiedenen Großhandelsbetrieben vorzunehmen, d. h. vom Ausschöpfen der in den bestehenden Arbeitsaufgaben liegenden Möglichkeiten in Verbindung mit aufgabenbezogener Qualifizierung über die Erweiterung bestehender Arbeitsaufgaben bis zur Neugestaltung entsprechend den Kriterien inhaltsreich gestalteter Arbeitsaufgaben.

In Teilprozessen, in denen die Beschränkung der Arbeitsaufgabe der Werktätigen auf wenige, spezialisierte Arbeitsfunktionen unumgänglich ist, damit der Prozeßablauf nicht unterbrochen und gestört wird, ergibt sich als Gestaltungsweg, mehrere spezialisierte Arbeitsaufgaben miteinander zu kombinieren und im zeitlichen Wechsel auszuführen, um das Anforderungsniveau zu erhöhen.

Diese Wege sind praktikabel; sie entsprechen der generellen Entwicklung zur Herausbildung progressiver Arbeitsinhalte und ermöglichen, den gesetzlichen Bestimmungen zur Gestaltung von Arbeitsaufgaben nachzukommen und diese bisher bei Handelsprozessen z. T. vernachlässigte Seite der WAO-Arbeit zu entwickeln.

E. Sachse

Probleme und Grundrichtungen der Entwicklung und rationellen Nutzung des Arbeitsvermögens

Die „Entwicklung und rationelle Nutzung des Arbeitsvermögens", wie sie im Parteiprogramm der SED gefordert wurde, bildet eine Grundfrage im Rahmen unserer Anstrengungen zur Intensivierung, da die Werktätigen aktive Gestalter dieses Prozesses sind, die Ergebnisse daraus ihrer Bedürfnisbefriedigung dienen und schließlich unsere wichtigste Produktivkraft Mensch eine Hauptkomponente zur Steigerung der Arbeitsproduktivität darstellt.

Steigerung der Arbeitsproduktivität und rationelle Nutzung des Arbeitsvermögens sind bei uns mit der Vollbeschäftigung verbunden, eine unserer größten Errungenschaften, deren Wert wir unter den Bedingungen der Krise im Kapitalismus immer besser erkennen lernen. Unseren gesellschaftlichen Verhältnissen sind jegliche Arten von Arbeitskräftereservearmeen wesensfremd. Damit werden jedoch, eingebettet in den gesamten Intensivierungsprozeß, qualitativ veränderte und bedeutend höhere Ansprüche an die Leitung und Planung gestellt, die sich aus den spezifischen Gesetzen bzw. Bedingungen der menschlichen Reproduktion und aus dem Zusammenwirken der Arbeitskräfte mit den materiell-technischen Faktoren des Reproduktionsprozesses ergeben.

Ich möchte darum in gebotener Kürze einige besonders markante Prozesse bzw. Bedingungen der menschlichen Reproduktion an den Anfang meines Beitrages stellen, da sich u. a. daraus die Schlußfolgerungen für unser Herangehen bei der rationellen Nutzung des Arbeitsvermögens ergeben.

– Wir erhalten, demografisch bedingt, seit Anfang der 70er Jahre einen begrenzten Arbeitskräftezuwachs, der jedoch ab Mitte der 80er Jahre wieder stark absinken wird.

– Der Beschäftigtengrad erreichte Weltspitzenpositionen und beträgt z. B. bei arbeitsfähigen Frauen in den Ballungsgebieten fast 90 Prozent. Die sozialpolitischen Maßnahmen haben dazu geführt, daß bisher teilzeitarbeitende Frauen in beachtlichem Umfange zur Vollbeschäftigung übergegangen sind.

– Unser Arbeitsvermögen hat auf der Grundlage der Bildungspolitik und der ökonomischen, wissenschaftlich-technischen Erfordernisse ein hohes Niveau erreicht (vgl. Tabelle 1):

Tabelle 1

Qualifikationsstruktur der Berufstätigen in der sozialistischen Volkswirtschaft (in Prozent):

	1961	1971	1977
Hochschulkader	2,2	4,3	6,1
Fachschulkader	3,9	7,4	11,1
Meister u. Facharbeiter	–	49,1	58,2
Berufstätige mit Teilberuf bzw. ohne Abschluß	–	39,2	24,6

Zwischen 1980 und 1990 ist auf Grund bereits eingeleiteter Bildungsmaßnahmen eine weitere wesentliche Veränderung zu erwarten (vgl. Tabelle 2):

Tabelle 2

Entwicklung der Qualifikationsstruktur der wirtschaftlich Tätigen in der DDR 1980 und 1990 (in Prozent):

Jahr	Hochschulkader	Fachschulkader	Facharbeiter	Sonstige
1980	6	10	58	26
1990	8	12	60	20

– Mit dieser Gesamtentwicklung verbunden vollziehen sich ein wesentlicher Abgang von Werktätigen im Rentenalter, der zwischen 1975 und 1977 rund 20% betrug, und ein Zufluß von jungen Menschen über unser Ausbildungssystem. Damit sind drei positive Struktureffekte verbunden:

erstens die Verringerung des natürlichen Abgangs an Arbeitskräften;

zweitens die Erhöhung des durchschnittlichen Qualifikationsniveaus, da die jungen Werktätigen im Prinzip über eine berufliche Ausbildung verfügen und ältere Werktätige, insbesondere Frauen, die nicht über ein so hohes Ausbildungsniveau verfügten, ersetzen;

drittens die Erhöhung des durchschnittlichen Beschäftigtengrades, da dieser bei Hoch- und Fachschulkadern mit 95% gegenüber 74% bei Un- und Angelernten einen beträchtlichen Anstieg aufweist. Unsere Politik der Vollbeschäftigung hat allen Werktätigen einen sicheren Arbeitsplatz geschaffen. In besonderem Maße und insbesondere unter der Jugend, die ein hohes Bildungsniveau erhält, erhebt sich die Forderung nach Arbeitsplätzen mit niveauvoller und interessanter Arbeit; das ist ein objektiver Prozeß des Fortschritts, der natürlich auch neue Probleme aufwirft.

– Darüber hinaus besteht ein weiterer Charakterzug in unserer Gesellschaft darin, daß ein wesentlicher Teil Arbeitsfähiger bei „ruhendem Arbeitsverhältnis" Aufgaben der Reproduktion des Arbeitsvermögens erfüllt. Durchschnittlich müssen wir – bezogen auf die Arbeitsfähigen – mit etwa 10 bis 12 Prozent Lernenden rechnen. In der Industrie allein hat z. B. eine beträchtliche Anzahl an Frauen die durch die sozialpolitischen Maßnahmen geschaffenen Möglichkeiten einer Freistellung nach der Geburt des zweiten oder dritten Kindes genutzt. Darüber hinaus wird auch Arbeitszeit für die Weiterbildung und für gesellschaftliche Aufgaben in erheblichem Maßstab eingesetzt.

– Eine grundlegende Tendenz drückt sich darüber hinaus in der Senkung des nominellen Arbeitszeitfonds durch planmäßige Arbeitszeit- bzw. Urlaubsverbesserungen aus; dadurch verringerte sich z. B. im Zeitraum 1955 bis 1974 die nominelle Arbeitszeit auf 90,6 Prozent. Entsprechend unseren Möglichkeiten wird diese Entwicklung fortgesetzt.

In der theoretischen Verallgemeinerung können wir auf dem Weg der Vollbeschäftigung im Sozialismus zwei wichtige Phasen erkennen:

- die Phase mit vorwiegend extensiver Ausschöpfung des Arbeitsvermögens;
- die Phase, in der bei gesicherter Einbeziehung aller verfügbaren Arbeitskräfte eine vorwiegend intensive Nutzung des tätigen Arbeitsvermögens erreicht werden muß.

Die politisch-ökonomische Verallgemeinerung dieser Prozesse, die man hier nur andeuten kann und die wir ganz „normal" durchlaufen haben, ist meines Erachtens eine sehr wesentliche Aufgabe, da sie der Vermittlung grundlegender Erfahrungen des sozialistischen Aufbaus, insbesondere für Länder mit einem nichtkapitalistischen Weg, dienlich sein kann.

Entsprechend unseren Zielsetzungen auf dem Gebiet der Intensivierung ergeben sich nun unter Berücksichtigung dieser veränderten Reproduktionsbedingungen neue und höhere Anforderungen an die Effektivität unseres Arbeitsvermögens (in untrennbarer Einheit mit der Entwicklung der materiell-technischen Faktoren des Reproduktionsprozesses). Ich möchte aus dieser Sicht zwei miteinander verbundene Aufgaben hervorheben:

erstens die Zuführungen bzw. den Einsatz der Arbeitskräfte in Bereichen, die in besonderem Maße die wirtschaftliche Effektivität sichern und fördern, was die Beherrschung der Arbeitskräftestrukturproblematik voraussetzt, die von der Sicherung der verschiedenen volkswirtschaftlichen Bereiche mit Arbeitskräften bis hin zur bedarfsgerechten Planung des Qualifikationsniveaus und der Berufs- und Fachrichtungsstruktur reicht;

zweitens die volle Nutzung der Arbeitszeit und des wertvollen Qualifikationspotentials, das in unseren Werktätigen akkumuliert ist, zur Erreichung einer höchstmöglichen Steigerung der Arbeitsproduktivität.

Zusammengefaßt sei gesagt: Die entscheidenden Reserven der Gegenwart und Zukunft liegen im aktiven Arbeitsvermögen selbst – auf der Grundlage der Rationalisierung und Durchsetzung der Prinzipien der WAO, was in untrennbarer Verbindung mit der weiteren Verbesserung der Arbeits- und Lebensbedingungen gesichert werden muß.

Lassen Sie mich nun anhand einiger Beispiele diese Probleme deutlich machen, um deren Meisterung es insbesondere bei der rationellen Nutzung des Arbeitsvermögens geht.

So ist z. B. die Sicherung des Arbeitskräftebedarfs der Industrie und anderer produzierender Bereiche von ausschlaggebender Bedeutung für das Wachstum unserer volkswirtschaftlichen Effektivität, den Export usw. Es sind jedoch Tendenzen erheblicher Untererfüllung der Arbeitskräftepläne bei gleichzeitiger Übererfüllung in nichtproduzierenden Bereichen zu verzeichnen. Eine verbesserte Bildung sowie gesundheitliche, soziale und kulturelle Bedürfnisbefriedigung liegen natürlich in unser aller Interesse, beruhen jedoch auf der Grundlage des zunächst produzierten Nationaleinkommens und der Steigerung der Arbeitsproduktivität in den produzierenden Bereichen. Das angesprochene Problem ist zugleich mit Wanderungsverlusten bzw. mit einem relativ geringem Arbeitskräftezuwachs in verschiedenen industriellen Ballungsgebieten verbunden, die wiederum vorwiegend Standorte unserer hochproduktiven Technik sind. Bei der Lösung geht es keineswegs nur um Lohnprobleme, sondern vor allem um komplexe soziale Erfordernisse, die von der Verbesserung der Arbeitsbedingungen in den produzierenden Bereichen bis hin zur Verbesserung der gesamten Infrastruktur reichen. Eine theoretische Verallgemeinerung zeigt, daß neue soziale Prioritäten (u. a. auch Umweltbedürfnisse) die Arbeitskräftebewegungen beeinflussen.

Das gesamte Ergebnis der Arbeitsproduktivitätssteigerung wird in nicht unerheblichem Maße durch den Rückgang (absolut und relativ) des Produktionspersonals gegenüber den sogenannten übrigen Beschäftigten (darunter auch der Beschäftigen für Leitung, Planung und Verwaltung) gebremst. Das Stellenplandenken bildet hier ein ernstes Hindernis für unseren Fortschritt; eine Veränderung sollte durch zielstrebige Rationalisierung und WAO-Arbeit sowie Arbeitskräftenormativarbeit auf der Grundlage des Übergangs zu einer echten Leistungsplanung erreicht werden, die wir auch jetzt besser als in der Vergangenheit im Rahmen der Grundlohnprojekte bzw. vergleichbarer Maßnahmen für Hoch- und Fachschulkader stimulieren können.

Die Qualifikation unserer Werktätigen stellt ein gewaltiges und aufwendiges Potential dar, das – über die Bildungsfonds berechnet – durchaus mit anderen Fonds zu vergleichen ist. Wir besitzen damit eine hohe Potenz für Qualitätsarbeit und Effektivität. Es ist jedoch ein objektiver Prozeß, daß bei einem solchen Potential die Ansprüche an die Nutzung und auch die Gefahren von Bildungsverlusten bzw. einer unzureichenden Effektivität der eingesetzten Qualifikation wachsen. Wir haben z. B. gute Fortschritte bei der Heranführung der Jungfacharbeiter an die Erfüllung der Arbeitsnormen in der Praxis erreicht. Da jedoch nicht alle Jungfacharbeiter im Verlaufe der ersten 6 Monate in vollem Umfange diese Normen erreichen, ergibt sich zum Beispiel, daß uns damit eine Warenproduktion von erheblichem Ausmaß verloren geht. Die zur Verfügung stehenden Analysen über die Nutzung unseres Qualifikationspotentials besagen, wobei man natürlich den Tendenzcharakter solcher Aussagen betonen muß, daß mit steigender Qualifikationsstufe auch die Nutzungsprobleme wachsen. Dabei treten bei Hoch- und Fachschulkadern nicht unerhebliche negative Wirkungen auf die Arbeitsmotivation und Kreativität auf.

Der grundlegende theoretische und praktische Zugang zur Lösung dieser Frage liegt in der Erkenntnis der Dialektik zwischen der Entwicklung von qualifizierten Arbeitskräften und dem wissenschaftlich-technischen Fortschritt, in einem entsprechend differenzierten Herangehen in unserer Bedarfsplanung nach den Qualifikationsstrukturen bzw. Berufs- und Fachrichtungen in Einheit mit einer progressiven Veränderung der Arbeitsinhalte.

Alle Forschungen auf diesem Gebiet besagen, daß unter den Bedingungen der Intensivierung allgemeine Abschätzungen, die nur auf ein „Mehr" an qualifizierten Arbeitskräften ausgerichtet sind, zu keinen befriedigenden Ergebnissen mehr führen. Eine Analyse der Praxis zeigt, daß mit dem differenzierten wissenschaftlich-technischen Fortschritt

– neue Gebiete mit ganz besonders hohen Qualifikationsansprüchen entstehen (z. B. bei der Programmentwicklung in der Mikroelektronik);
– auf anderen Gebieten Sättigungswerte erreicht werden;
– mit dem Übergang zu größeren Betriebseinheiten relative Qualifikationseinsparungen durch differenzierte Arbeitsteilung erreicht werden;
– eine optimale Kollektivzusammensetzung (Kräfte für die Hauptleistung und Hilfskräfte) ein wesentliches Effektivitätserfordernis darstellen;
– schließlich durch den wissenschaftlich-technischen Fortschritt und die Erweiterung von Arbeitsinhalten neue Räume für schöpferisches Arbeiten und rationelle Nutzung unseres Arbeitsvermögens erschlossen werden können.

Die weitere wissenschaftliche Erforschung der gesetzmäßigen Beziehungen zwischen dem Arbeitsvermögen und den materiell technischen Elementen des Reproduktionsprozesses ist dafür eine unabdingbare Voraussetzung und die theoretische Grundlage für die Verbesserung der Planung auf diesem Gebiet.

In dieser Beziehung ist die bessere Nutzung der Arbeitszeit nicht nur im allgemein bekannten Sinne von Bedeutung; jede Arbeitsstunde verkörpert bei steigender Qualifikation einen wachsenden Bildungs- und Lohnaufwand mit entsprechender Effektivität bzw. auch größere Belastung hinsichtlich der Produktion.

Die Entwicklung der Ausfallzeiten (ohne Urlaub und ohne verdeckte Ausfallzeiten) ist jedoch – in sich differenziert – weiter angestiegen, was zugleich mit einer diskontinuierlichen Arbeitsproduktivitätssteigerung verbunden war. Hier verfügen wir offensichtlich über wesentliche Reserven, die insbesondere für die Verbesserung der Technologie, der Produktionsorganisation und Materialversorgung, die WAO-Arbeit und die Erziehung zu erhöhter Arbeitsdisziplin zu erschließen sind.

Lassen Sie mich nun zu einigen Schlußfolgerungen kommen, wobei zu betonen ist, daß es zur rationellen Nutzung unseres Arbeitsvermögens eine ganze Reihe von Zugängen und Lösungswegen gibt. Ich möchte mich hier insbesondere auf die Leitung und Planung konzentrieren. In unserer Gesellschaft gilt: Es gelingt uns bei jenen Aufgaben voranzukommen, die voll in den Leitungs- und Planungsprozeß auf allen Ebenen der Wirtschaft einbezogen sind. Das ist natürlich in allgemeiner Weise auch beim Arbeitsvermögen der Fall; die neuen Aspekte, die ich hier herausgearbeitet habe (Arbeitskräftestrukturproblematik u. a.) sind m. E. jedoch noch nicht genügend in unsere Effektivitätsrechnung und -planung einbezogen. Insbesondere würde ich das auf Grundeinheiten in der Wirtschaft und ihre Struktureinheiten beziehen.

Eine erste Möglichkeit, in dieser Richtung voranzukommen, würde sich – und dabei beziehe ich mich auf Ansätze in Großbetrieben – durch eine inhaltliche Qualifizierung des Kennziffernprogramms der Leitung und Planung sowie der ökonomischen Planinformationen des sozialistischen Wettbewerbs und der Prämierung ergeben. Dafür würde sich anbieten:

- der Nutzungsgrad der Qualifikation und der Arbeitszeit (bzw. eine Kopplung der beiden Größen),
- die Veränderung von Arbeitsinhalten in Richtung einer progressiven Gestaltung,
- gewonnene Normstunden durch Rationalisierungs- und Neuererarbeit,
- Einsparung von Arbeitsplätzen,
- Senkung der Fluktuation.

In die betriebliche Gesamteffektivitätsrechnung könnten – neben der Arbeitsproduktivität – einbezogen werden:

- die erweiterte fondsbezogene betriebliche Effektivität durch die Einfügung der Bildungs- und Weiterbildungsfonds (eine Wiederaufnahme zumindest repräsentativer statistischer Erhebungen hinsichtlich der Bildungsaufwendungen erscheint dazu notwendig);
- die Ergänzung des Grundfondsbestandes je Arbeitskraft durch eine entsprechende Größe für die Materialökonomie;
- die Ermittlung der arbeitsbezogenen Rentabilität

$\left(\frac{\textit{Gewinn}}{\textit{Arbeitskräfte}}\right)$ und die bildungsfondsbezogene Rentabilität

$\left(\frac{\textit{Gewinn}}{\textit{Bildungsfonds}}\right)$.

Auf diese Weise könnten wir im Prinzip – auf der Grundlage unserer vorhandenen Statistik und ohne die Preise zu beeinflussen – die Effektivitätsrechnung und die Gestaltung von sogenannten ökonomischen Normativen auch auf das Gebiet des Arbeitsvermögens ausdehnen. Damit ließe sich das Denken und Handeln sowie insbesondere die Masseninitiative zur rationellen Nutzung unserer wichtigsten Produktivkraft zweifellos ein Stück voranbringen.

Arbeitskreis 7: Die Verbesserung der Arbeits- und Lebensbedingungen und ihre stimulierende Wirkung auf die Produktivitätssteigerung

G. WINKLER

Arbeits- und Lebensbedingungen – Arbeitsproduktivität

Auf der Grundlage der vorliegenden Thesen und des einleitenden Referats von Genossen Professor Heinrichs ist es Anliegen des Arbeitskreises, speziell Probleme des Wirkungszusammenhangs von planmäßiger Verbesserung der Arbeits- und Lebensbedingungen und Produktivitätsentwicklung zu behandeln.

Das heißt, daß es vor allem darum geht,

– den Nachweis zu erbringen, daß die planmäßige Gestaltung der Arbeits- und Lebensbedingungen im Zusammenhang mit der Durchsetzung des wissenschaftlich-technischen Fortschritts darauf gerichtet ist, die Vorzüge des Sozialismus voll zur Wirkung zu bringen;

– den Einfluß der planmäßigen Gestaltung der Arbeits- und Lebensbedingungen in ihrer Komplexität als materielle, zeitliche und soziale Betreuungsbedingungen auf die quantitative und qualitative Entwicklung und Nutzung des gesellschaftlichen Arbeitsvermögens darzustellen;

– den Zusammenhang von persönlichkeitsfördernden und produktivitätssteigernden Arbeitsbedingungen und der Entwicklung von Initiative und Leistungsbereitschaft nachzuweisen.

Die Diskussion soll sich dabei sowohl auf die erreichten Forschungsergebnisse der vergangenen Jahre stützen, als auch der weiteren Profilierung der Forschungen im Zeitraum 1981 bis 1985 dienen.

In der Forderung der Partei nach Gestaltung produktivitäts- und persönlichkeitsfördernder Arbeitsbedingungen kommt bereits das humanistische, die Vorzüge des Sozialismus zum Ausdruck bringende Grundanliegen unserer Wirtschafts- und Sozialpolitik zum Ausdruck.

Die Vorzüge des Sozialismus voll zur Wirkung zu bringen, erfordert die Beachtung ökonomischer und sozialer Erfordernisse auf allen Entscheidungsebenen. Es soll im einführenden Beitrag auf einige Aspekte aufmerksam gemacht werden, wie auf der Grundlage wachsender Wirtschaftskraft die planmäßige Verbesserung der Arbeits- und Lebensbedingungen zugleich über die quantitative und qualitative Nutzung und Entwicklung des Arbeitsvermögens als Produktivitätsfaktor wirksam wird.

Erstens: Die Gestaltung sozialistischer Arbeitsbedingungen schließt die Schaffung einer den volkswirtschaftlichen Erfordernissen entsprechenden Zahl und Struktur von Arbeitsplätzen ein, die es dem einzelnen ermöglichen, sein Recht auf Arbeit durch die Übernahme einer seinen Interessen, Kenntnissen, Fähigkeiten und Fertigkeiten entsprechenden Arbeit auszuüben.

Dafür sprechen

- der wachsende Grad der Beschäftigung, insbesondere der Frauen, in unserer Republik;
- die wachsende Übereinstimmung von Bildung und Arbeitsplatzanforderungen (ohne die dabei vorhandenen Probleme zu übersehen).

In unserer Republik wird das gesellschaftliche Arbeitsvermögen – bis auf geringe Ausnahmen, die vorrangig alters- oder familiär bedingt sind – quantitativ voll genutzt. Die im wesentlichen erreichte Vollbeschäftigung ist Ausdruck der umfassenden Gewährung des Rechts auf Arbeit in unserer Republik. Wenn heute auf Grund dieser Tatsache oft der Begriff Arbeitskräftemangel verwendet wird, so muß festgestellt werden: Die bestehende Differenz zwischen vorhandenen Arbeitsplätzen und Arbeitskräften ist nur zu vermindern über eine Reduzierung der vorhandenen Arbeitsplätze. Die Orientierung der Partei, den wissenschaftlich-technischen Fortschritt, die sozialistische Rationalisierung mit einer Einsparung von Arbeitsplätzen zu verbinden, ist darauf gerichtet, eine proportionale, den gesellschaftlichen und individuellen Interessen entsprechende Zahl und Struktur von Arbeitsplätzen zu erreichen.

Im Gegensatz dazu verläuft bekanntlich die Entwicklung in den führenden imperialistischen Staaten. Da die Arbeitsbedingungen nicht nur Produktions-, sondern vor allem Verwertungsbedingungen sind, erfolgt durch radikale Reduzierung von Arbeitsplätzen im Ergebnis kapitalistischer Rationalisierung ein Ansteigen der Arbeitslosigkeit in ihren verschiedensten Formen, d. h. sowohl der offiziell registrierten Arbeitslosigkeit, der angeordneten Kurzarbeit als auch der Zunahme des Personenkreises, der auf Grund der fehlenden Arbeitsplätze, aber auch sozialer Betreuungseinrichtungen nicht um Aufnahme einer Arbeit nachsucht. Die in der amtlichen Statistik ausgewiesene Arbeitslosigkeit drückt demzufolge nur einen Teil des tatsächlich nicht genutzten gesellschaftlichen Arbeitsvermögens aus. Selbst nach westdeutschen Angaben zeigt sich der zunehmende Widerspruch zwischen Produktivitäts- und Persönlichkeitsentwicklung im Vergleich folgender Zahlen[1] (vgl. Tabelle 1):

Tabelle 1

	Arbeitslose (Tsd.)	Kurzarbeiter (Tsd.)	verdeckte Arbeitslose (Tsd.)
1970	149	10	151
1975	1074	773	453

[1] Vgl. W. Zapf, Lebensbedingungen in der Bundesrepublik, Frankfurt a. M.-New York 1977, S. 242.

Dabei sind gerade die in den vergangenen Jahren sichtbaren Veränderungen der sozialen Struktur der Arbeitslosen Ausdruck der zunehmenden sozialen Unsicherheit, indem vor allem in zunehmendem Maße Jugendliche, Frauen, ältere Bürger und Angehörige der Intelligenz zwangsweise aus dem Arbeitsprozeß ausscheiden müssen. So stieg z. B. die *Arbeitslosenquote von 1970 bis 1976 (in Prozent):*[2]

	1970	1976
Männer	0,7	3,0
Frauen	0,8	5,4
Jugendliche	0,3	4,6
ältere Bürger	1,1	5,0 (1975)

Es ist nicht Gegenstand unserer heutigen Beratung, diese Entwicklung im einzelnen zu analysieren. Aber die Sicherung der Wahrnehmung des Rechts auf Arbeit durch den einzelnen ist die Grundbedingung für eine freie Entfaltung der Persönlichkeit, für soziale Sicherheit als Ergebnis und Bedingung steigender Produktivität im Interesse der Menschen.

Zweitens: Die Vorzüge des Sozialismus finden ihren Ausdruck in der mit der weiteren Durchsetzung des wissenschaftlich-technischen Fortschritts verbundenen Ausprägung des sozialistischen Charakters der Arbeit und den Veränderungen im Inhalt der Arbeit, die auf die Minderung vorhandener Unterschiede zwischen körperlicher und geistiger Arbeit sowie den schrittweisen Abbau vorhandener erschwerter Arbeitsbedingungen gerichtet sind.

Die unter sozialistischen Bedingungen stetig steigende Arbeitsproduktivität vollzieht sich – um mit Marx zu sprechen –[3]

- nicht auf Kosten des Arbeiters;
- verstümmelt ihn nicht in einen Teilmenschen;
- vernichtet nicht den Inhalt der Arbeit;
- entfremdet ihn nicht der geistigen Potenzen des Arbeitsprozesses;
- verunstaltet nicht die Bedingungen, unter denen er arbeitet;
- unterwirft ihn nicht einer gehässigen Despotie.

Die reale Basis unserer heutigen Gesellschaftsordnung ist die Schaffung solcher materiellen Produktionsbedingungen, „deren Grundprinzip die volle und freie Entwicklung jedes Individuums ist"[4].

Im Referat von Prof. Dr. Heinrichs wurde auf die damit verbundenen Aufgaben im Detail eingegangen, so daß sich weitergehende Ausführungen erübrigen. Es sei hier nur darauf verwiesen, daß die Aufgaben

- zur besseren Nutzung des vorhandenen Bildungspotentials;
- zur Erhöhung der geistig-schöpferischen Anforderungen im Arbeitsprozeß;
- zur Überwindung vorhandener Differenzierungen zwischen Grund- und Hilfsprozessen sowie zwischen den Bereichen der Volkswirtschaft;
- zur Reduzierung körperlich schwerer und gesundheitsschädigender Arbeit

nur im Zusammenhang mit der auf steigende Produktivität gerichteten Durchsetzung des wissenschaftlich-technischen Fortschritts erfolgen können. Ein Neben- oder Nacheinander widerspricht der geforderten Erhöhung der ökonomischen und sozialen Wirksamkeit des wissenschaftlich-technischen Fortschritts.

[2] Ebenda, S. 245.
[3] K. Marx, Das Kapital, Erster Band, in: MEW, Bd. 23, Berlin 1962, S. 674.
[4] Ebenda, S. 618.

Untersuchungen beweisen[5], daß die erforderlichen Ergebnisse in den Bereichen nicht erreicht wurden, wo

– neue Produktionsmittel in ein vorhandenes technologisches System „eingepaßt" wurden und damit negative Wirkungen der alten Technologie auf die neue Technik übertragen wurden;

– die Mechanisierung und Automatisierung der Grundprozesse ohne gleichzeitige Beachtung der erforderlichen Veränderungen der Hilfsprozesse erfolgten, so daß zum Teil manuelle und körperlich schwere Arbeit in die modernisierte Produktion übernommen wurden.

Hier ist offensichtlich ein Feld der weiteren Forschung, welches in zunehmendem Maße die Gemeinschaftsarbeit vor allem von Arbeitsökonomen, Soziologen, Technologen und Technikern erfordert.

Drittens: Unser Arbeitskreis wird sich zugleich mit Problemen der Entwicklung des Unfall- und Krankenstandes zu beschäftigen haben, da auf diesem Gebiet nach wie vor große Reserven für die Produktivitäts- und Persönlichkeitsentwicklung liegen, die nur unter sozialistischen Bedingungen voll zu erschließen sind.

Die Anzahl der Ausfalltage durch Unfälle und Vergiftungen betrug 1976 rd. 20,5 Millionen Arbeitstage.[6] Darunter zählen neben den Arbeitsunfällen auch die Haus-, Wege- und Straßenverkehrsunfälle. Alle anderen Krankheitsursachen einbezogen, fehlten 1976 bei einem Krankenstand von 6,45% (Männer 6,0; Frauen 6,9) täglich rd. 500 000 Werktätige[7] in der Produktion bzw. in anderen Einrichtungen.

Neben Persönlichkeits- und Produktivitätsverlusten bedeutet jede Krankheit zugleich, daß Mittel im Interesse der sozialen Sicherheit aufgewendet werden (z. B. für die Zahlung von Krankengeld), denen keine entsprechenden produktiven Leistungen gegenüberstehen. Die Verbesserung des Gesundheits- und Arbeitsschutzes in den Betrieben, die zunehmende und verbesserte gesundheitliche Betreuung, aber auch die Haltung jedes einzelnen zu seiner Gesundheit werden weitere Fortschritte im Interesse der Bürger, ihrer Familien und der Gesellschaft sichern.

Die Entwicklung z. B. bei Arbeitsunfällen macht auch hier die Vorzüge des Sozialismus sichtbar.

Tabelle 2

Arbeitsunfälle

	BRD[8] (1000 Vollarbeiter)	DDR[9] (1000 Beschäftigte)
1955	96,6	49,5
1960	109,0	48,6
1970	94,8	40,8
1975	75,6	32,6

[5] Vgl. A. Naumann, Probleme der Verbindung von körperlicher und geistiger Arbeit und der sozialen Annäherung zwischen Arbeiterklasse und Intelligenz, in: Sozialitische Arbeitswissenschaft, 7/1976, S. 509.

[6] Vgl. Das Gesundheitswesen der Deutschen Demokratischen Republik 1977, Berlin 1977, S. 175.

[7] Vgl. ebenda, S. 267.

[8] W. Zapf, Lebensbedingungen in der Bundesrepublik, a. a. O., S. 274.

[9] Vgl. Das Gesundheitswesen der Deutschen Demokratischen Republik 1977, a. a. O., S. 175.

Dabei wird die sinkende Tendenz auch in der BRD, insbesondere in den letzten Jahren, selbst durch bürgerliche Soziologen mit folgender Einschätzung versehen: „In einer kritischen Beschäftigungssituation ist die Bereitschaft nicht zu unterschätzen, Arbeitsunfälle zu bagatellisieren aus Angst, den Arbeitsplatz möglicherweise zu verlieren, so daß je nach Arbeitermarktsituation mit einer unterschiedlich hohen Dunkelziffer gerechnet werden muß."[10] Charakteristisch ist auch die hohe *Unfallziffer in den Industriebereichen,* die weit über dem Durchschnitt der BRD liegen:

Bergbau	175	AU/1000 Vollarbeiter
Holz und Schnitzstoffe	151	"
Steine/Erden	134	"
Eisen und Metall	134	"
Bau	129	"

Wenn auch eine unterschiedliche volkswirtschaftliche Gliederung erfolgt, so beträgt die Ziffer in der DDR z. B. im Bergbau 15,5[11] und liegt weit unter dem Republiksdurchschnitt – als Ergebnis einer zielgerichteten Einflußnahme mittels des wissenschaftlich-technischen Fortschritts sowie des Gesundheits- und Arbeitsschutzes.

Es geht in den nächsten Jahren um die weitere schrittweise Reduzierung von Arbeitserschwernissen, die Beseitigung von Unfallgefährdungen, die Überwindung einseitiger Beanspruchungen. In Abhängigkeit von den betrieblichen Bedingungen sind dabei in den Plänen die erforderlichen Aufgaben zu fixieren.

Viertens: Die Vorzüge des Sozialismus finden ihren Ausdruck in der auf dem gesellschaftlichen Eigentum beruhenden Komplexität, der planmäßigen Gestaltung der Arbeits- und Lebensbedingungen. Die Gestaltung sozialistischer Arbeitsbedingungen schließt ein – auch wenn sie im unterschiedlichen Maße planbar sind –
- die Verbesserung der materiellen Arbeitsbedingungen;
- die Gestaltung der zeitlichen Arbeitsbedingungen;
- die Verbesserung der Bedingungen der sozialen und gesundheitlichen Betreuung sowie der kulturellen und sportlichen Betätigung;
- die Gestaltung der Kollektivbeziehungen und der Bedingungen für die Entwicklung von Initiativen und gesellschaftlicher Aktivität.

Die Gesamtheit dieser Bedingungen beeinflußt die Einstellung zur Arbeit, Arbeitsfreude und -zufriedenheit, Arbeitsdisziplin, Qualifizierungsbereitschaft usw., als wesentliche Faktoren steigender Produktivität der Arbeit.

Bei aller Bedeutung, die der Gestaltung materieller Arbeitsbedingungen für die Persönlichkeitsentwicklung, für Leistungsverhalten und Leistungsbereitschaft und damit für die Produktivitätserhöhung zukommt, bedürfen jedoch auch folgende Probleme der verstärkten wissenschaftlichen Untersuchung:

– Gestaltung der Verteilungsverhältnisse, d. h. die Verteilung nach Arbeitsleistung als eine auf steigende Produktivität orientierte Arbeitsbedingung;

– der Einfluß der sozialen Betreuung und der sozialen Beziehungen auf Produktivität und Effektivität. So weisen Untersuchungen darauf hin, daß in zunehmendem Maße mangelhafte Kollektivbeziehungen, Leiter-Kollektiv-Beziehungen zu bestimmenden Fluktuationsursachen werden;

– der Einfluß der außerbetrieblichen Lebensbedingungen auf Leistungsverhalten und Leistungsbereitschaft.

[10] W. Zapf, Lebensbedingungen in der Bundesrepublik, a. a. O., S. 274.
[11] Vgl. Statistisches Jahrbuch der DDR 1977, Berlin 1977, S. 107.

Das betrifft solche Probleme der allgemeinen Lebensbedingungen wie Wohnverhältnisse, Einkommens- und Verbrauchsverhältnisse, Wochenend- und Feriengestaltung usw. und ihren Einfluß auf die individuelle Leistungsfähigkeit und -bereitschaft. Hier liegt ein Feld der weiteren Forschung, welches vor allem im Zusammenhang mit der Analyse der Entwicklung der sozialistischen Lebensweise der Klassen, Schichten und sozialen Gruppen tiefergehender Aussagen bedarf.

Fünftens: Einer der wesentlichen Vorzüge des Sozialismus ist die Möglichkeit der planmäßigen Leitung und der Planung der sozialen Entwicklung. Gerade auf diesem Gebiet wurden, ausgehend von der Entwicklung der Planung und Analyse der Arbeits- und Lebensbedingungen, in den vergangenen Jahren bedeutende Fortschritte erreicht.

Die Aufgaben zur weiteren Verbesserung der Analyse, der konzeptionellen Arbeit der mittelfristigen Planung in den Betrieben und Territorien bedürfen der weiteren wissenschaftlichen Arbeit und Diskussion. Im Wissenschaftlichen Rat für Sozialpolitik und Demografie wurden in der Arbeitsgruppe Leitung und Planung sozialer Prozesse gemeinsam mit dem Wissenschaftlichen Rat für Fragen der Leitung in der Wirtschaft entsprechende Erkenntnisse zur Diskussion gestellt. Dabei wurde auf folgende Schwerpunkte der weiteren Forschung hingewiesen:

– die tiefergehende Analyse der sozialen Grundprozesse, um daraus abgeleitete Vorschläge für ein wissenschaftliches System von Kennziffern und Indikatoren zu erarbeiten;

– die Weiterführung des wissenschaftlichen Meinungsstreits zu Problemen der Einheit von ökonomischer und sozialer Effektivität;

– die Erarbeitung von Vorstellungen über die Entwicklung der konzeptionellen Arbeit zur Gestaltung der Arbeits- und Lebensbedingungen in Betrieben und Territorien.

Soweit zu einigen Problemen, die im Mittelpunkt der Beratung in unserem Arbeitskreis stehen sollten.

H. Rehtanz

Arbeitsschutz als Faktor der Produktivitätssteigerung

Auf dem VIII. und IX. Parteitag der SED wurde die Aufgabe gestellt, die Intensivierung der Produktion eng mit der Verbesserung der Arbeits- und Lebensbedingungen zu verbinden. Diese Politik wurde und wird kontinuierlich fortgesetzt. Solche Arbeits- und Lebensbedingungen, die den Menschen hohe Leistungen ermöglichen, ihnen hohe Arbeitssicherheit garantieren und damit ihre Arbeitsfähigkeit erhalten und fördern, ihnen Befriedigung in der Arbeit vermitteln und ihr Verantwortungsgefühl fordern und fördern, führen gleichzeitig zu ökonomischen und sozialen Effekten. Sie schaffen bessere Wirkungsbedingungen für das Arbeitsvermögen und beeinflussen mittelbar und unmittelbar die Produktivitätssteigerung. Mit den Maßnahmen des Arbeitsschutzes soll eine hohe Arbeitssicherheit erreicht werden – ein Zustand der Arbeitsbedingungen, bei dem Menschen im Zusammenhang mit dem Arbeitsprozeß keine gesundheitlichen Schädigungen erleiden können.

Der Sinn des Sozialismus, alles für das Wohl der Arbeiterklasse und des ganzen Volkes zu tun, bestimmt Ziele und Aufgaben des Arbeitsschutzes in der DDR. Von einer hohen Qualität des Arbeitsschutzes gehen politische, humanitäre und persönlichkeitsfördernde und ökonomische Wirkungen aus.

Am einzelnen Arbeitsplatz wird erlebbar, wie die Einheit von Wirtschafts- und Sozialpolitik verwirklicht wird. Die sich aus dem wissenschaftlich-technischen Fortschritt ergebenden positiven Auswirkungen für den Werktätigen sind zu fördern, negative Wirkungen sind zu beseitigen (z. B. Beseitigung der Wirkung von Schadstoffen und Lärm, Reduzierung körperlich schwerer Arbeit).

Aus der Sicht der humanitären Funktion wird angestrebt, die Bedürfnisse nach Gesundheit und Lebensfreude zu erfüllen, denn die Gestaltung sicherer und arbeitshygienisch einwandfreier Arbeitsbedingungen ist Voraussetzung für ungehinderte geistige und körperliche Entwicklung der Menschen. Gesundheitlich geschädigte Menschen ihnen Befriedigung in der Arbeit vermitteln und ihr Verantwortungsgefühl fordern sind in ihrer Persönlichkeitsentwicklung gehemmt, das Bedürfnis nach höherer Leistungsfähigkeit kann nicht erfüllt werden. Der Kampf um ein hohes Niveau des sozialistischen Arbeitsschutzes war und ist fester Bestandteil der politisch-ideologischen Arbeit.

Mit dem zunehmenden Einfluß des Sozialismus auf die Weltpolitik wachsen auch der Einfluß und die Vorbildwirkung des sozialistischen Arbeitsschutzes. In den kapitalistischen Ländern werden zunehmend Ergebnisse und Methoden des sozialistischen Arbeitsschutzes im Kampf der Gewerkschaften für die Rechte der Arbeiterklasse genutzt.

Im Mittelpunkt dieses Beitrages steht der Arbeitsschutz als Faktor der Produktivitätssteigerung. Ausfallzeiten durch die Folgen des Unfallereignisses, dadurch entstehende Störungen im Betriebsablauf und Sachschäden, Ausfälle durch Berufskrankheiten und allgemeine Krankheiten bringen der Volkswirtschaft hohe Verluste. Einige Fakten sollen das verdeutlichen. 500000 Werktätige fehlen täglich wegen Krankheit am

Arbeitsplatz. Infolge von Unfällen verlieren wir etwa 4,5 Millionen Arbeitstage im Jahr, das ist die Arbeitszeit von etwa 20000 Werktätigen.

Im Jahre 1977 haben wir die bisher niedrigste Unfallquote mit 31,13 pro 1000 Beschäftigte erreicht. In Absolutzahlen ausgedrückt waren es mit 266189 meldepflichtigen Arbeitsunfällen 10719 weniger als 1976. Bei all den Ausfallzeiten müssen wir beachten, daß mit steigender Arbeitsproduktivität der Ausfall durch Arbeitsunfälle und Berufskrankheiten teurer wird.

Ich möchte nur am Beispiel Lärm – national und international wächst die Zahl der Lärmexponierten – die volkswirtschaftlichen Auswirkungen auch auf die individuelle Leistung darstellen.

Die gegenwärtigen Erkenntnisse lassen zwar noch keine detaillierten, mathematisch exakten Zusammenhänge zwischen Lärm und individueller Leistung für verschiedene Tätigkeiten zu. Als Orientierungswert gilt aber, daß eine Lärmminderung von 5 dB . . . 10 dB eine Erhöhung der individuellen Leistung in der Größenordnung von 5% mit sich bringt. Bei Tätigkeiten mit hohen Anforderungen an die Konzentration und den schöpferischen Inhalt der Arbeit ist dieser Einfluß größer. Das trifft z. B. zu für Baggerführer und Kranfahrer, für Arbeiten in Rechenzentren, für Entwicklungs-, Konstruktions- und Entwurfstätigkeiten.

In den Betrieben werden durch die WAO umgestaltete Arbeitsplätze abgerechnet. Notwendig erscheint mir, daß hier eine Bilanzierung vorgenommen wird. In den meisten Fällen umfaßt die Umgestaltung von Arbeitsplätzen gleichzeitig die Reduzierung körperlich schwerer und monotoner Arbeit. Bei der Schaffung neuer Arbeitsplätze werden aber die Erfordernisse des Arbeitsschutzes und der Arbeitshygiene nicht immer berücksichtigt und arbeitshygienische Grenzwerte überschritten. Das trifft besonders auf Lärmarbeitsplätze zu. Notwendig scheint mir auch, darauf hinzuweisen, daß wir bei der Betrachtung der Arbeitsbedingungen die Auswirkungen auf die Gesundheit nicht vernachlässigen. Es muß durchgesetzt werden, daß die Entwicklung des Arbeitsunfallgeschehens, der Berufskrankheiten und des Krankenstandes gleichzeitig analysiert und betrachtet wird. Es deutet sich die Tendenz an – für den Lärm wiederum nachweisbar –, daß ungünstige Arbeitsbedingungen immer weniger das Konto der Arbeitsunfälle und der Berufskrankheiten belasten, sondern sich mehr und mehr im Krankenstand niederschlagen.

Zur Verbesserung der Arbeitsbedingungen dient das breite Spektrum der Maßnahmen des Arbeitsschutzes, z. B. die Rechtsvorschriften wie das Arbeitsgesetzbuch, die Arbeitsschutzverordnung, die Verordnung über das Betriebsgesundheitswesen und die Arbeitshygieneinspektion und das System der Standards des Gesundheits-, Arbeits- und Brandschutzes.

Dabei ist immer zu beachten, daß die sozialen Beziehungen im Kollektiv, das Arbeitsklima nicht weniger bedeutsam sind für die Erhaltung und Förderung der Gesundheit und der Leistungsfähigkeit als die Einordnung der Erfordernisse des Arbeitsschutzes in die Leitung und Planung. Die Probleme der Arbeitssicherheit sollten auch im Zusammenhang mit der Fluktuation betrachtet werden. Es sollte also ein ausgewogenes Niveau aller Seiten der Arbeitsbedingungen gesichert sein und die Gestaltung von guten Arbeitsbedingungen nicht nur aus der Sicht betrachtet werden, daß dafür höhere Aufwendungen erforderlich sind. Sie sind eben auch eine wichtige Quelle zur Erschließung vorhandener Reserven.

Ich möchte noch auf einige Tendenzen und Zusammenhänge, die über den Betrieb hinausgehen, hinweisen:

1. Unfälle im Hausbereich

In der DDR hat sich der Anteil der tödlichen Unfälle im Hausbereich am Gesamtunfallgeschehen mit tödlichem Ausgang in den letzten 10 Jahren von 25% auf 33% erhöht.

Insgesamt wird eingeschätzt, daß 850 000 Unfälle jährlich im Hausbereich eintreten. Das sind 3mal mehr als im Arbeitsprozeß. Auf Werktätige im arbeitsfähigen Alter entfallen davon rund 230 000 Unfälle. Das bedingt ebenfalls hohe Ausfallzeiten und Produktionsverluste.

2. Unfälle bei organisierter gesellschaftlicher Tätigkeit

Auch diese Art Unfälle stieg in den letzten Jahren erheblich an. Die Entwicklung 1977 gegenüber 1974 beträgt 162 Prozent. Schätzungsweise sind hiervon 2/3 Sportunfälle.

Beide Aspekte – Unfälle im Hausbereich und bei gesellschaftlicher Tätigkeit – sind von Bedeutung, weil mit der weiteren gesellschaftlichen Entwicklung der Umfang der Freizeit zunehmen wird und sich die Technik auch in diesen Bereichen weiter durchsetzen wird.

Es ist deshalb an der Zeit, daß die noch unterschiedlichen Verfahren, Instrumentarien und Methoden für die Sicherheit im Betrieb, Hausbereich und auch im Straßenverkehr zu einem gemeinsamen strategischen Vorgehen vereinheitlicht werden.

G. Schmunk

Zur Vervollkommnung der Planung der Arbeits- und Lebensbedingungen

In den Dokumenten des IX. Parteitages der SED und des 9. FDGB-Kongresses nehmen Fragen der planmäßigen wirtschaftlichen und sozialen Entwicklung in der DDR einen hervorragenden Platz ein. Damit verbunden wird der weiteren Vervollkommnung der Planung der Arbeits- und Lebensbedingungen in den Kombinaten, Betrieben und zentralen wirtschaftsleitenden Organen große Bedeutung beigemessen. Das resultiert m. E. daraus, daß die qualitative Seite der Arbeits- und Lebensbedingungen als Bedingung und Ergebnis der sozialen Entwicklung von Betriebskollektiven wächst und dabei gleichzeitig Ergebnis und Voraussetzung der wirtschaftlichen Entwicklung ist. Dieser Sachverhalt spiegelt sich auch in einer Forderung der programmatischen Entschließung des 9. FDGB-Kongresses wider, wo es heißt: „Die Staats- und Wirtschaftsfunktionäre sind dafür verantwortlich, daß die Einheit von ökonomischem und sozialem Fortschritt zur Grundlage der Planung gegenwärtiger und zukünftiger Aufgaben auf dem Gebiet der Arbeits- und Lebensbedingungen gemacht wird."[1]

Wenn man den Blick auf die Anfänge der Planung der Arbeits- und Lebensbedingungen Mitte der 60er Jahre zurückrichtet und sie mit dem heutigen Niveau vergleicht, dann wird der quantitative und qualitative Fortschritt recht deutlich. Richtet man den Blick nach vorn, auf die Schaffung grundlegender Voraussetzungen für den allmählichen Übergang zum Kommunismus, werden jedoch auch die Aufgaben sichtbar, die zu lösen sind, um uns stärker der Leitung und Planung der sozialen Entwicklung, der sozialökonomischen Planung, zuzuwenden.

Dafür sind einige Prämissen gesetzt, die es bei der weiteren Arbeit zu beachten gilt:

– Die Arbeits- und Lebensbedingungen sind in Übereinstimmung mit der Wirtschaftspolitik so zu gestalten, daß sie die weitere Annäherung der Klassen und Schichten, die Verringerung wesentlicher Unterschiede zwischen körperlicher und geistiger Arbeit sowie zwischen Stadt und Land fördern.

– Die Verbesserung der Arbeits- und Lebensbedingungen ist wesentlicher Teil und Bedingung der Hebung des materiellen und kulturellen Lebensniveaus und damit zugleich auf die harmonische Entwicklung aller Seiten der sozialistischen Lebensweise gerichtet.

– Die planmäßige Verbesserung der Arbeits- und Lebensbedingungen ist fester Bestandteil der materiellen Interessiertheit der Werktätigen und erfordert in zunehmendem Maße den Einsatz gesellschaftlicher Fonds.

– Die Planung der Arbeits- und Lebensbedingungen ist unter Nutzung sowjetischer Erfahrungen schrittweise zur Planung der sozialen Entwicklung der Betriebskollektive hinzuführen.

Das sind keine abstrakten Forderungen. Das Leben selbst stellt sie gemeinsam mit der Entwicklung der Produktion und der Erhöhung ihrer Effektivität, mit der Intensi-

[1] Dokumente 9. FDGB-Kongreß, Berlin 1977, S. 94.

vierung und Rationalisierung, mit dem Einsatz der Mikroelektronik und der Meisterung der damit verbundenen Probleme der sozialen Entwicklung der Betriebskollektive und der sozialistischen Persönlichkeiten.

Zwar zeigt ein Vergleich der sowjetischen Typenmethodik für den laufenden Fünfjahrplan mit unserer Rahmenrichtlinie bzw. anderen betrieblichen Dokumenten, daß im wesentlichen übereinstimmende Aufgaben und Maßnahmen geleitet und geplant werden, aber es darf nicht übersehen werden, daß die Verflechtungen innerhalb der sowjetischen Pläne zur sozialen Entwicklung der Betriebskollektive und ihre Beziehungen zu anderen Planteilen des Betriebsplanes enger sind und die sowjetischen Sozialpläne aus soziologischer Sicht wissenschaftlicher begründet werden.

Ein Problem der qualitativen Verbesserung der Planung der Arbeits- und Lebensbedingungen in Richtung soziale Entwicklung der Kollektive wäre deshalb, mögliche Regelungen zu finden, wie im Rahmen unserer Betriebsplanstruktur die sozialen Komponenten in allen Planteilen besser koordiniert und aufeinander abgestimmt werden könnten.

Was wäre inhaltlich und methodisch für den nächsten Fünfjahrplanzeitraum 1981 bis 1985 zu überdenken?

Erstens: Die kontinuierliche konzeptionelle Vorbereitung des Planes einschließlich der Arbeits- und Lebensbedingungen muß qualifiziert werden. Es ist davon auszugehen, daß die Verbesserung der Arbeits- und Lebensbedingungen in Wechselwirkung und Abhängigkeit von der wissenschaftlich-technischen und ökonomischen Entwicklung als ständiger Prozeß zu betrachten ist. Das erfordert die Ableitung von konzeptionellen Vorstellungen für die langfristige Planung

- aus der wissenschaftlich-technischen Entwicklung und der damit verbundenen Veränderung der Arbeitsbedingungen;
- aus der perspektivischen Entwicklung des Betriebes und seiner Bedeutung im volkswirtschaftlichen Reproduktionsprozeß;
- aus der Veränderung der sozialen Struktur der Belegschaft.

Zweitens: Ein weiteres Merkmal für die Notwendigkeit der konzeptionellen Arbeit ist die Tatsache, daß die Arbeits- und Lebensbedingungen nur in Abhängigkeit von den volkswirtschaftlichen, betrieblichen und territorialen Möglichkeiten verbessert werden können. Dazu müssen die zu realisierenden Aufgaben entsprechend den Erfordernissen und Möglichkeiten nach Schwerpunkten geordnet und die Rang- und Reihenfolge ihrer Verwirklichung für einen längeren Zeitraum konzipiert und optimale Lösungen vorbereitet werden.

Drittens: Es müssen Fünfjahrpläne der Arbeits- und Lebensbedingungen ausgearbeitet werden, nicht nur in den Betrieben der Industrie und des Bauwesens, sondern auch in anderen volkswirtschaftlichen Zweigen, z. B. im Verkehrswesen und in der Landwirtschaft.

Viertens: Die Zweig- und Territorialplanung ist noch enger mit der sozialen Entwicklung von Betriebskollektiven und in den Wohngebieten zu verbinden.

Fünftens: Die effektive und rationelle Gestaltung der Arbeits- und Lebensbedingungen und die wachsende gemeinsame Verantwortung der Betriebe und örtlichen Staatsorgane für ihre Entwicklung stellen qualitativ höhere Anforderungen an die Zusammenarbeit und bessere Koordinierung der zweigspezifischen und territorialen Leitung und Planung. Die Realisierung dieses gesellschaftlichen Grundsatzes verlangt die längerfristige Abstimmung und Koordinierung der zu lösenden Aufgaben.

Abschließend möchte ich auf die zentrale Leitung und Planung der Arbeits- und Lebensbedingungen eingehen.

Das Sekretariat des Bundesvorstandes des FDGB hat im November 1977 einen gewerkschaftlichen Standpunkt zur weiteren Qualifizierung der Planung der Arbeits- und Lebensbedingungen beschlossen, worin es u. a. heißt, daß die zentralen staatlichen und wirtschaftsleitenden Organe im Zusammenhang mit der Entwicklung der Betriebe und ihrer Produktion klare Vorstellungen über die Planungs- und Leitungstätigkeit auf dem Gebiet der Arbeits- und Lebensbedingungen ausarbeiten und auf der Grundlage von Analysen exakte Vorstellungen über die Verbesserung der Arbeits- und Lebensbedingungen in ihren Bereichen entwickeln sollten.

Gegenwärtig ist es so, daß weder die analytischen Materialien noch die Pläne Arbeits- und Lebensbedingungen der Betriebe – ausgewählt oder verdichtet – den zentralen wirtschaftsleitenden Organen zugeleitet werden müssen. Daraus resultiert, daß die Vorgabe von Schwerpunkten und Aufgaben manchmal noch formal in verbaler Form erfolgt, oder man fordert Detailanalysen und Auszüge aus den Planentwürfen ab, um sie in Form von „Vorgaben" wieder den Betrieben zuzuleiten.

Sicher ist es nicht zweckmäßig, alle Analysen und Planteile Arbeits- und Lebensbedingungen zu zentralisieren, jedoch kann der gegenwärtige Zustand nicht befriedigen.

Es liegt jetzt ein Material des Zentralrates der Sowjetgewerkschaften vor, das sich gerade mit der Ausarbeitung zentraler Komplexpläne zur Verbesserung der Arbeitsbedingungen beschäftigt. Der Zentralrat der Sowjetischen Gewerkschaften, das Staatliche Plankomitee der UdSSR und das Staatliche Komitee für Arbeit und Löhne faßten die in verschiedenen Volkswirtschaftszweigen gesammelten Erfahrungen sowie die Vorschläge und Hinweise der zuständigen Ministerien, Dienststellen und Zentralvorstände der Gewerkschaften zusammen und gaben auf dieser Grundlage Empfehlungen für die Ausarbeitung von Komplexplänen zur Verbesserung der Arbeitsbedingungen, des Arbeitsschutzes und gesundheitsfördernder Hygienemaßnahmen für die Jahre 1976 bis 1980 heraus. Diese Komplexpläne der Ministerien enthalten

1. den Maßnahmeplan zur Verbesserung der Arbeitsbedingungen;
2. die Liste der Betriebe und Abteilungen, die wegen Verletzung der Vorschriften und Normen der Sicherheitstechnik geschlossen, rekonstruiert oder generalüberholt werden müssen;
3. den Plan für Bau- und Rekonstruktionsarbeiten an sanitären Räumen, sozialen und medizinischen Einrichtungen entsprechend den festgelegten Normen;
4. den Plan über die Inbetriebnahme neuer Belüftungsanlagen, Reinigungsanlagen und -vorrichtungen und Eröffnung von Arbeitsschutzkabinetten und Laboratorien für Industriehygiene;
5. den Plan über den Bau von Erholungseinrichtungen.

Daß die Entwicklung geradezu in diese Richtung drängt, beweist die Anfang des Jahres 1976 ausgelöste Initiative des Zentralvorstandes der IG Metall im FDGB, der mit seinen fünf Ministerien Schwerpunkte und Kennziffern für die gemeinsame Abstimmung der langfristigen Vorhaben zur planmäßigen Verbesserung der Arbeits- und Lebensbedingungen für den Zeitraum 1976 bis 1980 ausgearbeitet und mit diesen Programmen Erfahrungen gesammelt hat. Ähnliches gibt es im Bereich der chemischen Industrie.

Ich bin der Meinung, daß es angebracht ist, diese Erfahrungen zu untersuchen und sie für den nächsten Fünfjahrplan geregelt nutzbar zu machen.

G. Stoll

Die Gestaltung produktivitäts- und persönlichkeitsfördernder Arbeitsbedingungen – ein wichtiges Anliegen gewerkschaftlicher Interessenvertretung

Der Zentralvorstand der Industriegewerkschaft Metall mißt dieser Wirtschaftswissenschaftlichen Konferenz der DDR und ihrem Anliegen, Hauptwege zur Steigerung der Arbeitsproduktivität für die weitere Erhöhung des materiellen und kulturellen Lebensniveaus des Volkes zu beraten, eine große Bedeutung bei. Ihre Ergebnisse fließen ein in den Prozeß gewerkschaftlicher Interessenvertretung bei der zielstrebigen Erfüllung der Hauptaufgabe in ihrer Einheit von Wirtschafts- und Sozialpolitik.

Es entspricht dem Gegenstand und Ziel der Konferenz, Erfahrungen auszutauschen und Standpunkte zu beziehen, wie die politische, wirtschaftliche und soziale Leistungskraft unseres sozialistischen Staates unter Führung der Partei der Arbeiterklasse weiter gestärkt werden kann, weil sich ein hohes Plus in der Steigerung der Arbeitsproduktivität in eine höhere Lebensqualität für unser Volk ummünzt.

Die Metallarbeiter der DDR haben sich im sozialistischen Wettbewerb zu Ehren des 30. Jahrestages der Gründung der DDR hohe und anspruchsvolle Ziele gestellt. Sie bekunden in vielfältigen Initiativen ihre Zustimmung zur Rede des Generalsekretärs des ZK der SED, Genossen Erich Honecker, vor den 1. Sekretären der Kreisleitungen der Sozialistischen Einheitspartei Deutschlands. Ihre Verpflichtungen und ihre tägliche gewissenhafte und von hoher Schöpferkraft getragene Realisierung sind ein sichtbarer Ausdruck dafür, wie die in der Hauptaufgabe verkörperte Einheit von Wirtschafts- und Sozialpolitik die Masseninitiative der Metallarbeiter mobilisiert.

Auf dem bewährten Kurs der Verwirklichung der Hauptaufgabe sind die Metallarbeiter bestrebt, die Arbeit vor allem durch das Nutzen von Wissenschaft und Technik immer effektiver und produktiver zu gestalten und dabei solche Bedingungen zu schaffen, die für das Wirken eines jeden zunehmend größere persönliche Zufriedenheit gewährleisten.

In dem auf dem IX. Parteitag der SED beschlossenen Programm wird, beruhend auf dieser im Leben tausendfach bestätigten Erfahrung, festgestellt:
„Einen hervorragenden Platz in der gewerkschaftlichen Interessenvertretung nimmt das Wirken für die ständige Verbesserung der Arbeits- und Lebensbedingungen der Werktätigen ein. Die Gewerkschaften haben einen bedeutenden Anteil an der Gestaltung und Verwirklichung der Sozialpolitik unserer Partei."[1]

Daraus ergeben sich Ausgangspunkt und Inhalt für unsere politisch-ideologische Arbeit, ergeben sich vielfältige Aufgaben für die umfassende gewerkschaftliche Interessenvertretung.

Im „Manifest der Kommunistischen Partei" schreiben Karl Marx und Friedrich Engels: „In der bürgerlichen Gesellschaft ist die lebendige Arbeit nur ein Mittel, die aufgehäufte Arbeit zu vermehren. In der kommunistischen Gesellschaft ist die aufgehäufte

[1] Programm der Sozialistischen Einheitspartei Deutschlands, Berlin 1976, S. 44.

Arbeit nur ein Mittel, um den Lebensprozeß der Arbeiter zu erweitern, zu bereichern, zu befördern."[2]

Die Hauptaufgabe läßt keinen Zweifel daran, daß es nur einen Weg gibt, um dieses Ziel zu erreichen: ein hohes Entwicklungstempo der sozialistischen Produktion, die Erhöhung der Effektivität, die Beschleunigung des wissenschaftlich-technischen Fortschritts und das Wachstum der Arbeitsproduktivität.

Immer besser gelingt es den gewerkschaftlichen Leitungen und Vorständen unserer Industriegewerkschaft, ideologisch tiefer in die Wechselbeziehungen und Zusammenhänge zwischen der Entwicklung von Produktivität und Effektivität und die der Arbeits- und Lebensbedingungen einzudringen und das Verständnis der Metallarbeiter für diese Wechselbeziehungen und Zusammenhänge zum Maßstab der Wirksamkeit ihrer eigenen Arbeit zu machen.

Entsprechend der von Karl Marx begründeten aktiven Rückwirkung der Konsumtion auf die Produktion wird das wachsende Lebensniveau unserer Menschen immer mehr zu einer Bedingung für die Steigerung von Produktion und Arbeitsproduktivität, setzt Initiative und Leistungsbereitschaft frei. Nur in der Produktion werden die materiellen Voraussetzungen für die Befriedigung der Bedürfnisse der Menschen, für die niveauvolle Gestaltung aller Bereiche des gesellschaftlichen Lebens geschaffen. Die Produktion hat deshalb im Reproduktionsprozeß das Primat. „Ohne Produktion" schrieb Karl Marx, „keine Konsumtion; aber auch ohne Konsumtion keine Produktion, da die Produktion so zwecklos wäre."[3]

Die ständig höhere Leistungsbereitschaft unserer Volkswirtschaft als grundlegende Voraussetzung für die weitere planmäßige Verbesserung der Arbeits- und Lebensbedingungen wird maßgeblich beeinflußt durch gute materielle Arbeitsbedingungen, anspruchsvolle Arbeitsinhalte, durch Ordnung, Sicherheit und Disziplin und von der sozialistischen Lebensweise geprägte zwischenmenschliche Kollektivbeziehungen im Produktionsprozeß.

Auf dem 9. FDGB-Kongreß wurde mit allem Nachdruck der sozialistische Grundsatz unterstrichen, daß im Kampf um die Planerfüllung die Sorge um die Gesundheit, die Sicherheit und das Wohlbefinden der Werktätigen oberstes Gebot ist und daß die gewerkschaftliche Mitwirkung bei der Gestaltung bestmöglicher betrieblicher Arbeitsbedingungen, die dem sozialistischen Charakter der Arbeit entsprechen, zu den vordringlichsten Aufgaben gewerkschaftlicher Interessenvertretung gehört.

Bekanntlich ist das Ziel gestellt, bis 1980 die Arbeitssicherheit weiter spürbar zu erhöhen sowie die Zahl der Werktätigen, die unter erschwerten Bedingungen arbeiten, um 25 bis 30 Prozent zu verringern. Diese Aufgaben sind lösbar, wenn mit der Intensivierung und Rationalisierung der Produktion die gefährdungsfreie Gestaltung der Arbeit einhergeht, wenn die Ursachen für Unfälle, besonders im Transport-, Umschlag- und Lagerprozeß, sowie monotone und anforderungsarme Tätigkeiten beseitigt werden.

In der metallerzeugenden und metallverarbeitenden Industrie werden in diesem Fünfjahrplanzeitraum über 416 000 Arbeitsplätze mit Hilfe der wissenschaftlichen Arbeitsorganisation neu- bzw. umgestaltet sowie die Anzahl der Metallarbeiter, die gegenwärtig noch unter erschwerten Bedingungen arbeiten, um 51 800 Werktätige verringert. Hier ist die WAO, wie Genosse Erich Honecker feststellte, ein wirksames Instrument der sozialistischen Rationalisierung und Intensivierung.

2 K. Marx/F. Engels, Manifest der Kommunistischen Partei, in: MEW, Bd. 4, Berlin 1959, S. 476.

3 K. Marx, Einleitung zur Kritik der politischen Ökonomie, in: MEW, Bd. 13, Berlin 1961, S. 623.

Damit ist auch deutlich, daß die Verbesserung der betrieblichen Arbeitsbedingungen ein unmittelbarer Zielpunkt im sozialistischen Wettbewerb ist, der der Dialektik von Produktivitätssteigerung und Persönlichkeitsentwicklung entspricht.

So wurde im Maschinenbau mit dem „Führungsbahngießen" eine neue Technologie zum Ablösen der Schabearbeit an Führungsbahnen von Werkzeugmaschinen entwickelt. Damit kommt es zum Wegfall der körperlich schweren Schabearbeit und zum Senken des Lärms von 90 auf 50 dB (AI). Gleichzeitig steigt die Arbeitsproduktivität um 400 Prozent.

Die Metallarbeiter des Waggonbaus Görlitz beweisen die Lebendigkeit und die Kraft des sozialistischen Wettbewerbs durch die schöpferische Wirksamkeit und Vielfalt ihrer Ideen. So wird mit Hilfe des wissenschaftlich-technischen Fortschritts in konkreter Gestalt einer automatischen Schweißeinrichtung zur Ablösung des Überkopfschweißens, einer vollautomatisierten Fußbodenfertigung eine wesentlich höhere Arbeitsproduktivität erreicht, körperlich schwere Arbeit abgebaut, gesundheitsgefährdende Bedingungen werden bedeutend vermindert

Es sei vermerkt, daß hier wiederum mit aller Eindeutigkeit in der Praxis der Beweis angetreten wird, daß persönlichkeitsfördernder und gesundheitserhaltender Inhalt der Arbeit nicht neben technischen und ökonomischen Lösungen bei der Gestaltung von Arbeitsmitteln, Arbeitsverfahren oder ganzen Produktionsprozessen stehen darf, sondern daß er gleichrangig konzipiert und realisiert werden muß. Das ist Anforderung und Maßstab zugleich, die an die Gestaltung sozialistischer Arbeitsbedingungen entsprechend den Erfordernissen der entwickelten sozialistischen Gesellschaft gestellt werden müssen.

Die Sorge um die Verbesserung der Arbeitsbedingungen, der Arbeitsumwelt sowie um die Einhaltung arbeitshygienischer Normen ist für uns als Gewerkschaften eine wichtige politisch-ideologische Frage, die ein System von Maßnahmen auf allen Gebieten der staatlichen und gewerkschaftlichen Leitungstätigkeit erfordert. Mit Beginn des Fünfjahrplanes 1976 bis 1980 hat der Zentralvorstand unserer Industriegewerkschaft deshalb den Ministern der metallerzeugenden und metallverarbeitenden Industrie Schwerpunkte und Kennziffern zur Abstimmung langfristiger Vorhaben zur Verbesserung der Arbeits- und Lebensbedingungen unterbreitet. Die Minister haben unserem Anliegen entsprochen und langfristig materiell-technische Maßnahmen zur Erhöhung der Arbeitssicherheit und der Gestaltung persönlichkeitsfördernder Arbeitsbedingungen festgelegt.

Im Werkzeug- und Verarbeitungsmaschinenbau handelt es sich dabei unter anderem um solche Maßnahmen wie

- konstruktive Veränderungen zur Lärmminderung an Umformmaschinen,
- Geräuschoptimierung von Werkzeugmaschinengehäusen,
- Lärmminderung an Textilmaschinen,
- Entwicklung lärmarmer, druckluftbetriebener Maschinen und Reduzierung des Geräuschpegels an Taschenfalzmaschinen mit weniger als 90 dB (AI).

Den ideologischen Ausgangspunkt für ein solches gemeinsames Vorgehen der Minister und des Zentralvorstandes bildet die Anforderung, daß die Konzipierung der wissenschaftlich-technischen und ökonomischen Entwicklung untrennbar mit der konkreten Aussage zu verbinden ist, in welchem Maße, in welchem Zeitraum und mit welchen finanziellen Aufwendungen sich die materiellen Arbeitsbedingungen unter den neuen, veränderten Verhältnissen in den Betrieben und Kombinaten entwickeln.

Auf der Grundlage des vom Sekretariat des Bundesvorstandes des FDGB im November 1977 beratenen gewerkschaftlichen Standpunktes zur weiteren Qualifizierung der

Planung der Arbeits- und Lebensbedingungen in den Betrieben sind wir dabei, unter Berücksichtigung der gegenwärtig verbindlichen Planungsdokumente Vorschläge auszuarbeiten, wie die Leitung und Planung sozialer Prozesse in den Betrieben und Kombinaten bis hin zur Ebene der Ministerien unter Nutzung der bereits vorliegenden praktischen Erfahrungen weiter verbessert werden kann. Wir streben für den Zeitraum 1981 bis 1985 die Ausarbeitung von „gemeinsamen Programmen zur Verbesserung der Arbeits- und Lebensbedingungen zwischen den Ministern und dem Zentralvorstand an.

Hier gibt es erste Vorstellungen zur Auswahl der Kennziffern, die sowohl innerhalb der einzelnen Ministerien unterschiedlich als auch sicherlich auf der Ebene des Betriebes breiter als auf der Ebene des Ministeriums sein werden. Eine Anforderung aber steht generell: Die Qualität der Leitung und Planung der Verbesserung der Arbeits- und Lebensbedingungen zu erhöhen, bedeutet, jederzeit eine exakte Analyse des Istzustandes der Arbeitsbedingungen zu besitzen und die Effekte verbesserter Bedingungen exakt abzurechnen. Hierfür sind solche Teilanalysen wie Analysen des Krankenstandes, der Arbeitsunfälle, der Einhaltung arbeitshygienischer Normative, der vorhandenen Arbeitserschwernisse, des erreichten Grades der gesundheitlichen und sozialen Betreuung zu qualifizieren und gezielter zu nutzen.

Eine nicht nur in der Metallindustrie bewährte Methode zur systematischen Analyse des Zustandes der Arbeitsbedingungen in den einzelnen Produktionsabschnitten und an Arbeitsplätzen ist die Erfassung der notwendigen Daten mittels der Arbeitsplatzstammkarte, wie sie zum Beispiel im VEB Stahl- und Walzwerk Brandenburg und im VEB Sachsenring Automobilwerke Zwickau angewendet wird. Diese Methode ermöglicht ein einheitliches Vorgehen bei der Analyse der Arbeitsbedingungen, bietet eine größere Übersicht über ihren Zustand und ihre Wirkungen und fördert das gezielte Anwenden der Erkenntnisse der WAO bei der progressiven Veränderung der Arbeitsbedingungen und Arbeitsinhalte. Zugleich ermöglicht diese Übersicht eine bessere Entscheidungsfindung der staatlichen Leiter beim Einsatz materieller und finanzieller Fonds. Voraussetzung ist, daß bei der Erarbeitung dieser Analyse die Werktätigen aktiv einbezogen werden und in regelmäßigen Abständen über den Stand und die erreichten Ergebnisse informiert werden.

Mit der sozialistischen Rationalisierung und Intensivierung, mit der wissenschaftlich-technischen Umgestaltung von Arbeitsplätzen sind die Forderungen arbeitswissenschaftlicher Disziplinen und der Arbeitshygiene gleichermaßen für die Werktätigen erkennbar, sind sie langfristig zu leiten und zu planen. Sie sind im Komplex mit den technischen und ökonomischen Parametern zu lösen und so durchzusetzen, daß der Arbeitsplatz mit seinen Arbeitsmitteln und Einrichtungen den physischen und psychischen Bedingungen des arbeitenden Menschen angepaßt ist.

Zugleich geht es darum, solche Voraussetzungen zu schaffen, die den Werktätigen die Möglichkeit geben, bei der wissenschaftlichen Gestaltung des Arbeitsprozesses aktiv mitzuwirken, ihre schöpferischen Ideen und Hinweise bereits vom Vorlauf her mit in die Veränderung bzw. Gestaltung des Arbeitsprozesses einzubeziehen und sie an einer langfristigen Planung mitwirken zu lassen.

Das Erleben einer kontinuierlichen Verbesserung der Arbeits- und Lebensbedingungen und die Mitwirkung an ihrer Planung führen zu einer größeren Zufriedenheit in der täglichen Arbeit, zu höherer Leistungsbereitschaft und Persönlichkeitsentwicklung, zur Gewährleistung von Ordnung, Sicherheit und Disziplin im Arbeitsprozeß sowie zur Festigung sozialistischer Denk- und Verhaltensweisen.

Die Gestaltung der Arbeitsbedingungen muß sich gegen absolute Verluste an Arbeitsvermögen, gegen zeitweiligen Ausfall infolge Arbeitsunfall und Berufskrankheit, gegen

Leistungseinschränkungen durch Arbeitserschwernisse und Belästigungen im Arbeitsprozeß richten.

Unser gewerkschaftlicher Standpunkt lautet: Das Niveau der Arbeitsbedingungen und die soziale Betreuung der Werktätigen sind weit mehr als eine produktionstechnische bzw. produktionsorganisatorische Angelegenheit, denn hier entstehen wichtige Voraussetzungen für die Herausbildung sozialistischer Überzeugungs- und Verhaltensweisen, für die breite Entfaltung der Fähigkeiten und schöpferischen Initiativen der Werktätigen im sozialistischen Wettbewerb zu Ehren des 30. Jahrestages der DDR.

Die besten Ergebnisse einer langfristigen und vorausschauenden Leitung und Planung der Arbeits- und Lebensbedingungen gibt es dort, wo solche wichtigen, die Produktivität maßgeblich bestimmenden Einflußfaktoren wie

- die physischen und psychischen Anforderungen und Belastungen am Arbeitsplatz,
- der Grad der Qualifizierungsanforderungen an den Arbeiter sowie Faktoren der Arbeitsumwelt (z. B. geringer Lärm, günstige Beleuchtung, gute klimatische Verhältnisse, Minderung von anderen Schadstoffen wie Staub, Gase und Dämpfe),
- der Arbeitslohn und alle Formen der materiellen und moralischen Interessiertheit,
- der Arbeitsablauf und die Produktionsorganisation unter Nutzung von Möglichkeiten des organisierten Wechsels der Arbeit bzw. der Zusammenlegung von Arbeitsfunktionen durch den Einsatz neuer Technik,
- die zwischenmenschlichen Beziehungen innerhalb und zwischen den Arbeitskollektiven,
- die Arbeiterversorgung, wie Werkküchenessen, Schichtversorgung, Pausenversorgung usw;
- der im Territorium geplante und abgestimmte Berufsverkehr,
- die gesundheitliche Betreuung einschließlich Tauglichkeits- und Reihenuntersuchungen,
- eine gefährdungsfreie Technik im Sinne eines hohen Schutzes von Leben und Gesundheit der Werktätigen

sowie weitere Einflußfaktoren für die Gestaltung neuer sozialistischer Arbeitsbedingungen in ihrer gesamten Komplexität und in ihren Wechselbeziehungen berücksichtigt werden.

Der Zentralvorstand der IG Metall unterstützt, ausgehend von eigenen Erfahrungen auf dem Gebiet der langfristigen und vorausschauenden Leitung und Planung der Verbesserung der Arbeits- und Lebensbedingungen, den Vorschlag des Sekretariats des Bundesvorstandes des FDGB, in den Planungsdokumenten solche Festlegungen zu treffen, wonach die Ministerien und wirtschaftsleitenden Organe zu einer gezielten analytischen Tätigkeit auf dem Gebiet der Arbeits- und Lebensbedingungen verpflichtet werden, die Betriebe Analysen des Ist-Zustandes und der Entwicklung über die im Planteil Arbeits- und Lebensbedingungen vorgesehenen Aufgabenkomplexe auszuarbeiten haben und wonach die Ministerien und wirtschaftsleitenden Organe mit Hilfe der Ergebnisse dieser Analysen exakte Vorstellungen über die Verbesserung der Arbeits- und Lebensbedingungen in ihren Bereichen auszuarbeiten und ihre planmäßige Verwirklichung kontinuierlich in die Leitungs- und Planungsprozesse einzubeziehen haben. Der Zentralvorstand der IG Metall ist bereit, weiter an der Vervollkommnung der Planung der Arbeits- und Lebensbedingungen mitzuwirken.

G. Tietze

Der Einfluß der Arbeits- und Lebensbedingungen auf die Reproduktion des gesellschaftlichen Arbeitsvermögens

Die Reproduktion des gesellschaftlichen Arbeitsvermögens ist im umfassenden Sinn zunächst ein entscheidendes Element in der Produktion und Reproduktion des unmittelbaren Lebens als dem – wie es Engels nannte – bestimmenden Moment in der Geschichte.[1] Diese Charakterisierung gibt auch dem gesellschaftlichen Arbeitsvermögen seinen hohen Stellenwert. Inwieweit es einer Gesellschaftsformation gelingt, das Potential des Arbeitsvermögens voll in die Waagschale des gesellschaftlichen Fortschritts zu werfen, bildet einen entscheidenden Faktor für die gesellschaftliche Entwicklung. Im Arbeitsmaterial dieser Konferenz wird auf den diametralen Gegensatz in der Nutzung des gesellschaftlichen Arbeitsvermögens im Kapitalismus und Sozialismus verwiesen. Wir können Vollbeschäftigung bei wachsendem materiellem und kulturellem Lebensniveau des Volkes garantieren, und die volle Ausschöpfung und produktive Entfaltung des gesellschaftlichen Arbeitsvermögens ist eine entscheidende Grundlage des sozialen Fortschritts. Die Entwicklung des gesellschaftlichen Arbeitsvermögens ist dabei mit beiden von Engels bezeichneten Formen der Produktion und Reproduktion des unmittelbaren Lebens verbunden:

- der Erzeugung von materiellen Gütern für das Leben
- der Erzeugung von Menschen selbst.

Einerseits brauchen wir jede Arbeitskraft, um den erforderlichen Fonds an Gütern zu erzeugen, der ein ständig steigendes materielles und geistig-kulturelles Lebensniveau erfordert, und wir brauchen dazu steigende Produktivkraft des vorhandenen Arbeitsvermögens sowie mehr Arbeitskräfte durch Zuwachs an Geburten; andererseits ist diese Erzeugung von materiellen Gütern und Hebung des Lebensniveaus verbunden mit einer stetigen Verbesserung der Arbeits- und Lebensbedingungen, die notwendig ist, um das vorhandene Arbeitsvermögen rationell und effektiv einzusetzen und auf der Grundlage steigenden Lebensniveaus und sozialer Sicherheit – wie es die jüngste Entwicklung in der DDR zeigt – einen kontinuierlichen Zuwachs an Geburten und damit an Arbeitsvermögen künftiger Jahrzehnte zu erreichen.

Die sich verbessernden Arbeits- und Lebensbedingungen sind sowohl Ergebnis des Einsatzes und der Reproduktion des gesellschaftlichen Arbeitsvermögens als auch eine Voraussetzung zum effektiven Einsatz und der kontinuierlichen Reproduktion des gesellschaftlichen Arbeitsvermögens. Sie stellen sich dar als ein Komplex materiell-technischer, zeitlicher und sozialökonomischer Faktoren, die in vielseitiger Verflochtenheit zur Reproduktion des gesellschaftlichen Arbeitsvermögens stehen. Ihre Beherrschung ist wesentlich für den gesellschaftlichen Fortschritt; für den Aufbau des entwickelten Sozialismus ist die Verbesserung der Arbeits- und Lebensbedingungen

[1] Vgl. F. Engels, Der Ursprung der Familie, des Privateigentums und des Staates, in: MEW, Bd. 21, Berlin 1962, S. 27.

sogar zu einer unmittelbaren Voraussetzung des notwendigen schnelleren wirtschaftlichen Wachstums geworden.

Die Arbeits- und Lebensbedingungen wirken in folgenden Richtungen:

Erstens: Sie wirken auf die Erhaltung des vorhandenen individuellen und gesellschaftlichen Arbeitsvermögens sowie auf seine volle Nutzung, insbesondere durch Vermeidung von Zeitverlusten infolge Warte- und Stillstandszeiten, Fluktuation, Kranken- und Unfallstand. In diesem Zusammenhang sei darauf hingewiesen, daß die Kennziffern Unfallhäufigkeit, anerkannte Berufskrankheiten und Krankenstand recht unterschiedliche Realitäten widerspiegeln. Die Quote der Arbeitsunfälle je 1000 Beschäftigte geht von eindeutig bestimmten Ereignissen aus – allerdings bleiben Arbeitsunfälle unter 3 Tage Arbeitsunfähigkeit außer Betrachtung; die Anerkennung von Berufskrankheiten hängt wesentlich von der immer besseren Erfassungsmethodik solcher Erkrankungen ab; der Krankenstand ist in gewissem Grade auch beeinflußt von den wachsenden sozialen Leistungen im Krankheitsfalle. Im Unfallstand haben wir eine stetig sinkende Tendenz und mit 31,13 pro 1000 Beschäftigte 1977 den bisher niedrigsten Stand erreicht. Bei der Entwicklung des Zuwachses an anerkannten Berufskrankheiten und im Krankenstand müssen m. E. die oben genannten Faktoren mit beachtet werden.

Zweitens: Die Arbeits- und Lebensbedingungen wirken auf die extensiv erweiterte Reproduktion des Arbeitsvermögens durch ihren Einfluß auf die Geburtenfreudigkeit, auf die Senkung der Säuglingssterblichkeit, auf die Sicherung der Vereinbarkeit von Berufstätigkeit der Frau und Mutterschaft durch rehabilitative Maßnahmen. Die Invalidität ist rückläufig, was ursächlich in der verbesserten medizinischen Betreuung und in der Nutzung der verlängerten Krankengeldbezugsdauer bis 78 Wochen zur Erweiterung von Rehabilitationsmaßnahmen gesehen wird.[2] Im Arbeitsmaterial wird allerdings mit Recht auf die Begrenztheit der extensiven Ausweitung des Beschäftigtenpotentials verwiesen.

Drittens: Daher gewinnt der Einfluß besondere Bedeutung, den gerade die Arbeits- und Lebensbedingungen auf die Erhöhung der Produktivkraft der Arbeit besitzen. Sie ist die entscheidende Quelle zur Steigerung des Nationaleinkommens. Es geht dabei um Arbeitsbedingungen, die den Werktätigen gestatten, den „Stoffwechsel mit der Natur" rationell zu gestalten, „ihn mit dem geringsten Kraftaufwand und unter den, ihrer menschlichen Natur würdigsten und adäquatesten Bedingungen (zu) vollziehen"[3]. Mit der Einheit von Wirtschafts- und Sozialpolitik schaffen wir Arbeitsbedingungen, in denen sich die Dialektik von Produktivitäts- und Persönlichkeitsentwicklung widerspiegelt. Es geht vor allem darum, den sozialistischen Inhalt der Arbeit auszuprägen durch die Minderung und Beseitigung von Arbeitserschwernissen und Schaffung von sicheren, gefährdungs- und erschwernisfreien, gesundheitsfördernden und kulturvollen Arbeitsbedingungen, durch die Anreicherung der Arbeit mit geistig-schöpferischen Arbeitsinhalten, durch die Kombination von vorbereitenden und ausführenden Tätigkeiten, durch die arbeitsorganisatorische Kombination der arbeitsteiligen Prozesse und Erhöhung der Disponibilität der Werktätigen u. a. m.

Nick/Pawloff weisen jedoch darauf hin, daß sich trotz der gesellschaftlichen Voraussetzungen des Sozialismus zunächst die alten materiell-technischen Bedingungen der Arbeit nicht sofort in demselben Maße verändern. „Zahlreich sind folglich solche

[2] Vgl. Das Gesundheitswesen der Deutschen Demokratischen Republik 1977, Berlin 1977, S. 235.

[3] K. Marx, Das Kapital, Dritter Band in: MEW, Bd. 25, Berlin 1964, S. 828.

materiell-technischen Bedingungen der Arbeit, deren Arbeitsinhalte den fortgeschrittenen Produktionsverhältnissen widersprechen."[4] Hier sind vor allem zwei Widersprüche anzutreffen:

– bei an sich hochmechanisierten, teilautomatisierten Prozessen noch verbleibende manuelle Tätigkeiten, einseitige Beanspruchung, monotone Bedienverrichtungen; sie sollten nicht als unvermeidlich angesehen werden und nicht mit unnötigen zusätzlichen Erschwernissen verbunden sein (z. B. gleichzeitiger unphysiologischer Körperhaltung, Hitze, Lärm);

– unzureichende Initiativen, um in Betriebsteilen mit alter Technik, die in Perspektive rekonstruiert werden, zwischenzeitlich durch Kleinmechanisierung Arbeitserschwernisse abzubauen.

Viertens: Hervorgehoben werden muß, daß die Komplexität aller Seiten der Arbeits- und Lebensbedingungen an Bedeutung gewinnt und optimale Lösungen das Zusammenwirken von betrieblichen und territorialen Maßnahmen erfordern, z. B. in der Schichtarbeiterversorgung für Klein- und Mittelbetriebe. Zugleich gewinnt immer mehr die Gestaltung der Reproduktionsbedingungen im Wohn- und Freizeitbereich an Gewicht, sowohl von den wachsenden geistig-nervalen Beanspruchungen im Arbeitsprozeß her als auch den wachsenden Bedürfnissen nach sinnvoller Nutzung der Freizeit für Qualifikation, Erholung, Familienleben, geistig-kulturelle Entwicklung. Sinnvoll genutzte Freizeit wirkt zurück als erhöhte Produktivkraft der Arbeit.

Fünftens: Schließlich hat die Verbesserung der Arbeits- und Lebensbedingungen auch indirekte Wirkungen auf die Reproduktion des gesellschaftlichen Arbeitsvermögens, insbesondere durch bessere Nutzung der produktiven Fonds, Senkung von Verlusten, die bei schlechten Arbeitsbedingungen durch Ausschuß, Qualitätsmängel u. a. m. entstehen.

Für die Ausgestaltung der Arbeits- und Lebensbedingungen und ihre volle Wirksamkeit zur Erhöhung des gesellschaftlichen Arbeitsvermögens ist es notwendig, von den Erfordernissen einzelner konkreter sozialer Gruppen auszugehen. Es ist ein Charakteristikum der Sozialpolitik, daß sie mit ihren Aktivitäten auf die Arbeits- und Lebensbedingungen jeweilig bestimmter sozialer Gruppen der Klassen und Schichten orientiert ist, natürlich eingeordnet in die gesamtgesellschaftlichen Erfordernisse. Vorrang haben jene Maßnahmen, die für die Menschen am wichtigsten sind. Es sind vor allem zwei Erfordernisse, die aus dieser Sicht bei der Gestaltung der Arbeits- und Lebensbedingungen zu berücksichtigen sind:

– die konkreten Bedürfnisse jeweiliger sozialer Gruppen,
– die schrittweise Überwindung noch vorhandener sozialer Unterschiede.

Für die berufstätige Frau und Mutter, die sowohl Arbeitskraft ist als auch mit der Geburt von Kindern das gesellschaftliche Arbeitsvermögen erweitert, bedarf es zur Sicherung und Vereinbarkeit von Berufstätigkeit und Mutterschaft, wie Untersuchungen zeigten, vor allem gegenwärtig folgender spezieller Erfordernisse:

– Schaffung spezifischer Bedingungen für die Qualifizierung zum Produktionsfacharbeiter in Unterrichtsformen, die gleichartige bildungsmäßige Voraussetzungen, Schichtarbeit, Bedingungen der Kinderbetreuung u. a. soziale Faktoren berücksichtigen. Bedeutsam sind auch die Bedingungen des qualifikationsgerechten Einsatzes;

– weitere Nutzung des wissenschaftlich-technischen Fortschritts für die Erschließung

[4] H. Nick, M. Pawloff, Wissenschaftlich-technischer Fortschritt und progressive Gestaltung der Arbeitsinhalte im Sozialismus, in: Sozialistische Arbeitswissenschaft, 6/1977, S. 393.

von Arbeitstätigkeiten für den Einsatz weiblicher Arbeitskräfte und Gewährleistung der im Arbeitsgesetzbuch vorgesehenen Möglichkeiten zur Teilzeitbeschäftigung;

– konsequente Einhaltung der für Frau und Mutter bestehenden Vorschriften über die Gestaltung von Arbeitsbedingungen, die den besonderen physischen und physiologischen Erfordernissen entsprechen, insbesondere der ASAO 5;

– Sicherung der sehr differenzierten Erfordernisse für die Betreuung der Kinder in der Zeit der zweiten und dritten Schicht – besonders der Kinder ab 5. Klasse;

– Verringerung des Anteils hauswirtschaftlicher Tätigkeiten an der arbeitsfreien Zeit und Erleichterung derselben;

– Schaffung von Voraussetzungen zur zusammenhängenden Inanspruchnahme des Urlaubs und der Inanspruchnahme von Kuren.

Untersuchungen zeigen, daß es einer sehr sorgfältigen und differenzierten Leitungstätigkeit bedarf, des operativen Zusammenwirkens verschiedener betrieblicher, örtlicher, gewerkschaftlicher Organe, um in jedem Einzelfall solche Maßnahmen zu treffen, die am wirksamsten die Reproduktion des Arbeitsvermögens und die allseitige Persönlichkeitsentwicklung fördern.

Gleichzeitig ist es notwendig, differenziert die noch vorhandenen Unterschiede in den Arbeitsbedingungen schrittweise zu verringern, besonders zwischen körperlicher und geistiger Arbeit, zwischen erschwerten und kulturvollen Arbeitsbedingungen. Dies erschließt erst voll alle im Sozialismus möglichen Reserven an gesellschaftlichem Arbeitsvermögen, schafft gleichwertige Voraussetzungen, daß die Werktätigen ihre schöpferischen Potenzen entfalten können. Im Arbeitsmaterial ist dieser Gedanke ebenfalls zum Ausdruck gebracht, wenn gesagt wird, daß sich im Ergebnis sozialer Veränderungen und der Überwindung wesentlicher sozialer Unterschiede bei der weiteren Ausprägung des sozialistischen Charakters der Arbeit die schöpferischen Fähigkeiten und produktiven Anlagen der Werktätigen voll entfalten und dies auf die Produktivkraft der Arbeit zurückwirkt.

Arbeitskreis 8:
Fragen der Konzentration, Spezialisierung und Kooperation unter den Bedingungen der Vertiefung der sozialistischen ökonomischen Integration und ihre Bedeutung für die Steigerung der Arbeitsproduktivität

W. Kunz

Einige Fragen des Zusammenhangs zwischen der Vertiefung der sozialistischen ökonomischen Integration und der Steigerung der Arbeitsproduktivität

In Weiterführung einiger Gedanken, die im Referat von Prof. Dr. Wolfgang Heinrichs und in dem schriftlichen Arbeitsmaterial der Konferenz angeklungen haben, sowie in Anlehnung an die übergebenen Schwerpunkte für die Diskussion in unserem Arbeitskreis, möchte ich die Diskussion mit einigen Gedanken und Fragestellungen eröffnen.

Erstens betrifft das einige Gedanken zu Zusammenhängen zwischen der internationalen Spezialisierung und Kooperation in Wissenschaft und Produktion und der Steigerung der Arbeitsproduktivität.

Zweitens möchte ich mich sodann einigen Problemen der Leitung und Planung der internationalen wirtschaftlichen und wissenschaftlich-technischen Zusammenarbeit zuwenden.

Unsere gesamte Diskussion sollte vor allem mit dem Ziel geführt werden, wie es gelingt, langfristig hohe Steigerungsraten der gesellschaftlichen Arbeitsproduktivität mit Hilfe von Integrationsmaßnahmen zu erreichen.

Zunächst einige Bemerkungen zur *sozialistischen ökonomischen Integration* (darin eingebettet zur Spezialisierung und Kooperation) als eine allgemeine *Bedingung für die effektive Nutzung der Intensivierungsfaktoren und die Steigerung der Arbeitsproduktivität.*

In dem der Konferenz vorgelegten Arbeitsmaterial heißt es in These 2, daß die intensiv erweiterte sozialistische Reproduktion bei der weiteren Gestaltung der entwickelten sozialistischen Gesellschaft *unter den Bedingungen der sozialistischen ökonomischen Integration* die konkreten Wege, Faktoren und Quellen zur Steigerung der Arbeitsproduktivität und Effektivität der Volkswirtschaft erschließt. Weiter wird gesagt: „Im engen Zusammenwirken mit der KPdSU und den anderen Bruderparteien der sozialistischen Staatengemeinschaft hat unsere Partei den Platz und die Wege der Intensivierung einschließlich der internationalen Verflechtung sozialistischer Volkswirtschaften im RGW bei der Lösung der auf das Wohl des Volkes gerichteten Gesellschaftspolitik rechtzeitig herausgearbeitet." Und an anderer Stelle in dem uns vorliegenden Arbeitsmaterialien (in These 7) wird auf den engen Zusammenhang von Produktivitätssteigerung und ökonomischem Wachstum hingewiesen und zugleich darauf aufmerksam gemacht, daß die weitere *Vervollkommnung der ökonomischen Integrationsprozesse* mit den Ländern des RGW sich immer stärker als eine wesentliche Bedingung für eine höhere volkswirtschaftliche Effektivität erweist. Wörtlich heißt es dazu: „Innere und äußere, nationale und internationale Bedingungen und Faktoren der Effektivitätsentwicklung sind zwischen den Integrationspartnern langfristig zu koordinieren und volkswirtschaftlich zu bilanzieren. Die äußeren Faktoren sollten nicht mehr, wie das früher mitunter geschah, als zusätzliche, ergänzende, sondern als notwendige, beständige Quelle wirtschaftlicher Entwicklung genutzt werden. Dabei ist zu beachten, daß sich das Gewicht . . . zur komplexen internationalen Spezialisierung und Kooperation in Wissenschaft und Produktion, zu gemeinsamen Vorhaben der Integrationspartner bei der Forschung, den Investitionen, der Produktion und dem Absatz der Erzeugnisse, auch auf Märkten der Drittländer . . ." verlagert.

Diese Feststellung unterstreicht eine wichtige These, die wir bereits auf der 19. Tagung des Wissenschaftlichen Rates für die wirtschaftswissenschaftliche Forschung im Dezember 1976 vertreten haben, als wir formulierten, daß die sozialistische ökonomische Integration günstigere Voraussetzungen für die Entfaltung der Produktivkräfte schafft, daß sie das stabile, intensive Wachstum der ökonomischen und wissenschaftlich-technischen Potentiale der RGW-Länder fördert. Als *wesentliche Bedingung* der intensiven volkswirtschaftlichen Reproduktion *beeinflußt* sie die Wirksamkeit der Intensivierungsfaktoren. Deshalb bildet sie auch eine entscheidende Voraussetzung für die stabile, ökonomische und soziale Entwicklung der DDR.[1]

Die Orientierung unserer Partei auf stabiles Wirtschaftswachstum, auf *hohe Arbeitsproduktivität* und *Effektivität* der gesellschaftlichen Arbeit, wie sie der Generalsekretär des ZK, Genosse Erich Honecker, auf dem IX. Parteitag der SED gab[2], kann von uns selbstverständlich nur in engem Zusammenhang mit der zunehmenden wissenschaftlich-technischen und ökonomischen Integration im RGW betrachtet werden.

Der Parteitag lenkte die Aufmerksamkeit auf die drei wesentlichen Gebiete, die zunehmend entwickelt und vorangetrieben werden müssen, um mit Hilfe der sozialistischen ökonomischen Integration auf die Intensivierungsfaktoren einzuwirken. Ich möchte diese drei Gebiete noch einmal in Erinnerung rufen. Es sind:

– die wissenschaftlich-technische Zusammenarbeit zur Bereitstellung des notwendigen Forschungs- und Entwicklungsvorlaufs für die Produktion;

– die Sicherung der stabilen und langfristigen Versorgung mit Roh- und Brennstoffen als eine Grundlage des weiteren Wirtschaftswachstums in der DDR;

– die planmäßige weitere Konzentration der Produktion mit Hilfe der internationalen Spezialisierung und Kooperation, um Voraussetzungen zu schaffen, in optimalen Maßstäben zu produzieren und dabei trotzdem den Anforderungen an die Vielfalt des Sortiments bedarfgerecht zu entsprechen.

[1] Vgl. Theoretische Fragen der weiteren Vertiefung der sozialistischen ökonomischen Integration, in: Abhandlungen der Akademie der Wissenschaften der DDR, W 2/1977, S. 17.

[2] Bericht des Zentralkomitees der Sozialistischen Einheitspartei Deutschlands an den IX. Parteitag der SED, Berichterstatter: Genosse Erich Honecker, Berlin 1976, S. 49.

Es handelt sich hier um drei Schlüsselprobleme unserer wirtschaftlichen Entwicklung, die ständig im Mittelpunkt der Beratungen unserer Partei zu wissenschaftlich-technischen und Wirtschaftsfragen stehen. Es sind zugleich drei komplexe Problemgruppen, auf die wir unsere Forschungsarbeit in Zukunft noch stärker konzentrieren müssen.

Von großer Bedeutung für die zunehmende Intensivierung des gesellschaftlichen Reproduktionsprozesses, die Steigerung der Arbeitsproduktivität und Effektivität der gesellschaftlichen Produktion ist die *weitere internationale Spezialisierung und Kooperation* der RGW-Länder in Wissenschaft und Produktion. Dabei haben wir es mit der Tatsache zu tun – und darüber haben wir wiederholt diskutiert, zuletzt auf unserer Ratstagung am 1. Februar d. J. –, daß die Arbeitsteilung in den Vorstufen der materiellen Produktion – vor allem in der Forschung und Entwicklung – zunehmend zu einer wichtigen Schlüsselfrage für eine hocheffektive Spezialisierung und Kooperation der Produktion wird. Dabei kennen wir in der Praxis durchaus verschiedene Formen dieser Arbeitsteilung.

Eine oft gebrauchte, uns allen bekannte These lautet, daß Wissenschaft und Technik immer mehr das Niveau der Produktion und deren Wachstumstempo bestimmen. Dieser enge Zusammenhang wird sowohl in den Materialien des IX. Parteitages als auch im Komplexprogramm des RGW hergestellt. Deshalb wurde auch „die Vertiefung der Spezialisierung und Kooperation in Forschung und Produktion auf der Grundlage gemeinsamer langfristiger Programme"[3] auf dem IX. Parteitag als eine wichtige Aufgabe gestellt.

Die wissenschaftlich-technische Zusammenarbeit nimmt in den Beziehungen zwischen den RGW-Ländern bereits gegenwärtig einen bedeutenden Platz ein. Darüber haben wir ausführlich auf unserer letzten Ratstagung diskutiert. Das ergibt sich vor allem daraus, daß

– die Rolle der Wissenschaft als entscheidende gesellschaftliche Produktivkraft insgesamt wächst;

– das Ausmaß und die Komplexität aller Aufgaben in Wissenschaft und Technik so bedeutend sind, daß sie unter den heutigen Bedingungen nicht mehr von einem Land allein gelöst werden können;

– die Aufwendungen für Wissenschaft und Technik sprunghaft gestiegen sind und weiter ansteigen;

– über die Integration wissenschaftlich-technische Potenzen zusammengeschlossen werden können, so daß effektivere Ergebnisse für alle Beteiligten erzielt werden. Das kann sowohl durch direkte Gemeinschaftsarbeit als auch durch Freisetzung infolge Arbeitsteilung und Konzentration erfolgen.

Die Zusammenarbeit auf dem Gebiet von Wissenschaft und Technik wird dabei immer mehr zum entscheidenden Ausgangspunkt für die Effektivität der ökonomischen Beziehungen zwischen den RGW-Ländern überhaupt. Sie bildet in den Ländern bereits heute eine wichtige Grundlage für längerfristige Entscheidungen über volkswirtschaftliche Strukturentwicklungen. Dieser Umstand wird in den nächsten Entwicklungsetappen ohne Zweifel an Bedeutung zunehmen.

Vom Niveau der planmäßig abgestimmten arbeitsteiligen bzw. Gemeinschaftsforschung hängt es schließlich auch in hohem Maße ab, ob die Volkswirtschaften der RGW-Länder tatsächlich ihre Produktionsstrukturen stärker miteinander verflechten und ergänzen, das heißt ob eine *langfristige Produktionsspezialisierung und -koopera-*

[3] Programm der Sozialisischen Einheitspartei Deutschlands, Berlin 1976, S. 33.

tion zwischen den Ländern stattfindet, welche die Entwicklung der Arbeitsproduktivität und des ökonomischen Wachstums in den einzelnen Ländern fördert.

Auf diesen Zusammenhang wurde in unserer wirtschaftswissenschaftlichen Literatur wiederholt hingewiesen; ich erinnere nur an unsere Thesen für die 7. und die 19. Tagung des Rates für die wirtschaftswissenschaftliche Forschung, an entsprechende Publikationen von Gunther Kohlmey, von Karl Morgenstern, an die letzte größere Publikation der Akademie für Gesellschaftswissenschaften, an unsere Schrift „Sozialistische ökonomische Integration und Betrieb" und andere.

Genosse Erich Honecker wies in der Beratung mit den 1. Sekretären der Kreisleitungen im Februar d. J. darauf hin, daß die Forschungskooperation mit den anderen RGW-Ländern ein ständig größeres Gewicht erhält. Dabei wurde insbesondere die Forschungskooperation zwischen der DDR und der Sowjetunion zur Herstellung von Anlagen für das kontinuierliche Kaltwalzen von Stahlrohren nach einer neuartigen Technologie hervorgehoben, wodurch im VEB Stahl- und Walzwerk Riesa eine Steigerung der Arbeitsproduktivität auf das 10fache erreicht werden soll.

Es gibt eine Anzahl weiterer hervorragender Beispiele, wo wissenschaftlich-technische Probleme durch internationale Arbeitsteilung bzw. Gemeinschaftsarbeit mit hoher Effektivität gelöst wurden, zumeist mit nachfolgender oder paralleler Produktionsspezialisierung und -kooperation. Polymir 50, die Multispektralkamera MKF-6, die Entwicklung der Plasmaschmelztechnologie und vieles andere sind bekannt.

Unsere bisherigen Erfahrungen und die Analysen bei diesen hervorragenden Beispielen und bei einer Vielzahl anderer Ergebnisse der internationalen wissenschaftlich-technischen Zusammenarbeit besagen, daß die *Wirkungen der Zusammenarbeit* in Forschung und Entwicklung *auf die Produktivität und Produktion,* auf die *Qualität* der Erzeugnisse, auf den *Aufwand pro Erzeugnis* zeigen, daß eine einheitliche Betrachtung, ein einheitliches komplexes Herangehen an die Lösung der Forschungs- und Produktionskooperation notwendig sind. Unsere Erfahrungen zeigen weiterhin, daß die entsprechende Zusammenarbeit zumeist dann einen Effekt für die Beteiligten hat, wenn sie in Gestalt einer

- planmäßigen und langfristigen internationalen Spezialisierung und Kooperation in Forschung und Entwicklung;
- gemeinsamen Lösung von Problemen in Forschung und Entwicklung;
- gemeinsamen Erprobung, Herstellung und Anwendung hochproduktiver Technologien in der Produktion bis hin zum koordinierten Absatz der Fertigerzeugnisse erfolgt.

Dabei möchte ich einen für meine Begriffe wichtigen Zusammenhang zur Diskussion stellen: Wenn man sich Spitzenleistungen in internationaler Forschungskooperation zum Ziel setzt, so muß man sich immer darüber klar sein, daß eine erfolgreiche Kooperation vor allem dann möglich wird, wenn eine eigene hohe Leistungsfähigkeit vorhanden ist. Das zeigen fast alle unsere bisherigen Erfahrungen in der chemischen Industrie, im Maschinenbau und in anderen Bereichen. Überall dort, wo beträchtliche wissenschaftlich-technische und Produktivitätsunterschiede vorhanden sind, gestalten sich entsprechende Kooperationsbeziehungen zumeist schwierig. Das ist nach meiner Ansicht auch eine der Ursachen dafür, daß es in einigen internationalen ökonomischen Organisationen nicht zügig genug vorangeht.

Je weiter die sozialistische ökonomische Integration voranschreitet, je mehr sie unsere volkswirtschaftliche Entwicklung beeinflußt, desto mehr Aufmerksamkeit müssen wir den damit verbundenen ökonomischen Fragen, vor allem der Steigerung der Arbeitsproduktivität und Effektivität der Zusammenarbeit schenken. Dazu sind Wirtschaftstheorie und -praxis der DDR von der Parteiführung in letzter Zeit wiederholt aufgefordert worden.

Eine wichtige Frage, der unsere ganze Aufmerksamkeit gelten muß, besteht dabei in der richtigen Verbindung von *internationaler Spezialisierung und Produktionskonzentration.* Über diesen Zusammenhang haben wir wiederholt diskutiert, er findet sich in vielen Publikationen.

Für die enge Verbindung zwischen der Produktionskonzentration und der internationalen Spezialisierung und Kooperation gibt es einige wesentliche objektive Grundzusammenhänge, an die ich hier nur kurz erinnern möchte, da sie uns im wesentlichen bekannt sind:

Erstens: Mit dem Aufbau der entwickelten sozialistischen Gesellschaft und der Schaffung grundlegender Voraussetzungen für den allmählichen Übergang zum Kommunismus erweitern und differenzieren sich die Bedürfnisse der Konsumtion und der Produktion. Es muß ein immer breiteres Sortiment an Erzeugnissen bereitgestellt werden.

Zweitens: Durch die Entwicklung von Wissenschaft, Technik und Technologie werden für die industrielle Produktion in immer größerem Umfang spezialisierte Maschinen, Geräte, Werkstoffe, Spezialzubehör usw. bereitgestellt.

Drittens: Jedes Erzeugnis, ob Finalprodukt oder Halbfabrikat und jede Rohstoffproduktion erfordern einen bestimmten Mindestproduktionsumfang, wenn mit einem möglichst niedrigen gesellschaftlichen Arbeitsaufwand produziert werden soll.

Viertens: Dieser Mindestproduktionsumfang für eine effektive Produktion eines konkreten Erzeugnisses ist nicht über längere Perioden gleich. Er wächst in vielen Bereichen mit dem wissenschaftlich-technischen Fortschritt schnell an.

Fünftens: Die Anzahl derjenigen Erzeugnisse nimmt zu, wo der Produktionsumfang, der für eine effektive Fertigung notwendig ist, den Eigenverbrauch der DDR übersteigt.[4]

Diese objektiven Bedingungen führen dazu, daß die internationale Verflechtung in der verarbeitenden Industrie der RGW-Länder sich bedeutend schneller entwickelt als die Verflechtung der Volkswirtschaften insgesamt.

Die Erfahrungen der letzten Jahre weisen auf einen vorrangigen Trend der internationalen Spezialisierung und Kooperation im RGW innerhalb der verarbeitenden Industrie bei Finalerzeugnissen, vor allem bei Maschinen und kompletten Anlagen hin. Auf diesem Gebiet hat sich die Zahl der Spezialisierungsabkommen und Kooperationsverträge zwischen den RGW-Ländern besonders schnell erhöht. Das beeinflußt zunehmend den Warenaustausch und wird daran erkennbar, daß der Teil des Warenaustausches, der im Bereich der verarbeitenden Industrie selbst abgewickelt wird, das größte Entwicklungstempo und inzwischen auch den größten Umfang erreicht hat. Das setzt sich in Zukunft weiter fort. So wird beispielsweise der Warenaustausch mit der Sowjetunion in diesem Fünfjahrplanzeitraum jährlich um 7% anwachsen, die Einfuhren von Maschinen und Ausrüstungen der DDR aus der Sowjetunion aber steigen um 12,3%, das heißt, der jährliche Zuwachs ist fast doppelt so hoch. So wird die DDR von 1976 bis 1980 etwa 30 000 Werkzeugmaschinen an die Sowjetunion liefern und über 20 000 Werkzeug- und Holzverarbeitungsmaschinen aus der Sowjetunion beziehen.

Diese Entwicklung schließt natürlich die Spezialisierung und Kooperation von Teilmaschinen, Bauelementen, Baugruppen und Einzelteilen einschließlich von Ersatzteilen

[4] Vgl. Autorenkollektiv, Sozialistische ökonomische Integration und Betrieb, Berlin 1977, S. 64.

ein, wobei der besseren Standardisierung und Vereinheitlichung der Baugruppen und Einzelteile des Maschinenbaus zunehmende Bedeutung zukommt.

Wir haben in unserer Schrift „Sozialistische ökonomische Integration und Betrieb" einen interessanten Vergleich für 15 Jahre angestellt. Danach ist ersichtlich, daß von 1960 bis 1975 der Exportüberschuß der Industrie der DDR, um im Gegenwert Waren aus anderen Bereichen bzw. Leistungen zu importieren, auf das 1,8fache gestiegen ist. Der Export der Industrie zur Bilanzierung eigener Importe der Industrie hingegen ist im gleichen Zeitraum auf das 8,8fache gestiegen. Wenn dieser Vergleich auch gewisse Ungenauigkeiten enthält, so macht er doch die ungeheure Dynamik deutlich, die sich besonders im Austausch als Folge der internationalen Verflechtung und in hohem Maße der Spezialisierung und Kooperation in der Industrie vollzieht.

Es muß hervorgehoben werden, daß die *Entwicklung zu einem größeren Produktionsumfang je Erzeugnisart* vor keinem Industriezweig halt macht und gegenwärtig den gesamten Maschinenbau, den wissenschaftlichen Gerätebau, die Elektrotechnik und Elektronik ebenso umfaßt wie breite Bereiche der Konsumgüterindustrie. In einer Vielzahl von Publikationen in der DDR, in der Sowjetunion, in der ČSSR und anderen RGW-Ländern wird die große Bedeutung der internationalen Spezialisierung und Kooperation im RGW für das Erreichen effektiver Produktionsgrößen nachgewiesen. Die in den verschiedenen Publikationen genannten optimalen Betriebsgrößen sind zwar keineswegs immer einheitlich berechnet bzw. angenommen, sie sind aber fast ohne Ausnahme auf eine weit größere Produktionskapazität festgelegt, als der Bedarf der DDR im einzelnen bzw. die bisher erreichte Fertigungsgröße für das jeweilige Erzeugnis beträgt. Auf Tagungen des Wissenschaftlichen Rates für die wirtschaftswissenschaftliche Forschung der DDR wurden Materialien vorgelegt, aus denen hervorgeht, daß besonders im Bereich der metallverarbeitenden Industrie oft nur 20 bis 50% des Produktionsvolumens erreicht werden, das die untere Grenze für einen optimalen Produktionsmaßstab eines Erzeugnisses bildet.[5]

Ich möchte in diesem Zusammenhang jedoch auf zwei Umstände hinweisen und zugleich einige Gedanken zur Diskussion stellen:

Erstens muß nach meiner Auffassung unbedingt hervorgehoben werden, daß größere Produktionsmaßstäbe durch die Nutzung der Vorzüge der internationalen Spezialisierung und Kooperation im RGW *nicht automatisch zu höherer Produktivität und Effektivität führen.* Sie eröffnen ohne Zweifel größere Möglichkeiten, die aber durch entsprechende Maßnahmen in der materiellen Produktion, besonders auch durch die sozialistische Intensivierung und die bessere Nutzung ihrer Faktoren verwirklicht werden müssen. Bei der Erweiterung der Produktionsmaßstäbe mit Hilfe internationaler Spezialisierung und Kooperation können eine Reihe von Wirkungen erreicht werden, die wir noch stärker analysieren und verallgemeinern müssen. Dazu zählen u. a.:

– die *Abnahme des spezifischen Investitionsaufwandes* durch Zunahme der Größe und Leistungsfähigkeit der eingesetzten Arbeitsmittel, Technologien und Anlagen;

– zunehmende *Möglichkeiten für die Anwendung neuer technischer und technologischer Verfahren* bzw. Wirkprinzipien bei ständiger Erhöhung des möglichen Mechanisierungs- und Automatisierungsgrades;

– *stärkere Spezialisierung der Arbeitskräfte und Arbeitsmittel* und wachsende Erfahrungen und Fertigkeiten der Werktätigen;

[5] Theoretische und praktische Probleme der Steigerung der Arbeitsproduktivität bei der Gestaltung der entwickelten sozialistischen Gesellschaft in der DDR, Thesen, in: Wirtschaftswissenchaft, 4/1975, S. 487.

– mögliche *höhere Kontinuität des innerbetrieblichen Produktions- und Transportflusses,* verbunden mit einer Verkürzung des Produktionszyklus;
– höhere *Materialökonomie* und *Erzeugnisqualität;*
– *Qualifizierung der Leitung und Planung* und der wissenschaftlichen Durchdringung der Produktion, einschließlich der Programm- bzw. EDV-gesteuerten Produktion;
– Verteilung der Forschungs- und Entwicklungsvorleistungen auf ein größeres Produktionsvolumen und damit *Senkung des spezifischen Forschungs- und Entwicklungsaufwandes.*

Alle diese Wirkungen deuten darauf hin, daß mit wachsendem Produktionsumfang im allgemeinen der Aufwand an lebendiger und vergegenständlichter Arbeit pro Mengeneinheit der Produktion gesenkt werden kann, das heißt Arbeitsproduktivität und Effektivität steigen.

Es gibt hierzu in unserer Literatur eine Fülle von Beispielen aus dem Schiffbau, dem Schienenfahrzeugbau, der elektronischen Rechentechnik, der Röhrenproduktion usw., durch welche die von mir aufgefächerten Gedanken bestätigt werden.

Ein *zweiter Gedanke,* der mir gegenwärtig und in Zukunft fast noch wesentlicher erscheint als der erste, besteht darin, daß wir unsere künftigen Untersuchungen zur internationalen Spezialisierung und Kooperation der Produktion und ihren Einfluß auf die Steigerung der Arbeitsproduktivität in stärkerem Maße auf die dynamischen Bereiche der Volkswirtschaft konzentrieren sollten. Die Beispiele, die wir für optimale Produktionsserien in unserer Literatur antreffen, beziehen sich zumeist auf herkömmliche Produktionen, auf Kraftfahrzeuge, den Rauminhalt von Hochöfen, auf Hochseeschiffe, Schienenfahrzeuge, die Jahresleistung von Chemieanlagen usw.

Mir scheint es aber bereits für die nächste Fünfjahrplanperiode sehr wichtig zu sein, daß wir in den dynamischen Bereichen der Industrie in der Spezialisierung und Kooperation schneller vorankommen als auf anderen Gebieten.

Im Bericht des Politbüros an die 7. Tagung des ZK der SED wurde unterstrichen, daß es uns um die Spezialisierung und Kooperation der Produktion vor allem in den für die Beschleunigung des wissenschaftlich-technischen Fortschritts entscheidenden Zweigen geht. Die Elektronikausstellung anläßlich des 6. Plenums hat nach meiner Auffassung auch sehr klar zum Ausdruck gebracht, daß wir in der Mikroelektronik und allen damit zusammenhängenden und davon abgeleiteten Zweigen *nur in engster Kooperation und Spezialisierung mit der Sowjetunion vorankommen* werden.

Gerade auf so neuen Gebieten und in anderen dynamischen Bereichen müssen wir unsere *Existenzfähigkeit* (vor allem auch im wissenschaftlich-technischen und ökonomischen Wettstreit mit den großen kapitalistischen Konzernen) und zugleich unsere *Integrationsfähigkeit im RGW* beweisen, nicht so sehr auf den für den wissenschaftlich-technischen Fortschritt weniger interessanten Gebieten, wo wir schon gut und zum Teil sehr gut vorangekommen sind.

Mit dieser Zielstellung wurde nach meiner Auffassung auch das im Dezember 1977 mit der Sowjetunion vereinbarte Abkommen zur „Mikroelektronik" abgeschlossen. Gerade in der Mikroelektronik (und die großen Elektronikkonzerne der kapitalistischen Welt demonstrieren das sehr deutlich) gibt es große Möglichkeiten für eine internationale Spezialisierung und Kooperation der Produktion zwischen den RGW-Ländern, wo wir Reserven haben, die wir im Grunde überhaupt noch nicht ausschöpfen.

Wenn wir gemeinsam mit den Genossen der Praxis (der Staatlichen Plankommission, der Industrieministerien, der Industriezweige usw.) darüber nachdenken, *wie* das Produktionsprofil unserer Volkswirtschaft längerfristig noch effektiver gestaltet werden kann, um neben der Sicherung des steigenden Eigenbedarfs vor allem auch hohe Exportquoten bei Haupterzeugnissen und die Erhöhung der Exportkraft der DDR zu sichern, so sollten wir unser Augenmerk stärker als bisher in die Richtung lenken, wo in der verarbeitenden Industrie *Erneuerungsprozesse* stattfinden bzw. wo völlig neue *technisch-technologische Disziplinen und Gebiete* erschlossen werden.

Solche und ähnliche Überlegungen sind ohne Zweifel wichtig für die längerfristige Perspektive der Spezialisierung und Kooperation zwischen der DDR und der Sowjetunion, d. h. für das langfristige Programm der Spezialisierung und Kooperation zwischen unseren beiden Ländern für den Zeitraum 1980 bis 1990, an dem gegenwärtig gearbeitet wird.

Ausgehend von den Möglichkeiten, die die Spezialisierung und Kooperation zwischen den RGW-Ländern für die Steigerung der Arbeitsproduktivität bietet, sollte nach meiner Auffassung Grundlage aller damit zusammenhängenden konzeptionellen Vorstellungen und Festlegungen die Beachtung folgender drei Punkte sein:

erstens eine zielstrebigere Nutzung der potentiell vorhandenen bedeutenden Konzentrations-, Spezialisierungs- und Kooperationseffekte und die Erhöhung der Serienproduktion;

zweitens eine stabile und bessere Deckung des Bedarfs der Volkswirtschaften an Maschinen, Ausrüstungen und Anlagen, besonders an modernen, hochproduktiven Rationalisierungsmitteln; im Zusammenhang damit eine weitere Verbesserung der Ausstattung der Wirtschaft mit hochproduktiver Technik;

drittens eine vorrangige Entwicklung der internationalen Spezialisierung und Kooperation *in den dynamischen Bereichen der Industrie,* d. h. in solchen Bereichen, die in hohem Maße auf die Effektivität des gesamten volkswirtschaftlichen Kreislaufs einwirken und zu revolutionierenden Umgestaltungen in den Produktionsstrukturen der RGW-Länder führen, wie zum Beispiel in der Mikroelektronik u. a. m.

Alle bisherigen Analysen und Erfahrungen besagen:
Bei konsequenter Beachtung dieser Anforderungen kann die internationale Spezialisierung und Kooperation von Wissenschaft, Technik und Produktion in den RGW-Ländern zu bedeutend höherer Effektivität und zur Erhöhung der Stabilität der Intensivierungsprozesse in den einzelnen Ländern führen, die Kontinuität und Effektivität des Reproduktionsprozesses werden erhöht.

Einige Bemerkungen zur *Vervollkommnung der Leitung und Planung der internationalen Spezialisierung und Kooperation zur Beschleunigung des Entwicklungstempos der Arbeitsproduktivität.*

Die Entwicklung der sozialistischen ökonomischen Integration zwischen den RGW-Ländern ist verbunden mit dem *Entstehen ständig neuer Anforderungen an ihre planmäßige Beherrschung.* Das gilt in hohem Maße für die Leitung und Planung der internationalen Spezialisierung und Kooperation der Produktion mit dem Ziel, Arbeitsproduktivität und Effektivität der Volkswirtschaften der RGW-Länder zu erhöhen.

Dabei steht zunächst eine solche Frage im Vordergrund wie die gemeinsame Lösung wichtiger Spezialisierungs- und Kooperationsvorhaben durch ein *komplexes und langfristiges Herangehen* an die Bewältigung der damit im Zusammenhang stehenden Aufgaben. Höhere Komplexität, zum Beispiel mittels der Zielprogramme des RGW oder des langfristigen Programms der Spezialisierung und Kooperation der Volkswirtschaften der DDR und der UdSSR bis 1990, stellt zugleich höhere Anforderungen an die Leitung und Planung der Volkswirtschaften in den Ländern. Die zuweilen vertretene Auffassung, daß die internationale Arbeitsteilung im RGW sich nach den inneren Anforderungen bzw. dem Reifegrad der Leitung und Planung der Volkswirtschaft in den Ländern richten müsse, sollte zumindest soweit präzisiert werden, daß diese Leitung und Planung natürlich auf die größeren Dimensionen eingestellt werden muß und folglich auch einer ständigen Vervollkommnung bedarf. So kann zum Beispiel eine größere Stabilität in der internationalen Spezialisierung und Kooperation nur erreicht werden, wenn auch die Ressourcen bzw. die Bilanzen in den Ländern diese Stabilität aufweisen, wenn die wichtigsten internationalen Verpflichtungen der Länder im Innern auf den verschiedenen Stufen des demokratischen Zentralismus der Wirtschaft in die Pläne eingeordnet werden, wie das zum Beispiel mit dem Planteil „Sozialistische ökonomische Integration" erfolgte. Umgekehrt wirken dann die Effekte aus der internationalen Spezialisierung und Kooperation positiv auf die innere Stabilität und Proportionalität in den Ländern ein, besonders dabei auch auf die Erhöhung ihrer Exportkraft und die stabile Versorgung der Volkswirtschaft mit Rohstoffen und zunehmend mit moderner Technik. Hier findet also ein Wechselspiel statt, und die Frage nach dem Verhältnis von staatlicher Planung und Planungszusammenarbeit darf m. E. nicht vereinfacht und einseitig beantwortet werden.

Wenn die Zusammenarbeit der RGW-Länder auf dem Gebiet der Planungstätigkeit durch den ständig steigenden Verflechtungsgrad der Wissenschafts- und Produktionspotentiale der Länder geprägt wird, so ergibt das zwangsläufig, daß für wichtige Volkswirtschaftskomplexe *gemeinsame Programme* der internationalen Spezialisierung und Kooperation erarbeitet werden und die Zusammenarbeit auf dem Gebiet der Planung immer neue Bereiche der Volkswirtschaften der Länder erfaßt.

Diese gemeinsamen langfristigen Programme der internationalen Spezialisierung und Kooperation sind von großer Bedeutung für die Intensivierung, die Steigerung der Produktivität und der Effektivität des Reproduktionsprozesses in den einzelnen Ländern, wobei die Abhängigkeit staatlicher Strukturpolitik von gleichgerichteten oder koordinierten Maßnahmen der Partnerstaaten zunimmt.

Wenn wir weiterhin davon ausgehen, daß die Wirksamkeit der Integration, ihre Einwirkung auf Produktivität und Effektivität für die Beteiligten in starkem Maße über das Planungssystem und die Planungszusammenarbeit entschieden wird, so spielen diese langfristigen Programme gewissermaßen als die materiell-technische Ausgestaltung dieses Systems der Planungszusammenarbeit eine zunehmend entscheidende Rolle für das Fortschreiten der wissenschaftlich-technischen und ökonomischen Integration im RGW überhaupt.

Die Komplexität, auf die ich in meiner ersten These hinwies, gebietet es, daß auch bei den langfristigen bilateralen und multilateralen, auf die Volkswirtschaft bzw. auf einzelne Zweige bezogenen Programmen ständig die inneren Zusammenhänge hergestellt werden, um hier nicht

- entweder Wachstums- und Produktivitätsreserven brachliegen zu lassen
- oder durch Nichtherstellung der entsprechenden Zusammenhänge zum Beispiel zwischen Zielprogrammen und bilateralen Spezialisierungsprogrammen gleiche Ressourcen gewissermaßen zwei- oder dreimal zu verteilen.

Im Zusammenhang mit diesen langfristigen Programmen hat Genosse Erich Honecker in der Februarberatung mit den 1. Sekretären der Kreisleitungen der SED darauf hingewiesen, daß gegenwärtig intensiv an einem Programm der Spezialisierung und Kooperation der Volkswirtschaften der DDR und der Sowjetunion für den Zeitraum 1980 bis 1990 gearbeitet wird, dessen Vorbereitung im vergangenen Jahr im Sommer auf der Krim vereinbart wurde. Dabei ist es wichtig, zu beachten, daß sich dieses langfristige Programm der Spezialisierung und Kooperation zwischen der DDR und der UdSSR organisch mit den langfristigen Zielprogrammen im Rat für Gegenseitige Wirtschaftshilfe verbindet, die auf der XXX. und XXXI. RGW-Tagung beschlossen wurden.

Es ist nicht immer einfach, in unseren wissenschaftlichen Publikationen alle unsere Programme usw. genau zu sortieren. Der Leser, ob Student oder Parteipropagandist, hat es dann nicht immer einfach, und wir erschweren es ihm zusätzlich durch ein gewisses Durcheinander in den Begriffen und Erklärungen. Mir scheint deshalb die heutige Beratung ein günstiger Anlaß dafür zu sein, daß wir uns darüber verständigen sollten, was *im Zusammenhang mit der Planung und der Planungszusammenarbeit* auf dem Gebiet der sozialistischen ökonomischen Integration, eingeschlossen die internationale Spezialisierung und Kooperation, sich hier eigentlich gegenwärtig vollzieht.

Nach meiner Auffassung sollten wir für eine klare Orientierung stets hervorheben, daß selbstverständlich die in den Normativdokumenten des RGW und dabei besonders im Komplexprogramm formulierte *Zusammenarbeit* auf dem *Gebiet der Planungstätigkeit* und besonders die *Koordinierung der Volkswirtschaftspläne nach wie vor die von allen anerkannte Hauptmethode* der Organisation der Zusammenarbeit und Vertiefung der internationalen sozialistischen Arbeitsteilung ist. Das ist so im Komplexprogramm formuliert und von allen Parteien in ihren Dokumenten bestätigt.

Die Zielprogramme des RGW und das zweiseitige Programm der Spezialisierung und Kooperation der Volkswirtschaften der DDR und der Sowjetunion bzw. die analogen zweiseitigen Programme der Sowjetunion mit den anderen RGW-Ländern sind spezielle Formen der Zusammenarbeit mit bestimmten, spezifischen Zielsetzungen. Sie bilden nach einer bestimmten Rang- und Reihenfolge zugleich entscheidende Schwerpunkte für die Koordinierung der Volkswirtschaftspläne zwischen den RGW-Ländern, d. h. also der DDR mit der Sowjetunion bzw. mit Volkspolen, der ČSSR oder anderen RGW-Ländern.

Mir scheint Klarheit über diese Zusammenhänge wichtig zu sein, um Verwässerungen oder gar Entstellungen vorzubeugen.

Im Zusammenhang mit den *langfristigen Zielprogrammen* des RGW hat die XXXI. Ratstagung nunmehr drei Zielprogramme in den Vordergrund gerückt, deren Entwürfe gegenwärtig fertiggestellt werden und die bedeutende Auswirkungen auf die internationale Spezialisierung und Kooperation in Wissenschaft, Technik und Produktion haben werden. Das ist bekanntlich *erstens* ein Programm für die Entwicklung von Energie, Brennstoffen und Rohstoffen; *zweitens* ein Programm für die Entwicklung der Landwirtschaft und der Produktion von Nahrungsmitteln und schließlich *drittens* im Zusammenhang mit den beiden ersten Programmen ein Programm zur Entwicklung des Maschinenbaus, um die ersten beiden Programme durch Produktionsinstrumente, vor allem durch einen entwickelten Anlagenbau (ich erinnere hier nur an Anlagen für den Kernbrennstoffzyklus, moderne Chemieanlagen u. a. m.) materiell abzusichern.

Im Zusammenhang mit den langfristigen Zielprogrammen sind einige komplizierte Probleme zu entscheiden und zu lösen, über die wir uns bereits auf einer unserer letzten Ratstagungen verständigt haben. Wichtig ist, daß so komplizierte Fragen wie die Roh- und Brennstoffversorgung bzw. die Versorgung mit Nahrungsmitteln unserer Länder für die 80er Jahre bereits heute konzeptionell angegangen werden müssen, daß dabei schließlich auch Alternativlösungen Eingang finden müssen in das jeweilige Zielprogramm, woraus sich dann Ableitungen für die Strukturentwicklung, die Einordnung der Länder in die internationale Spezialisierung und Kooperation ergeben.

In diesem Zusammenhang ist das Zielprogramm der Entwicklung des Maschinenbaus zur materiellen Untersetzung der anderen Programme, das die Bedarfsanforderungen und die Verpflichtungen zur arbeitsteiligen Produktion und Lieferung von Maschinen und Anlagen in eine übersichtliche und zugleich realisierbare Form bringen muß, gegenwärtig eine der allerkompliziertesten Aufgaben im RGW überhaupt. Aber genau dieses Programm wird in hohem Maße eine wichtige Grundlage für die weitere Spezialisierung und Kooperation der Produktion zwischen den RGW-Ländern bilden müssen.

Nehmen wir dafür nur ein Beispiel (und ich nehme nicht das komplizierteste, die Entwicklung des Kernkraftwerksanlagenbaus, sondern ich nehme das Erdölbeispiel).

Wir wissen, daß der Bedarf an Erdöl in unseren Ländern weiter anwachsen wird. Das ergibt sich aus der Motorisierung und Chemisierung unserer Volkswirtschaften. Um den wachsenden Bedarf zu decken, müssen wir im RGW gemeinsam nach neuen Lösungen suchen. Dabei bieten sich zwei Möglichkeiten oder eine Kombination zwischen beiden an.

Die *erste Möglichkeit* besteht in der tieferen Spaltung des Erdöls, d. h. aus dem Rohöl mehr helle Produkte herauszuholen. Die Mehrzahl der RGW-Länder will den Anteil der hellen Produkte von 47–55% gegenwärtig auf 57–60% im Jahre 1990 steigern. Dazu sind aber umfangreiche Investitionen erforderlich, vor allem werden dafür völlig neue Verfahren und Anlagen gebraucht. Die *Erdölchemie* benötigt vor allem moderne *Krackanlagen* und vieles andere mehr, auf deren Produktion wir im RGW arbeitsteilig noch nicht eingestellt sind, die wir gegenwärtig in hohem Maße noch aus dem nichtsozialistischen Wirtschaftsgebiet importieren und bei deren Export die kapitalistischen Konzerne hohe Profite realisieren. Damit wird der Chemieanlagenbau unserer Länder vor neuen großen Aufgaben stehen, die er nur auf der Grundlage der internationalen Spezialisierung und Kooperation für die gesamte Reproduktionskette bewältigen kann.

Eine *andere Möglichkeit* besteht darin, daß wir unseren wachsenden Erdölbedarf in zunehmendem Maße durch Bezüge aus Entwicklungsländern decken. Hier sind aber ebenfalls Erschließungs- und damit Vorschußleistungen erforderlich. Das Hauptproblem besteht hierbei in der Bezahlung des Erdöls durch bedarfsgerechte Waren. Das sind aber ebenfalls vor allem Erzeugnisse des Maschinen- und Anlagenbaus, die dem spezifischen Bedarf dieser Länder entsprechen und über die wir gegenwärtig noch unzureichend verfügen. Hier wäre demnach ebenfalls eine *langfristige Vorbereitung der Industrie* erforderlich, einschließlich gewisser und zum Teil einschneidender Strukturveränderungen. Auch eine solche Entwicklung kann von uns langfristig nur bewältigt werden, wenn die Leitung und Planung der Spezialisierung und Kooperation auf diese Richtungen eingestellt wird.

Auch andere nachfolgende Zielprogramme werden in hohem Maße auf die Leitung und Planung der internationalen Spezialisierung und Kooperation in den einzelnen RGW-Ländern und in der Zusammenarbeit einwirken. Ich möchte hier nur noch an das Zielprogramm für das Transportwesen erinnern, das zwar bis zur XXXII. RGW-Tagung noch nicht abgeschlossen sein wird, sich aber in Arbeit befindet. Dabei werden zum Beispiel so bedeutende und komplexe Fragen gelöst werden müssen wie die durchgehende Erhöhung der Leistungsfähigkeit der Hauptstrecken der Eisenbahn, der Ausbau des internationalen Straßennetzes zwischen den RGW-Ländern, komplexe Verkehrslösungen an den Brennpunkten des internationalen Verkehrs und ein breiter Übergang zum internationalen Containertransport mit allen Auswirkungen und Erfordernissen, die sich hieraus für die internationale Spezialisierung und Kooperation in Wissenschaft und Produktion ergeben.

Schon jetzt werden im Transportwesen der RGW-Länder weitreichende Maßnahmen durchgeführt. So wird es zum Beispiel erforderlich, den gemeinsamen Güterwagenpark von gegenwärtig 300 000 Doppelachsen auf etwa 350 000 Doppelachsen zu vergrößern. Die DDR ist gegenwärtig mit rund 40 000 Doppelachsen an dem gemeinsamen Güterwagenpark beteiligt.

Entsprechend den Aufgabenstellungen im Komplexprogramm soll neben dem Eisenbahnwesen auch die See- und Hafenwirtschaft der DDR verstärkt auf die Aufgaben und Erfordernisse der ökonomischen Integration eingestellt werden. Schon jetzt werden jährlich über 100 Millionen Tonnen Export- und Importgüter zwischen der DDR und dem sozialistischen Wirtschaftsgebiet befördert, wobei der Anteil des Seeverkehrs von Jahr zu Jahr zunehmen soll. Sowohl der Ausbau der Eisenbahn als auch der Seeschiffahrt als auch der Häfen und Straßen stellen in allen Fällen große Anforderungen an den Maschinenbau, insbesondere an den Transportmaschinenbau und an den Schwermaschinen- und Anlagenbau.

Im Zusammenhang mit diesen und einer Vielzahl anderer Fragen muß ohne Zweifel die Ausarbeitung des Programms der langfristigen Spezialisierung und Kooperation mit der Sowjetunion von uns gesehen werden.

Die konkrete Zielstellung dieses Programms besteht offensichtlich zunächst vor allem darin:

Erstens: Strategische Hauptlinien der Spezialisierung und Kooperation sind zwischen unseren beiden Ländern auszuarbeiten, besonders für Finalerzeugnisse. Auf dieser Grundlage sollen sowohl die Eigenversorgung unserer beiden Länder verbessert als auch Möglichkeiten geschaffen werden für die Erhöhung des Exports in Drittländer.

Zweitens: Vor allem sollen die Zusammenarbeit für die Entwicklung neuer Erzeugnisse des Maschinenbaus, neuer Materialien und technologischer Prozesse in dem Programm fixiert und dazu internationale Abkommen bzw. Vereinbarungen abgeschlossen werden.

Drittens: In höherem Maße sollen Arbeiten zur Standardisierung, Unifizierung und Lizenzfähigkeit durchgeführt werden, um das Programm zu unterstützen.

Viertens: Wir wollen insgesamt mit Hilfe dieses Programms ein höheres Qualitätsniveau unserer Erzeugnisse und die Reduzierung der Importe aus den kapitalistischen Ländern, vor allem bei strategischen wichtigen Erzeugnissen, erreichen.

In diesem Zusammenhang möchte ich abschließend noch einige wenige Bemerkungen zur *Vervollkommnung der Leitung und Planung von Maßnahmen der internationalen Spezialisierung und Kooperation in den Wirtschaftseinheiten* machen.

Für die Wirtschaftseinheiten hat eine qualifizierte *Mitwirkung an den Entscheidungen* über die Planaufgaben einschließlich der Integrationsaufgaben große Bedeutung. Dafür gibt es vor allem drei Gründe:

Erstens: Mit den Planaufgaben wird weitgehend darüber entschieden, wie die zukünftige Entwicklungsrichtung der Wirtschaftseinheiten sein wird, für welche konkreten Aufgaben die Potentiale von Forschung, Entwicklung und Produktion eingesetzt werden.

Zweitens: Der Plan dient als wesentliches Instrument der Leistungsbewertung; daraus ergibt sich die Fondsverteilung bis hin zu den Prämien.

Drittens: An Hand des Planes und seiner Erfüllung ist die Kontrolle der festgelegten Aufgaben vorzunehmen. Sind Maßnahmen internationaler Wirtschaftszusammenarbeit in den Plänen enthalten und auch bilanziert, so erhöht das die Sicherheit der Erfüllung.

Die Verantwortung der Wirtschaftseinheiten und ihrer Zweigleitungsorgane für Maßnahmen der internationalen Spezialisierung und Kooperation kann sich deshalb *nicht darauf beschränken, die von den übergeordneten Leitungen festgelegten Aufgaben exakt zu erfüllen,* sondern schließt die *Entscheidungsvorbereitung und -findung,* die *Planvorbereitung und -erarbeitung* ein.

Es gibt viele positive Beispiele, daß Kombinate und VVB und viele Großbetriebe mit Erfolg und guten Resultaten unmittelbar an der internationalen Planungszusammenarbeit teilnehmen. In der folgenden Diskussion wird ohne Zweifel an solche Beispiele angeknüpft, wie entsprechende Erfahrungen verallgemeinert werden können.

Von besonderer Bedeutung ist dabei, daß die Kombinate und VVB in hohem Maße an der Vorbereitung von Planentscheidungen über die internationale Spezialisierung und Kooperation durch *eigene konzeptionelle Arbeiten beteiligt* werden. Die praktischen Erfahrungen einiger großer Industriekombinate der DDR (Zeiss, Fortschritt Neustadt, Umformtechnik Erfurt u. a.) besagen, daß *ohne eine langfristige konzeptionelle Planungsarbeit, als deren Bestandteil der Plan der sozialistischen ökonomischen Integration ausgearbeitet wird,* die *Ziele und Aufgaben der sozialistischen ökonomischen Integration leitungsseitig nicht beherrscht werden können.*

Immer öfter werden auch konzeptionelle Vorstellungen auf eigene Initiative der Wirtschaftseinheiten an die übergeordneten Leitungen übergeben. Das erfolgt in vielfältiger Form, in Gestalt von Begründungen für Investitionsentscheidungen, von Nutzensnachweisen für Spezialisierungs- und Kooperationsvorhaben und in anderer Form.

Bei alledem erweist sich die *Qualität der planvorbereitenden Arbeit* einschließlich der Bedarfsermittlungen und des Nutzeffektnachweises immer mehr als das *entscheidende Kettenglied,* um die Wachstums- und Produktivitätspotenzen, die mit der internationalen Spezialisierung und Kooperation verbunden sind, immer besser in den Dienst einer kontinuierlichen, stabilen Erhöhung der Leistungskraft der Wirtschaft mit dem Ziel der vollständigeren Befriedigung der Bedürfnisse der Menschen zu stellen.

Gut arbeitende VVB und Kombinate sind auf Grund ihrer Erfahrungen zu der Auffassung gelangt, daß die *konzeptionelle Arbeit zur Planvorbereitung* im Zusammenhang mit der internationalen Spezialisierung und Kooperation eine *Synthese* darstellt zwischen vier Elementen: 1. der Analyse der vergangenen Zeiträume und des erreichten Entwicklungsniveaus, 2. der Prognose wichtiger Entwicklungslinien in Wissenschaft, Technik und Produktion, 3. einer klaren Festlegung der Ziele und 4. der erforderlichen Maßnahmen zur Verwirklichung dieser Ziele.

Bedeutende Wirkungen auf die Steigerung der Arbeitsproduktivität können auch durch *neue Formen der* (internationalen) *Wirtschaftsorganisation erreicht* werden. Hierbei ist vor allem an die internationalen ökonomischen Organisationen gedacht, die auch die Planung der Länder vor neue Probleme stellen. Die internationalen ökonomischen Organisationen leisten zum Teil bereits eine beachtliche Arbeit bei der Koordinierung von Maßnahmen der Länder zur internationalen Spezialisierung und Kooperation. Ohne Zweifel sind im Zusammenhang mit der Arbeit dieser Organisationen noch tiefgründigere Analysen darüber erforderlich, welche Bedingungen geschaffen werden müssen, um die Koordinierungsarbeit und andere Tätigkeiten in diesen internationalen ökonomischen Organisationen noch effektiver zu gestalten.

Die *planmäßige Vertiefung* der internationalen Spezialisierung und *Kooperation in Wissenschaft, Technik und Produktion* zwischen den RGW-Ländern *mit dem Ziel,* weitere *Produktivitäts- und Wachstumsreserven* für die Länder zu erschließen, die zunehmend auf der Grundlage gemeinsam erarbeiteter langfristiger multilateraler und bilateraler Konzeptionen in Gestalt der langfristigen Zielprogramme bzw. der langfristigen zweiseitigen Programme der Spezialisierung und Kooperation erfolgt, ist ein Teil des Kampfes der fortschrittlichen Menschheit für eine sozialistische und kommunistische Zukunft. Sie wird dazu beitragen, die Kräfte des Sozialismus zu mehren, die innere Stabilität unseres Systems weiter zu erhöhen, den Annäherungs- und Angleichungsprozeß innerhalb der sozialistischen Gemeinschaft zu vertiefen und somit das internationale Kräfteverhältnis weiter zu Gunsten des Sozialismus zu verändern.

J. Bandelin

Einige Bemerkungen zur internationalen Spezialisierung und Kooperation der Produktion von Baugruppen und Teilen

Die Spezialisierung der Produktion von Baugruppen und Teilen ist und bleibt eine der Richtungen der internationalen Spezialisierung. Zweifellos ist sie gegenwärtig noch weniger verbreitet als die Spezialisierung auf die Produktion von Finalerzeugnissen, obwohl sie bereits in größerem Umfang im Kraftfahrzeugbau, im Landmaschinenbau, im Schienenfahrzeugbau und in anderen Zweigen vorzufinden ist.

Ohne Zweifel ist die internationale Spezialisierung auf Erzeugnisbestandteile sehr perspektivreich, wenn sie auch mehr Voraussetzungen als die Spezialisierung auf Finalerzeugnisse erfordert. Aber: Es gibt keinen Grund, diese Spezialisierungsrichtung an sich als die effektivste anzusehen oder sie weitgehend als für sich allein genommen zu betrachten. Ihre Bedeutung ist gegenüber den anderen Richtungen der internationalen Spezialisierung nicht zu verabsolutieren.

Es ist auch einer solchen These nicht zuzustimmen wonach Baugruppen in bezug auf die wissenschaftlich-technische Entwicklung im allgemeinen einen konservativen Charakter besäßen und auf neue Finalerzeugnisse schnell umgestellt werden könnten. Sicher trifft das auf eine Reihe von Einzelteilen – z. B. Preß- und Schmiedeteile – und auch einige Arten von Baugruppen zu. Andererseits bestimmen gerade Bauelemente und Baugruppen das wissenschaftlich-technische Niveau der Finalerzeugnisse sowie den Rhythmus ihrer wissenschaftlich-technischen Erneuerung. Das gilt z. B. weitgehend für elektronische, pneumatische und hydraulische Baugruppen. Elektronische Bauelemente und Baugruppen sind sogar meistens ausschlaggebend für das wissenschaftlich-technische Niveau der elektronischen Geräte oder der numerisch gesteuerten Maschinen, und die Erzeugnisgenerationen elektronischer Rechenmaschinen werden seit je von der Generationsfolge elektronischer Bauelemente bestimmt.

Ganz im Gegensatz zu Auffassungen von einem wissenschaftlich-technisch konservativen Charakter der Baugruppen und Teile wurde vom Genossen Honecker auf dem IX. Parteitag betont: „Vom wissenschaftlich-technischen Niveau und der Qualität der Zulieferungserzeugnisse muß ein *kräftiger Impuls* für die Qualität aller Erzeugnisse ausgehen." (Hervorhebung: J. B.)[1]

Es erscheint insgesamt wenig angebracht, Bauteile und Baugruppen ausschließlich als Anhängsel der Finalerzeugnisse zu betrachten. Viele Produktionsstätten für ihre Fertigung in der DDR sind große Betriebe, spezialisierte Werke mit mehreren Tausend Beschäftigten und teilweise einem beachtlichen Forschungspotential.

Seit vielen Jahren gibt es in der DDR eine ganze Reihe von spezialisierten Zweigen der metallverarbeitenden Industrie, die ausschließlich Baugruppen und Teile herstellen und jeweils in VVB bzw. Kombinaten organisiert sind. Hier sei nur an die VVB Wälzlager und Normteile, die VVB Pumpen und Verdichter, das Kombinat ORSTA-Hydrau-

[1] Bericht des Zentralkomitees der Sozialisischen Einheitspartei Deutschlands an den IX. Parteitag der SED, Berichterstatter: Genosse Erich Honecker, Berlin 1976, S. 58.

lik und die aus dem Bereich der VVB Bauelemente hervorgegangenen neuen Kombinate Mikroelektronik und Elektronische Bauelemente erinnert.

Verwiesen sei ebenfalls auf die rd. 300 zentralen Fertigungen, die in der DDR inzwischen für zweigtypische und maschinenbautypische Baugruppen und Teile entstanden sind. Jede von ihnen beliefert im Durchschnitt bereits 60 Kooperationspartner. Ihre Produktion insgesamt ist mit dem Produktionsvolumen der beiden Zuliefer-VVB Wälzlager und Normteile sowie Gießereien vergleichbar und beträgt ca. 5 Prozent der mvI-Produktion.[2]

Maßnahmen zur internationalen Produktionsspezialisierung können also an die erreichte Spezialisierung und Konzentration innerhalb der Volkswirtschaft anknüpfen und ihren Fortgang unterstützen und beschleunigen. Das ist bereits in der Vergangenheit geschehen bei Wälzlagern, elektronischen Bauelementen, Lichtquellen, Elektromotoren u. a. Erzeugnissen.

Natürlich wachsen die Möglichkeiten für eine internationale Spezialisierung von zweigtypischen und maschinenbautypischen Erzeugnisbestandteilen mit der Absonderung der Baugruppen- und Teile-Produktion von der Finalproduktion und mit der Herausbildung spezialisierter Betriebe und Zweige dieser Produktion in den Partnerländern. Dazu zu zählen ist auch der Aufbau von zentralen Fertigungen in den Partnerländern, z. B. in der ČSSR.

Wie die Praxis zeigt, muß dem sehr engen Zusammenhang zwischen nationaler und internationaler Spezialisierung von zweig- und maschinenbautypischen Baugruppen und -Teilen bei allen Schritten auf dem Wege zur internationalen Spezialisierung große Bedeutung beigemessen werden.

Bereits bei der Konzipierung der Spezialisierungsmaßnahmen und beim Beginn der Standardisierungsarbeiten muß bedacht werden, daß die Weltmarktfähigkeit einer Vielzahl von Finalerzeugnissen, in denen dieselben Baugruppen verwendet werden, nicht eingeschränkt werden darf. Ebensowenig darf die Dauerhaftigkeit vielfältiger und zahlreicher Kooperationsbeziehungen innerhalb der Volkswirtschaft unterbrochen werden. Eine hochgradige Gegenseitigkeit der Lieferungen bildet deshalb eine wichtige Voraussetzung für diese internationale Spezialisierung der Produktion.

Bei erzeugnisspezifischen Baugruppen und Teilen bestehen andere Anknüpfungspunkte und Bedingungen für die internationale Spezialisierung. Ihre internationale Spezialisierung kann zwar die nationale Spezialisierung auf erzeugnistypische Bestandteile wesentlich unterstützen. Sie kann andererseits auch Impulse von ihr erhalten, aber sie ist zuallererst mit der internationalen Spezialisierung der betreffenden Finalerzeugnisse verbunden. Das zeigt sich bei der umfangreichen Shiguli-Kooperation genauso wie bei der internationalen Kooperation für den Mähdrescher E 512 und seinen Nachfolger, den E 516.

Dic vorhandenen Beispiele einer effektiven und umfangreichen Spezialisierung erzeugnis-spezifischer Baugruppen und Teile demonstrieren aber mehr als nur enge Beziehungen zur Spezialisierung des entsprechenden Finalerzeugnisses und umgekehrt. Der Ausgangspunkt für die spezialisierte Produktion der Erzeugnisbestandteile besteht in der Regel darin, eine hochkonzentrierte und spezialisierte Produktion des Finalerzeugnisses zu erreichen. In diesem Zusammenhang wird die bereits innerhalb eines Betriebes oder Werkes vorhandene Arbeitsteilung zwischen Teilefertigung und Montage

2 L. Rouscik, Zu Fragen der Entwicklung, Leitung und Planung zentraler Fertigungen, in: Die Technik, 2/1978, S. 62.
D. Rohde, Methodik und einige Ergebnisse der statistischen Erfassung zentraler Fertigungen, in: Die Technik, 2/1978, S. 82.

weitergeführt zur zwischenbetrieblichen und zur internationalen Arbeitsteilung und damit sowohl die Montage- als auch die Teilefertigung weiter konzentriert und spezialisiert, um eine höhere Effektivität des Finalerzeugnisses und zusätzliche Kapazitäten dafür zu gewinnen.

Die internationale Spezialisierung und Kooperation der Produktion erzeugnisspezifischer Baugruppen und Teile muß also der internationalen Spezialisierung des Finalerzeugnisses untergeordnet werden. Ziel dieser Spezialisierung und Kooperation muß vor allem sein, die Produktion hocheffektiver Finalerzeugnisse für die allseitige Stärkung unserer Exportkraft und zur Versorgung unserer Volkswirtschaft zu entwickeln.[3] (Das gilt analog für anlagentypische Einzelaggregate und Baugruppen.) Diese Zielsetzung schließt ein:

– ein hohes wissenschaftlich-technisches Niveau und eine hohe Erzeugnisqualität der Finalerzeugnisse, ihre Weltmarktfähigkeit in allen Richtungen des Exports;

– ein höheres Aufkommen an Finalerzeugnissen – ohne Einschränkung des erforderlichen Exportsortiments und bei größerer Effektivität ihrer Produktion – zur vollen Deckung des volkswirtschaftlichen und des Partnerbedarfs und zur gleichzeitigen Schaffung zusätzlicher Exportfonds.

Es bleibt in diesem Zusammenhang unverständlich, wie eine umfassende bzw. weitgreifende internationale Produktionsspezialisierung von Baugruppen und Teilen relativ unabhängig von anderen Richtungen der internationalen Produktionsspezialisierung und absolut vorrangig gegenüber ihnen erfolgen sollte. Kein Mitgliedsland des RGW könnte m. E. die Produktion international gefragter und für seinen Export nach den RGW-Ländern sowie nach dem NSW wichtiger Finalerzeugnisse zugunsten einer international spezialisierungsfähigen Produktion von Baugruppen und Teilen einstellen. Es erscheint z. B. undenkbar, an Stelle der zu 80 Prozent für den Export produzierten Finalerzeugnisse im VEB Schwermaschinenbaukombinat „Ernst Thälmann" Magdeburg eine größere Zahl von Baugruppen international spezialisiert und in großen Dimensionen zu fertigen. Dieses Kombinat mit seinen 14 Betrieben und mehr als 27 000 Beschäftigten hat seit der Gründung der DDR 350 Warm- und Kaltwalzwerke, 340 technologische Linien für die Zementproduktion, 1000 metallurgische und Schwerlastkrane, 8000 Kabel- und Verseilmaschinen und 14200 Drahtziehmaschinen für den Export bereitgestellt, insbesondere für den Export in die UdSSR.[4]

Mit der Einordnung von Maßnahmen der internationalen Spezialisierung und Kooperation erzeugnisspezifischer Baugruppen und Teile in die internationale Produktionsspezialisierung von Finalerzeugnissen sollte zwei Forderungen entsprochen werden:

– Die internationale Spezialisierung von Baugruppen und Teilen sollte in komplexe Lösungen der internationalen Spezialisierung und Kooperation einbezogen werden.

– Die internationale Spezialisierung von Baugruppen und Teilen sollte vor allem auf die langfristig stabilen Hauptexportlinien orientiert werden.

Die internationale Produktionsspezialisierung erzeugnis-spezifischer Baugruppen und Teile sollte also insbesondere die Exportschwerpunkte stärken und gerade dazu und dort komplexe Lösungen der internationalen Spezialisierung und Kooperation herbeiführen lassen.

Die internationale Spezialisierung und Kooperation erzeugnisspezifischer Baugruppen und Teile ist besonders dazu geeignet, die Konzentration und Effektivität der Pro-

[3] Vgl. E. Honecker, Die Aufgaben der Partei bei der weiteren Verwirklichung der Beschlüsse des IX. Parteitages der SED, in: Neues Deutschland vom 18./19. Februar 1978, S. 6.

[4] Vgl. DDR – leistungsstarker Partner im Welthandel, in: Neues Deutschland vom 13. März 1978, S. 3.

duktion wichtiger Finalerzeugnisse für den Export ohne Einschränkung des für den Export erforderlichen Sortiments an Finalerzeugnissen zu erhöhen. Wenn es gelingt, die exportseitige Spezialisierung von Finalerzeugnissen mit der importseitigen Spezialisierung entsprechender Baugruppen und Teil sowie mit der internationalen Forschungskooperation zu verbinden, können langfristig ein erheblicher Exportzuwachs und eine bedeutende Effektivitätssteigerung der Produktion realisiert werden. Darum bietet es sich gerade für die Exportschwerpunkte an, nicht nur die Produktionsspezialisierung mit der Forschungskooperation zu verbinden, sondern insgesamt komplexe Lösungen der internationalen Spezialisierung und Kooperation zu entwickeln. Es kommt hier immer wieder darauf an, die Einheit von Forschungskooperation, Produktionsspezialisierung und Produktionskooperation zu verwirklichen.

Bei der Einbeziehung der internationalen Spezialisierung und Kooperation von erzeugnisspezifischen Baugruppen und Teilen in komplexe Lösungen der internationalen Spezialisierung und Kooperation ist weit mehr erforderlich als nur eine hohe Disziplin in den Zulieferungen in bezug auf Lieferqualität, Liefermenge und Liefertermin. Diese Einbeziehung und ein stabiles Funktionieren der Produktionskooperation von erzeugnisspezifischen Baugruppen und Teilen selbst erfordern stets eine volle Synchronisation der Tätigkeit der Zulieferer mit der Arbeit der Finalproduzenten, beginnend in Forschung und Entwicklung und ausgedehnt bis zu Absatz und Versorgung, einschließlich der gesicherten Ersatzteilversorgung und eines einwandfreien Kundendienstes auf Drittmärkten. Die synchronisierte Arbeit an wissenschaftlich-technischen Problemen und die damit verbundene ständige Forschungskooperation schließen wichtige Impulse zur Weiterentwicklung des Finalerzeugnisses seitens der Baugruppen- und Teileproduktion ein und sind in ihrer Richtung nicht einseitig zu verstehen.

Die Entwicklung komplexer Lösungen der internationalen Spezialisierung und Kooperation verlangt schließlich ein ausgewogenes Verhältnis in der Kombination der verschiedenen Spezialisierungsrichtungen. In diesem Zusammenhang muß davon ausgegangen werden, daß eine internationale Spezialisierung auf ein Finalerzeugnis sich bei gleichzeitiger internationaler Baugruppenkooperation nur als dauerhaft erweisen kann, wenn sich die Produktion des Finalerzeugnisses tragend auf die Eigenfertigung entscheidender Baugruppen stützt.

G. Brendel

Zu einigen Fragen der planmäßigen Ausnutzung der Ware-Geld-Beziehungen für die Entfaltung der internationalen Spezialisierung und Kooperation

Die sozialistische internationale Spezialisierung und Kooperation der Produktion ist eine Hauptrichtung, um die Vorzüge der sozialistischen internationalen Arbeitsteilung für die Erhöhung der Effektivität des volkswirtschaftlichen Reproduktionsprozesses – angefangen bei der Forschung und Entwicklung über die Investitionstätigkeit, die unmittelbare Fertigung bis hin zum internationalen Warenaustausch – durch die beteiligten Länder auszunutzen und insgesamt die Wirtschaftskraft der sozialistischen Staatengemeinschaft zu stärken. Die Rolle der Spezialisierung und Kooperation als Bedingung und Faktor der Intensivierung der Produktion tritt immer deutlicher in den Vordergrund.

Sowohl unter dem Aspekt der Messung des ökonomischen Nutzeffekts der entsprechenden Vorhaben als auch unter dem Gesichtspunkt der Förderung der materiellen Interessiertheit und materiellen Verantwortung der beteiligten Partner werden Verlauf und Ergebnisse der Spezialisierung und Kooperation in erheblichem Maße durch die planmäßige Ausnutzung der internationalen Wertkategorien mitbestimmt.

Generell muß dabei von folgenden Prämissen ausgegangen werden:

1. Bei der planmäßigen Ausnutzung der internationalen Wertkategorien ist stets der Einheit von gebrauchswertmäßig-naturalen und wertmäßig-finanziellen Prozessen Rechnung zu tragen. Das schließt z. B. auch ein, daß die Anwendung der Preisbildungsprinzipien im entsprechenden Fünfjahrplanzeitraum nur in Einheit mit der Koordinierung der Fünfjahrpläne und den Festlegungen der langfristigen Handelsabkommen erfolgen kann.

2. Die planmäßige Ausnutzung der Wertkategorien für die Stimulierung einzelner hocheffektiver Maßnahmen der internationalen Spezialisierung und Kooperation kann nicht losgelöst betrachtet werden vom Gesamtsystem der planmäßigen Ausnutzung der Wertkategorien in den Wirtschaftsbeziehungen zwischen den RGW-Ländern und den damit verbundenen gesamtvolkswirtschaftlichen Wirkungen (Zahlungsbilanz, Entwicklung wichtiger Aufwands-/Ertragsrelationen in Ex- und Import). Dabei ist der Umstand zu beachten, daß auf Grund des in den Wirtschaftsbeziehungen zwischen den sozialistischen Staaten wirkenden staatlichen Eigentums der Zusammenhang zwischen Wert und Preis des Einzelerzeugnisses und der Wert- und Preissumme der Gesamtheit der ausgetauschten Waren zu berücksichtigen ist.

3. Die Entwicklung der sozialistischen ökonomischen Integration, die Vertiefung der Zusammenarbeit in Wissenschaft, Technik, Investitionsgeschehen und Produktion stellt Anforderungen an die Nutzung der Wertkategorien in ihrer Gesamtheit und das in zweierlei Hinsicht:

- Beachtung des Zusammenhangs zwischen den verschiedenen Wertkategorien (Preis, Kosten, Zinsen, Kredit usw.);
- Zusammenhang zwischen den Wirkungen der Wertkategorien in den gegenseitigen Beziehungen und im innerstaatlichen Rahmen.

Am Beispiel des Preises: Es ergeben sich Anforderungen an die Preisbildung in ihrer Gesamtheit, d. h. an die RGW-Preisbildung, an die Inlandspreisbildung und die planmäßige Gestaltung und Ausnutzung der an Tiefe und Breite zunehmenden Wechselbeziehungen zwischen den RGW- und Inlandspreisen.

4. Auch in den gegenseitigen Wirtschaftsbeziehungen sind die Wertkategorien sehr unmittelbar mit den Interessen – den gemeinsamen und spezifischen – verbunden. Sie sind zugleich wichtige Instrumente zur Sicherung der Interessenübereinstimmung, können dem aber nur Rechnung tragen, wenn bei ihrer planmäßigen Ausnutzung von den konkreten materiellen Interessen ausgegangen wird.

5. Die Berücksichtigung der Interessenlage der Länder in den gegenseitigen Wirtschaftsbeziehungen schließt auch ihre Beziehungen zu kapitalistischen Ländern ein. Genosse Gruner hat auf diese Zusammenhänge hingewiesen. Gerade für die siebziger Jahre ist charakteristisch, daß sich diese Beziehungen extensiv (Umfang der Handelsbeziehungen) und intensiv (Anwendung neuer Formen in den Wirtschaftsbeziehungen mit KIL und Entwicklungsländern, die z. T. über die Zirkulation hinausgehen) erweitern und damit die Interessen der Länder vielschichtiger beeinflussen.

In den folgenden Ausführungen möchte ich zu drei Fragen einige Gedanken äußern:
erstens zur RGW-Preisbildung für spezialisierte und kooperierte Erzeugnisse,
zweitens zur Preisbildung in Verbindung mit der wachsenden Investitionskooperation,
drittens zur Bewertung und Preisbildung für wissenschaftlich-technische Erzeugnisse.

RGW-Preisbildung für spezialisierte und kooperierte Erzeugnisse

Im Ergebnis der Anwendung der Festlegungen der 70. Tagung des RGW-Exekutivkomitees wurden und werden die RGW-Vertragspreise schrittweise an das neue Niveau und die Relationen der Hauptwarenmarktpreise bei Erhaltung der relativen Selbständigkeit des RGW-Preissystems angenähert. Damit haben sich wichtige Einflüsse auf die ökonomischen Interessen der Länder vollzogen, die primär aus den veränderten Preisrelationen zwischen Primärprodukten und Erzeugnissen der verarbeitenden Industrie resultieren.

Zugleich haben die von der Auslandspreisentwicklung ausgehenden Wirkungen auf die Effektivität der Wirtschaftszusammenarbeit und die Stimulierung wichtiger Intensivierungsprozesse (Materialökonomie, Nutzung der Grundfonds, Erhöhung der Exportkraft) größeren Einfluß auf die Leitung und Planung der Wirtschaftsbeziehungen zwischen den RGW-Ländern gewonnen.

Diese Erfahrungen sind bei der weiteren Vervollkommnung der RGW-Preisbildung auch für spezialisierte und kooperierte Erzeugnisse zu nutzen.

Die Erfahrungen der RGW-Preisarbeit der Jahre 1975 bis 1977 besagen dreierlei: *Erstens: Die grundlegenden Prinzipien der RGW-Preisbildung in den Beziehungen zwischen den Mitgliedsländern sind einheitlich für alle Formen der Zusammenarbeit und Warenarten anzuwenden.* Sie lassen genügend Spielraum, um bestimmten Spezifika der Ware oder der Form der Zusammenarbeit Rechnung zu tragen.

Gerade in Verbindung mit der fundamentalen Veränderung der Preisrelationen und ihren Wirkungen auf die Interessen der Länder bestätigt sich: Es ist im Prinzip undenkbar, daß die Preisbildung für spezialisierte und kooperierte Erzeugnisse (d. h. vorwiegend Erzeugnisse des Maschinenbaus, der Chemie, der Leichtindustrie) auf grundlegend anderen Methoden der Preisbildung beruht als der traditionelle Außenhandel oder daß im Maschinenbau andere Grundprinzipien zur Anwendung kommen als im

Rohstoffbereich. Damit würden verschiedene Interessenebenen zwischen den Mitgliedsländern des RGW entstehen, die sich unvorteilhaft auf die weitere Wirtschaftszusammenarbeit auswirken können. Unterschiedliche Grundprinzipien der Preisbildung für verschiedene Formen der Zusammenarbeit würden dem Grundsatz des gegenseitigen Vorteils widersprechen, Zusammenhänge zwischen der Effektivität der Rohstoffimporte (einschließlich Investitionsbeteiligungen) und darauf basierender Strukturlinien negieren, Wirkungen auf die Zahlungsbilanzen unberücksichtigt lassen.

Insofern sehe ich für das Gebiet der Spezialisierung und Kooperation die Aufgabe nicht darin, ein gesondertes Prinzip „der Anwendung eines besonderen Systems von Integrations- (Kooperations)preisen" einzuführen.[1] Heißt die Negierung eines solchen Prinzips, daß bei der Preisbildung für ISK-Erzeugnisse keine Besonderheiten zu beachten sind? Nein. Aber m. E. ist das nicht ein Problem der differenzierten Preisbildung für den traditionellen Außenhandel einerseits und der Preisbildung für spezialisierte und kooperierte Erzeugnisse andererseits. Es geht vielmehr darum, bestimmten Spezifika innerhalb der internationalen Spezialisierung und Kooperation Rechnung zu tragen. Genosse Bandelin hat auf die verschiedenen Formen der Spezialisierung und Kooperation hingewiesen. Auch bei der RGW-Preisbildung ist das zu beachten.

Meines Erachtens muß man dabei folgende Unterschiede sehen:

a) Beim Austausch spezialisierter Erzeugnisse, die bereits vor Abschluß der Spezialisierungsabkommen Gegenstand des Austausches waren, werden in der Regel bestehende Vertragspreise übernommen.

b) Bei neu zu schaffenden Exportproduktionen im Rahmen von Spezialisierungsverträgen muß man von Anbeginn eine Orientierung an den Hauptwarenmarktpreisen vornehmen, dabei gegebenenfalls auch prognostische Aussagen einbeziehen.

c) Wird eine Kooperation bei maschinenbautypischen, standardisierten Baugruppen, die vielseitig einsetzbar sind, vorgenommen, werden in der Regel Hauptwarenmarktpreise Anwendung finden. Zum Beispiel beweist die Preisbildung bei Wälzlagern, daß es durchaus möglich ist, auf der Basis der Hauptwarenmarktpreise Vertragspreise zu vereinbaren und dabei auch ein weitgehend multilateral einheitliches Preisniveau zu sichern.

d) Handelt es sich um eine Kooperation bei zweigspezifisch und zeichnungsgebundenen für bestimmte Finalerzeugnisse vorgesehene Baugruppen, dann besteht ein sehr enger Zusammenhang zwischen Wertbildungs- und -realisierungsprozeß der Baugruppe und des Finalerzeugnisses und damit auch zwischen Preis des Finalerzeugnisses und der Baugruppe. In vielen Fällen werden keine Vergleichspreise auf den Hauptwarenmärkten existieren und die Handelspartner sehen in den Inlandspreisen einen wichtigen Anhaltspunkt für zu bestimmende Vertragspreise. Durch gemeinsame Arbeit von Technologen, Konstrukteuren, Ökonomen ist über technologische Vergleiche, Berücksichtigung der anfallenden Arbeitsstunden, des Materialeinsatzes und des technischen Kompliziertheitsgrades der Teile eine Präzisierung der Preisvorstellungen zu gewinnen. Die Kompliziertheit und Spezifik der Preisbildung auf diesem Gebiet heißt jedoch nicht, daß hier ein grundlegend anderes Preisbildungsprinzip Anwendung finden muß.

Zweitens: Es hat sich der Grundsatz bewährt, daß ohne Preisvereinbarung kein Vertrag abzuschließen ist.

Der Vertragspreis ist eine wichtige Kategorie des Außenhandelsgeschäfts auch bei Erzeugnissen der internationalen Spezialisierung und Kooperation.

[1] Ju. Kormnov, Naučno-techničeskij progress i integracija stran-členov SĖV v mašinostroenii, in: Planovoe chozjajastvo, 5/1977, S. 69.

Im Rahmen des Außenhandelsliefervertrages kann eine wirksame Verbindung von gebrauchswertmäßigen (Qualität, wissenschaftlich-technischer Stand) und wertmäßigen Prozessen hergestellt und die Entwicklung des Preises an die Realisierung wichtiger Gebrauchsparameter gebunden werden.

Meines Erachtens ist es ausgehend davon auch notwendig, die Importabgabepreise rechtzeitiger zu bilden. Die gegenwärtig häufig anzutreffende Praxis, die Importabgabepreise erst nach Abschluß der Verträge über internationale Spezialisierung und Kooperation und der daraus resultierenden Außenhandelsverträge zu bilden, läßt wichtige Impulse zur Förderung der internationalen Spezialisierung und Kooperation ungenutzt.

Drittens: Die Erfahrungen der RGW-Preisarbeit besagen, daß es notwendig ist, größere Stabilität auf dem Gebiet der Preisbildung zu sichern. Das trifft generell für die RGW-Preisbildung zu und ist nicht nur ein Spezifikum der Preisbildung für ISK-Erzeugnisse. Allerdings entstehen gerade hier langfristig, planmäßig vereinbarte Produktions- und Realisierungsbedingungen, die auch auf dem Gebiet der Preisbildung längerfristige Vereinbarungen erfordern (einschließlich der Einbeziehung perspektivischer Preistrends).

Das Eintreten für mehr Stabilität auf dem Gebiet der Vertragspreisbildung ergibt sich aus drei Gründen:

– Die Planung der ISK-Maßnahmen, ihre langfristige Gestaltung erfordert eine Beachtung der Einheit von Gebrauchswert- und Wertprozessen in ihrem längerfristigen Zusammenhang.

– Effektivitätseinschätzungen im Stadium der Vorbereitung von ISK-Maßnahmen sind nur real, wenn sich angenommene Ausgangsprämissen nicht wesentlich verändern. Sprunghafte Korrekturen der Vertragspreise können zu empfindlichen Störungen führen und die Interessenlage der Länder wesentlich verändern.

– Schließlich ist zu berücksichtigen, daß die Preisdynamik auf dem Weltmarkt – ohne Prozesse der letzten Jahre und Monate zu überschätzen – nach 1980 stabilere Lösungen ermöglichen könnte.

So weist die *Entwicklung der Weltmarktpreise auf Basis der UN-Indices* folgende Dynamik auf:

1973 : 1972	= 25 %
1974 : 1973	= 40 %
1975 : 1974	= 7 %
1976 : 1975	= 2,5 %
1977 : 1976 (1. Halbjahr)	= 10 %

Vergleicht man die *Entwicklung der Rohstoffpreise anhand des HWWA-Indexes,* so ergab sich in den gleichen Jahren folgende Dynamik:

1973 : 1972	+ 50 %
1974 : 1973	+ 68 %
1975 : 1974	– 9 %
1976 : 1975	+ 5 %
1977 : 1976	+ 10 %

Von Januar 1977 bis März 1978 erfuhren die Rohstoffpreise insgesamt keine wesentliche Veränderung.

Ein Preissprung wie 1973/74 kann meines Erachtens für den Zeitraum Ende der siebziger/Anfang der achtziger Jahre ausgeschaltet werden. Damit könnten aber auch solche extremen Wirkungen auf die Interessen der RGW-Länder – wie sie 1974/75 eintraten – vermieden werden.

Mehr Stabilität nach 1980 schließt ein, daß in ökonomisch begründeten Fällen (wesentliche Veränderung der HW-Preise, Veränderungen der Gebrauchswertparameter) Preiskorrekturen vorgenommen werden können (Prinzip der IX. RGW-Tagung).

Preisbildung in Verbindung mit der wachsenden Investitionskooperation

Im Prozeß der sozialistischen ökonomischen Integration entwickelt sich mehr und mehr die Zusammenarbeit auch im Investitionsgeschehen. Genosse Kohlmey hat auf einige Zusammenhänge Investitionen – ISK hingewiesen. Damit beeinflußt die Wirtschaftszusammenarbeit immer mehr auch die Grundfondsökonomie, insbesondere in Verbindung mit Neu- und Rationalisierungsinvestitionen.

Für die Mehrzahl der Formen der Investitionskooperation ist die gegenseitige Bereitstellung von Warenlieferungen und/oder Leistungen charakteristisch.

Aus der Vertiefung der Investitionskooperation zwischen den RGW-Ländern erwachsen auch vielfältige Anforderungen an die weitere Vervollkommnung der RGW-Preisbildung für den mit der Investitionskooperation verbundenen Waren- und Leistungsaustausch. Dabei sind vor allem folgende Faktoren zu beachten:

Erstens: Die RGW-Preisbildung für Investitionsgüter und -leistungen muß zur Ökonomisierung der Investitionsprozesse beitragen, die optimale Konzentration der Investitionstätigkeit, ihre rationelle Organisation, die Verkürzung der Bauzeiten und Senkung der Bau- und Montagekosten fördern.

Das wird vor allem dann gewährleistet, wenn sich die Preise für Lieferungen und Leistungen auf dem Gebiet der Investitionskooperation an international fortgeschrittenen Tendenzen der Entwicklung der Arbeitsproduktivität und der Kosten orientieren.

Zweitens: Planmäßigkeit und Stabilität der Preisbildung auf dem Gebiet des Waren- und Leistungsaustausches im Zusammenhang mit der Investitionskooperation sind ein wichtiges Erfordernis für eine ökonomisch begründete Vorbereitung und Durchführung der Investitionen (wobei auch der umgekehrte Zusammenhang besteht).

Auf Grund der Entwicklung des wissenschaftlich-technischen Fortschritts muß die Investitionseffektivität höher sein als die Effektivität der vorhandenen Grundfonds. In der Praxis zeigt sich jedoch vielfach die Tendenz, daß gerade Preiserhöhungen in den Bau- und Montageprozessen dem entgegenwirken.

Drittens: Die vielfältigen – teilweise sehr differenzierten – Probleme der Preisbildung, die sich im Zusammenhang mit der Investitionskooperation ergeben, resultieren vor allem daraus, daß im wachsenden Maße Leistungen hinzukommen, die bisher noch nicht Gegenstand der Zusammenarbeit waren.

Unter den vielfältigen Aufgaben zur weiteren Vervollkommnung der RGW-Preisbildung auf diesem Gebiet möchte ich drei nennen:

a) Bei Investitionsbeteiligungen besteht eine unmittelbare Verbindung zwischen dem Preisniveau der kreditierten materiellen Lieferungen und Leistungen, d. h. den Exporten im Rahmen der Investitionsbeteiligung und dem Preis des oder der Erzeugnisse, mit dem die Kredittilgung erfolgt. Es ist in jedem Fall zweckmäßig, diesen Zusammenhang für die gesamte Laufzeit des Abkommens durch Vereinbarung einer festen Preisbasis zu berücksichtigen.

b) Der Austausch von Bauleistungen zwischen den RGW-Ländern erfährt eine ständige Erweiterung. Zweifellos haben Bauleistungspreise auf Grund ihrer Spezifik

(Standortgebundenheit, naturbedingte Faktoren, Verschiedenheit der Objekte) oft einen stark individuellen Charakter.

Das darf jedoch nicht bis zur Negierung der Anwendung einheitlicher Methoden der Preisbildung führen.

Die Preisbildung anhand detaillierter Preisbildungsmethoden (Objektpreise, Preise auf der Basis bautechnischer Einheiten, von Teilleistungen und auf Basis der Arbeitszeit) muß für Ex- und Importeur gleichermaßen einen bestimmten verbindlichen Rahmen setzen.

c) Beim Austausch von Projektierungs- und Montageleistungen kommt insbesondere der Bewertung der lebendigen Arbeit Bedeutung zu.

Die Preisbildung für die jeweiligen Leistungen muß entsprechend den Weltmarktpreisen für vergleichbare Leistungen erfolgen. Hierbei spielen Stundensätze, die entsprechend der Praxis auf den Hauptwarenmärkten festgelegt sind, eine wichtige Rolle.

Überlegenswert ist, ob die geltenden Prinzipien und Methoden der Preisbildung nicht auch eine sinngemäße Anwendung auf dem Gebiet des Austausches technischer Dienstleistungen finden müssen. Eine solche Lösung würde auch die Vereinbarung von Stundensätzen unter Berücksichtigung der Gebührensätze der Hauptwarenmärkte des jeweiligen Basiszeitraumes, der für die RGW-Preisbildung festgelegt ist, einschließen. Hierbei könnten neben der Berücksichtigung von Lohnkostenindices auch Gebührensätze, die in den Beziehungen zwischen den RGW-Ländern und den kapitalistischen Industrieländern vereinbart werden, Berücksichtigung finden.

Bewertung und Preisbildung für wissenschaftlich-technische Leistungen

Auch Dynamik und Effektivität der wissenschaftlich-technischen Zusammenarbeit hängen im bedeutenden Maße davon ab, wie es gelingt, die stimulierende Rolle der internationalen Wertkategorien richtig auszunutzen.

Zweifellos ist die noch unzureichende Nutzung der Wertkategorien beim Austausch wissenschaftlich-technischer Erzeugnisse ein Grund dafür, daß *beim Verkäufer* das Interesse und die materielle Verantwortlichkeit bezüglich der Übergabe neuester Forschungsergebnisse und hocheffektiver anwendungsbereiter Problemlösungen und *beim Käufer* das Interesse an einer schnellen und effektiven Ausnutzung der wissenschaftlich-technischen Ergebnisse in der Praxis nicht wirkungsvoll genug stimuliert werden.

Da aber ein wachsender Teil des Nationaleinkommens bzw. des Nationalreichtums der sozialistischen Länder die Form von Forschungsergebnissen annimmt und über verschiedene Formen der wissenschaftlich-technischen Zusammenarbeit ausgetauscht wird, kommt der Ökonomisierung dieser Beziehungen wachsende Bedeutung zu.

Mit den Beschlüssen der IX. RGW-Tagung und den Festlegungen der 60. und 65. Sitzung des EKO ist der Rahmen für die Bewertung und Vereinbarung der Vertragspreise für wissenschaftlich-technische Ergebnisse gegeben.

Bei der Preisbildung kommt es dabei vor allem darauf an, neben dem Aufwandselement (Berücksichtigung des Aufwands für die Erarbeitung des wissenschaftlich-technischen Ergebnisses) dem Anwendernutzen (d. h. Nutzensumfang, Nutzensmöglichkeit, Zeitdauer der Nutzung, vor allem aber dem Neuheitsgrad verglichen mit dem Weltstand) größere Aufmerksamkeit zu schenken.

Letzteres ist Voraussetzung, um den Austausch fortgeschrittener wissenschaftlich-technischer Ergebnisse, die schnell produktions- und außenhandelswirksam werden, zu stimulieren.

Die Behandlung einiger Probleme der RGW-Preisbildung, die sich in Verbindung mit der sich vertiefenden Zusammenarbeit in Wissenschaft, Technik, Investitionsgeschehen und Produktion ergeben, verdeutlicht, daß damit auch wichtige Wirkungen auf die Intensivierung der volkswirtschaftlichen Reproduktionsprozesse verbunden sind.

G. Grüner

Spezialisierung der Produktion – objektive Entwicklungsbedingung der Arbeitsproduktivität

Wenn wir die Wege zur Steigerung der Arbeitsproduktivität untersuchen, so nimmt dabei die internationale Spezialisierung und Kooperation der Produktion mit den Ländern des RGW einen hervorragenden Platz ein. Bereits die Klassiker des Marxismus-Leninismus haben wiederholt auf den engen Zusammenhang zwischen der Entwicklung der Arbeitsproduktivität und dem sich ständig vertiefenden Prozeß der Teilung der Arbeit hingewiesen. Karl Marx schrieb dazu: „Wie weit die Produktivkräfte einer Nation entwickelt sind, zeigt am augenscheinlichsten der Grad, bis zu dem die Teilung der Arbeit entwickelt ist."[1]

Unter den gegenwärtigen Bedingungen eines in der Geschichte der modernen Produktivkräfte nie dagewesenen Tempos in der Vergrößerung des Produktionssortiments wird die Teilung der Arbeit mehr denn je zu einer der wesentlichsten Voraussetzungen der Produktivitätsentwicklung. Konzentration der Produktion, Erreichung großer Seriengrößen in der Fertigung, Errichtung optimaler Produktionskapazitäten – das sind heute bedeutsame Reserven für die Steigerung der Arbeitsproduktivität. Nur unter voller Ausschöpfung aller Möglichkeiten der gesellschaftlichen Arbeitsteilung – sowohl in nationalem wie im internationalen Maßstab – kann der Sozialismus eine höhere Produktivität der gesellschaftlichen Arbeit entwickeln als der Kapitalismus. Wie allen anderen Formen der gesellschaftlichen Arbeitsteilung, liegt auch der internationalen Spezialisierung und Kooperation der Produktion objektiv das Wachstum der Produktivkräfte zugrunde, deren Entwicklung sie vorantreibt.

In voller Übereinstimmung mit diesen objektiven Erfordernissen entwickelt sich in der DDR die Spezialisierung und Kooperation der Produktion mit den RGW-Ländern außerordentlich dynamisch. Von den gegenwärtig bestehenden 460 Spezialisierungs- und Kooperationsabkommen der DDR mit den RGW-Ländern wurde rund ein Drittel in den ersten beiden Jahren dieser Fünfjahrplanperiode abgeschlossen. In den Zweigen des Maschinenbaus, auf die der Hauptteil der getroffenen Spezialisierungsvereinbarungen entfällt, erhöhte sich der Anteil von spezialisierten und kooperierten Erzeugnissen am Export der DDR in die RGW-Länder von 25% im Jahre 1975 auf 40% im Jahre 1977. Bis zum Ende dieses Planjahrfünfts wird dieser Anteil auf über 50% anwachsen. In der Mehrheit der Kombinate und Betriebe der DDR hat die internationale Spezialisierung und Kooperation der Produktion bereits einen beachtlichen Umfang erreicht. Sie wurde zu einem wichtigen Faktor, der maßgeblich die Entwicklung der Arbeitsproduktivität beeinflußt.

In Realisierung der zwischen Genossen E. Honecker und L. I. Breshnew getroffenen Vereinbarungen wird gegenwärtig intensiv am Programm der Spezialisierung und Kooperation der Volkswirtschaften der DDR und der UdSSR für den Zeitraum bis 1990 gearbeitet. Es verbindet sich organisch mit den langfristigen Zielprogrammen im

[1] K. Marx, F. Engels, Die deutsche Ideologie, in: MEW, Bd. 3, Berlin 1958, S. 21/22.

RGW. Mit dem Spezialisierungsprogramm werden für wichtige Zweige der Volkswirtschaft die Hauptkomplexe und -linien der Arbeitsteilung der Spezialisierung und Kooperation in den nächsten beiden Fünfjahrplänen abgesteckt. Sie bestimmen maßgeblich Inhalt und Charakter der auf höchste Effektivität gerichteten ökonomischen und wissenschaftlich-technischen Zusammenarbeit.

Bei der Entwicklung der Spezialisierung und Kooperation der Produktion mit den Ländern des RGW geht es heute bereits nicht schlechthin um eine qualitative Ausdehnung der internationalen Arbeitsteilung, sondern in erster Linie um eine höhere Qualität, um eine noch größere Wirkung auf die Entwicklung der Produktivität der gesellschaftlichen Arbeit unter strenger Berücksichtigung des gegenseitigen Vorteils für alle beteiligten Länder. „Je weiter die sozialistische ökonomische Integration fortschreitet", stellte Genosse Erich Honecker in seinen Ausführungen vor den 1. Sekretären der Kreisleitungen der SED fest, „je mehr sie unsere volkswirtschaftliche Entwicklung beeinflußt, desto größere Aufmerksamkeit verlangen natürlich alle damit verbundenen ökonomischen Fragen, verlangt die Effektivität der Zusammenarbeit"[2].

Das Hauptproblem bei der Erhöhung des Einflusses der internationalen Spezialisierung und Kooperation auf die Arbeitsproduktivität besteht darin, noch mehr als bisher die volkswirtschaftlichen Gesichtspunkte zum Ausgangspunkt der Arbeit auf diesem Gebiet zu machen. Dabei stehen die Deckung des Bedarfs unserer Volkswirtschaft, die Sicherung der Kontinuität der Produktion und Versorgung sowie die allseitige Erhöhung der Exportkraft im Vordergrund. Ohne Berücksichtigung dieser Erfordernisse führt jede Spezialisierung – auch wenn eine noch so hohe Steigerung der Arbeitsproduktivität des betrieblichen Reproduktionsprozesses in ihrem Ergebnis rechnerisch ermittelt wurde – auf lange Sicht zu Problemen, zu volkswirtschaftlichen Verlusten.

Nur eine langfristig stabile Spezialisierung kann sich als Produktivitätsfaktor auswirken. Das setzt voraus, daß die getroffenen Spezialisierungsvereinbarungen auch den objektiven langfristigen Interessen aller beteiligten Länder entsprechen. Darin besteht zugleich die beste Garantie, daß alle beteiligten Länder ihre Verpflichtungen voll einhalten.

Zu den volkswirtschaftlichen Gesichtspunkten gehört auch die Ausgeglichenheit der Zahlungsbilanzen mit den einzelnen RGW-Ländern. Je weiter die Spezialisierung und Kooperation fortschreitet, je größer ihr Anteil am gegenseitigen Warenaustausch wird, desto spürbarer ist ihr Einfluß auf die Gestaltung der Zahlungsbilanzen. Ausgeglichene Zahlungsbilanzen sind ihrerseits wiederum eine der elementaren Voraussetzungen der Stabilität der getroffenen Spezialisierungsvereinbarungen.

Es entspricht dem gemeinsamen Anliegen aller RGW-Länder, mit Hilfe der Spezialisierung und Kooperation auch die Exportkraft gegenüber den nichtsozialistischen Ländern zu entwickeln. Die bisherigen Arbeiten an den langfristigen Zielprogrammen, in deren Ergebnis die Grundrichtungen für die gemeinsame Lösung wichtiger ökonomischer Aufgaben im kommenden Fünfjahrplanzeitraum und darüber hinaus entstehen werden, lassen bereits zahlreiche Ansatzpunkte für eine gleichberechtigte und gegenseitig vorteilhafte Zusammenarbeit mit allen Ländern der Welt, unabhängig von deren sozialer Ordnung, sowohl bei der Lösung der Rohstoffprobleme als auch bei der Entwicklung anderer Zweige der Volkswirtschaft erkennen. Bei der perspektivischen Gestaltung der Spezialisierung und Kooperation der Produktion müssen diese Möglichkeiten von vornherein berücksichtigt werden. Die für die Teilnahme an dieser Arbeits-

[2] E. Honecker, Die Aufgaben der Partei bei der weiteren Verwirklichung der Beschlüsse des IX. Parteitages der SED, Berlin 1978, S. 41.

teilung notwendigen Exportkapazitäten können nicht neben der Produktionsspezialisierung im Rahmen des RGW entwickelt werden, sondern müssen eines ihrer Ergebnisse sein.

Eine nach volkswirtschaftlichen Gesichtspunkten gestaltete Produktionsspezialisierung stellt höhere Anforderungen an die Planung. Sie kann sich nicht im Selbstlauf, im Ergebnis der Umsetzung einzelner Initiativen der Kombinate und Betriebe herausbilden. Die bewußte Gestaltung der Spezialisierung muß organischer Bestandteil der Ausarbeitung der zentralen Volkswirtschaftspläne, insbesondere des Fünfjahrplanes werden. Mit dem Planteil Sozialistische ökonomische Integration wurden einige erste Schritte auf diesem Gebiet getan, die jedoch bei weitem noch nicht ausreichen. Sie beschränken sich bisher vorwiegend auf den Prozeß der Realisierung bereits getroffener Spezialisierungsvereinbarungen. Notwendig ist es jedoch auch, die Vorbereitung von Spezialisierungsmaßnahmen in die volkswirtschaftliche Planung einzubeziehen. Im Zusammenhang mit der Vorbereitung des Fünfjahrplanes 1981 bis 1985 kommt es darauf an, auch die künftige Entwicklung der Spezialisierung entsprechend den gesamtvolkswirtschaftlichen Erfordernissen herauszuarbeiten, zu bilanzieren und international abzustimmen.

Abschließend möchte ich noch einige Bemerkungen zu den Fragen der Baugruppenkooperation machen. Wir gehören nicht zu denen, die die Baugruppenkooperation als die progressivste Form der internationalen Arbeitsteilung propagieren. In der Ökonomie gibt es keine Effektivität an sich. Eine höhere Effektivität des gesellschaftlichen Reproduktionsprozesses ist stets an konkrete Gebrauchswerte gebunden, die einer Vielzahl durch Ort, Zeit und Zweck determinierter Bedingungen gerecht werden müssen. Es ist deshalb nutzlos, eine hierarchische Untergliederung der verschiedenen Formen der Arbeitsteilung – sei es im nationalen oder internationalen Maßstab – zu entwickeln. Die Effektivität jeder Form der Arbeitsteilung kann nur konkret unter Berücksichtigung des Gebrauchswertes und der an ihn gestellten Anforderungen beurteilt werden. Ausgehend von den konkreten Erfordernissen und Bedingungen der gegenwärtigen Entwicklungsetappe und des Integrationsprozesses in seiner Gesamtheit muß die internationale Produktionsspezialisierung vor allem dazu beitragen, die Produktion hocheffektiver Finalerzeugnisse, die den neuesten Erkenntnissen von Wissenschaft und Technik gerecht werden, zu vergrößern. Das ergibt sich allein schon aus der Notwendigkeit, einen wachsenden Beitrag zur Sicherung der Rohstoffimporte aus der UdSSR und den anderen RGW-Ländern zu leisten. Hierzu sind in erster Linie solche objektgebundenen Finalerzeugnisse erforderlich wie Chemieanlagen, metallurgische Ausrüstungen, Tagebaugeräte, Werkzeugmaschinen und andere mehr. Hinzu kommen die Erfordernisse, die Exportkraft auch gegenüber den nichtsozialistischen Ländern zu entwickeln. Diese Aufgabe kann nur unter Berücksichtigung des bisherigen Produktionsprofils und seiner ständigen Vervollkommnung entsprechend den Erfordernissen des kapitalistischen Weltmarktes gelöst werden.

Die Hervorhebung der Finalproduktion bei der Entwicklung der Spezialisierung bedeutet keine Negierung der Vorzüge einer gegenseitig vorteilhaften Baugruppenkooperation, vor allem dann nicht, wenn sie dazu führt, die Finalproduktion in den beteiligten Ländern zu entwickeln. Die Sicherung eines den konkreten volkswirtschaftlichen Erfordernissen entsprechend ausgewogenen Verhältnisses zwischen Finalproduktion und Baugruppenkooperation gehört zu den Grundvoraussetzungen, um die sich aus einer aktiven Teilnahme an der internationalen Arbeitsteilung mit den RGW-Ländern ergebenden Möglichkeiten für die Steigerung der Produktivität der gesellschaftlichen Arbeit voll zu nutzen.

G. Kohlmey

Sozialistische Integrationsprozesse und Investitionsentscheidungen

Es scheint mir angebracht, auf einige Zusammenhänge von Integrationsprozessen der Mitgliedsländer des RGW und der Entwicklung der Investitionen in diesen Ländern einzugehen.

Wenn es gegenwärtig in den RGW-Ländern darum geht, selektive und multisektorale Integrationsmaßnahmen durchzuführen und die volkswirtschaftlichen Strukturen dementsprechend zu gestalten, dann stehen wichtige Investitionsentscheidungen an. Unter diesem Gesichtspunkt erhalten Analyse und Prognose der Investitionen ihren Stellenwert. Die heutigen Investitionsentscheidungen sind zugleich Entscheidungen über die Strukturen von morgen. Und umgekehrt: Die Volkswirtschaftsstrukturen von gestern und heute beeinflussen Menge und Struktur der morgen zur Verfügung stehenden Investitionsmittel. Also schließt Strukturstrategie als eines ihrer ausschlaggebenden Elemente die Investitionsstrategie ein. Dabei sind die erforderlichen Verbindungen zu den Integrationsentscheidungen herzustellen.

Enge Zusammenhänge bestehen bekanntlich zwischen der wissenschaftlich-technischen Zusammenarbeit der Mitgliedsländer des RGW und den Investitionsentscheidungen. Das gilt in der Regel besonders für die Überführung wissenschaftlicher Ergebnisse in eine von vornherein kontinuierlich und effektiv verlaufende Produktion. Enge Wechselbeziehungen bestehen auch zwischen Investitionen und internationaler Spezialisierung und Kooperation der Produktion. Spezialisierungsmaßnahmen sind, teils direkt, teils indirekt mit Investitionsentscheidungen verknüpft.

G. Kraft schreibt dazu (vielleicht etwas zu absolut):
„Alle bisherigen Erfahrungen zeigen, daß Maßnahmen der Zusammenarbeit, wie etwa der Spezialisierung und Kooperation der Produktion, immer dann erfolgreich durchgeführt wurden, wenn die Zusammenarbeit bis zur Vereinbarungen auf dem Gebiet der Investitionen ausgedehnt wurde."[1]

Das Volumen der Investitionen einer RGW-Volkswirtschaft, das Wachstum dieses Volumens und vor allem seine Strukturen beeinflussen Umfang, Wachstum und Strukturen der sozialistischen internationalen Spezialisierung und Kooperation der Produktion. Bisweilen limitieren begrenzte Investitionsmittel die Ausdehnung dieses Prozesses.

Bei Beachtung dieser Wechselbeziehungen ergeben sich zumindest zwei Schlußfolgerungen:

Erstens: Fortschritte im Integrationsprozeß, zum Beispiel bei der sozialistischen internationalen Spezialisierung und Kooperation und der wissenschaftlich-technischen Zusammenarbeit hängen in beträchtlichem Maße von der Qualität der Investitionsentscheidungen und -tätigkeiten in den einzelnen Mitgliedsländern des RGW ab. Die

[1] G. Kraft, Die Zusammenarbeit der Mitgliedsländer des RGW auf dem Gebiet der Investitionen, Berlin 1977, S. 29 (Forschungsberichte des Zentralinstituts für Wirtschaftswissenschaften der AdW der DDR, Nr. 20).

Sorgen, die wir in diesem Bereich in allen Mitgliedsländern haben, sind bekannt. Große Mühe wird aufgewandt, um die Bauzeiten zu verkürzen, die veranschlagten Kosten einzuhalten und das technologische Niveau der Investitionen zu verbessern.

Zweitens: Zu den Fortschritten im Integrationsprozeß gehören sorgfältig geprüfte, abgestimmte, selektive Internationalisierungen der Investitionstätigkeiten. Zweifellos sind hier in den letzten Jahren Fortschritte erzielt worden. (Ich werde hier nicht von den Krediten der Internationalen Investitionsbank und auch nicht von den Investitionsbeteiligungen sprechen.) Zugenommen hat zum Beispiel die Zahl von Bauten, die in anderen Partnerländern durchgeführt werden. Ich darf hier auswahlweise auf den Bau eines Sanitärkeramikwerkes von über 500 ungarischen Fachleuten in Haldensleben hinweisen. Es wird nach dem Modell eines ungarischen Betriebes gebaut, der vorher in Ungarn errichtet worden war.

Andere Beispiele wären die Äthylenlinie ČSSR–DDR und die Bauxit-Aluminiumlinie UdSSR–Ungarn. Dabei werden zeitlich und strukturell abgestimmte und verzahnte Investitionsmaßnahmen getroffen.

Sehr wichtig ist die Zusammenarbeit bei *Rationalisierungs- und Rekonstruktionsmaßnahmen.* Ich verweise auf die Zusammenarbeit UdSSR–DDR bei der Rekonstruktion in den Armaturenwerken Pensa und Magdeburg, im Holzbearbeitungsmaschinenbau und in der Möbelindustrie. Hervorzuheben wäre, daß diese Zusammenarbeit bei der Rekonstruktion direkt mit der sozialistischen internationalen Spezialisierung und Kooperation und der wissenschaftlich-technischen Zusammenarbeit verbunden ist. Die Selbstkosten werden zum Teil beträchtlich gesenkt, die Arbeitsproduktivität steigt schnell. Da der Anteil der Rationalisierungsinvestitionen an den gesamten Investitionen in den nächsten Jahren bei uns zunehmen wird, dürfte die Erhöhung der Zahl von gemeinsamen Rekonstruktionsmaßnahmen sehr angebracht sein. Das gilt auch für andere Internationalisierungsformen im Bereich der Investitionen.

Dabei scheint mir beachtenswert, daß wir auf dem Investitionssektor sowohl allgemeine Entwicklungstendenzen als auch viele volkswirtschaftliche Besonderheiten erkennen. Von allgemeinen Entwicklungstendenzen kann die Wirtschaftspolitik natürlich vorübergehend abweichen, aber der Spielraum scheint mir strukturell und zeitlich nicht sehr groß zu sein. Wird über mehrere Jahre abgewichen, so stellen sich bestimmte Ungleichgewichte ein. Sieht man sie voraus und kalkuliert die entsprechenden Wirkungen ein und durch, so kann ein verhältnismäßig friktionsarmer Übergang zu späteren neuen Gleichgewichtslagen erreicht werden. Weiter ist aber zu beachten, daß es im Rahmen der allgemeinen Entwicklungstendenzen viele Spezifika in den einzelnen Volkswirtschaften gibt. Nichts wäre deshalb schädlicher, als bei Entscheidungen nur von allgemeinen Schemata auszugehen.

Ich möchte auf einige Unterschiede in den Akkumulationsraten, im Wachstum und in den Strukturen der Investitionen in den Mitgliedsländern des RGW eingehen. Inwiefern sind sie notwendig, objektiv begründet, inwieweit womöglich nicht? Welchen Einfluß haben sie auf die sozialistische internationale Spezialisierung und Kooperation? Ich gehe dabei von einer generellen Feststellung im Rechenschaftsbericht des ZK der KPdSU an den XXV. Parteitag aus: „Dieser Prozeß der allmählichen Annäherung der sozialistischen Länder tritt heute mit aller Deutlichkeit als gesetzmäßige Erscheinung zutage. Vieles hängt selbstverständlich von der Politik der regierenden Partei ab.“[2]

2 XXV. Parteitag der KPdSU, Rechenschaftsbericht des Zentralkomitees der KPdSU und die nächsten Aufgaben der Partei in der Innen- und Außenpolitik, Berichterstatter: L. I. Breshnew, Berlin 1976, S. 9.

Wie dem tabellarischen Anhang (vgl. Tabelle 1) entnommen werden kann, zeigt sich ein *erster Unterschied* im durchschnittlichen jährlichen *Zuwachs der Investitionen in den einzelnen Ländern*. Er war in Bulgarien, Rumänien und Polen deutlich höher als in der ČSSR und in der DDR. Das hängt mit den entsprechenden Unterschieden der gesamtvolkswirtschaftlichen Wachstumsraten im Prozeß der allmählichen Angleichung des Entwicklungsniveaus zusammen. Das ist also objektiv notwendig. Ich sehe darin keinerlei Behinderung der sozialistischen internationalen Spezialisierung und Kooperation und so weiter. Im Gegenteil, je erfolgreicher der Angleichungsprozeß, desto besser die Bedingungen für Spezialisierung und Kooperation.

Ein *zweiter Unterschied* – ich verweise wiederum auf den tabellarischen Anhang – zeigt sich in der Höhe der *Akkumulationsrate* (vgl. Tabelle 2). Diese Unterschiede hängen ebenfalls mit den Unterschieden der gesamtvolkswirtschaftlichen Wachstumsraten zusammen. In einer Studie der UNO über „Die Zukunft der Weltwirtschaft"[3] werden die folgenden Relationen des Wachstums von Bruttosozialprodukt und Investitionen angenommen: Bei einem durchschnittlichen jährlichen Wachstum des Bruttosozialprodukts von 4 bis 6 Prozent beträgt der Anteil der Investitionen an dem im Inland verwendeten Bruttosozialprodukt bis zu 20 Prozent, bei 7 bis 8 Prozent ungefähr 30 Prozent, bei 9 bis 10 Prozent Wachstum etwa 35 bis 40 Prozent. Die in den Tabellen angeführten Werte der RGW-Länder (vgl. Tabelle 3) stützen die Annahme der UNO-Studie nur in einem gewissen Maße. Das kann allerdings auf die unterschiedlichen statistischen Ausgangswerte und Berechnungsmethoden zurückzuführen sein.

Ich würde in diesen wachstumsbedingten Unterschieden der Akkumulationsraten ebenfalls keine Limitierungen für die Spezialisierung und Kooperation sehen. Wohl aber sehe ich sie in den *Diskontinuitäten* der Entwicklung der Akkumulationsraten. Diese haben zweifellos einen direkten Einfluß auf Integrationsprozesse.

Wenn zum Beispiel in der ČSSR von 1960 bis 1966 die Akkumulationsrate unter 18 Prozent lag und dann bis auf 29 Prozent im Jahre 1975 anstieg, so wurden dadurch natürlich Export- und Importentscheidungen wie auch Entscheidungen über wissenschaftlich-technische Zusammenarbeit, Spezialisierung und Kooperation und so weiter beeinflußt.

Dasselbe gilt für die Volksrepublik Polen. Dort nahm die Akkumulationsrate von 28 Prozent im Zeitraum 1966 bis 1970 auf 34 bis 37 Prozent in den Jahren 1973 bis 1975 zu. Und dann folgte ein starker Rückgang. Da mir Zahlen über die Akkumulationsrate noch nicht bekannt sind, gebe ich die jährliche Zuwachsrate der volkswirtschaftlichen Investitionen an: Sie betrug im Jahre 1976 3,5 % und im Jahre 1977 nur 0,8 %.

Wenn wir schließlich in der DDR den Zuwachs der Volkswirtschaftsinvestitionen im Jahre 1978 plangemäß auf 2,1 Prozent zurückgenommen haben, so ist das m. E. nur als kurzfristige Maßnahme zu werten. Ich komme darauf noch einmal zurück.

Bei diesen Diskontinuitäten stoßen wir auf das generelle Problem der Kontinuität der volkswirtschaftlichen Entwicklung und der rationellen Ausnutzung des Zeitfaktors (in seinen verschiedenen Aspekten).

Natürlich müssen wir bei der Analyse der Akkumulationsraten auch den *Niveaueffekt der Akkumulation* gebührend berücksichtigen: Bei gleichen Wachstumsraten, aber unterschiedlichem Niveau von Volkswirtschaften ist die Effektivität der Akkumulation in den entwickelteren Wirtschaften höher als in den weniger fortgeschrittenen.

[3] The Future of the World Economy: A Study on the Impact of Prospective Economic Issues and Policies on the International Development Strategy. Prepared by a research team lead by Anne P. Carter, Wassily Leontief and Peter Petri, UN, New York 1976, S. 31.

Und in dem Maße, in dem in ein und derselben Volkswirtschaft die Effektivität verbessert wird, kann aus einer Investitionseinheit mehr herausgeholt werden als zuvor.

Für die *zukünftige Entwicklung* der Akkumulationsraten zeichnen sich zumindest zwei Tendenzen ab:

Erstens: Im Maße des Lernens und Beherrschens der Reproduktionsprozesse können Diskontinuitäten beseitigt bzw. reduziert werden.

Zweitens: Offensichtlich erfolgt allmählich eine Annäherung der Akkumulationsraten der Mitgliedsländer des RGW. Im Zeitraum 1971 bis 1975 lag in Bulgarien, Ungarn, der Sowjetunion und der ČSSR die Akkumulationsrate zwischen 27 und 28 Prozent, während sie damals in Polen und Rumänien noch weit über 30 Prozent lag. In der DDR betrug sie ungefähr 22 Prozent. In Polen ist die Rate bereits kräftig reduziert worden, und auch in Rumänien dürfte sie allmählich absinken, während für die DDR ein leichtes und allmähliches Ansteigen anzunehmen ist.

Ich komme nun zu einem *dritten Komplex* von Zusammenhängen zwischen Investitionsentscheidungen und Integrationsmaßnahmen. Es handelt sich um die *Strukturen* der volkswirtschaftlichen und der Industrieinvestitionen.

Was die Makrostrukturen anbelangt, so zeichnen sich auch hier gewisse Angleichungsprozesse ab. Im Jahre 1975 lagen zum Beispiel die Industrieinvestitionen in Bulgarien, der DDR, Polen, Rumänien und der ČSSR zwischen 40 und 50 Prozent der volkswirtschaftlichen Gesamtinvestitionen.

Interessante Unterschiede zeigen sich bei den die Infrastruktur ungefähr repräsentierenden Positionen 4–8 der Tabelle 3. Im Jahre 1975 war der Anteil dieser Investitionen an den volkswirtschaftlichen Gesamtinvestitionen in Ungarn und der ČSSR eindeutig höher. Bilden wir einen Quotienten Investitionen 4–8: Industrieinvestitionen, so erhalten wir für die ČSSR und für Ungarn einen Quotienten > 1.

Tabelle 1

Durchschnittliche jährliche Wachstumsraten des Nationaleinkommens und der Investitionen in den europäischen Mitgliedsländern des RGW 1961/65 bis 1978

		1961–1965	1966–1970	1971–1975	1976	1977 Plan	1977 Ist	1978 Plan
VRB	NE	6,7	8,8	7,8	6,7	8,2	6,3	6,8
	Inv.	7,9	12,5	8,6	2,7	6,3	13,0	4,2
UVR	NE	4,1	6,8	6,3	3,0	6,0–6,5	< 8,0	5,0
	Inv.	4,9	11,7	7,4	3,0	4,0–5,0	10,0	4–5
DDR	NE	3,4	5,2	5,4	3,7	5,5	5,2	5,2
	Inv.	5,0	10,1	4,7	6,8	6,5	< 6,0	2,1
VRP	NE	6,2	6,0	9,8	7,0	5,7	5,6	5,4
	Inv.	6,8	8,1	18,4	3,5	5,3	0,8	5,8
SRR	NE	9,2	7,6	11,3	10,5	11,3	8,6	11–11,5
	Inv.	11,3	11,2	11,5	8,2	16,7	11,5	16,8
UdSSR	NE	6,5	7,8	5,7	5,0	4,1	3,5	4,0
	Inv.	6,3	7,6	7,0	4,0	4,6	3,0	3,8
ČSSR	NE	1,9	6,9	5,5	3,9	5,2	4,5	5,0
	Inv.	2,0	7,3	8,0	5,2	5,8	6,3	5,6

Quellen: Statistische Jahrbücher der Mitgliedsländer des RGW und Plandokumente der einzelnen Länder.

Tabelle 2

Anteil der Akkumulation am verwendeten Nationaleinkommen ausgewählter europäischer RGW-Länder 1960–1975[a] (in Prozent)

	1960	1965	1966	1967	1968	1969	1970	jährl. Durchschnitt 1966–1970	1971	1972	1973	1974	1975	jährl. Durchschnitt 1971–1975
VRB	27,4	28,4	33,4	33,1	31,2	31,4	29,2	31,7	23,6	26,7	27,7	30,8	32,5	28,3
UVR	23,1	19,3	20,7	25,0	24,3	25,2	27,2	24,5	30,4	26,4	25,5	29,6	29,7	28,3
DDR	18,1	19,9	21,1	21,4	19,7	21,9	24,0	21,6	22,8	22,1	22,7	22,6	21,9	22,4
VRP	24,2	27,1	28,0	27,4	28,8	27,7	27,9	28,0	29,3	31,7	34,6	37,2	37,2	34,0
UdSSR	26,8	26,3	26,5	26,8	27,0	27,0	29,5	27,4	29,0	27,4	29,2	28,2	26,4	28,0
ČSSR	17,7	9,2	16,5	22,7	23,3	25,0	27,0	22,9	25,7	25,6	26,9	28,6	29,3	27,2

a) Für Rumänien in der Quelle keine Angaben.

Quellen:

1960–1969 – Statističeskij ežegodnik stran – členov soveta ékonomičeskoj vzaimopomošči 1972, Moskva 1972.
1970–1972 – Ebenda, Moskva 1974, S. 49.
1973–1975 – Ebenda, Moskva 1976, S. 44.

Tabelle 3

Die Entwicklung ausgewählter Investitionen in den europäischen RGW-Ländern 1960–1975 (Anteile an den volkswirtschaftlichen Gesamtinvestitionen in Prozent)

Land	Bereich	1960	1965	1970	1975[a]
UVR	1	39,1	37,5	33,1	32,7
	2	5,9	5,4	3,9	4,3
	3	14,1	14,5	19,0	13,8
	4	13,5	13,1	11,6	12,2
	5	2,9	3,1	3,1	4,7
	6	15,4	16,6	16,3	18,0
	7	3,5	3,6	3,4	4,6
	8	1,9	2,9	2,8	2,6
VRB	1	34,1	44,7	45,2	39,9
	2	4,9	7,1	5,8	5,3
	3	29,7	19,7	15,7	14,6
	4	5,9	6,8	8,7	13,4
	5	2,3	3,1	3,5	3,1
	6	14,1	12,0	9,7	9,5
	7	4,4	3,7	4,3	4,9
	8	1,5	1,2	1,6	1,5
DDR	1	49,7	55,1	52,1	50,5
	2	–	–	–	–
	3	12,0	13,5	13,3	12,7
	4	10,7	9,5	8,8	10,8
	5	3,0	4,4	4,9	4,0
	6	11,6	7,8	5,8	7,7
	7	2,9	2,6	3,8	3,8
	8	1,1	1,0	1,5	1,6
VRP	1	37,6	39,8	39,0	45,2
	2	4,2	4,3	4,1	3,1
	3	12,6	16,4	16,3	13,5
	4	11,1	11,6	13,1	12,8
	5	3,0	3,2	2,5	2,3
	6	21,7	16,1	15,8	11,8
	7	5,3	4,6	3,7	2,6
	8	2,3	1,7	1,9	2,1
SRR	1	42,3	47,0	47,2	49,1
	2	4,2	8,6	7,2	6,9
	3	19,6	18,5	16,4	13,5
	4	9,2	10,3	11,5	11,7
	5	2,7	2,6	3,5	3,5
	6	15,7	10,7	9,8	9,7
	7	3,7	2,2	2,4	2,6
	8	1,4	1,1	1,4	1,0
UdSSR	1	36,1	37,0	35,6	35,6
	2	4,0	4,5	3,8	3,2
	3	13,1	16,8	17,7	20,8
	4	9,9	10,1	9,9	11,2

Land	Bereich	1960	1965	1970	1975a
UdSSR	5	3,1	2,9	2,8	2,2
	6	22,5	16,9	16,4	14,2
	7	5,8	6,2	5,5	5,2
	8	–	–	–	–
ČSSR	1	40,2	42,9	38,5	36,5
	2	5,0	5,9	3,8	4,9
	3	16,8	13,9	10,7	12,3
	4	9,5	11,3	12,4	13,6
	5	3,3	4,0	5,2	4,7
	6	15,3	14,7	17,3	15,2
	7	5,4	5,3	5,2	5,9
	8	1,4	1,5	2,3	2,0

a Vorläufig; 1 = Industrie; 2 = Energie; 3 = Land- und Forstwirtschaft; 4 = Verkehr; 5 = Binnenhandel; 6 = Wohnungsbau; 7 = Wissenschaft, Bildung, Kultur, Kunst (Ungarn einschließlich Körperkultur); 8 = Gesundheits- und Sozialwesen, Körperkultur (Ungarn ohne Körperkultur)

Quelle:
Berechnet nach: Statističeskij ežegodnik stran-členov soveta ėkonomičeskoj vzaimopomošči 1976, Moskva 1976, S. 139 ff.

Der Einfluß von Unterschieden in den Investitionsstrukturen auf die sozialistische internationale Spezialisierung und Kooperation ist zweifellos größer als der Einfluß von Unterschieden in den Akkumulationsraten. Das gilt erst recht für *Schwankungen* dieser Strukturen. Als Beispiel verweise ich auf die Entwicklung der DDR-Investitionen im Bereich der Energie und des Wohnungsbaus. Der Anteil der Investitionen in die Energie- und Brennstoffwirtschaft der DDR an den industriellen Gesamtinvestitionen betrug 1960 über 38 Prozent und 1970 nur noch knapp 20 Prozent; dann folgte wieder ein Anstieg.

Wenn verallgemeinert werden kann, so zeigt sich auch im Bereich der Investitionen, was generell für die sozialistische ökonomische Integration gilt: die Dialektik von Annäherung und Differenzierung, wobei der Annäherungsprozeß langfristig die Haupttendenz darstellt. Eine in mannigfaltigen Formen sich vollziehende selektive Internationalisierung der Investitionstätigkeiten in den RGW-Ländern wird zweifellos dazu beitragen, den Annäherungsprozeß zu beschleunigen.

Diese weitere Internationalisierung wird außerdem dazu beitragen, den Widerspruch zwischen *zwei sich durchkreuzenden Entwicklungstendenzen im Bereich der Investitionen* lösen zu helfen. Eine erste Tendenz wirkt in der Richtung, daß der Quotient Zuwachs Nationaleinkommen : Zuwachs Investitionen sinken wird. Diese Richtung ergibt sich aus verschiedenen Faktoren, vor allem den erhöhten Aufwendungen im Energie- und Rohstoffbereich, den zunehmenden Ausgaben für Umweltschutz, dem Ausbau der Infrastruktur, dem Bau von Wohnungen und sozialen Einrichtungen. Die zweite Tendenz führt dahin, die Effektivität der Akkumulation und der Investitionen bei weiterer Intensivierung der Wirtschaftsprozesse zu erhöhen. Einer der Wege ist die *rationellere Gestaltung der Volkswirtschaftsstrukturen.* Das kann bei ausgewählten Mikrostrukturen schneller geschehen als bei den schwer beweglichen Makrostrukturen. Wenn jedoch daran gegangen wird, die Zielprogramme zu verwirklichen, können allmählich material- und energieintensive Produktionen an die Standorte (oder in die Nähe der Standorte) der Gewinnung von Rohstoff und Energie verlagert werden. Großproduktion und Transporteinsparung würden dann zu Kostensenkungen führen. Weitere Produktionsspezialisierungen und der Ausbau der Industriekooperation werden ebenfalls ihren Beitrag leisten, um besonders industrielle Mikrostrukturen der einzelnen Volkswirtschaften in internationaler Arbeitsteilung zu verbessern. Eine weitere anstehende Aufgabe ist natürlich die verbesserte Planung und Durchführung der Investitionen. Hier liegen, ebenso wie bei der Beschleunigung der Innovation, Reserven.

Entscheidendes Gewicht ist bei der Investitionszusammenarbeit der RGW-Länder auf die stärkere Einführung *moderner Technologien* zu legen. Das ist eine Schlüsselfrage. Wir brauchen kein Mittelmaß. Die beschleunigte Einführung derartiger Technologien und ihre einwandfreie Beherrschung werden sowohl in den einzelnen Volkswirtschaften als auch in der internationalen Zusammenarbeit dazu beitragen, daß längerfristig die Fondsquote wieder ansteigen wird.

G. Proft

Die planmäßige Nutzung der internationalen sozialistischen Arbeitsteilung im langfristigen Zeitraum bis 1990, eine grundlegende Voraussetzung zur Erhöhung der Effektivität der Wirtschaftstätigkeit

Die planmäßige Verwirklichung der von der Sozialistischen Einheitspartei Deutschlands auf ihrem IX. Parteitag beschlossenen gesamtgesellschaftlichen Zielstellungen und die Lösung der damit verbundenen Aufgaben zur umfassenden Intensivierung der volkswirtschaftlichen Reproduktion erfordert zwingend die „. . . . Vervollkommnung der Produktionsstruktur, die in Übereinstimmung mit der fortschreitenden sozialistischen ökonomischen Integration planmäßig erfolgt"[1].

Diese Aufgabe gehört zu den wichtigsten Zielen der Wirtschaftspolitik unserer Partei. Die Optimierung der Volkswirtschaftsstruktur erfordert eine solche Kombination der Zweige sowie Erzeugnisgruppen und Erreichung solcher Relationen zwischen ihnen, bei denen unter den jeweils gegebenen Bedingungen die Produktions- und Konsumtionsbedürfnisse am vollständigsten, mit dem geringsten Aufwand und in kürzester Frist befriedigt werden können.

Bei der Lösung dieser Aufgaben kommt es darauf an, die großen Möglichkeiten, die sich aus der sozialistischen ökonomischen Integration ergeben, planmäßig zu nutzen.

Diese Gedanken werden vollinhaltlich durch die im Arbeitsmaterial, These 7, getroffenen Feststellungen unterstützt „. . . daß sich das Gewicht von den nur komplimentären Funktionen der sozialistischen internationalen Arbeitsteilung und des Außenhandels zu den substitutiven Prozessen verlagert, d. h. zur komplexen internationalen Spezialisierung und Kooperation in Wissenschaft und Produktion, zu gemeinsamen Vorhaben der Integrationspartner bei der Forschung, den Investitionen, der Produktion und dem Absatz der Erzeugnisse auf Märkten von Drittländern".

Die erreichten Erfolge auf dem Gebiet der internationalen Spezialisierung und Kooperation in Wissenschaft und Produktion im Prozeß der erfolgreichen Realisierung des Fünfjahrplanes 1976 bis 1980, insbesondere mit der UdSSR, stellen erste Schritte in der Richtung der Lösung der Probleme der Vervollkommnung der Volkswirtschaftsstruktur dar.

Es stellt sich die Frage, welche Einwirkungsmöglichkeit die zentrale staatliche Planung in der DDR hat, um die gegebenen Möglichkeiten der internationalen sozialistischen Arbeitsteilung für die Vervollkommnung der Volkswirtschaftsstruktur der DDR zu nutzen. In meinem Beitrag will ich, ausgehend von der These, der dialektischen Einheit von Volkswirtschaftsplanung und der Zusammenarbeit auf dem Gebiet der gemeinsamen Planungstätigkeit im RGW, die Probleme aufwerfen, die sich aus der Planungszusammenarbeit der RGW-Länder für die Volkswirtschaftsplanung der DDR ergeben.

Eine der wichtigsten Aufgaben, die jetzt gelöst werden muß, ist die objektive Notwendigkeit der Verlängerung des Zeithorizontes der Planung bis 1990, in bestimmten

[1] Programm der Sozialistischen Einheitspartei Deutschlands, Berlin 1976, S. 27.

Fällen sogar bis zum Jahre 2000. Einer solchen Ausweitung des Zeithorizontes der wissenschaftlich-technischen und ökonomischen Zusammenarbeit im RGW liegen objektive ökonomische Probleme von entscheidender Bedeutung zugrunde, deren Lösung nur koordiniert bzw. gemeinsam in einem langfristigen Zeitraum unter Beachtung ihrer Komplexität erfolgen kann.

Die Arbeiten zur schrittweisen Lösung der anstehenden Probleme durch die RGW-Länder erfordern die volle Ausschöpfung und weitere Qualifizierung aller Formen der Zusammenarbeit auf dem Gebiet der gemeinsamen Planungstätigkeit, weil nur so die notwendige Effektivität bei der Lösung der ökonomischen Probleme selbst und weitere Effekte durch die sich daraus ergebende Vervollkommnung der Volkswirtschaftsstruktur gesichert werden können.

Es liegt in der Verantwortung der Mitgliedsländer des RGW, durch diese Zusammenarbeit die gewaltigen Potenzen der internationalen sozialistischen Arbeitsteilung immer effektiver wirksam zu machen und die Potentiale in Wissenschaft und Technik, in Produktion und Zirkulation der einzelnen Volkswirtschaften immer tiefer miteinander zu verbinden. Dabei vollzieht sich parallel und in Wechselwirkung zu der stetigen Vervollkommnung der herkömmlichen, schon bewährten Form der Planungszusammenarbeit – an deren erster Stelle die Koordinierung der Fünfjahrpläne steht – die Herausbildung neuer Formen und Methoden.

Eine Voraussetzung dafür ist das Vorhandensein von Vorstellungen, Materialien, Dokumenten u. ä. über langfristige Entwicklungen der Volkswirtschaft, die jedoch allein aus der Sicht der einzelnen Volkswirtschaften die Realität der gegenwärtigen ökonomischen und wissenschaftlich-technischen Prozesse nicht ausreichend widerspiegeln können. Schon auf einer sehr frühen Stufe müssen insbesondere volkswirtschaftliche Überlegungen und Ausarbeitungen über längerfristige Zeiträume mit der UdSSR und den anderen sozialistischen Partnerländern in der Staatengemeinschaft des RGW ausgetauscht, abgestimmt und auf einen gemeinsamen Nenner gebracht werden. Anderenfalls besteht die Möglichkeit, daß eventuell schon die ersten Ansätze der auf „rein nationalen" Ausgangspunkten aufbauenden längerfristigen Pläne von unrealen Prämissen ausgehen.

Die Aufgabe, zur Koordinierung von Plänen für längere Zeiträume überzugehen, zieht somit als logische Konsequenz die Forderung nach sich, eine planvorbereitende Zusammenarbeit für längerfristige Entwicklungen zu organisieren, zu koordinieren und auszubauen. In Erkenntnis der Bedeutung dieser Aufgabenstellung haben die Mitgliedsländer des RGW auf der XXIX. Tagung beschlossen, in ihre Zusammenarbeit die Ausarbeitung langfristiger Zielprogramme in wichtigen Zweigen der materiellen Produktion für einen Zeitraum von 10 bis 15 Jahren aufzunehmen. Die Ausarbeitung der langfristigen Zielprogramme der Zusammenarbeit in den wichtigsten Zweigen der materiellen Produktion stellt eine neue, höhere Stufe der Zusammenarbeit auf dem Gebiet der gemeinsamen Planungstätigkeit und der ihr zugrunde liegenden ökonomischen Beziehungen der RGW-Länder dar. Damit entsprechen die Länder der sozialistischen Staatengemeinschaft des RGW den objektiven Erfordernissen, für die Koordinierung bzw. gemeinsame Lösung von entscheidenden ökonomischen Aufgaben ihrer volkswirtschaftlichen Entwicklung langfristige Entwicklungsziele gemeinsam festzulegen sowie die für deren Erreichen einzuschlagenden Wege allseitig abzustimmen und die gemeinsam zu lösenden Maßnahmen für ihre weitere Zusammenarbeit zu vereinbaren.

Durch diese Arbeiten an den langfristigen Zielprogrammen schaffen sich die Länder qualitativ neue Grundlagen, um wichtige Wachstumsfaktoren aus der internationalen sozialistischen Arbeitsteilung von Anfang an in die langfristige Planung ihrer volkswirtschaftlichen Entwicklung einzubeziehen. Gleichermaßen werden diese Programme zur weiteren Ausgestaltung der allseitigen Zusammenarbeit der RGW-Länder beitragen und neue Möglichkeiten zur Vertiefung und Beschleunigung der sozialistischen ökonomischen Integration eröffnen.

Die in den sozialistischen Ländern vor sich gehenden progressiven Strukturwandlungen – vor allem auf Basis der Nutzung des wissenschaftlich-technischen Fortschritts und der engeren Verflechtung der Volkswirtschaften – bedürfen solch einer Leitung und Planung, daß sie den Effekt der volkswirtschaftlichen Entwicklung sowie das Entwicklungstempo der sozialistischen ökonomischen Integration erhöhen. Die mit dem Voranschreiten der Integrationsprozesse einhergehende, sich ständig vertiefende Verflechtung der Volkswirtschaften der RGW-Länder stellt zugleich eine gegenseitige Anpassung ihrer Struktur dar. Diese wachsende aufeinander abgestimmte Entwicklung und Anpassung der volkswirtschaftlichen Strukturen ist Ergebnis und Ausdruck des Prozesses der internationalen Vergesellschaftung der Produktion, der Vertiefung und weiteren Ausgestaltung der internationalen sozialistischen Arbeitsteilung. Darin widerspiegeln sich im bestimmten Maße der Reifegrad der Produktivkräfte, der Produktionsverhältnisse und das ökonomische Entwicklungsniveau der RGW-Länder. Ausgangspunkt und Kern der Verflechtung der Volkswirtschaften und der Anpassung ihrer Strukturen ist die Produktion.

Um das vorstehend begründete gemeinsame Lösen von wichtigen Entwicklungsproblemen der Volkswirtschaften und der RGW-Gemeinschaft umfassender durchzusetzen und das Tempo zur Verflechtung der Volkswirtschaften und zur gegenseitigen Anpassung ihrer Strukturen zu erhöhen, bedarf es bei der Vervollkommnung der Leitungs- und Planungsarbeit verstärkt und vorrangig des langfristigen und komplexen Herangehens an die Lösung der damit in Zusammenhang stehenden Probleme. Der sowjetische Ökonom Subkov sagte dazu: „Immer aktueller wird die weitere Ausdehnung der Zusammenarbeit auf komplexe miteinander verbundener Zweige und Produktionen und der Ausarbeitung einer gemeinsamen langfristigen ökonomischen Strategie der Zusammenarbeit zu ihrer Entwicklung durch die interessierten Länder." Ein solches Herangehen gestattet es, die Zusammenarbeit in diesen oder jenen Zweigen in unmittelbaren Zusammenhang mit einer gemeinsam ausgearbeiteten Strategie zur Entwicklung des betreffenden Komplexes insgesamt und mit der auf effektive Strukturveränderungen gerichteten Zusammenarbeit zu stellen.

Wir kommen um so sicherer und schneller zu anhaltend wirksamen Ergebnissen in der Verbesserung der Bedarfsdeckung, in der Erhöhung der Effektivität in der RGW-Gemeinschaft und jedem einzelnen Land, je gründlicher und umfassender es uns gelingt, die dem zugrunde liegenden Prozesse langfristig zu fixieren und zu steuern. Bei der Verstärkung der Langfristigkeit, auch in der Planungszusammenarbeit der Mitgliedsländer, gewinnen dem eigentlichen Plan vorangehende Arbeiten an Gewicht. Daher sind in erster Linie an Konzeptionen und Programme unter dem Aspekt der gemeinsamen Lösung großer Aufgaben neue Anforderungen gestellt.

Solche planvorbereitenden Arbeiten

– ermöglichen die Vertiefung der internationalen sozialistischen Arbeitsteilung in stärkerem Maße „in großen gesamtvolkswirtschaftlichen Maßstäben"[2] und in Übereinstimmung mit den konzipierten Grundrichtungen der volkswirtschaftlichen Entwicklung zu organisieren;

[2] E. Honecker, Die Aufgaben der Partei bei der weiteren Verwirklichung der Beschlüsse des IX. Parteitages der SED, in: Neues Deutschland vom 18./19. Februar 1978, S. 5.

– fördern die Wirksamkeit sowie Zielstrebigkeit der internationalen sozialistischen Arbeitsteilung;
– stellen volkswirtschaftlich begründete Zielstellungen und Rahmenbedingungen für die internationale Arbeit der Ministerien, VVB, Kombinate sowie VEB dar;
– sichern von vornherein, daß den Maßnahmen zur Vertiefung der internationalen sozialistischen Arbeitsteilung weitgehend begründete, realistische Vorstellungen zugrunde gelegt werden können.

Die *erste Hauptrichtung* des Einflusses der sozialistischen ökonomischen Integration auf die Strukturentwicklung ist die stabile und langfristige Versorgung der Volkswirtschaft der DDR mit Roh- und Brennstoffen sowie Energie; das ist eine der wichtigsten Voraussetzungen für deren weiteres dynamisches Wachstum und das Erreichen der konzipierten langfristigen gesamtgesellschaftlichen Zielstellungen unseres Landes. Infolge der ungleichmäßigen Verteilung dieser Vorräte im RGW-Bereich besteht seit jeher die Notwendigkeit einer umfassenden internationalen Arbeitsteilung auf diesem Gebiet (wobei die UdSSR im wachsenden Maße die Rolle des Hauptlieferanten an Roh- und Brennstoffen wahrnimmt). Der Bedarf der Staatengemeinschaft an Roh- und Brennstoffen wächst jedoch so rasch und nimmt solche Dimensionen an, daß seine Deckung zu einem Problem geworden ist, dessen Lösung der gemeinsamen Anstrengungen aller Länder der Gemeinschaft bedarf. Diese Notwendigkeit wird noch durch das ständige Anwachsen des Aufwandes für die Gewinnung und den Transport der Roh- und Brennstoffe verstärkt. Unter diesen Umständen ist es erforderlich, sowohl die nationalen Ressourcen maximal zu erschließen und zu nutzen als auch im zunehmenden Maße am Aufschluß von Lagerstätten sowie an der Schaffung von zusätzlichen Kapazitäten für die Förderung und den Transport von Roh- und Brennstoffen in der UdSSR sowie in anderen RGW-Ländern teilzunehmen.

Für die DDR, die in hohem Maße auf den Import von Roh- und Brennstoffen angewiesen ist, besteht das zu lösende Problem nicht nur darin, überhaupt ein entsprechendes Exportäquivalent für diese Importe bereitzustellen. Es kommt vielmehr darauf an, durch eine entsprechende Strukturpolitik die Voraussetzungen dafür zu schaffen, daß dieses Äquivalent aus solchen Gebrauchswerten besteht, mit denen der erforderliche Leistungsanstieg bei der Förderung, Verarbeitung und dem Transport der Roh- und Brennstoffe erreicht werden kann. Daraus erwachsen große Anforderungen an die metallverarbeitende Industrie, vor allem an den Schwermaschinenbau, die sich auf deren Produktions- und Außenhandelsstrukturen auswirken. Das gilt insbesondere für solche objektbezogenen Ausrüstungen wie z. B. Chemieanlagen, Tagebauausrüstungen, Krane, Förderanlagen, metallurgische Ausrüstungen, Kabel-, Verseil- und Drahtziehmaschinen sowie elektrotechnische Anlagen und Ausrüstungen. Entsprechend der von der 5. Tagung des Zentralkomitees der SED für die Strukturpolitik in der DDR gegebene Orientierung, „. . . die Rohstoffe, die Ausgangsmaterialien über die wir verfügen, durch qualifizierte Arbeit so weit zu veredeln, um hochwertige Endprodukte herzustellen" und „auf diese Weise . . . die Vorteile unseres Landes, vor allem die Potenzen seiner erfahrenen und gebildeten Werktätigen voll zur Geltung"[3] zu bringen, wird aber auch die Einbeziehung nicht objektbezogener Ausrüstungen, für deren effektive Produktion in der DDR günstige Voraussetzungen bestehen, angestrebt.

Eine *zweite Hauptrichtung* des Einflusses der sozialistischen ökonomischen Integration auf die Vervollkommnung der Volkswirtschaftsstrukturen ist die gemeinsame Be-

[3] 5. Tagung des ZK der SED, Aus dem Bericht des Politbüros an das Zentralkomitee der SED, Berichterstatter: Genosse Erich Honecker, Berlin 1977, S. 22.

schleunigung und Nutzung des wissenschaftlich-technischen Fortschritts durch die RGW-Länder. Durch ihn wird sowohl die Rohstoff- und Materialstruktur auf dem Wege der Erhöhung des Anteils moderner ökonomisch günstiger Werkstoffe als auch die Zweig- und Erzeugnisstruktur beeinflußt. Gemeinsam bzw. arbeitsteilig müssen schneller wissenschaftlich-technische Lösungen z. B. für den effektivsten Einsatz von Plaste, für den Einsatz von Energie und materialsparende Technologien, für die Entwicklung und Produktion neuer Werkstoffe, Materialien, Zuliefererzeugnisse, Maschinen sowie Anlagen, für die effektivste Erhaltung bereits verarbeiteter Werkstoffe gefunden werden.

Das setzt höchste Anstrengungen bei der Entwicklung von Wissenschaft und Technik voraus, die in enger Abstimmung und Zusammenarbeit mit der UdSSR und den anderen Mitgliedsländern des RGW erfolgen müssen. Durch die Ergebnisse dieser wissenschaftlich-technischen Zusammenarbeit wird die volkswirtschaftliche Struktur in mehrfacher Hinsicht beeinflußt. Die Entwicklung der Produktion neuer Werkstoffe sowie Zuliefer- und Fertigerzeugnisse, der koordinierte Einsatz der wissenschaftlich-technischen Potentiale und die durch Spezialisierung und Kooperation der Produktion erreichte Konzentration der Produktionssortimente führen zur Veränderung in den zwischen- und innerzweiglichen Strukturen.

Auch die vorrangige Entwicklung solcher den wissenschaftlich-technischen Fortschritt fördernder Zweige wie der Elektrotechnik/Elektronik, des wissenschaftlichen Gerätebaus, bestimmter Zweige der chemischen Industrie usw., die auch in den laufenden Fünfjahrplänen der Mitgliedsländer des RGW und für den langfristigen Zeitraum vorgesehen sind, wirken in dieser Richtung. Auf dem Gebiet der wissenschaftlich-technischen Zusammenarbeit stellt sich z. B. als eine der Aufgaben, deren Lösung für alle RGW-Länder von größter Bedeutung ist, die Notwendigkeit eines immer rationelleren Einsatzes von Rohstoffen, Brennstoffen und Energie. Dadurch wird sich die Rohstoff- und Materialstruktur auf dem Wege der Erhöhung des Anteils moderner und ökonomisch günstiger Werkstoffe als auch die Erzeugnis- und Zweigstruktur verbessern.

Das Ausmaß der zu lösenden Aufgaben wird deutlich, wenn man sich vergegenwärtigt, daß im Falle eines unverändert bleibenden Anteils des Materialverbrauchs am gesellschaftlichen Gesamtprodukt der DDR, der im Jahre 1974/75 ca. 57 Prozent betrug und einem Volumen von etwa 200 Milliarden Mark entsprach, die vorgesehene Verdreifachung des Nationaleinkommens bis 1990 zu einem Anwachsen des Materialverbrauchs auf ca. 600 Milliarden führen würde. Die steigenden Aufwendungen für die Roh- und Werkstoffbeschaffung sowie die begrenzten Bezugsmöglichkeiten erfordern jedoch, einen großen Teil, mindestens 50 Prozent dieses potentiellen Zuwachses des Materialbedarfs durch Einsparung auszugleichen. Das eben setzt höchste Anspannung bei der Entwicklung von Wissenschaft und Technik voraus, die in enger Abstimmung und Zusammenarbeit mit der UdSSR und den anderen RGW-Ländern erfolgen muß. Die Feststellung im Arbeitsmaterial in These 11, daß vom wissenschaftlich-technischen Fortschritt unmittelbar das Tempo der sozialistischen ökonomischen Integration und die Weiterentwicklung der gesellschaftlichen Organisation der Produktion abhängt, wird auch in diesem Zusammenhang voll deutlich.

Eine *dritte Hauptrichtung* des Einflusses der sozialistischen ökonomischen Integration auf die Volkswirtschaftsstruktur ist die weitere Vertiefung der internationalen Spezialisierung und Kooperation in der verarbeitenden Industrie der Mitgliedsländer des RGW. In diesem Prozeß gewinnt insbesondere die metallverarbeitende Industrie an Gewicht, weil mit deren Erzeugnissen weitgehend über das technische Niveau aller

Zweige der materiellen Produktion, über die Entwicklung der Arbeitsproduktivität und der volkswirtschaftlichen Effektivität und damit über die Erfüllung der Hauptaufgabe entschieden wird. Seit dem IX. Parteitag der SED wurden bis Ende 1977 für weitere 120 Erzeugnisse bzw. Erzeugnisgruppen Vereinbarungen über die internationale Spezialisierung und Kooperation der Produktion abgeschlossen. Das Ziel bei der Spezialisierung und Kooperation der Produktion der DDR besteht darin, „. . . daß sie so vorbereitet und geplant wird, um den Bedarf der Volkswirtschaft besser zu decken, die Qualität unserer Erzeugnisse und die Effektivität der Produktion zu erhöhen sowie unsere Exportkraft zu stärken – und zwar sowohl gegenüber dem sozialistischen Wirtschaftsgebiet als auch gegenüber dem nichtsozialistischen Wirtschaftsgebiet".[4]

Die Intensivierung des volkswirtschaftlichen Reproduktionsprozesses setzt einige strukturelle Entwicklungsrichtungen in der metallverarbeitenden Industrie voraus, die nur im Rahmen der sozialistischen ökonomischen Integration verwirklicht werden können. Neben der Deckung des steigenden Bedarfs an Maschinen und Anlagen für die Förderung/Erzeugung, Verarbeitung und den Transport von Rohstoffen, Brennstoffen und Energie sind das vor allem die Bereitstellung von Rationalisierungsmitteln für alle Bereiche und Zweige der Volkswirtschaft sowie die Erweiterung der Produktion von Maschinen und Ausrüstungen für die Konsumgüterindustrie und von technischen Konsumgütern.

Analoge Strukturwandlungen gehen unter dem Einfluß des Intensivierungsprozesses und der sozialistischen ökonomischen Integration auch in anderen Zweigen der verarbeitenden Industrie vor sich. In ihrem Ergebnis wird sich in der Produktion und im gegenseitigen Warenaustausch der Mitgliedsländer des RGW vor allem das Gewicht solcher Zweige und Erzeugnisgruppen erhöhen wie:

- Chemieanlagen, Bergbauausrüstung, Kraftwerksanlagen, metallurgische Ausrüstungen, Zementanlagen;
- Werkzeugmaschinen, BMSR-Technik, wissenschaftliche Geräte, elektrotechnische und elektronische Anlagen, Gerätebauelemente, Landmaschinen;
- Maschinen und Ausrüstungen für die polygrafische sowie Textilindustrie, die Plasteverarbeitung und andere Zweige der Lebensmittel- sowie Leichtindustrie;
- Düngemittel, synthetische Fasern, Farbstoffe, chemische Zwischenprodukte;
- technische und andere hochwertige Konsumgüter.

Entscheidende Bedeutung haben volkswirtschaftliche Strukturentscheidungen für die Profilierung der Kombinate und ihrer Erzeugnissortimente. Überlegungen zur sozialistischen internationalen Arbeitsteilung in Zusammenarbeit mit zentralen staatlichen Organen und Partnern der anderen RGW-Länder sind für die Wirtschaftseinheiten unumgänglich geworden.

Sie sind eine entscheidende Bedingung für die planmäßige und komplexe Nutzung der Intensivierungsfaktoren, für einen höheren Bedarfsdeckungsgrad bei steigender Produktivität und Effektivität im jeweiligen Produktionsbereich.

Daraus ergibt sich, daß neben der weiteren Qualifizierung der langfristigen Planung volkswirtschaftlicher Hauptprozesse in den Mitgliedsländern des RGW die volle Nutzung der Vorzüge der internationalen sozialistischen Arbeitsteilung genutzt wird, daß die Zusammenarbeit auf dem Gebiet der gemeinsamen Planungstätigkeit der Mitgliedsländer des RGW, dem Hauptinstrument für eine aufeinander abgestimmte effektive Strukturpolitik der Mitgliedsländer des RGW, weiter entwickelt wird. Es kommt

[4] 7. Tagung des ZK der SED, Aus dem Bericht des Politbüros an das Zentralkomitee der SED, Berichterstatter: Genosse Kurt Hager, Berlin 1977, S. 25/26.

dabei darauf an, sowohl die traditionellen Formen und Methoden zu vervollkommnen bzw. zu intensivieren als auch neue Formen und Methoden der Planungszusammenarbeit – wie schon an anderer Stelle bemerkt – voll zur Wirkung zu bringen.

Hauptmethoden sind nach meiner Auffassung

- die Verstärkung der gemeinsamen analytisch-prognostischen Arbeiten;
- die Intensivierung und breite inhaltliche Ausgestaltung der Konsultation zu Grundfragen der Wirtschaftspolitik;
- die erweiterte Anwendung der Programm-Methode in der internationalen sozialistischen Zusammenarbeit zur Lösung ausgewählter bedeutender komplexer Struktur- bzw. Spezialisierungsprobleme;
- die Ausdehnung und inhaltliche Qualifizierung der gemeinsamen Planung ausgewählter Zweige, Erzeugnisgruppen bzw. Produktionsarten;
- die schrittweise Verstärkung und inhaltliche Qualifizierung der gemeinsamen Bilanzierung, insbesondere in Verbindung mit der Vorbereitung und Verwirklichung von Spezialisierungs- und Kooperationsvorhaben auf mehrseitiger Basis;
- die Notwendigkeit der komplexen Bestimmung der volkswirtschaftlichen Effektivität der internationalen sozialistischen Spezialisierung und Kooperation unter Verwendung der im Lande bereits vorhandenen Methodiken, die international abgestimmt werden könnten.

Viele Fragen, die in diesem Zusammenhang von mir angeschnitten wurden, bedürfen einer weiteren und gründlichen Forschungsarbeit. Meine Absicht war es, insbesondere auf das objektive Erfordernis der Durchsetzung der Langfristigkeit in der Zusammenarbeit auf dem Gebiet der Planungstätigkeit der RGW-Länder bei der Lösung großer gemeinsamer ökonomischer Aufgaben der Volkswirtschaften der Mitgliedsländer des RGW hinzuweisen. Erforderlich wird, daß auf diesem Gebiet die vorhandenen Forschungskräfte konzentriert an der Lösung dieser Probleme arbeiten und die Möglichkeiten der Forschungskooperation stärker als bisher nutzen.

Arbeitskreis 9
Probleme der Steigerung der Arbeitsproduktivität in der sozialistischen Landwirtschaft

D. Sachse

Einige Fragen der weiteren Produktivitätssteigerung in der Land- und Nahrungsgüterwirtschaft

Einige generelle Gesichtspunkte zur weiteren planmäßigen Steigerung der Produktion und Arbeitsproduktivität in der Pflanzen- und Tierproduktion

Die fundamentale Rolle der Arbeitsproduktivität für den Sieg der sozialistischen Revolution ist durch die Klassiker des Marxismus-Leninismus, das Programm und die Beschlüsse der Partei klar und eindeutig charakterisiert. Beim erreichten Reifegrad des Sozialismus in unserem Lande entscheidet ihre rasche planmäßige Steigerung – darauf wurde in den Reden des Generalsekretärs des ZK unserer Partei, Genossen Erich Honecker, zur Eröffnung des Parteilehrjahres 1977/78 und vor den 1. Kreissekretären der Partei mit aller Eindringlichkeit hingewiesen – über die weitere konsequente Verwirklichung der Hauptaufgabe in ihrer Einheit von Wirtschafts- und Sozialpolitik. Wir können – bezogen auf unseren konkreten Verantwortungsbereich – sagen, daß sich in der weiteren dynamischen Entwicklung der Produktion, der Arbeitsproduktivität und Effektivität der Landwirtschaft Kraft und Wirksamkeit des Bündnisses der Arbeiterklasse mit der Klasse der Genossenschaftsbauern – vereint mit der Wissenschaft – materialisieren.

Marx wies im III. Band des „Kapital" auf die gesamtgesellschaftliche Bedeutung der Meisterung dieses Prozesses hin, indem er hervorhob, daß „. . . die agrikole Arbeit im weitesten ökonomischen Sinn, fruchtbar genug sein (muß), damit nicht die ganze disponible Arbeitszeit in der Produktion von Nahrungsmitteln für die unmittelbaren Produzenten absorbiert wird; . . . daß die agrikole Gesamtarbeit . . . eines Teils der Gesellschaft hinreicht, um die notwendigen Nahrungsmittel für die ganze Gesellschaft, also auch für die nicht agrikolen Arbeiter zu erzeugen; daß also diese große Teilung der Arbeit zwischen Ackerbauern und Industriellen möglich ist, und ebenso die zwischen denen der Ackerbauern, die Nahrung produzieren, und denen, die Rohstoffe produzieren."[1]

Die im Programm der Partei formulierten Ziele der Agrarpolitik, die voll mit dem agrarpolitischen Kurs der KPdSU und anderer Bruderparteien der sozialistischen Gemeinschaft übereinstimmen, bringen diese Grundwahrheit und Zusammenhänge präzis und eindeutig zum Ausdruck. Was bei ihrer Realisierung bisher erreicht wurde, möchte ich nur in einigen wenigen allgemeinen Kennziffern zusammenfassen:

– Die gesamte Jahresproduktion unserer Landwirtschaft zu Beginn ihrer sozialistischen Umgestaltung wird heute bei Milch in etwa 80 Tagen, bei Fleisch in rund 60 Tagen und bei Eiern in ungefähr 25 Tagen erzeugt.

– Seit 1965 ist die Bruttoproduktion insgesamt auf etwa das 2,5 fache gestiegen, das Nettoprodukt war im Fünfjahrplan 1971–1975 mehr als ein Drittel größer als in der Periode 1961–1965, wobei die Anzahl der ständig Berufstätigen von 1965–1975 um rund 250 000 zurückgegangen ist.

Das durchschnittliche staatliche Aufkommen je Hektar landwirtschaftlicher Nutzfläche stieg in diesem Zeitraum um jährlich 6,8 Prozent bei Schlachtvieh, bei Eiern um 5 Prozent und bei Milch um 3,6 Prozent.

– Die Grundfonds haben sich in den letzten zehn Jahren etwa verdoppelt; die Fondsausstattung der Arbeit in der Landwirtschaft konnte so – natürlich unter Beachtung des Rückgangs der Arbeitskräfte – auf etwa 70 Prozent des durchschnittlichen Niveaus der Industrie erhöht werden, was sowohl die erzielten Fortschritte als auch die noch zu lösenden Probleme sichtbar macht.

Ausgehend von diesen wenigen Zahlen und unter Konkretisierung der generellen politökonomischen Problemstellung zur Erhöhung der Arbeitsproduktivität und Effektivität der gesellschaftlichen Produkion läßt sich sagen, daß entsprechend den konkreten Reproduktionsbedingungen der Landwirtschaft sich alle diese Anforderungen wie in einem Brennspiegel in der Aufgabe zusammenfassen, die Hektarerträge und die Leistungen der Viehbestände entschieden weiter zu steigern und zu stabilisieren. Das ist und bleibt für die Bedürfnisbefriedigung – diesem obersten Effektivitätskriterium – der Dreh- und Angelpunkt auch für die weitere Erhöhung der Arbeitsproduktivität. Das ist das Fundament dafür, die Effektivität der Gesamtarbeit, also lebendiger und vergegenständlichter Arbeit, zu verbessern und so den Beitrag der Landwirtschaft für den Zuwachs an Nationaleinkommen kontinuierlich zu gewährleisten. Hierfür gibt es keine Alternative – die Bedürfnisse wachsen, die Produktion muß erhöht und qualitativ verbessert werden; hiervon muß der Einsatz der Mittel für die erweiterte Reproduktion, für die schrittweise Veränderung der Art und Weise der Produktion getragen sein, und hierzu sind alle Möglichkeiten für die Ökonomisierung lebendiger und vergegenständlichter Arbeit auszuschöpfen.

Insgesamt wuchs das Volumen der Pflanzen- und Tierproduktion im Mittel 1971/75 gegenüber 1961/65 um mehr als 34 Prozent, d. h. durchschnittlich jährlich um 3 Prozent. Die Arbeitsproduktivität stieg im gleichen Zeitraum – bezogen auf das Produktionsvolumen und die ständig Berufstätigen – auf mehr als das 1,7fache, d. h. also

[1] K. Marx, Das Kapital, Dritter Band, in: MEW, Bd. 25, Berlin 1964, S. 648.

jährlich um 5,7 Prozent. Während in der Gesamterzeugung pflanzlicher und tierischer Produkte etwa die Hälfte der Steigerung der Arbeitsproduktivität durch das Wachstum der Produktion bewirkt wurde, waren es in der Pflanzenproduktion etwa 25 Prozent, in der Tierproduktion dagegen 97,5 Prozent. Der Bruttoumsatz der gesellschaftlichen Produktion wuchs jahresdurchschnittlich in der Pflanzenproduktion um 1,2 Prozent, in der Tierproduktion um 7,7 Prozent; die Arbeitsproduktivität stieg entsprechend um 6,4 Prozent bzw. um 7,8 Prozent. Das macht deutlich, daß die Verminderung des Aufwandes an lebendiger Arbeit mit dem Rückgang von rund 200 000 ständig Beschäftigten und die dadurch bewirkte Erhöhung der Arbeitsproduktivität nahezu ausschließlich im Bereich der Pflanzenproduktion realisiert wurde.

Entsprechend dem Beschluß des Politbüros des ZK der SED vom 14. 2. 1978 und des Ministerrates der DDR vom 16. 2. 1978 zu den Lehren aus dem Jahre 1977 sind vielfältige und komplexe Maßnahmen zur Sicherung des erforderlichen gesellschaftlichen Arbeitsvermögens notwendig. Zugleich ist selbstverständlich in Rechnung zu stellen, daß auch bis 1980 jährlich durchschnittlich etwa 5 Prozent Steigerung der Arbeitsproduktivität – bezogen auf das Nettoprodukt – erreicht werden müssen, um mit dem vorhandenen gesellschaftlichen Arbeitsvermögen die geplanten Produktionsziele zu erreichen – bei Fleisch bestehen ja bekanntlich noch weit höhere Anforderungen, als im Fünfjahrplan vorgesehen –, um so über die Entwicklung der Produktion, Arbeitsproduktivität und Effektivität Voraussetzungen und Proportionalitätsbedingungen für die wachsenden Aufgaben im Zeitraum 1981/85 und darüber hinaus zu schaffen.

Im Grunde genommen ist der Weg der Arbeitsproduktivitätssteigerung über die Freisetzung von Arbeitskräften – vor allem in der Pflanzenproduktion – ausgeschöpft; es geht um die entschlossene Erhöhung des Wirkungsgrades der lebendigen Arbeit der Genossenschaftsbauern und Arbeiter über die Steigerung der Hektarerträge und die Leistungen der Viehbestände. Wie hierbei auf der Grundlage der Kooperation – gepaart mit einer zielstrebigen sozialistischen Betriebswirtschaft – ökonomische Effekte erschlossen werden können und müssen, zeigt anschaulich das Beispiel der LPG Pflanzenproduktion Oehna, Kreis Jüterbog, worüber Genosse Heinz Etter, Sekretär für Landwirtschaft der Kreisleitung der Partei, noch sprechen wird.

Vom Standpunkt unserer wissenschaftlichen Arbeit gestatte ich mir, auf eine maßgebliche Konsequenz hinzuweisen. Ich sehe sie darin, den gesetzmäßigen Verflechtungen des ökonomischen und natürlichen Reproduktionsprozesses in unserer wirtschaftswissenschaftlichen Forschung entschieden mehr Aufmerksamkeit zu schenken. Hier geht es um grundlegende, von Marx hervorgehobene Grundlagen der Steigerung der Arbeitsproduktivität in der Landwirtschaft, die unter den neuen Reproduktionsbedingungen des planmäßigen Übergangs zu industriemäßiger Produktion von uns wirksamer durchforscht werden müssen, um zu ihrer besseren Beherrschung und zur Aufdeckung der sich daraus ergebenden Konsequenzen qualifiziert beizutragen. Es versteht sich, daß gerade hierbei die ökonomischen Probleme der kontinuierlichen Steigerung der Bodenfruchtbarkeit, der Verbesserung der züchterischen Leistungsparameter bei Pflanzen und Tieren usw. eine herausragende Rolle spielen.

Es geht um ein breites Spektrum von Fragen, zu denen es in wachsendem Maße quantifizierte ökonomische Aussagen geben muß. Ich möchte einige nennen:

– Welcher notwendige Grad der Fondsausstattung der lebendigen Arbeit muß objektiv erreicht werden, um die Gegebenheiten und die Möglichkeiten biologischer Stoffproduktion immer vollständiger auszuschöpfen? Ich erinnere hierzu an die interessanten Untersuchungen von Jemeljanov, Tichonov und anderer sowjetischer Ökonomen zu Gesetzmäßigkeiten der Fondsentwicklung bei der Herausbildung der maschinellen Großproduktion auf dem Lande.

– Wie können wir mit den Mitteln und Erkenntnissen der ökonomischen Forschung dazu beitragen, um gemeinsam mit den Naturwissenschaftlern die tatsächliche komplexe Verwirklichung der maßgeblichen Intensivierungsfaktoren zu fördern, die sich damit ergebenden ökonomischen Zusammenhänge präziser zu bestimmen, um das Leistungspotential der Pflanzen und Tiere effektiver auszuschöpfen?

– Was müssen wir tun, um die ökonomische Effektivität der disziplinierten Verwirklichung agronomischer und zootechnischer Maßnahmen stärker abrechenbar zu machen? Ich verweise hier nur auf die Einhaltung agrotechnischer Termine, die Verlustsenkung jeglicher Art u. a.

– Was ist schließlich zu tun, um die Leistungsbewertung der LPG und VEG unter den neuen Bedingungen der Arbeitsteilung auch aus der Sicht der Arbeitsproduktivitätsentwicklung zu verbessern, die unbedingt notwendige Überwindung unbegründeter Differenziertheit in Erträgen und Leistungen auch innerhalb der LPG und VEG ökonomisch stärker zu fundieren und in ihrer ökonomischen Tragweite für den sozialistischen Wettbewerb handhabbarer zu machen?

Zu einigen Aspekten der Fondsnutzung und des wissenschaftlich-technischen Fortschritts

Gestatten Sie mir, von einer meines Erachtens außerordentlich interessanten und weitreichenden Äußerung von Marx auszugehen, die deutlich macht, wie gerade durch die immer engere Verbindung von Wissenschaft und Produktion das Verhältnis von Aufwand und Ertrag im weitesten Sinne zu verbessern ist.

Marx betonte: „In dem Maße aber, wie die große Industrie sich entwickelt, wird die Schöpfung des wirklichen Reichtums abhängig weniger von der Arbeitszeit und dem Quantum angewandter Arbeit, als von der Macht der Agentien, die während der Arbeitszeit in Bewegung gesetzt und die selbst wieder . . . in keinem Verhältnis steht zur unmittelbaren Arbeitszeit, die ihre Produktion kostet, sondern vielmehr abhängt vom allgemeinen Stand der Wissenschaft und dem Fortschritt der Technologie, oder der Anwendung dieser Wissenschaft auf die Produktion . . . Die Agrikultur z. B. wird bloße Anwendung der Wissenschaft des materiellen Stoffwechsels, wie er am vorteilhaftesten zu regulieren für den ganzen Gesellschaftskörper."[2]

Aus dieser Sicht geht es meines Erachtens mit der Vervollkommnung der materielltechnischen Basis der Agrarproduktion gerade darum, Voraussetzungen für die Erreichung dieses Ziels zu schaffen, das heißt, im Prozeß der Ausgestaltung effektiver Verfahren einen solchen Grad der Wirksamkeit der lebendigen Arbeit zu erreichen, daß wir mit Hilfe von Wissenschaft und Technik bei kontinuierlich steigender Produktion das Verhältnis von Bruttoproduktion, Produktionsverbrauch und Nettoprodukt günstiger gestalten. Das erfordert gesetzmäßig – unter strikter Beachtung der Besonderheiten der Agrarproduktion – eine entsprechende Fondsausstattung der Arbeit. Anders wäre es einfach unmöglich, den Bedingungen biologischer Stoffproduktion zu entsprechen, Niveau und Tempo der Nahrungsgüterproduktion weiter zu erhöhen und eine maschinelle Großproduktion herauszubilden. Die entscheidenden Wirkungen zur Fonds- und Materialökonomie im Interesse der Erhöhung der Arbeitsproduktivität –

[2] K. Marx, Grundrisse der Kritik der Politischen Ökonomie, Berlin 1974, S. 592.

gepaart mit den großen schöpferischen Leistungen der Arbeiter und Genossenschaftsbauern in den LPG und VEG, den KfL und ACZ sowie den anderen Betrieben – müssen durch Leistungen von Wisseschaft und Technik erbracht werden. Genosse Erich Honecker hat ja bekanntlich darauf hingewiesen, daß gerade hier auch in der Landwirtschaft die größten inneren Reserven liegen.

Die Dimension dieser Problemstellung ist klar; wir verfügen in der Pflanzenproduktion (Angaben von 1975) über einen Grundmittelbestand von rund 22 Milliarden Mark, in der Tierproduktion von 23 Milliarden Mark, das heißt, in der Land- und Forstwirtschaft werden Grundmittel im Werte von insgesamt 48 Milliarden Mark eingesetzt, was die Tragweite der effektivsten und rationellsten Verbindung von lebendiger und vergegenständlichter Arbeit anschaulich unterstreicht. Es muß auch hervorgehoben werden, daß von 1961/65 bis 1971/75 in der Pflanzen- und Tierproduktion etwa die Hälfte der Steigerung der Arbeitsproduktivität, in der Pflanzenproduktion sogar dreiviertel dieses Wachstums durch die entsprechende Erhöhung der Fondsausstattung bewirkt wurden.

Die im Produktionsprozeß eingesetzten Grundfonds – Maschinen, Gebäude, Ausrüstungen u. a. – und die Umlauffonds – Futtermittel, Düngemittel, Treibstoff u. a. – verkörpern in ihrer materiell-technischen Gestalt einen wesentlichen Teil der Produktivkräfte und bringen damit den Stand des wissenschaftlich-technischen Fortschritts zum Ausdruck. Das heißt, sowohl die Grundfonds als auch die Umlauffonds sind in ihrer Wirksamkeit selbst Ausdruck des wissenschaftlich-technischen Fortschritts und bestimmen so im jeweiligen Produktionsprozeß ganz entscheidend das wissenschaftlich-technische Niveau der Erzeugung, die Möglichkeiten der Erhöhung der Effektivität der lebendigen Arbeit. Beim Einsatz neu entwickelter Arbeitsgegenstände, bei der entsprechenden Strukturierung und Proportionierung der Fonds müssen dementsprechend größere Intensivierungseffekte erreicht werden; das heißt, die neu einzusetzenden Produktionsmittel müssen höhere Leistungsparameter als die verschlissenen aufweisen und nachhaltig zur Verbesserung der Arbeitsbedingungen der Genossenschaftsbauern und Arbeiter beitragen. Zugleich muß die Erneuerung und Erweiterung der Grundfonds zu höherer Wirksamkeit der insgesamt eingesetzten Grundfonds führen, was eine außerordentlich wichtige Seite der komplexen Anwendung der Intensivierungsfaktoren ausmacht.

Entscheidend für die Effektivität der Grundfonds ist neben ihrem Umfang vor allem ihre Struktur, z. B. das Verhältnis von Bau und Ausrüstung, der Grad der Modernität, das Verhältnis von energetischer Basis zu Arbeitsmaschinen u. ä. Gerade in der bereits erwähnten Arbeit von Tichonov ist überzeugend nachgewiesen, welche Effektivitätsreserven hier in den bereits vorhandenen Maschinen und Ausrüstungen liegen, wenn es gelingt, tatsächliche Maschinensysteme zu gestalten, die energetischen Möglichkeiten der Antriebsmaschinen durch entsprechende Anhängegeräte usw. besser zu nutzen. Ich verweise nur auf die anstehenden Probleme zur Verbesserung der Bodenbearbeitungstechnik, auf Mechanisierungsfragen im Umschlag, dem Transport und der Lagerung. Wichtig erscheint mir hier, bei den gewachsenen Dimensionen der Produktion und der Fonds ökonomisch begründeter die Bedeutung einer Stunde, eines Kilogramms oder eines Prozentes bzw. eines zehntel Prozentes zu beweisen und Wege aufzuzeigen, was das in der Waagschale steigender Produktivität und Effektivität ausmacht. Das berührt mit der Grundfondsökonomie maßgeblich auch den sparsamen Umgang mit Material.

Von nicht geringerer Bedeutung für die immer bessere Ausnutzung der Technik und der anderen Grundmittel sowie des rationellsten Einsatzes der Umlaufmittel sind hier notwendige Fortschritte in der Instandhaltung und Instandsetzung. Zur Zeit ergibt sich ein durchschnittlicher Instandhaltungsaufwand von 350 Mark/ha landwirtschaftlicher Nutzfläche bzw. 18 Prozent des Bruttowertes der mobilen Landtechnik. Um den wachsenden Anforderungen gerecht zu werden, ist hier eine Senkung des spezifischen Aufwandes auf etwa 12–14 Prozent des Bruttowertes erforderlich, wobei gleichzeitig eine Arbeitsproduktivitätssteigerung von jährlich 5–6 Prozent erreicht werden muß.

Insgesamt ging es mir mit den wenigen Angaben um die Verdeutlichung des grundlegenden Erfordernisses, der komplexen Grundfondswirtschaft – von der Nutzung der Fonds über die Amortisationsverwendung und Instandsetzung, die Rationalisierung und Rekonstruktion bis zu den Neuinvestitionen – einen wesentlich größeren Platz in unserer wissenschaftlichen Arbeit einzuräumen. Das ist direkt und unmittelbar mit einer umfassenden Verstärkung der technologischen Arbeit verbunden. Pflanzen- und Tierproduktion nach einer wissenschaftlich begründeten Technologie zu betreiben, die, wie Marx hervorhebt „. . . das aktive Verhalten der Menschen zur Natur, den unmittelbaren Produktionsprozeß seines Lebens, damit auch seiner gesellschaftlichen Lebensverhältnisse und der ihnen entquellenden geistigen Vorstellungen"[3], zum Ausdruck bringt, ist in diesem Sinne identisch mit der immer engeren Verbindung von Wissenschaft und Produktion. Eine Wende in der gesamten technologischen Arbeit zu erreichen verlangt natürlich auch – wie in der Volkswirtschaft insgesamt –, der Ausbildung und dem zielgerichteten Einsatz von Technologen sowie ihrer materiellen und moralischen Stimulierung große Aufmerksamkeit zu schenken.

Die exakte ökonomische und technisch-technologische Analyse der Arbeitsprozesse und die Realisierung der daraus gewonnenen Erkenntnisse müssen dazu geführt werden, konkrete Vorschläge für die Reproduktion der Grundfonds und den rationellen Materialeinsatz in allen Zweigen und Bereichen unserer Arbeit nachzuweisen, damit sie den künftigen Anforderungen an die Intensivierung und dem planmäßigen Übergang zu industriemäßigen Produktionsmethoden mit wachsender Effektivität entsprechen.

Das wiederum schließt entsprechende Rationalisierung in sich ein. Mit größerer Konsequenz gilt es dabei, wie Genosse Erich Honecker hervorhob, „an der Erhöhung der Qualität der Landmaschinen und anderer Ausrüstungen zu arbeiten. Das Ziel besteht darin, die Laufzeiten, die Standfestigkeit, den Grad der Standardisierung und andere Parameter zu verbessern."[4]

Alle diese Fragen sind natürlich unlöslich mit der lebendigen Arbeit der Genossenschaftsbauern und Arbeiter verknüpft. Die Natur produziert – wie Marx sagte – keine Maschinen, sie sind Organe der Wissenskraft des Menschen, als Produktivkräfte nur in Verbindung mit der lebendigen Arbeit der Hauptproduktivkraft unserer Gesellschaft wirksam. Gerade in diesem Zusammenhang mit der ganzen Arbeitskräfteproblematik erfordert das verstärkte ökonomische Arbeit, um

– den Zyklus Wissenschaft – Produktion wirksamer zu beherrschen, d. h. den Mechanismus der laufenden Aufnahme neuer wissenschaftlich-technischer Erkenntnisse in den Produktionsprozeß sowie die Überführung prinzipiell neuer wissenschaftlicher Ergebnisse wirksamer zu meistern;

– solche technischen und technologischen Lösungen zu erarbeiten – z. B. auf dem Gebiet der Beregnung –, die den konkreten Bedingungen des Umfangs des gesellschaftlichen Arbeitsvermögens Rechnung tragen bzw. eine weitere Senkung des Arbeitsaufwandes ermöglichen und

3 K. Marx, Das Kapital, Erster Band, in: MEW, Bd. 23, Berlin 1962, S. 393.

4 E. Honecker, Die Aufgaben der Partei bei der weiteren Verwirklichung der Beschlüsse des IX. Parteitages der SED, in: Neues Deutschland vom 18./19. Februar 1978, S. 6.

– durch eine gezieltere Anwendung der wissenschaftlichen Arbeitsorganisation, der Ausschöpfung von Möglichkeiten des Arbeitskräfteaustausches auf der Grundlage der Kooperation und entsprechender vorausschauender volkswirtschaftlicher Lösungen den anfallenden Arbeitsumfang in erforderlichen Qualitäten zu bewältigen sowie alle Reserven zur Arbeitszeiteinsparung zu erschließen.

Zu einigen Aspekten der weiteren Entfaltung der schöpferischen Initiative der Genossenschaftsbauern und Arbeiter bei der Steigerung der Produktion, Arbeitsproduktivität und Effektivität

Ausnahmslos alle Fragen des weiteren Wachstums der Produktion, der Produktivität und Effektivität sind nur über die Entfaltung der Schöpferkraft und Aktivität der Genossenschaftsbauern und Arbeiter lösbar. W. I. Lenin machte diesen grundlegenden sozialökonomischen Inhalt der Effektivitätsentwicklung deutlich, indem er im Zusammenhang mit den Subbotniks von kapitalistischer und kommunistischer Arbeitsproduktivität sprach. Er hob hervor: „Die ‚Formeln' des echten Kommunismus unterscheiden sich von der schwülstigen, raffinierten, feierlichen Phrasendrescherei . . . gerade dadurch, daß sie alles auf die Arbeitsbedingungen zurückführen."[5]

Das unterstreicht den klassenmäßig bestimmten, politischen Charakter aller Anstrengungen zur Erhöhung der Produktivität und Effektivität. Es verdeutlicht, daß es hier um wichtige Aspekte der Bündnispolitik der Partei geht, darauf gerichtet, die landwirtschaftliche Produktion weiter zu intensivieren, planmäßig industriemäßige Verfahren anzuwenden, den sozialistischen Charakter der Arbeit und neue Arbeitsinhalte auszuprägen.

Die herausragende Rolle der Bildung und Qualifizierung ist in diesem Prozeß unbestritten. Viel wurde deshalb in den vergangenen Jahren getan, um über die Bildung und Qualifizierung das wissenschaftliche Potential des gesellschaftlichen Arbeitsvermögens auf dem Lande zu erhöhen, dessen konzentrierte Nutzung außerordentlich bedeutende ökonomische und sozialpolitische Aspekte in sich vereint. Allein in den Jahren 1971–1975 vergrößerten sich die direkten staatlichen Bildungsaufwendungen (ohne Investitionen) um rund 13,5 Prozent gegenüber 1966/70. Sie erreichten damit 1 Milliarde Mark. Die Bildungsfonds wuchsen im genannten Zeitraum auf 650 Prozent, die Grundfonds auf 372 Prozent und die Bruttoproduktion je Arbeitskraft auf 452 Prozent. Dieser unmittelbare Zusammenhang zwischen der Intensivierung, der Bildung und der Steigerung der Produktion als Voraussetzung für die Erhöhung der Arbeitsproduktivität charakterisiert die ökonomische und soziale Effektivität der durchgeführten Bildungsmaßnahmen.

Von wesentlicher Bedeutung ist nunmehr – wie vom IX. Parteitag der SED beschlossen –, die gesamten Bildungs- und Qualifizierungsmaßnahmen noch konzentrierter in Übereinstimmung mit den zukünftigen Erfordernissen industriemäßiger Produktion zu gestalten und das vorhandene Bildungspotential noch gezielter für den Produktions- und Leistungszuwachs in der Pflanzen- und Tierproduktion einzusetzen. Das schließt ein, der technologischen und ökonomischen Aus- und Weiterbildung den gebührenden Platz einzuräumen. Im Hauptreferat wurde nicht zufällig der enge Zusammenhang von Bildung und Qualifizierung, Gestaltung produktivitäts- und persön-

[5] W. I. Lenin, Die große Initiative, in: Werke, Bd. 29, Berlin 1961, S. 417.

lichkeitsbildender Arbeitsinhalte und der wachsenden Rolle des sozialistischen Wettbewerbs herausgearbeitet.

Mir scheint, daß der stärkeren wissenschaftlichen Durchdringung dieser Wechselbeziehungen, speziell auch der Rolle und Funktion des sozialistischen Wettbewerbs, größeres Gewicht in unserer agrarökonomischen und betriebswirtschaftlichen Arbeit gewidmet werden müßte. Hier geht es um grundsätzliche Fragen der Ökonomik des entwickelten Sozialismus, der Erhöhung von Produktivität und Effektivität. Ganz offensichtlich müssen wir stärker davon ausgehen, den sozialistischen Wettbewerb in seinen produktivitätssteigernden und persönlichkeitsfördernden Funktionen als Grundelement der Vervollkommnung der sozialistischen Produktionsverhältnisse zu begreifen, das heißt, es geht um einen gesetzmäßigen Prozeß der Vervollkommnung und Höherentwicklung der sozialistischen Ökonomik. Von solch grundsätzlicher Fragestellung ausgehend ist es m. E. besser möglich, seinen jeweiligen konkreten Inhalt zu bestimmen, die effektivsten und rationellsten Gestaltungsformen seiner Organisation und Auswertung zu finden, kurz, seine Lebendigkeit und Wirksamkeit entschieden zu erhöhen. Das verbindet sich organisch damit, konzentrierter im sozialistischen Wettbewerb und mit dem sozialistischen Wettbewerb die Neuerer- und Rationalisatorenbewegung in der Landwirtschaft zielgerichteter zu entfalten. Die rund 165 000 Neuerer und Rationalisatoren in den LPG, kooperativen Einrichtungen und volkseigenen Betrieben haben mit ihren rund 47 000 Neuerungen im Jahre 1977 einen Nutzen von insgesamt 381 Millionen Mark erbracht.

Mir ging es in Verbindung mit dem sozialistischen Wettbewerb vor allem darum, darauf hinzuweisen, daß hier wichtige politische wie ökonomische Reserven liegen, daß zuweilen noch unrichtiges Verhalten zu moralischen und materiellen Anerkennungen von Neuerer- und Rationalisatorenvorschlägen überwunden werden muß, mit einem Wort, daß es nicht um subjektive Ermessensfragen, sondern um die Ausschöpfung der Vorzüge und Potenzen unserer sozialistischen Produktionsverhältnisse geht. Das schließt unter anderem die wissenschaftlich begründete Beantwortung solcher Fragen ein:

– Wie ist über die engere Verbindung von Plan und sozialistischem Wettbewerb noch zielgerichteter auf die Steigerung der Produktion, die Erhöhung ihrer Effektivität und die Verbesserung der Arbeits- und Lebensbedingungen hinzuwirken?

– Wie ist der Konkretheitsgrad des Wettbewerbs zu erhöhen, um noch wirksamer die Initiative der Genossenschaftsbauern und Arbeiter auf die Kontinuität der Produktion, die Durchschaubarkeit der Wettbewerbsergebnisse, die breite Verwirklichung von Qualitätssicherungssystemen u. ä. zu richten?

– Nicht zuletzt geht es natürlich um die Erhöhung der politisch-erzieherischen Wirksamkeit des sozialistischen Wettbewerbs, womit gleichzeitig wichtige Fragen der konkret schöpferischen Verwirklichung der Statuten der LPG Pflanzen- bzw. Tierproduktion verbunden sind.

W. Cesarz

Zur Effektivitätsentwicklung sowie der weiteren Vervollkommnung der Leitung und Planung von Wissenschaft und Technik in der Landwirtschaft

Ausgehend vom Konferenzmaterial und dem Referat halten wir den Vergleich der Entwicklung
- des Nettoprodukts je ständig Berufstätigen,
- des Nettoprodukts insgesamt,
- der Investitionen insgesamt und des Bruttoprodukts

für eine geeignete Methode, den Erfolg der Intensivierung einzuschätzen und zu prüfen, mit welchem zusätzlichen Aufwand an Grundfonds (Investitionen) die Arbeitsproduktivität erhöht wurde (bezogen auf das Nettoprodukt je ständig Beschäftigten).

Wenn wir erreichen, daß das Nettoprodukt insgesamt mindestens annähernd so schnell wächst wie die Investitionen, jedoch das Nettoprodukt je ständig Beschäftigten schneller als die Investitionen, dann kann eingeschätzt werden, daß der wissenschaftlich-technische Fortschritt mit großer Effektivität produktionswirksam wird. Wir haben diese Prozesse in der Landwirtschaft analysiert. Wegen der Besonderheiten der landwirtschaftlichen Produktion müssen größere Entwicklungszeiträume untersucht werden. Es wurden die Jahre seit dem VIII. Parteitag der SED, also 1971 bis 1977, den Jahren 1964 bis 1970 gegenübergestellt. Für die sozialistische Landwirtschaft ergibt sich folgendes Bild:

Nettoprodukt je ständig Beschäftigten (in TM)

$\bar{x}$	1964–1970	8,6 = 100 %
$\bar{x}$	1971–1977	13,6 = 158 %

Investitionen (in Mrd. Mark)

$\bar{x}$	1964–1970	3,4 = 100 %
$\bar{x}$	1971–1977	4,6 = 136 %

Nettoprodukt (in Mrd. Mark)

$\bar{x}$	1964–1970	8,5 = 100 %
$\bar{x}$	1971–1977	11,4 = 134 %

Bruttoprodukt Pflanzen- und Tierproduktion (in GE)

		je AK	je ha
$\bar{x}$	1964–1970	417 = 100 %	63,8 = 100 %
$\bar{x}$	1971–1977	568 = 136,2 %	73,3 = rd. 115 %

Die Entwicklung dieser Kennziffern in der sozialistischen Landwirtschaft ist positiv.

Es bewahrheitet sich die Voraussicht von Marx, daß die Arbeitsproduktivität in der Landwirtschaft eines Tages schneller steigen muß als in der Industrie, um ihr Zurückbleiben abzubauen und eine planmäßig proportionale Entwicklung der Volkswirtschaft zu gewährleisten.

Besonders hervorzuheben ist, daß die Arbeitsproduktivität je Hektar fast 4mal schneller gestiegen ist als die Bruttoproduktion.

Diese Zahlen charakterisieren die hohe Wirksamkeit der vom VIII. und IX. Parteitag der SED beschlossenen Agrarpolitik.

Das hat eine stabile Versorgung der Bevölkerung ermöglicht. Wir betrachten das gegenüber allen anderen Kennziffern als das wichtigste Ergebnis in Durchführung der Beschlüsse des VIII. und IX. Parteitages.

Dabei gibt es folgende Entwicklung (vgl. Tabelle 1):

Tabelle 1

	Fleisch und Fleisch-erzeugnisse	Milch und Milch-erzeugnisse	Eier und Eier-erzeugnisse	Gemüse
$\bar{x}$ 1964–1970	100	100	100	100
$\bar{x}$ 1971–1977	123	104,5	119	122

Dieser hohe Anstieg im Pro-Kopf-Verbrauch ist ein wichtiger Beitrag zur Verwirklichung der Hauptaufgabe. Dabei ist es gelungen, aus einem Importeur von Fleisch, Butter u. a. zu einem Exporteur dieser Erzeugnisse zu werden. Diese Entwicklung charakterisiert die gestiegene Leistungskraft der sozialistischen Landwirtschaft.

Wir sind aber der Meinung, daß es noch große Reserven gibt, die wir vor allem durch die Beschleunigung des wissenschaftlich-technischen Fortschritts erschließen können.

Damit möchte ich auf ein weiteres Problem zu sprechen kommen. Bei allen Fortschritten ist die Verbindung von Wissenschaft – Technik – Produktion in der zentralen Planung noch nicht ausreichend gelungen. Im Ministerium für Land-, Forst- und Nahrungsgüterwirtschaft wurde deshalb festgelegt, die Entwicklung der Land-, Forst- und Nahrungsgüterwirtschaft bis 1985/90 und die Präzisierung des Forschungsprogramms bis 1990 sowie seine teilweise Weiterführung bis 2000 von gemeinsamen Arbeitsgruppen des Ministeriums für Land-, Forst- und Nahrungsgüterwirtschaft und der Akademie der Landwirtschaftswissenschaften der DDR durchführen zu lassen. Vertreter der Staatlichen Plankommission werden in diesen Arbeitsgruppen mitwirken.

Die Entwicklung der Forschung und Wissenschaft wird voll und ganz auf die Erfordernisse der Produktionsentwicklung eingestellt. Dabei wird auch genau zu ermitteln sein, wann welche Maschinen und Verfahren in Produktion gehen sollen, damit das von der Industrie langfristig berücksichtigt werden kann und sie die dafür erforderlichen Kapazitäten bilanziert. Das müßte Bestandteil der Staatsaufträge sein. Dieses Herangehen sollte ein allgemein verbindliches Prinzip sein, weil so die bilanzierte Einheit des Volkswirtschaftsplanes und des Staatsplanes Wissenschaft und Technik besser gewährleistet werden kann. Diese Dokumente müssen lückenlos verzahnt sein und daher von vornherein gemeinsam erarbeitet werden.

Die Übereinstimmung dieser entscheidenden Leitungsdokumente muß auf allen Leitungsebenen gesichert werden.

Das wird es erleichtern, alle wesentlichen Beziehungen der erforderlichen Entwicklung von Produktivkräften und Produktionsverhältnissen, Ökonomie, Wissenschaft, Technik und Weiterbildung der Werktätigen richtig zu erfassen und dazu beitragen, Forschung, Entwicklung, Technologie, Projektierung, Investvorbereitung und -durchführung bis zur Produktion als einheitlichen Prozeß wirksamer zu leiten, zu planen, zu kontrollieren und abzurechnen.

Die Leitung und Planung dieser Arbeit richten wir im Ministerium für Land-, Forst- und Nahrungsgüterwirtschaft auf die Lösung folgender Schwerpunkte:

1. Ausgehend von den wissenschaftlich-technischen Erkenntnissen, dem zu erwartenden Bedarf an Nahrungsmitteln und der Entwicklung der Reproduktionsbedingungen werden die Art und Weise der Produktion der wichtigsten Erzeugnisse langfristig bestimmt und die Aufgaben aller an der Realisierung einer Erzeugnislinie beteiligten Partner festgelegt sowie mit ihnen abgestimmt.

2. Wissenschaft und Produktion werden darauf konzentriert, Engpässe und Lücken in den technologischen Linien zu beseitigen bzw. abzubauen, das technologische Niveau der zukünftigen Produktion sowie die Arbeitsinhalte, Arbeitsbedingungen und die erforderliche Qualifizierung der Genossenschaftsbauern und Arbeiter zu bestimmen.

3. Die Wissenschaft hat nicht nur den Vorlauf für leistungsfähige Produktionsmethoden und -verfahren zu sichern, sie hat auch dazu beizutragen, die produktiven Fonds rationeller zu nutzen und die für mehrschichtige Arbeit erforderlichen Arbeitskräfte vor allem durch Rationalisierung und Rekonstruktion zu gewinnen.

4. Die Wissenschaft hat solche Ergebnisse vorzulegen, die es gestatten, die Arbeits- und Lebensbedingungen beständig zu verbessern und die Entwicklung der Genossenschaftsbauern und Arbeiter zu sozialistischen Persönlichkeiten zu fördern.

5. Der Aufwand an lebendiger und vergegenständlichter Arbeit je Erzeugniseinheit ist zu senken und die Arbeitsproduktivität schneller zu erhöhen.

6. Durch das enge Zusammenwirken von Wissenschaft und Produktion ist das Verhältnis von Ergebnis und Aufwand weiter zu verbessern.

7. Die Zeitdauer vom Aufwand bis zum Ergebnis ist insbesondere durch rationellere Gestaltung der Überleitungsprozesse von Forschungsergebnissen zu verkürzen.

Auf diese Weise wollen wir den Prozeß der Intensivierung von Wissenschaft, Technik und Produktion in seiner Gesamtheit enger verflechten und wirksamer gestalten.

Für eine engere Verbindung von Wissenschaft und Produktion gibt es in der Land-, Forst- und Nahrungsgüterwirtschaft viele bewährte Methoden, wie die Zusammenarbeit von Wissenschaftlern, Neuerern und erfahrenen Praktikern in sozialistischen Arbeitsgemeinschaften, die weiter ausgebaut werden.

So eine Zusammenarbeit bietet sich insbesondere dort an, wo die Konzentration und Spezialisierung der Produktion bedeutende Fortschritte erreicht hat (z. B. bei 60 Betrieben, die eine spezialisierte Kartoffelproduktion auf etwa 70 000 ha durchführen, 9 Betrieben, die im spezialisierten Anbau etwa 50 % des Gesamtaufkommens an Speisezwiebeln erzeugen und etwa 10 spezialisierten Betrieben der Läuferproduktion, die rd. 1 Mio Läufer im Jahr produzieren).

Die kameradschaftliche Zusammenarbeit von Forschern, Konstrukteuren, Meistern, Arbeitern und Genossenschaftsbauern fördert eine schöpferische Atmosphäre in der Arbeit und gibt die Gewähr, daß Forschungsleistungen vorgelegt und wirksam werden, die den Erfordernissen der Praxis genügen und sich dem Weltstandsvergleich stellen können.

Mit dem Plan 1978 wurde erstmalig festgelegt, auf welchen Gebieten der Weltstand mit zu erreichen bzw. zu bestimmen ist. Über die wirtschaftliche Rechnungsführung werden die Kollektive angeregt, die Ergebnisse des wissenschaftlich-technischen Fortschritts mit hoher Effektivität im Betrieb wirksam zu machen. Das erfolgt vor allem in zwei Richtungen:

erstens durch Förderungsmittel und Preiszuschläge zur Erhöhung der Gebrauchseigenschaften landwirtschaftlicher Produkte;

– in der Pflanzenproduktion geht es vor allem um die Erhöhung spezieller Inhaltsstoffe wie Eiweißgehalt im Futtergetreide durch Einsatz von Förderungsmitteln für N-Spätdüngung und durch Preiszuschläge für hohen Eiweißgehalt im Getreide;

– bei Zuckerrüben bzw. Stärkekartoffeln erfolgt die Bezahlung nach dem Zucker- bzw. Stärkegehalt;

– in der Tierproduktion erfolgt die Bezahlung des Schlachtviehs nicht mehr nach dem Prinzip der Lebendviehvermarktung, sondern nach dem Schlachtkörperwert;

– im Ergebnis der Schlachtkörpervermarktung stieg der Durchschnittspreis um 10,– M/dt (diese Erhöhung ist auf die schnellere Durchsetzung des züchterischen Fortschritts zurückzuführen);

zweitens durch Förderungsmaßnahmen zur besseren Auslastung hochproduktiver Grundmittel. Solche Förderungsmittel gewähren wir zum Beispiel für eine hohe Auslastung der Beregnungstechnik und die Auslastung der Trockenwerke und Pelletierkapazitäten zur Produktion hochwertiger Futtermittel. Das hat dazu beigetragen, zum Beispiel die Strohpelletproduktion von 0,2 kt 1973 auf 1,5 Mio t 1977, also in 4 Jahren auf das 7fache zu steigern.

Wir sind bestrebt, in allen Forschungseinrichtungen und Betrieben der Land-, Forst- und Nahrungsgüterwirtschaft das System des ideellen und materiellen Anreizes konsequent auf die Ausnutzung dieser Wachstumsfaktoren auszurichten und so das wissenschaftlich-technische Schöpfertum umfassend zu fördern.

Mit dieser Linie der Arbeit setzen wir unsere ganze Kraft ein, um die uns von der Partei und Regierung gestellten Aufgaben zu erfüllen.

H. Etter

Die zielstrebige politisch-ideologische Führungstätigkeit der Kreisleitung der SED bei der Steigerung der Arbeitsproduktivität in der sozialistischen Landwirtschaft

In meinem Diskussionsbeitrag möchte ich auf zwei wichtige Faktoren für das Wachstum der Arbeitsproduktivität eingehen, die wir in unserem Kreis seit längerer Zeit in den Vordergrund der politischen Führungstätigkeit gerückt haben,
- *erstens* den Kampf um die Erhöhung der Bodenfruchtbarkeit und
- *zweitens* das bessere Zusammenwirken von rationeller Arbeitsteilung und Kooperation.

Beide Faktoren sind unserer Meinung nach für die Steigerung der Arbeitsproduktivität in der sozialistischen Landwirtschaft besonders wichtig.

Zum ersten Problem: Beim weiteren Übergang zu industriemäßigen Produktionsmethoden durch die Erhöhung der Bodenfruchtbarkeit ist es unser Ziel, die in den einzelnen Jahren unterschiedlich auf das Ergebnis der Arbeitsproduktivität wirkenden Naturbedingungen langfristig immer besser zu beherrschen.

In den Mittelpunkt haben wir deshalb den Kampf um den „Betrieb der hohen Ackerkultur" gestellt. Die LPG Pflanzenproduktion in Oehna konnte zum Beispiel diesen Titel bereits in den Jahren 1976 und 1978 erringen. Ausgehend von diesem Beispiel ringen alle Betriebe um diese Anerkennung durch das Ministerium für Land-, Forst- und Nahrungsgüterwirtschaft. Das setzte inhaltlich voraus, daß überall Intensivierungsprogramme für einen längeren Zeitraum ausgearbeitet wurden, die jährlich für die Hauptkulturen bis zur Aufnahme von Problemen der Anwendung des wissenschaftlich-technischen Fortschritts im Detail ergänzt werden.

Das hat weiter zur Folge, daß die Wettbewerbsführung in den Arbeitskampagnen sich qualitativ veränderte, indem der Kampf um den Titel des besten Mechanisators, die Qualitätsarbeit durch Anwendung des Qualitätssicherungssystems, die Anerkennung aller Flächen mit dem „grünen Q" sowie insgesamt um eine hohe Ackerkultur immer mehr in den Vordergrund getreten sind.

Die Ergebnisse dieser langjährigen Arbeit zahlen sich aus. Bei einer Ackerzahl von 37 konnten wir 1977 im Kreis 55,9 Getreideeinheiten an pflanzlicher Bruttoproduktion je Hektar landwirtschaftlicher Nutzfläche erzielen. In diesem Jahr haben wir entsprechend unserer Grundkonzeption der Entwicklung der Landwirtschaft bis 1980 und in Übereinstimmung mit den Fünfjahrplanzielen für unseren Kreis 56,6 Getreideeinheiten je Hektar landwirtschaftlicher Nutzfläche vorgesehen. Das sind zum Beispiel 43,2 dt Getreide, 240,0 dt Kartoffeln und 357,0 dt Zuckerrüben je Hektar.

Die Hauptproblematik liegt in der Führung dieser qualitativen Prozesse. Wir haben diesen Gesamtkomplex von Maßnahmen unter besondere Kontrolle des Sekretariats der Kreisleitung der SED und des Rates des Kreises gestellt und orientieren uns dabei auf folgende Aufgaben:

- die Kontrolle des Intensivierungsfaktors Chemisierung über unsere drei Agrochemischen Zentren bis in die Pflanzenbaubetriebe;
- die Entwicklung der Mechanisierung im Kreis, wobei unsere Bedürfnisse auf

einigen Gebieten schneller gewachsen sind als die volkswirtschaftlichen Möglichkeiten, diese zu realisieren, z. B. in der gesamten Viehwirtschaft;

– die Durchsetzung eines konkreten langfristigen Meliorationsprogramms. Wir beregnen zur Zeit 12 % unserer landwirtschaftlichen Nutzfläche, wollen 1980 20 % und 1990 50 % beregnen;

– die Nutzung der technischen Trocknung mit Hilfe unseres Trockenwerkes;

– die Ausnutzung des wissenschaftlich-technischen Fortschritts in der Züchtung;

– die weitere Qualifizierung der Genossenschaftsbauern und Arbeiter. Gerade in den letzten Jahren haben wir in der Qualifizierung gute Fortschritte gemacht. Gegenwärtig haben 85,2 % aller Genossenschaftsbauern und Arbeiter eine abgeschlossene Fachausbildung. 1980 wollen wir 90 % erreichen.

Zum zweiten Problemkreis: Ein wichtiger Faktor zur Steigerung der Arbeitsproduktivität in der Landwirtschaft ist die weitere Vertiefung der gesellschaftlichen Arbeitsteilung, wobei die Kooperation als ein Wesenszug der Agrarpolitik zu einer Kernfrage der gesellschaftlichen Entwicklung auf dem Lande geworden ist.

Die jetzige Struktur und die Größenordnung der LPG in unserem Kreis bestätigen die Richtigkeit des bisherigen Weges, den wir in der Agrarpolitik gegangen sind. Sie fordern von uns, nie aus dem Auge zu lassen, daß Arbeitsteilung keine Trennung bedeutet, sondern die Erhöhung der Rolle der kooperativen Zusammenarbeit erforderlich macht.

Die Kollektive der 9 LPG Pflanzenproduktion und der 25 LPG Tierproduktion in unserem Kreis haben diese Grundfragen richtig verstanden. Ausdruck dafür ist, daß sie sich bereits 1978 Produktionsziele gestellt haben, die ursprünglich erst 1980 geplant waren. Das sind zum Beispiel in der Tierproduktion 415 kg Schlachtvieh staatlichen Aufkommens je Hektar landwirtschaftlicher Nutzfläche, die wir in unseren vorhandenen Ställen auf der Grundlage der eigenen Futterbasis produzieren. Diese Aufgaben haben wir uns gestellt bei einem weiteren Rückgang der Arbeitskräfte.

Das zwingt uns objektiv dazu, noch schneller und gründlicher über die Steigerung der Arbeitsproduktivität nachzudenken und Schlußfolgerungen in vielerlei Hinsicht zu ziehen. Eine große Möglichkeit ist dabei das bessere Zusammenwirken der Kräfte über den Weg der Kooperation, sozusagen eine objektive Notwendigkeit. Deshalb hat das Sekretariat die Probleme der gesellschaftlichen Entwicklung in den Vordergrund der Führungstätigkeit gestellt. Die Lösung dieser Aufgaben ist ein zutiefst politisch-ideologisches und gesellschaftliches Anliegen.

Es hat sich in diesem Zusammenhang klar gezeigt, daß das Zusammenwirken zwischen den LPG der Pflanzen- und Tierproduktion in der Kooperation unter Koordinierung des gewählten Kooperationsrates eine Schlüsselfrage ist. Wenn wir zum Beispiel die Arbeit des Kooperationsrates Oehna, zu dem ein Pflanzenbaubetrieb und drei Tierproduktionsbetriebe gehören, genauer einschätzen, dann wird hier deutlich sichtbar, welche ökonomischen und gesellschaftlichen Potenzen durch die Kooperation mobilisiert werden konnten. Durch langjährige, kontinuierliche und zielstrebige kooperative Zusammenarbeit hat sich die gesellschaftliche Arbeitsteilung und Spezialisierung weiter vertieft. Gleichzeitig haben sich dabei die Arbeits- und Lebensbedingungen der Genossenschaftsbauern und Arbeiter in den Dörfern grundlegend verbessert.

Beträchtlich sind die ökonomischen Ergebnisse, die in der LPG Pflanzenproduktion Oehna erreicht wurden. So stieg die Arbeitsproduktivität – bezogen auf das Nettoprodukt – je VbE von 1970 mit 21 577,– Mark auf 29 721,– Mark im Jahre 1977. Die Kosten je dt Getreide sanken von 26,45 Mark im Jahre 1970 auf 24,59 Mark im Jahre 1977; bei Zuckerrüben im gleichen Zeitraum von 5,78 Mark/dt auf 4,89 Mark. Bei

Kartoffeln sanken die Kosten, unter Berücksichtigung, daß Oehna ein Pflanzkartoffellieferbetrieb ist und ein Kartoffellagerhaus betreibt, von 12,54 Mark im Jahre 1970 auf 10,54 Mark im Jahre 1977. Der Kostensatz betrug insgesamt in der LPG Oehna 1977 76,7. Die Grundfondsquote entwickelte sich von 87,65 im Jahre 1974 auf 68,16 im Jahre 1977. Für die Produktion einer dt Getreide wandte die LPG Oehna 1977 nur noch 0,34 AKh und bei Zuckerrüben 0,36 AKh auf.

Wenn auch differenziert, so können wir sagen, daß in allen neun Kooperationsräten für die Pflanzen- und Tierproduktion erfolgreich gearbeitet wird. Alle Kooperationsräte der Pflanzen- und Tierproduktion üben ihre Tätigkeit auf der Grundlage von Arbeitsplänen aus. Die Kommissionsarbeit ist zielstrebiger geworden.

Die Genossen des Staatsapparates arbeiten jetzt in allen Kooperationsräten daran, die Kooperationsvereinbarungen entsprechend den höheren Anforderungen zu ergänund zu qualifizieren, die Wirtschaftsverträge vorzubereiten und bereits jetzt mit der Planung des Futterbedarfs und des Futteranbaues für 1979 entsprechend einer weiteren Steigerung der Produktion zu beginnen.

In unserer politischen Führungstätigkeit werden wir auch weiterhin die wichtigsten Probleme unter Kontrolle stellen, um damit unseren Beitrag zur weiteren Steigerung der Produktion und Arbeitsproduktivität entsprechend den wachsenden Anforderungen zu leisten.

W. Theilig

Die Sicherung einer hohen Materialökonomie durch die weitere Vertiefung der vertikalen Kooperationsbeziehungen in der Landwirtschaft und Nahrungsgüterwirtschaft

In meinen Ausführungen möchte ich über einige Erkenntnisse, Erfahrungen und Ergebnisse sprechen, wie durch die Vertiefung der vertikalen Kooperationsbeziehungen zwischen den Betrieben der Land- und Nahrungsgüterwirtschaft im Kooperationsverband eine Steigerung der Arbeitsproduktivität durch die Verwirklichung einer hohen Materialökonomie erreicht werden kann.

Eine wesentliche Materialreserve liegt in der Senkung der Tierverluste. In Kooperationsverbänden bestehen Arbeitsgruppen, die sich mit Problemen der Materialökonomie befassen. Sie bestehen aus Vertretern der Betriebe und Tierärzten. Durch ihre aktive Einflußnahme auf optimale Haltungsbedingungen, richtige Fütterungsmethoden, gute Betreuung der Tierbestände in den Betrieben und den Aufbau stabiler Viehbestände war es möglich, in den Mitgliedsbetrieben der Kooperationsverbände, die mit 91,5 % am Gesamtaufkommen der Schweinefleischproduktion des Bezirkes beteiligt sind, die Tierverluste weiter zu senken. Insgesamt entwickelten sich im Bezirk Gera die Verluste bei Schweinen ohne Ferkel zum Bestand von 2,4 % 1975 auf 2,3 % im Jahre 1977.

Auch die gemeinsamen Bemühungen bei der Senkung der Transportverluste bei Schlachttieren in den vergangenen Jahren zeigten gute Ergebnisse. 1969 fielen im Schlachtbetrieb Gera noch 0,20 % der transportierten Tiere als Transport- und Stallverendungen an. 1977 waren nur noch 0,06 % Tierverluste zu verzeichnen. Dieser gleiche Prozentsatz wurde auch im gesamten Bezirksmaßstab erreicht. Hier zeigt sich, daß die ständige Überzeugungsarbeit in den Mitgliedsbetrieben über die Einhaltung der TGL im Transport, die Verbesserung von Verlademöglichkeiten und die Einhaltung der Nüchterungszeiten gute Ergebnisse gebracht haben.

Trotz steigender Transporte ist auch für den Zeitraum bis 1980 die Aufrechterhaltung dieser niedrigen Verlustquote bei transport- und stalltoten Tieren vorgesehen.

Eine große Bedeutung wird in der Arbeit der Kooperationsverbände der Durchsetzung des wissenschaftlich-technischen Fortschritts, insbesondere der Erhöhung des Hybridanteils und der künstlichen Besamung beigemessen. So haben wir im Bezirk Gera den Hybridanteil durch Mehrfacheinkreuzung von 57,3 % im Jahre 1975 auf 69,2 % 1977 erhöht.

Der Anteil der künstlichen Besamung der produktiven Sauen erhöhte sich von 78,3 % im Jahre 1975 auf 82 % 1977.

In jedem Kooperationsverband wurde eine Reproduktionsordnung beschlossen, die für alle Mitgliedsbetriebe exakte Festlegungen enthält. Von seiten der Arbeitsgruppe „Zucht und Reproduktion" wird die Durchsetzung der getroffenen Festlegungen ständig kontrolliert.

Durch den steigenden Hybridanteil und die guten Ergebnisse der künstlichen Besamung mit wertvollem Ebermaterial war es möglich, folgenden Anteil der Fleischwertklasse 1 bei der Qualitätsstruktur der Tierkörper zu erreichen:

	Bezirksdurchschnitt 1977
Schweine	15,1 %
Bullen	42,6 %
Kühe	15,1 %

Dieser hohe Anteil der Klassen 1 bei der Qualitätsstruktur am Tierkörper Schwein erbrachte auch hohe ökonomische Erlöse für die LPG und die Volkseigenen Güter des Bezirkes Gera.

Die erzielten Ergebnisse in der Senkung der Warmgewichtsverluste bei Tierkörpern in den Schlachtbetrieben des Kombinates sind ebenfalls ein Ausdruck des ständigen Kampfes um höhere Materialökonomie. So war es möglich, die Warmgewichtsverluste bei Rindern 1977 gegenüber dem Jahr 1970 auf 75,4 % zu senken. Bei Schweinen wurde im gleichen Zeitraum eine Senkung auf 65,8 % erreicht. Diese Erfolge wurden erzielt durch die Verwirklichung solcher Maßnahmen des wissenschaftlich-technischen Fortschrittes wie den Einbau von Schnellabkühltunneln in den Schlachtbetrieben bei gleichzeitiger Anwendung der neuesten Erkenntnisse der wissenschaftlichen Arbeitsorganisation.

12 Neuerer aus den Betrieben des Kooperationsverbandes konnten durch erfolgreiche Forschungs- und Entwicklungsarbeit ein zentrales MMM-Projekt vorstellen, das eine technologische Lösung für die Herstellung von hochwertigem Eiweißfutter in den Tierkörperverarbeitungsbetrieben enthält. Dadurch war es 1977 möglich, außer dem produzierten Tierkörpermehl zusätzlich 5 760 t Eiweißflüssigfutter durch die Verarbeitung aller anfallenden Schlachtabfälle, wie Konfiskate, Panseninhalte, Knochen und Federn von Geflügel, herzustellen.

Einige größere Mitgliedsbetriebe führten erfolgreiche Fütterungsversuche bei Schweinen durch und arbeiteten in ihren Stallanlagen nach entsprechenden Fütterungstechnologien, bauten Vorratsbehälter ein, um eine kontinuierliche Abnahme und Fütterung zu sichern. Ebenso wird alles Blut, das nicht für die Fleischwarenherstellung verwendet werden kann, für Futtermittel bereitgestellt. Dadurch wurden Abprodukte, die nicht der menschlichen Ernährung oder der industriellen Weiterverarbeitung zugeführt werden konnten, in vollem Umfang als hochwertiges Eiweißfutter mit verarbeitet und gleichzeitig wertvolle Devisen eingespart.

Von entscheidender Bedeutung für einen effektiveren Materialeinsatz ist die Anwendung von fortschrittlichen Normativen. Entsprechend ist es notwendig, die materialökonomischen Maßnahmen in Verbrauchsnormative umzusetzen, die alle Werktätigen auf sparsamsten Verbrauch orientieren.

Bei den Schlachtbetrieben handelt es sich um Normative zur

- Senkung der Tierverluste (Transport- und Stallschäden),
- Verringerung der Warmgewichtsverluste,
- Erhöhung der Ausbeuten bei Innereien und Därmen,
- volle Gewinnung von Pankreas, Hypophysen u. a. m.

Für die Verarbeitungsbetriebe werden Normative vorgegeben, um den effektivsten TGL-gerechten Rohstoffeinsatz zu sichern und die geplanten Ausbeuten zu erzielen.

Um die Arbeit mit den Normativen straffer zu leiten, wurde im Fleischkombinat Gera ein Normativkatalog erarbeitet mit der Vorgabe von insgesamt 416 Gewinnungs-, Verarbeitungs- und sonstigen Normativen. Die Abrechnung per 31. 12. 1977 ergab, daß zu 26,8 Prozent mit Kombinatsbestwerten gearbeitet wird.

Beim agra-Leistungsvergleich der Fleischindustrie 1977 konnten die Betriebe des Kombinates 15 Bestwerte erreichen. Auch hier liegen noch Reserven für eine effektivere Materialökonomie.

Zum 31. 12. 1977 wurde insgesamt eine Materialeinsparung von 992 TM im Plan Wissenschaft und Technik des Fleischkombinates Gera abgerechnet, darunter allein aus der Neuererbewegung 938,6 TM.

Hohe Materialökonomie und verbesserte Qualität der Erzeugnisse bilden eine untrennbare Einheit. Voraussetzung dazu ist, daß jeder Werktätige am Arbeitsplatz für eine stabile Qualitätsarbeit sorgt. Das Qualitätssicherungssystem findet dabei strikte Anwendung.

Durch eine hohe Materialökonomie und Verbesserung der Qualität der Erzeugnisse können in der Fleischindustrie entscheidende Quellen zur Steigerung der Produktion und deren Effektivität erschlossen werden.

G. Winkler

Zur weiteren Gestaltung der Planung sozialökonomischer Entwicklungsprozesse in der sozialistischen Landwirtschaft[1]

Die mit der weiteren sozialistischen Intensivierung und dem planmäßigen Übergang zu industriemäßiger Produktion verbundenen gesellschaftlichen Prozesse gilt es, im Interesse der Steigerung der Produktion und der Entwicklung der sozialistischen Lebensweise immer effektiver zu leiten. Das erfordert die Verwirklichung der Einheit von Wirtschafts- und Sozialpolitik, wie sie vom IX. Parteitag der SED beschlossen wurde. Eine so verstandene zielstrebige Weiterentwicklung der Leitung und Planung sozialökonomischer Entwicklungsprozesse umfaßt:

erstens die Notwendigkeit, auf der Grundlage der Beschlüsse der SED langfristig orientierte Zielstellungen in Übereinstimmung mit der Planung sozialer Prozesse zu formulieren;

zweitens die Berücksichtigung der Wechselbeziehungen zwischen steigender Effektivität des gesellschaftlichen Arbeitsprozesses und sozialem Fortschritt;

drittens eine Verbesserung der Analyse der erreichten Entwicklung. Sie wird bedingt durch die Forderung, die Komplexität der gesellschaftlichen Entwicklung immer umfassender zu beherrschen. Eine tiefgründige und umfassende Analyse des erreichten Entwicklungsstandes ist eine wesentliche Voraussetzung für eine allseitige Information von Leitern, Arbeitern und Genossenschaftsbauern, die wiederum, wie Forschungsarbeiten eindeutig nachweisen konnten, nachhaltigen Einfluß auf Bewußtheit, Planerfüllung, Beseitigung vorhandener Differenzierungen usw. hat;

viertens eine mögliche Vereinheitlichung der Planung sozialökonomischer Entwicklungsprozesse im Betrieb und die umfassende Koordinierung deren Leitung und Planung auf betrieblicher und territorialer Ebene.

Die Berücksichtigung dieser Forderungen bei der weiteren Entwicklung der Planung sozialökonomischer Prozesse zielt auf eine planmäßige Beherrschung der Bedingungen ab, die dazu beitragen, die Arbeit als die wichtigste Sphäre des Lebens der Menschen immer besser den Wesensmerkmalen der entwickelten sozialistischen Gesellschaft entsprechend zu gestalten. Auf Grund vorliegender Forschungsergebnisse erscheint es zweckmäßig, aus der Sicht des gesellschaftlichen Reproduktionsprozesses und der Persönlichkeitsentwicklung folgende Komplexe bei der Planung der sozialökonomischen Prozesse in der sozialistischen Landwirtschaft zu berücksichtigen:

1. die erweiterte Reproduktion des Arbeitsvermögens,
2. die materiellen und zeitlichen Arbeitsbedingungen,
3. die betrieblichen und territorialen Bedingungen der sozialen Betreuung und Entwicklung der gesellschaftlichen Konsumtion,

[1] Die Ausführungen beruhen auf Forschungsergebnissen der vom Autor geleiteten Fachgruppe Agrarökonomie der Sektion Tierproduktion/Veterinärmedizin der Karl-Marx-Universität Leipzig.

4. die Entwicklung sozialer Verhaltensweisen,
5. die sozialökonomischen Entwicklungsprozesse bestimmter sozialer Gruppen.

Das Studium der Dokumente zur Planung sozialökonomischer Entwicklungsprozesse in sozialistischen Landwirtschaftsbetrieben der UdSSR[2] und der ČSSR[3] ergab vergleichbare inhaltliche Komplexe. Diesen Komplexen wurden unsererseits Schwerpunkte und diesen wieder sozialökonomische Sachverhalte (Faktoren) zugeordnet, deren quantitative Erfassung im Interesse ihrer planmäßigen Beherrschung erforderlich ist. Im hier vorgegebenen Rahmen ist es nicht möglich, auf alle Komplexe, Schwerpunkte und Faktoren einzugehen. Aus dem dritten Komplex, der die soziale Betreuung auf betrieblicher und territorialer Ebene einschließlich der Bereitstellung gesellschaftlicher Konsumtionsfonds umfaßt, sollen als Beispiel die zugehörenden Schwerpunkte und die darunter einzuordnenden Faktoren (jeweils in Klammern gesetzt) genannt werden:

Soziale Betreuung (Bereitstellung materieller Bedingungen und Leistungen auf betrieblicher Ebene für Kindergarten- und -krippenplätze, Urlaubsgestaltung, gesellschaftliche Speisenversorgung einschließlich Pausenversorgung, sozialhygienische Bedingungen, Personentransport);

materielle Lebensbedingungen im Territorium (Wohnbedingungen, Warenversorgung täglicher Bedarf, Dienstleistungen, materielle Bedingungen für kulturelle und sportliche Aktivitäten);

Investitionen im nichtproduktiven Bereich (Unterteilung wie bei sozialer Betreuung);

Bereitstellung gesellschaftlicher Konsumtionsfonds.

Während unter den ersten beiden Schwerpunkten der erreichte Versorgungsgrad gemessen wird, weisen die zwei letztgenannten überwiegend den Aufwand (M/Berufstätigen) aus. Dabei ist zu beachten, daß die Funktion der materiellen Bedingungen und sozialen Leistungen im gesellschaftlichen Reproduktionsprozeß unterschiedlich ist. So zählen Personentransport, Arbeitsschutzbekleidung, Pausenversorgung zu den direkten Elementen des Arbeitsprozesses, während z. B. die Wohnbedingungen und die Urlaubsgestaltung in indirekter Beziehung zum Reproduktionsprozeß stehen. Diese Tatsachen sind von Bedeutung bei der Entscheidung über die zu erschließenden Finanzierungsquellen (Kosten bzw. Gewinnteile).

Ein besonderes Gewicht kommt neben der materiellen Deckung der finanziellen Absicherung der sozialen Betreuung in der sozialistischen Landwirtschaft zu. Die Analyse vorhandener Unterlagen ergibt interessante Aufschlüsse. Abgesehen davon, daß eine exakte und miteinander absolut vergleichbare Erfassung der gesellschaftlichen Konsumtionsfonds in und zwischen den sozialistischen Landwirtschaftsbetrieben kaum möglich ist, sind doch bestimmte Tendenzen erkennbar. Sie bestehen vor allem darin, daß es zwischen den LPG und VEG noch differenzierte Unterschiede in der Bereitstellung und dem Aufwand der Mittel für die soziale Betreuung gibt. Solche Unterschiede sind auch in territorialer Hinsicht festzustellen.

Ohne auf die Ursachen (Unterschiede in der Höhe des Nettoprodukts je VbE, in der Höhe der persönlichen Einkünfte je VbE, im Ausstattungsgrad der Betriebe mit kulturellen und sozialen Einrichtungen, in der Struktur der Arbeitskräfte, in der Bildung des Kultur- und Sozialfonds, in der Handhabung der Finanzierungsquellen usw.) ein-

[2] Komplexplan der ökonomischen und sozialen Entwicklung der Sowchose (Kolchose) des Rayons des Moskauer Gebietes für die Jahre 1976–1980.

[3] Plan der sozialen Entwicklung des Betriebskollektivs der LPG „Rozvoj" für die Jahre 1976–1980.

gehen zu können, ergibt sich allein aus den angeführten Tatsachen die Notwendigkeit, nicht nur die Planung der sozialen Betreuung, sondern darüber hinaus der sozialökonomischen Entwicklungsprozesse insgesamt weiterzuentwickeln. Die vorgeschlagenen Komplexe und Schwerpunkte qualifizieren inhaltlich die gegenwärtige Planungspraxis. Erfahrungen aus der Sowjetunion besagen, die Planung der vorgeschlagenen sozialökonomischen Faktoren wenigstens für einen mittelfristigen Zeitraum (5 Jahre) vorzunehmen.

Arbeitskreis 10:
Entfaltung der schöpferischen Masseninitiative und ihre Leitung. Entwicklung des sozialistischen Wettbewerbs und der Neuererbewegung

H. Menzzer

Einige Probleme der Entwicklung des sozialistischen Wettbewerbs in Vorbereitung auf den 30. Jahrestag der DDR

Entsprechend der Zielstellung unserer Konferenz wollen wir uns mit der Diskussion im Arbeitskreis das Ziel stellen, neue theoretische und praktische Probleme der Entwicklung des sozialistischen Wettbewerbs zu beraten, in Vorbereitung auf den 30. Jahrestag der DDR gesammelte Erfahrungen zu popularisieren und Anregungen für die weitere Entwicklung der schöpferischen Masseninitiativen der Werktätigen zu geben. Sowohl die Konferenzmaterialien als auch das Einleitungsreferat und der Beitrag des Kollegen Horst Heintze im Plenum geben dazu wertvolle Anregungen. Gestatten Sie mir daran anknüpfend einige einleitende Bemerkungen.

Auf dem IX. Parteitag der SED wurde nachdrücklich hervorgehoben, daß die Entwicklung der Initiative der Werktätigen in allen gesellschaftlichen Bereichen, besonders in der materiellen Produktion, zu den Grundfragen der weiteren Gestaltung der entwickelten sozialistischen Gesellschaft gehört. Im Kampf um die Planerfüllung wird die Initiative der Werktätigen immer mehr zu einer entscheidenden Quelle des gesellschaftlichen Fortschritts und des ökonomischen Wachstums, organisieren die Werktätigen immer besser ihre schöpferische, initiativreiche Arbeit, um die Intensivierung des gesellschaftlichen Reproduktionsprozesses entscheidend zu vertiefen. „Wie gut das (bereits) verstanden wird", betonte Genosse Erich Honecker in seinem Referat auf der Beratung mit den 1. Sekretären der Kreisleitungen der SED, „davon sprechen überzeugend die Wettbewerbsprogramme zu Ehren des 30. Jahrestages der Gründung der DDR . . . Die Intensivierung der Produktion, die qualitativen Faktoren des Wirtschaftswachstums bestimmen eindeutig die Richtung dieser Zielstellung. Ihr umfassender Charakter, ihre Tiefe und Wissenschaftlichkeit sind wirklich eine neue Erscheinung in der Entwicklung unseres sozialistischen Wettbewerbs, die den gegenwärtigen gesellschaftlichen Erfordernissen durchaus entspricht."[1]

Diese bedeutsame Entwicklung des sozialistischen Wettbewerbs ist nicht zuletzt Ausdruck seiner Wirkungsweise als Gesetzmäßigkeit des sozialistischen Aufbaus. Die dialektische Einheit von schöpferischem Wetteifer, kameradschaftlicher Zusammenarbeit und gegenseitiger sozialistischer Hilfe bestimmt das Wesen des sozialistischen Wettbewerbs. Sie ist zugleich seine wichtigste innere Gesetzmäßigkeit, die sich objektiv aus den sozialistischen Macht- und Eigentumsverhältnissen ergibt. Dabei bestätigen die Erfahrungen der nahezu 60jährigen Geschichte des sozialistischen Wettbewerbs, daß seine Entwicklungsetappen, der Inhalt, die Ziele, Formen und Methoden seiner Organisierung und Führung nicht durch subjektive Wünsche, sondern durch die Schwerpunkte der jeweiligen Etappe der gesellschaftlichen Entwicklung bestimmt sind. So steht im Mittelpunkt der breiten Initiative der Arbeiterklasse, der Genossenschaftsbauern, der Angehörigen der Intelligenz und der anderen Werktätigen in allen Bereichen unserer Gesellschaft, wie Genosse Honecker betonte, die Vorbereitung des 30. Jahrestages der Gründung der DDR, ist das schöpferische Wetteifern der Millionen Wettbewerbsteilnehmer geprägt durch den unaufhaltsamen Sieg des Sozialismus auf deutschem Boden, steht es im Zeichen der Sieghaftigkeit der Ideen von Marx, Engels und Lenin[2].

Mehr und mehr kennzeichnen neue Initiativen zur Steigerung der wirtschaftlichen Leistungskraft unseres Landes, die unsere Sozialpolitik ermöglichen, den sozialistischen Wettbewerb; immer besser vollzieht sich in ihm die Umsetzung sozialer Energie, die durch die erfolgreiche Verwirklichung der Hauptaufgabe in ihrer Einheit von Wirtschafts- und Sozialpolitik freigesetzt wird, in konkrete ökonomische Ergebnisse bei der Steigerung der Arbeitsproduktivität.

Wie der Vorsitzende des Bundesvorstandes des FDGB, Kollege Harry Tisch, hervorhob, kommt in der Übernahme anspruchsvoller Verpflichtungen durch Millionen Werktätige das vielfältige persönliche Bekenntnis zur Politik der SED zum Ausdruck, bestimmt das Handeln der Werktätigen immer mehr der Grundsatz, daß sich gute Arbeit jedes einzelnen für unsere gesicherte sozialistische Perspektive lohnt und daß wir nur das verbrauchen können, was wir uns erarbeitet haben[3].

Diese für die zunehmende Breite und Qualität der Wettbewerbsentwicklung charakteristischen Züge sind nicht zuletzt Ausdruck der zielstrebigen Arbeit der Gewerkschaften und ihrer engen Zusammenarbeit mit den staatlichen Leitern. Wie Kollege Horst Heintze in seinem Beitrag im Plenum hervorhob, betrachten es die Gewerkschaften als Organisatoren des Wettbewerbs als hohe Verpflichtung, ständig seine politische Führung und praktische Organisation zu vervollkommnen, weil davon entscheidend seine Wirkung abhängt.

Einen wichtigen Platz bei der Bewältigung dieser Aufgaben nehmen die vom Präsidium des Bundesvorstandes des FDGB beschlossene Grundorientierung sowie die in den Zweigen und Bereichen der Volkswirtschaft beschlossenen Programme zum 30. Geburtstag unserer Republik ein. Diese Orientierung schuf gute Voraussetzungen, um gleichzeitig mit der Präzisierung der Planaufgaben in den Betrieben und einzelnen Arbeitskollektiven die Diskussion über neue, höhere Wettbewerbsverpflich-

1 E. Honecker, Die Aufgaben der Partei bei der weiteren Verwirklichung der Beschlüsse des IX. Parteitages der SED, in: Neues Deutschland vom 18./19. Februar 1978, S. 5.

2 Vgl. ebenda, S. 3.

3 H. Tisch, Die Aufgaben des FDGB bei der weiteren Stärkung unserer sozialistischen DDR, in: Tribüne vom 5. März 1978, S. 3.

tungen zu führen. Die Betriebsgewerkschaftsleitungen der Betriebe waren dadurch besser in der Lage, die Wettbewerbsbeschlüsse gründlich und mit langfristiger Orientierung vorzubereiten. In der Mehrzahl dieser Wettbewerbsbeschlüsse widerspiegelt sich das Streben der Werktätigen, gemäß der bewährten Wettbewerbslosung „Aus jeder Mark, jeder Stunde Arbeitszeit und jedem Gramm Material einen größeren Nutzeffekt", darum zu ringen, das Verhältnis von Aufwand und Ergebnis immer günstiger zu gestalten, die Intensivierungsfaktoren im Komplex zu nutzen sowie rasche Fortschritte in Wissenschaft und Technik und in ihrer kurzfristigen Überleitung in die Produktion zu erreichen.

Allerdings dürfen wir auch nicht übersehen, daß es nicht in jedem Fall gelungen ist, die hohe Qualität der Beschlüsse der Vertrauensleutevollversammlungen bis in die Wettbewerbsprogramme der Arbeitskollektive fortzusetzen. Neben vorbildlichen, konkreten, abrechenbaren Zielstellungen treffen wir hier noch Züge des Formalismus in Gestalt allgemeiner, nicht konkret abrechenbarer „Verpflichtungen", besteht zum Teil ein Widerspruch zwischen den Programmen des Gesamtkollektivs und den wesentlich konkreteren schöpferischen Plänen zur Steigerung der Arbeitsproduktivität, den Notizen zum Plan und vielen anderen Aktivitäten. Hier dazu beizutragen, daß die gemeinsame Zielstellung im sozialistischen Wettbewerb sich in jedem Fall in jeder einzelnen Verpflichtung widerspiegelt, ist deshalb ein wichtiges Erfordernis der Verwirklichung der von W. I. Lenin geforderten Verbindung der Einheit im Grundlegenden und der Vielfalt der Formen und Methoden der Verwirklichung der Wettbewerbsziele. Voraussetzung dafür ist und bleibt jedoch die Aufschlüsselung des Planes, insbesondere auch des Planes Wissenschaft und Technik auf die Arbeitskollektive und soweit möglich auf die einzelnen Werktätigen.

Einen wichtigen Platz bei der Ausprägung der hohen Qualität des sozialistischen Wettbewerbs zum 30. Jahrestag der DDR nehmen auch die unter Beachtung der Spezifik und der territorialen Bedingungen in allen Bezirken und in der Hauptstadt der DDR entwickelten Gemeinschaftsaktionen der Bezirksvorstände des FDGB und der Bezirkszeitungen der SED ein. Anknüpfend an mehrjährige bewährte Traditionen, orientieren sie unter verschiedenen Losungen die Betriebskollektive auf das Wetteifern um einen hohen Leistungsanstieg in der Volkswirtschaft, auf das Erfassen und Übertragen der besten Erfahrungen, auf die umfassende Rationalisierung. So entsprechen sie der Rolle der sozialistischen Presse als kollektiver Organisator. Sie helfen direkt *dem* Hinweis des Genossen Honecker Rechnung zu tragen, daß bei der Rationalisierung vor dem großen Ertrag große Vorleistungen an schöpferischer Arbeit stehen müssen, daß es aufbauend auf dem Erreichten gilt, die Initiative der Werktätigen im sozialistischen Wettbewerb, gestützt auf die Nutzung der großen Möglichkeiten unserer sozialistischen Planwirtschaft, zu nutzen, um den Kampf um weiter anwachsende wirtschaftliche Leistungen mit noch größerer Konsequenz zu führen[4].

Wir freuen uns, daß wir in unserem Arbeitskreis solche Kollegen wie den Kollegen Hennig von der Warnowwerft, den Kollegen Zeuke aus dem Halbleiterwerk Frankfurt/Oder, den Kollegen Dombrowski von der Baustelle Marzahn, den Kollegen Feige aus dem Ernst-Thälmann-Kombinat in Magdeburg, die selbst aktiv an diesen bezirklichen Initiativen beteiligt sind, begrüßen können. Sie reihen sich mit ihren Initiativen würdig ein in die Reihe solcher Helden unserer Tage, die der sozialistische Wettbewerb

[4] Vgl. E. Honecker, Die Aufgaben der Partei bei der weiteren Verwirklichung der Beschlüsse des IX. Parteitages der SED, in: Neues Deutschland vom 18./19. Februar 1978, S. 5.

seit dem VIII. Parteitag der SED hervorgebracht hat, wie die Kollegen Franke, Pfeiffer und Eisner als Initiatoren der schöpferischen Pläne, Heinz Hübner als Initiator der Notizen zum Plan, Erika Steinführer, Margarete Koch und Anton Schwetz als die Initiatoren der Qualitätsbewegung und viele andere mehr.

Im Mittelpunkt unserer Konferenz steht eine grundlegende Aufgabe des Aufbaus des Sozialismus/Kommunismus, die stetige Steigerung der Arbeitsproduktivität. Wie Genosse Erich Honecker vor den 1. Sekretären der Kreisleitungen der SED betonte, sind wir durchaus in der Lage, eine solche Erhöhung der Arbeitsproduktivität zu erreichen, die es uns ermöglicht, das in Angriff genommene sozialpolitische Programm mit Erfolg zu verwirklichen.[5] Der Weg dazu ist die beschleunigte Entwicklung von Wissenschaft und Technik, die Meisterung der wissenschaftlich-technischen Revolution und ihre organische Verbindung mit den Vorzügen des Sozialismus. Auch der konsequente Kurs auf die Intensivierung der Reproduktionsprozesse gehört, wie der Generalsekretär unserer Partei betont, zu diesen für die weitere Gestaltung der entwickelten sozialistischen Gesellschaft entscheidenden Prozessen.[6] Ihre weitere Entwicklung und volle Ausprägung ist, das beweist die gesellschaftliche Entwicklung, direkt mit der schöpferischen Masseninitiative im sozialistischen Wettbewerb verknüpft. Solche Initiativen wie die persönlichen und kollektiv-schöpferischen Pläne zur Steigerung der Arbeitsproduktivität, die Notizen zum Plan, die Methoden zur Erhöhung der Qualität oder zur Erreichung eines Planvorsprungs mit eingespartem Material werden in vielen Kollektiven erfolgreich angewandt. Initiativschichten erweisen sich immer aufs neue als erfolgreiche Mittel zum Erschließen und Nutzen von Reserven zur Steigerung der Arbeitsproduktivität. Die Neuererbewegung, so macht das Konferenzmaterial erneut deutlich, ist aus dem Prozeß der Beschleunigung des wissenschaftlich-technischen Fortschritts nicht wegzudenken.

Man kann also, wie Kollege Horst Heintze im Plenum betonte, zu Recht feststellen, daß das große Feld der sozialistischen Rationalisierung ausgezeichnete Möglichkeiten der schöpferischen Bereicherung für die Arbeiterklasse und alle Werktätigen bietet. Das schließt natürlich auch hohe Ansprüche an die Wirtschaftswissenschaftler ein. Unser Wissenschaftlicher Rat hat sich in den zurückliegenden 2 Jahren in zunehmendem Maße gerade solchen Problemen des sozialistischen Wettbewerbs zugewandt, die der weiteren Entwicklung der schöpferischen Initiative, der Qualifizierung der Leitung und Planung auf diesem Gebiet dienen. Gestatten Sie mir, daß ich auf einige dieser Schwerpunkte unserer Arbeit verweise, die zugleich auf Ansprüche an unsere weitere Arbeit in Vorbereitung auf den 30. Jahrestag unserer Republik aufmerksam machen.

Kollege Horst Heintze betonte in seinem Beitrag im Plenum, daß die weitere Qualifizierung der Leitung und Planung, ihre enge Verbindung mit der schöpferischen Initiative, eine Quelle dynamischen Wirtschaftswachstums ist.

Die praktischen Erfahrungen der nahezu 60jährigen Entwicklung des sozialistischen Wettbewerbs beweisen: Initiative und Schwungkraft der Arbeiterklasse und der anderen Werktätigen können sich nur dann erfolgreich entwickeln und einen hohen Nutzen erreichen, wenn sie auf die Schwerpunkte der gesellschaftlichen und ökonomischen Entwicklung gerichtet sind, wenn sie sich an den Erfordernissen der ökonomischen Gesetze des Sozialismus orientieren. Die entscheidenden Mittel dafür, daß jeder Werktätige diese Aufgabe kennt, die bereits von Lenin hervorgehobene Einheit im Grundlegenden mit der Mannigfaltigkeit der Einzelheiten, der lokalen Besonderheiten verbinden kann, ist der exakt aufgeschlüsselte Plan und Gegenplan.

[5] Ebenda, S. 5. [6] Ebenda, S. 3.

Die weitere Erforschung des dialektischen Zusammenhangs von Plan, Gegenplan und Wettbewerb bildet deshalb auch künftig einen Schwerpunkt in der Arbeit unseres Wissenscha ftlichen Rates. In der gegenwärtigen Wettbewerbspraxis entwickelt sich die *Einheit von sozialistischem Wettbewerb und sozialistischer Planung* in dreierlei Hinsicht.

Erstens erfolgt eine immer engere und wirksamere Verbindung der Volkswirtschaftsplanung auf ausnahmslos allen Ebenen mit dem initiativreichen Handeln und Mitwirken der Werktätigen bei der Erarbeitung und Erfüllung der Pläne und Gegenpläne. Dazu betonte der Vorsitzende des Bundesvorstandes der FDGB, Kollege Harry Tisch, auf der erweiterten Präsidiumssitzung am 5. März 1978: „Für uns als Gewerkschaften ist der Plan Kampfprogramm und Grundlage für unsere Arbeit als Interessenvertreter der Arbeiterklasse."[7]

Der Plan drückt für den jeweiligen Zeitraum eines Jahres oder auch für den Monat, die Dekade und den Tag den Anteil aus, den das jeweilige Kollektiv bzw. der Werktätige erbringen muß, um die gesamte Entwicklung der Volkswirtschaft entsprechend den Erfordernissen der planmäßigen proportionalen Entwicklung zu gewährleisten. „Wenn in der Planung Fehler vorkommen, wenn von den Erfordernissen des Gesetzes der planmäßigen proportionalen Entwicklung abgewichen wird, so wirkt sich das negativ sowohl auf den Inhalt des Wettbewerbs und dessen Effektivität als auch auf die Zielrichtung aus. Andererseits haben eine kluge Organisation und die aktive Teilnahme der Werktätigen am Kampf um die gestellten Ziele einen beachtlichen Einfluß auf die bessere Planmäßigkeit in der Wirtschaftspraxis und sie fördern eine reale Planung."[8]

Von wesentlicher Bedeutung für die Wirksamkeit des sozialistischen Wettbewerbs und seiner Übereinstimmung mit den Aufgaben des Betriebsplanes ist in diesem Zusammenhang die Planaufschlüsselung, sowie die eng damit verbundene Plandiskussion. Erst durch das konkrete Wissen über die persönlichen bzw. kollektiven Aufgaben und deren Anteil an der Gesamterfüllung des Planes sind die Wettbewerbskollektive in der Lage, ihre Aktivitäten auf die im gesamtgesellschaftlichen Interesse notwendigen Leistungen bei der Beschleunigung des wissenschaftlich-technischen Fortschritts, der Erhöhung der Effektivität und Qualität der Produktion, der Senkung der Kosten, der Materialeinsparung und der rationellen Ausnutzung der Grundfonds zu richten, die eigenen Leistungen anhand der gestellten Aufgaben zu messen und zu werten.

Daraus ergeben sich konkrete Anforderungen an die Tätigkeit der staatlichen Leiter. Sie müssen – entsprechend ihren Verpflichtungen aus dem Arbeitsgesetzbuch der DDR – solche Bedingungen schaffen, die den Werktätigen die Möglichkeit einer wirksamen Teilnahme am Planungs- und Produktionsprozeß geben. Dazu gehören vor allem die eindeutige inhaltliche Orientierung, d. h. die Vorgabe von Zielen und Aufgaben durch eine exakte Planaufschlüsselung. Für die gewerkschaftliche Leitungstätigkeit besteht die Konsequenz darin, auf diese Pflicht des staatlichen Leiters sowie in noch stärkerem Maße auf die aktive Teilnahme aller Kollektivmitglieder an der Erarbeitung konkreter und abrechenbarer Wettbewerbsprogramme einzuwirken.

Wachsendes Gewicht erhält mit der zunehmenden Rolle der Beschleunigung des wissenschaftlich-technischen Fortschritts die Aufschlüsselung des Planes Wissenschaft und Technik. Wie die Erfahrungen bei der Entwicklung des sozialistischen Wettbewerbs

7 H. Tisch, Die Aufgaben des FDGB bei der weiteren Stärkung unserer sozialistischen DDR, in: Tribüne vom 5. März 1978, S. 3.

8 D. Fjedinin, Die Rolle des Wettbewerbs bei der Entwicklung der sowjetischen Wirtschaft, in: Die Arbeit, 1/1978, S. 71.

zur Intensivierung der gesellschaftlichen Produktion beweisen, müssen bei der Aufschlüsselung des Planes Wissenschaft und Technik zwei Phasen beachtet werden, nämlich die Vorgabe von Grobplänen aus den Intensivierungskonzeptionen an die Arbeitskollektive mit dem Ziel, langfristig reale Aufgaben für den Plan Wissenschaft und Technik zu erarbeiten, und die Aufschlüsselung des Planes Wissenschaft und Technik, sowohl des Teiles Forschung und Entwicklung als auch der technisch-organisatorischen Maßnahmen auf die Arbeitskollektive, um die schöpferischen Potenzen der Werktätigen zu deren Realisierung zu erschließen.

Ein *zweiter Aspekt* der Verwirklichung der Einheit von Plan und Wettbewerb ist die immer bessere Abstimmung der Wettbewerbsverpflichtungen zwischen kooperierenden Arbeitskollektiven. Sie trägt dazu bei, das vom Generalsekretär des ZK der SED in der Rede vor den 1. Sekretären der Kreisleitungen der SED geforderte Höchstmaß an Effektivität und Qualität der Arbeit zu sichern und das auf diesem Wege Erreichte voll für die Steigerung des Nationaleinkommens wirksam zu machen[9]. Die Arbeit in dieser Richtung ist eine Voraussetzung für die weitere Entwicklung der sozialistischen Gemeinschaftsarbeit der in der modernen Produktion erfahrenen Arbeiter und der Angehörigen der wissenschaftlich-technischen Intelligenz.

Über diese sozialistische Gemeinschaftsarbeit im Rahmen des Wettbewerbs ist es möglich, so bestätigte u. a. auch unsere Ratstagung in Magdeburg, eine neue Qualität der Erschließung von Reserven zur Produktivitäts- und Qualitätssteigerung bei bedarfsgerechter Produktion zu erreichen. Dabei geht es sowohl um die Teilnahme von Arbeitern an der Diskussion und Lösung von Forschungs- und Entwicklungsvorhaben, ihre aktive Einflußnahme auf die Projektierung, Konstruktion und Erprobung, als auch um beschleunigte Überleitung der Ergebnisse in die Produktion mit Hilfe der Werktätigen aus den produzierenden Bereichen. Die wachsende Verflechtung der Aufgaben innerhalb der produktionsvorbereitenden Bereiche, zwischen ihnen und den produzierenden Bereichen und ihr zunehmender Einfluß auf die Effektivität und Qualität der künftigen und laufenden Produktionsprozesse, sind für zahlreiche Kollektive Anlaß, neben den individuellen Wettbewerbsformen, wie persönlich-schöpferische Pläne zur Steigerung der Arbeitsproduktivität und Ingenieurpässe, den auf die Erfüllung und Überbietung des Planes Wissenschaft und Technik gerichteten Wettbewerb ganzer Arbeitskollektive der Forschung und Entwicklung, Projektierung und Konstruktion gemeinsam mit Kollektiven der Produktion zu entwickeln.

Diese Abstimmung der Wettbewerbszielstellungen zwischen vor- und nachgelagerten Kollektiven – nach dem Beispiel des Aromatenkollektivs im PCK Schwedt – erhöht die Qualität der sozialistischen Gemeinschaftsarbeit und hilft, die komplexen Aufgaben der sozialistischen Intensivierung in ihrem Bereich durch die Nutzung des wissenschaftlich-technischen Fortschritts schneller und effektiver zu lösen. Sie ermöglicht aber auch die noch bessere Konzentration auf die Schwerpunkte des Planes Wissenschaft und Technik, festigt die Kollektivität und hilft die Veranwortung für die Ziele der ganzen Gesellschaft weiter auszuprägen. Wir sollten uns in diesem Zusammenhang als Rat noch gründlicher dem gemeinsamen Streben von Kollektiven sozialistischer Betriebe, wissenschaftlicher Einrichtungen und Hochschulen zur Erfüllung abgestimmter Wettbewerbsziele zuwenden.

Ein *dritter Aspekt* der Einheit von Plan und Wettbewerb ist die wachsende Quali-

[9] Vgl. E. Honecker, Die Aufgaben der Partei bei der weiteren Verwirklichung der Beschlüsse des IX. Parteitages der SED, in: Neues Deutschland vom 18./19. Februar 1978, S. 5.

tät der Arbeit mit dem Gegenplan, auf die Kollege Heintze im Plenum, gestützt auf die Rede des Genossen Honecker vor den 1. Sekretären der Kreisleitungen der SED, nachdrücklich hinwies. Für die Arbeit des Rates ist es von großer Bedeutung, vor allem die Auswirkung der Arbeit mit dem Gegenplan auf die Erhöhung der Planmäßigkeit und damit die Effektivität der Wettbewerbsinitiativen selbst weiter zu untersuchen und verallgemeinernde Schlußfolgerungen abzuleiten.

Aus der bisher dargestellten Gesamtproblematik erwachsen auch neue Anforderungen an die Führung überbetrieblicher Wettbewerbe, sowohl zur Sicherung zentraler volkswirtschaftlicher Schwerpunkte als auch zur volkswirtschaftlichen Realisierung der Initiative einzelner Betriebe. Gerade gegenwärtig sind noch erhebliche Schwierigkeiten und Effektivitätsverluste dadurch zu verzeichnen, daß die Anstrengungen zur Beschleunigung des wissenschaftlich-technischen Fortschritts beim Finalproduzenten nicht immer die entsprechende Unterstützung seitens der Zulieferindustrie erhalten. Ein vorteilhafter Weg zur Überwindung solcher Hemmnisse ist der Komplexwettbewerb innerhalb einer Kooperationskette. Er muß bei gleichbedeutender Qualität in allen Etappen der Produktion zunehmend auf das Endprodukt der Kooperationskette orientiert werden. Das Ziel dieser Wettbewerbsform besteht also nicht nur darin, die Produktion eines jeweiligen Betriebes schlechthin zu erhöhen, sondern die Produktion zu solchen Terminen und Fristen sowie zu einer solchen Qualität zu entwickeln, die das Endergebnis der Tätigkeit der miteinander kooperierenden Betriebe sichern. Das ist um so wichtiger, wenn es darum geht, die von den kooperierenden Betrieben übernommene Erfüllung der Gegenpläne abzusichern, die in vielem gerade durch diese Wettbewerbsform bestimmt wird. Da die Gegenpläne auf der Grundlage von persönlichen und kollektiven Verpflichtungen und auch Wettbewerbsvereinbarungen zwischen vor- und nachgelagerten Betrieben beruhen, kommt der Frage der Bilanzierung dieser Pläne vor allem aus der Sicht der Kombinate und Industriezweige eine große Bedeutung zu. Wir sollten uns in unserer künftigen Arbeit auch diesen Problemen weiter zuwenden.

Ein bedeutender Schwerpunkt unserer Tätigkeit war und ist die zielstrebige Auswertung und Nutzung der Erfahrungen der UdSSR. Sie entspricht dem internationalistischen Wesen des sozialistischen Wettbewerbs und ist Ausdruck der Tatsache, daß unsere DDR ihre historische Mission im Bündnis mit der Sowjetunion und den anderen Staaten der sozialistischen Gemeinschaft erfüllt, daß dieses brüderliche Bündnis der DDR eine klare Perspektive sichert, das sichere Fundament unserer gegenwärtigen und künftigen Erfolge beim Aufbau des Sozialismus ist[10].

Wir haben als Rat, neben der ständigen Auswertung sowjetischer Publikationen zum sozialistischen Wettbewerb und dem eigenen Studium dieser Erfahrungen in der UdSSR durch Ratsmitglieder, mit der gemeinsamen Tagung mit den Vertretern des sowjetischen Rates für Wettbewerbsfragen im Oktober 1977 in Magdeburg eine wichtige Seite unserer Arbeit angepackt, die wir auch weiterverfolgen werden. Zugleich sehen wir eine Aufgabe darin, in noch größerem Maße neueste sowjetische Erfahrungen in Theorie und Praxis des sozialistischen Wettbewerbs zu popularisieren.

Dazu gehört nicht zuletzt auch die gegenwärtige in starkem Maße geführte Diskussion über die Rolle des sozialistischen Wettbewerbs beim Aufbau der entwickelten sozialistischen Gesellschaft. Führende sowjetische Wissenschaftler wie Kapustin, Bejlin, Fjedinin und andere verweisen zu Recht darauf, daß der sozialistische Wettbewerb eine objektive Erscheinung des sozialistischen Aufbaus, ein Element der Basis, eine

[10] Vgl. ebenda, S. 3.

Gesetzmäßigkeit des Aufbaus des Sozialismus/Kommunismus ist. Wir vertreten den Standpunkt, daß der sozialistische Wettbewerb einer der bedeutsamsten Prozesse der weiteren Ausprägung der kameradschaftlichen Zusammenarbeit und gegenseitigen sozialistischen Hilfe und somit ein grundlegendes Element und Charakteristikum sozialistischer Produktionsverhältnisse ist. Natürlich ist die Organisation und Führung des sozialistischen Wettbewerbs eine Funktion des Überbaus und für seine erfolgreiche Entwicklung von größter Bedeutung, wobei jedoch jedes Reduzieren nur auf diese Seite zum einseitigen, subjektivistischen Herangehen führt. Wir sollten uns diesen theoretischen Problemen, die zugleich für die Wettbewerbspraxis von Bedeutung sind, in der weiteren Arbeit – in enger Zusammenarbeit mit den sowjetischen Genossen – näher zuwenden.

Soweit die einführenden Betrachtungen. Wir sollten unsere Diskussion nutzen, um Anregungen für die weitere Arbeit zu erhalten und davon ausgehen, daß wir auf diesem Wege einen Beitrag zur würdigsten Vorbereitung des 30. Jahrestages der DDR leisten.

D. Füsslein

Erfahrungen des Betriebskollektivs bei der Führung des sozialistischen Wettbewerbs zu Ehren des 30. Jahrestages der DDR und zur Arbeit mit Intensivierungsverträgen

Der VEB Kombinat Numerik „Karl Marx" ist ein volkswirtschaftlich wichtiger Betrieb der Elektrotechnik/Elektronik und entscheidender Zulieferbetrieb für den Werkzeugmaschinenbau der DDR. Er trägt als Alleinhersteller numerischer Steuerungen eine hohe Verantwortung für das wissenschaftliche und technische Niveau der Erzeugnisse und für die Intensivierungsergebnisse im Maschinenbau, in den Anwenderbereichen sowie bei der Sicherung der Exportverpflichtungen.

Unser Betrieb hat per 31. 3. 1978 den Plan ohne Vertragsrückstände mit 26 Prozent zum Jahresplan erfüllt und drei komplette Steuerungen über den Plan dem Werkzeugmaschinenbau zur Verfügung stellen können. Numerisch gesteuerte Werkzeugmaschinen sind hochproduktive Rationalisierungsmittel und gestatten

- die Produktivität auf 300 bis 400 Prozent zu erhöhen,
- die Mehrmaschinenbedienung wirksam durchzusetzen,
- die Qualität und Zuverlässigkeit der Erzeugnisse wesentlich zu steigern,
- die Arbeitsinhalte zu bereichern und die Arbeit zu erleichtern.

Von unserem Betrieb ging die Bezirksinitiative aus zur Führung des sozialistischen Wettbewerbs zu Ehren des 30. Jahrestages der DDR „Zeitgewinn ist Reingewinn – Das Beste uns zum Nutzen". Unsere Initiativen und Verpflichtungen konzentrieren sich gegenwärtig auf folgende Ziele:

1. Zu Ehren des 30. Jahrestages der DDR die erste Seriensteuerung einer freiprogrammierbaren numerischen Steuerungsgeneration dem Werkzeugmaschinenbau zwei Jahre vorfristig zu übergeben.
2. Aus Anlaß des 29. Jahrestages der DDR die erste elektronische Steuerung als 5 000. numerische Steuerung der DDR zu fertigen.
3. Die Arbeitsproduktivität 1978 mit Hilfe des Gegenplanes um 4 % zu überbieten.
4. Die Ziele des Fünfjahrplanes auf dem Gebiet der Arbeitszeiteinsparung bereits in vier Jahren zu erreichen.
5. Die Ziele des Fünfjahrplanes für den Eigenbau von Rationalisierungsmitteln bereits 1978 zu erreichen und im Fünfjahrplanzeitraum um 5 Mio Mark zu überbieten.

Der Kampf um die Erreichung des fortgeschrittenen internationalen Niveaus bei Erzeugnissen und Technologien, die Rationalisierung in neuen Dimensionen, die vollständige Einstellung auf die volkswirtschaftliche Bedarfsdeckung und die Außenwirtschaftsbedingungen stellen unser Kollektiv und uns als Leiter auf vielen Gebieten vor völlig neue Arbeits- und Verhaltensweisen.

Eine unserer wichtigsten Erfahrungen besteht darin, daß beim Kampf um Höchstleistungen die Wege klar vorgezeichnet sein müssen, ein entsprechendes Tempo an den Tag gelegt werden muß und Zurückgebliebene an das Niveau der Fortgeschrittenen herangeführt werden müssen.

Die ständige Arbeit mit strategisch angelegten, genau adressierten und aufgeschlüsselten Intensivierungsverträgen zählt zu unserer wertvollsten Erfahrung.

Uns auf diese Erfahrungen stützend, gelang es, uns auf die neuen Dimensionen unserer Leistungsentwicklung einzustellen, und es bildeten sich progressive Einstellungen zum Plan heraus. Das richtige Verhältnis von Plan und Wettbewerb ist für uns der wichtigste Prüfstein für die Entwicklung der Kollektivität im gesamten Betrieb sowie zwischen Leitern und Arbeitskollektiven. Wird die Einstellung zum Plan von den volkswirtschaftlichen Zielen, dem Weltstandsvergleich und Bedarf abgeleitet, dann ist auch der Plan nicht nur eine Summe von Zahlen, sondern fördert das lebendige Wirken und Streben von Hunderten und Tausenden von Menschen. Wir haben die Erfahrung gemacht, daß auch die schwierigsten Planziele, in der Plandiskussion richtig an die Kollektive herangetragen und von ihnen gründlich diskutiert, von der Parteiorganisation in Zusammenarbeit mit den Gewerkschaften und staatlichen Leitern gründlich erläutert, erfüllbar sind.

So betrachten wir es einfach als unsere Pflicht, in der Hälfte der bisherigen Entwicklungs- und Überleitungszeiten eine neue Steuerungsgeneration auf Mikroprozeßbasis bei Mitbestimmung des internationalen Niveaus kurzfristig bereitzustellen. Der 30. Jahrestag der DDR wird der Anlaß sein, unsere Verpflichtungen unter Beweis zu stellen.

Natürlich ist es leichter gesagt als getan, diese Aufgabe in der Hälfte der Zeit zu lösen. Aber alle haben die Notwendigkeit bei uns begriffen, und so konnten wir bisher alle Zwischenetappen planmäßig erreichen.

Naturgemäß ergreift die Mikroelektronik, als eine gegenwärtig umwälzende Erscheinung der wissenschaftlich-technischen Revolution, den gesamten Reproduktionsprozeß. Dabei nimmt der Mikroprozessor als mikrotechnologische Lösung des Problems „große Dichte einer überaus großen Anzahl von Funktionen auf kleinstem Raum" das besondere Interesse in Anspruch und bildet die Grundlage des Projekts einer freiprogrammierbaren Maschinensteuerung, in der die Spezifik des Typs und der Anwendung durch entsprechende Programmierung der Mikroprozessoren erreicht wird. In diesem Prozeß sind die Beschlüsse der 6. Tagung des ZK der SED zum Mikroelektronikprogramm der DDR nicht nur zu einem entscheidenden Wendepunkt unserer betrieblichen Entwicklung geworden, sondern auch zum Bewährungsfeld des gesamten Betriebskollektivs. Deshalb beschäftigen wir uns damit, unseren Betrieb zu einer Stätte des elektronischen und feinwerktechnischen Gerätebaus umzurüsten, die Technologien der Verarbeitung mikroelektronischer Bauelemente zu beherrschen und einen umfassenden Qualifizierungsprozeß durchzusetzen.

Das erfordert stets ein initiativreiches Verhalten der Arbeitskollektive. Darum haben wir sehr sorgfältig in den Arbeitskollektiven, auf den Beratungen der Funktionäre, durch die politisch-ideologische Arbeit der leitenden Funktionäre über Monate hinweg jeden daran beteiligten Werktätigen mit diesen anspruchsvollen Aufgaben des Betriebes vertraut gemacht. Nicht überall war sofort Verständnis und Begeisterung vorhanden. Zweifel traten auf, ob die DDR überhaupt in der Lage ist, das Mikroelektronikprogramm zu schaffen.

Wenn wir nach Monaten sagen können, daß bisher alle Etappen dieses wichtigen Staatsauftrages erfüllt wurden, so ist das der aktiven Unterstützung durch die übergeordneten Partei- und Staatsorgane zu danken. Damit konnte auch erreicht werden, daß zwischen den beteiligten Werktätigen und Kollektiven im Betrieb und unseren Partnern, dem Forschungszentrum des Werkzeugmaschinenbaus, der Technischen Hochschule Karl-Marx-Stadt u. a. eine offene, schöpferische Atmosphäre besteht.

Kampf um hohe Leistungen in Wissenschaft und Technik erfordert, die Beziehungen zwischen den Arbeitern und Angehörigen der sozialistischen Intelligenz auf ein höheres Niveau zu heben und die politisch-ideologische Arbeit zu verbessern.

Ausgehend von diesen Überlegungen, entstanden bei uns die Intensivierungsverträge im sozialistischen Wettbewerb. Das sind genau fixierte, aufgeschlüsselte, terminlich abgestimmte und moralisch und materiell stimulierte Vereinbarungen. In den Intensivierungsverträgen wird die dialektische Einheit von Inhalt und Form der sozialistischen Gemeinschaftsarbeit weiterentwickelt. Sie werden auf der Grundlage des Plans und des aufgeschlüsselten Intensivierungsprogramms kollektiv erarbeitet, erfüllt und abgerechnet. Neu ist auch für uns, daß sie erst ausdiskutiert und dann festgelegt und präzisiert werden. Sie enthalten die Leistungsziele und gegenseitigen Verpflichtungen aller an einem Intensivierungskomplex beteiligten Kollektive, beginnend bei der Forschung, Entwicklung und Technologie bis zur Projektierung und Produktion.

Der Grundsatz dieser Intensivierungsverträge besteht darin, die Kollektivität in der Arbeit auf ein höheres Niveau zu heben, das kollektive Wetteifern in optimaler Gemeinschaftsarbeit aller an einem Intensivierungsprojekt beteiligten Werktätigen zu fördern, um durch die Initiative mehr zu leisten, als im Plan vorgesehen ist. Der Inhalt jedes Intensivierungsvertrages wird durch die konkrete Intensivierungsaufgabe oder den Intensivierungskomplex bestimmt. Dabei sind wir stets darauf bedacht, jeglichen Formalismus auszuschalten.

Ausgehend vom gemeinsamen Ziel, vom gemeinsamen Bemühen um die Lösung der gestellten Aufgaben, wird auch das Zusammenwirken aller daran beteiligten Kollektive enger und persönlicher, und der Erfolg bleibt nicht aus.

Der erzieherische Wert der Intensivierungsverträge besteht darin, daß sich die Kollektive der Wissenschaftler, Technologen und Produktionsarbeiter besser kennen und verstehen und die Arbeit gegenseitig schätzen lernen. Dadurch werden Vorbehalte beseitigt; die Gemeinsamkeit prägt sich weiter aus und die Kollektive lernen, über ihre eigene Arbeitsaufgabe hinaus zu denken und entsprechend zu handeln. Für Ressortdenken lassen die Intensivierungsverträge keinerlei Raum.

Ich möchte besonders hervorheben, daß bei uns die Intensivierungsverträge nicht neben dem sozialistischen Wettbewerb stehen. Sie sind vielmehr fester Bestandteil des sozialistischen Wettbewerbs und dienen den höheren Ansprüchen, die an den Kampf um den Ehrentitel „Kollektiv der sozialistischen Arbeit" gestellt sind. Zu ihrer Lösung nutzen wir alle bewährten Wettbewerbsformen wie die persönlich-schöpferischen Pläne zur Steigerung der Arbeitsproduktivität und die Neuererarbeit. Die Erfahrungen der Besten werden schnellstens verallgemeinert, und nicht zuletzt kommt es darauf an, daß jeder jedem Qualität liefert, damit der Intensivierungsvertrag in allen Positionen mit hohem Effekt und hoher Qualität erfüllt wird.

Intensivierungsverträge wurden bei uns bisher zu wichtigen Themen aus dem Plan Wissenschaft und Technik, zur Entwicklung und Nutzung von Rationalisierungsmitteln, zur Rationalisierung ganzer Produktionsabschnitte, zur Verbesserung der Qualität und zur Erhöhung der Grundfondsauslastung abgeschlossen.

Auf der Grundlage der Intensivierungsverträge entwickelt sich auch die Arbeit nach kollektiv-schöpferischen Plänen zwischen Produktionsarbeitern und Technologen. Das ist eine besonders wirksame Form des Kampfes um Zeitgewinn und Qualität. So ist z. B. vorgesehen, im Jahre 1978 durch 9 Technologen und ca. 30 der besten Produktionsarbeiter 6 000 bis 15 000 Stunden Arbeitszeit über den Plan einzusparen.

Den Vorzug der sozialistischen Gemeinschaftsarbeit nutzend, übernehmen die Vertragspartner bei der Lösung von Aufgaben aus dem Plan Wissenschaft und Technik für das Erreichen und Überbieten eine Entwicklungsgarantie, deren Parameter im Pflichtenheft festgelegt sind.

Dem Ziel, durch das gemeinsame Handeln unsere Potenzen zu vervielfachen, dient auch der erste überbetriebliche Intensivierungsvertrag, den wir vor kurzem mit dem Forschungszentrum des Werkzeugmaschinenbaus abschlossen.

Die Ordnungs-, Vereinigungs-, Lenkungs- und Stimulierungsfunktion dieser Intensivierungsverträge bilden gewissermaßen das Gerüst für das Wirken vielfältiger Faktoren zur Steigerung der Arbeitsproduktivität.

Am Beispiel der Entwicklung einer neuen Steuerungsgeneration führt der erarbeitete Zeitgewinn von zwei Jahren zu einem finanziellen Gewinn beim Anwender von 750 TM. Der ökonomische Nutzen entspricht einem zusätzlichen volkswirtschaftlichen Ergebnis von 60 Mio Mark, was dem Wert von 1 500 Neubauwohnungen entspricht. Beim Hersteller führt der Zeitgewinn zu einer zusätzlichen Einsparung von 360 T Arbeitsstunden. Das entspricht einem ökonomischen Wert von 75 hochproduktiven numerischen Steuerungen, die wiederum zu einem hohen ökonomischen Effekt führen.

Unsere Erfahrungen beweisen somit, daß das Niveau der Gemeinschaftsarbeit und Kollektivität heute darüber entscheidet, inwieweit ein Betriebskollektiv vorbereitet und in die Lage versetzt wird, den objektiven Erfordernissen des wissenschaftlich-technischen Fortschritts Rechnung zu tragen, kurze Realisierungszeiten zu erreichen, die Ergebnisse der Intensivierung zu erhöhen und die objektiven Vorzüge des Sozialismus zu nutzen.

Ausgehend von den Schrittmacherkollektiven im sozialistischen Wettbewerb zeigen sich im Arbeitsprozeß unseres Betriebes auch zunehmend neue Verhaltensweisen, die in der Einstellung unserer Werktätigen, in ihren Charakterzügen, Überzeugungen und Handlungen Zeugnis davon ablegen, daß

– das Wetteifern der Arbeitskollektive mehr und mehr auf die überplanmäßige Steigerung der Arbeitsproduktivität konzentriert wird;

– die sozialistische Gemeinschaftsarbeit von Produktion und Produktionsvorbereitung, besonders der Technologie, im Ergebnis zielstrebiger und geduldiger politisch-ideologischer Arbeit komplexer entwickelt und noch zielstrebiger auf die umfassende Rationalisierung gerichtet wird;

– gründlicher und sorgfältiger die Motive, die Leistungen und das Verhalten der Werktätigen beachtet werden und die sozialistische Hilfe dort organisiert wird, wo sie erforderlich ist;

– die Haltungen und Einstellungen unserer Kollektive stärker von der wachsenden Verantwortung und vom größeren Verständnis für die Aufgaben und Probleme des Betriebes geprägt sind, wobei sich der persönliche Einsatz erhöht.

Mit unseren dargelegten Erfahrungen wollte ich diese Beratung bereichern. Aufmerksam studieren wir die Erfahrungen der anderen Kollektive, deren Nutzung uns noch weiter nach vorn bringen wird.

R.-K. Gerngross

Gegenplan und wissenschaftlich-technischer Fortschritt

Das der Konferenz vorgelegte Arbeitsmaterial verallgemeinert aus theoretischer Sicht meines Erachtens sehr wertvolle im Kampf um die Steigerung der Arbeitsproduktivität – als Kernstück der Erhöhung der Effektivität der gesellschaftlichen Produktion und grundlegende Bedingung für die zielstrebige Erfüllung der Hauptaufgabe – gesammelte Erfahrungen und gibt zugleich auch wichtige Anregungen, wie die zu lösenden Aufgaben gemeistert werden können. Aus der Fülle der im Arbeitsmaterial enthaltenen Aussagen, der im Plenum und auch im Arbeitskreis aufgeworfenen Fragen möchte ich mich in meinem Beitrag auf einige Erfahrungen der Arbeit mit den Gegenplänen und deren Beziehungen zum wissenschaftlich-technischen Fortschritt beschränken, deren Bedeutung in den Dokumenten des IX. Parteitages der SED, des 9. FDGB-Kongresses und erneut vom Generalsekretär des ZK der SED, Genossen Erich Honecker, in seiner Februarrede vor den 1. Sekretären der Kreisleitungen der SED unterstrichen wurde. Meine Darlegungen stützen sich auf die in Kombinaten und Betrieben – u. a. im Mansfeldkombinat „Wilhelm Pieck", BKK „Erich Weinert" Deuben, Spinndüsenfabrik Gröbzig, Druckguß- und Kolbenwerke Harzgerode, in der Kyffhäuserhütte Artern und in der Maschinenfabrik und Eisengießerei Dessau – gewonnenen Erkenntnisse, auf Analysen und vorliegende Materialien aus weiteren Betrieben der Republik.

Die Analyse über die Arbeit mit den Gegenplänen in den Kombinaten und Betrieben, deren Anliegen und Ziele in der These 36 und im Plenum durch Genossen Heintze charakterisiert wurden, läßt insgesamt den Schluß zu, daß das Verständnis der Werktätigen und der Arbeitskollektive für die Notwendigkeit der Arbeit damit gewachsen ist und immer besser verstanden wird, daß mit ihrer Hilfe wichtige Reserven für die Sicherung der Erfüllung und gezielten Überbietung des Volkswirtschaftsplanes erschlossen werden können.

Das Verständnis und damit die Bereitschaft der Werktätigen, im sozialistischen Wettbewerb Verpflichtungen im Rahmen der Gegenplanbewegung zu übernehmen, ist jedoch in keinem der Kombinate und Betriebe im Selbstlauf entstanden, sondern bedurfte einer zielstrebigen politisch-ideologischen Arbeit der gewerkschaftlichen Leitungen und der staatlichen Leiter unter Führung der Betriebsparteiorganisationen.

In der Mehrzahl der Kombinate und Betriebe begann die politisch-ideologische Arbeit zur Erarbeitung des Gegenplanes mit der Beantwortung der vielfältigen Fragen der Werktätigen. So wollten sie u. a. wissen,

- warum nicht gleich ein anspruchsvoller Plan erarbeitet wird, statt weitere Reserven durch den Gegenplan zu erschließen;
- ob nicht der Plan von vornherein niedrig gehalten wird, um dann mit einem hohen Gegenplan zu „glänzen";
- ob die zu übernehmenden Verpflichtungen in der Gegenplanbewegung auch materiell und finanziell bilanziert werden können;

– ob mit den Gegenplänen das erforderliche Höchstmaß an Effektivität und Qualität der Arbeit erreicht wird;
– warum die Arbeitsproduktivität unablässig gesteigert werden muß usw.
Von den untersuchten Betrieben läßt sich sagen, daß mit überzeugenden Argumenten die von den Werktätigen gestellten Fragen u. a. in gewerkschaftlichen Mitgliedsversammlungen, in persönlichen Gesprächen, in den Schulen der sozialistischen Arbeit beantwortet worden sind und darüber hinaus mit weitreichenden Aussagen und Argumenten verknüpft waren.

Im Druckguß- und Kolbenwerke Harzgerode, in der Spinndüsenfabrik Gröbzig und auch im BKK Deuben z. B. wurde im Zusammenhang mit der Klärung der Bedeutung und Rolle der Gegenpläne Klarheit darüber geschaffen,

– warum die Einheit von Wirtschafts- und Sozialpolitik für uns Aufgabe und Schlüssel zum Erfolg ist und weshalb nur ein Höchstmaß an Effektivität und Qualität in der Arbeit unsere volkswirtschaftlichen Rechnungen aufgehen läßt;

– wie die DDR ihre historische Mission im Bündnis mit der Sowjetunion und den anderen Ländern der sozialistischen Staatengemeinschaft erfüllt und daß sich die Spezialisierung und Kooperation in immer größeren Dimensionen und gesamtvolkswirtschaftlichen Maßstäben vollzieht;

– inwiefern die Kontinuität und Dynamik unserer Entwicklung zu tiefgreifenden und vielfältigen Veränderungen im Alltag der Menschen führt;

– warum die demokratische Teilnahme der Werktätigen an der Leitung und Planung eine wichtige Bedingung für die Ausarbeitung und Verwirklichung anspruchsvoller realer Pläne ist und warum es stets darum geht, daß die planmäßige Produktion von heute gut vorankommt und es notwendig ist, vorhandene Reserven mit Hilfe von Gegenplänen zu erschließen.

Die Klärung dieser und anderer Fragen hat sich als unerläßlich im Prozeß der Diskussion über die anspruchsvollen und realen Aufgaben des Jahres 1978 erwiesen und führte bereits während der Plandiskussion z. B. im BKK Deuben zur Überbietung der vorgegebenen Staatsplanvorgabe und später zu einer nochmaligen erhöhten Gegenplanverpflichtung.

Das war in diesem Kombinat jedoch nur dadurch möglich, daß Plan, Gegenplan und sozialistischer Wettbewerb eine Einheit bilden und den Arbeitskollektiven hohe anspruchsvolle Kennziffern vorgegeben worden sind, die zur Ausnutzung der qualitativen Faktoren des Wirtschaftswachstums anregten und die Entwicklung der Effektivität und Qualität der Arbeit widerspiegelten.

Es ist nachweisbar, daß nur in jenen Kombinaten und Betrieben – u. a. in der Maschinenfabrik und Eisengießerei Dessau – die Übernahme zusätzlicher Verpflichtungen im Gegenplan erreicht werden konnte, wo politische Klarheit geschaffen, wo man sich über die Dialektik unseres Kampfes verständigt hat, wo Klarheit über die Maßstäbe geschaffen wurde, wo festgelegt worden ist, wer und wofür und wie Verantwortung übertragen bekommt.

In den untersuchten Kombinaten und Betrieben hat sich erneut die Erfahrung bestätigt, daß eine planvolle ideologische Arbeit zu tieferem Verständnis der gesellschaftlichen Zusammenhänge führt, ein beträchtliches Ansteigen der Leistungsbereitschaft bewirkt und vorwärtsdrängende Initiativen der Arbeiterklasse auslöst. Dieses Wechselverhältnis von politischer Aktivität und Erfüllung der anspruchsvollen Aufgaben des Volkswirtschaftsplanes widerspiegelt sich in der Republik in vielfältigen Initiativen im sozialistischen Wettbewerb in Vorbereitung des 30. Jahrestages der Gründung der DDR zur Erfüllung und gezielten Überbietung des Volkswirtschaftsplanes und der Gegenpläne. In den Bezirken Halle und Karl-Marx-Stadt sind es die Initiativen „Zeit ist Gold" bzw. „Zeitgewinn ist Reingewinn", die von der genialen Feststellung Karl Marx' ausgehen, daß sich in der Ökonomie der Zeit schließlich alle Ökonomie auflöst.

Diese Aktionslosungen „Zeit ist Gold" und „Zeitgewinn ist Reingewinn" sagen eigentlich schon aus, daß die Eckpunkte dieser Initiativen auf Zeitgewinn gerichtet sind, also auf die vorfristige Erfüllung des Planes Wissenschaft und Technik, auf die überdurchschnittliche Steigerung der Arbeitsproduktivität und auf die umfassende Rationalisierung.

Aus dieser Sicht ist es auch nicht zufällig, daß die Verpflichtungen vieler Kollektive für den Gegenplan in den Untersuchungsbetrieben zum überwiegenden Teil von dem Bemühen bestimmt sind, durch eine noch bessere Nutzung des Intensivierungsfaktors Nr. 1, den wissenschaftlich-technischen Fortschritt, durch Rationalisierungsmaßnahmen, insbesondere durch die Erhöhung des Anteils der Ratio-Investitionen, die die konsequente Anwendung der WAO einschließen, einen Beitrag zur Überbietung der Kennziffern „Arbeitsproduktivität" zu leisten und zugleich bessere Arbeitsbedingungen für die Werktätigen zu schaffen.

Aus der Sicht der analysierten Betriebe ist einzuschätzen, daß dort Wissenschaft und Technik im wahrsten Sinne des Wortes eine Schlüsselstellung einnehmen, wo erkannt worden ist, daß von den wissenschaftlich-technischen Erkenntnissen und ihrer produktiven Anwendung in hohem Maße Effektivität und Qualität der Produktion bestimmt und die sozialistische Rationalisierung beeinflußt wird.

Im Druckguß- und Kolbenwerke Harzgerode z. B. wird von der sozialistischen Rationalisierung meines Erachtens zu Recht gesagt, daß sie die enge Verbindung der modernen Wissenschaft mit den reichen Produktionserfahrungen und Fertigkeiten der Arbeiterklasse ist. Das Feld dafür ist in diesem Betrieb sehr breit angelegt, es beginnt beim rationellen Einsatz von Zeit, Geld und Material, schließt die bestmögliche Produktionsorganisation und die Anwendung modernster Technologien ein und reicht – wie Genosse Erich Honecker sagte – bis zum Vorstoß ins internationale Vorfeld bei bestimmten Erzeugnissen. Dabei ist für diesen Betrieb typisch, daß die Fragen der Qualität und Effektivität zu den entscheidenden Kriterien der Führung der Masseninitiative im sozialistischen Wettbewerb geworden sind. Das begann mit der richtigen Auswahl der qualitativen und quantitativen Kennziffern und deren Aufschlüsselung, das heißt genau in der Richtung, wie das Genosse Prof. Dr. Menzzer hier forderte. Dadurch konnten die Wettbewerbsteilnehmer bereits auf die für den Betrieb entscheidenden Effektivitäts- und Qualitätsprobleme gelenkt werden, was sich in den Wettbewerbsverpflichtungen widerspiegelt, die von der Forschung und Entwicklung über die Technologie bis hin zur Produktion abgestimmt sind.

Die uns in diesem Betrieb vermittelten Erfahrungen und dabei erreichten Ergebnisse lassen tatsächlich nur den einen Schluß zu, die Rationalisierung noch entschiedener als eine komplexe volkswirtschaftliche Aufgabe anzupacken, in der der wissenschaftlich-technische Fortschritt, die Investpolitik und die Verbesserung der Arbeits- und Lebensbedingungen in einem unauflösbaren Zusammenhang stehen.

Es würde zu weit führen, hier im einzelnen Aktivitäten und angesteuerte Ziele zu nennen.

Wenn aber z. B.

– in der Spinndüsenfabrik Gröbzig Bausteindüsen für die Wolprylaproduktion bis zu 110 000 Loch entwickelt und produziert;

– im BKK Deuben für ein Projekt in der Brikettfabrik statt 8 Millionen nur 2 Millionen Investmittel in Anspruch genommen werden; 25 Arbeitsplätze im Kombinat eingespart, damit 95 Werktätige für andere Aufgaben freigesetzt; 650 Arbeitsplätze neu- bzw. umgestaltet und damit für 1 720 Werktätige, das sind mehr als $^1/_5$ aller Beschäftigten, bessere Arbeitsbedingungen geschaffen werden;

– in der Kyffhäuserhütte Artern 200 T Nh Arbeitszeiteinsparung erzielt wurden oder

– im DKW Harzgerode ebenso wie in der Spinndüsenfabrik Gröbzig durch die Freisetzung von Arbeitskräften durch Ratio-Maßnahmen eigene Abteilungen für Rationalisierungsmittelbau entstanden, die in der Lage sind, alle Rationalisierungsmittel für die Betriebe selbst herzustellen und darüber hinaus aktiv die territoriale Rationalisierung in den Kreisen Quedlinburg und Köthen zu unterstützen,

dann sind das Aufgaben, Verpflichtungen und Ergebnisse der Wirksamkeit des sozialistischen Wettbewerbs, die für sich selbst sprechen.

Bemerkenswert ist, daß in allen untersuchten Betrieben mit Hilfe vielfältiger Formen der sozialistischen Gemeinschaftsarbeit (PWT-Brigaden, schöpferische Aufträge, Intensivierungsaufträge), die in ihrer Mehrheit auf wissenschaftlich-technische und Rationalisierungsaufgaben gerichtet sind, die Realisierung der anspruchsvollen Aufgaben, d. h. Plan und Gegenplan, gewährleistet werden soll.

Als außerordentlich wichtig hat sich im Ringen um die Erfüllung der Gegenplanziele die Orientierung der Neuererbewegung und anderer Wettbewerbsinitiativen, wie der persönlich und kollektiv-schöpferischen Pläne zur Steigerung der Arbeitsproduktivität, das Schreiben der Notizen zum Plan, die Durchführung von Initiativschichten u. a., auf die Erfüllung der Gegenpläne erwiesen.

In der Maschinenfabrik und Eisengießerei Dessau z. B. wurden ganz spezifische, auf die Gegenplanerfüllung gerichtete, Initiativen entwickelt. Dazu gehören die schöpferischen Aufträge zur Überbietung der Aufgaben des Planes Wissenschaft und Technik und die Scheckbewegung mit der die Wettbewerbsaktivitäten zur vorfristigen bzw. Übererfüllung des Planes Wissenschaft und Technik (PWT), zur Einsparung von Material, Energie und Hilfsstoffen abgerechnet werden.

Meines Erachtens sollte jede Gewerkschaftsleitung – wie die von mir genannten – es als ihr Anliegen betrachten, dafür zu sorgen, daß die bewährtesten Formen des sozialistischen Wettbewerbs zur Realisierung von Rationalisierungsmaßnahmen und zur Entwicklung der Effektivität und Qualität der Arbeit Massenbasis erhalten. Ich unterstütze den vom Genossen Heintze geäußerten Gedanken, daß man bewährte Methoden obligatorisch und verbindlich einführen sollte.

Insgesamt möchte ich für die von uns untersuchten Betriebe sagen, daß deren Arbeitskollektive, geführt von der Betriebsparteiorganisation, auf ihre Fähigkeiten und Möglichkeiten vertrauend und überzeugt von dem Erfordernis des Zeitgewinns durch hohe Resultate in Wissenschaft und Technik sich in voller Übereinstimmung auf dem von der Partei vorgezeichneten Weg befinden und alles tun, um beispielhafte Leistungen in Wissenschaft, Technik und Produktion zu vollbringen, neue Arbeitserfahrungen anzuwenden, sich bemühen, den steigenden geistig-kulturellen Ansprüchen gerecht zu werden und bei allen Werktätigen eine kommunistische Einstellung zur Arbeit herauszubilden.

Deshalb sind auch die von ihnen im sozialistischen Wettbewerb angestrebten Ziele zur Erfüllung und Überbietung der Kennziffern des Planes und Gegenplanes nicht auf irgendwelche zusätzliche Leistungen, nicht auf irgendeine größere Menge Warenproduktion orientiert, sondern auf ein im Umfang und Qualität größeres verfügbares Endprodukt, auf die vorfristige Inbetriebnahme von Investitionsvorhaben, die Realisierung von Ratio-Maßnahmen, die Bereitstellung von Ersatzteilen usw. Das entspricht genau den Anforderungen und inhaltlichen Zielstellungen für den Gegenplan, wie sie Genosse Honecker in seiner Februarrede umrissen hat.

Darüber hinaus bestätigen die Kollektive der von mir genannten Kombinate und Betriebe mit ihren Wettbewerbsinitiativen im Rahmen der Gegenplanbewegung die Richtigkeit der vom Genossen Honecker in der gleichen Rede geäußerten Erkenntnis, daß die Realität unseres Planes eben nicht nur aus ausreichenden Zulieferungen und Maschinen besteht, sondern sie sich auf die Initiative und den Erfindergeist der Werktätigen stützt, und daß der Plan überhaupt nur real im sozialistischen Sinne ist, wenn er zugleich anspornt, alle inneren Kraftquellen unserer Gesellschaft vollständig einzusetzen.

Mit anderen Worten gesagt: Bei der Ausarbeitung und Verwirklichung der Planaufgaben rechnet unsere Partei immer mit der wachsenden Schöpferkraft und Aktivität der Arbeiterklasse und aller anderen Werktätigen.

Dafür stets die Mitarbeit zu fördern und die günstigen Bedingungen zu schaffen, was ohne eine qualifizierte Leitung und Planung nicht möglich ist, gehört zu den grundlegenden Aufgaben jeder Leitung.

M. Zeuke

Erfahrungen in der Arbeit mit dem Qualitätspaß

Ich bin Leiter des Jugendkollektivs „Diffusion" aus dem Frankfurter Halbleiterwerk, das im Juni 1977 die Bezirksinitiative „Täglich das Beste" zu Ehren des 60. Jahrestages der Großen Sozialistischen Oktoberrevolution ausgelöst hat. Der Aufruf unseres Kollektivs fiel zeitlich nicht zufällig zusammen mit dem 6. Plenum des ZK unserer Partei, auf dem die Bedeutung und die Aufgaben der Mikroelektronik für die Entwicklung der Volkswirtschaft für die nächsten Jahre klar herausgearbeitet wurden.

Die Mikroelektronik ist im bisherigen Verlauf der Konferenz mehrfach hervorgehoben worden. Ich freue mich, daß ich hier in der Diskussion sprechen kann und will versuchen, durch die Erläuterung unserer Wettbewerbsarbeit zu zeigen, daß wir in der Festkörperschaltkreisfertigung unsere große volkswirtschaftliche Aufgabe richtig erkannt haben, wie wir im Arbeitskollektiv die Wettbewerbszielstellungen praktisch verwirklichen. Den Aufruf zur täglichen Qualitätsarbeit haben wir im II. Halbjahr 1977 zur Wettbewerbsmethode entwickelt, und ich möchte über Erfahrungen aus dieser Arbeit und auch über einige Probleme berichten und will versuchen, mich dabei auf die für diesen Arbeitskreis vorgegebenen Schwerpunkte zu beziehen.

Im ersten Komplex wird auf den engen Zusammenhang zwischen der Initiative der Arbeiterklasse im Wettbewerb und der Entwicklung der sozialistischen Demokratie – besonders in den Arbeitskollektiven – hingewiesen.

Als eine Form der Herausbildung der sozialistischen Demokratie im Arbeitskollektiv kann wohl die Entwicklung unserer Wettbewerbsmethode bezeichnet werden.

Höchste Qualität in jedem Arbeitsschritt zu erreichen, daß ist prinzipielles Anliegen in jeder Fertigungsstrecke. Zur Erreichung dieses Zieles genügt nicht allein ein erfahrener Meister, Einsatz moderner Technik und neueste Technologie – die Qualität wird durch unsere Menschen im Arbeitsprozeß wesentlich beeinflußt. Deshalb ist es erforderlich, ihr Interesse an der Arbeit zu wecken, ihr Verantwortungsbewußtsein im Produktionsprozeß und -kollektiv zu fördern.

Der Weg von einem durchschnittlich guten Jungfacharbeiter zu einem Arbeiter mit sozialistischer Arbeitsmoral ist sicherlich auf vielfältige Weise möglich – bei uns kann er zum Beipiel so verlaufen:

1. Schritt: Bemühungen um Verbesserung der Qualität bei entsprechender Kontrolle durch den Meister.

2. Schritt: Übernahme einer Qualitätsgarantie für bestimmte von ihm überschaubare Teilaufgaben bzw. für einen Teil der Qualitätskriterien.

3. Schritt: Erweiterung der Qualitätsgarantie auf den gesamten Teilschrittkomplex – verbunden mit der Erarbeitung bzw. Erweiterung der notwendigen theoretischen Kenntnisse über die eigene Arbeit und über die Qualitätsprobleme des belieferten Partners. Die Fähigkeit zu einer exakten Qualitätseinschätzung, verbunden mit einer Überprüfung der theoretischen und praktischen Kenntnisse, weist der Facharbeiter in einer speziellen Prüfung nach; wir haben sie Qualitätspaßprüfung genannt.

4. Schritt: Der so entwickelte Facharbeiter setzt sich mit der Qualität der eigenen Arbeit und mit der Arbeit der anderen Mitglieder des Kollektivs auseinander und das, ohne daß der Meister dahintersteht.

Junge Arbeiter erkennen ihre Verantwortung, die sie in unserer sozialistischen Produktion tragen, und nehmen diese Verantwortung bewußt wahr. Sie ziehen als Vorbild des Kollektiv mit. Darin sehe ich eine Form der sozialistischen Demokratie.

Eine Wettbewerbsmethode ist nur brauchbar und wirksam, wenn sie eine Verbesserung des ökonomischen Ergebnisses bewirkt. Unsere Methode bewirkt eine Verbesserung der Ökonomie, indem in vielen Einzelschritten eine Qualitätsverbesserung erreicht wird und schließlich die Qualität des Gesamtergebnisses steigt; in unserem konkreten Fall heißt das: Exakte Einhaltung *aller* technologischen Parameter führt zu einer Erhöhung der Ausbeute an elektrisch guten Halbleiterbauelementen. Die Erhöhung der Qualität in den Einzelschritten muß systematisch durchgesetzt werden. Die Zielstellung in unserer Fertigung heißt: von der Einsteuerung in den Bearbeitungszyklus bis zum Ausgang eine geschlossene *Qualitätskette* herstellen.

Sowohl die Bildung der Qualitätskette im Großen wie auch die Herausbildung geeigneter Qualitätskriterien und Ausbildung fähiger Facharbeiter in den Einzelschritten läuft in der Praxis nicht immer so glatt, wie der Wettbewerbstheoretiker vielleicht meint. (Die Hinweise aus der Diskussion, Wettbewerbsmethoden anzuweisen, habe ich hier mit großem Interesse registriert.) Der Weg ist mühsam und birgt unterschiedliche Probleme, von denen ich hier einige nennen möchte:

– Der Leistung eines jungen Facharbeiters mit Qualitätspaß gebührt besondere Anerkennung. Er wird prämiert und seine Vorbildwirkung hervorgehoben. Unsere Lohnpolitik sichert aber auch dem mittelmäßigen Facharbeiter seine Lohngruppe, und er setzt sich nicht auseinander mit Kollegen oder Problemen. Die Wirksamkeit einer Wettbewerbsmethode muß nach ihrem Einfluß auf Leistung und Lohn beurteilt werden. Sie kann bei der Erarbeitung neuer Lohnformen als wesentliches Hilfsmittel dienen (Grundlöhne).

– Eine bekannte und bewährte Form der Leistungssteigerung ist die Arbeit nach technisch begründeten Normen. Die Kollektivnorm, wie wir sie anwenden, halten wir entsprechend den Bedingungen unserer Fertigung für eine geeignete Form und nutzen hierbei den Einfluß der kollektiven Erziehung als wertvolles Element zur Steigerung der Arbeitsproduktivität. (Hier bestehen übrigens wesentliche Ähnlichkeiten zu der von Dr. Brückner in der Diskussion erläuterten sowjetischen Wettbewerbsmethode „Keiner darf zurückgelassen werden".)

Der Einführung der Normarbeit geht meist ein Gerücht voraus: „Ihr werdet die Stückzahl steigern, aber die Qualität wird Euch Sorgen machen." – Auch wir hatten unser Lehrgeld zu zahlen, denn die Einheit von Menge und Qualität stellt sich nicht von allein ein. Besonders an dic Werktätigen, die die Kontrollschritte innerhalb und am Ende eines Teilschrittkomplexes durchführen, werden höhere Anforderungen sowohl in der fachlichen Qualifikation als auch in der kritischen Einstellung zu ihrer Arbeit gestellt. Besonders an diesen Arbeitsplätzen bemühen wir uns, systematisch die Kollegen zur Arbeit nach dem Qualitätspaß zu befähigen.

Die Herausbildung einer sozialistischen Einstellung zur Arbeit als Herzstück der sozialistischen Lebensweise erfordert von uns ein gutes Stück Erziehungsarbeit, besonders in unseren sehr jungen Kollektiven. Wie konsequent und ideenreich sich eine ganze Reihe unserer jungen Arbeiter mit diesen Aufgaben identifiziert, zeigt, daß wir die richtige Richtung eingeschlagen haben.

In den Diskussionsschwerpunkten wird die zunehmende Bedeutung der Gemeinschaftsarbeit zwischen Produktionskollektiven, erfahrenen Produktionsarbeitern, hervorragenden Neuerern einerseits und Ingenieuren, Technologen, Konstrukteuren andererseits betont.

Am Beispiel unseres Kollektivs möchte ich darstellen, wie wir das Zusammenwirken aller Seiten vorangebracht haben.

In einem guten Produktionskollektiv kennt der Leiter seine Aufgaben in der Organisierung einer planmäßigen Neuerertätigkeit – damit steht schon mindestens ein Ingenieur auf der Seite des Produktionskollektivs –, und wenn er die Potenzen seines Kollektivs kennt und zu fördern versteht, dann stellt er ihnen die Aufgaben, mit denen er ein viertel oder ein halbes Jahr später (je nach Länge des Neuerer-Dienstweges im Betrieb) seine, d. h. die Planaufgaben des Kollektivs erfüllt.

Über den Leiter des Fertigungskollektivs haben wir auch die Verbindung zur Technologie und Verfahrensentwicklung hergestellt:

Mit dem Aufbau der Fertigung für analoge Festkörperschaltkreise wurde eine Form der Zusammenarbeit der beteiligten Struktureinheiten geschaffen, die wir „Vierer-Gruppe" nennen. Diese Gruppe setzt sich zusammen aus:

- einem Vertreter der Verfahrensentwicklung
- einem Fertigungsüberwachungsingenieur
- dem Fachtechnologen und
- dem Leiter des Produktionsabschnitts.

Diese Gruppe hatte zunächst die Aufgabe, die einzelnen Teilschritte von der Laborfertigung in die Serienproduktion überzuleiten. Aus der Überleitung und dem Einfahren der Anlagen, aus dem Aufbereiten und Vergleichen der erreichten Ergebnisse, aus dem Streit um notwendige technologische und organisatorische Änderungen entwickelte sich eine zuverlässige und schöpferische Zusammenarbeit.

Was beraten wir in den wöchentlichen Zusammenkünften?

- Informationsaustausch, Erkennen und Auswerten von Besonderheiten und Abweichungen;
- Diskussion der Ausbeuteentwicklung im Zusammenhang mit den Diffusionsparametern, kritische Auswertung von Ausfällen;
- Technologieänderungen, Einführung von Neuerungen;
- Durchsetzung von Rationalisierungsmaßnahmen;
- produktionsorganisatorische Probleme;
- Qualifizierung;
- und neu im Programm ist die Vorbereitung und Durchführung der Qualitätspaßprüfungen und Auswertung der „Notizen zur Qualität".

Ein wichtiger Faktor unserer Zusammenarbeit ist der Erfahrungsaustausch. Dabei profitiert nicht nur die Fertigung von der guten fachlichen Unterstützung aus der laufenden Produktion, aus Hochleistungsschichten und auch aus Optimierungsversuchen. Mit ihren organisatorischen und technologischen Besonderheiten fließen viele Ergebnisse und Erfahrungen auf kürzestem Wege in die Entwicklungsarbeit ein.

Die Grundlage unserer Arbeit ist das gemeinsame Ziel, einen effektiven kontinuierlichen Produktionsablauf zu sichern. Mit jedem Eingriff in die Technologie, mit jeder eingeführten Neuerung muß eine Verbesserung der Qualität oder eine Erhöhung des täglichen Durchsatzes, also in jedem Falle eine Erhöhung der Effektivität, erreicht werden. Diese Zusammenarbeit verkörpert das Anliegen des kollektiven Planes der Intensivierung, wo politisch-ideologische und fachliche Arbeit nicht mehr voneinander zu trennen sind.

Welche Anforderungen an die Leitungstätigkeit ergeben sich aus der zielstrebigen

Entfaltung der schöpferischen Initiative der Werktätigen zur Steigerung der Arbeitsproduktivität?

Jeder Leiter, nicht nur der Direktor oder der Bereichsleiter, sondern besonders in der mittleren Leitungsebene, ist gut beraten, die zeitweilig auftretende „Welle" an Wettbewerbsmethoden und -losungen nicht als zusätzliche Belastung zur Seite zu schieben, sondern vielmehr gründlich zu analysieren, um geeignete Methoden für die Unterstützung seiner Leitungstätigkeit auszuwählen.

Ich möchte noch einmal zurückblenden auf den Beginn unserer Wettbewerbsinitiative: Ausgehend von einer hohen Leistungsanforderung, bedingt u. a. durch einen nicht befriedigenden Qualitätsstand, haben wir über gezielte Qualifizierungsmaßnahmen und die Einbeziehung unserer besten Facharbeiter in die Qualitätsdiskussion das Schöpfertum und das Interesse an der Verbesserung der Leistungsfähigkeit angeregt. Die Idee, eine Qualitätsgarantie zu übernehmen, wurde im Kollektiv geboren. Diese Bereitschaft zum Bekenntnis zur eigenen Arbeit war der erste Ausdruck einer neuen Denkweise. Es wäre strafbar gewesen, diesen wertvollen Gedanken nicht aufzugreifen und weiter zu entwickeln.

Mit der Unterstützung durch die gesellschaftlichen Kräfte (hier in erster Linie durch die Gewerkschaft) und durch die schon genannte 4er-Gruppe kam es zu einem eingangs beschriebenen Weg für die Besten unserer Arbeiter. An ihrem Vorbild orientierten sich inzwischen alle Schichtkollektive.

In der Propagierung der Qualitätsbewegung haben wir versucht, die allgemeingültigen Zusammenhänge herauszuarbeiten, denn um in anderen Bereichen und in anderen Betrieben zu gleich guten Ergebnissen zu kommen, muß der Inhalt der Methode richtig erkannt und (über den Leitungsweg) in das Kollektiv schöpferisch hineingetragen werden.

Wir sprachen von „Garantie für die Oberflächenqualität" und meinten allgemein: äußere Qualitätsmerkmale, die sich sofort messen oder prüfen lassen, und wir sprachen von „Garantie für elektrische Parameter". Dahinter verbergen sich Parameter, die nur mit hohem Aufwand und am fertigen Produkt meist überhaupt nicht mehr exakt kontrollierbar sind, die aber entscheidend die Funktionstüchtigkeit des jeweiligen Produkts mitbestimmen.

Dieser zweite Teil der Garantie erfordert also ein hohes Maß an Ehrlichkeit – eine hohe Arbeitsmoral!

Unsere Spitzenkräfte haben wir noch weiter in die Leitungstätigkeit mit einbezogen, – wir haben sie beauftragt, ihre tägliche Arbeit und ihre Erkenntnisse und Vorschläge in Form der „Notizen zur Qualität" darzustellen. Diese Modifikation der bewährten „Notizen zum Plan" ist zu einem wertvollen Mittel der Leitungstätigkeit im Produktionsabschnitt geworden.

Im Referat dieser Konferenz wurde die Problematik der Herausbildung sozialistischer Arbeits- und Verhaltensweisen angeschnitten. Genosse Prof. Dr. Heinrichs wies darauf hin, daß eine wichtige Voraussetzung dafür ein hohes Qualifikationsniveau ist, das stets gefordert und erweitert werden muß.

Die Erfolge in unserer Wettbewerbsarbeit und auch im Neuererwesen bestätigen uns, daß wir wichtige Ansatzpunkte gefunden haben.

Die hohen Anforderungen, die an uns, ein Produktionskollektiv in der heute mehrfach genannten Mikroelektronik, gestellt werden, machen es notwendig, in unseren Bemühungen um die Einbeziehung unserer jungen Arbeiter in die schöpferische Gestaltung des Produktionsprozesses nicht nachzulassen. Genosse Erich Honecker bezeichnete in seiner Rede vor den 1. Kreissekretären die Jugendkollektive als Zentren der kommunistischen Erziehung der Arbeiterjugend. Dieser Forderung wollen wir in der Wettbewerbsarbeit zum 30. Jahrestag unserer Republik gerecht werden. Neue, höhere Leistungsanforderungen dürfen wir dabei nicht nur an unsere Arbeiter weiterleiten, sondern das Niveau unserer Leitungstätigkeit muß ebenso rasch entwickelt werden.

Ich bin als Diplomingenieur einer technischen Fachrichtung in die Produktion gekommen ohne nennenswerte Kenntnisse oder Erfahrungen in der Leitung von Kollektiven. Vielen jungen Meistern geht es heute ähnlich. Hier sehe ich eine Lücke im Ausbildungssystem an Hoch- und Fachschulen und auch in der betrieblichen Weiterbildung. Wenn wir für unsere Arbeiter die kontinuierliche Erhöhung ihres Qualifikationsniveaus fordern, dann gilt das ebenso für unsere jungen Leiter. Sie müssen noch stärker die Kenntnisse und Möglichkeiten erhalten, schöpferisch den Produktionsprozeß beeinflussen zu können. Der Meister mit Fach- und Hochschulabschluß muß Leiter seines Kollektivs und der Wettbewerbsführung im Kollektiv sein.

Eine kluge ausgewählte Wettbewerbsmethode, in jeder Leitungsebene schöpferisch weiterentwickelt, bringt einen hohen gesellschaftlichen Nutzen. Wird sie dem Selbstlauf überlassen, oder wird sie nicht richtig interpretiert, hilft sie nur einer inhaltslosen Wettbewerbsabrechnung oder Zahlenhascherei.

Unter dem Motto „Position und Tat zum 30.", Losung der Wettbewerbsführung im Bezirk Frankfurt/O., entwickeln wir unsere Ideen weiter, um zu den Wettbewerbsetappen bis zum 30. Jahrestag unserer Republik stets mit erfolgreicher Bilanz abrechnen zu können. Die Position unserer Werktätigen zu ihrer Arbeit und damit zu unserem Staat wird immer fester, die Taten sind dafür der beste Beweis.

5. Schlußwort

H. Koziolek

Schlußwort zur Wirtschaftswissenschaftlichen Konferenz der DDR

In der Arbeit des Plenums und der Arbeitskreise unserer Konferenz hat sich gezeigt, daß die richtungweisenden Ausführungen des Generalsekretärs Genossen Erich Honekker vor den 1. Sekretären der SED-Kreisleitungen über die sozialistische Rationalisierung und die vertiefte Intensivierung von den Wirtschaftswissenschaftlern der DDR als Aufforderung verstanden wurden, an der Ausarbeitung von Wegen und Methoden zur Steigerung der Arbeitsproduktivität aktiv mitzuwirken. Die auf der Konferenz vorgetragenen Vorschläge, Hinweise, Lösungsansätze und weitergehenden neuen Fragestellungen zeugen davon. Die Referate und Diskussionsbeiträge waren von großer Parteilichkeit und Sachkunde getragen, sie waren konstruktiv und schöpferisch und zeichneten sich durch eine enge Verbindung von Theorie und Praxis aus. Unsere Konferenz hat sich als ein nützliches Gremium des Erfahrungs- und Meinungsaustausches bewährt. Deutlich spürbar waren die Impulse, die von den theoretischen Erkenntnissen der sowjetischen Ökonomen ausgehen; die Tätigkeit der Gemeinsamen Kommission der Ökonomen der UdSSR – DDR erweist sich als sehr nutzbringend und anregend bei der weiteren Vertiefung der Theorie und dem Eindringen in die von der gesellschaftlichen Praxis aufgeworfenen Probleme.

Im Mittelpunkt unserer Konferenz standen die Fragen des weiteren stabilen Wirtschaftswachstums, das die Grundlage ist, um die wirtschaftlichen und sozialen Aufgaben entsprechend dem auf dem IX. Parteitag der SED beschlossenen Programm bei der weiteren Gestaltung der entwickelten sozialistischen Gesellschaft in der DDR zu lösen.

Im Kern geht es hierbei darum, durch wachsende Effektivität in der Volkswirtschaft, durch steigende Qualität und Produktivität der Arbeit für jedes Jahr einen hohen Zuwachs an Nationaleinkommen zu gewährleisten. Die hohe Bedeutung, die hier dem Nationaleinkommen und seinem Zuwachs beigemessen wird, entspringt der Konsequenz und Beharrlichkeit in der Führungstätigkeit des ZK der SED bei der Verwirklichung der Beschlüsse des IX. Parteitages, insbesondere bei der praktischen Umsetzung der im Programm der Partei gegebenen prinzipiellen Orientierungen. Im Programm wird davon ausgegangen, daß die schrittweise Verbesserung des Lebensniveaus aller Werktätigen hohe Leistungen in der sozialistischen Produktion und ein stabiles Wirtschaftswachstum erfordert. Dies wird erreicht durch ein bestmögliches Verhältnis zwischen Akkumulation und Konsumtion, um Gegenwarts- und Zukunftserfordernisse in günstiger Weise zu berücksichtigen, und durch die volle Nutzung des vorhandenen und zu stärkenden Wirtschaftspotentials der DDR. Dazu gehört, daß in allen Betrieben und Kombinaten, Zweigen und Bereichen und im Maßstab der Volkswirtschaft die vorhandenen ökonomischen Reserven umfassend genutzt und weitere Voraussetzungen für das Leistungswachstum geschaffen werden. Eine zentrale Rolle spielen hierbei die Festigung bestehender und Bildung neuer Kombinate sowie die ständige Erhöhung ihrer Leistungskraft.

Durch die Steigerung der Arbeitsproduktivität als der wichtigsten Quelle des wirtschaftlichen Wachstums „wird das Nationaleinkommen als materielle Grundlage für die immer bessere Befriedigung der Bedürfnisse der Bürger, der gesamten Gesellschaft kontinuierlich erhöht",[1] heißt es dazu im Programm.

Der Wachstumstyp der sozialistischen Wirtschaft ist die intensiv erweiterte Reproduktion. Er widerspiegelt die veränderten objektiven Bedingungen.[2]

Diese bestehen u. a. darin, daß

– kompliziertere Bedürfnisse entstehen, was verbunden ist mit einem Strukturwandel in der Produktion, im Sortiment und in der Qualität der Erzeugnisse (s. Mikroelektronik);

– die wachsende Effektivität der Produktion auf der Grundlage der besseren Nutzung des Produktionspotentials und seiner Erneuerung selbst zur Hauptquelle des Wachstums wird und nicht primär die Ressourcenausdehnung;

– die soziale Orientierung bei der Entwicklung der Wirtschaft sich verstärkt und

– die außenwirtschaftlichen Beziehungen, die internationale Arbeitsteilung und Spezialisierung, insbesondere im Zusammenhang mit der vertieften sozialistischen ökonomischen Integration, bei der Gewährleistung einer effektiven und proportionalen Entwicklung der sozialistischen Wirtschaft an Bedeutung gewinnen.

Alle diese Bedingungen sind zutiefst mit dem Wachstum des Nationaleinkommens durch Steigerung der Arbeitsproduktivität verbunden.

Die Wirtschaft der DDR bildet eng verbunden mit dem Wissenschafts- und Wirtschaftspotential der sozialistischen Staatengemeinschaft eine solide Grundlage für das weitere Wirtschaftswachstum.

Die Bilanz der vergangenen Jahre ist gut. Wichtige Schritte wurden getan, um die vom VIII. Parteitag beschlossene und vom IX. Parteitag der SED bestätigte Hauptaufgabe durchzuführen, die Leistungsfähigkeit der Volkswirtschaft zu erhöhen und planmäßig das sozialpolitische Programm der Partei zu verwirklichen. Die sozialistische Planwirtschaft erweist sich in der Realität als die sozialökonomisch effektivste. Das spiegelt sich nicht zuletzt in jenen Beiträgen wider, die sich mit dem Wesen, den Erscheinungsformen und den sozialen Konsequenzen der Rationalisierung in den kapitalistischen Ländern befaßten. In diesem Zusammenhang und in vielen anderen Beiträgen bestätigte sich einmal mehr die Leninsche These, daß die Arbeitsproduktivität das letztlich Entscheidende in der Klassenauseinandersetzung ist. Aufgabe der Wirtschaftswissenschaftler ist es, mitzuwirken an Rationalisierungslösungen, in denen sich der sozialistische Charakter der Arbeit und hohe Effektivität vereinen.

Aus dieser Sicht möchte ich hier zusammenfassend jene vier Schwerpunkte unterstreichen, die die Arbeit der Konferenz kennzeichnen und die zugleich unsere künftige Arbeit bestimmen.

Erstens: Ein Kardinalproblem, das die Wirtschaftswissenschaftler in enger Zusammenarbeit mit der Praxis zur lösen haben, ist die noch gründlichere Untersuchung der *Quellen des Wirtschaftswachstums.* Auf eine kurze Formel gebracht, besteht der grundlegende Ausgangspunkt für die weitere Arbeit darin, durch die Beschleunigung des wissenschaftlich-technischen Fortschritts und die Erhöhung seiner ökonomischen und sozialen Wirksamkeit sowie durch die Senkung des spezifischen Produktionsverbrauchs ein hohes und stabiles Wachstum des Nationaleinkommens zu gewährleisten.

Bei der Untersuchung dieser entscheidenden Wachstumsquellen kommt es vor allem darauf an, die Konsequenzen zu bestimmen, die sich aus dem dialektischen Zusammen-

[1] Programm der Sozialistischen Einheitspartei Deutschlands, Berlin 1976, S. 23.

[2] Vgl. hierzu A. Antschischkin, Die erweiterte Reproduktion im entwickelten Sozialismus, in: Presse der Sowjetunion, 48/1976, S. 15.

hang zwischen dem künftigen Wirtschaftswachstum, der weiteren Steigerung der Arbeitsproduktivität und der Effektivität bei der kontinuierlichen Erfüllung der Hauptaufgabe ergeben. Wirtschaftswissenschaftler und -praktiker haben gemeinsam dazu beizutragen, durch höheren Nutzeffekt und die allseitige vertiefte Intensivierung in unserer sozialistischen Volkswirtschaft die steigende Effektivität zur Hauptquelle des Wachstums zu machen. Das ist eine anspruchsvolle, aber unausweichliche Aufgabenstellung, handelt es sich doch um die Sicherung entscheidender Voraussetzungen, um unter erschwerten Reproduktionsbedingungen – demographischen, außenwirtschaftlichen und natürlichen – zielstrebig die auf dem IX. Parteitag der SED beschlossenen ökonomischen und sozialen Aufgaben bei der weiteren Gestaltung der entwickelten sozialistischen Gesellschaft in der DDR zu lösen.

Deshalb ist es auch richtig, im volkswirtschaftlichen Maßstab die Effektivität am Nationaleinkommen zu messen; es bringt die Nettoleistung unserer gesellschaftlichen Produktion zum Ausdruck. Sein Umfang und seine Struktur, seine Bedarfsgerechtheit, sein qualitatives Niveau entscheiden darüber, was verteilt, konsumiert und akkumuliert werden kann. Je besser es gelingt, die qualitativen Quellen des Wachstums zu nutzen und hiermit verbunden den für die volkswirtschaftliche Reproduktion aufgewandten Produktionsverbrauch zu senken, um so mehr Nationaleinkommen steht zur Verfügung. Die Senkung des spezifischen Produktionsverbrauchs durch den wissenschaftlich-technischen Fortschritt, durch rationelle Verausgabung der vergegenständlichten Arbeit ist eine Quelle wachsenden Nationaleinkommens.

Natürlich steht der Produktionsverbrauch im Zusammenhang mit dem Nationaleinkommen und ist zunächst eine volkswirtschaftliche Kategorie, die aber wie andere auch ihre reale Grundlage im unmittelbaren Produktionsprozeß hat. Letztlich wird durch die Arbeit der Werktätigen in den Betrieben und Kombinaten entschieden, ob die Grenze zwischen Produktionsverbrauch und Nationaleinkommen zugunsten des wachsenden Nationaleinkommens verschoben wird.

Material sparen bedeutet u. a. leichter bauen. Werden bei technischen Neuentwicklungen z. B. im Maschinenbau internationale Bestwerte zugrunde gelegt, so können bei wichtigen Erzeugnissen die Materialmasse um 20 bis 30 Prozent gesenkt werden. Ein bis eineinhalb Prozent des Nationaleinkommens gehen z. B. – nach internationalen Erfahrungen – durch Korrosionsverluste verloren. In der DDR beträgt dieser Verlust pro Jahr etwa 1 Mrd. Mark. Verstärkter Korrosionsschutz und Senkung der Verluste nur um 30 Prozent macht im laufenden Fünfjahrplan einen Reingewinn von 1,5 Mrd. Mark aus. Ein weiteres Beispiel: In der DDR existieren etwa 5,4 Mio Fernsehgeräte; bei gleichzeitigem Betrieb nehmen sie eine Kraftwerksleistung von 900 Megawatt, also die Kapazität eines mittleren Kraftwerkes in Anspruch. Durch den Einsatz der Mikroelektronik in den Fernsehgeräten ist es möglich, den Stromverbrauch stark zu senken und Kraftwerkskapazitäten, die einige 'zig Millionen Investitionen kosten, einzusparen.

Die fließende Grenze zugunsten des Nationaleinkommens zu verändern, schließt vor allem auch ein, den Außenhandel und seine Rentabilität als einen entscheidenden Faktor des Nationaleinkommenszuwachses zu nutzen. Etwa ein Drittel des Nationaleinkommens der DDR wird durch den Außenhandel modifiziert. Von der Rentabilität der Exporterzeugnisse hängt es ganz entschieden ab, ob das produzierte Nationaleinkommen erhöht oder geschmälert wird; was letzten Endes heißt, ob wir über mehr oder weniger Nationaleinkommen, als erzeugt wurde, verfügen können. Die Lösung der Aufgabe, mit dem verfügbaren Produktionsverbrauch ein möglichst großes und bedarfsgerechtes Endprodukt zu erzeugen, hängt ohne Zweifel mit bedeutenden Fragen der Produktions- und Außenwirtschaftsentwicklung zusammen.

Diese Aufgabe, das Verhältnis von Aufwand und Ertrag entschieden weiter zu verbessern, steht aber zugleich im Zentrum klugen sozialistischen Wirtschaftens in den Betrieben und Kombinaten.

Zweitens: Eng verbunden mit dem Thema unserer Konferenz – den Wegen zur Steigerung der Arbeitsproduktivität – ist das *Wechselverhältnis von materiell-technischer Basis und sozialistischer Rationalisierung.*

Mehr und effektiver produzieren, die Arbeitsproduktivität erhöhen – das hängt unter den gegenwärtigen Bedingungen in erster Linie von der sozialistischen Rationalisierung ab, von der Durchsetzung ihrer höheren Qualität und Breite. Dieser Weg ist für das weitere Wirtschaftswachstum in der DDR ausschlaggebend.

Umfassend rationalisieren bedeutet, an die Fragen der einfachen Reproduktion nicht nur aus der Sicht neuer, größerer Dimensionen heranzugehen, sondern auch und vor allem unter dem Blickwinkel, die Struktur der materiell-technischen Basis zu verändern und ihr technisch-ökonomisches Niveau in Größenordnungen zu erhöhen.

Sehr zu recht wurde in den Arbeitskreisen den Fragen der materiell-technischen Basis große Aufmerksamkeit gewidmet. Hierbei spielt das Herangehen aus der Sichtweise des IX. Parteitages der SED eine wichtige Rolle. Die im Bericht des Genossen Erich Honecker gegebene Charakteristik der volkswirtschaftlichen Komplexe der materiell-technischen Basis ist gerade deshalb von so großer Bedeutung, weil nur durch eine zusammenhängende Leitung und Planung vom Rohstoff bis zum Endprodukt den objektiv vorhandenen Verflechtungen am besten entsprochen und die Effektivität der Volkswirtschaft als Ganzes weiter erhöht werden kann. Unter diesem Aspekt gilt es, die Produktion und den Einsatz des Endproduktes zu vervollkommnen.

Es kommt darauf an, sehr aufmerksam die objektiven Tendenzen in der weiteren Entwicklung der Produktivkräfte zu analysieren und entsprechende Schlußfolgerungen zu ziehen.

Eine zentrale Frage der vertieften Intensivierung ist die beschleunigte Erhöhung des technologischen Niveaus der Produktion – sie ist entscheidend für die Entwicklung der Effektivität und Qualität der Produktion.

Wenn vom Kampf um Spitzenleistungen die Rede ist, dann ist damit nicht nur die Entwicklung der Erzeugnisse gemeint – auch hier gilt es, die Anstrengungen zu verstärken. Wesentlich ist jedoch: Es kann erst von einem Spitzenerzeugnis gesprochen werden, wenn es nicht nur in den technischen und gestalterischen Parametern, sondern auch in seinen Herstellungskosten das fortgeschrittenste internationale Niveau mindestens erreicht.

Unter Bedingungen, wo der Produzent „den Naturprozeß, den er in einen industriellen umwandelt, . . . als Mittel zwischen sich und die unorganische Natur, deren er sich bemeistert (schiebt)"[3], wird die Technologie als Wissenschaft wie als Praxis objektiv notwendig; das deshalb, weil die Erkenntnis grundlegender naturwissenschaftlicher Zusammenhänge nicht von vornherein die Kenntnis der Gesetzmäßigkeiten und Bedingungen ihrer Anwendung in der Produktion einschließt und weil sich durch die Anwendung der Wissenschaft in der Produktion die Beziehungen zwischen den Hauptelementen des Produktionsprozesses verändern.

Marx hat im „Kapital"[4] entwickelt, daß unter den Bedingungen der maschinellen Großproduktion, die durch Anwendung naturwissenschaftlicher Erkenntnisse die technischen Grundlagen der Produktion, die Funktion der Arbeiter und die Arbeits-

3 K. Marx, Grundrisse der Kritik der Politischen Ökonomie, Berlin 1953, S. 592/593.
4 K. Marx, Das Kapital, Erster Band, in: MEW, Bd. 23, Berlin 1968, S. 511.

teilung sowie gesellschaftliche Kombination der Produktion beständig umwälzt, eine besondere Disziplin Technologie erforderlich ist. Es ist von großem aktuellem Interesse, daß Marx die Analyse der Bedingungen, unter denen ein Produktionsergebnis zustande kommt, nicht schlechthin auf die naturwissenschaftlichen Zusammenhänge reduziert. Er schreibt von „bewußt planmäßiger" und „auf einen bestimmten Nutzeffekt" orientierter Anwendung der Naturwissenschaften.[5] Er bezieht also den Nutzeffekt und das Ziel der Produktion mit ein. Dies kommt auch zum Ausdruck, indem er schreibt: „Die Technologie enthüllt das aktive Verhalten des Menschen zur Natur, den unmittelbaren Produktionsprozeß seines Lebens, damit auch seiner gesellschaftlichen Lebensverhältnisse und der ihnen entquellenden geistigen Vorstellungen."[6]

Immer mehr schält sich die Notwendigkeit heraus, ganze Betriebe oder Teilabschnitte zu rekonstruieren, ganze in sich geschlossene Produktionsprozesse komplex zu rationalisieren. Das ist notwendig, um komplex neue Technologien einzuführen, die Kontinuität der Produktion zu erhöhen, ganze Prozeßstufen einzusparen und damit verbunden die Qualifikation der Beschäftigten zu erhöhen. Das ist ein bedeutsamer Weg bei der besseren Nutzung des Vorhandenen, also der Rohstoffe und des Materials, der Energie, der Grundmittel, bei der weiteren Erhöhung der Qualität der Erzeugnisse und der rationellen Gestaltung der Produktion, ein Weg, der zu spürbaren Ergebnissen bei der Einsparung von Arbeitsplätzen führt.

Um alle wesentlichen Zusammenhänge zu erkennen, die mit dem Nationaleinkommen in der Reproduktion verbunden sind, muß noch etwas zum Nationalreichtum gesagt werden. Durch die lebendige Arbeit des produktiven Arbeiters wird der produktive Teil des Nationalreichtums, also die Grundfonds und die Umlaufmittel, in Bewegung gesetzt und das gesellschaftliche Gesamtprodukt einschließlich des Nationaleinkommens erzeugt. Im produzierenden Bereich der Volkswirtschaft waren 1977 Grundmittel im Wert von 412 Mrd. Mark eingesetzt, darunter allein in der Industrie 260 Mrd. Mark. Eine äußerst bedeutsame Frage ist, wie die vielen Mrd. Grundfonds in der Reproduktion für die Erzeugung des Nationaleinkommens genutzt werden. Es ist klar: Die Schaffung von zuviel Arbeitsplätzen durch Investitionen bedeutet zu langsamen Umschlag der Fonds und Verluste an Nationaleinkommen. Ebenso ist die Zersplitterung von Investitionen verbunden mit zu hohen unvollendeten Investitionen und führt letztlich zu einem uneffektiven Einsatz von Fonds. Beides bewirkt eine ungünstige Grundfondsquote oder mit anderen Worten: Es wird zu wenig Nationaleinkommen mit den vorgetragenen Aufwendungen erzielt.

Deshalb sind festgelegte Vorrangigkeiten und Schwerpunkte diszipliniert und in voller Übereinstimmung mit dem Plan durchzuführen.

Zugleich kommt es darauf an, die Ausnutzung der Grundfonds, deren Entwicklung im vergangenen Jahr einen gewissen Stillstand erreichte, weiter zu erhöhen. Dazu gehört, von vornherein planmäßig eine höhere Ausnutzung zu gewährleisten und den außerplanmäßigen Ausfall an Nutzungszeit zu verringern. Die Hauptursachen – nämlich Arbeitszeitausfall und Störungen infolge technischer Gründe und Havarien – lassen auf eine Vielfalt von notwendigen Maßnahmen schließen, deren Palette von der Erhöhung der Arbeitsdisziplin und des Verantwortungsbewußtseins für die Nutzung der bereitgestellten Grundfonds bis zur Verbesserung der Qualität und Funktionstüchtigkeit der Ausrüstungen und Anlagen reicht.

Die Orientierung auf konsequente sozialistische Rationalisierung bedeutet u. a. auch

[5] Ebenda, S. 510.
[6] Ebenda, S. 393.

eine schneller wirksame Investitionstätigkeit, die volle Nutzung der vorhandenen Fonds für die Produktion von Nationaleinkommen ebenso wie die planmäßige Modernisierung und Erneuerung der Grundfonds. Das Verhältnis von Produktionsverbrauch und Nationaleinkommen sowie die Höhe des produktiven Nationalreichtums macht klar, welche große Bedeutung der Nutzung der einfachen Reproduktion als Quelle der erweiterten zukommt. Der Hauptweg ist aber auch dabei der wissenschaftlich-technische Fortschritt, vor allem der Einsatz fortgeschrittener arbeits- und materialsparender Technologien.

Wenn hier auf eine qualitativ neue Sichtweise orientiert wird, so muß unterstrichen werden: Umfassende Rationalisierung heißt Nutzung aller Initiativen und Reserven. Das ist kein Widerspruch, geht es doch nicht zuletzt um die Erwirtschaftung jener nicht unbedeutenden Mittel.

Deshalb gibt es keine Abstriche an der Aufgabe, das vorhandene Potential voll und effektiver zu nutzen. Das schließt die volle Nutzung des verfügbaren Arbeitszeitfonds und der hohen Qualifikation der Werktätigen genauso ein wie die Sparsamkeit im Umgang mit Energie, Material und Rohstoffen und die höchstmögliche Auslastung der Grundfonds, vor allem der hochproduktiven modernen Ausrüstungen und Anlagen.

Drittens: Einen weiteren Problemkreis von prinzipiellem Charakter bilden jene Fragen, die mit der *weiteren Vervollkommnung des Vergesellschaftungsprozesses in der Wirtschaft zusammenhängen – in erster Linie mit der Entwicklung der Kombinate.* Es ist und bleibt eine zentrale Aufgabe der Wirtschaftswissenschaftler, der weiteren Ausgestaltung und dem Prozeß der Bildung neuer Kombinate großes Augenmerk zu schenken. Die Entwicklung der Kombinate ist – wie die Wirtschaftsorganisation überhaupt – immer zutiefst mit den Fragen der Entwicklung der Produktivität verbunden.

Genosse Erich Honecker hat bekanntlich in seiner kürzlichen Rede hervorgehoben, daß wir mit der Entwicklung der Kombinate die Vorzüge der vergesellschafteten sozialistischen Großproduktion realisieren und sich mit ihnen die Form der Leitung unserer sozialistischen Industrie herausbildet, die den Erfordernissen der Gegenwart und Zukunft entspricht.

Die Entwicklung der Kombinate ist kein Selbstzweck, sondern sie ist verbunden mit der Entwicklung der Produktivkräfte, der Entwicklung der Produktionsverhältnisse.

Wir haben bereits gegenwärtig mehr als 50 direkt unterstellte Kombinate in unserer Wirtschaft, ihre Anzahl wird sich weiter erhöhen. Der Kern dieser Kombinatsentwicklung besteht darin, daß in ihnen alles das zusammengeschlossen wird, was, ausgehend von den Erzeugnissen, zum Reproduktionsprozeß gehört. Das betrifft u. a. die wissenschaftliche Forschungsbasis, die entscheidenden Zulieferungen, den Rationalisierungsmittelbau, den Absatz der Erzeugnisse. Wir nutzen mit den Kombinaten die Vorteile großer Produktionsmaßstäbe, aber nur die organische Verbindung entscheidender Phasen des Reproduktionsprozesses ermöglicht wirkliche Konzentration und insgesamt höhere Produktivität. Mit diesen Kombinaten werden die objektiven Bedingungen des Vergesellschaftungsprozesses noch konsequenter genutzt, sie umfassen größere zusammenhängende Abschnitte im gesamten volkswirtschaftlichen Reproduktionsprozeß.

All das geschieht im Interesse eines planmäßigen und schnelleren Umschlags des Kreislauf in der Reproduktion. Es war daher völlig richtig, daß auf unserer Konferenz die Fragen der Kombinate eine so große Rolle gespielt haben. Wichtig ist, daß sich die Wirtschaftswissenschaftler auch künftig mit der Kombinatsentwicklung intensiv befassen, wird doch in den Kombinaten und ihren Betrieben tatsächlich über die planmäßige Produktion für die Versorgung der Bevölkerung, für den gesellschaftlichen Bedarf und den Export in höheren Qualität, über die Sicherung der bestimmenden Zulieferprodukte, über die Entwicklung hochproduktiver und qualitätsgerechter Technologien einschließlich des dazu erforderlichen Rationalisierungsmittelbaus sowie über die weitere Verbesserung der Arbeits- und Lebensbedingungen entschieden.

Die Vervollkommnung der bestehenden Kombinate und die Bildung neuer Kombinate ist also eine zentrale Frage für die Steigerung der Arbeitsproduktivität und für die Lösung unserer sozialen Aufgaben.

Viertens: Eine Kernfrage der Steigerung der Arbeitsproduktivität ist die *Verstärkung der Rolle der lebendigen Arbeit* in diesem Prozeß selbst, sie ist das ausschlaggebende, weil verändernde und bewegende Element. Die Fähigkeiten der Werktätigen und das Bewußtsein der Übereinstimmung ihrer eigenen Interessen mit dem gesellschaftlichen Anliegen der Produktion entscheidet letztlich darüber, mit welchem Effekt die gegebenen materiellen Bedingungen für das Wirtschaftswachstum genutzt werden. Damit verbunden sind viele Fragen der qualitativen Entwicklung des gesellschaftlichen Arbeitsvermögens und seiner rationellen Nutzung wie der Qualifikationsstruktur, der Voraussetzungen für die Ausnutzung des Arbeitszeitfonds, die konsequente Durchsetzung des Leistungsprinzips, die weitere Erleichterung und Technisierung der Tätigkeiten und viele andere mehr, die der weiteren theoretischen Durchdringung bedürfen. Die Wirtschaftswissenschaftler haben hier, vor allem auf dem Gebiet der wissenschaftlichen Arbeitsorganisation, ein großes Betätigungsfeld.

Die Beratung im Plenum und in den Arbeitskreisen macht deutlich, daß eine der entscheidendsten Quellen für den weiteren dynamischen Leistungszuwachs in der noch engeren Verbindung von sozialistischer Planung und schöpferischer Initiative liegt.

Die umfangreiche und vielschichtige Aufgabe, die Ökonomie der DDR voll auf die Intensivierung einzustellen und dabei die Rationalisierung zielgerichtet durchzusetzen, prägt den Inhalt und die Zielrichtung der Masseninitiative.

Der Wettbewerb, der heute nicht mehr vom wissenschaftlich-technischen Fortschritt zu trennen ist, konzentriert sich immer mehr auf die Probleme der Effektivität und Qualität. Damit sind zugleich höhere Anforderungen an die planmäßige Führung und Organisierung des Wettbewerbs gestellt. Vor allem ist es erforderlich, den Arbeitsstil der Besten zum durchgängig bestimmenden zu machen.

Bei der Durchsetzung des wissenschaftlich-technischen Fortschritts spielt die planmäßige kollektive Neuererbewegung eine wichtige Rolle. Zugleich hat aber auch die Vielzahl jener guten Ideen und Vorschläge großes Gewicht, die spontan aus den Arbeitserfahrungen einzelner Werktätiger entstehen.

Unter den gegenwärtig erreichten Bedingungen der Vergesellschaftung der Produktion gewinnen die Formen des Komplexwettbewerbs, die Einbeziehung und planmäßige Mitwirkung der Werktätigen an Rationalisierungslösungen über Abteilungs-, Betriebs-, ja Kombinatsgrenzen hinweg an Bedeutung; nicht weniger wertvoll ist aber auch das Bemühen vieler Werktätiger um die Vervollkommnung des eigenen Arbeitsplatzes. Umfassende Rationalisierung heißt Nutzung aller Initiativen.

Auch in unserer wissenschaftlichen Arbeit müssen wir uns konsequent davon leiten lassen: Maßstab für die Qualität und Wirksamkeit der Masseninitiative ist in erster Linie das erreichte ökonomische Ergebnis – wie ein Höchstmaß an Effektivität und Qualität der Arbeit gesichert, wie die Arbeitsproduktivität erhöht wird. Formalismus und Schematismus sind hier fehl am Platz.

Das Nationaleinkommen ist das Werk des gesellschaftlichen Gesamtarbeiters. Es entsteht unmittelbar in den Betrieben und Kombinaten der materiellen Produktion, vor allem also in der Industrie, der Landwirtschaft, dem Verkehrswesen etc.

– Es ist verbunden mit der effektiven Gestaltung der Arbeitsteilung, Spezialisierung, Kombination und Konzentration der Produktion.

Dazu gehört die Gewährleistung rationeller Serienfertigung, die Nutzung rationeller Fertigungsarten und Verfahren, die reibungslose Organisation und die Kontinuität der Produktion, die Entwicklung zentraler Fertigungen und des Eigenbaus von Rationalisierungsmitteln, insgesamt also die komplexe Beherrschung des Reproduktionsprozesses von der Vorbereitung, einschließlich Forschung und Entwicklung, bis zum effektiven Absatz und der wirkungsvollen Anwendung.

Deshalb spielt die weitere Bildung und Entwicklung der Kombinate als modernster Form der Leitung für die Vergrößerung des Nationaleinkommens eine so hervorragende Rolle.

– Es ist verbunden mit einem großen Austausch der Tätigkeiten sowohl der einzelnen Arbeiter, der Kollektive als auch der Betriebe und Kombinate, um auf bestmögliche Weise die wachsenden Bedürfnisse der Gesellschaft und jedes Einzelnen zu befriedigen.

– Das sozialistische Eigentum als Volkseigentum und genossenschaftlich sozialistisches Eigentum ermöglicht eine Kooperation zwischen den verschiedenen Gliedern des gesellschaftlichen Gesamtarbeiters, die ein wachsendes Nationaleinkommen garantiert. Diese Tendenz zeigt sich in den Wettbewerbsinitiativen zum 30. Jahrestag der DDR. Entsprechend der Orientierung der Partei kommt es darauf an, den sozialistischen Wettbewerb weiter verstärkt auf die Nutzung der qualitativen Faktoren des Wirtschaftswachstums zu richten.

– In der Erzeugung und bei der rationellen Verwendung des Nationaleinkommens verwirklicht der Mensch seine Rolle als Hauptproduktivkraft. Hier entwickelt er Schöpfertum, nutzt er seine Arbeitserfahrungen und nimmt er seine Verantwortung für die Lösung gesamtgesellschaftlicher Aufgaben wahr. Hier setzt er seine Qualifikation und seine Bildung um.

Karl Marx hat einmal geschrieben, daß die wirkliche Ökonomie in der Ersparung von Arbeitszeit besteht. Er fügt hinzu, daß die „Ersparung von Arbeitszeit gleich Vermehren der freien Zeit, d. h. Zeit für die volle Entwicklung des Individuums" ist, „die selbst wieder als die größte Produktivkraft zurückwirkt auf die Produktivkraft der Arbeit."

Marx hebt hervor, der Produktionsprozeß ist „zugleich Disziplin, mit Bezug auf den werdenden Menschen betrachtet, wie Ausübung, Experimentalwissenschaft, materiell schöpferische und sich vergegenständlichende Wissenschaft mit Bezug auf den gewordnen Menschen, in dessen Kopf das akkumulierte Wissen der Gesellschaft existiert."[7]

Das Nationaleinkommen ist zwar unmittelbar das Werk des produktiven Arbeiters, aber in mittelbarer Hinsicht sind an ihm alle beteiligt, die nützliche Tätigkeit leisten. So ist kein Zweifel, daß die Werktätigen des Gesundheitswesens, die Lehrer, die Künstler etc. durch ihre Arbeit wesentlich zur Steigerung der Arbeitsproduktivität bzw. zur sozialisischen Lebensweise beitragen, dabei gilt der sparsame Umgang mit Grund- und Umlauffonds, mit Arbeitsaufwand prinzipiell und entsprechend den differenzierten Bedingungen in jeder Sphäre menschlicher Tätigkeit. Sparsamkeit bei der Produktion und beim Verbrauch von Nationaleinkommen ist eine wichtige Quelle für den bestmöglichen Einsatz des Nettoprodukts für die Zwecke der weiteren Gestaltung der entwickelten sozialistischen Gesellschaft.

Eine Auswertung dieser Konferenz im Detail würde den Rahmen eines Schlußwortes sprengen. Es bleibt vor allem den Organen und Gremien des Wissenschaftlichen Rates für die wirtschaftswissenschaftliche Forschung bei der Akademie der Wissen-

[7] K. Marx, Grundrisse der Kritik der Politischen Ökonomie, a. a. O., S. 599/600.

schaften der DDR vorbehalten, die notwendigen Schlüsse zu ziehen und erforderliche Festlegungen zu treffen.

Die SED hat den Wirtschaftswissenschaftlern der DDR eine große politische Verantwortung übertragen. Wir nehmen sie am besten wahr, wenn wir noch zielstrebiger und intensiver die grundlegenden Anforderungen an die Gestaltung der Ökonomie der entwickelten sozialistischen Gesellschaft erforschen, die besten Erfahrungen in der Leitung, Planung und Stimulierung studieren und verallgemeinern und praxiswirksame Handlungsanleitungen ausarbeiten. Vor der Wirtschaftswissenschaft steht vor allem die Aufgabe, sich künftig noch intensiver mit den Fragen der Entwicklung und der weiteren Erhöhung der Leistungskraft der Kombinate zu befassen.

Führen wir unsere gesamte Arbeit als Wirtschaftswissenschaftler von der Position aus durch, daß im Sozialismus die Rationalisierung und die Steigerung der Arbeitsproduktivität stets gemeinsam mit den Werktätigen und im Interesse der Menschen erfolgt.

FSC
www.fsc.org
MIX
Papier | Fördert
gute Waldnutzung
FSC® C083411

Kolibri 360 GmbH
Ferdinand-Jühlke-Straße 7
99095 Erfurt, Deutschland
produktsicherheit@kolibri360.de